LE RÂMÂYANA

par

VALMIKI

VIème incarnation de Vichenou sous le nom de Rama

© 2024, Adi Kavi (domaine public)
Édition : BoD · Books on Demand, 31 avenue Saint-Rémy, 57600 Forbach, bod@bod.fr
Impression : Libri Plureos GmbH, Friedensallee 273, 22763 Hamburg (Allemagne)
ISBN : 978-2-3224-7879-8
Dépôt légal : Janvier 2025

TOME I

Il est une vaste contrée, grasse, souriante, abondante en richesses de toute sorte, en grains comme en troupeaux, assise au bord de la Sarayoû et nommée Kauçala. Là, était une ville, célèbre dans tout l'univers et fondée jadis par Manou, le chef du genre humain. Elle avait nom Ayaudhyâ.

Heureuse et belle cité, large de trois yaudjanas, elle étendait sur douze yaudjanas de longueur son enceinte resplendissante de constructions nouvelles. Munie de portes à des intervalles bien distribués, elle était percée de grandes rues, largement développées, entre lesquelles brillait aux yeux la rue Royale, où des arrosements d'eau abattaient le vol de la poussière. De nombreux marchands fréquentaient ses bazars, et de nombreux joyaux paraient ses boutiques. Imprenable, de grandes maisons en couvraient le sol, embelli par des bocages et des jardins publics. Des fossés profonds, impossibles à franchir, l'environnaient ; ses arsenaux étaient pleins d'armes variées ; et des arcades ornementées couronnaient ses portes, où veillaient continuellement des archers.

Un roi magnanime, appelé Daçaratha, et de qui la victoire ajoutait journellement à l'empire, gouvernait alors cette ville, comme Indra gouverne son *Amarâvatî, cité des Immortels*.

Abritée sous les drapeaux flottant sur les arcades sculptées de ses portes, douée avec tous les avantages que lui procurait une multitude variée d'arts et de métiers, toute remplie de chars, de chevaux et d'éléphants, bien approvisionnée en toute espèce d'armes, de massues, de machines pour la guerre et de çataghnîs [1], elle était bruissante et comme troublée par la circulation continuelle des marchands, des messagers et des voyageurs, qui se pressaient dans ses rues, fermées de portes solides, et dans ses marchés, bien répartis à des intervalles judicieusement calculés. Elle voyait sans cesse mille troupes d'hommes et de femmes aller et venir dans son enceinte ; et, décorée avec de brillantes fontaines, des jardins publics, des salles pour les assemblées et de grands édifices parfaitement distribués, il semblait encore, à ses nombreux autels pour tous les dieux, qu'elle était *comme la remise* où stationnaient ici-bas leurs chars animés.

En cette ville d'Ayaudhyâ était donc un roi, nommé Daçaratha, semblable aux quatorze dieux, très savant et dans les Védas et dans leur appendice, les six Angas, prince à la vue d'aigle, à la splendeur éclatante, également aimé des villageois et des citadins, roi saint, célèbre dans les trois mondes, égal aux Maharshis et le plus solide appui entre les soutiens de la justice. Plein de force, vainqueur de ses ennemis, dompteur de ses sens, réglant sur la saine morale toute sa conduite, et représentant Ikshwakou dans les sacrifices, comme chef de cette royale maison, il semblait à la fois le roi du ciel et le dieu même des richesses par ses ressources, son abondance, ses grains, son opulence ; et sa protection, comme celle de Manou, le premier des monarques, couvrait tous ses sujets.

Ce prince magnanime, bien instruit dans la justice et de qui la justice était le but suprême, n'avait pas un fils qui dût continuer sa race, et son cœur était consumé de chagrin. Un jour qu'il pensait à son malheur, cette idée lui vint à l'esprit : « Qui m'empêche de célébrer un açwa-médha pour obtenir un fils ? »

Le monarque vint donc trouver Vaçishtha, il se prosterna devant son ritouidj, lui rendit l'hommage exigé par la bienséance et lui tint ce langage respectueux au sujet de son açwa-médha pour obtenir des fils : « Il faut promptement célébrer le sacrifice de la manière qu'il est commandé par le Çâstra, et régler tout avec un tel soin qu'un de ces mauvais Génies, destructeurs des cérémonies saintes, n'y puisse jeter aucun empêchement. C'est à toi, en qui je possède un ami dévoué et qui es le premier de mes directeurs spirituels, c'est à toi de prendre sur tes épaules ce fardeau pesant d'un tel sacrifice. »

— « Oui ! » répondit au roi le plus vertueux des régénérés.

« Je ferai assurément tout ce que désire Ta Majesté. » Ensuite il dit à tous les brahmes experts dans les choses des sacrifices :

« Que l'on bâtisse pour les rois des palais distingués par de nombreuses qualités ! Que l'on bâtisse même par centaines pour les brahmes invités de beaux logis bien disposés, bien pourvus en divers breuvages, bien approvisionnés en différents comestibles. Il faut construire aussi pour l'habitant des villes maintes demeures vastes, fournies de nombreux aliments et remplies de choses propres à satisfaire tous les désirs. Rassemblez encore d'abondantes victuailles pour l'habitant des campagnes.

« Que ces différentes nourritures soient données avec politesse, et non comme arrachées par la violence, afin que toutes les castes bien traitées obtiennent ainsi les égards dus à chacune d'elles.

« Passant de l'amour à la colère, n'appliquez l'injure à personne. Que les honneurs soient rendus surtout, mais en observant les degrés, aux hommes supérieurs dans les choses des sacrifices, comme aux sommités dans les arts manuels. Agissez *enfin* d'une âme aimante et satisfaite, ô vous, révérendes personnes, de manière que tout soit bien fait et que rien ne soit omis ! » Ensuite, les brahmes s'étant rapprochés de Vaçishtha, lui répondirent ainsi : « Nous ferons tout, comme il est dit, et rien ne sera oublié. »

Après cette réponse, ayant fait appeler Soumantra, le ministre : « Invite, lui dit Vaçishtha, invite les rois qui sur la terre sont dévoués à la justice. »

Ensuite, après quelques jours et quelques nuits écoulés, arrivèrent ces rois *si* nombreux, à qui Daçaratha avait envoyé des pierreries en royal cadeau. Alors Vaçishtha, l'âme très satisfaite, tint ce langage au monarque : « Tous les rois sont venus, ô le plus illustre des souverains, comme tu l'avais commandé. Je les ai tous bien traités, et tous honorés dignement. Tes serviteurs ont disposé convenablement toutes les choses avec un esprit attentif. »

Charmé à ces paroles de Vaçishtha, le roi dit : « Que le sacrifice, doué en toutes ses parties de choses offertes à tous les désirs, soit célébré aujourd'hui même. »

Ensuite les prêtres, consommés dans la science de la Sainte Écriture, commencent la première des cérémonies, l'accension du feu, suivant les rites enseignés par le soûtra du Kalpa. Les règles des expiations furent aussi observées entièrement par eux, et ils firent toutes ces libations que la circonstance demandait.

Alors Kâauçalyâ décrivit un pradakshina autour du cheval consacré, le vénéra avec la piété due, et lui prodigua les ornements, les parfums, les guirlandes de fleurs. Puis, accompagnée de l'adhwaryou, la chaste épouse toucha la victime et passa toute une nuit avec elle pour obtenir ce fils, objet de ses désirs.

Ensuite, le ritouidje, ayant égorgé la victime et tiré la moelle des os, suivant les règles saintes, la répandit sur le feu, invitant chacun des Immortels au sacrifice avec la formule accoutumée des prières. Alors, engagé par son désir immense d'obtenir une lignée, Daçaratha, uni dans cet acte à sa fidèle épouse, le roi Daçaratha vint avec elle respirer la fumée de cette moelle, que le brasier consumait sur l'autel. Enfin, les sacrificateurs de couper les membres du cheval en morceaux, et d'offrir sur le feu à tous les habitants des cieux la part que le rituel assignait à chacun d'eux.

Voici que tout à coup, sortant du feu sacré, apparut devant les yeux un grand être, d'une splendeur admirable, et tout pareil au brasier allumé. Le teint bruni, une peau noire était son vêtement ; sa barbe était verte, et ses cheveux rattachés en djatâ [2] ; les angles de ses yeux obliques avaient la rougeur du lotus : on eût dit que sa voix était le son du tambour ou le bruit d'un nuage orageux. Doué de tous les signes heureux, orné de parures célestes, haut comme la cime d'une montagne, il avait les yeux et la poitrine du lion.

Il tenait dans ses bras, comme on étreint une épouse chérie, un vase fermé, qui semblait une chose merveilleuse, entièrement d'or, et tout rempli d'une liqueur céleste.

« Brahme, dit le spectre qui s'était manifesté d'une manière *si* étonnante, sache que je suis un être émané du souverain maître des créatures pour venir en ces lieux mêmes. — Reçois ce vase donné par moi et remets-le au roi Daçaratha : c'est pour lui que je dépose en tes mains ce divin breuvage. Qu'il donne à savourer ce philtre générateur à ses épouses fidèles ! »

Le plus excellent des brahmes lui répondit en ces termes : « Donne toi-même au roi ce vase merveilleux. »

La resplendissante émanation du souverain maître des créatures dit au fils d'Ikshwâkou avec une voix de la plus haute perfection : « Grand roi, j'ai du plaisir à te donner cette liqueur toute composée avec des sucs immortels : reçois donc ce vase, ô toi qui es la joie de la maison d'Ikshwâkou ! » Alors, inclinant sa tête, le monarque reçut la précieuse amphore, et dit : « Seigneur, que dois-je en faire ? » — « Roi, je te donne en ce vase, répondit au monarque l'être émané du créateur même, je te donne en lui ce bonheur qui est le cher objet de ton pieux sacrifice. Prends donc, ô le plus éminent des hommes, et donne à tes chastes épouses ce breuvage, que les Dieux eux-mêmes ont composé. Qu'elles savourent ce nectar, auguste monarque : il fait naître de la santé, des richesses, des enfants aux femmes qui boivent sa liqueur efficace. »

Ensuite, quand elle eut donné au monarque le breuvage incomparable, cette apparition merveilleuse de s'évanouir aussitôt dans les airs ; et Daçaratha, se voyant maître enfin du nectar saint distillé par les Dieux, fut ravi d'une joie suprême, comme un pauvre aux mains de qui tomberait soudain la richesse. Il entra dans son gynécée, et dit à Kâauçalyâ : « Reine, savoure cette boisson génératrice, dont l'efficacité doit opérer son bien en toi-même. »

Ayant ainsi parlé, son époux, qui avait partagé lui-même cette ambroisie en quatre portions égales, en servit deux parts a Kâauçalyâ, et donna à Kêkéyî une moitié de la moitié restante. Puis, ayant coupé en deux sa quatrième portion, le monarque en fit boire une moitié à Soumitrâ : ensuite il réfléchit, et donna encore à Soumitrâ ce qui restait du nectar composé par les Dieux.

Suivant l'ordre où ces femmes avaient bu la nonpareille ambroisie, donnée par le roi même au comble de la joie, les princesses conçurent des fruits beaux et resplendissants à l'égal du soleil ou du feu sacré.

De ces femmes naquirent quatre fils, d'une beauté céleste et d'une splendeur infinie : Râma, Lakshmana, Çatroughna et Bharata.

Kâauçalyâ mit au monde Râma, l'aîné par sa naissance, le premier par ses vertus, sa beauté, sa force nonpareille et même l'égal de Vishnou par son courage.

De même, Soumitrâ donna le jour à deux fils, Lakshmana et Çatroughna : inébranlables pour le dévouement et grands par la force, ils cédaient *néanmoins* à Râma pour les qualités.

Vishnou avait formé ces jumeaux avec une quatrième portion de lui-même : celui-ci était né d'une moitié, et celui-là d'une autre moitié du quart.

Le fils de Kêkéyi se nommait Bharata : homme juste, magnanime, vanté pour sa vigueur et sa force, il avait l'énergie de la vérité.

Ces princes, doués tous d'une âme ardente, habiles à manier de grands arcs, dévoués à l'exercice des vertus, comblaient ainsi les vœux du roi leur père ; et Daçaratha, entouré de ces quatre fils éminents, goûtait au milieu d'eux une joie suprême, comme Brahma, environné par les Dieux.

Depuis l'enfance, Lakshmana s'était voué d'une ardente amitié à Râma, l'amour des créatures : *en retour*, ce jeune frère, de qui l'aide servit puissamment à la prospérité de son frère aîné, ce juste, ce fortuné, ce victorieux Lakshmana était plus cher que la vie même à Râma, le destructeur *invincible* de ses ennemis.

Celui-ci ne mangeait pas sans lui son repas ordinaire, il ne touchait pas sans lui à quelque mets plus délicat ; sans lui, il ne se livrait pas au plaisir un seul instant même. Râma s'en allait-il, soit à la chasse, soit ailleurs, aussitôt, prenant son arc, le dévoué Lakshmana y marchait avec lui et suivait ses pas.

Autant Lakshmana était dévoué à Râma, autant Çatroughna l'était à Bharata ; celui-ci était plus cher à celui-ci et celui-ci à celui-là que le souffle même de la vie.

Joie de son père, attirant les regards au milieu de ses frères comme un drapeau, Râma était immensément aimé de tous les sujets pour ses qualités naturelles : aussi, comme il savait se concilier par ses vertus l'affection des mortels, lui avait-on donné ce nom de RAMA, *c'est-à-dire, l'homme qui plaît,* ou *qui se fait aimer.*

Un grand saint, nommé Viçvâmitra, vint dans la ville d'Ayaudhyâ, conduit par le besoin d'y voir le souverain.

Des rakshasas, enivrés de leur force, de leur courage, de leur science dans la magie, interrompaient sans cesse le sacrifice de cet homme sage et dévoué à l'amour de ses devoirs : aussi l'anachorète, qui ne pouvait sans obstacle mener à fin la cérémonie, désirait-il voir le monarque, afin de lui demander protection contre les perturbateurs de son *pieux* sacrifice.

« Prince, lui dit-il, si tu veux obtenir de la gloire et soutenir la justice, ou si tu as foi en mes paroles, prouve-le en m'accordant un seul *homme*, *ton* Râma. La dixième nuit me verra célébrer ce grand sacrifice, où les rakshasas tomberont, immolés par un exploit merveilleux de ton fils. » Alors, ayant baisé avec amour son fils sur la tête, Daçaratha le donna au saint ermite avec son fidèle compagnon Lakshmana.

Quand il vit Râma aux yeux de lotus s'avancer vers le fils de Kouçika, le vent souffla d'une haleine pure, douce, embaumée, sans poussière. Au moment où partit ce rejeton bien-aimé de Raghou, une pluie de fleurs tomba des cieux, et l'on entendit ruisseler d'en haut les chants de voix suaves, les fanfares des conques, les roulements des cymbales célestes.

Le magnanime anachorète était suivi par ces deux héros, comme le roi du ciel est suivi par les deux Açwins. Armés d'un arc, d'un carquois et d'une épée, la main gauche défendue par un cuir lié autour de leurs doigts, ils suivaient Viçvâmitra, comme les deux jumeaux enfants du feu suivent Sthânou, *c'est-à-dire le Stable, un des noms de Çiva.*

Arrivés à un demi-yaudjana et plus sur la rive méridionale de la Sarayoû : « Râma, dit avec douceur Viçvâmitra ; mon bien-aimé Râma, il convient que tu verses maintenant l'eau sur toi, suivant nos rites ; je vais t'enseigner les moyens de salut ; ne perdons pas le temps.

« Reçois d'abord ces deux sciences merveilleuses, LA PUISSANCE et L'OUTRE-PUISSANCE ; par elles, ni la fatigue, ni la vieillesse, ni aucune altération ne pourront jamais envahir tes membres.

« Car ces deux sciences, qui apportent avec elles la force et la vie, sont les filles de l'aïeul suprême des créatures ; et toi, ô Kakoutsthide, tu es un vase digne que je verse en lui ces connaissances merveilleuses. Entouré de qualités divines, enfantées par ta propre nature, et d'autres qualités acquises par les efforts d'un louable désir, tu verras encore ces deux sciences élever tes vertus jusqu'à la plus haute excellence. »

Après ce discours, Viçvâmitra, l'homme riche en mortifications, initia aux deux sciences Râma, purifié dans les eaux du fleuve, debout, la tête inclinée et les mains jointes, Le héros enfant dit, chemin faisant, au sublime anachorète Viçvâmitra ces paroles, toutes composées de syllabes douces : « Quelle est cette forêt bien grande, qui se montre ici, non loin de la montagne, comme une masse de nuages ? À qui appartient-elle, homme saint, qui brilles d'une splendeur impérissable ? Cette forêt semble à mes regards délicieuse et ravissante. »

« Ce lieu, Râma, lui répondit l'anachorète, fut jadis l'ermitage du Nain magnanime : l'Ermitage-Parfait, c'est ainsi qu'on l'appelle, fut jadis la scène où le parfait, où l'illustre Vishnou se livrait sous la forme d'un nain à la plus austère pénitence, dans le temps, noble fils de Raghou, que Bali ravit à Indra le sceptre des trois mondes.

« Le Virotchanide, enflammé par l'ivresse que lui inspirait l'éminence de sa force, ayant donc vaincu le monarque du ciel, Bali resta maître de l'empire des trois mondes.

« Ensuite, comme Bali voulait encore augmenter sa puissance par l'offrande d'un sacrifice, Indra et l'armée des immortels avec lui vint dire, tout ému de crainte, à Vishnou, ici même, dans cet ermitage :

« Ce Virotchanide d'une si haute puissance, Bali offre un sacrifice : et cependant ce roi des Asouras est déjà doué d'une telle abondance, qu'il rassasie les désirs de toutes les créatures. Va le trouver sous cette forme denain, Dieu aux longs bras, et veuille bien lui mendier ce que trois de tes pas seulement peuvent mesurer de terre. Il doit nécessairement t'accorder l'aumône de ces trois pas, aveuglé qu'il est de sa force, comme de son courage, et méprisant dans toi-même le maître du monde, qu'il ne reconnaîtra point sous ta forme de nain. Le roi des vils Démons gratifie par l'accomplissement de leurs vœux les plus chers tous ceux qui, désirant obtenir l'objet où leur souhait aspire, invoquent *sa munificence*.

« Cet ermitage parfait de nom le sera donc aussi de fait, *si tu veux bien en sortir un instant*, ô toi, de qui l'énergie est celle de la vérité même, pour accomplir cette action parfaite.

« Conjuré ainsi par les Dieux, Vishnou, sous la forme de nain, dont s'était revêtue son âme divine, alla trouver le Virotchanide et lui demanda l'aumône des trois pas.

» Mais aussitôt que Bali eut accordé les trois pas de terre au mendiant, le nain se développa dans une forme prodigieuse, et le Dieu-aux-trois-pas s'empara de tous les mondes en trois pas. — Du premier pas, noble Raghouide, il franchit toute la terre ; au deuxième, tout l'immortel espace atmosphérique ; et, du troisième, il mesura tout le ciel austral. C'est ainsi que Vishnou réduisit le démon Bali à ne plus avoir d'autre habitation que l'abîme des enfers ; c'est ainsi qu'ayant extirpé ce fléau des trois mondes, il en restitua l'empire au monarque du ciel.

« Cet ermitage, qui fut habité jadis par le Dieu aux œuvres saintes, reçoit très souvent mes visites par dévotion en l'ineffable nain. Voici le lieu où grâce à ton courage, héros, fils du plus grand des hommes, tu dois immoler ces deux rakshasas qui mettent des obstacles à mon sacrifice. »

Ensuite Râma, ayant habité là cette nuit avec Lakshmana et s'étant levé à l'heure où blanchit l'aube, se prosterna humblement pour saluer Viçvâmitra.

Alors ce guerrier, de qui la force ne trompe jamais, Râma, qui sait le prix du lieu, du temps et des moyens, adresse à Viçvâmitra ce langage opportun : « Saint anachorète, je désire que tu m'apprennes dans quel temps il me faut écarter ces Démons nocturnes qui jettent des obstacles dans ton sacrifice. »

Ravis de joie à ces paroles, aussitôt Viçvâmitra et tous les autres solitaires de louer Râma et de lui dire : « À partir de ce jour, il faut, Râma, que tu gardes pendant six nuits, dévoué entièrement à cette veille continue ; car une fois entré dans les cérémonies préliminaires du sacrifice, il est défendu au solitaire de rompre le silence. »

Après qu'il eut écouté ces paroles des monobites à l'âme contemplative, Râma se tint là debout, six nuits, gardant avec Lakshmana le sacrifice de l'anachorète, l'arc en main, sans dormir et sans faire un mouvement, immobile, comme un tronc d'arbre, impatient de voir la nuée des rakshasas abattre son vol sur l'ermitage.

Ensuite, quand le cours du temps eut amené le sixième jour, ces fidèles observateurs des vœux, les magnanimes anachorètes dressèrent l'autel sur sa base. — Déjà, accompagné des hymnes, arrosé de beurre clarifié, le sacrifice était célébré suivant les rites ; déjà la flamme se développait sur l'autel, où priait le contemplateur d'une âme attentive, quand soudain éclata dans l'air un bruit immense et tel que l'on entend le sombre nuage tonner au sein des cieux dans la saison des pluies.

Alors, voici que se précipitent *dans l'ermitage*, et Mârîtcha, et Soubâhou, et les serviteurs de ces deux rakshasas, déployant toute la puissance de leur magie.

Aussitôt que, de ses yeux beaux comme des lotus, Râma les vit accourir, faisant pleuvoir un torrent de sang : « Vois, Lakshmana, dit-il à son frère, vois Mârîtcha, qui vient, suivi de son cortège, avec sa voix de bruyant tonnerre, et Soubâhou, le rôdeur nocturne. Regarde bien ! ces Démons noirs, comme deux montagnes de collyre, vont disparaître à l'instant même devant moi, tels que deux nuages au souffle du vent ! »

À ces mots, l'habile archer tira *de son carquois* la flèche nommée le Trait-de-l'homme, et, sans être poussé d'une très vive colère, il décocha le dard en pleine poitrine de Mârîtcha.

Emporté jusqu'au front de l'Océan par l'impétuosité de cette flèche, Mârîtcha y tomba comme une montagne, les membres agités par le tremblement de l'épouvante.

Ensuite, le rejeton vaillant de Raghou choisit dans son carquois le dard nommé la Flèche-du-feu ; il envoya ce trait céleste dans la poitrine de Soubâhou, et le rakshasa frappé tomba *mort* sur la terre.

Puis, s'armant avec la Flèche-du-vent et mettant le comble à la joie des solitaires, le descendant illustre de Raghou immola même tous les autres Démons. Après ce carnage, Viçvâmitra avec toute la communauté des anachorètes, s'approcha du jeune guerrier, et lui décerna les honneurs, les félicitations, les présents, que méritait sa victoire : « Je suis content, guerrier aux longs bras : tu as bien observé la parole de *moi*, ton maître ; en effet, cet Ermitage-Parfait est devenu, grâce à toi, plus parfait encore.

Leur mission accomplie, Râma et Lakshmana passèrent encore là cette nuit, honorés des anachorètes et l'âme joyeuse. À l'heure où la nuit s'éclaire aux premières lueurs de l'aube, et quand ils eurent vaqué aux dévotions du matin, les deux héros petits-neveux de Raghou allèrent s'incliner devant Viçvâmitra et devant les autres solitaires ; puis, les ayant tous salués avec lui, ces princes, doués d'une immortelle splendeur, lui tinrent ce discours à la fois noble et doux :

« Ces deux guerriers, qui se tiennent devant toi, ô le plus éminent des anachorètes, sont tes serviteurs ; commande-nous à ton gré : que veux-tu que nous fassions encore ? »

À ce discours, les ermites, riches de mortifications, à qui ces deux frères l'avaient adressé, laissent parler Viçvâmitra, et rendent par lui cette réponse au *vaillant* Râma :

« Djanaka, le roi de Mithila, doit bientôt célébrer, ô le plus vertueux des Raghouides, un sacrifice très grand et très saint : nous irons certainement. — Toi-même, ô le plus éminent des hommes, tu viendras avec nous : tu es digne de voir là cet arc fameux, qui est une grande merveille et la perle des arcs.

« Jadis, Indra et les Dieux ont donné au roi de Mithila cet arc géant, comme un dépôt, au temps que la guerre fut terminée entre eux et les Démons. Ni les Dieux, ni les Gandharvas, ni les Yakshas, ni les Nâgas, ni lesRakshasas ne sont capables de bander cet arc : combien moins, nous autres hommes, ne le saurions-nous faire ! »

Et sur le champ Râma se mit en route avec ces grands saints, à la tête desquels marchait Viçvâmitra. Attelés dans un instant, s'avançaient une centaine de chars brahmiques, où l'on avait chargé les bagages des anachorètes, qui venaient tous à leur suite. On voyait aussi des troupeaux d'antilopes et d'oiseaux, doux habitants de l'Ermitage-Parfait, suivre pas à pas dans cette marche Viçvâmitra, le sublime solitaire. Déjà les troupes des anachorètes s'étaient avancées loin dans cette route, quand, arrivées au bord de la Çona, vers le temps où le soleil s'affaisse à l'horizon, elles *s'arrêtent pour* camper devant son rivage.

Mais, aussitôt que l'astre du jour a touché le couchant, ces hommes d'une splendeur infinie se purifient dans les ondes, rendent un hommage au feu avec des libations de beurre clarifié, et, donnant la première place à Viçvâmitra, s'assoient autour du sage. Râma lui-même avec le fils de Soumitrâ se prosterne devant l'ermite, qui s'est amassé un trésor de mortifications, et s'assoit auprès de lui. — Alors, joignant ses mains, le jeune tigre des hommes, que sa curiosité pousse à faire cette demande, interroge ainsi Viçvâmitra, le saint : « Bienheureux, quel est donc ce lieu, *que je vois* habité par des hommes au sein de la félicité ? Je désire l'apprendre, sublime anachorète, de ta bouche même en toute vérité. »

Excitée par ce langage de Râma, la grande lumière de Viçvâmitra commença donc à lui raconter ainsi l'histoire du lieu où ils étaient arrivés :

« Jadis il fut un monarque puissant, appelé Kouça, issu de Brahma et père de quatre fils, renommés pour la force. C'étaient Kouçâçwa, Kouçanâbha, Amoûrtaradjasa et Vasou, tous magnanimes, brillants et dévoués aux devoirs du kshatrya.

« Kouça dit un jour : « Mes fils, il faut vous consacrer à la défense des créatures. » C'est ainsi qu'il parla, noble Raghouide, à ces princes, de qui la modestie était la compagne de la science dans la Sainte Ecriture.

« À ces paroles du roi leur père, ils bâtirent quatre villes, chacun fondant la sienne. De ces héros, semblables aux gardiens célestes du monde, Kouçaçwa construisit la ville charmante de Kâauçâçwi ; Kouçanâbha, qu'on eût dit la justice en personne, fut l'auteur de Mahaudaya ; le vaillant Amoûrtaradjasa créa la ville de Prâgdjyautisha, et Vasou éleva Girivradja dans le voisinage de Dharmâranya.

« Ce lieu-ci, appelé Vasou, porte le nom du prince Vasou à la splendeur infinie : on y remarque ces belles montagnes, au nombre de cinq, à la crête sourcilleuse. — Là, coule la jolie rivière de Mâgadhî ; elle donne son nom à la ville de Magadhâ, qui brille, comme un bouquet de fleurs, au milieu des cinq grands monts. Cette rivière appelée Mâgadhî appartenait au domaine du magnanime Vasou : *car* jadis il habita, *vaillant* Râma, ces champs fertiles, guirlandes de moissons.

« De son côté, l'invincible et saint roi Kouçanâbha rendit *la nymphe* Ghritâtchyâ mère de cent filles *jumelles*, à qui rien n'était supérieur en toutes qualités.

« Un jour, ces jeunes vierges, délicieusement parées, toutes charmantes de jeunesse et de beauté, descendent au jardin, et là, vives comme des éclairs, se mettent à folâtrer. Elles chantaient, noble fils de Raghou, elles dansaient, elles touchaient ou pinçaient divers instruments de musique, et, parfumant l'air des guirlandes tressées dans leurs atours, elles se laissaient ravir aux mouvements d'une joie suprême.

« Le Vent, qui va se glissant partout, les vit en ce moment, et voici quel langage il tint à ces jouvencelles, aux membres suaves, et de qui rien n'était pareil en beauté sur la terre : « Charmantes filles, je vous aime toutes ; soyez donc mes épouses. Par là, vous dépouillant de la condition humaine, vous obtiendrez l'immortalité. »

« À ces habiles paroles du Vent *amoureux*, les jeunes vierges lui décochent un éclat de rire ; et puis toutes lui répondent ainsi :

« Ô Vent, il est certain que tu pénètres dans toutes les créatures ; nous savons toutes quelle est ta puissance ; mais pourquoi juger de nous avec ce mépris ? Nous sommes toutes filles de Kouçanâbha ; et, fermes sur l'assiette de nos devoirs, nous défions ta force de nous en précipiter : oui ! Dieu *léger*, nous voulons rester dans la condition faite à notre famille. — Qu'on ne voie jamais arriver le temps où, volontairement infidèle au commandement de notre bon père, de qui la parole est celle de la vérité, nous irons de nous-mêmes arrêter le choix d'un époux. Notre père est notre loi, notre père est pour nous une divinité suprême ; l'homme, à qui notre père voudra bien nous donner, est celui-là seul qui deviendra jamais notre époux. »

« Saisi de colère à ces paroles des jeunes vierges, le Vent fit violence à toutes et brisa la taille à toutes par le milieu du corps. Pliées en deux, les nobles filles rentrent donc au palais du roi leur père ; elles se jettent devant lui sur la terre, pleines de confusion, rougissantes de pudeur et les yeux noyés de larmes.

« À l'aspect de ses filles, tout à l'heure d'une beauté nonpareille, maintenant flétries et la taille déviée, le monarque dit avec émotion ces paroles aux princesses désolées : — « Quelle chose vois-je donc ici, mes filles ? Dites-le moi ! Quel être eut une âme assez violente pour attenter sur vos personnes et vous rendre ainsi toutes bossues ?

« À ces mots du sage Kouçanâbha, les cent jeunes filles répondirent, baissant leur tête à ses pieds : — « Enivré d'amour, le Vent s'est approché de nous ; et, franchissant les bornes du devoir, ce Dieu s'est porté jusqu'à nous faire violence. — Toutes cependant nous avions dit à ce Vent, tombé sous l'aiguillon de l'Amour : « Dieu fort, nous avons un père ; nous ne sommes pas maîtresses de nous-mêmes. Demande-nous à notre père, si ta pensée ne veut point une autre chose que ce qui est honnête. Nos cœurs ne sont pas libres dans leur choix : sois bon pour nous, toi qui es un Dieu ! » Irrité de ce langage, le Vent, seigneur, fit irruption dans nos membres : abusant de sa force, il nous brisa et nous rendit bossues, *comme tu vois*. »

« Après que ses filles eurent achevé ce discours, le dominateur des hommes, Kouçanâbha fit cette réponse, noble Râma, aux cent princesses : « Mes filles, je vois avec une grande satisfaction que ces violences du Vent, vous les avez souffertes *avec une sainte résignation*, et que vous avez en même temps sauvegardé l'honneur de ma race. En effet, la patience, mes filles, est le principal ornement des femmes ; et nous devons supporter, c'est mon sentiment, tout ce qui vient des Dieux. Votre soumission à de tels outrages commis par le Vent, je vous l'impute à bonne action ; aussi je m'en réjouis, mes chastes filles, comme je pense que ce jour vient d'amener pour vous le temps du mariage. Allez donc où il vous plaît d'aller, mes enfants : moi, je vais occuper ma pensée de votre bonheur *à venir*. »

« Ensuite, quand ce roi, le plus vertueux des monarques, eut congédié les tristes jeunes filles, il se mit, en homme versé dans la science du devoir, à délibérer avec ses ministres sur le mariage des cent princesses. *Enfin*, c'est de ce jour que Mahaudaya fut dans la suite des temps appelé Kanyakoubja,*c'est à dire la ville des jeunes bossues*, en mémoire du fait arrivé dans ces lieux, où jadis le Vent déforma les cent filles du roi et les rendit toutes bossues.

Dans ce temps même, un grand saint, nommé Halî, anachorète d'une sublime énergie, accomplissait un vœu de chasteté vraiment difficile à soutenir. — Une Gandharvî [4], fille d'Orûnâyou, appelée Saumadâ, s'était elle-même enchaînée du même vœu très-saint et veillait avec des soins attentifs autour du brahmatchâri, tandis qu'il se consumait dans sa rude pénitence. Elle souhaitait un fils, Râma ; et ce désir lui avait inspiré d'embrasser une obéissance soumise et *pieusement*, dévouée à ce grand saint, absorbé dans la contemplation. Après un long temps, l'anachorète satisfait lui dit : « Je suis content : que veux-tu, sainte, dis-moi, que je fasse pour toi ? » Aussitôt que la Gandharvî eut reçu de l'anachorète ces paroles de satisfaction, elle joignit les mains et lui fit connaître en ces mots composés de syllabes douces à quelle chose aspirait son vœu *le plus ardent* : « Ce que je désire de toi, c'est un fils tout éblouissant d'une beauté, qui émane de Brahma, comme toi, que je vois briller à mes yeux de cette lumière, *auréole* éminente, dont Brahma t'a revêtu lui-même. Je te choisis de ma libre volonté pour mon époux, moi qui n'ai pas encore été liée par la chaîne du mariage.

« Veuille donc t'unir à moi, qui te demande, religieux inébranlable en tes vœux, à moi, qui n'en demandai jamais un autre avant toi ! » Sensible à sa prière, le brahme saint lui donna un fils, comme elle se l'était peint dans ses désirs.

« Le fils de Halî eut nom Brahmadatta : ce fut un saint monarque d'une splendeur égale au rayonnement du roi même des Immortels : il habitait alors, Kakoutsthide, une ville appelée Kâmpilyâ. Quand la renommée de son éminente beauté fut parvenue aux oreilles de Kouçanâbha, ce prince équitable conçut la pensée de marier ses filles avec lui, et fit proposer l'hymen au roi Brahmadatta.

« *L'offre acceptée* , Kouçanâbha, dans toute la joie de son âme, donna les cent jeunes filles à Brahmadatta. Ce prince, d'une splendeur à nulle autre semblable, prit donc la main à toutes, l'une après l'autre, suivant les rites du mariage. Mais à peine les eut-il seulement touchées aux mains, que tout à coup disparut aux yeux la triste infirmité des cent princesses bossues.

« Elles redevinrent ce qu'elles étaient naguère, douées entièrement de majesté, de grâces et de beauté. Quand le roi Kouçanâbha vit ses filles délivrées du *ridicule fardeau que leur avait imposé la colère du Vent*, il en fut ravi au plus haut point de l'admiration, il s'en réjouit, il en fut enivré de plaisir.

« Les noces célébrées et son royal hôte parti, Kouçanâbha, qui n'avait pas de postérité mâle, célébra un sacrifice solennel pour obtenir un fils. Tandis que les prêtres vaquaient à cette cérémonie, le fils de Brahma, Kouça lui-même apparut et tint ce langage au roi Kouçanâbha, son fils :

« Il te naîtra bientôt un fils égal à toi, mon fils ; il sera nommé Gâdhi, et par lui tu obtiendras une gloire éternelle dans les *trois* mondes. »

« Aussitôt que Kouça eut adressé, noble Râma, ces paroles au roi Kouçanâbha, il disparut soudain, et rentra dans l'air, comme il en était sorti. Après quelque temps écoulé, ce fils du sage Kouçanâbha vint au monde : il fut appelé Gâdhi ; il acquit une haute renommée, il signala sa force égale à celle de la vérité. Ce Gâdhi, qui semblait la justice en personne, fut mon père ; il naquit dans la famille de Kouça ; et moi, vaillant Raghouide, je suis né de Gâdhi.

« Gâdhi eut encore une fille, ma sœur cadette, Satyavatî, bien digne de ce nom [5], femme chaste, qu'il donna en mariage à Ritchika. Quand cette branche éminemment noble du tronc antique de Kouça eut mérité, par son amour conjugal, d'entrer avec son époux au séjour des Immortels, son corps fut changé ici en un grand fleuve.

« *Oui !* ma sœur est devenue ce beau fleuve aux ondes pures, qui descend du Swarga *ou du Paradis* sur le *mont* Himalaya pour la purification des mondes.

« Depuis lors, content, heureux, fidèle à mon vœu, j'habite, Râma, sur les flancs de l'Himalaya, par amour de ma sœur. Satyavatî, la noble fille de Kouça, est donc aujourd'hui le premier des fleuves, parce qu'elle a été pure, dévouée aux *saints* devoirs de la vérité et chastement unie à son époux. C'est de là que, voulant accomplir un vœu, je suis venu à l'Ermitage-Parfait, où grâce à ton héroïsme, *vaillant* fils de Raghou, mon sacrifice a été parfait.

« Mais, tandis que je raconte, la nuit est arrivée à la moitié de son cours ; va donc cultiver le sommeil : que la félicité descende sur toi, et puisse notre voyage ne connaître aucun obstacle !

« Les arbres sont immobiles ; les quadrupèdes et les volatiles reposent : les ténèbres de la nuit enveloppent toutes les régions du ciel. Il semble qu'on ait fardé tout le firmament avec une poussière fine de sandal ; les étoiles d'or, les planètes et les constellations du zodiaque le tiennent, pour ainsi dire, embrassé. L'astre, que le monde aime à cause de ses rayons frais, l'astre des nuits se lève, comme pour verser dans ses clartés radieuses la joie sur la terre, haletante, *il n'y a qu'un instant*, sous la chaleur enflammée du jour. C'est l'heure où l'on voit circuler hardiment tous les êtres qui rôdent au sein des nuits, les troupes des Yakshas, des Rakshasas et des autres Démons, qui se repaissent de chair. »

Après ces mots, le grand anachorète cessa de parler, et tous les solitaires, s'écriant à l'envi : « Bien !... *c'est* bien ! » saluent d'un applaudissement unanime le fils de Kouça.

Ces grands saints dormirent le reste de la nuit au bord de la Çona, et, quand l'aube eut commencé d'éclairer les ténèbres, Viçvâmitra adressant la parole au jeune Râma : « Lève-toi, dit-il, fils de Kâauçalyâ, car la nuit s'est déjà bien éclaircie. Rends d'abord ton hommage à l'aube de ce jour et remets-toi ensuite d'un pas allègre en voyage. »

Après qu'ils eurent longtemps marché dans cette route, le jour vint complètement, et la reine des fleuves, la Gangâ se montra aux yeux des éminents rishis. À l'aspect de ses limpides eaux, peuplées de grues et de cygnes, tous les anachorètes et le guerrier issu de Raghou avec eux de sentir une vive allégresse.

Ensuite, ayant fait camper leurs familles sur les bords du fleuve, ils se baignent dans ses ondes, comme il est à propos ; ils rassasient d'offrandes les Dieux et les mânes des ancêtres, ils versent dans le feu des libations de beurre clarifié, ils mangent comme de l'ambroisie ce qui reste des oblations, et goûtent, d'une âme joyeuse, le plaisir d'habiter la rive pure du fleuve saint.

Ils entourent de tous les côtés Viçvâmitra le magnanime, et Râma lui dit alors : « Je désire que tu me parles, saint homme, sur la reine des bruyantes rivières ; *dis-moi* comment est venue *ici-bas* cette Gangâ, le plus noble des fleuves, et la purification des trois mondes. »

Engagé par ce discours, le sublime anachorète, remontant à l'origine des choses, se mit à lui raconter la naissance du fleuve et sa marche : « L'Himâlaya est le roi des montagnes ; il est doué, Râma, de pierreries en mines inépuisables. Il naquit de son mariage deux filles, auxquelles rien n'était supérieur en beauté sur la terre. Elles avaient pour mère la fille du Mérou, Ménâ à la taille gracieuse, déesse charmante, épouse de l'Himâlaya. LaGangâ, de qui tu vois les ondes, noble enfant de Raghou, est la fille aînée de l'Himalaya ; la seconde fille du mont sacré fut appelée Oumâ.

« Ensuite les Immortels, ambitieux d'une si brillante union, sollicitèrent la main de la belle Gangâ, et le Mont-des-neiges, suivant les règles de l'équité, voulut bien leur donner à tous en mariage cette déesse, l'aînée de ses filles, la *riche* Gangâ, ce grand fleuve, qui marche à son gré dans ses voies pour la purification des trois mondes.

« Puis, les Dieux, dont cet hymen avait comblé tous les vœux, s'en vont de chez l'Himalaya, comme ils y étaient venus, ayant reçu de lui cette *noble* Gangâ, qui parcourt les trois mondes dans sa *longue* carrière.

« Celle qui fut la seconde fille du roi des monts, Oumâ s'est amassé un trésor de mortifications : elle a, fils de Raghou, embrassé une austère pénitence pour accomplir un vœu difficile. Çiva même a demandé sa main, et le mont sacré a marié avec le Dieu cette nymphe, à qui le monde rend un culte et que ses rudes macérations ont élevée jusqu'à la cime de la perfection. »

Quand cet anachorète, commodément assis, eut mis fin à son discours, Râma, joignant les mains, adressa au magnanime Viçvâmitra cette nouvelle demande : « Il n'y a pas moins de mérite à écouter qu'à dire, saint brahme, l'histoire que tu viens de conter : aussi désiré-je l'entendre avec une *plus* grande extension. Pour quelle raison la nymphe Gangâ roule-t-elle ainsi dans trois lits, et vient-elle se répandre au milieu des hommes, elle qui est le fleuve des Dieux ? Quels devoirs a-t-elle, cette nymphe, si versée dans la science des vertus, à remplir dans les trois mondes ? »

Alors Viçvâmitra, l'homme aux grandes mortifications, répondant aux paroles du Kakoutsthide, se mit à lui conter cette histoire avec étendue :

« Jadis un roi, nommé Sagara, juste comme la justice elle-même, était le fortuné monarque d'Ayaudhyâ : il n'avait pas et désirait avoir des enfants. *De ses deux* épouses, la première était la fille du roi des Vidarbhas, *princesse aux beaux cheveux* , justement appelée Kéçinî et qui, très-vertueuse, n'avait jamais souillé sa bouche d'un mensonge. La seconde épouse de Sagara était la fille d'Aristhtanémi, femme d'une vertu supérieure et d'une beauté sans pareille sur la terre.

« Excité par le désir *impatient* d'obtenir un fils, ce roi, habile archer, s'astreignit à la pénitence avec ses deux femmes sur la montagne, où jaillit la source du fleuve, qui tire son nom de Bhrigou. Enfin, quand il eut ainsi parcouru mille années, le plus éminent des hommes véridiques, l'anachorète Bhrigou, qu'il s'était concilié par la vigueur de ses mortifications, accorda, noble Kakoutsthide, cette grâce au monarque pénitent :

« Tu obtiendras, *saint roi* , de bien nombreux enfants, et l'on verra naître de toi une postérité, à la gloire de laquelle rien dans le monde ne sera comparable. L'une de tes femmes accouchera d'un fils pour l'accroissement infini de ta race ; l'autre épouse donnera le jour à soixante mille enfants. »

« Quand il eut ainsi parlé, ces deux femmes de Sagara, joignant les mains, dirent au solitaire, qui s'était amassé un trésor de pénitence, de justice et de vérité : « Qui de nous sera mère d'un seul fils, saint brahme, et qui sera mère de si nombreux enfants ? voilà ce que nous désirons apprendre : que cette faveur accordée soit pour nous une vérité complète ! »

« À ces mots, l'excellent anachorète de répondre aux deux femmes cette parole bienveillante : « J'abandonne cela à votre choix. Demandez-moi ce que vous souhaitez : chacune de vous obtiendra l'objet de son désir : celle-ci un seul fils avec une longue descendance, celle-là beaucoup de fils, qui ne laisseront aucune postérité. »

« D'après ces paroles du solitaire, la belle Kéçini demanda et reçut le fils unique, Râma, qui devait propager sa race. La sœur de Garouda, Soumalî, la seconde épouse, obtint le don qu'elle avait préféré, vaillant fils de Raghou, les illustres enfants au nombre de soixante mille. Ensuite, le roi salua Bhrigou, le plus vertueux des hommes vertueux, en décrivant un pradakshina autour du saint anachorète, et s'en retourna dans sa ville, accompagné de ses deux femmes.

« Quand il se fut écoulé un assez long temps, la première des épouses mit au monde un fils de Sagara : il fut nommé Asamandjas. Mais l'enfant à qui Soumati donna le jour, noble Raghouide, était une verte calebasse : elle se brisa, et l'on en vit sortir les soixante mille fils.

« Les nourrices firent pousser la petite famille en des urnes pleines de beurre clarifié, et tous, après un laps suffisant d'années, ils atteignirent dans cette couche au temps de l'adolescence. Les soixante mille fils du roi Sagara furent tous égaux en âge, semblables en vigueur et pareils en courage.

« L'aîné de ces frères, Asamandjas fut banni par son père de la ville, où ce héros exterminateur des ennemis s'appliquait à nuire aux citadins. Mais Asamandjas eut un fils, nommé Ançoumat, prince estimé par tout le monde et qui avait pour tout le monde une parole gracieuse.

« Ensuite et longtemps après, noble fils de Raghou, cette pensée naquit en l'esprit de Sagara : « Il faut, se dit-il, que je célèbre le sacrifice d'un açwa-médha.

« Dans cette contrée où le mont Vindhya et le fortuné beau-père de Çiva, l'Himalaya, ce roi des montagnes, se contemplent mutuellement et semblent se défier ; dans cette contrée, dis-je, Sagara le magnanime célébra son pieux sacrifice ; car c'est un pays grand, saint, renommé, habité par un noble peuple.

« Là, d'après son ordre, vint avec lui son petit-fils, le héros Ançoumat, habile à manier un arc pesant, habile à conduire un vaste char.

« Tandis que l'attention du roi était absorbée dans la célébration du sacrifice, voici que tout à coup un serpent sous la forme d'Ananta se leva du fond de la terre, et déroba le cheval destiné au couteau du sacrificateur. Alors, fils de Raghou, voyant cette victime enlevée, tous les prêtres officiants viennent trouver le royal maître du sacrifice, et lui adressent les paroles suivantes :

« Qui que ce soit qui, sous la forme d'un serpent, a dérobé le coursier destiné au sacrifice, roi, il faut que tu donnes la mort à ce ravisseur et que tu nous ramènes le cheval ; car son absence est dans la cérémonie une grande faute pour la ruine de nous tous. Accomplis donc ce devoir, afin que ton sacrifice n'ait aucun défaut. »

« Quand le prince eut écouté dans cette grande assemblée ces pressantes paroles de ses directeurs spirituels, il fit appeler devant lui ses soixante mille fils, et leur tint ce langage : « Je vois que ni les Rakshasas, ni les Nâgas eux-mêmes n'ont pu se glisser dans cette auguste cérémonie ; car ce sont les grands rishis qui veillent sur mon sacrifice. Qui que ce soit des êtres divins qui, sous la forme d'un serpent, s'est emparé du cheval, vous, mes fils, voyant avec une *juste* colère ce défaut jeté dans les cérémonies introductives de mon sacrifice, allez, soit qu'il se cache dans les enfers, soit qu'il se tienne au fond des eaux, allez, *dis-je*, le tuer, ramenez-moi le cheval, et puisse le bonheur vous accompagner !

« Fouillant jusque dans les *humides* guirlandes de la mer et creusant le globe entier avec de longs efforts, cherchez tant que vous ne verrez point le cheval s'offrir enfin à vos yeux. Que chacun de vous brise un yaudjana de la terre ; allez tous en vous suivant *ainsi les uns les autres*, selon cet ordre, que je vous impose, de chercher *avec soin* le ravisseur de notre cheval.

« Quant à moi, lié par les cérémonies préliminaires de mon sacrifice, je me tiendrai ici, accompagné de mon petit-fils et des prêtres officiants, jusqu'au temps où le bonheur veuille que vous ayez bientôt découvert le coursier. »

« Dès que Sagara eut ainsi parlé, ses fils, Râma, exécutèrent, d'une âme joyeuse, l'ordre paternel et se mirent aussitôt à déchirer la terre. Ces hommes héroïques fendent le sein du globe, chacun l'espace d'un yaudjana, avec une vigueur et des bras égaux à la force du tonnerre. — Ainsi brisée à coups de bêches, de massues, de lances, de hoyaux et de pics, la terre pousse comme des cris de douleur. — Il en sortait un bruit immense de Nâgas, de serpents aux grandes forces, de Rakshasas et d'Asouras ou tués ou blessés.

« En effet, d'une vigueur augmentée par la colère, tous ces hommes eurent bientôt déchiré soixante mille yaudjanas *carrés* du globe jusqu'aux voûtes des régions infernales.

« Ainsi, creusant de tous côtés la terre, ces fils du roi avaient parcouru le Djamboudwîpa, *c'est-à-dire l'Inde*, hérissé de montagnes.

« Ensuite, les Dieux avec les Gandharvas, avec le peuple même des grands serpents, courent, l'âme troublée, vers l'aïeul suprême des créatures, et, s'étant prosternés devant lui, tous les Souras, agités d'une profonde épouvante, adressent au magnanime Brahma les paroles suivantes : « Heureuse Divinité, toute la terre est creusée en tous lieux par les fils de Sagara, et ces vastes fouilles causent une destruction immense des créatures *vivantes*. « Voici, disent-ils, ce Démon, perturbateur de nos sacrifices, le ravisseur du cheval ! » et, parlant ainsi, les fils de Sagara détruisent *l'une après l'autre* toutes les créatures. Informé de ces *troubles*, Dieu, à la force puissante, daigne concevoir un moyen dans ta pensée, afin que ces héros, qui cherchent le cheval *dévoué au sacrifice*, n'ôtent plus à tous les animaux une vie qu'ils ont reçue de toi. »

« À ces mots, le suprême aïeul des créatures répondit en ces termes à tous les Dieux tremblants d'épouvante : « Le ravisseur du cheval est ce Vasoudéva-Kapila, qui soutient seul tout l'univers et de qui l'origine échappe à toute connaissance. *S'il a dérobé la victime, c'est parce qu'il en avait jadis vu dans l'avenir ces conséquences :* le déchirement de la terre et la perte des Sagarides à la force immense : voilà quel est mon sentiment. »

« Après qu'ils eurent entendu parler ainsi l'antique père des créatures, les Dieux, les Rishis, les mânes des ancêtres et les Gandharvas s'en retournèrent, comme ils étaient venus, dans leurs palais du triple ciel.

« Ensuite, bruyante comme le tonnerre de la foudre, s'éleva la voix des vigoureux fils de Sagara, occupés à fouir la terre. Ayant fouillé entièrement ce globe et décrit un pradakshina autour de lui, tous les Sagarides s'en vinrent à leur père et lui dirent ces paroles :

« Nous avons parcouru toute la terre et fait un vaste carnage d'animaux aquatiques, de grands serpents, de Daityas, de Dânavas, de Rakshasas ; et cependant nulle part, ô roi, le perturbateur de ton sacrifice ne s'est offert à nos yeux. Que veux-tu, père chéri, que nous fassions encore ? Réfléchis là-dessus, et donne-nous tes ordres. »

« Alors Sagara se mit à songer, et fit cette réponse à ce discours de tous ses fils : « Cherchez de nouveau mon cheval, creusez même ces régions infernales, et, quand vous aurez saisi le ravisseur de mon coursier, revenez enfin, couronnés du succès. »

« À ces mots de leur auguste père, les soixante mille fils de Sagara courent de tous les côtés aux régions infernales.

« Mais, tandis qu'ils travaillent de toutes parts à creuser la terre, voici qu'ils aperçoivent *devant eux* l'auguste Nârâyana et le cheval, qui se promène *en liberté* auprès de ce Dieu, nommé aussi Kâpila. À peine ont-ils cru voir en Vishnou le ravisseur du cheval, que, tout furieux, ils courent sur lui avec des yeux enflammés de colère, et lui crient : « Arrête ! arrête là ! »

« Alors ce magnanime, infini dans sa grandeur, envoie sur eux un souffle de sa bouche, qui rassemble tous les fils de Sagara et fait d'eux un monceau de cendres. »

« Étant venu à penser, noble rameau de l'antique Raghou, que ses fils étaient déjà partis depuis longtemps, Sagara tint ce langage à son petit-fils, qu'enflammait un héroïsme naturel : « Va-t'en à la recherche de tes oncles et du *méchant* qui a dérobé mon coursier ; mais songe que dans les cavités de la terre habite un grand nombre d'êtres. Ne marche donc pas sans être muni de ton arc et préparé contre leurs attaques. Quand tu auras, bien-aimé fils, trouvé tes oncles et tué l'être qui met des entraves à mon vœu, reviens alors, couronné du succès, et conduis-moi à l'accomplissement de mon sacrifice : tu es un héros, tu possèdes maintenant la science, et ta bravoure est égale à celle de tes aïeux. »

« À ces paroles du magnanime Sagara, Ançoumat prit son arc avec son épée, Râma, et se mit en route d'un pas accéléré. Sans délai, suivant le même chemin qu'ils avaient déjà parcouru, l'adolescent marcha d'une grande vitesse à la recherche de ses oncles.

« Il contempla ce *vaste* carnage d'Yakshas et de Rakshasas, que les *nobles fossoyeurs* avaient exécuté, et vit enfin debout devant lui ce *pilier vivant* de la plage orientale, l'éléphant Viroûpâksha. — Ançoumat lui rendit l'honneur d'un pradakshina, lui demanda comment il se portait, et s'informa ensuite de ses oncles, puis de *l'être inconnu* qui avait dérobé le cheval. À ces questions d'Ançoumat, l'éléphant, soutien de ce quartier, répondit au jeune homme, debout près de lui : « Ton voyage sera heureux. » — Ces paroles entendues, le *neveu de soixante mille oncles reprit son chemin* et continua à s'enquérir successivement avec le respect convenable auprès des trois autres éléphants de l'espace. Cette réponse même fut rendue au jeune et bouillant héros Ançoumat : « Tu retourneras chez toi, honoré et maître du cheval. »

« Quand il eut recueilli ces bonnes paroles des éléphants, il s'avança d'un pied léger vers l'endroit où les Sagarides, ses oncles, n'étaient plus qu'un monceau de cendres. Et, devant le funèbre spectacle de ce tumulaire amas, le fils d'Asamandjas, accablé sous le poids de sa douleur, se répandit en cris plaintifs.

« Il vit aussi errer non loin de là ce coursier qu'un serpent avait enlevé, un jour de pleine lune, dans le bois de la Vélà.

« Ce héros à la splendeur éclatante désirait célébrer, en l'honneur de ces fils du roi, la cérémonie d'en arroser les cendres avec les ondes lustrales : il avait donc besoin d'eau, mais nulle part il ne voyait une source. Tandis qu'il promène autour de lui ses regards, voici qu'il aperçoit en ce lieu, *vaillant* Râma, l'oncle maternel de ses oncles, Garouda, le monarque des oiseaux. Et ce rejeton de Vinatâ aux forces puissantes lui tint ce langage : « Ne t'afflige pas, ô le plus éminent des hommes ; cette mort sera glorifiée dans les mondes. C'est Kapila même, l'infini, qui a consumé ces guerriers invincibles : voici, héros, la seule manière dont tu puisses verser de l'eau sur eux. La fille aînée de l'Himalaya, la purificatrice des mondes, la Gangâ, cette reine des fleuves, doit laver de ses ondes tes *infortunés* parents, dont Kapila fit un monceau de cendres. Aussitôt que le Gangâ, chérie des mondes, aura baigné cet amas de leurs cendres, tes oncles, mon bien-aimé, s'en iront au ciel !

« Amène, s'il t'est possible, du séjour des Immortels, la Gangâ sur la face de la terre ; procure ici-bas, et puisse le bonheur sourire à ton noble dessein ! procure ici-bas la descente du fleuve sacré. Prends ce coursier et retourne chez les tiens, comme tu es venu : il est digne de toi, vaillant héros, de mener à bonne fin le sacrifice de ton aïeul. »

« Docile aux paroles de Garouda, le vigoureux autant qu'illustre Ançoumat s'empara du cheval et revint d'un pied hâté au lieu où cette victime devait être immolée.

« Arrivé devant le roi au moment où celui-ci venait enfin d'achever les cérémonies initiales de son açwamédha, il répéta à son aïeul, noble fils de Raghou, les paroles de l'*oiseau* Garouda ; et le monarque, ému au récit affreux d'Ançoumat, termina le sacrifice avec une âme pleine de tristesse. — Quand il eut achevé complètement sa grande cérémonie, ce maître sage d'un vaste empire s'en retourna dans sa capitale, mais il n'arriva point à trouver un moyen pour amener la Gangâ sur la terre ; et, ce dessein échoué, il paya son tribut à la mort, après qu'il eut gouverné le monde l'espace de trente mille années. »

« Des que le noble Sagara fut monté au ciel, digne rejeton de Raghou, ô Râma, le vertueux Ançoumat fut élu comme roi par la volonté des sujets. Ce nouveau souverain fut un monarque bien grand, et de lui naquit un fils, nommé Dilîpa. Ançoumat, prince d'une haute renommée, remit l'empire aux mains de ce Dilîpa, et se retira sur une cime de l'Himalaya, où il embrassa la carrière de la pénitence. Ce meilleur des rois, Ançoumat, que la vertu ceignit d'un éclat immortel, voulait obtenir *à force de macérations*, que la Gangâ descendît purifiante ici-bas ; mais, n'ayant pu voir son désir accompli, malgré trente-deux mille années de la plus rigoureuse pénitence, le magnanime saint à la splendeur infinie passa de la terre au ciel.

« Dilipa même, éblouissant de mérites, célébra de nombreux sacrifices et régna vingt mille ans sur la terre-mais, conduit par la maladie sous la main de la mort, il n'arriva point, ô le plus éminent des hommes, à dénouer le nœud pour la descente du Gange ici-bas. S'en allant donc au monde du *radieux* Indra, qu'il avait gagné par ses œuvres saintes, cet excellent roi abandonna sa couronne à son fils Bhagîratha, qui fut, rameau bien-aimé de Raghoti, un monarque plein de vertu ; mais il n'avait pas d'enfant, et le désir d'un fils semblable à son père était sans cesse avec lui.

« Ascète énergique, il se macéra sur le mont Caukarna dans une rigide pénitence : se tenant les bras toujours levés en l'air, se dévouant l'été aux ardeurs suffocantes de cinq feux, couchant l'hiver dans l'eau, sans abri dans la saison humide contre les nuées pluvieuses, n'ayant que des feuilles arrachées pour seule nourriture ; il tenait en bride son âme, il serrait le frein à sa concupiscence.

« À la fin de mille années, charmé de ses cruelles mortifications, l'auguste et fortuné maître des créatures, Brahma vint à son ermitage ; et là, monté sur le plus beau des chars, environné même par les différentes classes des Immortels, adressant la parole au solitaire dans l'exercice de sa pénitence : « Bienheureux Bhagiralha, lui dit-il, je suis content de toi ; reçois *donc maintenant* de moi la grâce que tu souhaites, saint monarque de la terre. »

« Ensuite, à cet aspect de Brahma, venu chez lui en personne, l'éblouissant anachorète, creusant les deux paumes de ses mains jointes, répondit en ces termes :

« Si Bhagavat est content de moi, s'il est quelque valeur à ma pénitence, que les fils de Sagara obtiennent par moi en récompense la cérémonie des eaux lustrales ; que, cette cendre vaine de leurs corps une fois lavée par la Gangâ, tous nos aïeux purifiés entrent sans tache dans le séjour du ciel ; que cette race illustre ne vienne jamais à s'éteindre en aucune manière dans la famille d'Ikshwâkou ! Je n'ai rien a demander qui me soit plus cher. »

« À ces paroles du royal solitaire, l'aïeul originel de tous les êtres lui répondit en ce gracieux langage orné de syllabes douces : « Bienheureux Bhagîratha, distingué jadis par ton adresse à conduire un char, *maintenant* par la richesse de tes mortifications, que la famille d'Ikshwâkou impérissable, comme tu veux, ne soit jamais retranchée *des vivants*.

« Tombée des cieux, la Gangâ, qui est le plus grand des fleuves, briserait entièrement la terre dans sa chute par la masse énorme de ses flots. Il faut donc, ô roi, supplier d'abord le dieu Çiva de porter lui-même cette cataracte ; car il est certain que la terre ne pourra jamais soutenir le saut du Gange. Je ne vois pas dans le monde une autre puissance que Çiva capable de supporter l'impétuosité écrasante du fleuve tombant : implore donc cette *grande divinité*. »

« Il dit, et, quand il eut *de nouveau* engagé ce roi à conduire le Gange sur la terre, l'aïeul primordial des créatures, Bhagavat s'en alla dans le triple ciel. »

« Après le départ de cet aïeul originel de tous les êtres, le royal anachorète jeûna encore une année, se tenant sur un pied, le bout seul d'un orteil appuyé sur le sol de la terre, ses bras levés en l'air, sans aucun appui, n'ayant pour aliment que les souffles du vent, sans abri, immobile comme un tronc d'arbre, debout, privé de sommeil et le jour et la nuit. Ensuite, quand l'année eut accompli sa révolution, le Dieu que tous les Dieux adorent et qui donne la nourriture à tous les animaux, l'époux d'Oumâ parla ainsi à Bhagiratha :

« Je suis content de toi, ô le plus vertueux des hommes ; je ferai la grande chose que tu désires : je soutiendrai, tombant des cieux, le fleuve au triple chemin. »

« À ces mots, étant monté sur la cime de l'Himalaya, Mahéçwara, adressant la parole au fleuve qui roule dans les airs, dit à la Gangà : « Descends ! »

Il ouvrit de tous les côtés la vaste gerbe de son djata, formant un bassin large de plusieurs yaudjanas et semblable à la caverne d'une montagne. Alors, tombée des cieux, la Gangâ, ce fleuve divin, précipita ses flots avec une grande impétuosité sur la tête de Çiva, infini dans sa splendeur.

« Là, troublée, immense, rapide, la Gangâ erra sur la tête du grand Dieu le temps qu'il faut à l'année pour décrire sa révolution. Ensuite, pour obtenir la délivrance du Gange, Bhagiratha de nouveau travailla à mériter la faveur de Mahadeva, l'*immortel* époux d'Oumâ. Alors, cédant à sa prière, Çiva mit en liberté les eaux de la Gangâ ; il baissa une seule natte de ses cheveux, ouvrant ainsi de lui-même un canal, par où s'échappa le fleuve aux trois lits, ce fleuve pur et fortuné des grands Dieux, le purificateur du monde, le Gange, *enfin*, vaillant Râma.

« À ce spectacle assistaient les Dieux, les Rishis, les Gandharvas et les différents groupes des Siddhas, tous montés, les uns sur des chars de formes diverses, les autres sur les plus beaux des chevaux, sur les plus magnifiques éléphants, et les Déesses venues aussi là en nageant, et l'aïeul original des créatures, Brahma lui-même, qui *s'amusait* à suivre le cours du fleuve. Toutes ces classes des Immortels à la vigueur infinie s'étaient réunies là, curieuses de voir la plus grande des merveilles, la chute prodigieuse de la Gangâ dans le monde inférieur.

« Or, *la splendeur naturelle* à ces troupes des Immortels rassemblés et les magnifiques ornements dont ils étaient parés illuminaient tout le firmament d'une clarté flamboyante, égale aux lumières de cent soleils ; et cependant le ciel était alors enveloppé de sombres nuages.

« Le fleuve s'avançait, tantôt plus rapide, tantôt modéré et sinueux ; tantôt il se développait en largeur, tantôt ses eaux profondes marchaient avec lenteur, et tantôt il heurtait ses flots contre ses flots, où les dauphins nageaient parmi les espèces *variées* des reptiles et des poissons.

« Le ciel était enveloppé comme d'éclairs jaillissants çà et là : l'atmosphère, toute pleine d'écumes blanches par milliers, brillait, comme brille dans l'automne un lac argenté par une multitude de cygnes. L'eau, tombée de la tête de Mahadéva, se précipitait sur le sol de la terre, où elle montait et descendait plusieurs fois en tourbillons, avant de suivre un cours régulier sur le sein de Prithivî.

« Alors on vit les Grahas, les Ganas et les Gandharvas, qui habitaient sur le sein de la terre, nettoyer avec les Nâgas la route du fleuve à la force impétueuse. Là, ils rendirent tous les honneurs aux limpides ondes, qui s'étaient rassemblées sur le corps de Çiva, et, l'ayant répandue sur eux, ils devinrent à l'instant même lavés de toute souillure. Ceux qu'une malédiction avait précipités du ciel sur la face de la terre, ayant reconquis par la vertu de cette eau leur ancienne pureté, remontèrent dans les palais éthérés. Tout au long de ses rives, les Rishis divins, les Siddhas et les plus grands saints murmuraient la prière à voix basse. Les Dieux et les Gandharvas chantaient, les chœurs des Apsaras dansaient, les troupes des anachorètes se livraient à la joie, l'univers entier nageait dans l'allégresse.

« Cette descente de la Gangà comblait enfin de plaisir tous les trois mondes. Le royal saint à la splendeur éclatante, Bhagîralha, monté sur un char divin, marchait à la tête. Ensuite, avec la masse de ses grandes vagues, noble fils de Raghou, la Gangà venait par derrière, comme en dansant. Dispersant çà et là ses eaux d'un pied allègre, parée d'une guirlande et d'une aigrette d'écume, pirouettant dans les tourbillons de ses grandes ondes, déployant une légèreté admirable, elle suivait la route de Bhagîratha et s'avançait comme en s'amusant d'un folâtre badinage. Tous les Dieux et les troupes des Rishis, les Daityas, les Dànavas, les Rakshasas, les plus éminents des Gandharvas et des Yakshas, les Kinnaras, les grands serpents et tous les chœurs des Apsaras suivaient, noble Râma, le char triomphal de Bhagîratha.

« De même, tous les animaux qui vivent dans les eaux accompagnaient joyeux le cours du fleuve célèbre, adoré en tous les mondes. Là où allait Bhagîratha, le Gange y venait aussi, ô le plus éminent des hommes. Le roi se rendit au bord de la mer, aussitôt, baignant sa trace, la Gangà se mit à diriger là sa course. De la mer, il pénétra avec elle dans les entrailles de la terre, à l'endroit fouillé par les fils de Sigara ; et, quand il eut introduit le Gange au fond du Tartare, il consola enfin tous les mânes de ses grands-oncles et fit couler sur leurs cendres les eaux du fleuve sacré. Alors, s'étant revêtus de corps divins, tous de monter au ciel dans une ivresse de joie. Quand il eut vu ce magnanime laver ainsi tous ses oncles, Brahma, entouré des Immortels, adressa au roi Bhagîratha ces paroles :

« Tigre saint des hommes, tu as délivré tes antiques aïeux, les soixante mille fils du magnanime Sagara. En mémoire de lui, ce réceptacle éternel des eaux, la grande mer, appelée désormais Sàgara dans le monde, portera, n'en doute point, ce nom d'âge en âge à la gloire.

« Aussi longtemps que l'on verra subsister dans ce monde-ci l'immortel Sàgara, c'est-à-dire la mer, aussi longtemps doit habiter dans le Paradis le roi Sagara, accompagné de ses fils. Cette Gangâ, saint monarque, deviendra même ta fille.

« Elle sera donc appelée Bhaghîrathî, nom sous lequel on connaîtra cette nymphe dans les trois mondes, comme elle devra à sa venue sur la terre le nom de Gangâ [6].

« Aussi longtemps que ce grand fleuve du Gange existera sur la terre, aussi longtemps ta gloire impérissable marchera disséminée dans les mondes ! Célèbre donc, ici la cérémonie de l'eau en l'honneur de tes ancêtres ; accomplis ce vœu en mémoire de tous, ô loi. qui règnes sur les enfants de Manou ! Ton illustre bisaïeul, ce vertueux Sagara, le plus juste des hommes justes, ne put satisfaire en cela son désir.

« De même, Ançoumat, d'une splendeur incomparable dans le monde, ne put, cher ami, effectuer son vœu de faire descendre le Gange, qu'il invitait à couler sur la terre.

« Dilîpa même, ton illustre père, si ferme en tous ses devoirs de kshatrya, était d'une énergie sans mesure ; il désirait voir le Gange ici-bas, mais il échoua dans sa pieuse tentative : et cependant ses mortifications n'avaient point eu d'égales parmi celles des antiques rois, qui avaient embrassé la vie d'anachorète et que la vertu illuminait d'une splendeur semblable à la sainte auréole des Maharshis.

« Par toi seul, *noble* taureau des hommes, cette grâce a donc été obtenue ; tu as acquis par là une renommée incomparable dans le monde et même estimée *dans le ciel* par tous les treize *plus grands* Dieux. Cette descente du Gange, dont tu as gratifié la terre, vaillant dompteur des ennemis, élève bien haut pour toi un trône de vertus, où elle te fait monter, ascète sans péché.

« Purifie-toi d'abord toi-même, ô le plus grand des hommes, dans ces ondes éternellement dignes, et, devenu pur, goûte le fruit de ta pureté, ô le plus vertueux des mortels. Ensuite, célèbre à ton aise en l'honneur de tes ancêtres la cérémonie des eaux lustrales. Adieu, *noble* taureau des hommes ; sois heureux : je retourne au monde du Paradis ! »

« Quand elle eut ainsi parlé au vaillant Bhagîratha, la Divinité sainte de s'en aller, accompagnée des Immortels, au monde de Brahma, où ne pénètrent pas les maladies.

« Maintenant, Râma, je t'ai pleinement exposé l'histoire du Gange : le salut soit donc à toi, et puisse sur toi descendre la félicité ! voici arrivée l'heure de la prière du soir. Cette descente du Gange, dont je viens de présenter le récit, procure à tous ceux qui l'entendent raconter les richesses, la renommée, une longue vie, le ciel et même la purification *des péchés*. »

Viçvâmitra se rendit, accompagné du jeune Raghouide, à la ville du *roi* Viçâla, aussi ravissante et non moins céleste que la cité du Paradis. Là, arrivé dans cette ville, appelée Vêçâli, Râma, tenant ses mains jointes devant soi, Râma à la haute intelligence adressa au saint homme cette demande :

« De quelle royale famille est donc sorti ce magnanime Viçâla ? Poussé d'une vive curiosité, je désire l'apprendre, bienheureux anachorète. »

À ces mots du prince, qui possède à fond la science de soi-même, l'homme aux grandes mortifications Viçvâmitra se met à raconter ainsi :

« Il y avait dans l'âge Krita, *vaillant* Râma, les fils de Ditî, doués d'une grande force, et les fils d'Aditî, pourvus d'une grande vigueur : tous, ils étaient enivrés de leur puissance et de leur courage ; tous, ils étaient frères, nés d'un seul père, le magnanime Kaçyapa ; mais deux sœurs, Ditî et Aditî, leur avaient donné le jour : ils étaient rivaux, toujours en lutte, et brûlants de se vaincre mutuellement.

« Ces héros d'une énergie indomptée s'étant donc un jour assemblés, voici en quels termes ils se parlèrent, *digne* rameau de *l'antique* Raghou : « Comment pourrons-nous être exempts de la vieillesse et de la mort ? »

« Dans leur conseil, une résolution fut ainsi arrêtée : « Tous, réunissant nos efforts, recueillons tous les simples de la terre, semons çà et là ces plantes annuelles dans la mer de lait ; puis, barattons l'océan lacté ; et buvons la *divine* essence, qui doit naître de ce mélange vigoureusement brassé. Par elle, dans le monde, nous serons affranchis de la vieillesse et de la mort, exempts de la maladie, pleins de force, de vigueur et d'énergie, doués tous d'une splendeur et d'une beauté *impérissables* . »

« Quand ils eurent ainsi arrêté cette résolution, ils se firent une baratte avec le *mont appelé* Mandara, une corde avec le serpent Vâsouki, et se mirent à baratter *sans repos* le séjour de Varouna.

« Au sein des ondes remuées, on vit naître de cette liqueur les plus belles des femmes : elles furent nommées Apsaras [7], parce qu'elles étaient sorties des eaux.

« Destinées pour le plaisir du ciel, elles avaient des formes célestes et rehaussaient avec des ornements célestes la grâce de leurs célestes vêtements. Éblouissantes de splendeur, elles étaient riches en tous les dons de la beauté, de la jeunesse et de la douceur. Il y eut alors de ces Apsaras soixante dizaines de millions ; mais leurs suivantes, Râma, étaient en nombre impossible à calculer. Ni les Dieux, ni les Daîtyas ne prirent ces nymphes, vaillant fils de Raghou ; et, pour cette cause, toutes, elles restèrent en commun.

« Ensuite, cherchant un époux, Vârounî sortit des eaux lactées : les enfants de Ditî refusèrent cette fille de Varouna ; mais la nymphe fut acceptée comme épouse avec une grande joie par les enfants d'Aditi. De là fut donné aux Dieux le nom de Souras, parce qu'ils avaient épousé *Vârouni, appelée d'un autre nom* Sourâ ; et les Daityas, parce qu'ils avaient dédaigné cette fille des ondes, furent nommés Asouras.

« Alors s'élança hors des flots agités le cheval Outch-tchéççravas [8] : aussitôt après lui parut Kâaustoubha, la perle des perles ; ensuite, on vit surnager au-dessus des eaux brassées la divine ambroisie même ; puis, du sein de l'océan lacté, naquit le roi des médecins, Dhanvantari, qui portait dans ses mains une aiguière, toute pleine de nectar.

« Après celui-ci émergea des eaux barattées le poison destructeur des mondes, et qui, lumineux comme le soleil flamboyant, fut avalé par tous les serpents.

« Alors une terrible guerre, exterminatrice de tous les mondes, s'éleva entre ces puissants *rivaux*, les Dieux et les Démons, pour la possession de l'ambroisie. Dans ce grand *et mutuel* carnage, où s'entre-déchiraient ces héros à la vigueur infinie, les fils d'Aditî battirent les enfants de Ditî.

« Quand il eut terrassé les Daîtyas et reçu la couronne du ciel, *Indra*, le Briseur de villes, monté au comble de la félicité, s'enivra de plaisir, environné d'hommages par tous les immortels. Victorieux de ses ennemis, inaccessible aux chagrins, il se réjouit avec les Dieux ; et tous les mondes alors de partager sa joie, avec les essaims des Rishis et les bardes célestes.

« Ensuite Ditî la Déesse, que la déroute de ses fils, battus par les Dieux, avait conduite au plus haut point de la douleur, tint ce langage à Kaçyapa, son époux, fils de Maritchi : « Ô bienheureux, je souffre dans mes enfants, qu'Indra et tes autres fils ont taillés en pièces, je désire mériter par de longues mortifications un fils qui soit le destructeur de Çakra. *Oui*, je vais marcher dans les voies de la pénitence : ainsi, daigne confier à mon sein le germe d'un fils ; et qu'ici, fécondé par toi, il enfante un jour le vainqueur de Çakra. »

« Ce discours de la Déesse entendu, le Maritchide Kaçyapa, rayonnant de splendeur, fit cette réponse à Ditî, plongée dans sa douleur : « Qu'il en soit ainsi ! Daigne sur toi descendre la félicité ! Sois pure, femme riche en piété ! car, si tu peux rester mille années sans tache, tu mettras au monde ce fils, que tu désires, ce vainqueur d'Indra, au *bout de cette révolution complète.* » Quand il eut dit ces mots, le saint, illuminé de splendeur, lui fit une *seule* caresse avec la main. L'ayant ainsi *chastement* touchée : « Adieu ! » lui dit Kuçyapa ; et l'anachorète aussitôt de retourner à ses macéralions. Après son départ, Diti, ravie de joie, embrassa la plus austère pénitence dans un lieu où la pente conduisait toutes les eaux.

« Tandis qu'elle marchait dans sa carrière de mortifications, Çakra s'astreignit à la plus basse des conditions ; il s'attacha de lui-même au service de la pénitente ; et, *dérobant sa grandeur* sous les humbles fonctions, qu'il remplissait avec un zélé dévouement, Pourandara s'empressait d'apporter à la sainte femme ce qui était à-propos, du bois, des racines, des fruits, des fleurs, du feu, de l'eau ou de l'herbe Kouça. Il frottait les membres de la *vieille anachorète*, il dissipait sa lassitude. Le roi du ciel enfin servait Diti en tous les bons offices *d'un vigilant domestique.*

« Quand il se fut ainsi écoulé dix siècles, moins dix années, Ditl joyeuse adressa, *noble* fils de Raghou, les mots suivants à la Déité aux mille yeux : « Je suis contente de toi, homme à la grande énergie : dix ans nous restent à passer, mon enfant ; mais alors, sois heureux ! il te naîtra de mon sein un *noble* frère : à cause de toi, mon fils, je veux faire de lui un héros ardent à la victoire. Uni à toi par le doux *nœud de la* fraternité, il te donnera certainement un royaume ! »

« Ensuite, quand elle eut ainsi parlé à Çakra, la céleste Ditî, à l'heure où le soleil arrive au milieu du jour, fut saisie par le sommeil à côté de ce Dieu *travesti*, et s'endormit, fils de Raghou, sans rien soupçonner, dans une posture indécente. À la vue de cette obscène attitude, qui rendait impure la sainte anachorète, Indra en fut ravi de joie et se mit à rire.

« Aussitôt le meurtrier du *mauvais Génie* Bala se glissa dans le corps mis à nu de cette femme endormie, et fendit en sept avec sa foudre aux cent nœuds le fruit qu'elle avait conçu. Puis il recoupa en sept chaque part du malheureux embryon ; lesquelles sept, noble Râma, lui résistaient chacune de toute sa force et pleuraient d'une voix plaintive.

« Tandis que le Dieu armé du tonnerre déchirait le fœtus avec sa foudre au sein de la mère, l'embryon pleurant, ô Râma, poussait de grands cris, et Ditî en fut réveillée.

« Ne pleure donc pas ! disait le fils de Vasou au fœtus éploré, et la foudre en même temps divisait l'embryon, malgré ses larmes. « Ne le tue pas ! s'écria Ditî, ne le tue pas ! » À ces mots, respectant cette majesté, qui est dans la parole d'une mère, Indra sortit, et, debout, hors du sein, les mains jointes, devant elle : « Déesse, tu es devenue impure, lui répondit le Dieu, parce que tu es couchée dans une posture indécente. Moi, saisissant l'occasion, j'ai tué l'enfant déposé en ton sein pour ma ruine ; daigne me pardonner cette action, Déesse auguste ! »

« Voyant son fruit divisé en quarante-neuf portions. Ditî pleine de tristesse dit à l'invincible Déité aux mille yeux : « C'est ma faute si mon fruit, mis en pièces, n'est plus qu'un tas de morceaux : la faute, roi des Dieux, n'en peut retomber sur toi, car *naturellement* tu devais souhaiter ici *et chercher* ton avantage personnel. Puisqu'il en est arrivé ainsi, veuille bien, Dieu puissant, veuille faire une chose agréable pour moi. Que les sept fragments septuples de mon fruit, célèbres sous le nom de Maroutes et devenus tes serviteurs, parcourent le monde, portés sur les sept épaules des sept Vents. *Terrasse*, avec le secours de ces Maroutes, mes fils, *terrasse*, immole les ennemis.

« Qu'ils aillent, ceux-ci dans le monde de Brahma, ceux-là dans le monde d'Indra : et qu'ils voyagent à tes ordres dans toutes ces plages du ciel ! Que les Maroutes, tes *légers* serviteurs, Indra, soient revêtus de corps célestes et qu'ils savourent l'ambroisie pour aliment ! Daigne accomplir cette parole de moi ! »

« À ces mots de la *sainte anachorète*, fils de Raghou, Çakra, le plus fort des êtres forts, creusant la paume de ses mains jointes, lui répondit en ces termes : « Qu'il en soit ainsi ! Tes fils seront appelés Maroutes de ce nom même que tu as inventé pour eux : je ferai, sans qu'il y manque rien, toutes ces choses suivant ton désir ; ils seront doués par mon ordre, tes fils, d'une beauté céleste et mangeront avec moi l'ambroisie. Sans crainte, exempts de maladie, ils voyageront dans les trois mondes. Sois tranquille, et puisse descendre la félicité sur toi ! j'accomplirai ta parole : *oui* ! tout cela sera fait comme tu l'as dit, n'en doute pas !

« Après qu'ils eurent ainsi, de l'une et l'autre part, conclu cette convention, la mère et le fils s'en retournèrent dans le triple ciel : voilà, *jeune* Râma, ce qui nous fut raconté. Ce lieu-ci, Kakoutsthide, est celui même qui fut habité jadis par le grand Indra. C'est ici même qu'il servait ainsi l'anachorète Ditî, arrivée dans sa pénitence au sommet de la perfection. »

Sur la nouvelle que le saint ermite Viçvàmitra était arrivé dans son royaume, aussitôt Djanaka saisit les huit, parties composantes de l'arghya ; puis, donnant le pas sur lui à Çatânanda, son pourohita sans péché, et s'entourant de tous les autres prêtres attachés au service de son pieux oratoire, il vint en toute hâte saluer Viçvàmitra et lui offrir la corbeille sanctifiée par les prières.

Quand il eut reçu un tel honneur du *magnanime* Djanaka, *Viçvâmitra*, le plus vertueux des anachorètes, s'enquit lui-même et sur la santé du roi et à quel point déjà il en était venu du sacrifice ; ensuite il demanda tour à tour, suivant les bienséances, à chacun de tous les ermites venus à sa rencontre avec le pourohita, comment il se portait.

Çatânanda ensuite adressa ce discours à Râma : « Sois le bienvenu ici, ô le plus vaillant des Raghouides ! c'est ta bonne fortune qui t'amène, mon seigneur, accompagné de Viçvâmitra, à ce pieux sacrifice du magnifique *roi*. En effet, il est insaisissable à toute pensée, ce roi qui s'est élevé à l'état de rishi, le juste Viçvâmitra, à la grande puissance, à la splendeur infinie, qui te fut donné pour ton gourou suprême.

« Il n'existe pas un être, quel qu'il soit, Râma, plus heureux que toi sur la terre, puisque Viçvâmitra, ce trésor de pénitence, a fait de ton bonheur l'objet de ses *plus chers* désirs. Écoute donc l'histoire de ce magnanime fils de Kouçika, quelle est la force de cet anachorète illustre, quelle est son héroïque énergie, quelle est enfin la puissance de son absorption en Dieu.

Jadis la terre eut un maître nommé Kouça : il était fils de *Brahma*, l'antique aïeul des créatures, et ce fut lui qui donna le jour au puissant et vertueux Kouçanâbha. Celui-ci eut un fils appelé Gâdhi, prince à la haute intelligence, duquel est né le grand anachorète, ce flamboyant Viçvâmitra. — Or, Viçvâmitra gouverna ce globe en roi, qui semblait une incarnation de la justice, et garda l'empire dans ses mains plusieurs myriades d'années.

« Une fois, ayant rassemblé les six corps d'une armée complète, il se mit, environné de cette formidable puissance, à parcourir la terre. Traversant les fleuves et les montagnes, les forêts et les villes, ce roi fameux arriva de marche en marche jusqu'à l'ermitage de Vaçishtha, ombragé de nombreux arbres, soit à fleurs, soit à fruits, tout rempli de nombreuses bandes d'animaux inoffensifs, hanté par les Siddhas et les Tchâranas, toujours plein de magnanimes anachorètes, fidèles à leurs vœux, semblables à Brahma, tous purifiés par l'exercice de la pénitence, tous resplendissants comme le feu. n'ayant tous pour seule nourriture que l'eau, le vent, les feuilles tombées, les racines et les fruits ; âmes domptées, qui ont vaincu la colère, qui ont vaincu les organes des sens, qui font un saint usage des ablutions, qui ont pour mortier les dents et pour seul pilon une pierre ; hermitage fortuné, où se plaisent les rishis Bâlikhilyas, voués à la prière et au sacrifice.

« Aussitôt que Viçvâmitra, ce héros à la force puissante, eut aperçu Vaçishtha, le plus distingué parmi ceux qui récitent la prière,, il fut porté au comble de la joie et s'inclina devant lui avec respect : — « Sois le bienvenu chez moi ! » lui dit Vaçishtha le magnanime, qui offrit poliment un siège à ce maître de la terre.

« Ensuite, quand le sage Viçvâmitra se fut assis sur un siège éminent d'herbe kouça, le prince des anachorètes lui présenta des racines et des fruits. Après qu'il eut reçu de Vaçishtha ces honneurs, le meilleur des rois, le resplendissant, Viçvâmitra lui demanda s'il voyait tout prospérer dans son feu sacré, ses disciples et ses bouquets d'arbres. Le plus vertueux des anachorètes, le fils de Brahma, l'ascète aux dures macérations, Vaçishtha répondit que la santé régnait partout, et renvoya ces questions au fils de Gâdhi, au plus éminent des vainqueurs, au roi Viçvâmitra, commodément assis.

« Ensuite, ce monarque, d'une splendeur éblouissante, répondit avec un air modeste au pieux Vaçishtha que la félicité régnait chez lui de tous les côtés.

« Alors qu'ils eurent passé dans ces mutuels récits un assez long temps, exerçant l'un sur l'autre une puissance de charme réciproque et tous deux pleins du plus vif plaisir, le bienheureux Vaçishtha, le plus saint des anachorètes, souriant à Viçvâmitra, lui tint ce langage, à la fin de ce vertueux entretien : « Monarque puissant, j'ai envie de servir un banquet hospitalier à ton armée et à toi, de qui la grandeur est sans mesure : accepte ce festin, qui sera digne de toi. Que ta majesté daigne recevoir l'hospitalité offerte ici par moi : tu es le plus noble des hôtes, ô roi, et je dois maintenant déployer tout mon zèle pour te fêter.

« À ces paroles de Vaçishtha, le roi maître de la terre, Viçvâmitra lui répondit ainsi : « C'est déjà fait ! tu m'as rendu complètement les honneurs de l'hospitalité avec ces racines et ces fruits, qui sont tout ce que tu possèdes, auguste et bienheureux solitaire, avec cette eau pour nettoyer mes pieds, avec cette onde pour laver ma bouche, et surtout avec ton saint visage, dont tu m'offres la vue. J'ai reçu ici de toute manière les honneurs d'une hospitalité digne : je m'en vais ; hommage à toi, resplendissant anachorète ! daigne jeter sur moi un regard ami !

« Mais, quoiqu'il parlât ainsi, Vaçishtha au cœur immense, à l'âme généreuse, n'en pressait pas moins le monarque de ses invitations plusieurs fois répétées.

« Eh bien ! soit ! répondit enfin à Vaçishtha le royal fils de Gâdhi ; qu'il en soit donc comme il te plaît, noble taureau des solitaires !

« Quand il eut ainsi parlé, le resplendissant Vaçishtha, le plus distingué entre ceux qui récitent la prière à voix basse, appela joyeux la vache immaculée, dont le *pis merveilleux* donne *à qui trait sa mamelle* toute espèce de choses, au gré de ses désirs.

« Viens, Çabalâ, *dit-il*, viens promptement ici : écoute bien ma voix ! J'ai résolu de composer un banquet hospitalier pour ce roi sage et toute son armée avec les nourritures les plus exquises : fournis-moi ce festin. Quelque mets délicieux que chacun souhaite dans les six saveurs, fais pleuvoir ici, pour l'amour de moi, céleste Kâmadhoub, fais pleuvoir toutes ces délices. Hâte-toi, Çabalâ, de servir à ce monarque un banquet hospitalier sans égal avec tout ce qui existe de plus savoureux en mets, en breuvages, en toutes ces *friandises*, que l'on suce ou lèche avec sensualité ! »

« Quand Vaçishtha l'eut ainsi appelée, *vaillant* immolateur de tes ennemis, Çabalâ se mit à donner toutes les choses désirées, au gré de quiconque trayait sa mamelle : des cannes à sucre, des rayons de miel, des grains tout frits, le rhum, que l'on tire des fleurs du lythrum, le plus délicieux esprit de l'*arundo saccharifera*, les plus exquis des breuvages, toutes les sortes possibles d'aliments, des mets, soit à manger, soit à sucer, des monceaux de riz bouilli, pareils à des montagnes, de succulentes pâtisseries, des gâteaux, des fleuves de lait caillé, des conserves par milliers, des vases regorgeants çà et là de liqueurs fines, variées, dans les six agréables saveurs.

« Cette foule d'hommes, et toute l'armée de Viçvamitra, si magnifiquement traitée par Vacishtha, fut pleinement satisfaite et rassasiée à cœur joie. À chaque instant, Çabalâ faisait ruisseler en fleuves tous les souhaits réalisés au gré de chaque désir. L'armée entière de ce grand Viçvâmitra, le roi saint, fut donc alors joyeusement repue dans ce banquet, où, *terrible* immolateur de tes ennemis, elle fut régalée de tout ce qu'elle eut envie de savourer.

« Le monarque, pénétré de la plus vive joie, avec sa cour, avec le chef de ses brahmes, avec ses ministres et ses conseillers, avec ses domestiques et son armée, avec ses chevaux et ses éléphants, adressa ce discours à Vaçishtha : « Brahme, qui donne à chacun ce qu'il veut, j'ai été splendidement traité par toi, si digne assurément de toute vénération. Écoute, homme versé dans l'art de parler, ju vais dire un seul mot : Donne-moi Çabalâ pour cent mille vaches. Certes ! c'est une perle, saint brahme, et les rois ont part, *tu le sais*, aux perles trouvées dans leurs États : donne-moi Çabalâ ; elle m'appartient à bon droit ! »

« À ces paroles de Viçvâmitra, le bienheureux Vacishtha, le plus vertueux des anachorètes et comme la justice elle-même en personne, répondit ainsi au maître de la terre : « Ô roi, ni pour cent milliers, ni même pour un milliard de vaches, ou pour des monts tout d'argent, je ne donnerai jamais Çabalâ. Elle n'a point mérité que je l'abandonne et que je la repousse loin de ma présence, dompteur *puissant* de tes ennemis : cette *bonne* Çabalâ est toujours à mes côtés, comme la gloire est sans cesse auprès du sage, maître de son âme. Je trouve en elle, et les oblations aux Dieux, et les offrandes aux Mânes, et les aliments nécessaires à ma vie : elle met tout près de moi, et le beurre clarifié, que l'on verse dans le feu sacré, et le grain, que l'on répand sur la terre ou dans l'eau, *en signe de charité à l'égard des créatures*. Les sacrifices en l'honneur des Immortels, les sacrifices en l'honneur des ancêtres, les différentes sciences, toutes ces choses, n'en doute pas, saint monarque, reposent *ici* vraiment sur elle.

« C'est de tout cela, ô roi, que se nourrit sans cesse ma vie. Je t'ai dit la vérité : *oui*, pour une foule de raisons, je ne puis te donner cette vache, qui fait ma joie ! »

« Il dit ; mais Viçvâmitra, habile à manier la parole, adresse encore au saint anachorète ce discours, dans le ton duquel respire une colère excessive : « *Eh bien* ! je te donnerai quatorze mille éléphants, avec des ornements d'or, avec des brides et des colliers d'or, avec des aiguillons d'or également *pour les conduire* ! Je te donne encore huit cents chars, dont la blancheur est rehaussée par les dorures : chacun est attelé de quatre chevaux et fait sonner autour de lui cent clochettes. Je te donne aussi, pieux anachorète, onze mille coursiers, pleins de vigueur, d'une noble race et d'un pays renommé. Je te donne enfin dix millions de vaches florissantes par l'âge et mouchetées de couleurs différentes ; cède-moi donc *à ce prix* Çabalâ ! »

« À ces mots de l'habile Viçvâmitra, le bienheureux ascète répondit au monarque, *enflammé de ce désir* : « Pour tout cela même, je ne donnerai pas Çabalâ ! En effet, elle est ma perle, elle est ma richesse, elle est tout mon bien, elle est toute ma vie. Elle est pour moi, et le sacrifice de la nouvelle, et le sacrifice de la pleine lune, et tous les sacrifices, quels qu'ils soient, et les dons offerts aux brahmes assistants, et les différentes cérémonies du culte : *oui* ! roi, n'en doute pas ; toutes mes cérémonies ont dans elle leurs vives racines. À quoi bon discuter si longtemps ? Je ne donnerai pas cette vache, dont la mamelle verse à qui la trait une réalisation de tous ses désirs. »

« Quand Vaçishtha eut refusé de lui céder la vache *merveilleuse* , qui change son lait en toutes les choses désirées, le roi Viçvâmitra dès ce moment *résolut de* ravir Çabalâ au saint anachorète.

« Tandis que le monarque altier emmenait Çabalâ, elle, toute songeuse, pleurant, agitée par le chagrin, se mit à rouler, en soi-même ces pensées : « Pourquoi suis-je abandonnée par le très-magnanime Vaçishtha, car il souffre que les soldats du roi m'entraînent plaintive et saisie de la plus amère douleur ? Est-ce que j'ai commis une offense à l'égard de ce maharshi, abîmé dans la contemplation, puisque cet homme si juste m'abandonne, moi innocente, sa compagne bien-aimée et sa dévouée servante ? »

« Après ces réflexions, fils de Raghou, et quand elle eut encore soupiré mainte et mainte fois, elle retourna avec impétuosité à l'ermitage de Vaçishtha ; et, malgré tous les serviteurs du roi, mis en fuite devant elle par centaines et par milliers, elle vint, rapide comme le vent, se réfugier sous les pieds du grand anachorète.

« Arrivée là, pleurant de chagrin, elle se mit en face du solitaire, et, poussant un plaintif mugissement, elle tint à Vaçishtha ce langage : « M'as-tu donc abandonnée, bienheureux fils de Brahma, que ces soudoyers du roi m'entraînent ainsi loin de ta vue ? »

« À ces paroles de sa vache malheureuse, au cœur tout consumé de tristesse, le saint brahme lui répondit en ces termes, comme à une sœur : « Je ne t'ai point abandonnée, Çabalâ, et tu n'as point commis d'offense contre moi : non ! c'est malgré moi qu'il t'emmène, ce roi à la force puissante ! En effet, je ne crois pas que l'on puisse trouver une force égale à celle d'un roi, surtout parmi les brahmes : celui-ci est puissant, il est kshatrya de race, il est même le maître de toute la terre. Ce que tu vois est une armée complète, où s'agitent d'un mouvement inquiet les chars, les coursiers, les éléphants ; car il est venu environné d'une force supérieure à la mienne par ses fantassins, ses drapeaux et ses grandes multitudes d'hommes ! »

« À ces mots de Vaçishtha, la vache, instruite à parler, répondit modestement au saint brahme, environné d'une splendeur infinie : « La force du kshatrya n'est pas supérieure, dit-on, à la force du brahme. La puissance du brahme est céleste et l'emporte sur la puissance du kshatrya. Tu possèdes une force incalculable : ce Viçvâmitra à la grande vigueur n'est point, ô brahme, plus fort que toi : il est difficile de lutter contre ton *invincible* énergie. Donne-moi tes ordres, à moi, que ta puissance a fait naître, éblouissant anachorète ; commande que je détruise la force et l'orgueil du monarque injuste. »

« À ce discours de sa vache : « Allons ! dit Vaçishtha, l'ermite aux bien grandes macérations, allons ! produis une armée qui mette en pièces l'armée de mon ennemi ! »

« Alors, *vaillant* prince, enfantés par centaines de son mugissement, les Pahlavas [9] se mirent à porter la mort, sous les yeux mêmes du roi, dans toute l'armée de Viçvâmitra : mais lui, pénétré de la plus vive douleur et les yeux enflammés de colère, extermina ces Pahlavas avec différentes sortes d'armes.

« À l'aspect de Viçvâmitra moissonnant par centaines ses Pahlavas, Çabalâ en créa de nouveau ; et ce furent les formidables Çakas [10], mêlés avec les Yavanas [11].

« Toute la terre fut couverte de ces deux peuples unis, agiles à la course, pleins de vigueur, serrés en bataillons comme les fibres du lotus, armés de longues épées et de grands javelots, défendus sous des armes d'or comme leur cotte de mailles. *Dans l'instant même*, toute l'armée du roi fut consumée par eux, telle que par des feux dévorants.

« À la vue de son armée en flammes, Viçvâmitra le très-puissant de lancer contre l'ennemi ses flèches d'un esprit égaré et dans le trouble des sens.

« Ensuite, quand il vit ses bataillons éperdus, mis en désordre sous les traits du monarque, Vaçishtha aussitôt jeta ce commandement à sa vache : « Fais naître de *nouveaux* combattants ! »

« À l'instant, un autre mugissement produit les Kambodjas, semblables au soleil : les Pahlavas, des javelots à la main, sortent de son poitrail ; les Yavanas, de ses parties génitales ; les Çakas, de sa croupe ; et les pores velus de son derme enfantent les Mlétchas, les Toushâras et les Kirâtas.

« Par eux et *dans l'instant même*, fils de Raghou, cette armée de Viçvâmitra fut anéantie avec ses fantassins, ses chars, ses coursiers et tous ses éléphants.

« À la vue de son armée détruite par le magnanime solitaire, cent fils de Viçvâmitra, tous diversement armés, fondirent, enflammés de colère, sur Vaçishtha, le plus vertueux des hommes qui murmurent la prière, mais le grand anachorète les consuma d'un souffle. Un seul moment suffit au magnanime Vaçishtha pour les réduire tous en cendres : fils de Viçvâmitra, cavaliers, chars et fantassins.

« Quand il eut ainsi vu périr, héros sans péché, tous ses fils et son armée, Viçvâmitra, tout à l'heure si puissant, réfléchit alors sur lui-même avec *plus de* modestie.

« Comme le serpent, auquel on a brisé les dents ; comme l'oiseau, auquel on a coupé les ailes ; comme la mer, quand elle n'a plus ses vagues ; comme le soleil obscurci au temps où l'éclipse a dérobé sa lumière, ce prince malheureux, ses fils morts, son armée détruite, son orgueil à bas, ses moyens pulvérisés, tomba dans le mépris de soi-même.

« Ayant donc mis à la tête de son empire le seul fils *qui n'eût pas encouru le malheur des autres*, afin qu'il protégeât la terre, comme il sied au kshatrya, *le roi* Viçvâmitra se retira au fond d'un bois. Là, sur les flancs de l'Himâlaya, dans un lieu embelli par les Kinnaras, *ces mélodieux Génies*, il s'astreignit à la plus rude pénitence pour gagner la bienveillance de Mahâdéva. Après un certain laps de temps, le grand Dieu rémunérateur, qui porte sur son étendard l'image d'un taureau, vint trouver le roi pénitent, et lui dit : « Pourquoi subis-je cette rigide pénitence ? Dis, roi ! je suis le dispensateur des grâces ; fais-moi connaître quelle faveur tu désires. »

« À ces paroles du grand Dieu, l'austère pénitent se prosterna devant Mahâdéva, et lui tint ce langage : « Si tu es content de moi, divin Mahâdéva, mets en ma possession l'arc Véga, avec l'arc Anga, l'arc Oupânga, l'arc Oupanishad et tous leurs secrets : fais apparaître à mes yeux ces armes, qui sont en usage chez les Dieux, les Dânavas, les Rishis, les Gandharvas, les Yakshas et les Rakshasas. Voilà, Dieu illustre des Dieux, ce que mon cœur demande à ta bienveillance ! » — « Qu'il en soit ainsi ! » reprit le souverain des Immortels ; et, cela dit, il retourna dans les cieux.

« Quand il eut reçu les armes désirées, l'illustre et royal saint Viçvâmitra, comblé d'une vive allégresse, en devint alors tout plein d'orgueil.

Enflé par cette force nouvelle, comme la mer au temps de la pleine lune, il se crut déjà le vainqueur de Vaçishtha, le meilleur des anachorètes. — Il revint donc à l'ermitage de l'homme saint et décocha contre lui ses flèches *mystiques* , par lesquelles tout le bois de la pénitence fut ravagé d'un immense incendie.

« En un instant, l'ermitage du magnanime Vaçishtha fut vide et il devint pareil au désert sans voix. « Ne craignez pas, criait Vaçishtha mainte fois, ne craignez pas ! Me voici pour anéantir le fils de Gâdhi, comme le grésil, qui fond à l'aspect du soleil ! » À ces mots, l'éblouissant Vaçishtha, le plus excellent des êtres doués de la parole, adressa, plein de colère, ce discours à Viçvâmitra :

« Insensé, toi, qui as détruit cet ermitage longtemps heureux, tu as commis là une mauvaise action : c'est pourquoi tu périras ! »

« Il dit, et, touchée par son bâton brahmique, la flèche terrible et sans égale du feu s'éteignit, comme l'eau éteint la flamme impétueuse.

« Viçvâmitra alors, accablé de chagrin, dit ces mots, qui suivaient plus d'un soupir : « La force du kshatrya est une chimère ; la force réelle, c'est la force inséparable de la splendeur brahmique ! Il n'a fallu au brahme que son bâton pour briser toutes mes armes ! Ainsi vais-je, après que j'ai vu de mes yeux les effets d'une telle force, amender tous mes sens et me vouer aux rigueurs de la pénitence, pour m'élever de ma caste à celle des brahmes. » Il dit, et ce resplendissant monarque rejeta loin de lui toutes ses armes.

« Accompagné de son épouse, le fils de Kouçika était passé dans la contrée méridionale, où, se nourrissant de racines et de fruits, il avait embrassé une très-dure pénitence. Ce monarque brûlait d'envie, par l'émulalion que lui inspirait Vaçishtha, de parvenir à l'état saint dans la caste des brahmes ; mais, se voyant toujours vaincu par l'énergie de l'unification en Dieu, que l'anachorète devait à ses austérités brahmiques, il s'enfonça dans la forêt des mortifications, et là, vaillant Râma, il se macéra d'une manière excellente : « Que je sois brahme ! » disait-il, ferme dans la résolution que sa grande âme avait conçue.

« Après mille années complètes, Râma, l'antique aïeul des mondes, Brahma, se présenta au fils de Gâdhi et lui adressa ces douces paroles : « Fils de Kouçika, tu es entré triomphalement au monde très-élevé des rois saints :*oui* ! cette pénitence victorieuse t'a mérité, c'est mon sentiment, le titre de Rishi entre les rois ! » À ces mots, l'auguste et resplendissant monarque des mondes quitta l'atmosphère et retourna, escorté par les Dieux, au ciel de Brahma.

« Réfléchissant aux paroles, qu'il venait d'entendre et baissant un peu la tête de confusion, Viçvâmitra, plein d'une vive douleur, se dit avec tristesse : « Après que j'ai porté le poids de bien grandes macérations, Bhagavat ne m'a appelé tout à l'heure que roi-saint : ce n'est pas là, certainement, le fruit auquel aspire ma pénitence ! »

« Il dit, et cet éminent anachorète d'une éclatante splendeur, maître excellemment de lui-même, s'astreignit de nouveau, Kakoutsthide, aux plus austères mortifications.

« Dans ce temps même vivait un roi, nommé Triçankou, dévoué à la justice comme à la vérité et né du sang d'Ikshwâkou. Cette pensée lui était venue : « Je veux, se disait-il, offrir le sacrifice *d'un açwamédha*, par là j'obtiendrai de passer avec mon corps dans la voie suprême, où marchent les Dieux. » Il manda Vaçishtha et lui fit connaître ce dessein : « C'est une chose impossible ! » répondit le prêtre sage.

« Ayant donc essuyé un refus de son directeur spirituel, le roi tourna ses pas vers la contrée méridionale, où les cent fils de Vaçishtha se livraient à la pénitence.

« À peine les cent fils du rishi eurent-ils entendu le discours de Triçankou, *vaillant* Râma, qu'ils adressèrent au monarque ces mots, où respirait la colère : « Ton gourou, de qui la bouche est celle de la vérité, a refusé de servir ton dessein : pourquoi donc passer outre à ses paroles et recourir à nous, homme à l'intelligence difficile ? Pourquoi veux-tu abandonner la souche et t'appuyer sur les branches ? Ô roi, ce n'est pas bien à toi de vouloir que nous soyons les ministres *de ton sacrifice* ! Retourne dans ta ville : cet homme saint est seul capable de célébrer ton sacrifice, et non pas nous. »

« À ces paroles, dont les syllabes s'envolaient, troublées par la colère, le monarque tomba dans un profond chagrin et dit ces mots aux *cent* fils du solitaire : « Refusé par Vaçishtha d'abord, par vous ensuite, j'irai ailleurs, sachez-le bien ! chercher le secours, dont j'ai besoin pour mon sacrifice ! » Irrités par ces mots du roi aux syllabes menaçantes, les cent fils du saint lancèrent contre lui cette malédiction : « Tu seras un tchândâla ! »

« Après qu'ils eurent ainsi maudit ce roi, ils rentrèrent dans leur pieux ermitage. Puis, quand cette nuit se fut écoulée, noble Râma, le *resplendissant* monarque changea dans un instant : il n'offrit plus aux regards que l'aspect d'un tchândâla, à la figure hideuse, les yeux couleur de cuivre, les dents saillantes et gangrenées de ce jaune qui passe à la nuance du noir, le corps affublé d'un vêtement noir dans la moitié inférieure, d'un vêtement rouge dans la moitié supérieure de la taille, n'ayant que des ornements de fer pour toute parure, et pour vêtement qu'une peau d'ours.

« Dès lors, solitaire et l'âme troublée, on vit errer ce roi, consumé le jour et la nuit par le cruel chagrin de la malédiction fulminée contre lui. — Dans sa détresse, il s'en alla trouver le secourable Viçvâmitra, cet homme si riche en macérations, qui exerçait à l'égard de Vaçishtha une magnanime rivalité.

« Cher Ikshwâkide, sois ici le bienvenu ! lui dit Viçvâmitra. Je connais ta grande vertu : je serai ton secours ; demeure ici dans mon ermitage. Je convoquerai ici pour toi, *infortuné* monarque, tous *nos* plus grands ascètes à la cérémonie du sacrifice offert pour l'accomplissement de ton brûlant désir. Tu me sembles déjà toucher le paradis avec ta main, ô le plus vertueux des monarques, toi que l'envie de parvenir au triple ciel a conduit vers moi. »

« Quand on eut apporté là tout l'appareil, le sacrifice commença. Ici, l'adhwaryou, ce fut le grand ascète Viçvâmitra ; ici, les prêtres officiants, ce furent des anachorètes les plus parfaits en leurs vœux.

« Le bienheureux Viçvâmitra, qui possédait la science des mantras, fit l'invocation pour amener les immortels habitants du triple ciel à la participation des choses offertes sur l'autel ; mais ces Dieux appelés ne vinrent pas recevoir une part dans les oblations. De là, tout pénétré de colère, ce grand et saint anachorète, élevant la cuiller sacrée, adresse à Triçankou ces paroles :

« Triçankou, noble souverain, monte au ciel avec ton corps. *Oui* ! par la force de ces pénitences, que j'ai thésaurisées depuis mon enfance, par la force d'elles toutes complètement et quelque grandes qu'elles soient, va dans le ciel avec ton corps ! » Aussitôt que le saint ermite eut ainsi parlé, Triçankou, emporté dans les airs, monta au ciel sous le regard des anachorètes. Le Dieu qui commande à la maturité, *Indra* vit au même instant ce roi, qui s'acheminait *lestement* vers le triple ciel, *malgré le poids de son corps.*

« Triçankou, dit alors ce roi du ciel, tombe d'une chute rapide, la tête en bas, sur la terre ! Insensé, il n'y a pas dans le ciel d'habitation faite pour toi, qu'un directeur spirituel a frappé de sa malédiction ! » À ces paroles de Mahéndra, le malheureux Triçankou retomba du ciel. Ramené vers la terre, sa tête en bas, il criait à Viçvâmitra : « Sauve-moi ! » À ces mots : Sauve-moi, jetés vers lui par ce roi tombant du ciel : « Arrête-toi ! lui dit Viçvâmitra, saisi d'une colère ardente, arrête-toi ! » Ensuite, par la vertu de son ascétisme divin, il créa, comme un second Brahma, dans les voies australes du firmament, sept autres rishis, astres lumineux, qui se tiennent au pôle méridional, comme l'a voulu cet auguste anachorète.

« À l'aide encore de la puissance brahmique, enfantée par ses macérations, il se mit à produire un nouveau groupe d'étoiles dans les routes australes du Swarga. Puis, il se mit à l'œuvre afin de créer aussi de nouveaux Dieux à la place d'Indra et de ses immortels collègues. Mais alors, en proie à la plus vive inquiétude, les Souras, avec les chœurs des rishis divins se hâtent d'approuver, fils de Raghou, dans la crainte de Viçvâmitra : « Soit ! dirent les Dieux ; que ces constellations demeurent ainsi, loin des routes du soleil et de la lune. Que Triçankou même se tienne ici, la tête en bas, à la voûte céleste australe, ses vœux comblés, et flamboyant de sa propre lumière ! »

« Dans ce temps, noble fils de Raghou, la pensée de sacrifier naquit au saint roi Ambarîsha.

« Tandis que ce *fier* dominateur de la terre se préparait à verser le sang d'un homme en l'honneur des Immortels, Indra tout à coup déroba la victime liée au poteau du sacrifice et sur laquelle on avait déjà versé les ondes lustrales, en récitant les formules des prières. Quand le brahme, *chef du sacrifice*, vit alors cette victime enlevée, il tint au roi ce langage : « *Ne l'oublie pas*, seigneur des hommes, les Dieux frappent un roi, qui n'a point su garder *le sacrifice*. Ramène donc à l'autel cette victime, ou mets à sa place une nouvelle hostie, achetée à prix d'argent, afin que la cérémonie suive son cours. »

« À ces mots du brahme qui dirigeait le sacrifice, Ambarîsha dès lors se mit à chercher partout un homme, qui, marqué de signes heureux, pût lui servir de victime. Il vit un brahme, nommé Ritchîka, pauvre, ayant beaucoup d'enfants et lui dit : « Ô le plus vertueux des brahmes, donne-moi pour cent mille vaches un de tes fils, afin qu'il soit immolé sur l'autel dans un grand sacrifice, dont la victime doit être un homme. »

« À ce discours, que lui adressait Ambarîsha, il répondit ces mots : « Je ne consentirai jamais à vendre l'aîné de mes fils ! »

« Sur les paroles de Ritchîka, la mère illustre de ses fils tint ce langage au roi : « Je ne consentirai jamais à vendre l'aîné de mes fils, a dit le saint Kaçyapide ; *eh bien* ! sache que le plus jeune de nos fils est ainsi chéri de moi par-dessus tous les autres. Ainsi, prince, ces deux enfants seront exceptés. »

« À ces mots du brahmine, à ces mots de sa femme, Çounaççépha, celui de leurs fils que sa naissance plaçait au point médial entre ces deux termes, avança les paroles suivantes : « Mon père ne veut pas vendre l'aîné de ses fils, et ma mère ne veut pas *te* céder son dernier-né. Je pense que c'est dire : « Mais on veut bien te vendre celui qui est entre les deux ; ainsi, ô roi, emmène-moi d'ici promptement ! » Ensuite, le monarque ayant donné les cent mille vaches et reçu l'homme en échange pour victime, s'en alla, plein de joie.

« Après que Çounaççépha lui eut été remis, le roi, au milieu du jour, comme ses chevaux se trouvaient fatigués, fit halte près du lac Poushkara. Dans le temps qu'il était arrêté là, Çounaççépha, homme d'un grand jugement, s'approcha de ce tirtha saint, et, sur ses bords, il aperçut Viçvâmitra. *Alors* cet infortuné, le cœur déchiré par la douleur d'avoir été vendu et par la fatigue du voyage, s'avança vers l'anachorète, et, courbant la tête à ses pieds, lui dit : « Je n'ai plus ni père, ni mère, ni parents, ni amis : daigne sauver un malheureux, abandonné par sa famille et qui vient implorer ton secours. Veuille bien exécuter une chose telle que le roi fasse ce qu'il veut faire, et que je vive cependant, moi, qui me réfugie sous l'énergie de ta sainteté. »

« À ces mots du suppliant, Viçvâmitra le consola et dit à ses propres fils : « Voici arrivé le temps où les pères désirent trouver dans leurs fils une plus grande vertu, parce qu'il faut traverser une *immense* difficulté.

« Cet adolescent, fils d'un solitaire, désire que je lui porte secours, veuillez donc faire une chose, que je verrais avec plaisir, celle de *sacrifier votre* vie *pour* sauver la sienne. »

« À cet ordre *itératif* de leur père, il fut répondu avec insolence par les fils du saint anachorète ces paroles blessantes : — « Comment ! tu sacrifies tes fils pour sauver les fils d'autrui ! Agir ainsi, bienheureux, c'est dévorer ta chair elle-même ! » À peine l'anachorète eut-il entendu ces mots amers, que, les yeux enflammés de courroux, il maudit alors ses fils et tint ce langage à Çounaççépha : « Au moment où tu seras consacré comme victime, récite alors, mon fils, ce mantra *ou prière secrète* , que je vais t'enseigner et qui roule sur les justes louanges de Mahéndra. Dans le temps que tu réciteras cette prière, le fils de Vasou, *Indra* lui-même, viendra te sauver de la mort qui t'est réservée comme victime ; et cependant le sacrifice de ce *puissant* maître de la terre n'en sera pas moins célébré sans aucun empêchement. »

« Çounaççépha fut donc lié au poteau et consacré, après que le sacrificateur, ayant reconnu en lui tous les signes de bon augure, eut approuvé et purifié cette victime. Celui-ci garrotté à la colonne fatale, donnant au même instant le plus grand essor à sa voix, se mit à célébrer dans ses chants mystérieux le roi des Immortels, Indra aux coursiers fauves, que le désir d'une *sainte* portion avait conduit au sacrifice. Ravi par ce chant, le Dieu aux mille yeux combla tous ses vœux. Çounaççépha reçut de lui d'abord cette vie si désirée, ensuite une éclatante renommée. Le roi même obtint aussi, par la faveur de l'Immortel aux mille regards, ce fruit du sacrifice, tel que ses désirs le voulaient, *c'est-à-dire* , la justice, la gloire et la plus haute fortune.

« Après un millier complet d'années, les Dieux, qui ont tenu leur attention fixée sur la force de sa pénitence, viennent trouver le sublime anachorète, purifié dans l'accomplissement de son vœu. — Brahma lui adresse alors une seconde fois la parole en ces mots très doux : « Te voilà devenu un rishi ! tu peux maintenant, s'il te plaît, cesser ta pénitence. »

« Aussitôt qu'il eut ainsi parlé, Brahma s'en retourna d'une course légère, comme il était venu ; mais Viçvâmitra, qui avait entendu ce langage, *n'en* continua *pas moins* à se macérer dans la pénitence. Longtemps après, une Apsarâ charmante, qui avait nom Ménakâ, s'en vint furtivement à l'ermitage de Viçvâmitra ; et là, conduite par le malin projet de séduire l'anachorète voué aux mortifications, elle se mit à baigner dans les eaux du lac Poushkara ses membres délicieux.

« Au premier coup d'œil envoyé, dans la forêt solitaire, à cette Ménakâ, de qui toute la personne n'était que charme, et dont les vêtements imbibés d'eau rendaient les formes encore plus ravissantes, l'ermite à l'instant même tomba sous la puissance de l'amour et dit à la nymphe ces paroles : « Qui es-tu ? De qui es-tu la fille ? D'où viens-tu, conduite par le bonheur dans cette forêt ? Viens, beauté craintive, viens te reposer dans mon heureux ermitage. » À ces mots du solitaire, Ménakâ répondit : « Je suis une Apsâra : on m'appelle Ménakâ ; je suis venue ici, en suivant mon penchant vers toi. »

« Le saint prit donc par la main cette femme charmante, de qui la bouche avait prononcé des paroles si aimables, et il entra dans son ermitage *avec elle*.

« Avec elle *encore*, cinq et cinq années de Viçvâmitra s'écoulèrent comme un instant au sein du plaisir ; et le solitaire, à qui cette nymphe avait dérobé son âme et sa science, ne compta ces dix ans passés que pour un seul jour. — Après ce laps de temps, l'ascète Viçvâmitra s'aperçut de son changement par sa réflexion sur lui-même et jeta ces mots avec colère : « Ma science, le trésor de pénitence, que je m'étais amassé, ma résolution même, il n'a fallu qu'un instant ici pour tout détruire : qu'est-ce donc, hélas ! que les femmes ? »

« Ensuite, ayant congédié la nymphe avec des paroles affectueuses, irrité contre lui-même, il s'astreignit aux plus atroces macérations.

« Dix nouveaux siècles encore, l'anachorète à la splendeur infinie parcourut cette difficile carrière.

« Ses bras levés en l'air, debout, sans appui, se tenant sur la pointe d'un seul pied, immobile sur la même place, comme un tronc d'arbre, n'ayant pour aliments que les vents du ciel ; enveloppé de cinq feux, l'été, dans l'hiver, sans abri, qui le défendît contre les nuages pluvieux, et couché l'hiver dans l'eau : voilà quelle fut la grande pénitence, à laquelle s'astreignit cet énergique ascète. Il resta ainsi lié à cette cruelle, à cette culminante pénitence une révolution entière de cent années ; et la crainte alors vint saisir tous les Dieux au milieu du ciel.

« Le roi des Immortels, Çakra lui-même tomba dans une extrême épouvante ; il se mit à chercher dans sa pensée la ruse qui pouvait mettre un obstacle dans cette pénitence. Et bientôt, appelant à lui Rambhâ, la séduisante apsarâ, l'auguste monarque, environné par l'essaim des Vents, adresse à la nymphe ce discours, qui doit le sauver et perdre le fils de Kouçika :

« Éblouissante Rambhâ, voici une affaire qu'il te sied de conduire à bonne fin dans l'intérêt des Immortels : séduis par les grâces accomplies de ta beauté le fils de Kouçika, au plus fort de ses macérations.

« Moi, sous la forme d'un kokila, dont les chants ravissent tous les cœurs, dans cette saison, où les fleurs embaument sur la branche des arbres, je me tiendrai *sans cesse* à tes côtés, accompagné de l'Amour. »

« Décidée à ces mots du roi des Immortels, Rambhâ, la nymphe aux bien jolis yeux, se fit une beauté ravissante et vint agacer Viçvâmitra. Indra et l'Amour de complot avec lui, Indra même, changé en kokila, se tenait auprès d'elle, et son ramage délicieux allumait le désir au sein de Viçvâmitra.

« Dès que le gazouillement suave du kokila, qui semait dans le bois ses concerts, et la musique douce, énamourante des chansons de la nymphe eut frappé son oreille ; dès que le vent eut fait courir sur tout son corps de voluptueux attouchements, et qu'embaumé de parfums célestes il eut fait goûter à son odorat ces impressions qui mettent le comble aux ivresses des amants, le grand anachorète se sentit l'âme et la pensée ravies.

« Il fit un mouvement vers le côté d'où venait cette mélodie charmante, et vit Rambhâ dans sa beauté enchanteresse.

« Ce chant et cette vue enlevèrent d'abord l'anachorète à lui-même ; mais alors, se rappelant que déjà pareilles séductions avaient brisé tout le fruit de sa pénitence, il entra dans la méfiance *et le soupçon*. Pénétrant au fond de ce piège avec le regard de la contemplation *ascétique* , il vit que c'était l'ouvrage de la Déité aux mille yeux. Aussitôt il s'enflamma de colère et jeta ce discours à Rambhâ : « Parce que tu es venue ici nous tenter par tes qualités accomplies, change-toi en rocher, et reste enchaînée sous notre malédiction une myriade complète d'années dans ce bois des mortifications. »

« Mais à peine Viçvâmilra eut-il métamorphosé la nymphe en un *roc stérile,* que ce grand anachorète tomba dans une poignante douleur, car il s'aperçut qu'il venait de céder à l'empire de la colère.

Et, s'adressant à lui-même ses plus vifs reproches, il s'écria : « Je n'ai pas encore vaincu mes sens ! » Ensuite, le grand solitaire abandonna la sainte contrée de l'Himalaya ; et, dirigeant sa route vers la plage orientale, il parvint dans le Vadjrasthâna, où, d'une résolution inébranlablement arrêtée, il recommença le cours de sa pénitence, observa le vœu du silence un millier d'années, et se tint immobile comme une montagne.

« Quand ils virent l'anachorète sans colère, sans amour, l'âme entièrement placide, abordé à la plus haute perfection par son insigne pénitence, alors, *vaillant* dompteur de tes ennemis, alors tous les Dieux, tremblants et l'esprit agité, s'en vinrent, avec Indra, leur chef, au *palais* de Brahma, et dirent à ce Dieu, trésor de pénitence :

« Qu'il obtienne le don qu'il désire, cet illustre saint, le plus éminent des ascètes, avant qu'il ne tourne sa pensée vers le dessein même d'obtenir le royaume du ciel ! »

« Ces paroles dites, tous les chœurs des Immortels, sur les pas de Brahma, qui marchait à leur tête, se rendent à l'ermitage de Viçvâmitra et lui tiennent alors ce langage : « Rishi-brahme, cesse dorénavant ces triomphantes macérations ; en effet, voici que tu as mérité, grâce à ta pénitence, le *brahmarshitwat*, ce grade si difficile à conquérir ! Laisse reposer maintenant tes indomptables macérations.

« À ces mots, Brahma s'en alla, escorté des Immortels, dont les chœurs avaient accompagné son auguste divinité. Quant à Viçvâmitra, élevé au rang supérieur de brahme et parvenu ainsi au comble de ses vœux, il parcourut la terre d'une âme juste et parfaite. »

Dès qu'il eut ouï ce *long* discours de Çatânanda, prononcé devant Râma et devant *son frère* Lakshmana, le roi Djanaka joignit alors ses mains et dit à Viçvâmitra : « C'est pour moi un bonheur, c'est une faveur *du ciel*, grand anachorète, que tu sois venu, accompagné du *noble* Kakoutsthide, assister à mon sacrifice. Ta seule vue enfante ici pour moi de bien nombreux mérites. »

Ensuite, quand l'aube eut rallumé sa lumière pure et quand il eut vaqué aux devoirs pieux du matin, le monarque vint trouver le magnanime Viçvâmitra et le vaillant fils de Raghou. Puis, lorsqu'il eut rendu à l'anachorète et aux deux héros les honneurs enseignés par le Livre *des Bienséances*, le vertueux roi tint ce discours à Viçvâmitra : « Sois le bienvenu ici ! Que faut-il, grand ascète, que je fasse pour toi ? Daigne ta sainteté me donner ses ordres, car je suis ton serviteur. »

À ces mots du magnanime souverain, Viçvâmitra, le sage, l'équitable, le plus distingué par la parole entre les hommes éloquents, répondit en ces termes : « Ces fils du roi Daçaratha, ces deux guerriers illustres dans le monde, ont un grand désir de voir l'arc divin, qui est religieusement gardé chez toi. Montre cette *merveille*, s'il te plaît, à ces jeunes fils de roi ; et, quand tu auras satisfait leur envie par la vue de cet arc, ils feront ensuite ce que tu peux souhaiter d'eux. »

À ce discours, le roi Djanaka joignit les mains et fit cette réponse : « Écoutez *d'abord* la vérité sur cet arc, et pour quelle raison il fut mis chez moi. — Un prince nommé Dévarâta fut le sixième dans ma race après Nimi : c'est à ce monarque magnanime que cet arc fut confié en dépôt. Au temps passé, dans le carnage qui baigna de sang le sacrifice du vieux Daksha, ce fut avec cet arc invincible, que Çankara mutila tous les Dieux, en leur jetant ce reproche mérité : Dieux, *sachez-le bien*, si j'ai fait tomber avec cet arc tous vos membres sur la terre, c'est que vous m'avez refusé dans le sacrifice la part qui m'était due. »

« Tremblants d'épouvante, les Dieux alors de s'incliner avec respect devant l'invincible Roudra, et de s'efforcer à l'envi de reconquérir sa bienveillance. Çiva fut enfin satisfait d'eux ; et souriant il rendit à ces Dieux pleins d'une force immense tous les membres abattus par son arc magnanime.

« C'est là, saint anachorète, cet arc céleste du sublime Dieu des Dieux, conservé maintenant au sein même de notre famille, qui l'environne de ses plus religieux honneurs.

« J'ai une fille belle comme les Déesses et douée de toutes les vertus ; elle n'a point reçu la vie dans les entrailles d'une femme, mais elle est née un jour d'un sillon, que j'ouvris dans la terre : elle est appelée Sîtâ, et je la réserve comme une digne récompense à la force. Très souvent des rois sont venus me la demander en mariage, et j'ai répondu à ces princes :

« Sa main est destinée en prix à la plus grande vigueur. » — Ensuite, tous ces prétendus couronnés de ma fille, désirant chacun faire une expérience de sa force, se rendaient eux-mêmes dans ma ville ; et là, je montrais cet arc à tous ces rois, ayant, *comme eux*, envie d'éprouver quelle était leur mâle vigueur, mais, brahme vénéré, ils ne pouvaient pas même soulever cette arme.

« Maintenant je vais montrer au *vaillant* Râma et à son frère Lakshmana cet arc céleste dans le nimbe de sa resplendissante lumière ; et, s'il arrive que Râma puisse lever cette arme, je m'engage à lui donner la main de Sîtâ, afin que la cour du roi Daçaratha s'embellisse avec une bru qui n'a pas été conçue dans le sein d'une femme. »

Alors ce roi, qui semblait un Dieu, commanda aux ministres en ces termes : « Que l'on apporte ici l'arc divin pour en donner la vue au fils de Kâauçalyâ ! »

À cet ordre, les conseillers du roi entrent dans la ville et font aussitôt voiturer l'arc *géant* par des serviteurs actifs. Huit cents hommes d'une stature élevée et d'une grande vigueur traînaient avec effort son étui pesant, qui roulait porté sur huit roues.

Le roi Djanaka, *se tournant* vers l'anachorète et vers les Daçarathides, leur tint ce langage : — « Brahme vénéré, ce que l'on vient d'amener sous nos yeux est ce que mon palais garde *si religieusement*, cet arc, que les rois n'ont pu même soulever et que ni les chœurs des Immortels, ni leur chef Indra, ni les Yakshas, ni les Nâgas, ni les Rakshasas, *personne enfin des êtres plus qu'humains* n'a pu courber, excepté Çiva, le Dieu des Dieux. La force manque aux hommes pour bander cet arc, tant s'en faut qu'elle suffise pour encocher la flèche et tirer la corde. »

À ce discours du roi Djanaka, Viçvâmitra, qui personnifiait le devoir en lui-même, reprit aussitôt d'une âme charmée : « Héros aux longs bras, empoigne cet arc céleste ; déploie ta force, noble fils de Raghou, pour lever cet arc, le roi des arcs, et décocher avec lui sa flèche *indomptée* ! »

Sur les paroles du solitaire, aussitôt Râma s'approcha de l'étui, où cet arc était renfermé, et répondit à Viçvâmitra : « Je vais d'une main lever cet arc, et, quand je l'aurai bandé, j'emploierai toute ma force à tirer cet arc divin ! »

« Bien ! » dirent à la fois le monarque et l'anachorète. Au même instant, Râma leva cette arme d'une seule main, comme en se jouant, la courba sans beaucoup d'efforts et lui passa la corde en riant, à la vue des assistants, répandus là près de lui et par tous les côtés. Ensuite, quand il eut mis la corde, il banda l'arc d'une main robuste ; mais la force de cette héroïque tension était si grande qu'il se cassa par le milieu ; et l'arme, en se brisant, dispersa un bruit immense, comme d'une montagne qui s'écroule, ou tel qu'un tonnerre lancé par la main d'Indra sur la cime d'un arbre *sourcilleux*.

À ce fracas assourdissant, tous les hommes tombèrent ; frappés de stupeur, excepté Viçvâmitra, le roi de Mithilâ et les deux petits-fils de Raghou. — Quand la respiration fut revenue *libre* à ce peuple *terrifié*, le monarque, saisi d'un indicible étonnement, joignit les mains et tint à Viçvâmitra le discours suivant : « Bienheureux solitaire, déjà *et souvent* j'avais entendu parler de Râma, le fils du roi Daçaratha ; mais ce qu'il vient de faire ici est plus que prodigieux et n'avait pas encore été vu par moi. Sîtâ, ma fille, en donnant sa main à Râma, le Daçarathide, ne peut qu'apporter *beaucoup* de gloire à la famille des Djanakides ; et moi, j'accomplis ma promesse en couronnant par ce mariage une force héroïque. J'unirai donc à Râma cette belle Sîtâ, qui m'est plus chère que la vie même. »

Des courriers sont envoyés au roi d'Ayodhyâ.

Annoncés au monarque, les messagers, introduits bientôt dans son palais, virent là ce magnanime roi, le plus vertueux des rois, environné de ses conseillers ; et, réunissant leurs mains en forme de coupe, ils adressent, porteurs d'agréable nouvelle, ce discours au magnanime Daçaratha : « Puissant monarque, le roi du Vidéha, Djanaka te demande, à toi-même son ami, si la prospérité habite avec toi et si ta santé est parfaite, ainsi que la santé de tes ministres et celle de ton pourohita. Ensuite, quand il s'est enquis d'abord si ta santé n'est pas altérée, voici les nouvelles, qu'il t'annonce lui-même par notre bouche, cet auguste souverain, aux paroles duquel Viçvàmitra s'associe : — « Tu sais que j'ai une fille et qu'elle fut proclamée comme la récompense d'une force nonpareille ; tu sais que déjà sa main fut souvent demandée par des rois, mais aucun ne possédait une force assez grande. Eh bien ! roi puissant, cette noble fille de moi vient d'être conquise par ton fils, que les conseils de Viçvàmitra ont amené dans ma ville.

« En effet, le magnanime Râma a fait courber cet arc fameux de Çiva, et, déployant sa force au milieu d'une grande assemblée, l'a brisé même par la moitié. Il me faut donc maintenant donner à ton fils cette main de Sîtâ, récompense que j'ai promise à la force : je veux dégager ma parole ; daigne consentir à mon désir. Daigne aussi, auguste et saint roi, venir à Mithilâ, sans retard, avec ton directeur spirituel, suivi de ta famille, escorté de ton armée, accompagné de ta cour. Veuille bien augmenter par ton auguste présence la joie que tes fils ont déjà fait naître en mon *cœur* : ce n'est pas une seule, mais deux brus, que je désire, moi, te donner pour eux. »

Après qu'il eut ouï ce discours des messagers, le roi Daçaratha, comblé de joie, tint ce langage à Vaçishtha comme à tous ses prêtres :

« Brahme vénéré, si cette alliance avec le roi Djanaka obtient d'abord ton agrément, allons d'ici promptement à Mithilâ. » — « Bien ! répondirent à ces paroles du roi les brahmes et Vaçishtha, leur chef, tous au comble de la joie ; bien ! Daigne la félicité descendre sur toi ! Nous irons à Mithilâ. »

À peine en eut-elle reçu l'ordre, que l'armée aussitôt prit son chemin à la suite du roi, qui précédait ses quatre corps avec les rishis *ou les saints*. Quatre jours et quatre nuits après, il arrivait chez les Vidéhains ; et la charmante ville de Mithilâ, embellie par le séjour du roi Djanaka, apparaissait enfin à sa vue.

Plein de joie à la nouvelle que cet hôte bien-aimé entrait au pays du Vidéha, le souverain de ces lieux, accompagné de Çatânanda, sortit à sa rencontre et lui tint ce langage : « Sois le bienvenu, grand roi ! Quel bonheur ! te voici arrivé dans mon palais ; mais, quel bonheur aussi pour toi, noble fils de Raghou, tu vas goûter ici le plaisir de voir tes deux enfants ! »

Quand il eut ainsi parlé, le roi Daçaratha fit, au milieu des rishis, cette réponse au souverain de Mithilâ : — « On dit avec justesse : « Ceux qui donnent sont les maîtres de ceux qui reçoivent. » Quand tu ouvres la bouche, sois donc sûr, puissant roi, que tu verras toujours en nous des hommes prêts à faire ce que tu vas dire. »

Aussitôt qu'il eut aperçu le plus saint des anachorètes, Viçvâmitra lui-même, le roi Daçaratha vint à lui, d'une âme toute joyeuse, et, s'inclinant avec respect, il dit : « Je suis purifié, ô maître de moi, par cela seul que je me suis approché de ta sainteté ! » Viçvâmitra, plein de joie, lui répondit ainsi : « Tu es purifié non moins et par tes actions et par tes bonnes œuvres ; tu l'es encore, ô toi qui es comme l'Indra des rois, par ce Râma, ton fils, aux bras infatigables. »

Ensuite, quand il eut accompli au lever de l'aurore les cérémonies pieuses du matin, Djanaka tint ce discours plein de douceur à Çatànanda, son prêtre domestique :

« J'ai un frère puîné, beau, vigoureux, appelé Kouçadhwadja, qui, suivant mes ordres, habite Sânkâçya, ville magnifique, environnée de tours et de remparts, toute pareille au Swarga, brillante comme le char Poushpaka, et que la rivière Ikshkouvati abreuve *de ses ondes fraîches* . Je désire le voir, car je l'estime vraiment digne de tous honneurs : son âme est grande, c'est le plus vertueux des rois : aussi est-il bien aimé de moi. Que des messagers aillent donc le trouver d'une course rapide et l'amènent chez moi, avec des égards aussi attentifs que, sur les recommandations mêmes d'Indra, Vishnou est amené dans son palais.

À cet ordre envoyé de son frère, Kouçadhwadja vint ; il s'en alla avec empressement savourer la vue de son frère plein d'amitié pour lui ; et, dès qu'il se fut incliné devant Çatànanda, ensuite devant Djananka, il s'assit, avec la permission du prêtre et du monarque, sur un siège très distingué et digne d'un roi.

Alors ces deux frères, étant assis là ensemble et n'omettant rien dans leur attention, appelèrent Soudâmâna, le premier des ministres, et l'envoyèrent avec ces paroles : « Va, ô le plus éminent des ministres ; hâte-toi d'aller vers le roi Daçaratha, et amène-le ici avec son conseil, avec ses fils, avec son prêtre domestique. »

L'envoyé se rendit au palais, il vit *ce prince*, délices de la famille d'Ikshwûkou, inclina sa tête devant lui et dit : « O roi, souverain d'Ayodhyâ, le monarque Vidébain de Mithilà désire te voir au plus tôt avec le prêtre de ta maison, avec ta belle famille. » À peine eut-il entendu ces paroles, que le roi Daçaratha, accompagné de sa parenté, se rendit avec la foule de ses rishis au lieu où le roi de Mithilà attendait *son royal hôte*.

« Roi *puissant*, dit celui-ci, je te donne pour brus mes deux filles : Sitâ à Râma, Ourmilà à Laskhmana. Ma fille Sitâ, *noble* prix de la force, n'a point reçu la vie dans le sein d'une femme : cette vierge à la taille charmante, elle, qu'on dirait la fille des Immortels, est née d'un sillon ouvert pour le sacrifice. Je la donne comme épouse à Râma : il se l'est héroïquement acquise par sa force et sa vigueur.

« Aujourd'hui la lune parcourt les *étoiles dites* Maghàs ; mais, dans le jour qui doit suivre celui-ci, les deux nous ramènent les Phàlgounîs : profitons de cette constellation bienfaisante pour inaugurer ce mariage. »

Quand Djanaka eut cessé de parler, le sage Viçvâmitra, ce grand anachorète, lui tint ce langage, conjointement avec le pieux Vaçishtha : « Vos familles à tous les deux sont pareilles à la grande mer : on vante la race d'Ikshwakou ; on vante au même degré celle de Djanaka. De l'une et l'autre part, vos enfants sont égaux en parenté, Sîtâ avec Râma, Ourmilâ avec Lakshmana : c'est là mon sentiment.

« Il nous reste à dire quelque chose, écoute encore cela, roi des hommes : ton frère Kouçadhwadja, cet héroïque monarque est égal à toi. Nous savons qu'il a deux jeunes filles, à la beauté desquelles il n'est rien de comparable sur la terre ; nous demandons, ô toi, qui es la justice en personne, nous demandons leur main pour deux princes nés de Raghou : le juste Bharata et le prudent Çatroughna. Unis donc avec eux ces deux sœurs, si notre demande ne t'est point désagréable. »

À ces nobles paroles de Viçvâmitra et de Vaçishtha, *le roi* Djanaka, joignant ses mains, répondit en ces termes aux deux éminents solitaires : « Vos Révérences nous ont démontré que les généalogies de nos deux familles sont égales : qu'il en soit comme vous le désirez ! *Ainsi,* de ces jeunes vierges, filles de Kouçadhwadja, *mon frère*, je donne l'une à Bharata et l'autre à Çatroughna. Je sollicite même avec instance une *prompte* alliance, d'où naisse la joie de nos familles. »

Daçaratha charmé répondit en souriant à Djanaka ces paroles affectueuses, douces, imprégnées de plaisir : « Roi, goûte le bonheur ! que la félicité descende sur toi ! Nous allons dans notre habitation faire immédiatement le don accoutumé des vaches et les autres choses que prescrit l'usage. »

Apres cet adieu au roi qui tenait Mithilâ sous sa loi, Daçaratha, cédant le pas à Vaçishtha et marchant à la suite de tous les autres saints anachorètes, sortit de ce palais. Arrivé dans sa demeure, il offrit d'abord aux mânes de ses pères un magnifique sacrifice ; puis ce monarque, plein de tendresse paternelle, fit les plus hautes largesses de vaches en l'honneur de ses quatre fils. Cet *opulent* souverain des hommes donna aux brahmes cent mille vaches par chaque tête de ses quatre fils, en désignant individuellement chacun d'eux : ainsi, quatre cent mille vaches, flanquées de leurs veaux, toutes bien luisantes et bonnes laitières, furent données par ce descendant auguste de l'antique Raghou.

Dans l'instant propice aux mariages, Daçaratha, entouré de ses quatre fils, déjà tous bénis avec les prières, qui inaugurent un jour d'hyménée, tous ornés de riches parures et costumés de splendides vêtements, le roi Daçaratha, devant lequel marchaient Vaçishtha et même les autres anachorètes, vint trouver, suivant les règles de la bienséance, le souverain du Vidéha, et lui fit parler ainsi :

« *Auguste* monarque, salut ! nous voici arrivés dans ta cour, afin de célébrer le mariage : réfléchis bien là-dessus ; et daigne ensuite ordonner que l'on nous introduise. En effet, nous tous, avec nos parents, nous sommes aujourd'hui sous ta volonté. Consacre donc le nœud conjugal d'une manière convenable aux rites de ta famille. »

À ces paroles dites, le roi de Mithilâ, habile à manier le discours, fit une réponse d'une très-haute noblesse, au monarque des hommes : « Quel garde ai-je donc ici placé à ma porte ? De qui reçoit-on l'ordre ici ? Pourquoi hésiter à franchir le seuil d'une maison, qui est la tienne ! Entre avec toute confiance ! Brillantes comme les flammes allumées du feu, mes quatre filles, consacrées avec les prières qui inaugurent un jour de mariage, sont arrivées déjà au lieu où le sacrifice est préparé. — Je suis tout disposé : je me tiens devant cet autel pour attendre ce qui doit venir de toi : ne mets plus de retard au mariage, prince, qui es l'Indra des rois ! Pourquoi balances-tu ? »

Ce discours du roi Djanaka entendu, aussitôt Daçaratha fit entrer Vaçishtha et les autres chefs des brahmes. Ensuite, le roi des Vidéhains dit au *vaillant* rejeton de *l'antique* Raghou, à Râma, de qui les yeux ressemblaient aux pétales du lotus bleu : « Commence par t'approcher de l'autel. Que cette fille de moi, Sitâ, soit ton épouse légitime ! Prends sa main dans ta main,*digne* rameau du *noble* Raghou.

« Viens, Lakshmana ! approche-toi, mon fils ; et, cette main d'Ourmilâ, que je te présente, reçois-la dans ta main, suivant les rites, *auguste* enfant de Raghou. »

Lui ayant ainsi parlé, Djanaka, la justice en personne, invita le fils de Kêkéyî, Baratha, à prendre la main de Mândavî. Enfin, Djanaka adressa même ces paroles à Çatroughna, qui se tenait *près de son père* : « À toi maintenant je présente la main de Çroutakîrtî ; mets cette main dans la tienne.

« Vous possédez tous des épouses égales à vous par la naissance, héros, à qui le devoir commande avec empire ; remplissez bien les nobles obligations propres à votre famille, et que la prospérité soit avec vous ! »

À ces paroles du roi Djanaka, les quatre jeunes guerriers de prendre la main des quatre jeunes vierges, et Çatânanda lui-même de bénir leur hymen. Ensuite, tous *les couples*, et l'un après l'autre, d'exécuter un pradakshina autour du feu ; puis, le roi d'Ayodhyâ et tous les grands saints d'envoyer au ciel leurs hymnes pour demander *aux Dieux* un bon retour. Pendant le mariage, une pluie de fleurs, où se trouvait mêlée une abondance de grains frits, tomba du ciel à verse sur la tête de tous ceux qui célébraient la cérémonie sainte. Les tymbales célestes frémirent avec un son doux au sein des nues, où l'on entendit un grand, un délicieux concert de flûtes et de lyres. Durant cet hyménée des princes issus de Raghou, les divins Gandharvas chantèrent, les chœurs des Apsarâs dansèrent ; et ce fut une chose vraiment admirable !

Quand cette nuit fut écoulée, Viçvâmitra, le grand anachorète, prit congé de ces deux puissants monarques et s'en alla vers la haute montagne du nord. Après le départ de Viçvâmitra, le roi Daçaratha fit ses adieux au souverain de Mithilâ et reprit aussi le chemin de sa ville.

Dans ce moment, le roi des Vidéhains donna pour dot aux jeunes princesses des tapis de laine, des pelleteries, des joyaux, de moelleuses robes de soie, des vêtements variés dans leurs teintes, des parures étincelantes, des pierreries de haut prix et toutes sortes de chars. Le monarque donna même à chacune des jeunes mariées quatre cent mille vaches superbes : dot bien désirée ! En outre, Djanaka leur fit présent d'une armée complète en ses quatre corps avec un train considérable, auquel fut ajouté un millier de servantes, qui portaient chacune à leur cou un pesant collier d'or. Enfin, pour mettre le comble à cette dot si riche et si variée, le monarque de Mithilâ, d'une âme toute ravie de joie, leur donna dix mille livres complètes d'or grège ou travaillé ; et, quand il eut ainsi distribué ses largesses aux quatre jeunes femmes, le roi de Mithilâ donna congé au roi son hôte et rentra dans sa charmante capitale.

De son côté, le monarque de qui le sceptre gouvernait Ayodhyâ s'éloigna, accompagné de ses magnanimes enfants, et cédant le pas aux brahmes vénérables, à la tête desquels marchait Vaçishtha. Tandis que, libre enfin du mariage célébré, le monarque avec sa suite retournait dans sa ville, des oiseaux, annonçant un malheur, volèrent à sa gauche ; mais un troupeau de gazelles, paralysant aussitôt cet augure, de passer vers sa droite.

Un vent s'éleva, grand, orageux, entraînant des tourbillons de sable et secouant la terre en quelque sorte. Les plages de ciel furent enveloppées de ténèbres, le soleil perdit sa chaleur, et l'univers entier fut rempli d'une poussière telle que la cendre. L'âme de tous les guerriers en fut même troublée jusqu'au délire ; seuls, Vaçishtha, les autres saints et les héros issus de Raghou n'en furent pas émus.

Ensuite, quand la poussière fut tombée et que l'âme des guerriers se fut rassise, voilà qu'ils virent s'avancer là, portant ses cheveux engerbés en djatâ, le fils de Djamadagni, Râma, non moins invincible que le grand Indra et semblable au dieu Yama, le noir destructeur de tout ; *Râma lui-même*, formidable en son aspect, que nul autre des hommes ne peut soutenir, flamboyant d'une lumière pareille au feu, quand sa flamme est allumée, tenant levés sur l'épaule un arc et une hache, resplendissants comme les armes d'Indra, et qui, pénétré de colère, bouillant de fureur, tel qu'un feu mêlé de sa fumée, saisit, en arrivant à la vue du cortège royal, une flèche épouvantable, enveloppée de gémissements.

À l'aspect de l'être si redoutable arrivé près d'eux, les brahmes et Vaçishtha, leur chef, esprits dévoués à la paix, de réciter leurs prières à voix basse ; et tous les saints, rassemblés en conseil, de se dire l'un à l'autre : « Irrité par la mort de son père, cet auguste Râma ne vient-il pas détruire une seconde fois la caste des kshatryas, tout calmé que soit enfin son ressentiment ? Il a fait jadis plus d'une fois un terrible carnage de tous les kshatryas : qui peut dire si, dans sa colère, aujourd'hui, il n'exterminera point encore l'ordre *vaillant* des kshatryas ? »

Dans cette pensée, les brahmes et Vaçishtha, leur chef, d'offrir au terrible fils de Brighou la corbeille hospitalière et de lui adresser en même temps ces paroles toutes conciliatrices : « Râma, sois ici le très-bienvenu ! Reçois, maître, cette corbeille, où sont renfermées les huit choses de l'arghya : rejeton saint de Brighou, digne anachorète, calme-toi ! Ne veuille pas allumer dans ton cœur une nouvelle colère ! »

Sans répondre un seul mot à ces éminents solitaires, Râma le Djamadagnide accepta cet hommage et dit sur-le-champ à Râma le Daçarathide :

« Râma, fils de Daçaratha, ta force merveilleuse est vantée partout : j'ai ouï parler de cet arc céleste qui fut brisé par toi. À la nouvelle que tu avais pu rompre un tel arc d'une manière si prodigieuse, j'ai pris l'arc géant, que lu vois *sur mon épaule*, et je suis venu. C'est avec lui, Râma, que j'ai vaincu toute la terre ; bande cet arc même, enfant de Raghou, et, sans tarder, montre-moi ta force ! Encoche ce trait et tire-le : ... prends donc, avec cet arc céleste, cette flèche que je te présente. Si tu parviens à mettre la corde de cet arc dans la coche de cette flèche, je t'accorde ensuite l'honneur d'un combat sans égal et dont tu pourras justement glorifier ta force. »

À ces paroles de Râma le Djamadagnide, Râma le Daçarathide jeta ce discours *au terrible anachorète* : « J'ai entendu raconter quel épouvantable carnage fit un jour ton bras : j'excuse une action qui avait pour motif le châtiment dû au meurtre de ton père. Ces générations de kshatryas, qui tombèrent sous tes coups, avaient perdu la vigueur et le courage : ainsi, ne t'enorgueillis pas de cet exploit, dont la barbarie dépasse toute férocité. Apporte cet arc divin ! Vois ma force et ma puissance : reconnais, fils de Brighou, qu'aujourd'hui même la main d'un kshatrya possède encore une grande vigueur !

Ayant ainsi parlé, Râma le Daçarathide prit cet arc céleste aux mains de Râma le Djamadagnide, en laissant échapper un léger sourire. Quand ce héros illustre eut de sa main levé cette arme, sans un grand effort, il ajusta la corde à la coche du trait et se mit à tirer l'arc solide. À ce mouvement pour envoyer son dard, le fils du roi Daçaratha prit de nouveau la parole en ces nobles termes : « Tu es brahme, tu mérites donc à ce titre et à cause de Viçvâmitra mes hommages et mes respects : aussi, ne lancerai-je pas contre toi, bien que j'en aie toute la puissance, cette flèche, qui ôte la vie ! Mais je t'exclurai de cette voie céleste, que tu as conquise par les austérités, et je te fermerai, sous la vertu de cette flèche, l'accès des mondes saints, des mondes incomparables. En effet, cette grande et céleste flèche de Vishnou, cette flèche, qui détruit l'orgueil de la force, ne saurait partir de ma main sans qu'elle portât coup. »

Ensuite, Brahma et les autres Dieux vinrent de compagnie, avec la rapidité de la pensée, contempler Râma le Daçarathide, qui tenait au poing la plus excellente des armes.

Dès qu'il eut vu de son regard *à la vision céleste* que les Dieux étaient là présents et reconnu, par sa puissance de contemplation et sa faculté de s'absorber en Dieu, que Râma était né de l'essence même de Nârâyana, alors ce Djamadagnide, de qui le Daçarathide avait surpassé la force, joignit les mains et lui tint ce langage : « Ô Râma, quand la terre fut donnée par moi à Kaçyapa : *Je l'accepte*, me dit-il, *sous la condition que* tu n'habiteras point dans mon domaine. *Je consentis*, et depuis lors, Kakoutsthide, je n'habite nulle part sur la terre : « Puissé-je ne manquer jamais à cette parole donnée ! » Ce fut là ma pensée bien arrêtée. Ne veuille donc pas, *noble* enfant de Raghou, fermer pour moi le chemin par où le ciel roule d'un mouvement aussi rapide que la pensée ; exclus-moi seulement des mondes saints par la vertu de cette flèche. Cet arc m'a fait reconnaître à sa colère ennemie que tu es l'être impérissable, éternel qui ravit le jour à Madhou : sois bon pour moi ; et puisse sur toi descendre la félicité ! »

À ces mots, Râma, le descendant *illustre* de l'*antique* Raghou, décocha la flèche dans les mondes de Râma le Djamadagnide à la splendeur infinie. Depuis lors celui-ci, par l'efficace du trait divin, n'eut plus de monde qu'il pût habiter. Ensuite, quand il eut décrit autour de Râma le Daçarathide un pradakshina, Râma le Djamadagnide s'en retourna dans son héritage.

Ayaudhyâ était pavoisée d'étendards flottants, résonnante de musique, dont toutes les espèces d'instruments jetaient les sons au milieu des airs. Arrosée, délicieusement parée, jonchée de fleurs et de bouquets, la rue royale était remplie de citadins, la voix épanchée en bénédictions et le visage tourné vers le roi, qui fit ainsi *pompeusement* sa rentrée dans la ville et dans son palais.

Kàauçalyà, et Soumitrâ, et Kêkéyi à la taille charmante, et les autres dames, qui étaient les épouses du monarque, reçurent les *nouvelles* mariées avec une *politesse* attentive.

Dès lors, comblées de joie, trouvant le bonheur dans le bien et l'amour de leurs maris, elles commencèrent à goûter *chastement* le plaisir *conjugal*. Mais ce fut surtout la belle Mithilienne, fille du *roi* Djanaka, qui, plus que les autres, sut charmer son époux. Après que l'hymen eut joint Râma *d'un chaste nœud* à cette jeune fille aimée, d'un rang égal au sien, d'une beauté, à laquelle rien n'était supérieur, ce fils d'un roi saint en reçut un grand éclat, comme un autre invincible Vishnou de son mariage avec Çrî, *la déesse même de la beauté.*

Or, après un certain laps de temps, le roi Daçaratha fit appeler son fils Bharata, de qui la noble Kêkéyi était mère, et lui dit ces paroles : « Le fils du roi de Kékaya, qui habite ici *depuis quelque temps* , ce héros, ton oncle maternel, mon enfant, est venu pour te conduire chez ton aïeul. — Il te faut donc t'en aller avec lui voir ton grand-père : observe *à ton aise* , mon fils, cette ville de ton aïeul. »

Alors, dès qu'il eut recueilli ces mots du *roi* Daçaratha, le fils de Kêkéyî se disposa à faire ce voyage, accompagné de Çatroughna. Son père le baisa au front, embrassa même avec étreinte ce jeune guerrier, semblable au lion par sa noble démarche, et lui tint ce langage devant sa cour assemblée :

« Va, bel enfant, sous une heureuse étoile, au palais de ton aïeul ; mais écoute, *avant de partir* , mes avis, et suis-les, mon chéri, avec le plus grand soin. Sois distingué par un bon caractère, mon fils, sois modeste et non superbe ; cultive soigneusement la société des brahmes, riches de science et de vertus. Consacre tes efforts à gagner leur affection ; demande-leur ce qui est bon pour toi-même, et n'oublie pas de recueillir comme l'ambroisie même la sage parole de ces hommes saints. En effet, les brahmes magnanimes sont la racine du bonheur et de la vie : que les brahmes soient *donc pour toi,* dans toutes les affaires, comme la bouche même de Brahma. Car les brahmes furent de vrais Dieux, *habitants du ciel* ; mais les Dieux supérieurs, mon fils,*nous* les ont envoyés, comme les Dieux de la terre, dans le monde des hommes, pour *éclairer* la vie des créatures. Acquiers dans la fréquentation de ces prêtres sages et les Védas, et le Çâstra impérissable des Devoirs, et le Traité sur le grand art de gouverner, et le Dhanour-Véda complètement.

« Sois même, vaillant héros, sois même instruit dans beaucoup d'arts et de métiers : rester dans l'oisiveté un seul instant ne vaut rien pour toi, mon ami. Aie soin de m'envoyer sans cesse des courriers, qui m'apportent les nouvelles de ta santé ; car, *dans mes regrets de ton absence*, au moins faut-il que mon âme soit consolée en apprenant que tu vas bien ! »

Quand le roi eut ainsi parlé, ses yeux baignés de larmes et d'une voix sanglotante, il dit à Bharata : « Va, mon fils ! » Celui-ci donc salua d'un adieu son père, il salua d'un adieu Râma à la vigueur sans mesure ; et, s'étant d'abord incliné devant *les épouses du roi*, ses mères, il partit, accompagné de Çatroughna.

Après quelques jours comptés depuis son départ, après qu'il eut traversé des forêts, des fleuves, des montagnes du plus ravissant aspect, l'auguste voyageur atteignit la ville et l'agréable palais du roi son grand-père. Près de là, faisant halte, Bharata envoya un messager de confiance dire au monarque, son aïeul : « Je suis arrivé. »

Transporté de joie à ces paroles du messager, le roi fit entrer, comblé des plus grands honneurs, son petit-fils dans *les faubourgs* de sa ville, pavoisée d'étendards, embaumée du parfum des aromates, parée de fleurs et de bouquets, festonnée de guirlandes des bois, jonchée de sable fin dans toute sa rue royale, soigneusement arrosée d'eau et pourvue de tonnes pleines disposées çà et là. Ensuite, les habitants reçurent *aux portes* de la ville Bharata exposé à tous les yeux et réjoui par les concerts de tous les instruments, qui exprimaient des chants joyeux sur un mouvement vif ; Bharata, suivi par les troupes des plus belles courtisanes, qui jouaient de la musique ou dansaient devant lui : telle fut son entrée dans la ville.

Puis, arrivé dans le palais du roi, tout rempli d'officiers richement costumés, il y fut comblé d'honneurs, traité à la satisfaction de tous ses désirs ; et le fils de Kêkéyi habita cette cour dans un bien-être délicieux, comme le plus heureux mortel des mortels heureux.

Sans désir même que le sceptre vînt dans ses mains suivant l'ordre héréditaire de sa famille, Râma pensait que monter au sommet de la science est préférable à l'honneur même de monter sur un trône. Il était plein de charité pour tous les êtres, secourable à ceux qui avaient besoin de secours, libéral, défenseur des gens de bien, ami des *faibles* , réfugiés sous sa protection,reconnaissant, aimant à payer de retour le bon office reçu, vrai dans ses promesses, ferme dans ses résolutions, maître de son âme, sachant distinguer les vertus, parce qu'il était vertueux lui-même. Adroit, ayant le travail facile et l'intelligence des affaires, il prenait en main les intérêts de tous ses amis, et les menait au succès avec un langage affectueux.

Ce prince illustre eût volontiers renoncé à la vie, à la plus opulente fortune ou même à ses voluptés les plus chères ; mais à la vérité, jamais. Droit, généreux, faisant le bien, modeste, de bonnes mœurs, doux, patient, invincible aux ennemis dans le combat, il avait un grand cœur, une grande énergie, une grande âme : *en un mot* , c'était le plus vertueux des hommes, rayonnant de splendeur, d'un aspect aimable comme la lune et pur comme le soleil d'automne.

Quand le roi Daçaratha vit ce fléau des ennemis, cette féconde mine de vertus briller d'un éclat sans égal par cette foule de qualités et par d'autres encore, il se mit à rouler continuellement cette pensée au fond de son âme, venue et déjà fixée même dans ce projet : « Il faut que je sacre mon fils Râma comme associé à ma couronne et prince de la jeunesse. »

Cette idée s'agitait sans cesse dans le cœur du monarque sage : « Quand verrai-je l'onction royale donnée à Râma ! Il est digne de cette couronne : sachant donner à tous les êtres la chaîne de l'amour, il est plus aimé que moi et règne déjà sur mes sujets par toutes ses vertus. Égal en courage à Indra, égal à Vrihaspati par l'intelligence, égal même à la terre en stabilité, il est mieux doué que moi en toutes qualités. Quand j'aurai vu ce fils, *ma gloire*, élevé par moi-même sur ce trône, qui gouverne toute l'étendue si vaste de la terre, j'irai doucement au ciel, où me conduit cet âge *avancé*. »

Dès qu'ils eurent connaissance des sentiments du monarque, les hommes de bon jugement et qui savaient pénétrer dans le fond des choses, instituteurs spirituels, conseillers d'État, citadins et même villageois se réunirent, tinrent conseil, arrêtèrent une résolution, et tous, de toutes parts, ils dirent au vieux roi Daçaratha : « Auguste monarque, te voilà un vieillard devenu plusieurs fois centenaire : ainsi daigne consacrer ton fils Râma comme héritier de ta couronne. »

À ce discours, tel que son cœur l'avait souhaité, il dissimula son désir et répondit à ces hommes, dont il voulait connaître mieux toute la pensée : « Pourquoi vos excellences désirent-elles que j'associe mon fils à mon trône dans le temps même où *je suffis à* gouverner la terre avec justice ? »

Ces habitants de la ville et des campagnes répondirent à ce magnanime : « Nombreuses et distinguées, ô roi, sont les qualités de ton fils. Il est doux, il a des mœurs honnêtes, une âme céleste, une bouche instruite à ne dire que des choses aimables et jamais d'invectives ; il est bienfaisant, il est comme le père et la mère de tes sujets.

« À quelque guerre, ô mon roi, que tu ordonnes à ton fils de marcher, il s'en retourne d'ici et de là toujours victorieux, après que sa main a terrassé l'ennemi ; et, quand il revient parmi nous, triomphant des armées étrangères, ce héros, tirant de la victoire même une modestie plus grande, nous comble encore de ses politesses.

« Rentre-t-il d'un voyage, monté sur un éléphant ou porté dans un char, s'il nous voit sur le chemin royal, il s'arrête, il s'informe de nos santés, et toujours ce prince affectueux nous demande si nos feux sacrés, nos épouses, nos serviteurs, nos disciples, *toute chose enfin* va bien chez nous.

« Puissions-nous voir bientôt sacrer par tes ordres, comme héritier présomptif du royaume, ce Râma aux yeux de lotus bleu, au cœur plein d'affection pour les hommes ! Daigne maintenant, ô toi, qui es comme un Dieu chez les hommes, associer à ta couronne sur la terre ce fils si digne d'être élu roi, ce Râma, le seigneur du monde, le maître de son âme et l'amour des hommes, dont il fait les délices par ses vertus ! »

Ensuite, ayant fait appeler Sumantra, le roi Daçaratha lui dit : « Amène promptement ici mon vertueux Râma ! » « Oui ! « répondit le serviteur obéissant ; et, sur l'ordre intimé par son maître, ce ministre sans égal dans l'art de conduire un char eut bientôt amené Râma dans ce lieu même.

Alors, s'étant assis là, tous les rois de l'occident, du nord, de l'orient et du midi, ceux des Mlétchhas, ceux des Yavanas, ceux même des Çakas, qui habitent les montagnes, bornes du monde, s'échelonnèrent sous leur *auguste* suzerain Daçaratha, comme les Dieux sont rangés sous *Indra,* le fils de Vasou.

Assis dans son palais au milieu d'eux et tel qu'Indra au milieu des Maroutes, le saint monarque vit s'avancer, monté sur le char et semblable au roi des Gandharvas ce fils au courage déjà célèbre dans tout l'univers, aux longs bras, à la grande âme, au port *majestueux* comme la démarche d'un éléphant ivre d'amour. L'auguste souverain ne pouvait se rassasier de contempler ce Râma au visage désiré comme l'astre des nuits, à l'aspect infiniment aimable, qui attirait l'esprit et la vue des hommes par ses vertus, sa noblesse, sa beauté, et marchait, semant la joie autour de lui, comme le Dieu des pluies sur les êtres, consumés par les feux de l'été.

Aussitôt qu'il eut aidé le jeune rejeton de l'antique Raghou à descendre du char magnifique, Soumantra, les mains jointes, le suivit par derrière, tandis que le vaillant héros s'avançait vers son père.

Joignant ses mains, inclinant son corps, il s'approcha du monarque, et, se nommant, il dit : « Je suis Râma. » Puis il toucha du front les pieds de son père. Mais celui-ci, ayant vu son bien-aimé fils prosterné à son côté, les paumes réunies en coupe, saisit les deux mains jointes, le tira *doucement* à soi et lui donna un baiser.

Ensuite, le fortuné monarque offrit du geste à Râma un siège incomparable, éblouissant, le plus digne parmi tous, orné d'or et de pierreries. Alors, quand il se fut assis dans le noble siège, Râma le fit resplendir, comme le Mérou, que le soleil à son lever illumine de ses clartés sans tache.

Le puissant monarque se réjouit à la vue de ce fils chéri, noblement paré et qui semblait Daçaratha lui-même réfléchi dans la surface d'un miroir. Ce roi, le meilleur des pères, ayant donc adressé la parole à son fils avec un sourire, lui tint ce langage, comme Kaçyapa au souverain des Dieux :

« Râma, tu es mon enfant bien-aimé, le plus éminent par tes vertus et né, fils égal à moi, d'une épouse mon égale et la première de mes épouses. Enchaînés par tes bonnes qualités, ces peuples te sont déjà soumis : reçois donc le sacre, comme associé à ma couronne, en ce temps, où la lune va bientôt faire sa conjonction avec l'astérisme Poushya, *constellation propice* . J'aime à le reconnaître, mon fils ; la nature t'a fait modeste et même vertueux ; mais ces vertus n'empêcheront point ma tendresse de te dire ce qu'elle sait d'utile pour toi. Avance-toi plus encore dans la modestie ; tiens continuellement domptés les organes des sens, et fuis toujours les vices, qui naissent de l'amour et de la colère. Jette les yeux sur la Cause première, et que sans cesse ton âme, *comme la sienne* , Râma, se cache et se montre dans la défense de tes sujets. D'abord, sois dévoué au bien, exempt d'orgueil, escorté sans cesse de tes vertus ; ensuite, protège ces peuples, mon fils, comme s'ils étaient eux-mêmes les fils nés de ta propre chair.

« *Noble* enfant de Raghou, examine d'un œil vigilant tes soldats, tes conseillers, tes éléphants, tes chevaux et tes finances, l'ami et l'ennemi, les intermédiaires et les rois neutres. Lorsqu'un roi gouverne de telle sorte la terre, que ses peuples heureux lui sont *inébranlablement* dévoués, ses amis en ressentent une joie égale à cette allégresse des Immortels, devenus enfin les heureux possesseurs de la divine ambroisie. Impose le frein à ton âme, et sache, mon fils, te conduire ainsi ! »

À peine le monarque avait-il achevé son discours, que des hommes, messagers de cette agréable nouvelle, couraient déjà en faire part à Kâauçalyâ. Elle, la plus noble des femmes, elle distribua à ces porteurs d'une nouvelle si flatteuse et de l'or, et des vaches, et toutes sortes de pierreries.

Quand il se fut incliné devant le roi son père, le Raghouide, éclatant de lumière, monta dans son char ; puis, environné de foules nombreuses, il revint dans son palais.

Après le départ des citadins, le monarque, ayant délibéré une seconde fois avec ses ministres, arrêta une résolution, en homme qui sait prendre une décision. « Demain, l'astérisme Poushya doit se lever sur l'horizon ; que mon fils Râma, à la prunelle dorée comme la fleur des lotus, soit donc sacré demain dans l'hérédité présomptive du royaume ! » Ainsi parla ce puissant monarque.

Entré dans sa maison, Râma en sortit au même instant et se dirigea vers le gynæcée de sa mère.

Là, il vit cette mère inclinée, revêtue de lin, sollicitant la Fortune dans la chapelle de ses Dieux. — Ici déjà s'étaient rendus avant lui Soumitrâ, Lakshmana et Sîtâ, elle, que l'agréable nouvelle du sacre avait rendue toute joyeuse.

Râma, s'étant approché, s'inclina devant sa mère ainsi recueillie, et dit ces paroles faites pour lui causer de la joie : « Mère chérie, mon père m'a désigné pour gouverner ses peuples ; on doit me sacrer demain : c'est l'ordre de mon père. Il faut que Sîtâ passe avec moi cette nuit dans le jeûne, comme le roi me l'a prescrit avec le ritouidj et nos maîtres spirituels. Veuille donc répandre sur moi et sur la Vidéhaine, ma belle épouse, ces paroles heureuses, d'une si grande efficacité pour mon sacre, dont le jour que celui-ci précède verra l'*auguste* cérémonie. »

Ayant appris cette nouvelle, objet de ses vœux depuis un long temps, Kâauçalyâ répondit à Râma ces mots, troublés par des larmes de joie : « Mon bien-aimé Râma, vis un grand âge ! Périsse l'ennemi devant toi ! Puisse ta félicité réjouir sans cesse ma famille et celle de Soumitrâ !

« Tu es né en moi, cher fils, sous une étoile heureuse et distinguée, toi, à qui tes vertus ont gagné l'affection du *roi* Daçaratha, ton père. Ô bonheur ! ma dévotion pour l'Homme-*Dieu* aux yeux de lotus ne fut pas stérile, et j'augure que sur lui va se poser aujourd'hui cette félicité merveilleuse du saint roi Ikshwâkou ! »

Après ce langage de sa mère, Râma, jetant sur Lakshmana, assis devant lui, son corps incliné et ses mains jointes, un regard accompagné d'un sourire, lui adressa les paroles suivantes : « Lakshmana, gouverne avec moi ce monde ; tu es ma seconde âme, et ce bonheur qui m'arrive est en même temps pour toi ! Fils de Soumitrâ, goûte ces jouissances désirées et savoure ces *doux* fruits de la royauté ; car, si j'aime et la vie et le trône, c'est à cause de toi ! »

Quand il eut ainsi parlé à son cher Lakshmana, Râma, s'étant incliné devant ses deux mères, fit prendre congé à Sitâ et retourna dans son palais.

La rue royale se trouvait alors dans Ayodhyâ tout obstruée par les multitudes entassées des hommes, dont cet événement avait excité la curiosité, et de qui les danses joyeuses dispersaient un bruit semblable à celui de la mer, quand *le vent* soulève ses humides flots. La noble cité avait arrosé et balayé ses grandes rues, elle avait orné de guirlandes sa rue royale, elle s'était pavoisée de ses vastes étendards.

En ce moment tous les habitants d'Ayodhyâ, hommes, femmes, enfants, par le désir impatient de voir le sacre de Râma, soupiraient après le retour du soleil. Chacun désirait contempler cette grande fête.

Râma se purifia d'une âme recueillie ; puis, avec la *belle* Vidéhaine, *son épouse*, comme Nârâyana avec Lakshmi, il entra *dans le sanctuaire domestique*. Alors il mit sur sa tête, suivant la coutume, une patère de beurre clarifié et versa dans le feu allumé cette libation en l'honneur du grand Dieu. Ensuite, quand il eut mangé ce qui restait de l'oblation et demandé aux Immortels ce qui était avantageux pour lui, ce fils du meilleur des rois, voué au silence et méditant, sur le dieu Nârâyana, se coucha dans une sainte continence avec la *charmante* Vidéhaine sur un lit de verveine, jonchée avec soin dans la brillante chapelle consacrée à Vishnou.

Au temps où la nuit fermait sa dernière veille, il sortit du sommeil et fit arranger tout avec un ordre soigné dans les meubles de son appartement. — Puis, quand il entendit les brillantes voix des poètes et des bardes entonner les paroles de bon augure, il adora l'aube naissante, murmurant sa prière d'une âme recueillie. Dévotement prosterné, il célébra même l'ineffable meurtrier de Madhou, et, revêtu d'un habit de lin sans tache, il donna l'essor à la voix des brahmes.

Aussitôt le son doux et grave de leurs chants, auxquels se mêlaient dans ce jour de fête les accords des instruments de musique, remplit toute la ville d'Ayodhyâ. À la nouvelle que le noble enfant de Raghou avait accompli avec son épouse la cérémonie du jeûne, tous les habitants de se livrer à l'effusion de la joie ; et les citadins, n'ignorant pas que le sacre de Râma venait avec ce jour déjà si près de paraître, se mirent tous à décorer la ville une seconde fois, aussitôt qu'ils virent la nuit s'éclairer aux premières lueurs du matin.

Sur les temples des Immortels, dont les faîtes semblent une masse blanche de nuages, dans les carrefours, dans les grandes rues, sur les bananiers sacrés, sur les plateformes des palais, sur les bazars des trafiquants, où sont amoncelées toutes les sortes infinies des marchandises, sur les splendides hôtels des riches pères de famille, sur toutes les maisons destinées à réunir des assemblées, sur les plus majestueux des arbres, flottent dressés les étendards et les banderoles de couleurs variées. De tous les côtés on entend les troupes des danseurs, des comédiens et des chanteurs, dont les voix se modulent pour le *délicieux* plaisir de l'âme et des oreilles.

Quand fut arrivé le jour du sacre, les hommes s'entretenaient, assis dans les cours ou dans leurs maisons, de conversations qui roulaient toutes sur les éloges de Râma ; et, de tous côtés, les enfants mêmes, qui s'amusaient devant les portes des maisons, *désertant le jeu*, s'entretenaient aussi de conversations, qui roulaient toutes sur les éloges de Râma. Pour fêter le sacre du jeune prince, les citadins avaient brillamment décoré, parfumé de la résine embaumée de l'encens, paré de fleurs et de présents la rue royale ; et, par une *sage* prévoyance contre l'arrivée de la nuit, afin de ramener le jour dans les ténèbres, ils avaient planté au long des rues dans toute la ville des arbres d'illuminations.

Dans ce temps, une suivante de Kêkéyî, sa parente éloignée, qui l'avait emmenée avec elle dans Ayodhyâ, monta d'elle-même sur la plate-forme du palais ; et là, promenant ses yeux, elle vit la rue du roi brillamment décorée, la ville pavoisée de grands étendards, ses voies remplies d'un peuple nombreux et rassasié.

À cet aspect de la cité riante et pleine de monde en habits de fête, elle s'approcha d'une nourrice placée non loin d'elle, et fit cette demande : « D'où vient aujourd'hui cette joie extrême des habitants ? Dis-le moi ! Quelle chose aimée des citoyens veut donc faire le puissant monarque ? Pour quelle raison, au comble d'un enchantement suprême, la mère de Râma verse-t-elle aujourd'hui ses trésors *comme une pluie* de largesses ? »

Interrogée ainsi par cette femme bossue, la nourrice, toute ravie de plaisir, commence à lui raconter ce qui en était du sacre attendu pour l'association à la couronne : « Demain, au moment où la lune se met en conjonction avec l'astérisme Poushya, le roi fait sacrer comme héritier du trône son fils Râma, cette mine opulente de vertus. C'est pour cela que tout ce peuple est en joie dans l'attente du sacre, que les habitants ont décoré la ville et que tu vois la mère de Râma si heureuse. »

À peine eut-elle ouï ce langage désagréable pour elle, soudain, transportée de colère, la femme bossue descendit précipitamment de cette plate-forme du palais. La Manthârâ, qui avait conçu une mauvaise pensée, vint donc, les yeux enflammés de fureur, tenir ce langage à Kêkéyî, qui n'était pas encore levée : « Femme aveugle, sors du lit ! Quoi ! tu dors ! Un affreux danger fond sur toi ! Malheureuse, ne comprends-tu pas que tu es entraînée dans un abîme ! »

Kêkéyî, aux oreilles de qui cette bossue à l'intention méchante avait jeté dans sa fureur ces mots si amers, lui fit à son tour cette demande : « Pourquoi es-tu *si* en colère, Manthârâ ? Apprends-moi quelle est cette chose que tu ne peux supporter : en effet, je te vois toute pleine de tristesse et le visage bouleversé. »

À ces paroles de Kêkéyî, la Manthârâ, qui savait ourdir un discours artificieux, lui répondit ainsi, les yeux rouges de colère et d'envie, pour augmenter le trouble de sa maîtresse et la séparer enfin de Râma, dont cette femme à la pensée coupable désirait la perte : « Une chose bien grave te menace, une chose que tu ne dois pas tolérer, ô ma reine : c'est que le roi Daçaratha se dispose à consacrer *son fils* Râma comme héritier de sa couronne.

« Telle qu'une mère, à qui, séduite par un langage artificieux, sa bienveillance a fait recueillir un ennemi : ainsi, toi, imprudente, tu as réchauffé un serpent dans ton sein ! En effet, ce que pourrait faire, soit un serpent, soit un ennemi, que tu ne vois pas derrière toi et comme sous tes pieds, Daçaratha le fait aujourd'hui à ton fils et à toi. L'épouse bien-aimée de ce roi au langage traître et mensonger va mettre son Râma sur le trône ; et toi, imprévoyante créature, tu seras immolée avec ton enfant ! »

À ces paroles de la bossue, Kêkéyî, ravie de joie, ôta de sa parure un brillant joyau et l'offrit en cadeau à la Mantharâ. Quand elle eut donné à la perfide suivante ce magnifique bijou, en témoignage du plaisir *que lui inspirait sa nouvelle*, Kêkéyî enchantée lui répondit alors en ces termes : « Mantharâ, ce que tu viens de raconter m'est agréable ; c'est une chose que je désirais : aussi ai-je du plaisir à te donner une seconde fois ce gage de ma vive satisfaction. Il n'y a dans mon cœur aucune différence même entre Bharata et Râma : je verrai donc avec bonheur que le roi donne l'onction royale à celui-ci. »

À ces mots, rejetant le bijou de Kêkéyî, Mantharâ lui répondit en ces termes, accompagnés d'une imprécation : « Pourquoi, femme ignorante, te réjouis-tu, quand le danger plane sur toi ? Ne comprends-tu pas que tu es submergée dans un océan de tristesse ? *Tu le veux*, insensée : *eh bien !* cœur lâche, que le serpent *des soucis* te dévore, malheureuse, toi, que la science n'éclaire pas et qui vois les choses de travers ! Je l'estime heureuse, cette Kâaucalyâ, qui dans ce jour, où la lune entre en conjonction avec l'astérisme Poushya, verra son fils, au corps semé de signes propices, oint et sacré comme l'héritier du trône paternel ! Mais toi, femme ignorante, dépouillée de ta grandeur, tu seras soumise, comme une servante, à Kâaucalyâ grandie et parvenue même à la plus haute domination. On verra l'épouse de Râma savourer les jouissances du trône et de la fortune, mais ta bru à toi sera obscurcie et rabaissée ! »

Kêkéyî, fixant les yeux sur la Mantharâ, qui parlait ainsi d'un air vivement affligé, se mit joyeusement à vanter elle-même les vertus de Râma.

À ces paroles de sa maîtresse, la Mantharâ, non moins profondément affligée, répondit à Kêkéyî, après un long et brûlant soupir : « Ô toi, de qui le regard manque de justesse, femme ignorante, ne t'aperçois-tu pas que tu te plonges toi-même dans un abîme, dans la mort, dans un enfer de peines ? Si Râma devient roi ; si, après lui, son fils monte sur le trône ; puis, le fils de son fils ; ensuite, le rejeton né de son petit-fils, Bharata ne se trouvera-t-il point, Kêkéyî, rejeté hors de la famille du monarque ? En effet, tous les fils d'un roi n'ont pas le trône de leur père chacun dans son avenir. Entre plusieurs fils, c'est un seul, qui reçoit l'onction royale ; car si tous avaient droit à ceindre le diadème, ne serait-ce pas une bien grande anarchie ? Aussi est-ce toujours dans les mains de leurs fils aînés, vertueux ou non, que les maîtres de la terre, femme charmante, remettent les rênes du royaume ? *De leur côté, arrivés au terme de la vie,* ces fils aînés transmettent à leurs fils aînés le royaume, sans partage ; mais à leurs frères, jamais ! C'est là une chose incontestable. *Que suit-il* de là ? C'est que ton fils sera dépouillé à perpétuité des honneurs, privé du plaisir, comme un orphelin sans appui, et déchu à jamais de l'hérédité royale. Je suis accourue ici, conduite par ton intérêt ; mais tu ne m'as point comprise, toi, qui veux me donner un cadeau quand je t'annonce l'agrandissement de ton ennemie ! Car, une chose immanquable ! Râma, une fois qu'il aura ceint le diadème, Râma, débarrassant le chemin de cette *gênante* épine, enverra Bharata en exil, ou, ce qui est plus sûr, à la mort.

« Enivrée de ta beauté, tu as toujours, dans ton orgueil, dédaigné la mère de Râma, épouse comme toi du même époux ; comment ne ferait-elle pas tomber maintenant le poids de sa haine sur toi ! »

À ces mots de la suivante, Kêkéyî poussa un soupir et répondit ces paroles : « Tu me dis la vérité, Mantharâ ; je connais ton dévouement sans égal pour moi. Mais je ne vois aucun moyen par lequel on puisse faire obtenir de force à mon fils ce trône de son père et de ses aïeux. »

À ces paroles de sa maîtresse, la bossue, poursuivant son dessein criminel, délibéra dans son esprit *un instant* et lui tint ce langage : « Si tu veux, je t'aurai bientôt mis ce Râma dans un bois, et je ferai même donner l'onction royale à Bharata. »

À ces mots de la Manthârâ, Kêkéyi, dans la joie de son âme, se leva un peu de sa couche mollement apprêtée et lui répondit ces paroles : « Dis-moi, ô femme d'une intelligence supérieure ; Manthârâ, dis-moi par quel moyen on pourrait élever Bharata sur le trône et jeter Râma dans une forêt ? »

À peine eut-elle ouï ces mots de la reine, Manthârâ, bien résolue dans sa pensée coupable, tint ce langage à Kêkéyi pour la ruine de Râma : « Écoute, et réfléchis bien, quand tu m'auras entendue. Jadis, au temps de la guerre entre les Dieux et les Démons, ton invincible époux, sollicité par le roi des Immortels, s'en fut affronter ces combats. — Il descendit, vers la plage méridionale, dans la contrée nommée Dandaka, où le Dieu qui porte à son étendard l'image du *poisson* Timi possède une ville appelée Vêdjayanta.

« Là, non vaincu par les armées célestes, un grand Asoura, qui avait nom Çambara, puissant par la magie, livra bataille à Çakra. Dans cette terrible journée, le roi fut blessé d'une flèche ; il revint ici victorieux ; et ce fut par toi, reine, qu'il fut pansé lui-même. La plaie, grâce à toi, fut cicatrisée ; et, ravi de joie, l'auguste malade t'accorda, femme illustre, deux faveurs *à ton choix*. Mais toi : « Réserve l'effet de ces deux grâces pour le temps où j'en souhaiterai l'accomplissement ! » *N'est-ce pas* ainsi *qu*'alors tu parlas à ton magnanime époux, qui te répondit : Oui ? J'étais ignorante de ces choses, et c'est toi, qui jadis, reine, me les a contées.

« Réclame de ton époux ces deux grâces ; demande pour l'une le sacre de Bharata et pour l'autre l'exil de Râma pendant quatorze années. Montre-toi courroucée, ô toi, de qui le père est un monarque, entre dans l'appartement de la colère ; et, vêtue d'habits souillés, couchée sur la terre nue, ne jette pas un regard de tes yeux sur le roi, ne lui adresse pas même une parole, comme une abandonnée qui dort sur la terre, femme qu'on nommait hier la brillante et qu'il faut appeler maintenant la désolée. Bientôt, *près du sol dégarni*, *où tu seras étendue,* le monarque, plongé dans la tristesse, viendra lui-même tâcher de regagner tes bonnes grâces et te demander ce que tu désires : car, je n'en puis douter, ton époux t'aime beaucoup.

« Si ton époux t'offrait des perles, de l'or et toutes sortes de bijoux, ne tourne pas un regard vers ses présents.

« Mais si, voulant donner à ses deux grâces tout leur effet, ton époux te relevait de ses mains ; enchaîne-le d'abord sous la foi du serment ; ensuite, radieuse beauté, demande-lui, comme grâce première, l'exil de Râma durant neuf ans ajoutés à cinq années, et, comme seconde, l'hérédité du royaume conférée à Bharata.

« Ainsi, heureuse *mère*, ton Bharata, sans nul doute, obtiendra la plus haute fortune sur la terre ; ainsi, Râma, sans nul doute, ira lui-même dans l'exil.

« Ô toi, de qui la nature est toute candide, comprends quelle puissance la beauté met dans tes mains ! Le roi n'aura ni la force d'exciter ni la force de mépriser ta colère ; le monarque de la terre pourrait-il enfreindre une seule parole de ta bouche, puisqu'il renoncerait à sa vie même pour l'amour de toi ? »

Excitée par la suivante, sa maîtresse vit sous les couleurs du bien ce qui était mauvais ; et son âme, troublée par les influences d'une malédiction, ne sentit pas que l'action était coupable. En effet, dans son enfance, au pays des Kékéyains, elle avait jeté sur un brahme, qui semblait un homme stupide, l'injure d'une parole blessante ; et ce magnanime avait maudit *en ces termes* la jeune fille inconsidérée : « Puisque tu as injurié un brahme dans l'ivresse de l'orgueil, que t'inspire *déjà* ta beauté, tu recueilleras toi-même un jour le blâme et les mépris dans le monde ! »

Il dit, et, chargée de sa malédiction, Kèkéyi tomba fatalement sous la domination de Mantharâ ; elle prit donc la bossue aux vues criminelles dans ses bras, la serra fortement contre son cœur ; et toute à l'excès d'une joie qui troublait sa raison, elle tint résolument ce langage à Mantharâ : « Je suis loin de mépriser ta prévoyance exquise, ô toi qui sais trouver les plus sages conseils : il n'existe pas dans ce monde une seconde femme égale à toi pour l'intelligence. »

Ainsi flattée par Kêkéyî, la bossue, pour animer davantage la reine couchée dans son lit, répondit en ces ternies : « Il est superflu de jeter un pont sur un fleuve dont le canal est a sec ; lève-toi donc, illustre dame ! assure ta fortune, et mets le trouble dans le cœur du monarque ! » « Oui ! » répondit Kêkéyî, approuvant ces paroles ; et, suivant les conseils de Mantharâ, elle s'affermit dans la résolution de faire donner l'onction royale à Bharata.

La noble reine ôta son collier de perles, enrichi de précieux bijoux et de joyaux magnifiques ; elle se dépouilla de toutes ses autres parures ; et, l'âme remplie de haine par cette Mantharâ, elle entra dans la chambre de la colère, où elle s'enferma seule avec l'orgueil que lui inspirait la force de sa prospérité.

Alors, avec un visage assombri sous les nuages de sa colère excitée, ayant détaché rubans, torsades et joyaux de son buste si pur, l'épouse charmante de l'Indra des hommes devint comme le ciel enveloppé de ténèbres, quand l'astre de la lumière s'est éclipsé.

Or, quand il eut fait connaître *le jour et l'instant où* l'onction royale *serait* donnée à Râma, le puissant monarque entra dans son gynœcée pour annoncer cette agréable nouvelle à Kêkéyî. Là, ce maître du monde, apprenant qu'elle était couchée sur la terre, abattue dans une situation indigne de son rang, il en fut comme foudroyé par la douleur. Ce vieillard s'avança tout affligé vers sa jeune femme, plus aimée de lui que sa vie même ; de lui à l'âme sans reproche, elle, qui nourrissait une pensée coupable.

S'étant donc approché de son épouse, qui désirait avec folie une chose funeste, odieuse à tous les hommes et qui serait blâmée du monde, il vit la noble dame renversée par terre. Il se mit à côté et la caressa tendrement, comme un grand éléphant caresse avec la trompe sa plaintive compagne, que la flèche empoisonnée *d'un chasseur* a blessée.

Après que ses mains eurent bien caressé la femme éplorée, de qui la respiration *sanglotante* ressemblait aux sifflements d'un serpent, le roi tint, d'une âme tremblante, ce langage à Kêkéyî : « Je ne sais pas ce qui put allumer cette colère en toi. Qui donc osa t'offenser, reine ! Ou par qui l'honneur qui t'est dû ne te fut-il pas rendu ? Pourquoi, femme naguère si heureuse et maintenant *si* désolée, pourquoi, à ma *très vive* douleur, es-tu couchée sur la terre nue et dans la poussière, comme une veuve sans appui, en ce jour où mon âme est toute joyeuse ? »

Il dit et releva sa femme éplorée. Elle, qui brûlait de lui dire cette chose funeste, qui devait augmenter le chagrin de son époux, répondit *sur-le-champ* à ces mots : « Je n'ai reçu aucune offense de personne, *magnanime* roi ; l'honneur qui m'est dû ne m'a pas été refusé ; mais, quel que soit mon désir, daigne faire en ce jour une chose qui m'est chère. Donne-m'en l'assurance maintenant, si tu veux bien la faire ; et quand j'aurai, moi, reçu ta promesse, je t'expliquerai ce qu'est mon désir. »

À ces paroles de cette femme chérie, le monarque, tombé sous l'empire de son épouse, entra dans ce piège à sa ruine, comme une antilope s'engage étourdiment au milieu d'un filet. Le prince, qui voyait toute consumée de sa douleur cette Kêkéyî, épouse bien-aimée, elle qui jamais ne manqua au vœu conjugal, elle si attentive à tout ce qui pouvait lui être utile ou agréable : « Femme charmante, dit-il, tu ne sais donc pas ! Excepté Râma seul, il n'existe pas dans tous les mondes une seconde créature que j'aime plus que toi !

« Je m'arracherais ce cœur même pour te le donner : ainsi, ma Kêkéyî, regarde-moi et dis ce que tu désires.

« Tu vois que je possède en moi la puissance, ne veuille donc plus balancer : je ferai ta joie ; *oui*, je le jure par toutes mes bonnes œuvres ! » Alors, satisfaite de ce langage, Kêkéyî joyeuse révéla son dessein très odieux et d'une profonde scélératesse.

« Que les Dieux réunis sous leur chef Indra même entendent ce serment solennel de ta bouche, que tu me donneras la grâce demandée ! Que la lune et le soleil, que les autres planètes mêmes, l'Éther, le jour et la nuit, les plages du ciel, le monde et la terre ; que les Gandharvas et les Rakshasas, les Démons nocturnes, *qui abhorrent les clartés du jour*, et les Dieux domestiques, à qui plait d'habiter nos maisons ; que les êtres animés, *d'une autre espèce et de quelque nature qu'ils soient*, connaissent la parole échappée de tes lèvres !

« Ce grand roi qui a donné sa foi à la vérité, pour qui le devoir est une science bien connue, de qui les actes sont pleinement accompagnés de réflexion, s'engage à mettre les objets d'une grâce dans mes mains : Dieux, je vous en prends donc à témoins ! »

Quand la reine eut ainsi enveloppé ce héros au grand arc dans le réseau du serment, elle tint ce discours au monarque, dispensateur des grâces, mais aveuglé par l'amour :

« Jadis, ô roi, satisfait de mes soins, dans la guerre, que les Dieux soutenaient contre les Démons, tu m'as octroyé deux grâces, dont je réclame aujourd'hui l'accomplissement. Que Bharata, *mon fils*, reçoive l'onction royale, comme héritier du trône, dans la cérémonie même que tes soins préparent ici pour associer Râma à la couronne. En outre, que celui-ci, portant le djatâ, la peau de biche et l'habit d'écorce, s'en aille dans les bois durant neuf et cinq ans : voilà ce que je choisis pour mes deux grâces. Si donc tu es vrai dans tes promesses, exile Râma dans les forêts et consacre Bharata, mon fils, dans l'hérédité du royaume. »

Ce langage de Kêkéyi blessa au cœur le puissant monarque, et son poil se hérissa d'effroi, comme sur la peau d'une antilope mâle, quand il voit la tigresse devant lui. S'affaissant aussitôt sous le coup de cette grande douleur, il tomba hors de lui-même sur terre veuve de ses tapis. « Hélas ! s'écria-t-il, ô malheur ! » À ces mots, en proie à sa douleur, il tomba sur la terre, et, blessé *au milieu du* cœur par la flèche des cruelles paroles, il fut à l'instant même absorbé dans un profond évanouissement. Longtemps après, quand il eut repris connaissance, l'âme noyée dans l'affliction, il dit, plein de tristesse et d'amertume, il dit avec colère à Kêkéyî : « Scélérate, femme aux voies corrompues, que t'a fait Râma, ou que t'ai-je fait, destructrice de ma famille, ô toi, de qui les vues sont toutes criminelles ? N'est-ce pas à toi qu'il rend ses hommages, avant même de les rendre à Kâauçalyâ ? Pourquoi donc es-tu si acharnée à la ruine de Râma ?

« Que j'abandonne, ou Kàauçalyâ, ou Soumitrâ, ou ma royale splendeur et ma vie, soit ! mais non ce Râma, si plein d'amour filial. C'est assez ! renonce à ta résolution, femme aux desseins criminels : *tu le vois !* je touche avec mon front tes pieds mêmes ; fais-moi grâce ! »

Le cœur déchiré à ce discours d'une grande amertume, à ces mots épouvantables même de son épouse, le roi consterné avait l'esprit égaré, les traits de son visage convulsés, tel qu'un buffle vigoureux, assailli par une tigresse. Lui, ce dominateur du monde, ce protecteur des malheureux, il tomba sur la terre, embrassant les pieds de sa femme, dont les mains, *pour ainsi dire*, serraient son cœur d'une pression douloureuse, et, *d'une voix sanglotante*, il jetait ces mots : « Grâce, ô ma reine ! grâce ! »

Tandis que le grand roi, dans une posture indigne de lui, était gisant à ses pieds mêmes, Kêkéyî jeta encore ces mots si durs, elle sans crainte à lui portant l'effroi dans ses yeux, avec le trouble dans son âme triste et malheureuse : « Toi, de qui les sages vantent continuellement la vérité dans les paroles et la fidélité dans la foi jurée, pourquoi, seigneur, quand tu m'as accordé ces deux grâces, hésites-tu *à m'en donner l'accomplissement ?* »

Irrité de ces paroles de Kêkéyî, le roi Daçaratha lui répondit alors, plein d'émotion et gémissant : « Femme ignoble, mon ennemie, goûte donc, hélas ! ce bonheur, Kêkéyî, de voir ton époux mort et Râma, ce *fier* éléphant des hommes, banni dans un bois !

« Cruel, moi ! âme méchante, esclave d'une femme, est-ce là se montrer père à l'égard d'un fils si magnanime et doué même de toutes les vertus ! — Maintenant qu'il est fatigué par le jeûne, la continence et les instructions de nos maîtres spirituels, il ira donc, à l'heure enfin arrivée de sa joie, trouver l'infortune au milieu des forêts !

« Malheur à moi cruel, nature impuissante, subjuguée par une femme, homme de petite vigueur, incapable même de s'élever jusqu'à la colère, sans énergie et sans âme ! Une infamie sans égale, une honte certaine et le mépris de tous les êtres me suivront dans le monde, comme un criminel ! »

Tandis que le monarque exhalait en ces plaintes le chagrin qui troublait son âme, le soleil s'inclina vers son couchant et la nuit survint. Au milieu de tels gémissements et dans sa profonde affliction, cette nuit, composée de trois veilles seulement, lui parut aussi longue que cent années.

À la suite de ces plaintes, le monarque éleva ses deux mains jointes vers Kêkéyî, essaya encore de la fléchir el lui dit ces nouvelles paroles : « Ô ma bonne, prends sous ta protection un vieillard malheureux, faible d'esprit, esclave de la volonté et qui cherche en toi son appui ; sois-moi propice, ô femme charmante ! Si ce n'est là qu'une feinte mise en jeu par l'envie de pénétrer ce que j'ai au fond du cœur : *eh bien ! sois contente*, femme au gracieux sourire, voilà ce qu'est en vérité mon âme : je suis de toute manière ton serviteur. Quelque chose que tu veuilles obtenir, je te le donne, hors l'exil de Râma : *oui,* tout : ce qui est à moi, ou même, *si tu la veux*, ma vie ! »

Ainsi *conjurant et* conjurée, elle d'une âme si corrompue et lui d'une âme si pure, cette femme cruelle à son époux n'accorda rien aux prières de ce roi, sur les joues duquel tombaient des larmes et dont *les tourments intérieurs se révélaient aux yeux par* les formes bien tourmentées de sa personne. Ensuite, quand le monarque vit son épouse, affermie dans la méchanceté, parler encore avec inimitié sur l'odieuse action d'exiler son fils, il perdit une seconde fois la connaissance et, couché sur la terre, il sanglota dans la tristesse et le trouble de son âme.

Tandis que son époux désolé, malade du chagrin, dont l'injuste exil de son fils tourmentait son cœur, et tombé sans connaissance sur la terre, se débattait convulsivement, Kêkéyi lui jeta ces nouvelles paroles : « Pourquoi es-tu là gisant, évanoui sur la face de la terre, comme si tu avais commis un lourd péché, quand tu m'accordas spontanément les deux grâces ? Ce qui est digne de toi, c'est de rester ferme dans la vérité de *la promesse.*

« Le premier devoir, c'est la vérité, ont dit ces hommes sincères qui savent les devoirs : si tu fus sollicité par moi, c'est que je m'étais dit, car je *pensais* te connaître : « Sa parole est une vérité ! » Çivi, le maître de la terre, ayant sauvé la vie d'une colombe, s'arracha le cœur à lui-même, *pour ne pas manquer à sa promesse,* et le fit manger au vautour : c'est ainsi qu'il mérita de passer au ciel en quittant la terre. Jadis, certaines limites furent acceptées de l'Océan, ce roi des fleuves ; et, depuis lors, fidèle à son traité, il n'est jamais sorti de ses rivages, malgré son impétuosité. Alarka même s'arracha les deux yeux pour les donner au brahme qui l'implorait : action, qui valut au saint roi de monter, après cette vie, dans les demeures célestes.

« Pourquoi donc, si tu es vrai dans tes promesses, toi qui, au temps passé, voulus bien m'accorder ces deux grâces, pourquoi, *dis-je,* m'en refuses-tu aujourd'hui l'accomplissement, comme un avare et un homme vil ? Envoie Râma, ton fils, habiter les forêts ! Si tu ne combles pas maintenant le désir manifesté dans mes paroles, je vais, ô roi, jeter là ma vie sous tes yeux mêmes ! »

Le monarque, enlacé par Kêkéyî, comme autrefois Bali par Vishnou, dans les rets de ses artifices, ne put alors en déchirer les mailles.

Quand la nuit commençait à s'éclaircir aux premières lueurs de l'aube matinale, Soumantra vint à la porte, et, s'y tenant les mains jointes, il réveilla son maître : « Ô roi, voici que ta nuit s'est déjà bien éclairée, disait-il : que sur toi descende la félicité ! Réveille-toi, ô tigre des hommes ! Recueille et le bonheur et les biens ! Croîs en richesses, puissant monarque de la terre, croîs en toute abondance, tel que la mer se gonfle et croît au lever de la pleine lune ! Comme le soleil, comme la lune, comme Indra, comme Varouna jouissent de leur opulence et de leur félicité, jouis ainsi des tiennes, auguste dominateur de la terre ! »

Quand il entendit son écuyer lui chanter ces heureux souhaits, *vœux accoutumés* pour son réveil, le monarque, consumé par sa douleur immense, lui adressa la parole en ces termes : « Pourquoi viens-tu, conducteur de mon char, pourquoi viens-tu me féliciter, moi, de qui la tristesse n'est pas un thème bien assorti aux félicitations ? Tu ajoutes par ton langage une douleur nouvelle à mes souffrances, »

Quand il entendit ces mots prononcés par le roi malheureux, Soumantra s'éloigna vite de ces lieux, non sans *rougir* un peu de honte.

Sur ces entrefaites, Kêkéyî, obstinée dans sa volonté criminelle, jeta de nouveau ces paroles à son époux étendu par terre, à son époux, qu'elle voulait stimuler avec l'aiguillon de son langage :

« Pourquoi parles-tu ainsi, en ces termes désolés, comme un être de la plus basse condition ? Mande ici Râma ; envoie-le sans faiblesse habiter les forêts ! Si tu es fidèle en tes promesses, donne-moi l'accomplissement d'une parole qui m'est chère. »

Alors, blessé par l'aiguillon de ces paroles, comme un éléphant avec la pointe aiguë *de son cornac*, le roi, consumé par le feu du chagrin, dit ces mots à Soumantra :

« Conducteur de mon char, je suis lié avec la chaîne de la vérité ; mon âme est pleine de trouble. Amène ici Râma sans délai, je désire le voir. »

À peine eut-elle entendu ces mots du roi, Kêkéyî sur-le-champ dit aussi d'elle-même à l'écuyer : « Va ! amène Râma ; et fais-le se hâter, de manière qu'il vienne au plus tôt ! »

Ensuite, Soumantra sortit avec empressement : arrivé sur le pas *intérieur* de la porte, il y vit les rois de la terre ; et quand il eut franchi le seuil *extérieur*, il trouva dehors les conseillers et les prêtres du palais, qui se tenaient là tous réunis dans l'attente.

Dans ce jour même, où la lune était parvenue à sa conjonction avec l'astérisme Poushya, on avait disposé en vue de Râma toutes les choses nécessaires à la cérémonie d'un sacre. On avait préparé un trône d'or, éblouissant, magnifiquement orné, sur lequel s'étalait une peau, riche dépouille du roi des quadrupèdes. On avait apporté de l'eau puisée au confluent du Gange et de l'Yamounâ ; on avait apporté de l'eau prise dans les autres fleuves sacrés, qui tournent le front, soit à l'orient, soit à l'occident, ou qui serpentent dans un canal tout à fait sinueux. On avait apporté même de l'eau recueillie dans toutes les mers.

Les urnes, pleines de ces ondes, étaient d'or massif ; autour de leurs flancs, on avait tressé en guirlandes les jeunes pousses des arbres qui se plaisent au bord des eaux, mêlées aux fleurs des nymphéas et des lotus. Des limons, des grenades, du beurre clarifié, du miel, du lait, du caillé, de la vase même et de l'eau, envoyés des plus saints tirthas, s'y mêlaient à toutes les choses distinguées par une influence heureuse.

On avait également préparé en vue de Râma un sceptre, somptueusement orné de joyaux et d'un éclat aussi pur que les, rayons de la lune, un chasse-mouche, un magnifique éventail, décoré avec une radieuse guirlande et tel que le disque en son plein de l'astre des nuits. On avait encore exécuté pour l'assomption de Râma au trône paternel un vaste parasol, *emblème de royauté*. Là étaient réunis un taureau blanc, un cheval au blanc pelage, un éléphant de choix, superbe et dans l'ivresse du rut, huit belles jeunes filles, sur la personne desquelles resplendissaient les plus riches parures, des poètes laudateurs, vêtus d'un opulent costume, et toutes les espèces d'instruments, qui servent à la musique.

Arrivé dans la rue du roi, Soumantra fendit les ondes arrêtées là du peuple et recueillit dans sa route les paroles échangées des conversations, qui toutes se rattachaient aux louanges de Râma.

« Aujourd'hui Râma, disaient-ils, va recevoir l'hérédité du royaume, suivant les ordres mêmes de son père. Oh ! quelle grande fête aujourd'hui l'on va donner pour nous dans la ville ! Ce héros doux, maître de lui-même, bon pour les habitants de la ville, et qui trouve son plaisir dans le bonheur de toutes les créatures, Râma, sans aucun doute, sera aujourd'hui même notre prince de la jeunesse. Oh ! combien les faveurs *du ciel* pleuvent aujourd'hui sur nous, puisque Râma, qui est l'amour des hommes vertueux, va désormais nous protéger, comme un père défend les fils qui sont nés de sa chair ! »

Telles étaient les paroles que, de tous les côtés, Soumantra entendait sortir de cette foule épaisse, tandis qu'il s'en allait chez Râma, d'une marche pressée, afin de le ramener au palais de son père.

Descendu en face de cette maison, où régnait une vaste abondance, l'illustre cocher fut saisi de plaisir et de joie à la vue des ornements luxueux qui décoraient ce palais, tout émaillé de pierreries, comme celui du *céleste* époux qui mérita le choix de *la belle* Çatçhî.

Il vit le pas de ses portes couvert par une multitude officielle de poètes, de bardes, de chanteurs et de panégyristes, qui, attachés à sa maison pour ramener agréablement le sommeil ou le réveil sur ses paupières, célébraient à l'envi les vertus de sa royale personne.

Quand il eut traversé dans ce riche palais six enceintes, dont les foules pressées des hommes remplissaient l'étendue, il pénétra dans la septième, parfaitement distribuée.

Soumantra, s'étant approché d'un air modeste, s'inclina pour saluer Râma, d'une beauté en quelque sorte, flamboyante et semblable au soleil qui vient de naître *sur un ciel sans nuages*.

« Que la reine Kâauçalyâ est heureuse de posséder un tel fils ! Le roi, en compagnie de Kêkéyî, désire te voir. Viens donc, Râma, s'il te plaît ! »

À ces mots du cocher, Râma, qui avait reçu, la tête inclinée, cet ordre venu de son père, Râma aux yeux de lotus tint ce langage à Sitâ : « Sitâ, le roi et la reine se sont réunis ensemble pour délibérer, sans aucun doute, sur mon sacre comme héritier de la couronne. Assurément, Kêkéyî, ma mère, guidée par le désir même de faire une chose qui m'est agréable, emploie tout son art en ce moment pour mettre de ses mains le diadème sur mon front. Je pars donc sans délai ; j'ai hâte de voir ce maître de la terre, assis dans sa chambre secrète seul avec Kêkéyî et libre de soucis. »

À ces paroles de son mari : « Va, mon noble époux, lui dit Sitâ, voir ton père et même avec lui ta mère. »

Sorti de son palais, ce prince d'une splendeur incomparable vit rassemblés devant les portes une foule de serviteurs, curieux de voir le noble maître. À leur aspect, il s'approcha d'eux et les salua tous ; puis, sans perdre un instant, il s'élança dans un char d'argent, déjà même attelé. Élevé sur le char opulent, dont le fracas égalait celui du tonnerre, Râma sortit de son palais, comme la lune sort des nuages blancs.

Alors, tenant un parasol avec un chasse-mouche dans ses mains, Lakshmana aussitôt monta derrière l'auguste Râma, comme Oupéndra se tient derrière le dieu Indra, et lui fit sentir agréablement les doux offices de l'ombrelle et du chasse-mouche. Un cri de « Halâ ! halâ ! » s'éleva immense, et le cœur de tous se dilata, quand on vit s'avancer dans son char ce Râma, le plus noble des hommes qui possèdent un char.

Il s'avançait lentement et répondait à ces foules d'hommes par des saluts, distinguant chacun d'eux avec un mot, un sourire, un coup d'œil, un mouvement du front, un geste de la main.

Les épouses mêmes des habitants, accourues à leurs fenêtres, contemplaient cette marche de Râma et vantaient ses vertus, qui tenaient leur âme enchaînée avec un lien d'amour.

« Râma, disaient les unes, suivra le chemin dans lequel ont marché ses aïeux et même avant eux ses vénérables ancêtres, car il possède un nombre infini de vertus. Ainsi que son aïeul et son père nous ont gouvernés, ainsi nous gouvernera-t-il, et même beaucoup mieux, sans aucun doute. Loin de nous aujourd'hui le boire et le manger ! loin de nous aujourd'hui toute jouissance des choses aimées, tant qu'il n'aura pas obtenu d'être associé à la couronne ! »

« Oh ! disaient les autres, il n'existe pour nous aucune chose préférable au sacre du vaillant Râma : il nous est même plus cher que la vie ! Que la reine Kâauçalyâ se réjouisse de voir en toi son fils, et que Sitâ monte avec toi, noble enfant de Raghou, au sommet de la plus haute fortune ! Quand le don paternel t'aura mis sur le front cette couronne désirée, vis, Râma, une longue vie, assis dans le plaisir sur tes ennemis vaincus ! »

Tandis que le beau jeune homme poursuivait sa marche vers le palais du monarque, son oreille était frappée de ces discours et par différentes autres acclamations flatteuses, que lui jetait encore une foule assise sur les plates-formes des maisons. Aucun homme, aucune femme ne pouvait séparer de lui ses regards, ni lui reprendre son âme, ravie par les qualités d'un héros si plein de majesté.

Râma vit son père assis dans un siège, en compagnie de Kêkéyî, et montrant la douleur peinte sur *tous les traits de* sa figure desséchée par le chagrin et l'insomnie. D'abord, s'étant prosterné et joignant les mains, il toucha du front ses pieds ; ensuite et sans tarder, il s'inclina de nouveau et rendit le même honneur à ceux de Kêkéyi.

Le fils de Soumitrâ vint après lui honorer les pieds du roi, son père ; et, plein de modestie comme d'une joie suprême, il salua également ceux de Kêkéyî.

À l'aspect de Râma, qui se tenait en face de lui avec un air modeste, le roi Daçaratha n'eut pas la force d'annoncer l'odieuse nouvelle à ce fils sans reproche et bien-aimé. À peine eut-il articulé ce seul mot : « Râma ! » qu'il demeura muet, comme bâillonné par l'impétuosité de ses larmes ; il ne put dire un mot de plus, ni même lever ses regards vers cet enfant chéri.

Quand Râma, assiégé d'inquiétudes, vit cette révolution, qui s'était faite dans l'esprit de son père, si différent de ce qu'il était auparavant, il tomba lui-même dans la crainte, comme s'il eût touché du pied un serpent.

Alors ce noble fils, qui trouvait son plaisir dans le bonheur de son père, se mit à rouler ces pensées en lui-même : « Pour quel motif ce roi ne peut-il soulever ses yeux sur moi ? Pourquoi n'a-t-il pas continué son discours, après qu'il eut dit : « Râma ? » N'aurais-je pas commis une faute, soit d'ignorance, soit d'inattention ? »

Ensuite Râma, tel qu'un malheureux consumé de chagrin, jeta sur Kêkéyi un regard de son visage consterné et lui tint ce langage : « Reine, n'aurais-je point commis par ignorance je ne sais quelle offense contre le maître de la terre ; offense, pour laquelle, triste et le visage sans couleur, il ne daigne plus me parler ? Ce qui fait son tourment, est-ce une peine de corps ou d'esprit ? Est-ce la haine d'un ennemi ? car il n'est guère possible de conserver une paix inaltérable. Reine, est-il arrivé quelque malheur à Bharata, ce jeune prince, les délices de son père ? En est-il arrivé même à Çatroughna ? Ou bien encore aux épouses du roi ? Ne suis-je pas tombé par ignorance dans une faute qui a soulevé contre moi le courroux de mon père ? Dis-le-moi ; obtiens de lui mon pardon ! »

Elle, à qui la bonne foi et la véracité du jeune prince était bien connues, Kêkéyî, cette âme vile, corrompue aux discours de la Mantharâ, lui tint ce langage : « Jadis, noble enfant de Raghou, dans la guerre que les Dieux soutinrent contre les Démons, ton père, satisfait de mes bons services, m'accorda librement deux grâces. Je viens de lui en réclamer ici l'accomplissement : j'ai demandé pour Bharata le sacre, et pour toi un exil de quatorze ans. Si donc tu veux conserver à ton père *sa haute renommée* de sincérité dans les promesses, ou si tu as résolu de soutenir dans ta parole même toute sa vérité, abandonne ce diadème, quitte ce pays, erre dans les forêts sept et sept années, à compter de ce jour, endossant une peau de bête pour vêtement et roulant tes cheveux comme le djatà des *anachorètes*. »

Alors il se réfugia dans la force de son âme pour soutenir le poids de ce langage, qui eût écrasé même un homme ferme ; et, regardant la parole engagée par le père comme un ordre qui enchaînait le fils étroitement, il résolut de s'en aller au milieu des forêts.

Ensuite, ayant souri, le bon Râma fit cette réponse au discours qu'avait prononcé Kêkéyî : « Soit ! revêtant un habit d'écorce et les cheveux roulés en gerbe, j'habiterai quatorze ans les bois, pour sauver du mensonge la promesse de mon père ! Je désire seulement savoir une chose : pourquoi n'est-ce pas le roi qui me donne cet ordre lui-même, en toute assurance, à moi, le serviteur obéissant de sa volonté ? Je compterais comme une grande faveur, si le magnanime daignait m'instruire lui-même de son désir. Quelle autorité, *noble* reine, ce roi n'a-t-il pas sur moi, son esclave et son fils ? »

Kêkéyî répondit à ces mots : « Retenu par un sentiment de pudeur, ce roi n'ose te parler lui-même : il n'y a pas autre chose ici, n'en doute pas, *vaillant* Raghouide, et ne t'en fais pas un sujet de colère. Tant que tu n'auras point quitté cette ville pour aller dans les bois, le calme, Râma, ne peut renaître dans l'esprit affligé de ton père. »

Le monarque entendit, les yeux fermés, ces cruelles paroles de Kêkéyî l'ambitieuse, qui n'osait encore se fier à la résolution du vertueux jeune homme. Il jeta, par l'excès de sa douleur, cette exclamation prolongée : « Ah ! je suis mort ! » et retombant aussitôt dans la torpeur, il se noya dans les pleurs de sa tristesse.

À l'audition amère de ce langage horrible au cœur et d'une excessive cruauté, Râma, que Kêkéyî frappait ainsi avec la verge de ses paroles, comme un coursier plein de feu, bien qu'il se précipitât de lui-même, en toute hâte, vers son exil au sein des bois ; Râma, *dis-je*, n'en fut pas troublé et lui répondit en ces termes :

« Je ne suis pas un homme qui fasse des richesses le principal objet de ses désirs ; je ne suis pas, reine, ambitieux d'une couronne ; je ne suis pas un menteur ; je suis un homme, de qui la parole est sincère et l'âme candide : pourquoi te défier ainsi de moi ? Toute chose utile à toi, qu'il est en ma puissance de faire, estime-la comme déjà faite, fût-ce même de sacrifier pour toi le souffle bien-aimé de ma vie ! Certes ! exécuter l'ordre émané d'un père est supérieur à tout devant mes yeux, le devoir excepté : néanmoins, reine, je partirai dans le silence même de mon père, et j'habiterai les bois déserts quatorze années, sur la parole de ta majesté seule.

« Aussitôt que j'aurai dit adieu à ma mère et pris congé de mon épouse, je vais au même instant habiter les forêts : sois contente ! Tu dois veiller à ce que Bharata gouverne bien l'empire et soit docile au roi, *son père*. C'est là pour toi un devoir imprescriptible et de tous les instants. »

À peine le monarque, revenu un peu à lui-même et baigné dans ses tristes larmes, eut-il ouï ce discours de Râma, qu'il perdit une seconde fois la connaissance.

Après que Râma, le corps incliné, eut touché de sa tête les pieds de son père évanoui ; après qu'il eut adressé le même salut aux pieds de Kêkéyî ; après que, les mains jointes, il eut décrit un pradakshina autour du roi Daçaratha et de sa vile épouse, il quitta incontinent ce palais de son père. Lakshmana, au corps tout parsemé de signes heureux, mais les yeux obscurcis de larmes, suivit l'invincible, qui sortait devant lui : il marchait derrière, agitant la pensée de faire abandonner son dessein au vaillant Râma, qui se hâtait d'aller résolument habiter au fond des bois.

Dès que Râma, plein de respect, mais détournant d'elles ses regards, eut décrit un pradakshina autour des choses destinées à la cérémonie du sacre, il s'éloigna lentement.

Il revit ses gens avec un visage riant ; il répondit à leurs saluts par les siens, avec les bienséances requises, et s'en alla d'un pied hâté voir Kâauçalyâ au palais même qu'habitait sa royale mère. Aucun homme, si ce n'est Lakshmana seul, ne s'aperçut du chagrin qu'il renfermait dans son âme, contenue par sa fermeté.

Dans ce même instant, la pieuse reine Kâauçalyâ prosternée adressait aux Dieux son adoration et s'acquittait d'un vœu, dont elle s'était liée vis-à-vis des Immortels. Elle espérait que son fils serait bientôt sacré comme prince de la jeunesse ; et, vêtue d'une robe blanche, toute dévouée à sa religieuse cérémonie, elle ne permettait pas à son âme de s'égarer sur des objets étrangers.

Râma, voyant sa mère, la salua avec respect ; il s'approcha d'elle et lui dit ces réjouissantes paroles : « Je suis Râma ! » Elle, aussitôt qu'elle vit arriver ce fils, les délices de sa mère, elle tressaillit de plaisir et de tendresse, comme la vache aimante reconnaît son veau chéri. S'étant abordés, Râma, caressé, embrassé par elle, honora sa mère, comme Maghavat honore la déesse Aditi.

Kâauçalyâ répandit sur lui ses bénédictions pour l'accroissement et la prospérité de ce fils bien-aimé : « Que les Dieux, lui dit-elle, ravie de joie, que les Dieux t'accordent, mon fils, les années, la gloire, la justice, digne apanage de ta famille, et dont furent doués jadis tous ces magnanimes saints, antiques rois de ta race ! Reçois, donnée par ton père, une puissance immuable, éternelle ; et, comblé d'une félicité suprême, foulant aux pieds tes ennemis vaincus, que la vue de ton bonheur fasse la joie de tes ancêtres ! »

À ces paroles de Kàauçalayâ, il répondit en ces termes, l'âme quelque peu troublée de cette douleur, où l'avaient noyée les paroles de Kêkêyi : « Mère, tu ne sais donc pas le grand malheur qui est tombé sur moi, pour la douleur amère de toi, de mon épouse et de Lakshmana ? Kêkeyi a demandé au roi son diadème pour Bharata ; et mon père, qu'elle avait enlacé d'abord avec un serment, n'a pu lui refuser son royaume. Le puissant monarque donnera l'hérédité de sa couronne à Bharata ; mais, quant a moi, il ordonne que j'aille aujourd'hui même habiter les forêts.

« J'aurai quatorze années, reine, les bois pour ma seule demeure, et loin des tables exquises, j'y ferai ma nourriture de racines et de fruits sauvages. »

Consumée par sa douleur, à ces mots de Râma, la chaste Kâauçalyâ tomba, comme un bananier tranché par le pied. Râma, voyant la malheureuse étendue sur le sol, releva sa mère consternée, défaillante, évanouie ; et, tournant autour de l'infortunée, remise en pieds, les flancs battus, comme une cavale essoufflée, il essuya de sa main la poussière dont la robe de sa mère était couverte.

Quand elle eut un peu recouvré le souffle, Kâauçalyâ, délirante de chagrin et jetant les yeux sur Râma, s'écria d'une voix que ses larmes rendaient balbutiante : « Plût au ciel, Râma, que tu ne fusses pas né mon fils, toi qui rends plus vives toutes mes douleurs, je ne sentirais pas aujourd'hui la peine que fait naître ma séparation d'avec toi ! Certes ! la femme stérile a bien son chagrin, mais celui seul de se dire : « Je n'ai pas d'enfants ! » encore, n'est-il pas égal à cette peine, que nous cause la séparation d'avec un fils bien-aimé ?

« Râma, tu ne dois pas obéir à la parole d'un père aveuglé par l'amour. « Demeure ici même ! Que peut te faire ce monarque usé par la vieillesse ? Tu ne partiras pas, mon fils, si tu veux que je vive ! »

Le gracieux Lakshmana, ayant vu dans un tel désespoir cette mère trop sensible de Râma, dit alors ces mots appropriés à la circonstance : « Il me déplaît aussi, noble dame, que ce digne enfant de Raghou, chassé par la voix d'une femme, abandonne ainsi la couronne et s'en aille dans un bois.

« Je ne vois pas une offense, ni même une faute minime, par laquelle Râma ait pu mériter du roi ce bannissement hors du royaume et cet exil au fond des bois.

« Tandis que cet événement n'est parvenu encore à la connaissance d'aucun homme, jette, aidé par moi, ta main sur l'empire, dont tu portes le droit inhérent à toi-même ! Quand moi, ton fidèle serviteur, je serai à tes côtés, soutenant de mes efforts ton assomption à la couronne, qui pourra mettre obstacle à ton sacre comme héritier du royaume ? »

Il dit ; à ce discours du magnanime Lakshmana, Kâauçalyâ, noyée dans sa tristesse amère, dit à Râma : « Tu as entendu, Râma, ces bonnes paroles d'un frère, dont l'amour est comme un culte envers toi. Médite-les, et qu'elles soient exécutées promptement, s'il te plaît. Tu ne dois pas, fléau des ennemis, fuir dans les bois sur un mot de ma rivale, et m'abandonner en proie à tous les feux du chagrin. Si tu suis le sentier de la vertu antique, toi qui en possèdes la science, sois docile à ma voix, reste ici, accomplis ce devoir le plus élevé de tous. Jadis, vainqueur des villes ennemies, Indra, sur l'ordre même de sa mère, immola ses frères les rivaux de sa puissance, et mérita ainsi l'empire des habitants du ciel. Tu me dois, mon fils, le même respect que tu dois à ton père : tu n'iras donc pas dans les bois au mépris de ma défense, car il est impossible que je vive, privée de toi. »

À ces mots de l'infortunée Kâauçalyâ, qui gémissait ainsi, Râma répondit en ces termes, que lui inspirait le sentiment de son devoir, à lui, qui était, *pour ainsi dire*, le devoir même incarné : « Il ne m'est aucunement permis de transgresser les paroles de mon père. Je te prie, la tête courbée à les pieds, *d'accepter mon excuse* ; j'exécuterai la parole de mon père ! Certes ! je ne serai pas le seul qui aurai jamais obéi à la voix d'un père ! Et d'ailleurs ce qu'on vante le plus dans la vie des hommes saints, n'est-ce point d'habiter les forêts ?

« Ordinairement, c'est la route foulée par les hommes de bien qu'on se plaît à suivre : j'accomplirai donc la parole de mon père : que je n'en sois pas moins aimé par toi, bonne mère ! Les éloges ne s'adressent jamais à quiconque ne fait pas ce qu'ordonne son père. »

Il dit ; et, quand il eut parlé de cette manière à Kâauçalyâ, il tint à Lakshmana ce langage : « Je connais, Lakshmana, la nature infiniment élevée de ton dévouement : ta vie est toute pour moi, je le sais encore, Lakshmana. Mais toi, faute de savoir, tu rends plus déchirante la flèche dont m'a percé la douleur.

N'arrive jamais ce temps où je pourrais encore désirer vivre un seul instant, après ma désobéissance à l'ordre même de mon père !

« Calme-toi, vertueux Lakshmana, si tu veux une chose qui m'est agréable. La stabilité dans le devoir est la plus haute des richesses : le devoir se tient immuable.

« Laisse donc une inspiration sans noblesse, indigne de la science que professe le kshatrya ; et, rangé sous l'enseigne de nos devoirs, conçois une pensée vertueuse, comme il te sied. »

Il dit ; et, quand il eut achevé ce discours à Lakshmana, dont *l'amitié* augmentait sa félicité, Râma joignit ses deux mains en coupe et, baissant la tête, il adressa encore ces paroles à Kâauçalyâ : « Permets que je parte, ô ma royale mère ; je veux accomplir ce commandement, que j'ai reçu de mon père. Tu pourras jurer désormais par ma vie et mon retour : ma promesse accomplie, je reverrai sain et sauf tes pieds *augustes* . Que je m'en aille avec ta permission et d'une âme libre de soucis. Jamais, reine, je ne cèderai ma renommée au prix d'un royaume : je le jure à toi par mes bonnes œuvres ! Dans ces bornes si étroites, où la vie est renfermée sur le monde des hommes, c'est le devoir que je veux pour mon lot, et non la terre sans le devoir ! Je t'en supplie, courbant ma tête, femme inébranlable en tes devoirs, souris à ma prière ; daigne lever ton obstacle ! Il faut nécessairement que j'aille habiter les bois pour obéir à l'ordre que m'impose le roi : accorde-moi ce congé, que j'implore de toi, la tête inclinée. »

Ce prince, qui désirait aller dans la forêt Dandaka, ce noble prince discourut longtemps pour fléchir sa mère : elle enfin, touchée de ses paroles, serra étroitement une et plusieurs fois son fils contre son cœur.

Quand elle vit Râma ainsi ferme dans sa résolution de partir, la reine Kâauçalyâ, *sa mère* , lui tint ce discours, le cœur déchiré, gémissante, malade entièrement de son chagrin, elle, si digne du plaisir, et néanmoins toute plongée dans la douleur :

« Si, mettant le devoir avant tout, tu veux marcher dans sa ligne, écoute donc ma parole, conforme à ses règles, ô toi le plus distingué entre ceux qui obéissent à ses lois ! C'est à ma voix surtout que tu dois obéir, mon fils, car tu es le fruit obtenu par mes pénibles vœux et mes laborieuses pénitences. Quand tu étais un faible enfant, Râma, c'est moi qui t'ai protégé dans une haute espérance ; maintenant que tu en as la force, c'est donc à toi de me soutenir sous le poids du malheur. Considère, mon fils, que ton exil me prive en ce jour de la vie, et ne donne point à Kêkéyî, mon ennemie, le bonheur de voir ses vœux réalisés.

« Méprisée vis-à-vis de Kêkéyî surtout, il m'est impossible, Râma, de supporter ces outrages d'une nature si personnelle. Toujours en butte aux ardentes vexations de mes rivales, je me réfugie à l'ombre de mon fils, et mon âme revient au calme. Mais aujourd'hui, arrivée, pour ainsi dire, à la saison des fruits, je ne pourrais vivre ce jour seulement, si j'étais privée de toi, Râma, de toi, mon arbre *à l'ombre délicieuse* , aux branches pleines de fruits.

« Tu ne dois pas obéir à la parole de ce monarque, esclave d'une femme, qui vit, comme un impur et un méchant, sous la tyrannie de l'Amour ; et qui, foulant aux pieds cette antique justice, bienséante à la race d'Ikshwâkou, veut sacrer ici Bharata, au mépris de tes droits »

Alors, déployant tous ses efforts, le *vertueux* rejeton de l'antique Raghou se mit à persuader sa mère avec un langage doux, modeste et plein de raisons : « Le roi, notre seigneur, l'emporte non-seulement sur moi, reine, mais encore sur ta majesté même, et ton autorité ne peut aller jusqu'à m'empêcher *de lui obéir* . Daigne, reine, ô toi, si pieuse et la plus distinguée entre ceux qui pratiquent le devoir, daigne m'accorder ta permission d'habiter les bois cinq ans surajoutés à neuf années.

« Car un époux est un Dieu pour la femme ; un époux est appelé Içvara [12] : ainsi, tu ne dois pas empêcher l'ordre signifié au nom de ton époux.

« Une fois ma promesse accomplie, grâces à ta *permission* bienveillante, je reviendrai ici heureux, sain et sauf : ainsi, calme-toi et ne t'afflige pas.

« Reine, excuse-moi : ton mari est ton Dieu et ton gourou ; ne veuille donc pas, dans ton amour *aveugle* pour moi, t'insurger contre l'arrêt de ton époux. Je dois obéir, sans balancer, à l'ordre émané de mon père le magnanime : cette conduite est ce qui sied le mieux à ta vertu et surtout à moi. Si, rétif de ma nature ou léger par mon âge, je résistais à la parole de mon père, ne serait-ce pas à toi, qui aimes l'obéissance, à me ramener dans sa voie ? À plus forte raison te convient-il, à toi qui sais tout le prix de la soumission, reine, d'augmenter bien davantage cette résolution dans mon esprit, qui l'a conçue naturellement.

« Que Kêkéyî à la haute fortune et Bharata à la haute renommée ne subissent pas le moindre mot qui puisse être une offense : excuse encore *ce conseil*. Il te faut considérer Bharata comme moi-même, et tu dois, par affection, voir une sœur dans Kêkéyî.

« Si Bharata laisse orner sa tête d'une couronne, que son père lui a donnée, ce n'est point là un crime pour en accuser le magnanime Bharata.

« Si Kêkéyî, à qui fut accordée jadis une grâce du roi, en obtient de son époux la réalisation aujourd'hui, est-ce là, dis-moi, un crime, dont elle se rend coupable ? Si jadis le roi s'est engagé avec une promesse et si maintenant, par la crainte du mensonge, il en donne à Kêkéyî l'accomplissement, y a-t-il en cela une faute pour blâmer ce roi, de qui la parole fut toujours une vérité ?

« Excuse-moi ! c'est une prière que je t'adresse ; ce n'est d'aucune manière une leçon. Veuille bien, mère vénérée, veuille bien m'accorder ta permission, à moi, victime consacrée déjà pour l'habitation des forêts solitaires. »

Ainsi disait le plus vertueux des hommes qui observent le devoir, ce Râma, qui, dirigeant son esprit avec sa pensée vers la résolution de s'enfoncer dans les forêts, suivi de Lakshmana, employa même de nouvelles paroles dans le but de persuader sa mère.

À ces paroles de son fils bien-aimé, elle répondit ces mots, noyés dans ses larmes : « Je n'ai pas la force d'habiter au milieu de mes rivales. Emmène-moi, mon fils, avec toi dans les bois, infestés par les animaux des forêts, si ta résolution d'y aller, par égard pour ton père, est bien arrêtée dans ton esprit. »

À ce langage, il répondit en ces termes : « Tant que son mari vit encore, c'est l'époux, et non le fils, qui est le Dieu pour une femme. Ta grandeur et moi pareillement, nous avons maintenant pour maître l'auguste monarque : je ne puis donc t'emmener, de cette ville dans les forêts. Ton époux vit ; par conséquent, tu ne peux me suivre avec décence. En effet, qu'il ait une grande âme, ou qu'il ait un esprit méchant, la route qu'une femme doit tenir, c'est *toujours* son époux. À combien plus forte raison, quand cet époux est un monarque magnanime, reine, et bien-aimé de toi ! Sans aucun doute, Bharata lui-même, la justice en personne, modeste, aimant son père, deviendra légalement ton fils, comme je suis le tien *naturellement*. Tu obtiendras même de Bharata une vénération supérieure à celle dont tu jouis auprès de moi. En effet, je n'ai jamais eu à souffrir de lui rien qui ne fût pas d'un sentiment élevé. Moi sorti une fois de ces lieux, il te sied d'agir en telle sorte que les regrets donnés à l'exil de son fils ne consument pas mon père d'une trop vive douleur.

« Tu ne dois pas m'accorder, à moi dans la fleur nouvelle éclose de la vie, un intérêt égal à celui que réclame un époux courbé sous le poids de la vieillesse et tourmenté de chagrins à cause de mon absence.

« Veuille donc bien rester dans ta maison et trouver là continuellement ta joie dans l'obéissance à ton époux ; car c'est le devoir éternel des épouses vertueuses. Pleine de zèle pour le culte des Immortels, faisant ton plaisir de vaquer aux devoirs qui siéent à la maîtresse de maison, tu dois servir ici ton époux, en modelant ton âme sur la sienne. Honorant les brahmes, versés dans la science des Védas, reste ici, pieuse épouse, dans la compagnie de ton époux et l'espérance de mon retour. *Oui* ! c'est dans la compagnie de ton époux que tu dois me revoir à mon retour dans ces lieux, si toutefois mon père, séparé de moi, peut supporter la vie. »

À ce discours de Râma, où le respect senti pour sa mère se mêlait aux enseignements sur le devoir, Kâauçalyâ dit, les yeux baignés de larmes :

« Va, mon fils ! Que le bonheur t'accompagne ! Exécute l'ordre même de ton père. Revenu ici heureux, en bonne santé, mes yeux te reverront un jour. *Oui* ! je saurai me complaire dans l'obéissance à mon époux, comme tu m'as dit, et je ferai toute autre chose qui soit à faire. Va donc, suivi de la félicité ! »

Ensuite, quand elle vit Râma tout près d'accomplir sa résolution d'habiter les forêts, elle perdit la force de commander à son âme ; et, saisie tout à coup d'une vive douleur, elle sanglota, gémit et se mit à parler d'une voix où l'on sentait des larmes.

Au même instant, la princesse du Vidéha, absorbant toute son âme dans une seule pensée, attendait, pleine d'espérance, la consécration de son époux, comme héritier de la couronne. Cette pieuse fille des rois, sachant à quels devoirs les monarques sont obligés, venait d'implorer, avec une âme recueillie, non-seulement la protection des Immortels, mais encore celle des Mânes ; et maintenant, impatiente de voir son époux, elle se tenait au milieu de son appartement, les yeux fixés sur les portes du palais, et pressait vivement de ses désirs l'arrivée de son Râma.

Alors et tout à coup, dans ses chambres pleines de serviteurs dévoués, voici Râma, qui entre, sa tête légèrement inclinée de confusion, l'esprit fatigué et laissant percer un peu à travers son visage abattu la tristesse de son âme. Quand il eut passé le seuil d'un air qui n'était pas des plus riants, il aperçut, au milieu du palais, sa bien-aimée Sîtâ debout, mais s'inclinant à sa vue avec respect, Sîtâ, cette épouse dévouée, plus chère à lui-même que sa vie et douée éminemment de toutes les vertus qui tiennent à la modestie.

À l'aspect de son époux, cette reine à la taille si gracieuse alla au-devant, le salua et se mit à son côté ; mais, remarquant alors son visage triste, où se laissait entrevoir la douleur cachée dans son âme : « Qu'est-ce, Râma ? fit-elle anxieuse et tremblante. Les brahmes, versés dans ces connaissances, t'auraient-ils annoncé que la planète de Vrihaspati opère à cette heure sa conjonction avec l'astérisme Poushya, *influence sinistre* , qui afflige ton esprit ? Couvert du parasol, zébré de cent raies et tel que l'orbe entier de la lune, pourquoi ne vois-je pas briller sous lui ton charmant visage ? Ô toi, de qui les beaux yeux ressemblent aux pétales des lotus, pourquoi ne vois-je pas le chasse-mouche et l'éventail récréer ton visage, qui égale en splendeur le disque plein de l'astre des nuits ? Dis-moi, noble sang de Raghou, pourquoi n'entends-je pas les poëtes, les bardes officiels et les panégyristes à la voix éloquente te chanter, à cette heure de ton sacre, comme le roi de la jeunesse ? Pourquoi les brahmes, qui ont abordé à la rive ultérieure *dans l'étude sainte* des Védas, ne versent-ils pas sur ton front du miel et du lait caillé, suivant les rites, pour donner à ce *noble* front la consécration royale ?

« Pourquoi ne vois-je pas maintenant s'avancer derrière toi, dans la pompe du sacre, un éléphant, le plus grand de tous, marqué de signes heureux, et versant par trois canaux une sueur d'amour sur les tempes ? Pourquoi enfin, devant toi, ne vois-je marcher, *nous* apportant la fortune et la victoire, un coursier *d'une beauté* nonpareille, au blanc pelage, au corps doué richement de signes prospères ? »

À ces mots, par lesquels Sîtâ exprimait l'incertitude inquiète de son esprit, le fils de Kâauçalyâ répondit en ces termes avec une fermeté qu'il puisait dans la profondeur de son âme : « Toi, qui es née dans une famille de rois saints ; toi, à qui le devoir est si bien connu ; toi, de qui la parole est celle de la vérité, arme-toi de fermeté, noble Mithilienne, pour entendre ce langage de moi. Jadis, le roi Daçaratha, sincère dans ses promesses, accorda deux grâces à Kêkéyî, en reconnaissance de quelque service. Sommé tout à coup d'acquitter sa parole aujourd'hui, que tout est disposé en vue de mon sacre, comme héritier de la couronne, mon père s'est libéré en homme qui sait le devoir. Il faut que j'habite, ma bien-aimée, quatorze années dans les bois ; mais Bharata doit rester dans Ayodhyâ et porter ce même temps la couronne. Près de m'en aller dans les bois déserts, je viens ici te voir, ô femme comblée d'éloges : je t'offre mes adieux : prends ton appui sur ta fermeté et veuille bien me donner congé.

« Mets-toi jusqu'à mon retour sous la garde de ton beau-père et de ta belle-mère ; accomplis envers eux les devoirs de la plus respectueuse obéissance ; et que jamais le ressentiment de mon exil ne te pousse, noble dame, à risquer mon éloge en face de Bharata. En effet, ceux qu'enivre l'orgueil du pouvoir ne peuvent supporter les éloges donnés aux vertus d'autrui : ne loue donc pas mes qualités en présence de Bharata. Désirant conserver sa vérité à la parole de mon père, j'irai, suivant son ordre, aujourd'hui même dans les forêts : ainsi, fais-toi un cœur inébranlable ! Quand je serai parti, noble dame, pour les bois chéris des anachorètes, sache te plaire, ô ma bien-aimée, dans les abstinences et la dévotion.

« Tu dois, chère Sîtâ, pour l'amour de moi, obéir d'un cœur sans partage à ma *bonne* mère, accablée sous le poids de la vieillesse et par la douleur de mon exil. »

Il dit ; à ce langage désagréable à son oreille, Sîtâ aux paroles toujours aimables répondit en ces termes, jetés comme un reproche à son époux : « Un père, une mère, un fils, un frère, un parent quelconque mange seul, ô mon noble époux, dans ce monde et dans l'autre vie, le fruit né des œuvres, qui sont propres à lui-même. Un père n'obtient pas la récompense ou le châtiment par les mérites de son fils, ni un fils par les mérites de son père ; chacun d'eux engendre par ses actions propres le bien ou le mal pour lui-même, *sans partage avec un autre* . Seule, l'épouse dévouée à son mari obtient de goûter au bonheur mérité par son époux ; je te suivrai donc en tous lieux où tu iras. Séparée de toi, je ne voudrais pas habiter dans le ciel même : je te le jure, noble enfant de Raghou, par ton amour et ta vie ! Tu es mon seigneur, mon gourou, ma route, ma divinité même ; j'irai donc avec toi : c'est là ma résolution dernière. Si tu as *tant de* hâte pour aller dans la forêt épineuse, impraticable, j'y marcherai devant toi, brisant *de mes pieds, afin de t'ouvrir un passage* , les grandes herbes et les épines. Pour une femme de bien, ce n'est pas un père, un fils, ni une mère, ni un ami, ni son âme à elle-même, qui est la route à suivre : non ! son époux est sa voix suprême ! Ne m'envie pas ce *bonheur* ; jette loin de toi cette pensée jalouse, comme l'eau qui reste au *fond du vase* après que l'on a bu : *emmène-moi*, héros, emmène-moi sans défiance : il n'est rien en moi qui sente la méchanceté. L'asile inaccessible de tes pieds, mon seigneur, est, à mes yeux, préférable aux palais, aux châteaux, à la cour des rois, aux chars de nos Dieux, *que dis-je* ? au ciel même. Accorde-moi cette faveur : que j'aille, accompagnée de toi, au milieu de ces bois fréquentés seulement par des lions, des éléphants, des tigres, des sangliers et des ours ! J'habiterai avec bonheur au milieu des bois, heureuse d'y trouver un asile sous tes pieds, aussi contente d'y couler mes jours avec toi, que dans les palais du *bienheureux* Indra.

« J'emprunterai, comme toi, ma seule nourriture aux fruits et aux racines ; je ne serai d'aucune manière un fardeau incommode pour toi dans les forêts. Je désire habiter dans la joie ces forêts avec toi, au milieu de ces régions ombragées, délicieuses, embaumées par les senteurs des fleurs diverses. Là, plusieurs milliers mêmes d'années écoulées près de toi sembleraient à mon âme n'avoir duré qu'un seul jour. Le paradis sans toi me serait un séjour odieux, et l'enfer même avec toi ne peut m'être qu'un ciel préféré. »

À ces paroles de son épouse chère et dévouée, Râma fit cette réponse, lui exposant les nombreuses misères attachées à l'habitation au milieu des forêts : « Sîtâ, ton origine est de la plus haute noblesse, le devoir est une science que tu possèdes *à fond*, tu ceins la renommée *comme un diadème* : partant, il te sied d'écouter et de suivre ma parole. Je laisse mon âme ici en toi, et j'irai de corps seulement au milieu des bois, obéissant, malgré moi, à l'ordre émané de mon père.

« Moi, qui sais les dangers bien terribles des bois, je ne me sens pas la force de t'y mener, par compassion même pour toi.

« Dans le bois repairent les tigres, qui déchirent les hommes, conduits *par le sort* dans leur voisinage : on est à cause d'eux en des transes continuelles, ce qui fait du bois, mon amie, une chose affreuse !

« Dans le bois circulent de nombreux éléphants, aux joues inondées par la sueur de rut ; ils *vous* attaquent et *vous* tuent ; ce qui fait du bois, mon amie, une chose affreuse !

« On y trouve les deux points extrêmes de la chaleur et du froid, la faim et la soif, les dangers sous mille formes ; ce qui fait du bois, mon amie, une chose affreuse !

« Les serpents et toutes les espèces de reptiles errent dans la forêt impénétrable au milieu des scorpions aux subtils venins ; ce qui fait du bois, mon amie, une chose affreuse !

« On rencontre dans les sentiers du bois, tantôt errants d'une marche tortueuse, comme les sinuosités d'une rivière, tantôt couchés dans les creux de la terre, une foule de serpents, dont le souffle et même le regard exhalent un poison mortel. Il faut traverser là des fleuves, dont l'approche est difficile, profonds, larges, vaseux, infestés par de longs crocodiles.

« C'est toujours sur un lit de feuilles ou sur un lit d'herbes, couches incommodes, que l'on a préparées de ses mains, sur le sein même de la terre, ô femme *si* délicate, que l'on cherche le sommeil dans la forêt déserte. On y mange pour seule nourriture des jujubes sauvages, les fruits de l'ingüa ou du myrobolan emblic, ceux du cyâmâka [13], le riz né sans culture ou le fruit amer du tiktaka [14] à la saveur astringente. Et puis, quand on n'a pas fait provision de racines et de fruits sauvages dans les forêts, il arrive que les anachorètes de leurs solitudes s'y trouvent réduits à passer beaucoup de jours, dénués absolument de toute nourriture. Dans les bois, on se fait des habits avec la peau des bêtes, avec l'écorce des arbres ; on est contraint de tordre *sans art* ses cheveux en gerbe, de porter la barbe longue et le poil non taillé sur un corps tout souillé de fange et de poussière, sur des membres desséchés par le souffle du vent et la chaleur du soleil : aussi, le séjour dans les bois, mon amie, est-il une chose affreuse !

« De quel plaisir ou de quelle volupté pourrai-je donc être là pour toi, quand il ne restera plus de moi, consumé par la pénitence, qu'une peau sèche sur un squelette aride ? Ou toi, qui, m'ayant suivi dans la solitude, y seras toute plongée dans tes vœux et tes mortifications, quelle volupté pourras-tu m'offrir dans ces forêts ? Mais alors, moi, te voyant la couleur effacée par le hâle du vent et la chaleur du soleil, ton *corps si frêle* épuisé de jeûnes et de pénitences, ce spectacle de ta peine dans les bois mettra le comble à mes souffrances.

« Demeure ici, tu n'auras point cessé pour cela d'habiter dans mon cœur ; et, si tu restes ici, tu n'en seras pas, ma bien-aimée, plus éloignée de ma *pensée* ! »

À ces mots, Râma se tut, bien décidé à ne pas conduire une femme si chère au milieu des bois ; mais alors, vivement affligée et les yeux baignés de pleurs :

« Les inconvénients attachés au séjour des bois, répondit à ces paroles de son mari la triste Sîtâ, de qui les pleurs inondaient le visage ; ces inconvénients, que tu viens d'énumérer, mon dévouement pour toi, *cher* et noble époux, les montre à mes yeux comme autant d'avantages. Le dieu Çatakratou lui-même n'est pas capable de m'enlever, défendue par ton bras : combien moins le pourraient tous ces animaux qui errent dans les forêts ! Je n'ai aucune peur *naturellement* des lions, des tigres, des sangliers, ni des autres bêtes, dont tu m'as peint l'abord si redoutable au milieu des bois. Combien moins puis-je en redouter les dents ou le venin, si la force de ton bras étend sur moi sa défense ! Mourir là *d'ailleurs* vaut mieux pour moi que vivre ici !

« Jadis, fils de Raghou, cette prédiction me fut donnée par des brahmes versés dans la connaissance des signes : « Ton sort, m'ont dit ces hommes véridiques, ton sort, *jeune* Sîtâ, est d'habiter *quelque jour* une forêt déserte. » Et moi, depuis ce temps où les devins m'ont tiré cet horoscope, j'ai senti continuellement s'agiter dans mon cœur un vif désir de passer ma vie au milieu des bois.

« Voici le moment arrivé ; donne à la parole des brahmes toute sa vérité.

« Emmène-moi, fils de Raghou ! car j'ai un désir bien grand d'habiter les forêts avec toi : je t'en supplie, courbant la tête ! Dans un instant, s'il te plaît, tu vas me voir déjà prête, *noble* Raghouide, à partir. Ce pieux voyage à tes côtés dans les bois est mon *brûlant* désir.

« Je suis déterminée à te suivre ; mais, si tu refuses que j'accompagne ta marche, je le dis en vérité, et tes pieds, que je touche, m'en seront témoins, j'aurai bientôt cessé d'être, n'en doute pas ! »

À ces mots, prononcés d'un accent mélodieux, la belle Mithilienne au doux parler, triste, navrée de sa douleur, tout enveloppée à la fois de colère et de chagrin, éclata en pleurs, arrosant le désespoir avec les gouttes brûlantes de ses larmes.

Quoiqu'elle fût ainsi tourmentée, larmoyante, amèrement désolée, Râma ne se décida pas encore à lui permettre de partager son exil ; mais il arrêta ses yeux un instant sur l'amante éplorée, baissa la tête et se mit à rêver, considérant sous plusieurs faces les peines semées dans un séjour au milieu des bois.

La source, née de sa compassion pour sa bien-aimée, ruissela de ses yeux, où débordaient ses tristes pleurs, comme on voit la rosée couler sur deux lotus. Il releva doucement cette femme chérie de ses pieds, où elle était renversée, et lui dit ces paroles affectueuses pour la consoler :

« Le ciel même sans toi n'aurait aucun charme pour moi, femme aux traits suaves ! Si je t'ai dit, ô toi, en qui sont rassemblés tous les signes de la beauté, si je t'ai dit, quoique je pusse te défendre : « Non, je ne t'emmènerai pas ! » c'est que je désirais m'assurer de ta résolution, femme de qui la vue est toute charmante. Et puis, Sîtâ, je ne voulais pas, toi, qui as le plaisir en partage, t'enchaîner à toutes ces peines qui naissent autour d'un ermitage au sein des forêts. Mais puisque, dans ton amour dévoué pour moi, tu ne tiens pas compte des périls que la nature a semés au milieu des bois, il m'est aussi impossible de t'abandonner qu'au sage de répudier sa gloire.

« Viens donc, suis-moi, comme il te plaît, ma chérie ! Je veux faire toujours ce qui est agréable à ton *cœur*, ô femme digne de tous les respects !

« Donne en présents nos vêtements et nos parures aux brahmes vertueux et à tous ceux qui ont trouvé un refuge dans notre assistance. Ensuite, quand tu auras dit adieu aux personnes à qui sont dus tes hommages, viens avec moi, charmante fille du roi Djanaka ! »

Joyeuse et au comble de ses vœux, l'illustre dame, obéissant à l'ordre qu'elle avait reçu de son héroïque époux, se mit à distribuer aux *plus* sages des brahmes les vêtements *superbes*, les *magnifiques* parures et toutes les richesses.

Quand le beau Raghouide eut ainsi parlé à Sîtâ, il tourna ses yeux vers Lakshmana, modestement incliné, et, lui adressant la parole, il tint ce langage :« Tu es mon frère, mon compagnon et mon ami ; je t'aime autant que ma vie : fais donc par amitié ce que je vais te dire. Tu ne dois en aucune manière venir avec moi dans les bois : en effet, guerrier sans reproche, il te faut porter ici un pesant fardeau. »

Il dit ; à ces mots, qu'il écouta d'une âme consternée et le visage noyé dans ses larmes, Lakshmana ne put contenir sa douleur. Mais il tomba à genoux, et, tenant les pieds de son frère serrés fortement avec les pieds de Sîtâ :« Il n'y a qu'un instant, dit à Râma cet homme plein de sens, ta grandeur m'a permis de la suivre au milieu des bois, pour quelle raison me le défend-elle maintenant ? »

Râma dit ensuite à Lakshmana, qui se tenait devant lui prosterné, la tête inclinée, tremblant et les mains jointes :« Si tu quittes ces lieux pour venir avec moi dans les forêts, Lakshmana, qui soutiendra *nos mères*, Kâauçalyâ et Soumitrâ, cette illustre femme ? Ce monarque des hommes, qui versait *à pleines mains* ses grâces sur nos deux mères, ne les verra sans doute plus avec les mêmes yeux que dans les jours passés, maintenant qu'il est tombé sous le pouvoir d'*un autre* amour. Un jour, enivrée par les fumées de la toute-puissance, Kêkéyî, incapable de modérer son âme, fera sentir quelque dureté à ses rivales. C'est pour consoler surtout et défendre nos mères, fils de Soumitrâ, qu'il te faut rester ici jusqu'à mon retour. Tu seras ici pour elles deux, comme je l'étais moi-même, un bras où elles pourront s'appuyer dans les chemins difficiles et un refuge assuré contre les persécutions. »

Il dit ; à ces mots de son frère, Lakshmana, le mieux doué entre les hommes, sur lesquels Çrî a répandu ses faveurs, joignit les mains et répondit en ces termes à Râma :« Seigneur, il serait possible à Kâauçalyâ d'entretenir,*pour sa défense*, plusieurs milliers d'hommes de mon espèce, elle, à qui dix centaines de villages furent données pour son apanage ; et d'ailleurs, sans aucun doute, par considération pour toi, Bharata ne peut manquer jamais d'honorer nos deux mères : on le verra même apporter le plus grand zèle à protéger Kâauçalyâ et Soumitrâ.

« Je suis ton disciple, je suis ton serviteur, je te suis entièrement dévoué, je t'ai jusqu'ici même suivi partout : sois donc favorable à ma prière ; emmène-moi, vertueux ami ! »

Charmé de ce langage, Râma dit à Lakshmana :« *Eh bien* ! fils de Soumitrâ, viens ! suis-moi ! prends congé de tes amis. »

Après que Râma, assisté par son illustre Vidéhaine, eut donné aux brahmes ses richesses, il prit ses armes et les instruments, *c'est-à-dire la bêche et le panier* ; puis, sortant de son palais avec Lakshmana, il s'en alla voir son auguste père. Il était accompagné de son épouse et de son frère.

Aussitôt, pour jouir de leur vue, les femmes, les villageois et les habitants de la cité montent de tous les côtés sur le faîte des maisons et sur les plates-formes des palais. Dans la rue royale, toute couverte de campagnards, on n'eût pas trouvé un seul espace vide, tant était grand alors cet amour du peuple, accourant saluer à son départ ce Râma d'une splendeur infinie. Quand ils virent l'*auguste prince* marcher à pied, avec Lakshmana, avec Sîtâ même, alors, saisis de tristesse, leur âme s'épancha en divers discours : « Le voilà, suivi par Lakshmana seul avec Sîtâ, ce héros, dans les marches duquel une puissante armée, divisée en quatre corps, allait toujours devant et derrière son char ! Ce guerrier, plein d'énergie, dévoué, juste comme la justice elle-même, ne veut pas que son père fausse une parole donnée, et cependant il a goûté la saveur exquise du pouvoir et du plaisir !

« Elle, Sîtâ, dont naguère les Dieux mêmes qui voyagent dans l'air ne pouvaient obtenir la vue, elle est exposée maintenant à tous les regards du vulgaire dans la rue du roi ! Le vent, le chaud, le froid vont effacer toute la fraîcheur de Sîtâ ; elle, de qui le visage aux charmantes couleurs est paré d'un fard naturel. Sans aucun doute, l'âme du roi Daçaratha est remplacée par une autre âme, puisqu'il bannit aujourd'hui sans motif son fils bien-aimé !

« Laissons nos promenades, les jardins publics, nos lits moelleux, nos sièges, nos instruments, nos maisons ; et, suivant tous ce fils du roi, embrassons une infortune égale à son malheur.

« Que la forêt où va ce noble enfant de Raghou soit désormais notre cité ! Que cette ville, abandonnée par nous, soit réduite à l'état d'une forêt ! *oui*, notre ville sera maintenant où doit habiter ce héros magnanime ! Quittez les cavernes et les bois, serpents, oiseaux, éléphants et gazelles ! Abandonnez ce que vous habitez, et venez habiter ce que nous abandonnons ! »

Promenant ses regards en souriant au milieu de cette multitude affligée, le jeune prince, affligé lui-même sous l'extérieur du contentement, allait donc ainsi, désirant voir son père et comme impatient d'assurer à la promesse du monarque toute sa vérité.

Mais avant que Râma fût arrivé, accompagné de son épouse et de Lakshmana, le puissant monarque, plein de trouble et dans une extrême douleur, employait ses moments à gémir.

Alors Soumantra se présenta devant le maître de la terre, et, joignant ses mains, lui dit ces mots, le cœur vivement affligé : « Râma, qui a distribué ses richesses aux brahmes et pourvu à la subsistance de ses domestiques ; lui-même, qui, la tête inclinée, a reçu ton ordre, puissant roi, de partir dans un instant pour les forêts ; ce prince, accompagné de Lakshmana, son frère, et de Sîtâ, son épouse ; ce Râma enfin, qui brille dans le monde par les rayons de ses vertus, comme le soleil par les rayons de sa lumière, est venu voir ici tes pieds *augustes* ; reçois-le en ta présence, s'il te plaît ! »

Il dit, et le roi, de qui l'âme était pure comme l'air, poussa de brûlants soupirs, et, dans sa vive douleur, il répondit ainsi :

« Soumantra, conduis promptement ici toutes mes épouses, je veux recevoir, entouré d'elles, ce digne sang de Raghou ! »

À ces mots, Soumantra de courir au gynœcée, où il tint ce langage : « Le roi vous mande auprès de lui, nobles dames ; venez là sans tarder ! » Il dit, et toutes ces femmes, apprenant de sa bouche l'ordre envoyé par leur époux, s'empressent d'aller voir le gémissant monarque.

Toutes ces dames, égales en nombre à la moitié de sept cents, toutes charmantes, toutes richement parées, vinrent donc visiter leur époux, qui se trouvait alors en compagnie de Kêkéyî.

Le monarque ensuite promena ses yeux sur toutes ses femmes, et les voyant arrivées toutes, sans exception : « Soumantra, fit-il, adressant la parole au noble portier, conduis mon fils vers moi sans délai ! »

Du *plus* loin qu'il vit Râma s'avancer, les mains jointes, le roi s'élança du trône où il était assis, environné de ses femmes : « Viens, Râma ! viens, mon fils ! » s'écria le monarque affligé, qui s'en alla vite à lui pour l'embrasser ; mais, dans le trouble de son émotion, il tomba avant même qu'il fût arrivé jusqu'à son fils. Râma, vivement touché, accourut vers le roi qui s'affaissait, et le reçut dans ses bras qu'il n'était pas encore tombé tout à fait sur la terre ; puis, avec une âme palpitante d'émotion, il releva doucement son père ; et, secondé par Lakshmana, aidé même par Sîtâ, il remit le monarque évanoui dans son trône. Ensuite, *le voilà* qui *s'empresse* de rafraîchir avec un éventail le visage du roi sans connaissance.

Alors toutes les femmes remplirent de cris tout le palais du roi ; mais, au bout d'un instant, il revint à la connaissance ; et Râma, joignant ses mains, dit au monarque, plongé dans une mer de tristesse :

« Grand roi, je viens te dire adieu ; car tu es, prince auguste, notre seigneur. Jette un regard favorable sur moi, qui pars à l'instant pour habiter les forêts. Daigne aussi, maître de la terre, donner congé à Lakshmana comme à la belle Vidéhaine, mon épouse. Car tous deux, refusés par moi, n'ont pu renoncer à la résolution qu'ils avaient formée de s'en aller avec moi habiter les forêts. Veuille donc bien nous donner congé à tous les trois. »

Quand le maître de la terre eut connu que le désir de prendre congé avait conduit Râma dans son palais, il fixa le regard d'une âme consternée sur lui et dit, ses yeux noyés de larmes :

« On m'a trompé, veuille donc imposer le frein à mon délire et prendre toi-même les rênes du royaume. »

À ces mots du monarque, Râma, le premier des hommes qui pratiquent religieusement le devoir, se prosterna devant son père et lui répondit ainsi, les mains jointes : « Ta majesté est pour moi un père, un gourou, un roi, un seigneur, un dieu ; elle est digne de tous mes respects ; le devoir seul est plus vénérable. Pardonne-moi, ô mon roi ; mais le mien est de rester ferme dans l'ordre que m'a prescrit ta majesté. Tu ne peux me faire sortir de la voie où ta parole m'a fait entrer : écoute ce que veut la vérité, et sois encore notre auguste monarque pendant une vie de mille autres années. »

À peine eut-il entendu ce langage de Râma, le roi, que liait étroitement la chaîne de la vérité, dit ces paroles d'une voix que ses larmes rendaient balbutiante : « Si tu es résolu de quitter cette ville et de t'en aller au milieu des bois pour l'amour de moi, vas-y du moins avec moi, car abandonné par toi, Râma, il m'est impossible de vivre Règne, Bharata, dans cette ville, abandonnée par toi et par moi ! »

À ces paroles du vieux monarque, Râma lui répondit en ces termes : « Il ne te sied nullement, auguste roi, de venir avec moi dans les forêts : tu ne dois pas faire un tel acte de complaisance à mon égard. Pardonne, ô mon bien-aimé père, mais que ta majesté daigne nous lier ensemble au devoir : *oui*, veuille bien, ô toi, qui donnes l'honneur, te conserver toi-même dans la vérité de ta promesse. Je te rappelle simplement ton devoir, ô mon roi ; ce n'est pas une leçon que j'ose te donner. Ne te laisse donc pas éloigner de ton devoir maintenant par amitié pour moi ! »

À ces mots de Râma : « Que la gloire, une longue vie, la force, le courage et la justice soient ton domaine éternel ! dit le roi Daçaratha. Va donc, sauvant d'une tache la vérité de ma parole ; va une route sans danger pour un nouvel accroissement de ta renommée et les joies du retour ! Mais veuille bien demeurer ici toi-même cette nuit seule. Quand tu auras partagé avec moi *quelques* mets délicieux et *savouré le plaisir de* mes richesses ; quand tu auras consolé ta mère, toute souffrante de sa douleur, *eh bien* ! tu partiras. »

Il dit ; à ces mots de son père affligé, Râma joignit les mains et répondit au sage monarque agité par le chagrin : « J'ai chassé de ma présence le plaisir, je ne puis donc le rappeler. Demain, qui me donnerait ces mets délicieux, dont ta royale table m'aurait offert le régal aujourd'hui ? Aussi aimé-je mieux partir à l'instant, que m'abstenir jusqu'à demain.

« Qu'elle soit donnée à Bharata, cette terre que j'abandonne, avec ses royaumes et ses villes ! moi, sauvant l'honneur de ta majesté, j'irai dans les forêts cultiver la pénitence. Que cette terre, à laquelle je renonce, Bharata la gouverne heureusement, dans ses frontières paisibles, avec ses montagnes, avec ses villes, avec ses forêts ! qu'il en soit puissant monarque, comme tu l'as dit ! Prince, mon cœur n'aspire pas tant à vivre dans les plaisirs, dans la joie, dans les grandeurs même, qu'à rester dans l'obéissance à tes ordres : loin de toi cette douleur, que fait naître en ton âme ta séparation d'avec moi ! »

Ensuite le monarque, étouffé sous le poids de sa promesse, manda son ministre Soumantra et lui donna cet ordre, accompagné de longs et brûlants soupirs : « Que l'on prépare en diligence, pour servir de cortège au digne enfant de Raghou, une armée nombreuse, divisée en quatre corps, munie de ses flèches et revêtue de ses cuirasses. Quelque richesse qui m'appartienne, quelque ressource même qui soit affectée pour ma vie, que tout cela marche avec Râma, sans qu'on en laisse rien ici ! Que Bharata soit donc le roi dans cette ville dépouillée de ses richesses, mais que le fortuné Râma voie tous ses désirs comblés au fond même des bois ! »

Tandis que Daçaratha parlait ainsi, la crainte s'empara de Kêkéyî ; sa figure même se fana, ses yeux rougirent de colère et d'indignation, la fureur teignit son regard ; et consternée, le visage sans couleur, elle jeta ces mots d'une voix cassée au vieux monarque : « Si tu ôtes ainsi la moelle du royaume que tu m'as donné avec une foi perfide, comme une liqueur dont tu aurais bu l'essence, tu seras un roi menteur ! »

Le roi désolé, que la cruelle Kêkéyî frappait ainsi de nouveau avec les flèches de sa voix, lui répliqua en ces termes : « Femme inhumaine et justement blâmée par tous les hommes de bien, pourquoi donc me piquer sans cesse avec l'aiguillon de tes paroles, moi qui porte un fardeau si lourd et même insoutenable ! »

À ces mots du roi, Kêkéyî, dans son horrible dessein, reprit avec ce langage amer, que lui inspirait son génie malfaisant : « Jadis Sagara, ton ancêtre, abandonna résolument Asamandjas même, son fils aîné ; abandonne, à son exemple, toi, l'aîné de tes Raghouides ! »

« Ô honte ! » s'écrie à ces mots le vieux monarque ; et, cela dit, il se met à songer, tout plein de confusion, en secouant un peu la tête.

Alors un vieillard d'un grand sens, connu sous le nom de Siddhârtha et qui jouissait de la plus haute estime auprès du *puissant* roi, s'approche de Kêkéyî et lui tient ce langage : « Reine, apprends de moi, qui vais t'en raconter la cause, pourquoi jadis Asamandjas fut rejeté par Sagara, le maître de la terre. Il est sûr que, poussé d'un naturel méchant, Asamandjas saisissait au cou les jeunes enfants des citadins et les jetait dans les flots de la Çarayoû : voilà, *reine*, le fait tel qu'il nous fut donné par la tradition. En butte à ses vexations : « Dominateur de la terre, choisis, dirent au monarque les citadins irrités, choisis entre abandonner Asamandjas seul ou bien nous tous ! »

« Pour quel motif ? » reprit cet auguste souverain. À ces mots, les citoyens de lui répondre avec colère : « Poussé d'un naturel méchant, ton fils prend à la gorge nos jeunes enfants et les jette eux-mêmes, tout criant, aux flots de la Çarayoû ! »

« Quand il eut recueilli d'eux cette plainte, le roi Sagara, qui voulait complaire aux habitants de la ville, dégrada son fils et le bannit de sa présence. C'est ainsi que le magnanime Sagara dut renoncer à un fils sans conduite ; mais ce monarque-ci, quelle raison a-t-il de chasser Râma, un fils plein de vertus ? »

Il dit ; à ces paroles de Siddhârtha, le roi Daçaratha, d'une voix, que troublait sa douleur, tint à Kêkéyî ce langage : « Je renonce à mon trône et même aux plaisirs, je vais en personne accompagner Râma ; toi, ignoble femme, jouis à ton aise et longtemps de cette couronne avec *ton* Bharata ! »

Ensuite, Kêkéyî apporta de ses mains les habits d'écorce, et, s'adressant au fils de Kâauçalyâ : « Revêts-toi ! » lui dit cette femme sans pudeur dans l'assemblée des hommes.

Aussitôt le jeune prince, ayant quitté ses vêtements du plus fin tissu, endossa les habits d'anachorète, qu'il prit aux mains de Kêkéyî. Après lui, de la même manière, le héros Lakshmana, dépouillant son resplendissant costume, s'habilla avec cette écorce vile sous les yeux de son père.

À l'aspect de ces enveloppes grossières, que lui présentait Kêkéyî, afin qu'elle s'en revêtît elle-même, au lieu de cette robe de soie jaune, dont elle était gracieusement parée, la fille du roi Djanaka rougit de confusion, et, réfugiée à côté de son époux, cette femme au charmant visage les reçut, toute tremblante comme une gazelle qui se voit emprisonnée dans un filet.

Quand Sîtâ eut pris ces vêtements d'écorce avec des yeux voilés par ses larmes, elle dit à son mari, semblable au roi des Gandharvas : « Comment faut-il m'y prendre, noble époux, dis ! pour attacher autour de moi ces vêtements d'écorce ? »

À ces mots, elle jeta sur ses épaules une partie de l'habillement. La princesse de Mithila prit ensuite la seconde et se mit à songer, car la jolie reine était encore inhabile à revêtir, comme il fallait, un habit d'anachorète. Quand elles virent habillée de cette écorce vile, comme une *mendiante* sans appui, celle qui avait pour appui un tel époux, toutes les femmes de pousser simultanément des cris, et même : « Ô honte ! disaient-elles à l'envi ; honte ! oh ! la honte ! » À peine le roi eut-il entendu ses femmes crier : « Honte ! oh ! la honte ! » toute sa foi dans la vie, toute sa foi dans le bonheur en fut complètement brisée par la douleur.

Le vieux rejeton d'Ishwâkou poussa un brûlant soupir et dit à son épouse : « Femme cruelle, toi, qui marches dans les voies du péché, la grâce que tu m'as demandée, c'est que Râma seul fût exilé, et non le fils de Soumitrâ, et non la fille du roi Djanaka.

« Pour quelle raison, ô toi, de qui la vue est sinistre et la conduite pleine d'iniquité, leur donnes-tu à tous les deux ces vêtements d'écorce, mauvaise et criminelle femme, opprobre de ta famille ? Sîtâ ne mérite point, Kêkéyî, ces habits tissus avec l'écorce et l'herbe sauvage ! »

À son père, assis dans le trône, d'où il venait de parler ainsi, Râma, la tête inclinée, adressa les paroles suivantes, impatient de partir aussitôt pour les forêts : « Ô roi, versé dans la science de nos devoirs, Kâauçalyâ, ma mère, cette femme inébranlablement dévouée à toi, livrée tout entière à la pénitence, d'un naturel généreux et d'un âge avancé, est profondément submergée, par cette inattendue séparation d'avec moi, dans une mer de tristesse. L'infortunée, elle mérite que tu étendes sur elle, pour la consoler, *ta plus haute* considération. Daigne, par amitié pour moi, daigne toujours la couvrir tellement de tes yeux, roi puissant, que, défendue par toi, son protecteur *légal*, elle n'ait point à subir de persécutions. »

À l'aspect de ces habits d'anachorète, que Râma portait déjà en lui parlant ainsi, le monarque se mit à gémir et pleurer avec toutes ses femmes.

« Peut-être ai-je ravi autrefois des enfants chéris à des pères affectionnés, dit-il, puisque je suis fatalement séparé de toi, mon fils, dans mon excessive infortune ! Les êtres animés ne peuvent donc mourir, ô mon ami, avant l'heure fixée par le Destin, puisque la mort ne m'entraîne pas en ce moment, où je me sépare de toi ! »

À ces mots, le roi s'affaissa sur la terre et tomba dans l'évanouissement.

Kâauçalyâ baisa tendrement Sîtâ sur le front et dit ces mots à Râma : « Il te faut, ô toi, qui donnes l'honneur, il te faut rester, sans cesse, fils de Raghou, aux côtés de Sîtâ et de Lakshmana, ce héros, qui t'est *si* dévoué. Il te faut en outre apporter la plus grande attention au milieu de ces arbres nombreux, dont les forêts sont couvertes. »

Râma, les mains jointes, s'approcha d'elle, et, se tenant au milieu des épouses du roi, il tint à sa mère ce langage dicté par le devoir, lui, pour qui le devoir n'était pas une science ignorée : « Pourquoi me donnes-tu ce conseil, mère, à l'égard de Sîtâ ?

« Lakshmana est mon bras droit ; et la princesse de Mithila, mon ombre. En effet, il m'est aussi impossible de quitter Sîtâ, qu'au sage d'abandonner sa gloire ! Quand je tiens mes flèches et mon arc en main, d'où peut venir un danger pour moi ? *D'aucun être*, pas même de Çatakratou, le seigneur des trois mondes ! Bonne mère, ne sois pas affligée ! obéis à mon père ! La fin de cet exil au milieu des forêts doit arriver pour moi sous une étoile heureuse ! »

Après ce discours, dont le geste accompagnait la matière, il se leva et vit les trois cent cinquante épouses du roi. Lui, alors même, le devoir en personne, il s'approcha, les mains jointes, de ses nobles mères, et, courbant la tête avec modestie, leur tint ce langage : « Je vous adresse à toutes mes adieux. Si jamais, soit inattention, soit ignorance, j'ai commis une offense à l'égard de vous, moi-même, à cette heure, je vous en demande humblement pardon. »

Alors et tandis que le héros né de Raghou tenait ce langage, toutes ces épouses du roi éclatèrent dans une grande lamentation, comme de plaintives ardées. En ce moment, le palais du roi Daçaratha, qui résonnait auparavant des seuls concerts de la flûte, des tambourins et des panavas, retentit de sanglots, de gémissements et de tous les sons perçants, qui jaillissent du malheur.

Ensuite Lakshmana embrassa les pieds de Soumitrâ, qui, voyant son fils prosterné à ses genoux, lui donna sur le front un baiser d'amour, le serra étroitement dans ses bras et lui tint elle-même ce discours :

« Il est *cinq devoirs*, bien dignes de votre famille : ce sont la défense d'un frère aîné, l'aumône, le sacrifice, la pénitence et l'abandon héroïque de la vie dans les combats. Pense que Râma, c'est Daçaratha ; pense que la fille du roi Djanaka, c'est moi-même ; pense que la forêt, c'est Ayodhyâ ; et maintenant va, mon fils, à ta volonté ! »

Ensuite, s'approchant d'un air modeste et les mains jointes, comme on voit Mâtali s'avancer vers Indra, *son maître* : « Honneur à toi, fils du roi ! dit Soumantra au digne rejeton de Kakoutstha : c'est toi qu'attend ce grand char attelé.

« Je vais te conduire avec lui où tu as l'envie d'aller. »

À ces nobles paroles du cocher, Râma, accompagné de son épouse, *se prépare à* monter dans ce char magnifique avec Lakshmana. Il déposa lui-même sur le fond du char les différentes espèces d'armes, les deux carquois, les deux cuirasses, la bêche et le panier. Cela fait, et sur l'ordre qu'il en reçut du jeune banni, le cocher du roi y plaça encore une cruche de terre.

Soumantra les fit monter et monta lui-même derrière ces *nobles compagnons d'exil*. Ensuite, ayant jeté le regard d'une âme consternée sur les deux frères assis auprès de la *belle jeune* femme, le troisième avec eux, Soumantra de fouetter ses chevaux, sur le commandement, que Râma en donna lui-même au cocher.

« Hélas ! Râma ! » s'écriaient de tous côtés les foules du peuple.

« Retiens les chevaux, cocher !... Va lentement ! disaient-ils : nous désirons voir la face du magnanime Râma, ce visage aimable comme la lune.

« Notre seigneur, aux yeux de qui le devoir est préférable à tout, s'en va pour un lointain voyage : quand le reverrons-nous enfin revenu des routes sauvages de la forêt ? La mère de Râma a donc un cœur de fer ; il est donc joint solidement, puisqu'il ne s'est pas brisé, quand elle a vu partir son fils bien-aimé pour l'habitation des forêts ! Seule, elle a fait acte de vertu, cette jeune Vidéhaine à la taille menue, qui s'attache aux pas de son époux comme l'ombre suit le corps. Et toi aussi, Lakshmana, tu es heureux, *car* tu satisfais à la vertu, toi, qui suis par dévouement ce frère aîné, que tu aimes, sur la route, où l'entraîne l'amour de son devoir. »

Dans ce moment, Râma, voyant son père, qui, environné de ses femmes, le suivait à pied, en proie à la douleur, et gémissait à chaque pas avec la reine Kâauçalyâ, il ne put, l'infortuné ! soutenir un tel spectacle, enchaîné, comme il était, dans les nœuds de son devoir. Quand il vit son père et sa mère aller ainsi à pied, courbés sous le chagrin, eux, à qui le bonheur seul était dû, il se mit à presser le cocher : « Avance ! dit-il ; avance ! » Il ne put, comme un éléphant que l'aiguillon tourmente, supporter de voir ces deux chers vieillards enveloppés ainsi par la douleur.

« Hâ ! mon fils Râma !... Hâ ! Sîtâ !... Hâ ! hâ ! Lakshmana ! tourne les yeux vers moi ! » C'est en jetant ces lamentations, que le roi et la reine couraient après le char.

« Arrête ! arrête ! » criait le vieux monarque ; « Marche ! » disait au cocher le jeune Raghouide. La position de Soumantra était alors celle d'un homme entre la terre et le ciel, *qui ne sait trop s'il doit monter ou descendre*. « Quand tu seras de retour chez le roi, tu lui diras : « Je n'avais pas entendu. Cocher, prolonger la douleur, c'est la rendre plus cruelle. » Ainsi Râma parlait à Soumantra.

Aussitôt que celui-ci, l'âme toute contristée, eut connu la pensée du jeune prince, il tourna ses mains jointes vers le vieux monarque et poussa les chevaux.

Le roi, chef de la race d'Ikshwâkou, ne détourna point ses yeux, tant qu'il put encore apercevoir la forme *vague* de ce fils qui marchait vers son exil.

Aussi longtemps que le roi vit de ses yeux ce fils bien-aimé, il supprima en quelque sorte dans son esprit la distance lointaine jetée entre eux. Tant qu'il fut possible au roi de le voir, ses yeux, dont le regard suivait ce fils, non moins vertueux que bien-aimé, ses yeux, marchèrent *comme* pas à pas avec lui. Mais, quand le roi, maître du globe, eut cessé de voir son Râma, alors, pâle et navré de chagrin, il tomba sur la terre.

Kâauçalyâ tout émue accourut à sa droite, et Kêkéyî vint à gauche, toute pleine de sa tendresse *satisfaite* pour son fils Bharata. Ce roi, doué parfaitement de conduite, de justice et de modestie, adressant un regard à cette Kêkéyî, opiniâtre dans sa mauvaise pensée, lui parla en ces termes : « Kêkéyî, ne touche point à mon corps, toi, qui marches dans les voies du péché ; car je ne veux plus que tu offres jamais ta vue à mes yeux ; je ne vois plus en toi mon épouse !

« Si Bharata devient célèbre, quand il aura fait passer ainsi le royaume dans ses mains, que mon ombre ne goûte jamais aux dons funèbres qu'il viendra m'offrir devant ma tombe ! »

Dans ce moment la reine Kâauçalyâ, en proie elle-même à sa douleur, aida le vieux roi, souillé de poussière, à se lever et lui fit reprendre le chemin de son palais.

Le monarque, accompagné de sa tristesse, dit alors ces paroles : « Que l'on me conduise au plus tôt dans l'appartement de Kâauçalyâ, mère de *mon fils* Râma ! »

À ces mots, ceux qui avaient la surveillance des portes mènent le roi dans la chambre de Kâauçalyâ ; et là, à peine entré, il monta sur la couche, où la douleur agita son âme. Là encore il se lamenta pitoyablement à haute voix, désolé, torturé de chagrin et levant ses bras au ciel : « Hélas ! disait-il ; hélas ! enfant de Raghou, tu m'abandonnes !... Heureux vivront alors ces hommes favorisés, qui te verront, mon fils, revenu des bois, à la fin du temps fixé par ton arrêt ! mais, *hélas* ! moi, je ne te verrai pas !...

« Bonne Kâauçalyâ, touche-moi de ta main ; car ma vue a suivi Râma, et n'est pas revenue encore à l'instant même. »

La reine jeta les yeux sur le monarque, abattu dans ce lit, d'où sa pensée ne cessait de suivre *son bien-aimé* Râma : elle entra dans cette couche, *près de son époux*, elle, de qui la douleur avait tourmenté les formes, et, poussant de longs soupirs, elle éclata en lamentations d'une manière pitoyable.

Les hommes les plus affectionnés à Râma suivirent ce héros, qui, magnanime et fort comme la vérité, s'avançait vers les bois qu'il devait habiter. Quand le monarque tout-puissant retourna sur ses pas avec la foule de ses amis, ceux-là n'étaient point revenus ; ils continuèrent d'accompagner Râma dans sa route.

Râma, le devoir en personne, promenant sur eux ses regards et buvant de ses yeux, pour ainsi dire, l'amour de ces fidèles sujets, Râma leur tint ce langage, comme si tous ils eussent été ses propres fils : « Faites maintenant reposer entièrement sur la tête de Bharata, pour l'amour de moi, habitants d'Ayodhyâ, l'attachement et l'estime que vous avez mis en ma personne. Dans un âge où l'on est encore enfant, il est avancé dans la science ; il est toujours aimable à ses amis, il est plein de courage, il est audacieux même, et cependant sa bouche n'a pour tous que des mots agréables. »

Ces peuples des villes et des campagnes, malheureux et baignés de larmes, Râma, avec le fils de Soumitrâ, les entraînait derrière lui, enchaînés par ses vertus.

Ensuite le noble prince, ayant décidé qu'on ferait une halte sur le rivage de la Tamasâ, porta ses regards sur la rivière et dit ces paroles au fils de Soumitrâ : « Voici près d'arriver, mon beau Lakshmana, la première nuit de notre habitation au milieu des forêts. Que la félicité descende sur toi ! Ne veuille pas te désoler ! Vois ! partout les forêts vides pleurent, pour ainsi dire, abandonnées par les oiseaux et les gazelles, retirés dans leurs noires demeures. Fils de Soumitrâ, demeurons cette nuit où nous sommes avec ceux qui nous suivent. En effet, ce lieu-ci me plaît dans ses différentes espèces de fruits sauvages. »

Après ces mots adressés au Soumitride, le noble exilé dit à Soumantra même : « Soigne tes chevaux, mon ami, sans rien négliger. »

Le cocher du roi arrêta donc le char en ce moment où le soleil arrivait à son couchant ; et, quand il eut donné à ses coursiers une abondante nourriture, il s'assit vis-à-vis et tout près d'eux.

Ensuite, après qu'il eut récité la prière fortunée du soir, le noble conducteur, voyant la nuit toute venue, prépara de ses mains, aidé par le fils de Soumitrâ, la couche même de Râma. Alors, quand celui-ci eut souhaité une heureuse nuit à Lakshmana, il se coucha avec son épouse dans ce lit fait avec la feuille des arbres, au bord de la rivière.

Ce fut donc ainsi que, parvenu sur les rives de la Tamasâ, qui voit les troupeaux et les génisses troubler ses limpides tîrthas, Râma fit halte là cette nuit avec les sujets de son père. Mais, s'étant levé au milieu de la nuit et les ayant vus tous endormis, il dit à son frère, distingué par des signes heureux : « Vois, mon frère, ces habitants de la ville, sans nul souci de leurs maisons, n'ayant que nous à cœur uniquement, vois-les dormir au pied des arbres aussi tranquillement que sous leurs toits.

« Nous donc, pendant qu'ils dorment, montons vite dans le char et gagnons par cette route le bois des mortifications. Ainsi les habitants de la ville fondée par Ikshwâkou n'iront pas maintenant plus loin, et ces hommes si dévoués à moi ne seront plus réduits à chercher un lit au pied des arbres. »

Aussitôt Lakshmana répondit à son frère, qui était là devant ses yeux comme le devoir même incarné : « J'approuve ton avis, héros plein de sagesse ; montons sans délai sur le char ! »

Ensuite Râma dit au cocher : « Monte sur ton siège, conducteur du char, et pousse rapidement vers le nord tes excellents coursiers ! Quand tu auras marché quelque temps au pas de course, ramène ton char, le front droit au midi, et mets dans les mouvements une telle attention, que les traces du retour ne décèlent pas aux habitants de notre cité le chemin par où je vais m'échapper. »

À ces mots du prince, le cocher à l'instant d'exécuter son ordre, il *alla*, revint et présenta son léger véhicule au vaillant Râma.

Celui-ci monta lestement sur le char avec ses deux compagnons *d'exil*, et se hâta de traverser la Tamasâ. Quand le héros aux longs bras fut arrivé sur l'autre bord de cette rivière, dont les tourbillons agitent la surface, il suivit le cours de l'eau dans une route belle, heureuse, sans obstacle, sans péril et d'un aspect délicieux. Ensuite, quand ces habitants de la grande cité, s'étant réveillés à la fin de la nuit, virent les traces qui annonçaient le retour du char à la ville : « Le fils du roi, pensèrent-ils, a repris le chemin d'Ayodhyâ ; » et, cette observation faite, ils s'en revinrent eux-mêmes à la ville.

Ensuite, le héros né de Raghou vit la Gangâ, nommée aussi la Bhâgîrathî, appelée encore la Tripathagâ, ce fleuve céleste, très-pur, aux ondes froides, non embarrassées de vallisnéries, dont les flots nourrissent les marsouins, les crocodiles, les dauphins, dont les rives, hantées par les éléphants, sont peuplées de cygnes et de grues indiennes ; la Gangâ, qui doit sa naissance au mont Himâlaya, dont les abords sont habités par des saints, dont les eaux purifient tout ce qu'elles touchent et qui est comme l'échelle par où l'on atteint de la terre aux portes du ciel.

Râma, l'homme au grand char de guerre, ayant promené ses regards sur les ondes aux vagues tourbillonnantes, dit à Soumantra : « Faisons halte ici aujourd'hui. En effet, voici, *pour nous abriter*, non loin du fleuve, un arbre ingoudi très-haut, tout couvert de fleurs et de jeunes pousses : demeurons *cette nuit* ici même, conducteur ! » « Bien ! » lui répondent Lakshmana et Soumantra, qui aussitôt fait avancer les chevaux près de l'arbre ingoudi. Alors ce digne rejeton d'Ikshwâkou, Râma, s'étant approché de cet arbre délicieux, descendit du char avec son épouse et son frère. Dans ce moment Soumantra, qui avait mis pied à terre lui-même et dételé ses excellents coursiers, joignit ses mains et s'avança vers le noble Raghouide, arrivé déjà au pied de l'arbre.

« Ici habite un ami bien-aimé de Râma, *lui dit-il*, un prince équitable, de qui la bouche est l'organe de la vérité, ce roi des Nishâdas, qui a nom Gouha aux longs bras. À la nouvelle que Râma, le tigre des hommes, était venu dans sa contrée, ce monarque est accouru à ta rencontre avec ses vieillards, ses ministres et ses parents. »

Après ces mots de son cocher, comme il vit de loin Gouha qui s'avançait, Râma avec le fils de Soumitrâ se hâta de joindre le roi des Nishâdas. Quand il eut embrassé le malheureux exilé : « Que ma ville te soit comme Ayodhyâ ! Que veux-tu, lui dit Gouha, que je fasse pour toi ? »

À ces paroles de Gouha, le noble Raghouide répondit ainsi : « Il ne manque rien à l'accueil et aux honneurs que nous avons reçus de ta majesté. »

Puis, quand il eut baisé tendrement au front ce monarque venu à pied, quand il eut serré Gouha dans ses bras d'une rondeur exquise, Râma lui tint ce langage :

« Je refuse tout ce que ton amitié fit apporter ici, quelle qu'en soit la chose ; car je ne suis plus dans une condition où je puisse recevoir des présents. Sache que je porte le vêtement d'écorce et l'habit tissu d'herbes, que les fruits sont avec les racines toute ma nourriture et le devoir toute ma pensée ; que je suis un ascète *enfin* et que les choses des bois sont les seuls objets permis à mes sens. J'ai besoin d'herbe pour mes chevaux ; il ne me faut rien autre chose : avec cela seul, ta majesté m'aura bien traité. — Car c'est l'attelage favori du roi Daçaratha, mon père : aussi tiendrai-je comme un honneur fait à moi les bons soins donnés à ses nobles coursiers. »

Aussitôt Gouha de jeter lui-même cet ordre à ses gens : « Qu'on se hâte d'apporter aux chevaux de l'herbe et de l'eau ! »

Râma, vêtu de ses habits tissus d'écorce, récita la prière usitée au coucher du soleil et prit seulement un peu d'eau, que Lakshmana lui apporta de soi-même. Puis, quand celui-ci eut lavé les pieds du noble ermite, couché sur la terre avec son épouse, il vint à la souche de l'arbre et s'y tint debout à côté d'eux.

La nuit alors, bien qu'il fût ainsi couché *sur la dure*, coula doucement pour cet illustre, ce sage, ce magnanime fils du roi Daçaratha, qui n'avait pas encore senti la misère et n'avait goûté de la vie que ses plaisirs.

Gouha adressa, consumé par la douleur, ces mots à Lakshmana, qui veillait, sans fermer l'œil un instant, sur le sommeil de son frère : « Ami, c'est pour toi que fut préparé ce lit commode ; délasse bien cette nuit, fils de roi, délasse bien tes membres dans cette couche !

« Tous ces gens sont accoutumés aux fatigues, mais toi, as-tu goûté de la vie autre chose que ses douceurs ! Laisse-moi veiller cette nuit à la garde du *généreux* Kakoutsthide. Certes ! il n'y a pas d'homme sur la terre, qui me soit plus cher que Râma : fie-toi donc à cela en toute assurance ; je le jure à toi, héros, je le jure par la vérité ! »

« Gardés ici par toi, monarque sans péché, nous sommes tous sans crainte, lui répondit Lakshmana : ce n'est pas tant le corps que la pensée qui veille ici *et dans sa tristesse, ne peut céder au sommeil*. Comment le sommeil, ou les plaisirs, ou même la vie me seraient-ils possibles, quand ce grand Daçarathide est ainsi couché par terre avec Sîtâ ?

« Vois, Gouha, vois, couché dans l'herbe avec son épouse, celui devant lequel ne pourraient tenir dans une bataille tous les Dieux, ligués même avec les Asouras ; lui, que sa mère obtint à force de pénitences, au prix même de plusieurs grands vœux, le seul fils du roi Daçaratha, qui porte des signes de bonheur égaux aux signes de son père !

« Après le départ de son fils, cet auguste monarque ne vivra pas longtemps ; et la terre, sans aucun doute, la terre elle-même en sera bientôt veuve !

« Et, quand ce temps sera venu, à qui sera-ce donc, si ce n'est à l'heureux Bharata, *à lui, resté seul*, d'honorer mon vieux père avec toutes les cérémonies funèbres ?

« Heureux tous ceux qui pourront errer à leur fantaisie dans la capitale de mon père aux larges rues bien distribuées, aux cours délicieuses, où l'on aime à rester *indolemment* ; cette ville, encombrée d'éléphants, de chevaux, de chars, toute remplie de promenades et de jardins publics, heureuse de toutes les félicités, embellie par les plus suaves courtisanes ; cette ville, où tant de fêtes attirent le concours et l'affluence des peuples ; cette grande cité, dont les échos répètent sans cesse les différents sons des instruments de musique, dont les rues se resserrent entre les files des palais et des belles maisons ; cette ville, où s'agite confusément un peuple florissant et joyeux !

« À la fin de notre exil dans les bois, puissions-nous entrer nous-mêmes sains et saufs dans la superbe Ayodhyâ avec ce héros si pieux observateur de la foi donnée ! »

Quand la nuit se fut éclairés aux premières lueurs du matin, Râma, le héros illustre à la vaste poitrine, dit au brillant Lakshmana, son frère, le fils de Soumitrâ : « Voici le moment où l'astre du jour se lève ; la nuit sainte est écoulée ; entends, mon ami, cet oiseau heureux, le kokila chanter sa joie. Déjà même le bruit des éléphants résonne dans la forêt : hâtons-nous, frère chéri, de traverser la Djâhnavî qui se rend à la mer. »

Quand le fils de Soumitrâ, délices de ses amis, eut connu la pensée de Râma, il appela aussitôt le roi des Nishâdas avec le cocher Soumantra, et se tint debout lui-même devant son frère. Ensuite, après qu'ils eurent jeté les carquois sur leurs épaules, attaché les épées à leurs flancs et pris les arcs dans leurs mains, les deux Raghouides, accompagnés de Sîtâ, s'en allèrent donc vers la Gangâ. Là, d'un air modeste, tournant les yeux vers le noble Râma : « Que dois-je faire ? dit le cocher, ses mains jointes, à l'auguste jeune homme, bien instruit sur le devoir. »

« Retourne ! lui repartit celui-ci ; je n'ai que faire maintenant du char : je m'en irai bien à pied dans la grande forêt. »

À la vue d'une barque amarrée au bord du fleuve, le prince anachorète, qui désirait passer le Gange au plus vite, Râma dit ces mots à Lakshmana : « Monte, tigre des hommes, monte dans ce bateau, que voici bien à propos. Lève dans tes bras doucement et pose dans la barque *ma chère pénitente Sîtâ*. »

Lui sur-le-champ d'obéir à l'ordre que lui donnait son frère, et d'exécuter cette tâche, qui ne lui était nullement désagréable : il plaça d'abord la princesse de Mithila et monta ensuite de lui-même dans l'esquif *amarré*. Après lui s'embarqua son frère aîné, le magnanime ermite.

Alors, quand il eut salué d'un adieu Soumantra, Gouha et ses ministres : « Entre dans ta barque, heureux nautonnier, dit le Kakoutsthide au pilote ; délie ce bateau et conduis-nous à l'autre bord ! »

À cet ordre, le chef de la barque fit traverser le Gange à ces deux héroïques frères.

Quand ils ont abordé le rivage, ces deux princes magnanimes sortent de la barque, et, d'une âme bien recueillie, ils adressent à la Gangâ une humble adoration. Alors ce fléau des ennemis, ce héros, de qui l'aspect ne montrait plus rien qui ne fût de l'anachorète, se mit en route, les yeux noyés de larmes, avec son frère et son épouse.

Mais d'abord ce prince judicieux, voué au séjour des forêts, tint ce langage au brave Lakshmana, douce joie de sa mère : « Marche en avant, fils de Soumitrâ, et que Sîtâ vienne après ; j'irai, moi, par derrière, afin de protéger Sîtâ et toi ! C'est aujourd'hui que ma chère Vidéhaine connaîtra les maux d'une habitation au milieu des bois : il faudra qu'elle supporte les sauvages concerts des sangliers, des tigres et des lions ! » Puis, tournant un dernier regard vers cette plage, où se tenait encore Soumantra, nos deux frères, l'arc en main, de marcher avec Sîtâ vers ces grandes forêts. Mais, quand les enfants du roi se furent avancés jusqu'au point de n'être plus visibles, Gouha et le cocher s'en retournèrent de là, remportant avec eux leur amour.

Les trois nouveaux ascètes s'enfoncent dans la forêt immense ; et, promenant leur vue çà et là sur différentes portions de terre, sur des régions délicieuses, sur des lieux qu'ils n'avaient pas encore vus, ils arrivent au pays qui était leur but, cette contrée où l'Yamounâ rencontre les saintes eaux de la Bhâgîrathî. Quand il eut suivi longtemps un chemin sans péril et contemplé des arbres de plusieurs essences, Râma dit à Lakshmana vers le temps où le soleil commence à baisser un peu : « Vois, fils de Soumitrâ, vois, près du saint confluent s'élever cette fumée, *comme le* drapeau d'un feu sacré : nous sommes, je pense, dans le voisinage d'un anachorète. Sans doute, nous voici bientôt arrivés à l'endroit heureux où l'Yamounâ mêle ses ondes au cours de la Gangâ : en effet, ce grand bruit qui vient à nos oreilles ne peut naître que de ces deux rivières, dont les vagues s'entrechoquent et se brisent. Ce ne peut être que les anachorètes nés dans la forêt qui ont fendu ce bois pour le feu du sacrifice ; et voici différentes espèces d'arbres, comme en en voit dans l'ermitage de Bharadwâja. »

Quand ils eurent marché encore à leur aise un peu de temps, l'arc en main, ils arrivèrent, accablés de fatigue, après le coucher de l'astre qui donne le jour, à la sainte chaumière de Bharadwâja.

Parvenu avec son frère à l'endroit où se cachait l'ermitage de l'anachorète, le jeune Raghouide y pénétra, sans quitter ses armes, effrayant les gazelles et les oiseaux endormis. Amené par le désir de voir le solitaire à la porte même de son ermitage, le beau Râma s'y arrêta avec son épouse et Lakshmana.

L'anachorète, averti que deux frères, Râma et Lakshmana, se présentaient chez lui, fit introduire aussitôt les voyageurs dans l'intérieur de son ermitage. Râma se prosterna, les mains jointes, avec son épouse et son frère, aux pieds de l'éminent solitaire, qui, assis devant son feu sacré, venait d'y consumer ses religieuses oblations. L'anachorète, environné de pieux ermites, d'oiseaux même et de gazelles accroupies autour de lui, accueillit avec honneur l'arrivée du jeune prince et le félicita.

L'aîné des Raghouides se fit connaître au solitaire en ces termes : « Nous sommes frères, et fils du roi Daçaratha ; on nous appelle Râma et Lakshmana. Mon épouse, que voici, est née dans le Vidéha ; c'est la vertueuse fille du roi Djanaka. Attachée fidèlement aux pas de son époux, elle est venue avec moi dans cette forêt de la pénitence.

« Ce frère chéri est plus jeune que moi ; il est fils de Soumitrâ : ferme dans les vœux qu'il a prononcés, *comme kshatrya*, il me suit de soi-même dans ces bois, où m'exile mon père. Docile à sa voix, je vais entrer dans la grande forêt ; je marcherai là, saint anachorète, sur les pas mêmes du devoir : les fruits et les racines y feront toute ma nourriture. »

À ces mots du sage Kakoutsthide, l'anachorète vertueux comme la vertu elle-même lui présenta l'eau, la terre et la corbeille de l'arghya. Puis, quand il eut honoré ce fils de roi en lui offrant un siège et l'eau pour laver, le solitaire invita son hôte à partager son repas de racines et de fruits, lui, dont les fruits seuls étaient la nourriture quotidienne. À son jeune compagnon assis, quand il eut reçu de tels honneurs, Bharadwâdja tint alors ce langage assorti aux *convenances, dont la politesse fait un* devoir : « *Je remercie* la bonne fortune,*qui* t'a conduit, Râma, sain et sauf dans mon ermitage : assurément ! j'ai entendu parler de cet exil sans motif, auquel ton père t'a condamné. Ce lieu solitaire et délicieux, fils de Raghou, est l'endroit célèbre dans le monde par le saint confluent de la Gangâ et de l'Yamounâ. Demeure ici avec moi, Râma, si le pays te plaît : tout ce que tes yeux voient ici appartient en commun aux habitants du bois consacré à la pénitence. »

Râma, joignant les mains, répondit à ces paroles de l'anachorète : « Ce serait une faveur insigne pour moi, brahme vénéré, d'habiter ici avec toi. Mais notre pays, ô le plus saint des pénitents, est à la proximité de ces lieux ; et mes parents viendraient, sans nul doute, m'y visiter. Pour ce motif, je ne veux pas d'une habitation ici ; mais daigne m'indiquer un autre ermitage isolé dans la forêt déserte, où je puisse habiter avec plaisir, sans trouble, ignoré de mes parents, accompagné seulement de Lakshmana et de ma chaste Vidéhaine. »

Il dit ; à ce langage de Râma, le grand anachorète Bharadwâdja réfléchit un instant avec recueillement et lui répondit en ces termes : « À trois yodjanas d'ici, Râma, est une montagne, fréquentée des ours, hantée par les singes et dont les échos répètent les cris des golângoulas [15]. Cette retraite sainte, fortunée, libérale en tous plaisirs, habitée par de grands sages et semblable au mont Gandhamândana, est nommée le Tchitrakoûta : tu peux demeurer là.

« Tant qu'un homme aperçoit les sommets du Tchitrakoûta, la félicité ne cesse pas de lui sourire et toutes ses pensées lui viennent de la vertu. »

Ensuite Râma, quand il eut mangé, se mit à raconter diverses histoires, entremêlées avec celles de Bharadwâdja, et toute la sainte nuit s'écoula ainsi. Quand elle fut passée, le noble exilé récita la prière du matin et vint respectueusement s'incliner devant le grand saint : « Râma, lui dit le solitaire, va d'ici en diligence au mont Tchitrakoûta avec ton épouse et Lakshmana : tu habiteras ces lieux en toute assurance.

« Dirige-toi vers cette montagne heureuse et bien charmante, dont les échos répètent les chants des kokilas, des gallinules et des paons, le bruit des gazelles et les cris de nombreux éléphants ivres d'amour : puis, une fois arrivé dans cet ermitage, *occupe-toi d'y* poser ton habitation. »

Leur ayant fait connaître le chemin, Bharadwâdja, salué par le sage Râma, Lakshmana et Sîtâ, revint *dans son ermitage*. Quand l'anachorète fut parti, Râma dit à Lakshmana : « L'intérêt, que l'ermite prend à moi, fils de Soumitrâ, *est comme une eau limpide, qui* lave mes souillures. » Ainsi causant et marchant derrière Sîtâ, les deux héros voués à la pénitence arrivent sur les bords de la Kâlindi [16].

Là, quand ils ont réuni et lié ensemble des bois et des bambous nés sur le rivage, Râma lui-même prend alors Sîtâ dans ses bras et porte doucement sur le radeau cette chère enfant, tremblante comme une liane. Elle une fois placée, Râma et son frère montent dans la frêle embarcation.

Ce fut donc avec ce radeau qu'ils traversèrent l'Yamounâ, cette rivière, fille du soleil, aux flots rapides, aux guirlandes de vagues, aux bords inaccessibles par la masse épaisse des arbres enfants de ses rivages.

Ils se remettent dans la route du Tchitrakoûta, bien résolus d'y fixer leur habitation ; ils s'avancent, pleins de vigueur et d'agilité, en hommes de qui les vues sont arrêtées.

Peu de temps après, les voici qui entrent dans le bois du Tchitrakoûta aux arbres variés, et Râma tient ce langage à Sîtâ : « Sîtâ, *ma belle* aux grands yeux, vois-tu, à la fin de la saison froide, ces kinçoukas déjà fleuris et comme en feu, près du fleuve, dont ils ceignent le front d'une guirlande ? Vois encore, le long de la Mandâkinî, cette forêt de karnikâras, tout illuminée de ses fleurs splendides, flamboyantes et comme de l'or ! Vois ces bhallâtakas, ces vilvas, ces arbres à pain, ces plaqueminiers et tous ces autres, dont les branches pendent sous le poids des fruits. Il nous est possible, femme à la taille svelte, il nous est possible de vivre ici avec des fruits : oh ! bonheur ! nous voici donc arrivés à ce mont Tchitrakoûta, semblable au paradis !

« Vois, ma belle chérie, vois comme, sur les bords de la Mandâkinî, la nature, au pied de chaque arbre, nous a jonché des lits brodés avec une multitude de fleurs ! »

Tandis qu'ils observaient ainsi les ravissants aspects du fleuve Mandâkinî, ils arrivèrent au mont Tchitrakoûta, ombragé par une variété infinie d'arbres en fleurs. À son pied solitaire, environné d'eaux limpides, Râma et Lakshmana, les deux héroïques frères, se construisent un ermitage.

Ils vont chercher au milieu du *bois suave comme un* jardin et rapportent de fortes branches, cassées par les éléphants. *Fichées dans la terre et* rattachées l'une à l'autre avec des lianes épandues, *qui remplissent tous les intervalles*, elles se forment bientôt sous leurs mains en deux huttes séparées. Ils couvrent le toit avec les feuilles nombreuses des arbres. Lakshmana ensuite nettoie les deux cases terminées ; et la Vidéhaine à la taille charmante les enduit elle-même d'argile. Alors, voyant son ermitage édifié, Râma dit à Lakshmana :

« Apporte une gazelle, fils de Soumitrâ, et fais-la cuire, sans tarder : je veux honorer les Dieux de l'ermitage avec ce banquet sacré. »

À ces paroles de son frère, Lakshmana s'en fut tuer une gazelle noire, la rapporta du bois, alluma du feu et fit cuire son gibier parfaitement.

Ensuite Râma lui-même s'assit avec Lakshmana, son frère, et tous deux se mirent à manger sur un plat net et pur, qu'ils se firent avec des feuilles *verdoyantes*, le reste des choses offertes en sacrifice. Sîtâ avait elle-même servi les mets devant son époux et son beau-frère ; puis, s'étant retirée seule à part, elle revint enlever ce qui restait du festin. Dès ce moment, Râma goûta délicieusement avec Lakshmana les charmes de l'habitation, qu'il était venu demander à cette montagne sourcilleuse, embellie par les guirlandes et les bouquets de fleurs les plus variées, au milieu desquelles gazouillait un nombre infini d'oiseaux de toutes les espèces.

Le cocher Soumantra mit assez peu de temps à traverser de nombreux pays, et des fleuves, et des lacs, et des villages et des cités ; il arriva enfin avec sa tristesse, après la chute du jour, aux portes d'Ayodhyâ, pleine d'un peuple sans joie. Tout bruit s'était alors éteint parmi ses troupes désolées d'hommes et de femmes. Elle semblait abandonnée, tant le silence était vide de son !

Aussitôt qu'ils virent arriver Soumantra, les habitants de courir *à l'envi* par centaines de mille derrière son véhicule *poudreux*, en lui jetant cette question : « Où est Râma ? »

« Ce magnanime, leur dit alors celui-ci, m'a congédié sur les bords du Gange ; et, quand il eut traversé le fleuve, je suis revenu à la ville. »

À ces mots : « traversé le fleuve, » ils s'écrièrent, les yeux baignés de larmes : « Oh ! douleur ! » et, continuant à gémir : « Nous sommes frappés à mort ! » disaient-ils. Alors Soumantra entendit courir autour de lui ces mots proférés d'une bande à l'autre : « Il faut qu'il n'ait pas de honte, cet homme, qui revient ici, après qu'il a délaissé Râma au fond d'un bois ! Comment pourrions-nous, joyeux dans l'absence d'un prince, le plus noble des hommes, comment pourrions-nous, sans avoir dépouillé toute pitié, goûter encore le plaisir dans ces grandes fêtes, où l'on vient en foule de toutes parts ! Où sera désormais une chose agréable à ce peuple ? Quelle chose, d'où lui vienne un plaisir, peut-il maintenant désirer ? » Ainsi pensaient *les foules de* ce peuple autour de Soumantra, qui évitait de blesser personne *avec son char*. Il entendait aussi les voix des femmes, qui, accourues à leurs fenêtres, disaient : « Comment, ce malheureux ! il est revenu, après avoir quitté Râma ! »

Le cocher, navré de chagrin, avait recueilli dans sa route ces paroles et d'autres mots semblables, quand il arriva au palais, où le roi Daçaratha fixait sa résidence. Descendu promptement de son char, il entra dans l'habitation royale aux sept enceintes, mais dépouillée maintenant de son auguste splendeur et toute pleine d'une cour noyée dans la douleur.

Le roi jeta un regard de ses yeux noyés de pleurs à Soumantra, qui s'avançait les mains jointes, et fit ces questions au cocher tout couvert encore de la poussière du char : « Où est allé Râma ? dis-moi, Soumantra ! où va-t-il habiter ? En quel lieu était ce digne enfant de Raghou, quand il t'a quitté ? Comment, élevé avec une extrême délicatesse, mon fils pourra-t-il supporter de n'avoir que le sol même pour unique siège ? Ou comment dormira-t-il *à ciel nu* dans un bois, ce fils du maître de la terre ? Qu'est-ce que dit Râma à la vive splendeur ? Quelles paroles m'envoie Lakshmana ? Que me fait dire Sîtâ, cette femme vertueuse et dévouée à son époux ? Raconte-moi les haltes, les discours, les festins de Râma, sans rien omettre et de la manière que tout s'est passé, depuis qu'il est parti de ces lieux pour habiter les forêts. »

Ainsi invité par l'Indra des hommes, le cocher parla donc au roi, mais d'une voix craintive et balbutiante. Il raconta les événements depuis son départ de la ville jusqu'à son retour :

« Lorsque ces deux héros eurent disposé leurs cheveux en djatâ et que, revêtus d'un habit fait simplement d'écorce, ils eurent traversé le Gange, ils marchèrent, la face tournée vers le confluent. Ensuite, ô mon roi, à l'instant où je m'en retournai, voici que mes coursiers, émus jusqu'à verser eux-mêmes des larmes et suivant Râma de leurs yeux, poussent des hennissements plaintifs.

« Quand j'eus présenté à ces deux fils de mon roi les paumes de mes deux mains jointes et creusées en patère, je suis revenu ici, prince, malgré moi, dans la crainte d'offenser ta majesté.

« Dans ces contrées, ô le plus noble des hommes, on voit les arbres mêmes, avec toutes les feuilles, les bouquets de fleurs et les pousses nouvelles, se faner, languissants d'affliction pour l'infortune de Râma. — Les fleuves semblaient eux-mêmes pleurer avec des eaux tristes et des ondes troublées : les étangs de lotus, dépouillés de splendeur, n'offraient aux yeux que des fleurs toutes fanées. Les volatiles et les quadrupèdes, immobiles, fixant les yeux sur un seul point et plongés dans leurs sombres pensées, oubliaient d'errer çà et là *sous les ombrages* : toute la forêt, comme en deuil par les chagrins du magnanime, était sans gazouillement.

« Dans la ville, dans le royaume, entre les habitants de la cité, parmi ceux des campagnes, je ne vois pas un être, ô mon roi, qui ne s'afflige pour ton fils !

« Cette ville sans joie, sans travail, sans prières ni sacrifices, cette ville, résonnante d'un bruit larmoyant et qui n'a plus d'autre son que des sanglots ou des gémissements ; ta cité, avec ses hommes tristes, malades, consternés, avec les arbres fanés de ses jardins, elle est sans aucun resplendissement depuis l'exil de Râma ! »

Après qu'il eut écouté ces paroles touchantes et d'autres encore de Soumantra, le monarque, saisi par une subite défaillance de son esprit, tomba de son trône une seconde fois, semblable à un corps d'où s'est retiré le souffle de la vie. — Mais, tandis que le prince gémissait ainsi d'une façon touchante, et que, tombé de nouveau, il gisait hors de lui-même sur la terre, la mère de Râma se plaignait sur un ton plus déplorable encore, tout affaissée sous un poids beaucoup plus lourd de chagrin et d'excessive douleur.

Aussitôt que Râma, le tigre des hommes, fut parti avec Lakshmana pour les forêts, Daçaratha, ce roi si fortuné naguère, tomba dans une grande infortune. Depuis l'exil de ses deux fils, ce monarque semblable à Indra fut saisi par le malheur, comme l'obscurité enveloppe le soleil au sein des cieux, à l'heure que vient une éclipse. Le sixième jour qu'il pleurait ainsi Râma, ce monarque fameux, étant réveillé au milieu de la nuit, se rappela une grande faute, qu'il avait commise au temps passé.

À ce ressouvenir, il adressa la parole à Kâauçalyâ en ces termes : « Si tu es réveillée, Kâauçalyâ, écoute mon discours avec attention. Quand un homme a fait une action ou bonne ou mauvaise, noble dame, il ne peut éviter d'en manger le fruit, que lui apporte la succession du temps. -- Quiconque, dans les commencements des choses, n'en considère pas la pesanteur ou la légèreté, pour éviter le mal et faire le bien, est appelé un enfant par les sages.

« Jadis, Kâauçalyâ, dans mon adolescence, imprudent jeune homme, fier de mon habileté à toucher un but et vanté pour mon adresse à percer d'un trait la bête que je voyais de l'oreille seulement, il m'est arrivé de commettre une faute. C'est pourquoi mon action coupable a mûri ce fruit de malheur, *que je recueille aujourd'hui*, comme l'efficacité du poison est de tuer la vie dans l'être animé qui en a bu la substance. *Mais* cette mauvaise action des jours passés, je l'ai commise par ignorance, de même qu'à son insu tel homme boirait un poison.

« Je ne t'avais pas encore épousée, reine, et je n'étais encore moi-même que l'héritier présomptif de la couronne : en ce temps, la saison des pluies arrivée répandait la joie dans mon âme.

« En effet, le soleil, ayant brûlé de ses rayons la terre et ravi au sol tous les sucs humides, las de parcourir les régions du nord, était passé dans l'hémisphère hanté par les Mânes. On voyait des nuages délicieux couvrir tous les points du ciel, et les grues, les cygnes, les paons s'ébattre en des mouvements de joie. Cette arrivée des nuages forçait toutes les rivières élargies à déverser leurs flots d'une eau trouble et vaseuse par-dessus les chaussées trop étroites. La terre, égayée par cette riche ondée, conçue au sein des nuées, brillait sous sa verte parure de gazons nouveaux, où se jouaient le paon et le coucou radié.

« Tandis que cette agréable saison marchait ainsi dans sa carrière, j'attachai, dame bien faite, deux carquois sur mes épaules, et, mon arc à la main, je m'en allai vers la rivière Çarayoû. J'arrivai de cette manière sur les rives désertes de cette belle rivière, où m'attirait le désir de tirer sur une bête, *sans la voir*, à son bruit seul, grâces à ma grande habitude des exercices de l'arc. Là, je me tenais caché dans les ténèbres, mon arc toujours bandé en main, près de l'abreuvoir solitaire, où la soif amenait, pendant la nuit, les quadrupèdes habitants des forêts. Là, dirigeant une flèche du côté que j'avais entendu sortir le bruit, il m'arrivait de tuer soit un buffle sauvage, soit un éléphant ou tel autre animal venu au bord des eaux.

« Alors et comme il n'était rien que mes yeux pussent distinguer entre les objets sensibles, j'entendis le son d'une cruche qui se remplissait d'eau, bruit tout semblable même au barit que murmure un éléphant. Moi aussitôt d'encocher à mon arc une flèche perçante, bien empennée, et de l'envoyer rapidement, l'esprit aveuglé par le Destin, sur le point d'où m'était venu ce bruit.

« Dans le moment que mon trait lancé toucha le but, j'entendis une voix jetée par un homme qui s'écria sur un ton lamentable : « Ah ! je suis mort ! Comment se peut-il qu'on ait décoché une flèche sur un ascète de ma sorte ? À qui est la main si cruelle, qui a dirigé son dard contre moi ? J'étais venu puiser de l'eau pendant la nuit dans le fleuve solitaire : qui est cet homme, dont le bras m'a blessé d'une flèche ! À qui donc ai-je fait ici une offense ? Cette flèche va pénétrer, à travers le cœur expiré de son fils, dans le sein même d'un anachorète vieux, aveugle, infortuné, qui vit d'aliments sauvages au milieu de ce bois ! Cette fin malheureuse de ma vie, je la déplore avec moins d'amertume que je ne plains le sort de mon père et de ma mère, ces deux vieillards aveugles. Ce couple d'aveugles, chargé d'ans et nourri longtemps par moi, comment vivra-t-il après mon trépas, ce couple misérable et sans appui ? Qui est l'homme au cœur méchant, de qui la flèche nous a frappés tous les trois, eux et moi, d'un même coup, infortunés, qui vivions *innocemment* ici de racines, de fruits et d'herbes ? »

« Il dit ; et moi, à ces lamentables paroles, l'âme troublée et tremblant de la crainte que m'inspirait cette faute, je laissai échapper les armes que je tenais à la main. Je me précipitai vers lui et je vis, tombé dans l'eau, frappé au cœur, un jeune infortuné, portant la peau d'antilope et le djatâ des anachorètes. Lui, profondément blessé dans une articulation, il fixa les yeux sur moi, *non moins* infortuné, et me dit ces mots, reine, comme s'il eût voulu me consumer par le feu de sa rayonnante sainteté : « Quelle offense ai-je commise envers toi, kshatrya, moi, *solitaire* , habitant des bois, pour mériter que tu me frappasses d'une flèche, quand je voulais prendre ici de l'eau pour mon père ? Ces vieux auteurs de mes jours, sans appui dans la forêt déserte, ils attendent maintenant, ces deux pauvres aveugles, dans l'espérance de mon retour. Tu as tué par ce trait seul et du même coup trois personnes à la fois, mon père, ma mère et moi : pour quelle raison ? n'ayant jamais reçu aucune offense de nous ! Sans doute que ni la pénitence, ni la science sainte ne produisent, je pense, aucun fruit sur la terre, puisque mon père ne sait pas, homme insensé, que tu m'as donné la mort ! Et même, quand il le saurait, que ferait-il dans l'état d'impuissance où le met sa triste cécité ? Il en est de lui comme d'un arbre, qui ne peut sauver à *ses côtés* un autre arbre que sape la hache *du bûcheron* . Va promptement, fils de Raghou, va trouver mon père et raconte-lui cet événement fatal, de peur que sa malédiction ne te consume, comme le feu dévore un bois sec ! Le sentier, que tu vois, mène à l'ermitage de mon père : hâte-toi de t'y rendre et fléchis-le, de peur que, dans sa colère, il ne vienne à te maudire ! Mais, avant, retire-moi vite la flèche ; car ce trait au contact brûlant comme le feu de la foudre, ce trait, lancé par toi dans mon cœur, ferme la voie à ma respiration. Arrache-moi ce dard ! Que la mort ne vienne pas me saisir avec cette flèche dans ma poitrine ! Je ne suis pas un brahme ; ainsi, mets de côté la terreur qu'inspire le meurtre commis sur un brahmane. Un brahme, il est vrai, un brahme qui habite ces bois, m'a engendré, mais dans le sein d'une çoudrâ. »

« Voilà en quels termes me parla ce jeune homme, que j'avais percé d'une flèche. À la vue de ce faible adolescent qui se lamentait de cette manière, gisant ainsi dans la Çarayoû, le corps mouillé de ses ondes, poussant de longs soupirs et déchiré par l'atteinte mortelle de ma flèche, je tombai dans un extrême abattement.--Ensuite, hors de moi, je retirai à contre-cœur, mais avec un soin égal à mon désir extrême de lui conserver la vie, cette flèche entrée dans le sein de ce jeune ermite languissant. Mais à peine mon trait fut-il ôté de sa blessure, que le fils de l'anachorète, épuisé de souffrances et respirant d'un souffle, qui s'échappait en *douloureux* sanglots, se convulsa un instant, roula hideusement ses yeux et rendit son dernier soupir.

« Quand le fils du grand saint eut quitté la vie, faisant crouler d'une chute rapide et ma gloire et moi-même, je restai l'âme entièrement consternée, car on ne pouvait douter que je ne fusse tombé dans une calamité sans rivage.

« Après que j'eus retiré au jeune homme la flèche brûlante et semblable au poison d'un serpent, je pris sa cruche et me dirigeai vers l'ermitage de son père. Là, je vis ses deux parents, vieillards infortunés, aveugles, n'ayant personne qui les servît et pareils à deux oiseaux, les ailes coupées. Assis, désirant leur fils, ces deux vieillards affligés s'entretenaient de lui : eux, que j'avais frappés dans leur enfant, ils aspiraient au bonheur que ferait naître en eux sa présence ! *Tel* je vis ce couple inquiet de pénitents se tenir dans son ermitage, quand je m'approchai d'eux, l'âme bourrelée du crime si grand que j'avais commis par ignorance.

« Mais ensuite, comme il entendit le bruit de mon pas, l'anachorète m'adressa la parole : « Pourquoi as-tu donc tardé si longtemps, mon fils ? Apporte-moi l'eau promptement ! Yadjnyadatta, mon ami, tu t'es bien attardé à jouer dans l'eau : ta bonne mère et moi aussi, mon fils, nous étions affligés d'une si longue absence. Si j'ai fait, ou même ta mère, une chose qui te déplaise, pardonne et ne sois plus désormais si longtemps, en quelque lieu que tu ailles. Tu es le pied de moi, qui ne peux marcher ; tu es l'œil de moi, qui ne peux voir ; c'est en toi que repose toute ma vie... Pourquoi ne me parles-tu pas ? »

« À ces mots, m'étant approché doucement de ce vieillard, à qui le désir de voir son fils inspirait des paroles si touchantes, je lui dis, agité par la crainte, les mains jointes, la gorge pleine de sanglots, tremblant et d'une voix que la terreur faisait balbutier, mais dont ma fermeté cherchait à soutenir la force : « Je suis un kshatrya, on m'appelle Daçaratha ; je ne suis pas ton fils : je viens chez toi, parce que j'ai commis un forfait épouvantable, en horreur à tous les hommes vertueux. J'étais allé, saint anachorète, mon arc à la main, sur les rives de la Çarayoû, épier les bêtes fauves, que la soif conduirait à ses eaux, où mon plaisir était de les atteindre sans les voir. Dans ce temps, le son d'une cruche qui s'emplissait vint frapper mon oreille : *je dirigeai une flèche sur ce bruit* et je blessai ton fils, croyant que c'était un éléphant. Aux pleurs que lui arracha mon dard en lui perçant le cœur, je courus tout tremblant au lieu *d'où ils partaient*, et je vis un jeune pénitent. C'est bien la pensée que j'avais un éléphant vis-à-vis de moi, saint anachorète, et mon adresse à percer une bête, *sans la voir*, à son bruit seul, qui m'ont fait décocher vers les eaux cette flèche de fer, dont, *hélas* ! fut blessé ton fils. Après que j'eus retiré ma flèche de sa blessure, il exhala sa vie et s'en alla au ciel ; mais, avant, il avait déploré bien longtemps le sort de vos saintetés. C'est par ignorance, vénérable anachorète, que j'ai frappé ton fils bien-aimé... Tombé ainsi moi-même sous les conséquences de ma faute, je mérite que tu déchaînes contre moi ta colère. »

« À ces paroles entendues, il demeura un instant comme pétrifié ; mais, quand il eut repris l'usage des sens et recouvré la respiration, il me dit à moi, qui me tenais devant lui mes deux mains humblement réunies :

« Si, devenu coupable d'une mauvaise action, tu ne me l'avais pas confessée d'un mouvement spontané, ton peuple même en eût porté le châtiment et je l'eusse consumé par le feu d'une malédiction ! Kshatrya, si, connaissant d'avance sa qualité, tu avais commis un homicide sur un solitaire des bois, ce crime eût bientôt précipité Brahma de son trône, où cependant, il est fermement assis. Dans ta famille, ô le plus vil des hommes, le paradis fermerait ses portes à sept de tes descendants et sept de tes ancêtres, si tu avais tué un ermite, sachant bien ce que tu faisais. Mais comme tu as frappé celui-ci à ton insu, c'est pour cela que tu n'as point cessé d'être : en effet, *dans l'autre cas*, la race entière des Raghouides n'existerait déjà plus ; tant il s'en faudrait que tu vécusses toi-même !

« Allons, cruel ! conduis-moi vite au lieu où ta flèche a tué cet enfant, où tu as brisé le bâton d'aveugle qui servait à guider ma cécité ! J'aspire à toucher mon enfant jeté mort sur la terre, si toutefois je vis encore au moment de toucher mon fils pour la dernière fois ! Je veux toucher maintenant avec mon épouse le corps de mon fils baigné de sang, le djatâ dénoué et les cheveux épars, ce corps, dont l'âme est tombée sous le sceptre d'Yama. »

« Alors, seul, je conduisis les deux aveugles, profondément affligés, à ce lieu *funèbre*, où je fis toucher à l'anachorète, comme à son épouse, le corps gisant de leur fils. Impuissants à soutenir le poids de ce chagrin, à peine ont-ils porté la main sur lui que, poussant l'un et l'autre un cri de douleur, ils se laissent tomber sur leur fils étendu par terre. La mère, léchant même de sa langue ce pâle visage de son enfant, se mit à gémir de la manière la plus touchante, comme une tendre vache à qui l'on vient d'arracher son jeune veau :

« Yadjnyadatta, ne te suis-je pas, disait-elle, plus chère que la vie ? Comment ne me parles-tu pas au moment où tu pars, auguste enfant, pour un si long voyage ? Donne à ta mère un baiser maintenant, et tu partiras après que tu m'auras embrassée : est-ce que tu es fâché contre moi, ami, que tu ne me parles pas ? »

« Aussitôt le père affligé, et tout malade même de sa douleur, tint à son fils mort, comme s'il était vivant, ce triste langage, en touchant çà et là ses membres glacés :

« Mon fils, ne reconnais-tu pas ton père, venu ici avec ta mère ? lève-toi maintenant ! viens ! prends, mon ami, nos cous réunis dans tes bras ! De qui, dans la forêt, entendrai-je la douce voix me faire une lecture des Védas, la nuit prochaine, avec un désir *égal au tien*, mon fils, d'apprendre les dogmes saints ? Qui, désormais, qui, mon fils, apportera des bois la racine et le fruit sauvage à nous deux, pauvres aveugles, qui les attendrons, assiégés par la faim ? Et cette pénitente, aveugle, courbée sous le faix des années, ta mère, mon fils, comment la nourrirai-je, moi, de qui toute la force s'est écoulée et qui d'ailleurs suis aveugle comme elle ? car je suis seul maintenant. Ne veuille donc pas encore t'en aller de ces lieux : demain, tu partiras, mon fils, avec ta mère et moi. Avant longtemps le chagrin nous fera exhaler à tous les deux, abandonnés sans appui, le souffle de notre vie dans la mort : *oui*, la sentence, auguste enfant, est déjà prononcée. Entré chez le fils du soleil [17], je mendierai, infortuné père, je mendierai moi-même, et portant mes pas vers lui : « Dieu des morts, lui dirai-je accompagné par toi, fais l'aumône à mon fils ! »

« Qui, après la prière du soir et du matin récitée, après le bain, après l'oblation versée dans le feu ; qui, prenant mes pieds dans ses mains, les touchera tout à l'entour afin de m'y procurer une sensation agréable ?

Parviens au monde des héros, qui ne retournent pas *dans le cercle des transmigrations*, comme il est vrai, mon fils, que tu es un innocent, tombé sous le coup d'un homme qui fait le mal ! Obtiens les mondes éternels des saints pénitents, des sacrificateurs, des brahmes, qui ont rempli dignement l'office de gourou, des héros enfin, qui ne renaissent pas dans un autre monde !

« Va dans ces mondes réservés aux anachorètes, qui ont lu entièrement le Véda et les Védângas ; mondes où sont allés ces rois saints Yayâti, Nahousha et les autres ! Entre dans ces mondes ouverts aux chefs de maison qui ne cherchent point la volupté hors des bras de leur épouse, aux chastes brahmatchâris, aux âmes généreuses, qui distribuent en largesses des vaches, de l'or, des aliments et donnent même de la terre *aux deux fois nés* ! Va, mon fils, va, suivi par ma pensée, dans ces mondes éternels où vont ceux qui assurent la sécurité des peuples, ceux de qui la parole est la voix de la vérité ! Les âmes, qui ont obtenu de naître dans une race comme est la tienne ne vont jamais dans une condition inférieure : tombé de ce lieu-ci, va donc en ces mondes où coulent des ruisseaux de miel. »

« Quand l'infortuné solitaire avec son épouse eut exhalé ces plaintes et d'autres encore, il s'en alla faire, d'une âme consternée, la cérémonie de l'eau en l'honneur de son fils. Aussitôt, revêtu d'un corps céleste et monté sur un magnifique char aérien, le fils du saint ermite apparut et tint ce langage à ses vieux parents :

« En récompense du service dévoué que j'ai rempli autour de vos saintes personnes, j'ai obtenu une condition pure, *sans mélange* et du plus haut degré : bientôt vos révérences obtiendront elles-mêmes ce désiré séjour. Vous n'avez point à pleurer mon sort ; ce roi n'est pas coupable : il en devait arriver ainsi, qu'un trait lancé par son arc m'enverrait à la mort. »

« Quand il eut dit ces mots, transfiguré dans un corps divin, lumineux, porté au sein des airs sur un char céleste d'une beauté suprême, le fils du rishi monta au ciel. Mais, tandis que je me tenais joignant les mains devant l'anachorète, qui venait d'accomplir, assisté de son épouse, la cérémonie de l'eau en l'honneur de son fils, le saint pénitent me jeta ce discours :

« Comment se peut-il que tu sois né, homme vil et présomptueux, dans la race des Ikshwâkides, ces rois saints, magnanimes et de qui la gloire est célèbre *en tous lieux* ? Il n'existait pas d'inimitié entre nous deux, ni au sujet d'une femme, ni à cause d'un champ : pourquoi, les choses étant ainsi, pourquoi m'as-tu frappé d'une même flèche avec mon épouse ? Néanmoins, comme tu n'as tué mon fils qu'à ton insu et par un coup de malheur, je ne te maudis pas : mais écoute-moi bien !

« De même que j'abandonnerai forcément l'existence, ne pouvant supporter la douleur que m'inspire cette mort de mon fils ; de même, à la fin de ta carrière, tu quitteras la vie, appelant ton fils de tes vains désirs !

« Chargé ainsi de sa malédiction, je revins à ma ville, et, peu de temps après, le rishi même expira, consumé par la violence de son affliction paternelle. Sans doute, la malédiction du brahme s'accomplit maintenant pour moi : en effet, la douleur de mes regrets *inconsolables* pour mon fils précipite à sa fin le souffle de ma vie.

« Reine, mes yeux ne voient plus ; ma mémoire elle-même vient de s'éteindre : ce sont là, noble dame, les messagers de la mort, qui hâte mon départ de cette vie. Si Râma venait me toucher, ou si j'entendais seulement sa voix, je reviendrais bientôt, je pense, à toute la vie, comme un agonisant qui aurait pu boire de l'ambroisie. Le chagrin que son absence de mes regards fit naître dans mon âme brise les éléments de ma vie, comme la grande furie des vagues rompt les arbres qui croissent sur les rivages d'un fleuve. Heureux ceux qui, le temps de son exil au milieu des forêts accompli, verront de leurs yeux Râma lui-même revenir dans Ayodhyâ, tel que Indra vient du ciel ! Ils ne seront pas des hommes, mais de vrais Dieux, ceux qui verront sa face resplendissante comme la lune en son plein, quand, à son retour des bois, il fera son entrée dans la grande cité !

« Ô fortunés, vous, qui pourrez contempler ce visage de Râma, semblable à la reine des étoiles, ce visage pur, beau, gracieux, aux dents charmantes, aux yeux comme les pétales du lotus ! Heureux les hommes qui verront la face *auguste* de mon fils, dont la douce haleine est égale au parfum du lotus quand il s'épanouit dans l'automne ! »

Tandis que les souvenirs de Râma occupaient ainsi la pensée du monarque, étendu sur les tapis de sa couche, l'astre de sa vie s'inclina peu à peu vers son couchant, comme on voit la lune baisser, à la fin de la nuit, vers l'occident. « Hélas ! Râma, disait-il, mon fils ! » et tandis qu'il prononçait languissamment ces mots, le roi des hommes rendit le souffle de la vie, si difficile à quitter, souffle bien-aimé, que lui arrachait la violence du chagrin causé par l'exil de son fils. Dans le temps que l'infortuné monarque, étendu sur sa couche, se répandait en ces regrets sur l'exil de Râma, il exhala sa douce vie à l'heure où la nuit arrivait au milieu de sa carrière.

Quand elle vit le monarque tombé dans le silence, après qu'il se fut ainsi lamenté, Kâauçalyâ désolée se dit : « Il dort ! » et ne voulut pas le réveiller. Sans rien dire à son époux, elle, de qui la fatigue du chagrin avait rendu la voix paresseuse, elle s'endormit de nouveau sur la couche, son âme saturée de tristesse par l'exil de son fils. Bientôt, lorsque la nuit fut écoulée et que fut arrivée l'heure où blanchit l'aube du jour, les poètes, *réveilleurs* officiels du roi, se répandirent autour *de sa chambre*.

Aussitôt, dans le gynœcée, à ces voix des chantres, des panégyristes, des bardes, toutes les épouses du roi sortent précipitamment du sommeil. On voit s'approcher du monarque, et ses femmes, et la foule de leurs eunuques, et ceux à qui leurs offices respectifs imposent la fonction de se tenir, suivant leurs dignités, près de la personne du roi. En même temps, les baigneurs, tenant des urnes d'argent et d'or, toutes pleines d'une eau de senteur, s'avancent eux-mêmes vers l'auguste souverain. Des hommes versés dans leur ministère apportent aussi et les choses qu'il faut toucher pour attirer le bonheur, et quelque antidote efficace que pourrait exiger telle ou telle circonstance. Ces habiles serviteurs s'étant donc approchés du roi, immobile dans sa couche, les femmes se mirent toutes à faire éclore son réveil dans la crainte de voir le soleil monter sur l'horizon *avant qu'il n'eût ouvert les yeux à sa lumière*.

Mais quand, malgré tous leurs efforts mêmes pour le tirer du sommeil, le monarque endormi ne se fut pas réveillé jusqu'après le lever du soleil, ses épouses tombèrent dans une profonde inquiétude. — Saisies de crainte, incertaines sur la vie du roi, elles s'émurent, comme la pointe des herbes sur les bords d'un fleuve. Ensuite, quand chacune eut touché le prince et reconnu que sa peur n'était pas sans fondement, ce malheur, dont elles avaient douté, se changea pour elles en certitude. Consternées et toutes tremblantes à la vue du roi mort, elles tombèrent alors en criant : « Hélas, seigneur ! tu n'es plus ! »

À ce cri perçant de douleur, Kâauçalyâ et Soumitrâ endormies se réveillèrent dans une grande affliction. « Hélas ! dirent-elles ; hélas ! qu'y a-t-il ? » Puis, ces mots à peine jetés, elles se lèvent du lit en toute hâte, et, saisies d'une terreur soudaine, elles s'approchent du monarque. Quand les deux reines eurent vu et touché leur époux, qui, tout abandonné par la vie, semblait encore jouir du sommeil, leur immense douleur s'exhala en de longs cris. Émues par ce bruit plaintif, de tous côtés les femmes du gynœcée se remirent de groupe en groupe à crier au même instant, comme des bandes de pygargues effrayées. Cette vaste clameur, envoyée dans le ciel par les épouses affligées du gynœcée, remplit entièrement la cité et la réveilla de toutes parts.

Dans un instant, ému, consterné, retentissant de plaintifs gémissements et rempli d'hommes empressés confusément, le palais du monarque, tombé sous l'empire de la mort, n'offrit plus, à l'aspect des sièges et des lits renversés, à l'ouïe des pleurs entremêlés de cris lamentables, que les images du malheur envoyé, *comme une flèche*, dans cette royale maison.

Ensuite, après qu'il eut fait évacuer la salle et tenu conseil avec les ministres, Vaçishtha le bienheureux ordonna ce qu'exigeait la circonstance. Puis, quand il eut fait introduire le corps du roi de Koçala dans une drôni [18], que le sésame avait rempli de son huile, il agita cette question de concert avec les ministres : « Comment fera-t-on venir en ces lieux Bharata et Çatroughna, qui tous deux sont allés depuis longtemps à la cour de leur aïeul maternel ? » En effet, les ministres ne peuvent vaquer aux funérailles du monarque en l'absence de ses fils, et, pour obéir à cette loi, ils gardent le corps inanimé du souverain.

Aussitôt Vaçishtha, le plus saint des hommes qui récitent la prière à voix basse, fit appeler en diligence Açoka, Siddhârtha, Djayanta, et dit à ces trois messagers :

« Allez rapidement sur des chevaux légers à la ville, où s'élève le palais du roi *des Kékéyains* ; et là, dépouillant vos airs affligés, il vous faut parler à Bharata *comme* d'après un ordre même de son père.« Ton père, *lui direz-vous* , et tous les ministres s'enquièrent si tu vas bien et t'envoient ces paroles : « Hâte-toi de venir promptement ; quelque chose d'une extrême importance réclame ici tes soins. » Arrivés là, gardez-vous bien de lui apprendre en aucune manière, fussiez-vous interrogés même là-dessus, que Râma est parti en exil et que son père est allé au ciel. »

Il dit ; et, ces instructions données, les messagers, congédiés par Vaçishtha se mettent en route, d'une âme pleine d'élan, avec une vitesse soutenue par la vigueur.

Après sept nuits passées dans sa route, Bharata, le plus éminent des hommes qui possèdent un char, dit, l'âme contristée à l'aspect de la cité en deuil, ces paroles au conducteur de son char : « Cocher, la ville d'Ayodhyâ ne se montre point à mes regards avec des mouvements très-joyeux : ses jardins et ses bosquets sont flétris ; sa splendeur est comme effacée.

« Je vois même étalés maintenant partout de lugubres symboles : d'où vient, conducteur de mon char, d'où vient ce tremblement qui agite maintenant tout mon corps ? »

Tandis qu'il parlait ainsi, Bharata, avec ses chevaux fatigués, entra dans cette ville délicieuse, au milieu des hommages que rendaient à sa personne les gardes et les concierges des portes.

Quand il vit, *dans son intérieur* , cette noble ville, souillée dans ses portes et ses ventaux brunis de poussière ; cette ville, pleine d'un peuple désolé, et néanmoins déserte dans ses grandes rues, ses édifices, ses carrefours solitaires, il fut encore plus accablé de chagrin. Sous l'aspect de ces choses douloureuses pour l'âme et qui n'existaient pas dans un autre temps au sein de cette royale cité, le jeune magnanime entra dans le palais de son père, la tête courbée sous le poids de son *triste* pressentiment.

Étant donc entré dans ce palais riche, admirable aux yeux et semblable au palais de Mahéndra, Bharata ne vit pas son père. Et, comme il n'avait point aperçu là son père dans cette maison du roi, Bharata de sortir aussitôt pour aller dans l'habitation de sa mère. À peine eut-elle vu son fils arrivé, Kêkéyî s'élança précipitamment de son siège, les yeux épanouis par la joie. Entré d'une âme empressée dans ce palais de sa mère, le tout-puissant Bharata, courbant la tête, prit ses pieds *avec respect* . Elle, à son tour, de baiser Bharata sur la tête, de serrer son fils étroitement dans ses bras, et, le faisant asseoir à son côté, de lui adresser les questions suivantes :

« Combien as-tu compté de jours, mon fils, pour venir jusqu'ici de la ville où règne ton grand-père ? As-tu fait un heureux voyage ? Es-tu même venu sans fatigue ? Ton aïeul est-il bien portant, ainsi que *mon frère* Youdhadjit, ton oncle ? Mon fils, ton séjour dans la famille de ton aïeul a-t-il eu pour toi beaucoup de charme ? » À ces questions de Kêkéyî, Bharata, dans la tristesse de son âme, conta rapidement à sa mère toute la suite de son voyage et de son retour.

« Il y a aujourd'hui sept jours que je suis parti de Girivradja ; le père de ma bonne mère se porte bien avec mon oncle Youdhadjit. Mou aïeul m'a donné de grandes richesses, magnifique présent de son amitié ; mais la fatigue de mes équipages m'a forcé de laisser tout dans ma route, tant je suis venu rapidement, plein de hâte, stimulé par les messagers envoyés du roi, *mon père* ! Mais daigne maintenant répondre aux demandes que je désire t'adresser.

« Pourquoi ne voit-on pas, comme à l'ordinaire, cette ville couverte de citadins joyeux, mais pleine d'un peuple abattu, sans travail, sans gaieté, dépouillé entièrement de ses parures et muet partout de ce murmure qui accompagne la récitation des Védas ? Pourquoi dans la rue royale ce peuple aujourd'hui ne m'a-t-il pas dit un seul mot ? Pourquoi n'ai-je pas vu mon père dans son palais ? Est-ce que Sa Majesté serait allée dans l'habitation de Kâauçalyâ, ma bonne mère ? »

À ces mots de Bharata, Kêkéyî répondit, sans rougir, avec ce langage horrible, mais où quelque douceur infusée tempérait l'odieuse amertume : « Consumé de chagrins à cause de son fils, le grand monarque, ton père, t'a légué son royaume et s'en est allé dans le ciel, que lui ont mérité ses bonnes œuvres. »

À peine eut-il ouï de sa mère ces paroles composées de syllabes horribles, que Bharata soudain tomba sur la terre, comme un arbre sapé au tronc.

« Relève-toi promptement, Bharata, et ne veuille pas te désoler : car les hommes de ta condition, qui ont médité sur les causes et sur les effets du chagrin, ne s'abandonnent point *ainsi* aux gémissements. Ton père est descendu dans la tombe, après qu'il eut gouverné la terre avec justice, sacrifié suivant les rites, versé des largesses et des aumônes, tu n'as donc pas à le plaindre. Le roi Daçaratha, *ton père* , attaché d'un lien ferme au devoir et à la vérité, s'en est allé dans une région plus heureuse ; tu n'as donc pas, mon fils, à déplorer sa fortune. »

Elle dit : à ces mots déchirants de Kêkéyî, Bharata, dans une extrême douleur, adressa de nouveau ces paroles à sa mère : « Peut-être, *me disais-je* , le roi va-t-il sacrer *le vaillant* Râma : peut-être va-t-il célébrer un sacrifice : » telles étaient les espérances dont se berçait mon esprit et qui me faisaient accourir en toute hâte.

« —-Mère, de quelle maladie le roi est-il mort avant que je fusse arrivé ? Heureux, vous, Râma et Lakshmana, qui avez pu environner mon père de vos tendres soins !

——- « Mère, quel enseignement suprême t'a laissé pour mon bien le plus excellent des sages, Daçaratha, mon père ? »

Il dit, et Kêkéyî interrogée tint alors ce langage à Bharata : « Magnanime fils de roi, écoute donc la vérité entièrement ; et, ce récit fait, prends garde, ô toi qui donnes l'honneur, de t'abandonner au désespoir. Écoute de quelle manière, ayant quitté la vie, ton père, la justice elle-même incarnée, s'en est allé dans le ciel : je vais te raconter en même temps ce que ton père a dit : « Ah ! mon fils Râma ! s'est-il écrié ; ah ! Lakshmana, mon fils ! » et, quand il eut prononcé plusieurs fois jeté cette plainte, c'est alors que ton père a quitté la vie. Ton père s'en est allé au ciel, après qu'il eut prononcé encore cette parole, qui fut la dernière : « Heureux les hommes qui pourront voir mon fils Râma de retour ici des bois avec Sîtâ et Lakshmana, une fois expiré le temps convenu ! »

À ces mots, Bharata que la crainte d'une seconde infortune déchirait comme un poison mortel, interrogea de nouveau sa mère : « Où Râma demeure-t-il maintenant ? s'écria-t-il, d'un visage consterné. Et pourquoi s'est-il retiré dans les bois ? Pourquoi sa belle Vidéhaine et Lakshmana ont-ils suivi Râma dans les forêts ? »

À ces questions, Kêkéyî de répondre un langage plus horrible encore, bas, odieux même, tout en croyant ne dire à son fils qu'une chose agréable : « Couvert d'un valkala pour vêtement, accompagné de sa Vidéhaine, et suivi de Lakshmana, Râma s'en est allé dans les bois sur l'ordre même de son père ; et c'est moi, qui ai su faire exiler ce frère, *ton rival*, au sein des forêts.« Quand ton père l'eut banni, Daçaratha, consumé de chagrins à cause de son fils, quitta ce monde pour le ciel. »

À ces mots, Bharata, soupçonnant *malgré lui* un crime dans une telle mère, Bharata, qui aspirait de tous ses désirs à la pureté de sa famille, se mit à l'interroger en ces termes : « Râma, tout sage qu'il est, n'aurait-il point usurpé le bien des brahmes ? Ce digne frère n'aurait-il pas maltraité quelqu'un, riche ou pauvre ; offense, pour laquelle mon père a banni de sa présence un fils plus cher à ses yeux que la vie même ! »

Ensuite de ces paroles entendues, Kêkéyî, racontant son action et s'en glorifiant même avec une légèreté de femme, répondit à Bharata : « Il n'a point enlevé le bien des brahmes ; il n'a maltraité qui que ce soit.

« Il a mérité l'amour du monde entier par son dévouement à son devoir : aussi le roi désirait-il sacrer son fils aîné comme associé à sa couronne.

« *Mais*, aussitôt parvenue à moi cette nouvelle que le monarque avait conçu une telle pensée, je conjurai l'auguste souverain *d'abandonner ce dessein* et de reporter sur ta *noble tête* l'onction royale qu'il destinait à Râma. J'ai demandé au roi l'exil de Râma dans les forêts pendant neuf ans ajoutés à cinq années, et ton père a banni Râma hors de la ville.

« Ainsi donc, saisis-toi du royaume ; fais produire son fruit à ma peine ; remplis, *terrible* immolateur de tes ennemis, remplis de joie le cœur de tes amis et le mien ! Va, mon fils, va trouver bien vite les brahmes et Vaçishtha, leur chef ; puis, quand tu auras acquitté les honneurs funèbres que tu dois à ton père, fais-toi sacrer aussitôt, suivant les rites, comme souverain de cet empire, qui t'appartient ! »

Ayant donc ouï dire à sa mère que son père était mort et ses deux frères bannis, lui, consumé par le feu de sa douleur, il répondit à Kêkéyî dans les termes suivants : « Femme en butte maintenant au blâme et criminelle en tes pensées, tu es abandonnée par la vertu, Kêkéyî, pour avoir enlevé son diadème à Râma, qui ne fit jamais de mal à personne.

« Pourquoi, si tu veux, grâce à ton désir *impatient* du trône, aller au fond des enfers, pourquoi m'y entraîner moi-même après toi dans ta chute ?

« Est-ce que ton époux avait commis une offense envers toi ? Quelle injustice devais-tu au magnanime Râma, pour les châtier également tous deux, celui-là par la mort, celui-ci par l'exil !

« Puisse être ce monde pour toi, puisse être même pour toi l'autre monde stérile de bonheur, homicide fatale de ton mari ! Va dans les enfers, Kêkéyî, écrasée par la malédiction de ton époux ! Hélas ! je suis foudroyé, je suis anéanti par ton avide ambition du royaume ! Qu'ai-je besoin maintenant ou de l'empire ou des voluptés, quand tu m'as consumé dans le feu de l'ignominie ? Séparé de mon père, séparé de mon frère, qui était un second père à mes yeux, qu'ai-je à faire de la vie même, à plus forte raison d'un empire ? »

Dès qu'ils virent arrivée la fin de cette nuit, les chefs de l'armée, les brahmes et tous les collèges des conseillers divers s'étant réunis, entrèrent dans le château royal, veuf d'un souverain qui, *vivant*, ressemblait au grand Indra lui-même. Cette *illustre* assemblée s'assit autour de Bharata, qu'elle voyait affligé, ses yeux remplis de larmes, plongé dans le chagrin, étendu sur la terre et semblable à un homme qui n'a plus sa connaissance.

Vaçishtha, le vénérable saint, dit à cet enfant désolé de Raghou, qui, le front baissé, traçait des lignes sur le sol avec la pointe du pied : « L'homme ferme qui, sans perdre la tête dans l'adversité, remplit comme il faut les obligations qu'il doit nécessairement acquitter est appelé un sage par les maîtres de la science. Ainsi, revêts-toi de fermeté, rejette le chagrin de ton cœur, et veuille bien célébrer sans délai, d'une âme rassise, les obsèques de ton père. *Oui* ! il a fini comme un être sans appui, ce *vigoureux* appui du monde, ton père, juste comme la justice elle-même. *Alors*, nous avons agité cette question : « N'y aurait-il pas un moyen de procéder aux funérailles sans Bharata ? » et nous avons déposé le corps du feu *roi*, ton père, dans un vaisseau d'huile exprimée du sésame. Veuille donc, ô mon ami, célébrer ses royales obsèques.

« Remets la force dans ton âme, Bharata, et ne sois pas un esprit faible. La mort est forte : on ne peut la vaincre, fils de Kakoustha ; nous tous bientôt nous ne serons plus : cette grande affliction ne te sied donc pas ! »

À ces paroles de l'anachorète, Bharata, le plus éminent des hommes intelligents, jeta les yeux sur Vaçishtha, et, plus affligé encore, lui répondit en ces termes : « Quand ta sainteté me parle ainsi, *pieux* ermite, je sens mon âme se déchirer en quelque sorte. L'empereur du monde, Râma vit, quel empire ai-je donc ici ? Mais conduisez-moi où est le roi mon père : c'est mon désir assurément de célébrer là ses funérailles, aidé par vous ; si toutefois il est possible que mon cœur n'éclate point à cet heure en mille fragments ! Que vos éminences me fassent donc voir mon père, *hélas* ! privé de la vie. »

Entré dans le palais de Kâauçalyâ avec les veuves du roi, Bharata vit alors son père inanimé chez la mère de Râma. À la vue de son père *gisant ainsi* la vie éteinte et la splendeur effacée, il jeta ce cri : « Hélas ! mon roi ! » et tomba sur la face de la terre. On eût dit un homme, de qui l'âme s'est échappée.

Mais, quand il a recouvré la connaissance, il tourne les yeux vers son père, et, tout plein de tristesse, lui tient ce langage comme s'il était vivant : « Roi magnanime, lève-toi ! Pourquoi dors-tu ? Me voici arrivé sur ton ordre avec hâte, moi Bharata, et Çatroughna m'accompagne. Mon aïeul te demande, ô mon père, comment va ta majesté : ainsi fait mon oncle Youdhadjit, prosternant sa tête devant toi. D'où vient qu'autrefois, incliné devant toi, à mon retour de quelque pays, tu me faisais monter sur ton sein, roi des hommes, tu me donnais sur le front un baiser, tu me comblais des caresses de ton amour ? Et pourquoi, dans ce moment, ne m'adresses-tu pas une parole à mon arrivée ? Jamais je n'ai commis une offense envers toi ; regarde-moi donc maintenant avec bienveillance.

« Heureux ce Râma, par qui ton ordre fut exécuté, roi de la terre ! Heureux encore ce Lakshmana, qui a suivi Râma dans l'exil ! Mais infortune et souillure à moi par cela même que, pénétré d'une vive douleur, tu as quitté la vie plein de ressentiment contre moi ! Sans doute, Râma et Lakshmana ne connaissent point ta mort ; car ils auraient quitté les bois à l'instant même, et leur affliction les eût amenés dans ces lieux !

« Si, pour la faute de ma mère, je te suis maintenant odieux, roi des hommes ; voici Çatroughna ; daigne au moins lui dire en ce moment quelque chose. »

Quand elles entendirent le magnanime Bharata se lamenter ainsi, les épouses du monarque se répandirent en pleurs dans une profonde affliction. Ce fut alors que le plus vertueux des hommes qui murmurent la prière, Vaçishtha et Djâvâli même avec lui tinrent ce discours au gémissant Bharata, que torturait sa douleur : « Ne t'abandonne pas aux larmes, sage Bharata ! le maître de la terre ne doit pas être plaint. Veuille bien t'occuper de ses funérailles avec un esprit calme. Les parents et les amis, qui pleurent d'une affection *désolée*, ne font-ils pas tomber du ciel par la chute de ces larmes, fils de Raghou, l'homme à qui ses vertus avaient mérité le Swarga ? »

À ces mots de Vaçishtha, Bharata, qui n'ignorait pas le devoir, Bharata, le plus éloquent des êtres qui ont reçu la voix en partage, secoua ce *trop vif* chagrin et répondit en ces termes : « Cet amour si fort de mon cœur à l'égard de mon père me trouble en quelque sorte jusqu'à la démence. Néanmoins, fortifié par les sages conseils de vos saintetés, mes *vénérables* institutrices, je dépose mon chagrin et je vais célébrer, *comme il faut*, les obsèques de mon père. »

Quand cette nuit fut écoulée, les poètes *de la cour* et les bardes *officiels* de réveiller Bharata dans le sommeil et de chanter ses louanges avec une voix mélodieuse. Soudain les tambours sont battus à grand bruit, et, d'un autre côté, le souffle des musiciens fait résonner une foule de conques et de flûtes aux harmonieux concerts. Le bruit des instruments à la voix si grande qu'elle remplissait, pour ainsi dire, toute la ville, réveilla Bharata, l'âme encore dans le trouble du chagrin.

Aussitôt, arrêtant ces bruyants accords, Bharata de crier à ces réveilleurs officiels : « Je ne suis pas le roi ! » Ensuite, il dit à Çatroughna : « Vois, Çatroughna, quel écrasant déshonneur Kêkéyî a fait tomber sur ma tête innocente par cette action blâmée dans tout l'univers ! La couronne impériale, que le droit de sa naissance avait mise au front de mon père, *flotte incertaine* maintenant qu'elle est séparée de lui, comme un navire sans gouvernail erre, jouet *du vent et* des flots. »

Après qu'on eut écarté le peuple et que l'astre auteur du jour fut monté sur l'horizon, Vaçishtha de parler ainsi à Bharata, comme à tous les ministres : « Tu vois rassemblés devant toi et chargés des choses nécessaires aux funérailles du roi tous les notables de la ville et tes sujets du plus haut rang.

« Lève-toi promptement, Bharata ! Qu'il n'y ait ici, mon seigneur, aucune perte du temps !

« Dépose le roi des hommes dans cette bière, que tu vois là ; enlève sur tes épaules ton père couché dans le cercueil ; puis, emmène-le promptement hors de ces lieux. »

Ensuite Bharata, surmontant la violence intolérable de sa douleur, contempla de tous les côtés ce corps du maître de la terre. Mais alors il ne put dompter la fougue de son désespoir, soulevé comme la fureur de l'onde qui bondit au sein du vaste Océan.

Quand il eut déposé le grand roi dans le cercueil, il para le corps et jeta sur lui une robe précieuse, dont il couvrit l'*auguste défunt* tout entier. Il étala ensuite une guirlande de fleurs sur les restes de son père, qu'il parfuma avec les émanations d'un encens divin ; puis il répandit *à pleines mains* autour d'eux par tous les côtés des fleurs odorantes d'une senteur exquise. Il souleva le cercueil, assisté par Çatroughna, et le porta désolé, tout en larmes et répétant à chaque pas : « Où es-tu, mon roi ! Il s'en ira *donc en cendres vaines* ! » Au milieu de ses pleurs et sur un signe de Vaçishtha, les serviteurs obéissants prirent le cercueil, qu'ils emportèrent aussitôt d'un pied moins hésitant.

Les domestiques du roi, tous pleurant et l'âme dans le trouble du chagrin, marchaient devant la bière, tenant un parasol blanc, un chassemouche et même un éventail. Devant le monarque s'avançait flamboyant le feu sacré, que les brahmes et Djâvâli, leur chef, avaient commencé par bénir. Ensuite venaient, pour en distribuer les richesses aux gens malheureux et sans appui, des chars pleins d'or et de pierreries. Là, tous les serviteurs du roi portaient des joyaux de mainte espèce, destinés pour être distribués en largesses aux funérailles du maître de la terre. Devant lui marchaient les poètes, les bardes et les panégyristes, qui chantaient d'une voix douce les éloges décernés aux bonnes actions du monarque.

Alors Bharata et Çatroughna se chargent du cercueil et s'avancent, baignés de larmes, en proie à la douleur et au chagrin.

Arrivés sur les bords de la Çarayoû, dans un lieu solitaire, dans un endroit gazonné d'herbes tendres et nouvelles, on se mit alors à construire le bûcher du roi avec des bois d'aloës et de santal.

Un groupe d'amis, les yeux troublés de larmes, souleva ce corps *glacé* du monarque et le coucha sur le bûcher. Quand ils eurent élevé sur le bois entassé le dominateur de la terre, vêtu avec une robe de lin, les brahmes d'amonceler sur le corps tous les vases du sacrifice.

Ensuite, les chantres du Rig-Véda nettoient ces vases du sacrifice avec un faisceau d'herbes kouças ; et, cet office terminé, il jettent aussitôt de toutes parts dans ce bûcher la cuiller et les vases, les anneaux de la colonne victimaire, les graminées kouças, le pilon et le mortier, accompagnés avec les deux morceaux de bois qui, frottés l'un contre l'autre, avaient donné le feu pour le sacrifice.

Après qu'on eut immolé une victime pure, consacrée avec les cérémonies et les hymnes saints, on étala tout à l'entour du roi un grand festin de mets divers. Cela fait, Bharata, aidé de ses parents, ouvrit avec la charrue, *en commençant* à l'orient, un sillon pour enceindre la terre où s'élevait ce grand bûcher ; ensuite il mit en liberté, suivant les rites, une vache avec son veau, et, quand il eut arrosé de tous côtés la pile funèbre avec la graisse, l'huile de sésame et le beurre clarifié, il appliqua de sa main le feu au bûcher. Tout à coup la flamme se déroula, et le feu, développant *ses langues* flamboyantes, consuma le corps du roi monté sur le bois entassé.

Assisté de la foule, Bharata, de sa main droite, joncha le bûcher d'un bouquet de fleurs et continua la cérémonie en chancelant, comme s'il eût avalé du poison. Malade, vacillant, égaré même par la douleur, il se prosterne contre la face de la terre, adorant les pieds de son père. Quelques-uns de ses amis le prennent dans leurs bras et font relever malgré lui ce fils malheureux, aux formes toutes empreintes d'affliction, agité, chancelant et l'esprit hors de lui. Mais, aussitôt qu'il vit le feu allumé dans tous les membres de son père, il poussa des cris, ses bras levés au ciel, et s'affaissa de nouveau sous le poids de sa douleur.

Vaçishtha fit relever Bharata et lui tint ce discours : « Ce monde est continuellement affligé par l'antagonisme de principes opposés : te lamenter pour une condition, qui existe de toute nécessité, n'est pas digne de toi ! Tout ce qui est né doit mourir ; tout ce qui est mort doit renaître : ne veuille donc plus te désoler pour deux choses à la fatalité desquelles nul homme ne peut dérober sa tête ! »

Soumantra lui-même, tandis qu'il aidait à se relever Çatroughna gisant dessus la face de la terre, lui parla aussi de cette loi qui soumet tous les êtres à la vie et à la mort.

Pendant qu'ils essuyaient les pleurs stillants de leurs yeux, les ministres exhortèrent ces deux nobles frères, l'œil rouge de larmes, à faire la cérémonie de l'eau pour leur auguste père.

Tandis que ce magnanime Bharata donnait l'onde aux mânes paternels, on vit les fleuves saints, la Vipâçâ, et le Çatadrou, et la Gangâ, et l'Yamounâ, et la Sarasvatî, et la Tchandrabhâgâ, et les autres cours d'eau vénérés s'approcher de la Çarayoû.

Bharata, aidé par ses amis, rassasia avec l'eau de ces rivières saintes l'âme de son père, qui était passée de la terre au ciel. Après lui, tous les habitants de la ville, et les ministres, et le pourohita de réjouir, suivant le rite, ces mânes du monarque avec une libation d'eau. Quand ils eurent tous, citadins et villageois, fait la cérémonie de l'eau, ils se mirent, chacun en particulier, à consoler Bharata, de qui l'âme n'avait plus de ressort que pour le chagrin. Ensuite, accompagné et consolé par eux, celui-ci reprit le chemin d'Ayodhyâ, où il n'arriva point sans tomber en défaillance mainte et mainte fois.

Entré dans la demeure paternelle, l'auguste Bharata y joncha le sol de la terre avec un lit d'herbes, où, languissant de tristesse, il resta couché dix jours, sa pensée continuellement fixée sur la mort de son père.

Quand le dixième jour fut écoulé, le fils du roi s'étant purifié, offrit au mânes *de son père* les oblations funèbres du douzième et même du treizième jour. Alors, dans ces royales obsèques, il donna aux brahmes, en vue de son père, une immense richesse, des vêtements précieux, des vaches, des chars et des voitures, des serviteurs et des servantes, les plus magnifiques ornements et des maisons regorgeantes de toutes choses.

Aussitôt que fut expiré le treizième soleil et terminée la cérémonie, qui est immédiate à la fin de ce jour, tous les ministres s'étant rassemblés adressèrent ce langage à Bharata : « Ce monarque, qui était notre seigneur et notre gourou, s'en est allé dans le ciel, après qu'il eut exilé Râma, son bien-aimé fils, et Lakshmana même. Fils de roi, monte sur le trône, où le droit t'appelle ; règne aujourd'hui sur nous avant que ce royaume ne tombe, faute de maître, dans une triste infortune. »

À ces mots, ayant touché les choses du sacre en signe de bon augure, Bharata dit alors aux ministres du feu roi : « Le trône dans ma famille a toujours, depuis Manou, légitimement appartenu à l'aîné des frères : il ne sied donc point à vos excellences de me parler ce langage, comme des gens *de qui la raison est* troublée. Râma ; celui des hommes qui sait le mieux à quels devoirs sont obligés les rois ; Râma aux yeux de lotus mérite, et comme l'aîné de ses frères et par ses belles qualités, d'être ici le monarque. Vous ne devez pas en choisir un autre ; c'est lui-même qui sera notre souverain. Que l'on rassemble aujourd'hui promptement une grande armée, distribuée en ses quatre corps : j'irai *chercher avec elle et* ramener des bois mon frère, ce rejeton vertueux de Raghou. Que *nos* ouvriers me fassent des routes unies dans les chemins raboteux ; et que des hommes experts dans la connaissance des routes, des lieux et des temps marchent devant moi ! »

Il dit : alors tous les ministres du feu roi, le poil hérissé de joie, répondirent à Bharata, qui tenait un langage si bien assorti au devoir : « Daigne Çri,*appelée d'un autre nom* Padmâ, te protéger, toi, digne enfant de Raghou, qui nous fais entendre ces paroles et qui veux rendre la couronne à ton frère aîné ! »

Joyeux de ce discours plein de sens, qu'ils avaient ouï de ses lèvres, les conseillers et les membres de l'assemblée dirent aussi à Bharata : « Ô toi, le plus noble des hommes, toi, que le peuple environne de son amour, nous allons, suivant tes ordres, commander à des corps d'ouvriers qu'ils se hâtent d'aplanir la route. »

Ensuite, dans chaque maison, toutes les épouses des guerriers se hâtent de faire leurs adieux à ceux qui doivent marcher dans cette excursion, et chacune presse *vivement* le départ de son époux. Bientôt les généraux viennent annoncer que l'armée est déjà prête avec ses hommes de guerre, ses chevaux, ses voitures attelées de taureaux et ses admirables chars légers. À cette nouvelle que l'armée attend, Bharata, en présence du vénérable *anachorète* : « Fais promptement avancer mon char ! » dit-il à Soumantra, debout à son côté. À peine eut-il reçu l'ordre, que celui-ci mettant à l'exécuter promptitude et vigueur, prit le véhicule et revint avec le char, attelé des coursiers les plus magnifiques.

Bharata dit alors : « Lève-toi promptement, Soumantra ! va ! fais sonner le rassemblement de mes armées ! Je veux ramener ici Râma, ce noble ermite des bois, en ménageant toutefois ses bonnes grâces. »

Ensuite le beau jeune prince, conduit par le désir de revoir enfin Râma, se mit en route, assis dans un char superbe, attelé de chevaux blancs. Devant lui s'avançaient tous les principaux des ministres, montés sur des chars semblables au char du soleil et traînés par des coursiers rapides. Dix milliers d'éléphants, équipés suivant toutes les règles, suivaient Bharata dans sa marche, Bharata, les délices de la race du grand Ikshwâkou. Soixante mille chars de guerre, pleins d'archers et bien munis de projectiles, suivaient Bharata dans sa marche, Bharata, le fils de roi aux forces puissantes. Cent mille chevaux montés de leurs cavaliers suivaient Bharata dans sa marche, Bharata, le fils de roi et le descendant illustre de *l'antique* Raghou.

On voyait sur des chars au bruit éclatant s'avancer, et Kêkéyî, et Soumitrâ, et l'auguste Kâauçalyâ, joyeuses de *penser qu'elles allaient* ramener *le bien-aimé* Râma.

Ensuite le roi des Nishâdas, à la vue de cette armée *si nombreuse*, arrivée près du Gange et campée sur les bords du fleuve, dit ces paroles à tous ses parents : « Voici de tous les côtés une bien grande armée : je n'en vois pas la fin, tant elle est répandue ici et là *dans un immense espace* ! C'est l'armée des Ikshwâkides : on n'en peut douter ; car j'aperçois dans un char, loin d'ici, un drapeau, *où je reconnais leur symbole*, un ébénier des montagnes. Bharata irait-il chasser ? Veut-il prendre des éléphants ? Ou viendrait-il nous détruire ? En effet, aucune force d'homme n'est capable de résister à cette armée ! Hélas ! sans doute, par le désir d'assurer sa couronne, il court avec ses ministres immoler Râma, que Daçaratha, son père, a banni dans les forêts ! Car la beauté du trône est capable de séparer, dans un instant, des cœurs le plus étroitement unis par l'amitié fraternelle : le doute m'environne de tous les côtés. Râma le Daçarathide est mon maître, mon parent, mon ami, mon gourou : c'est pour le défendre que je suis accouru vers ce fleuve du Gange. »

Ensuite, le roi Gouha tint conseil avec ses ministres, qui savaient proposer de bons avis ; et, sorti de cette délibération, il dit alors ces mots à tout son cortège :

« Si l'armée que voici marche avec des pensées ennemies à l'égard de Râma, l'homme aux actions admirables, certes ! aujourd'hui sa traversée du Gange ne sera point heureuse !

« Dans ce jour même, ou je mettrai fin à une chose des plus difficiles pour le bien de Râma ; ou je serai gisant sur la terre, couvert de blessures et souillé de poussière. *Mais non* ! je saurai bien repousser devant moi cette armée, qui marche avec tant de coursiers et d'éléphants, moi, soutenu par le désir d'exécuter une œuvre utile à mon cher et magnanime Râma, de qui les nombreuses vertus ont enchaîné mon cœur ! »

Alors Gouha prit avec lui des présents, des poissons, de la viande, des liqueurs spiritueuses, et vint trouver Bharata. Quand l'auguste cocher, fils d'un noble cocher lui-même, vit s'approcher le roi des Nishâdas, il annonça d'un air modeste, en homme qui n'ignore pas les bienséances de la modestie, cette visite à Bharata : « Environné par un millier de ses parents, Gouha vient ici te voir : c'est un vieillard ; il est ami de Râma, il connaît tous les secrets de la forêt Dandaka. Ainsi, reçois-le en ta présence, lui que t'amènent de bienveillantes dispositions : *il te dira, ce que* sans doute il sait, en quels lieux habitent Râma et Lakshmana. » À ces paroles de Soumantra, le prince intelligent dit alors au conducteur de son char : « Que Gouha soit donc introduit en ma présence ! »

Joyeux de cette permission accordée, le roi des Nishâdas, environné de ses parents, Gouha se présenta devant Bharata, et, s'inclinant, lui tint ce langage : « Ce lieu est tout à fait, pour ainsi dire, sans aucune maison et dépourvu *des choses nécessaires* ; mais voilà, *non loin d'ici*, la demeure de ton esclave ; daigne habiter cette maison, *qui est la* tienne, *puisqu'elle est celle* de ton serviteur. Nous avons là des racines et des fruits, que mes Nishâdas ont recueillis, de la chair boucanée ou fraîche, et beaucoup d'autres aliments variés. C'est l'amitié qui m'inspire ce langage pour toi, vainqueur des ennemis. Aujourd'hui, laisse-nous t'honorer, en te comblant de plaisirs variés au gré de tes désirs ; tu pourras demain, au point du jour, continuer ton voyage. »

À ces mots du roi des Nishâdas, Bharata, ce prince à la grande sagesse, répondit à Gouha ces paroles, accompagnées de sens et d'à-propos : « Ami, je n'ai, certes ! pas un désir, que tu ne satisfasses en cela même que tu veux bien, toi, mon gourou vénéré, traiter avec honneur une telle armée de moi. » Quand le prince à la vive splendeur eut parlé dans ces termes à Gouha, le fortuné Bharata dit encore ces mots au roi des Nishâdas : « Par quel chemin, Gouha, irons-nous à l'ermitage de Bharadwâdja ? En effet, cette région pleine de marécages n'offre devant nous qu'une route difficile à suivre et même bien impraticable. »

Quand il eut ouï ces paroles du sage fils des rois, Gouha, de qui les sens étaient accoutumés aux impressions de ces forêts, joignit les mains et lui répondit en ces termes : « Mes serviteurs, l'arc au poing, vont te suivre, attentifs à tes ordres ; et, moi-même, je veux t'accompagner avec eux, prince aux forces puissantes. Mais ne viens-tu pas ennemi attaquer Râma aux bras infatigables ? En effet, ton armée, comme je la vois, infiniment redoutable, excite en moi cette inquiétude. »

À Gouha, qui parlait ainsi, Bharata pur à l'égal du ciel tint ce langage d'une voix suave : « Puisse ce temps n'arriver jamais ! Loin de moi une telle infamie ! Ne veuille pas me soupçonner *d'inimitié* à l'égard du noble Raghouide ; car ce héros, mon frère aîné, est égal devant mes yeux à mon père. Je marche, afin de ramener des forêts, qu'il habite, ce digne rejeton de Kakoutstha ; une autre pensée ne doit pas entrer dans ton esprit : cette parole que je dis est la vérité. »

Le visage rayonnant de plaisir à ce langage de Bharata, le roi des Nishâdas répondit ces mots à l'auteur de sa joie : « Heureux es-tu ! Je ne vois pas, sur toute la face de la terre, un homme semblable à toi qui veux abandonner un empire tombé dans tes mains sans nul effort. Ta gloire, assurément, ô toi, qui veux ramener dans Ayodhyâ ce Râma précipité dans l'infortune ; oui ! ta gloire éternelle accompagnera la durée des mondes ! »

Tandis que les deux rois s'entretenaient ainsi, le soleil ne brilla plus qu'avec des rayons *près de* s'éteindre, et la nuit s'approcha.

Quand il eut habité sur la rive de la Gangâ cette nuit seule, Bharata, le magnanime, étant sorti de sa couche à l'aube naissante : « Lève-toi ! dit-il à Çatroughna ; lève-toi ! la nuit est passée : pourquoi dors-tu ? Vois, Çatroughna, le soleil, qui se lève, qui chasse les ténèbres et qui réveille la fleur des lotus ! Amène-moi promptement Gouha, qui règne sur la ville de Çringavéra : c'est lui, héros, qui fera passer le fleuve du Gange à cette armée. »

À ces mots, Çatroughna, obéissant à l'ordre que lui donnait Bharata, dit à l'un de ses gens : « Fais amener ici Gouha ! » Le magnanime parlait encore, que Gouha vint, joignit ses mains en coupe et s'exprima dans les termes suivants : « As-tu bien passé la nuit sur la rive du Gange, noble enfant de Kakoutstha ? Es-tu, ainsi que ton armée, dans un état parfait de santé ? Mais cette demande est *moins* l'expression *de mon espérance que celle* de mon désir : en effet, d'où pourrait venir le repos à ta couche, quand, tourmenté par ta *pieuse* tendresse, l'exil de ton frère et la mort du roi ton père assiègent continuellement ta pensée ; car les peines de l'esprit et du corps ne chassent point l'amour. »

À la suite de ces mots, l'inconsolable fils de Kêkéyî répondit à Gouha, d'un air bien affligé, le cœur touché néanmoins de son affectueux désir : « Roi, tu nous combles d'honneur, mais notre nuit n'a pas été bonne !... Cependant, que tes serviteurs nous fassent traverser le Gange sur de nombreux vaisseaux. »

À peine eut-il entendu cet ordre de son jeune suzerain, Gouha courut en toute hâte vers sa ville, et là : « Réveillez-vous, mes chers parents ! Levez-vous ! Que sur vous descende la félicité ! Mettez à flot des navires ! Je vais passer l'armée à l'autre bord du Gange. » À ces mots, tous se lèvent avec empressement, et, sur l'ordre même du monarque, ils vont de tous les côtés rassembler cinq cents navires.

Ensuite, Gouha fit amener un esquif magnifique, couvert d'un tendelet jaune-pâlissant et sur lequel, résonnant de joyeux concerts, flottait un drapeau marqué du bienheureux swastika [10]. Dans ce navire s'embarquèrent, et Bharata, et Çatroughna d'une force immense, et Kâauçalyâ, et Soumitrâ, et les autres épouses du feu roi.

Abordés sur la rive opposée, les bateaux débarquent leur monde et reviennent au bord citérieur, où les parents et les serviteurs de Gouha remplissent de nouveaux passagers et font repartir les carènes aux membres peints. Les cornacs, montés sur les éléphants, poussent vers le Gange ces énormes quadrupèdes, et, portant leur enseigne déployée, ceux-ci paraissent dans la traversée du fleuve comme des montagnes flottantes, sur la cime desquelles ondule un drapeau.

Quand Bharata eut traversé le Gange avec son infanterie, avec ses troupes montées, il dit, sous l'approbation du pourohita, ces paroles à Gouha : « Par quelle région nous faut-il gagner la contrée où se tient *l'er-*

mite enfant de Raghou ? Indique-moi le chemin, Gouha, toi qui as toujours vécu au milieu de ces forêts. »

Ces paroles entendues, Bharata eut cette réponse de Gouha, pour qui l'endroit habité par le pieux Raghouide était une chose bien connue : « À partir d'ici, noble fils de Kakoutstha, va droit à la grande forêt *du confluent*, toute remplie par les multitudes variées des oiseaux, encombrée de feuilles tendres et vertes, qui tombent rompues sous le pied des habitants de l'air ; bois, semé de lacs, de tîrthas, d'étangs aux limpides ondes et qui brillent semblables à des fleurs de lotus. Fais halte là, prince auguste ; ensuite, que ta route se fléchisse vers l'ermitage de Bharadwâdja, situé au levant de cette forêt, à la distance d'un kroça.

À Gouha, qui tenait ce langage : « Qu'il en soit ainsi ! » répondit avec modestie Bharata, et, l'embrassant, il ajouta ces dernières paroles aux premières : « Va, mon gracieux ami ; retourne chez toi avec tous tes parents : tu m'as fait un bon accueil, tu m'as noblement accompagné, et tes vertus ont gagné toute mon affection. Tu as dignement honoré dans ma personne ton amitié pour mon frère, le sage Râma ; et tu m'as prouvé *de toutes les manières* ton dévouement, ta bienveillance et ton amour. »

D'aussi loin qu'il aperçut l'ermitage de Bharadwâdja, l'auguste prince fit commander la halte de toute son armée et s'avança, accompagné des ministres. Instruit des bienséances, il marchait à pied derrière le grand-prêtre du palais, sans armes, sans escorte et vêtu d'un double habit de lin. Après une marche qui ne fut pas très-longue, sa vue ne laissa rien échapper de cet ermitage, orné d'un autel pour le sacrifice au milieu d'une enceinte circulaire ; solitude soigneusement nettoyée, resplendissante de la beauté des forêts, embellie par un bosquet de bananiers, toute pleine de gazelles et de reptiles innocents, close enfin d'une jolie porte basse, qui semblait *en ce moment* la porte ouverte du paradis même.

Arrivé sur le seuil de cet ermitage, à la suite du grand-prêtre, Bharata vit l'anachorète ceint d'une majesté suprême et dans le nimbe d'une splendeur flamboyante. À l'aspect du saint, le digne fils de Raghou suspend d'abord la marche des ministres ; puis il entre seul avec le pourohita. À peine l'ermite aux grandes macérations eut-il aperçu Vaçishtha, qu'il se leva précipitamment de son siège et dit à ses disciples : « *Vite* ! la corbeille de l'hospitalité ! »

Dès que Vaçishtha se fut mis face à face avec lui et que Bharata l'eut salué, le solitaire à la splendeur éclatante reconnut derrière le pourohita ce fils du roi Daçaratha. Le saint, qui était le devoir, *pour ainsi dire* , en personne, leur offrit à tous les deux sa corbeille hospitalière, de l'eau pour laver, de l'eau pour boire, des fruits, et répondit par *d'autres* politesses aux respects de toute leur suite.

« Permets que je t'offre, dit le solitaire au fils de Kêkéyî, les rafraîchissements qu'un hôte sert devant son hôte. — Ta sainteté ne l'a-t-elle pas déjà fait, lui répondit Bharata, en m'offrant de l'eau pour laver, cette corbeille de l'arghya et ces *fruits mêmes* , présents hospitaliers que l'on trouve dans les forêts ? — Je te connais, reprit l'anachorète d'une voix affectueuse : de quelque manière que tu sois traité chez nous, il plaira toujours à ton amitié pour moi d'en être satisfait. Mais je veux offrir un banquet à toute cette armée,*qui marche à ta suite* : ce me sera une joie de penser, noble prince, qu'elle a reçu de moi ce bon accueil.

« Pourquoi donc as-tu jeté loin d'ici ton armée ? »

Alors il entra dans la chapelle de son feu sacré, but de l'eau, se purifia, et, comme il avait besoin de tout ce qu'il faut pour l'hospitalité, il appela *et fit apparaître* Viçvakarma lui-même. « Je veux donner un banquet à mes hôtes, dit-il au céleste ouvrier en bois venu en sa présence. Qu'on me serve donc *sans délai* mon festin ! Fais couler ici toutes les rivières de la terre et du ciel même, soit qu'elles tournent à l'orient, soit qu'elles se dirigent à l'occident ! Que les flots des unes soient de rhum ; que celles-là soient bien apprises à rouler du vin au lieu d'eau ; que dans les autres coule une onde fraîche, douce, semblable pour le goût au suc tiré de la canne à sucre ! J'appelle ici les Dieux et les Gandharvas, Viçvâvâsou, Hâ-hâ, Houhou, et les Apsaras célestes, et toutes les Gandharvîs, Gritâtchî, Ménakâ, Rambhâ, Miçrakéçî, Alamboushâ, et celles qui servent *le fulminant* Indra, et celles qui servent Brahma lui-même à la splendeur immense ! Je les appelle ici tous avec Tombourou et leur gracieux cortège ! Ton œuvre à toi, Viçvakarma, c'est de me faire ce bois-ci resplendissant de lumière et tout rempli de fruits divers !

« Que la lune me donne ici les plus savoureux des aliments, toutes les choses que l'on mange, que l'on savoure, que l'on suce, que l'on boit, en nombre infini et dans une grande variété, toutes les sortes de viandes et de breuvages, toute la diversité des bouquets ou des guirlandes ; et qu'elle fasse couler de mes arbres le miel, la sourâ et toutes les espèces de liqueurs spiritueuses ! »

Tandis que l'ermite, ses mains jointes, sa face tournée au levant, tenait encore son âme plongée dans la contemplation, toutes ces divinités arrivèrent dans son ermitage, famille par famille. Enivrante de ses parfums naturels mêlés *aux célestes senteurs des Immortels*, une brise, embaumée de sandal, hôte accoutumé des monts Dardoura et Malaba, vint souffler la délicieuse odeur de son haleine douce et fortunée. Ensuite, les nuages avec des pluies de fleurs couvrent la voûte du ciel : on entend à tous les points cardinaux résonner les concerts des Dieux et des Gandharvas. Le plus suave des parfums circule au sein des airs, les chœurs des Apsaras dansent, les Dieux chantent, et les Gandharvas font parler en sons mélodieux la vînâ. Formée de cadences égales et liées entre elles avec art, cette musique, allant jusqu'au faîte du ciel, remplit tout l'espace éthéré, la terre et les oreilles de tous les êtres animés.

Quand la divine symphonie eut cessé de couler par le canal enchanté des oreilles, on vit au milieu des armées Viçvakarma donner à chacune sa place dans ces lieux fortunés. La terre s'aplanit *d'elle-même* par tous les côtés dans un circuit de cinq yodjanas et se couvrit de jeune gazon, qui semblait un pavé de lapis-lazuli au fond d'azur. Là, s'entremêlèrent des vilvas, des kapitthas, des arbres à pains, des citroniers, des myrobolans emblics, des jambous et des manguiers, parés tous de leurs beaux fruits.

On trouvait là des cours splendides, carrées entre quatre bâtiments, des écuries destinées aux coursiers, des étables pour les éléphants, de nombreuses arcades, une multitude de grandes maisons, une foule de palais et même un château royal, orné d'un majestueux portique, arrosé avec des eaux de senteur, tapissé de blanches fleurs et semblable aux masses argentées des nuages. Quatre solitudes bocagères le resserraient des quatre côtés : fortuné séjour, meublé de trônes, de palanquins, de sièges couverts de fins tissus, avec des vases purs et soigneusement lavés, il était rempli de breuvages, de vivres, de couches ; il regorgeait de tous les biens et pouvait offrir, avec toutes les liqueurs du ciel, tous les habits et tous les aliments dont se revêtent ou se nourrissent les Dieux mêmes. Quand il eut pris congé du grand saint, le héros aux longs bras, fils de Kêkéyî, entra dans cette demeure étincelante de pierreries. Les ministres, sur les pas du pourohita, suivirent tous Bharata et furent émus de joie à l'aspect du bel ordre qui régnait dans ce palais. Là, accompagné de ses ministres, le rejeton fortuné de Raghou s'approcha d'un trône céleste, de l'éventail et de l'ombrelle.

Dans l'instant même, à la voix de Bhraradwâdja, se présentèrent devant son jeune hôte toutes les rivières, coulant sur une vase de lait caillé. Une *sorte* de boue jaune pâle enduisait les rivages aux deux bords et se composait d'onguents célestes dans une variété infinie, produits tous grâces à la volonté du saint ermite. Au même temps, ornées de leurs divines parures, affluèrent devant son hôte les chœurs des Apsaras, nombreux essaims envoyés par le Dieu des richesses, femmes célestes au nombre de vingt mille, pareilles à l'or en splendeur et flexibles comme les fibres du lotus. Fût-il saisi par l'une d'elles, tout homme aurait soudain son âme affolée d'amour. Trente milliers d'autres femmes accoururent des bosquets du Nandana.

Nârada, Toumbourou, Gopa, Pradatta, Soûryamandala, ces rois des Gandharvas, chantèrent devant Bharata ; et *les plus belles des bayadères célestes*, Alamboushâ, Poundarikâ, Miçrakéçî, Vâmanâ charmèrent ses yeux avec leurs danses, à l'ordre obéi de Bharadwâdja. Il n'était pas un bouquet chez les Dieux, il n'était pas une guirlande aux riants bocages du Tchaîtratha, qu'on ne vit paraître aussitôt dans le Prayâga, dès que l'anachorète avait parlé.

Les çinçapas, les myrobolans emblics, les jambous, les lianes et tous les autres arbres de la forêt avaient pris en ce moment les formes de femmes charmantes dans l'ermitage de l'anachorète :

« *Allons ! disaient-elles ; tout est prêt !* Que l'on boive à sa fantaisie du lait, de la sourâ mêlée d'eau ou de la sourâ pure ! Toi, qui désires manger, savoure ici à ton gré les viandes les plus exquises ! »

Ont-elles pu mettre la main sur un seul homme, cinq et six de ces femmes le saisissent, le revêtent de somptueux habits ou le baignent sur les rives enchanteresses des rivières.

Celles-là font manger elles-mêmes des grains frits, du miel, des cannes à sucre aux chevaux des troupes, aux ânes, aux éléphants, aux chameaux, à la race de Sourabhî. Un ordre est en vain donné par les plus éminents guerriers, héros aux longs bras, issus même d'Ikshwâkou : le cavalier oublie son cheval ; le cornac oublie son éléphant. L'armée se trouvait ainsi toute pleine en ce moment d'hommes ivres ou fous *par le vin ou l'amour*.

Rassasiés de toutes les choses que l'on peut désirer, parés de sandal rouge, ravis *jusqu'à l'enchantement* par les essaims des Apsaras, les gens de l'armée jetaient au vent ces paroles : « Nous ne voulons plus retourner dans Ayodhyâ ! Nous ne voulons plus aller dans la forêt Dandaka ! Adieu Bharata ! Que Râma fasse comme il voudra ! » Ainsi parlaient fantassins, cavaliers, valets d'armée, guerriers combattant sur des *chars ou des* éléphants. Des milliers d'hommes partout d'éclater en cris de joie : « C'est ici le paradis ! » s'entredisaient eux-mêmes les suivants de Bharata.

Quand ils avaient mangé de ces aliments pareils à l'ambroisie, des saveurs et des nourritures célestes n'auraient pu même exciter en eux la moindre envie d'y goûter. Piétons, cavaliers, valets d'armée, ils furent ainsi tous repus jusqu'à satiété et revêtus entièrement d'habits neufs.

Les éléphants, les chameaux, les ânes, les taureaux, les chèvres, les brebis, *en un mot*, tous les quadrupèdes et les volatiles, si différents qu'ils soient par les cris et la marche, furent de même repus jusqu'à satiété. On n'aurait pas vu là un homme qui n'eût point des habits propres, qui eût faim, qui eût une ordure à son corps : il n'y avait pas alors dans l'armée un seul homme de qui les cheveux fussent imprégnés de poussière.

Aux quatre flancs des troupes stagnaient des lacs sur un limon de lait caillé ; des fleuves roulaient dans leurs ondes la réalisation de tous désirs ; les arbres stillaient du miel. Des étangs s'offraient pleins de rhum, environnés, là par des monceaux de viandes cuites, rôties ou bouillies de perdrix, de paons, de gazelles, de chèvres mêmes et de sangliers, ici par des amas de mets exquis, les plus délicats, assaisonnés avec un extrait de fleurs ou nageant dans les flots *d'une sauce* douée des plus riches saveurs.

Çà et là se tiennent plusieurs milliers de plats d'or, bien lavés, pleins d'aliments, ornés de fleurs et de banderoles, des vases, des urnes, des bassins, élégamment décorés et remplis de miel ou de frais babeurre, qui sent la pomme d'éléphant. Des lacs, réceptacles de saveurs exquises, débordaient, les uns de caillé, les autres de lait blanc, et voyaient s'élever sur leurs bords des montagnes de sucre. Le long des tîrthas, écoulés des fleuves, on voyait des amphores contenant des gommes, des poudres, des onguents et différentes substances pour les ablutions, avec des boîtes renfermant ou du sandal, soit en pâte, soit en poudre fine, ou des amas de choses propres à nettoyer les dents, à les rendre blanches, à les faire d'une rayonnante pureté.

Là étaient aussi des miroirs luisants, des bouquets de toute espèce, des souliers et des pantoufles par milliers de paires, des collyres, des peignes, des rasoirs, toute sorte d'ombrelles, des cuirasses admirables, des sièges et des lits variés. Il y avait des étangs pleins d'eau pour l'abreuvoir des chameaux, des ânes, des éléphants et des chevaux : il y avait des étangs pour s'y baigner en des tîrthas semés de nymphéas azurés, de magnifiques nélumbos, et lisérés d'herbes tendres, couleur du lapis-lazuli bleu.

Tandis qu'ils s'amusaient ainsi dans le délicieux ermitage de l'anachorète, comme les Immortels dans les bocages du Nandana, cette nuit s'écoula tout entière. Aussitôt, et les rivières, et les Gandharvas, et les nymphes célestes prirent congé de Bharadwâdja et s'en retournèrent tous comme ils étaient venus.

———

Quand Bharata eut passé là-même cette nuit avec sa suite, il vint trouver Bharadwâdja au moment opportun et s'inclina devant l'anachorète, qui lui avait donné l'hospitalité. Le rishi, qui venait de verser dans son feu sacré les oblations du matin, ayant vu Bharata, qui se tenait devant lui ses mains jointes, adressa les paroles suivantes à ce jeune tigre des hommes : « Cette nuit s'est-elle écoulée, mon fils, doucement ici pour toi ? Ton peuple est-il entièrement satisfait de mon hospitalité ? Dis-le moi, *jeune homme* pur de tout péché. »

Au saint, qui était sorti de son ermitage dans le nimbe de son éclat suprême, Bharata, les deux paumes de ses mains réunies et le corps incliné, répondit en ces termes :

« Mon séjour ici fut agréable, saint anachorète, ce qu'il fut aussi pour mes conseillers, mon armée et mes chars : tu nous as pleinement rassasiés, bienheureux solitaire, de toutes les choses que l'on peut désirer. Je t'offre mes adieux ; donne-moi congé, s'il te plaît, saint anachorète ; je vais aller près de mon frère : daigne jeter sur moi un regard favorable. Dis-moi, bienheureux, ô toi, versé dans la science de la justice, quel chemin doit me conduire à l'ermitage de ce magnanime observateur de son devoir. »

À ces questions du magnanime Bharata, le sage et grand saint lui répondit en ces termes : « À trois yodjanas augmentés d'une moitié s'élève, ami Bharata, dans la forêt solitaire, le mont Tchitrakoûta, plein de grottes délicieuses et de murmurantes cascades.

« Son flanc septentrional est baigné par les eaux de la Mandâkinî, aux rives couvertes d'arbres en fleurs et peuplées d'oiseaux divers. Entre cette rivière et cette montagne, tu verras, bien défendue par elles deux, une chaumière au toit de feuillage. C'est là, ai-je entendu raconter, qu'il habite avec Sîtâ, son épouse, un riant ermitage construit dans ce lieu solitaire, de ses propres mains jointes aux mains de Lakshmana. »

Apprenant qu'on allait partir, les épouses du roi des rois descendirent aussitôt de leurs chars et décrivirent un pradakshina autour du brahmane digne de tous hommages. Kâauçalyâ tremblante, amaigrie, accablée de tristesse, prit dans ses deux mains les deux pieds de l'anachorète. En butte au mépris du monde entier pour son ambition échouée, Kêkéyî, le front couvert de rougeur, embrassa même les pieds du solitaire.

Après qu'il eut marché une longue route avec ses coursiers infatigables, l'intelligent Bharata dit à Çatroughna, le docile exécuteur de ses commandements : « Les apparences de ces lieux ressemblent parfaitement au récit qu'on m'en a fait : sans aucun doute, nous voici maintenant arrivés dans le pays dont Bharadwâdja nous a parlé. Ce fleuve, c'est la Mandâkinî ; cette montagne, le Tchitrakoûta.

« Les arbres inondent les cimes aplanies de la montagne avec une variété infinie de fleurs, tels qu'on voit les sombres nuages, enfants des vapeurs chaudes, verser des pluies à la fin d'un été.

« Allons ! Que les guerriers s'arrêtent ! Que l'on me fouille cette forêt ! Et que mon ordre soit accompli de manière à me donner bientôt la vue de nos deux illustres bannis ! »

À ces mots, des guerriers tenant leurs javelots à la main pénètrent dans la forêt, où, peu de temps après, ils aperçoivent de la fumée. À peine ont-ils vu le sommet de cette colonne fumeuse qu'ils reviennent et disent à leur jeune souverain : « Ce feu n'a pas été allumé d'une autre main que celle des hommes : certainement, les deux enfants de Raghou sont là. Mais, si l'on n'y trouve pas les deux nobles fils de roi à la force puissante, du moins on y verra d'autres pénitents, qui pourront, habitués de ces bois, te fournir quelque renseignement. »

Ces paroles entendues, Bharata, qui tient la vertu en grand honneur, ce héros, qui écrase une armée d'ennemis : « Restez ici, attentifs à mon ordre ; vous ne devez pas quitter ce lieu, dit-il à tous les guerriers : je vais aller seul avec Soumantra et Dhrishthi. »

Alors cette grande armée fit halte là, regardant cette fumée qui s'élevait devant elle par-dessus les bois ; et l'espérance de se réunir dans un instant au bien-aimé Râma augmentait encore la joie de tous les cœurs.

Après qu'il eut demeuré là un long espace de temps, comme le plus noble ami de cette montagne, tantôt amusant de propos aimables sa chère Vidéhaine, tantôt absorbé dans la contemplation de sa pensée, le Daçarathide, semblable à un immortel, fit voir à son épouse les merveilles du mont Tchitrakoûta, comme le Dieu qui brise les cités en eût montré le tableau à *sa compagne, la divine* Çatchî. » Depuis que j'ai vu cette délicieuse montagne, Sîtâ, ni la perte de cette couronne tombée de ma tête, ni cet exil même loin de mes amis ne tourmente plus mon âme. Vois quelle variété d'oiseaux peuple cette montagne, parée de hautes crêtes, pleines de métaux et plus élevées que le ciel même, pour ainsi dire. Les unes ressemblent à des des lingots d'argent, celles-ci paraissent telles que du sang, celles-là imitent les couleurs de la garance ou de l'opale, les autres ont la nuance de l'émeraude. Telle semble un tapis de jeune gazon, et telle un diamant, qui s'imbibe de lumière. Partout enfin cette montagne, embellie déjà par la variété de ses arbres, emprunte encore l'éclat *des joyaux* à ses hautes crêtes, parées de métaux, hantées par des troupes de singes et peuplées d'hyènes, de tigres *ou de léopards*.

« Regarde, pendus aux branches, ces glaives et ces vêtements précieux ! Regarde ces lieux ravissants, que les épouses des Vidyâdharas ont choisis pour la scène de leurs jeux ! Partout on voit ici les cascades, les sources et les ruisseaux couler sur la montagne : on dirait un éléphant dont la sueur de rut arrose les tempes.

« S'il me faut habiter ici plus d'un automne avec toi, femme charmante, et Lakshmana, le chagrin n'y pourra tuer mon âme ; car, en cet admirable plateau si enchanteur, si couvert de l'infinie variété des oiseaux, si riche de toute la diversité des fruits et des fleurs, mes désirs, noble dame, sont pleinement satisfaits.

« Je dois à mon habitation dans ces forêts de savourer *deux* beaux fruits : d'abord, le payement de la dette que le devoir exigeait de mon père ; ensuite, une satisfaction donnée aux vœux de Bharata. »

Ensuite, le roi du Koçala conduisit la fille du roi des Vidéhains en avant de la montagne et lui fit admirer la Mandâkinî, rivière délicieuse aux limpides ondes. L'anachorète aux yeux de lotus, Râma, dit alors à cette princesse d'une taille charmante, au visage beau comme la lune : « Regarde la Mandâkinî, cette rivière suave, peuplée de grues et de cygnes, voilée de lotus rouges et de nymphéas bleus, ombragée sous des arbres de mille espèces, soit à fleurs, soit à fruits, enfants de ses rivages, parsemée d'admirables îles et resplendissante de toutes parts comme l'étang de Kouvéra, pépinière de nélumbos *célestes* . Je sens la joie naître dans mon cœur à la vue de ces beaux tîrthas, dont les eaux sont troublées sous nos yeux par ces troupeaux de gazelles qui viennent se désaltérer les uns à la suite des autres. C'est aussi l'heure où ces rishis, qui sont arrivés à la perfection, qui ont pour habit la peau d'antilope et le valkala, qui sont vêtus d'écorce et coiffés en djatâ, viennent se plonger dans la sainte rivière Mandâkinî.

« Viens te baigner avec moi dans ses ondes agitées sans cesse par des anachorètes vainqueurs de leurs sens, riches de pénitences et resplendissants comme le feu du sacrifice. Plonge tes deux mains semblables aux pétales du lotus, noble dame, plonge tes mains dans cette rivière, la plus sainte des rivières, cueille de ses nymphéas et bois de son eau limpide. Pense toujours, femme chérie, que cette montagne pleine de ses arbres, c'est Ayodhyâ pleine de ses habitants, et que ce fleuve, c'est la Çarayoû même.

« Lakshmana, que le devoir inspire et qui se tient attentif à mes ordres, Lakshmana et toi, ma chère Vidéhaine, faites naître ici ma félicité. »

Quand Râma eut fait voir à la fille du roi Djanaka les merveilles du mont Tchitrakoûta et de ce fleuve, agréable champ de lotus, il s'en alla *d'un autre côté* . Au pied septentrional de la montagne, il vit une grotte charmante sous une voûte de roches et de métaux, secret asile, peuplé d'une multitude d'oiseaux ivres de joie ou d'amour, ombragé par des arbres aux branches courbées sous le poids des fleurs, à la cime doucement balancée par le souffle du vent. À l'aspect de cette grotte faite pour captiver les regards et l'âme de toutes les créatures, l'anachorète issu de Raghou dit à Sîtâ, dont les beautés de ce bois tenaient les yeux émerveillés :

« Ma Vidéhaine chérie, ta vue s'arrête enchantée devant cette grotte de la montagne : eh bien ! asseyons-nous là maintenant pour nous délasser de notre fatigue. C'est en quelque sorte pour toi-même que ce banc de pierre fut disposé là devant toi : à côté, la cime de cet arbre le couvre *de ses rameaux pendants* comme d'une crinière *embaumée* , d'où s'écoule une pluie de fleurs. »

Il dit ; et Sîtâ, que la nature seule avait faite toute belle, répondit à son époux avec le plus doux langage et d'une voix saturée d'amour : « Il m'est impossible de ne pas obéir à ces paroles de toi, noble fils de Raghou ! Sans doute, c'est pour l'agrément des créatures que cet arbre étend là son *parasol* fleuri. » À ces mots de son épouse, il s'assit avec elle sur le siège de pierre et tint ce discours à la belle aux grands yeux :

« Vois-tu ces arbres déchirés par la défense des éléphants, comme ils pleurent avec des larmes de résine !... De tous côtés, les grillons murmurent une élégie en leurs chants prolongés. Écoute cet oiseau, à qui l'amour de ses petits fait dire : « Fils ! fils !.... fils ! fils ! » comme autrefois le disait ma mère d'une voix douce et plaintive. Voici un autre habitant de l'air, c'est l'oiseau-mouche : perché sur les épaules branchues d'un vigoureux shorée, il fait comme une partie dans un concert alternatif et répond aux chants du kokila. Voici une liane, courbée sous le faix de ses fleurs et qui cherche son appui sur un arbre fleuri, comme toi, reine, quand fatiguée tu viens appuyer sur moi tout le poids *de ta jeune personne* . »

À ces mots, la noble Mithilienne au doux parler, assise sur les genoux de son époux, se roula sur la poitrine du héros, et, belle comme une fille des Dieux, elle enivra de caresses le cœur de Râma.

Alors celui-ci frotta son doigt mouillé sur une roche d'arsenic rouge et dessina un brillant tilaka au front de son épouse. Ainsi, le front enluminé avec ce métal de la montagne, semblable en couleur au soleil dans son enfance du jour, Sîtâ parut comme la nuit azurée, quand elle s'empourpre au matin.

Voilà qu'en se promenant avec lui dans cette forêt toute remplie d'antilopes, Sîtâ vit un grand singe, berger *sauvage* d'un troupeau *de singes* , et, saisie de frayeur, elle se serra palpitante contre son époux. Celui-ci enveloppa cette femme charmante dans une étreinte de ses longs bras, et, rassurant sa tremblante épouse, il menaça le grand singe.

Dans ce mouvement, le tilaka d'arsenic rouge, que Sîtâ portait au milieu du front, vint à s'imprimer sur le sein de l'anachorète à la vaste poitrine. Le chef de la bande quadrumane s'éloigne, et Sîtâ de rire à la vue de son tilaka, dont l'image empruntée se détachait en rouge sur la couleur azurée de son époux.

Lakshmana vint à sa rencontre avec un vif empressement, et le Soumitride fit voir à ce frère bien-aimé, qu'il vénérait comme son gourou même, divers travaux qu'il avait exécutés pendant son absence. Il avait tué de ses flèches étincelantes dix gazelles noires, sans tache : il avait boucané la chair des unes, il avait haché celles-là ; telles autres étaient crues et telles autres déjà cuites. À la vue de cet ouvrage, le frère du Soumitride fut satisfait et, *se tournant vers* Sîtâ, lui donna cet ordre : « Que l'on nous serve à manger ! »

La noble dame commença par jeter de la nourriture à l'intention de tous les êtres ; cela fait, elle apporta devant les deux frères du miel et de la viande préparée. Quand elle eut rassasié la faim de ces deux héros, quand l'un et l'autre se fut purifié, alors et *seulement* après eux, suivant la règle, cette fille du roi Djanaka pris enfin sa réfection.

« Noble fils de Soumitrâ, lui dit son frère avec tranquillité, j'entends la terre qui résonne profondément : tâche de pénétrer quelle peut être la vraie nature de ce bruit. »

Aussitôt Lakshmana se hâte de monter sur un arbre fleuri, d'où il observe l'un après l'autre chaque point de l'espace. Il promène sa vue sur la région orientale, il tourne sa face au nord, et fixant là son regard attentif, il voit une grande armée toute pleine de chevaux, d'éléphants, de chars, et dont les flancs étaient protégés par une infanterie vigilante. Le tigre des hommes, Lakshmana, qui terrasse les héros ennemis, revint dire à son frère : « C'est une armée en marche ! » Puis, il ajouta ces paroles : « Donne trêve au plaisir, noble *fils de Raghou* ; fais entrer Sîtâ dans une caverne ; attache la corde à deux solides arcs et couvre-toi de la cuirasse. »

Quand Râma eut appris que c'était une armée toute pleine de chevaux, d'éléphants et de chars : « À qui penses-tu que soit cette armée ? » demanda-t-il au fils de Soumitrâ. Est-ce un monarque ou le fils d'un roi, qui vient chasser dans cette forêt ? Ou, si quelque autre chose, Lakshmana, te semble être la vérité, dis-le-moi. »

À ces mots, Lakshmana, flamboyant dans sa colère comme un feu impatient de brûler tout, répondit à Râma ces paroles : « Assurément, c'est ton rival, c'est le fils de Kêkéyî, ce Bharata, qui s'est déjà fait sacrer et qui vient nous immoler à la fureur de son ambition. Je vois briller sur les épaules de cet éléphant un arbre au tronc énorme, à l'immense ramure : on dirait un ébénier des montagnes, le drapeau de Bharata ! Ces coursiers bien dressés, qui vont au gré du cavalier, sont de rapides chevaux, nés dans le Vânâyou ; ces guerriers ont pris tous l'arc au poing : ainsi, prépare-toi, homme sans péché ! Ou bien cours te cacher toi-même avec ton épouse dans une caverne de la montagne ; car le drapeau de l'ébénier vient nous livrer bataille et nous tuer. »

« Mais je ne vois pas qu'il y ait du crime à tuer Bharata : lui mort, toi, dès ce jour, donne tes lois à la terre ! Qu'aujourd'hui l'ambitieuse Kêkéyî contemple, bourrelée de chagrin, son fils abattu sous mon bras dans la bataille, comme un arbre qu'un éléphant a brisé. »

Râma sans colère se mit à calmer Lakshmana, bouillant de courroux, et tint ce langage au fils de Soumitrâ : « Quand et de quel acte odieux Bharata s'est-il jamais rendu coupable à ton égard ? As-tu reçu de lui une offense que tu veuilles le tuer ? Garde-toi de lancer à Bharata un mot violent ou fâcheux ; car toute parole amère tombée sur Bharata, je la tiendrais comme jetée sur moi-même ! Est-il possible qu'un fils, réduit à toutes les extrémités du malheur, attente à la vie de son père ? Et quel frère pourrait, fils de Soumitrâ, verser le sang d'un frère, son meilleur ami ? »

À ces mots d'un frère si dévoué au devoir, si attentif à la vérité, la pudeur fit rentrer, *pour ainsi dire*, Lakshmana dans ses membres. À peine eut-il entendu ce langage, que, plein de confusion, il répondit : « Je le pense, Bharata, ton frère *ne* vient ici *que* pour nous voir. » Et Râma voyant Lakshmana tout confus, se hâta de lui dire : « C'est aussi mon avis ; ce héros aux longs bras vient ici pour nous voir. »

———

L'armée, à qui Bharata fit cette défense : « Ne gâtez rien ! » se mit à construire ses logements tout à l'entour de cette région. Les troupes du héros né d'Ikshwâkou environnèrent la montagne et campèrent dans cette forêt, avec leurs éléphants et leurs chevaux, à la distance d'une moitié et quelque chose même en sus de l'yodjana.

L'armée s'étant logée, l'éminent Bharata, impatient de voir son frère, se dirigea vers l'ermitage, accompagné de Çatroughna. Il avait donné cet ordre à Vaçishtha le saint : « Amène vite mes nobles mères ! » et, stimulé par l'amour qu'il portait à son frère vénérable, il avait pris les devants et s'en allait d'un pied hâté. Soumantra, de son côté, suivit également Çatroughna d'une marche vive, car la vue *toute prochaine* de Râma fit naître en lui-même une joie égale à celle de Bharata.

Ce resplendissant taureau *du troupeau* des hommes, ce héros aux longs bras dit à tous les ministres, que son père vivant traitait avec faveur : « Nous voici, je pense, arrivés au lieu dont Bharadwâdja nous a parlé. Le fleuve Mandâkinî, je pense, n'est pas très-loin d'ici. Cette provision de fruits, ces fleurs recueillies, ce bois coupé, ces racines roulées en bottes, ces habits pendus en l'air : tout cela, sans doute, est l'ouvrage de Lakshmana. Le chemin est jalonné par des signes pour *guider* ceux qui reviennent à l'ermitage après que le jour est tombé. C'est de la *chaumière de Râma* que je vois monter et se mêler *au ciel bleu* cette fumée du feu sacré, que les pénitents désirent alimenter sans fin au milieu des forêts. C'est donc aujourd'hui que mes yeux verront ce digne rejeton de Kakoutstha, lui, de qui l'aspect ressemble au port d'un grand saint et qui remplit *dans ces bois* les commandements de mon père ! »

Là, dans un lieu tourné entre le septentrion et l'orient, Bharata vit dans la maison de Râma un autel pur, où brillait allumé son feu sacré. Un instant, il parcourut des yeux ce foyer saint ; puis il aperçut le révérend solitaire, assis dans sa hutte en feuillage, ce Râma aux épaules de lion, aux longs bras, à l'émail de ses grands yeux pur comme un lotus blanc, ce protecteur de la terre enclose dans les bornes de l'Océan, ce héros à la grande âme, à la haute fortune, immortel comme Brahma lui-même, et qui, fidèle à marcher dans son devoir, portait humblement alors son vêtement d'écorce et ses cheveux à la manière des anachorètes.

Inondé par la douleur et le chagrin, à l'aspect du noble ermite se délassant assis entre son épouse et Lakshmana, le fortuné Bharata, ce vertueux fils de l'injuste Kêkéyî, se précipita vers son frère ; mais, plus près de sa vue, il gémit avec désespoir, et, n'étant plus maître de conserver sa fermeté, il balbutia ces mots d'une voix suffoquée par ses larmes : « Celui que naguère tant de chars, d'éléphants et de coursiers environnaient de tous les côtés ; celui, qu'il était presque impossible au monde de voir, tant les foules *avides* se faisaient obstacle l'une à l'autre ; *ce héros*, mon frère aîné, le voilà donc assis, entouré seulement par les animaux des forêts ! Lui qui, pour se vêtir, possédait naguère des habits par nombreux milliers, il n'a donc ici qu'une peau de gazelle pour dormir sur le sein de la terre ! Et c'est à cause de moi que mon frère, habitué à tous les plaisirs de l'existence, fut précipité dans une telle infortune ! Barbare que je suis ! Honte éternelle à ma vie, blâmée dans l'univers ! »

Arrivé près de Râma en gémissant ainsi et la sueur inondant son visage de lotus, le malheureux Bharata de tomber à ses pieds en pleurant. Consumé par sa douleur, ce héros à la grande force, ce fils désolé du roi, Bharata dit : « Seigneur ! » une fois seulement, et fut incapable de rien ajouter à cette parole. Çatroughna, de son côté, s'inclina tout en pleurant aux pieds de Râma, qui les embrassa tous deux et mêla ses larmes aux pleurs de ses frères.

L'aîné des Raghouides mit un baiser au front de Bharata, le serra dans ses bras, le fit asseoir sur le haut de sa cuisse et lui adressa même ces questions avec intérêt : « Où ton père est-il, mon ami, que tu es venu dans ces forêts ? car tu ne peux y venir *sans lui*, quand ton père vit encore. Va-t-il bien ce roi Daçaratha, fidèle observateur de la vérité, ce prince continuellement occupé de sacrifices, soit râdjasoûyas, soit açvamédhas, et qui sait le devoir dans sa vraie nature ? Ce brahme savant, inséparable de la justice, le précepteur des Ikshwâkides, est-il honoré comme il doit l'être, mon ami, cet homme riche en mortifications ? Kâauçalyâ est-elle heureuse avec son illustre compagne Soumitrâ ? Est-elle aussi dans la joie cette Kêkéyî, l'auguste reine ?

« Tes ministres sont-ils pleins de science, mon ami, remplis de courage, maîtres de leurs sens, attentifs à ton moindre geste, l'âme toujours égale, reconnaissants et dévoués ?

« En effet, le conseil, fils de Raghou, est la racine de la victoire : elle habite dans les palais du roi au milieu des plus sages ministres et des conseillers instruits dans les devoirs. Ne donnes-tu point au sommeil trop d'empire sur toi ? Te réveilles-tu à l'heure accoutumée du réveil ? Versé dans la science des affaires, ton esprit en est-il occupé même dans les nuits qui n'y sont pas destinées ? Tu n'hésites pas sans doute à payer un seul homme savant le prix de mille ignorants ? car, dans les affaires épineuses un homme instruit peut dire une parole salutaire.

« Tu ne fréquentes pas, *j'espère*, des brahmanes athées ? car ce sont des insensés, habiles tisseurs de futilités, orgueilleux d'une science inutile. D'une nature difficile pour concevoir une autre théologie plus élevée, ils te viennent débiter de vaines subtilités, après qu'ils ont détruit en eux la vue de l'intelligence ! As-tu soin d'imiter, jeune taureau *du troupeau* des hommes, la conduite que l'on admire en ton père ? ou montres-tu déjà même une gravité égale à celle de tes ancêtres ? As-tu soin de n'employer dans les plus grandes affaires que les plus grands des hommes, ces ministres de ton père et de ton aïeul, ces gens purs, qui ont passé dans le creuset de l'expérience ? Sans doute, fils de Raghou, les mets que l'on sert devant toi, substantiels ou délicats, tu ne les manges pas seul ? Tu invites, n'est-ce pas ? tes compagnons et tes serviteurs à les partager avec toi ?

« Le général de tes armées est-il adroit, vigilant, probe, de noble race, audacieux, plein de courage, d'intelligence et de fermeté ? Donnes-tu aux armées sans réduction, comme il est juste, ce qu'on doit leur donner, les vivres et la paye, aussitôt que le temps est échu ? —-Car, si le maître laisse écouler, sans distribution, le jour des rations et du prêt, le soldat murmure contre lui, et de là peut résulter une immense catastrophe.

« Tes places fortes sont-elles bien remplies toujours d'armes, d'eau, de grains, d'argent et de machines avec une nombreuse garnison d'ouvriers militaires et d'archers ? Tes revenus sont-ils grands ? Tes dépenses sont-elles moindres ? Tes richesses, prince, ne sont-elles jamais répandues sur des gens indignes ? Tes dépenses ont-elles pour objet le culte des Immortels, les Mânes, des visites faites aux brahmanes, les guerriers et les différentes classes de tes amis ? »

Alors Bharata, d'une âme troublée et dans une profonde affliction, fit connaître *en ces termes* au pieux Râma, qui l'interrogeait ainsi, la mort du roi, son père : « Noble prince, le grand monarque a délaissé son empire et s'en est allé dans le ciel, étouffé par le chagrin de l'œuvre si pénible qu'il fit en exilant son fils. Te suivant partout de ses regrets, altéré de ta vue, ne pouvant séparer de ta pensée son âme toujours attachée à toi, abandonné par toi et consumé par le chagrin de ton exil, c'est à cause de toi que ton père est descendu au tombeau ! »

À ces mots du magnanime Bharata, auquel Râma adressait tout à l'heure ses questions, le rejeton bien-aimé de Raghou, qui désirait accomplir la parole donnée par son père, demeura plongé dans le silence.

« Daigne m'accorder, continua son frère, cette grâce à moi, qui suis ton serviteur : fais-toi sacrer dans ce trône de tes pères, comme Indra le fut sur le trône du ciel ! Tous les sujets que tu vois, et mes nobles mères, les veuves du feu roi, sont venues chercher ici ta présence : accorde-leur aussi la même faveur.

« Permets que le droit t'élève aujourd'hui sur un trône qui t'appartient par l'hérédité et qui t'est confirmé par l'amour : mets ainsi, ô toi, qui donnes l'honneur, tes amis au comble même de leurs vœux. »

À ces mots prononcés avec des larmes, le fils de Kêkéyî, ce Bharata aux bras puissants, toucha de sa tête les pieds de Râma. Celui-ci alors d'embrasser le prince dans la douleur et de tenir ce langage à son frère, poussant maint et maint soupir : « Quel homme, né d'une race ayant de l'âme, possédant de l'énergie, ayant toujours marché fidèle à ses vœux, quel homme de ma condition voudrait au prix d'un royaume s'abaisser jusqu'à pécher ? Quand mon père et cette mère, distingués par tant de vertus, m'ont dit : « Va dans les forêts ! » comment pourrais-je, fils de Raghou, agir d'une autre manière ? Ton lot est de ceindre à ton front dans Ayodhyâ ce diadème honoré dans l'univers ; le mien est d'habiter la forêt Dandaka, ermite vêtu d'un valkala. Quand l'éminent, le juste roi a fait ainsi nos parts à la face de la terre ; quand, nous laissant à cet égard ses commandements, il s'en est allé dans le ciel, si Daçaratha, le roi des rois et le vénérable du monde, a fixé son choix sur ta personne, ce qui te sied, à toi, c'est de savourer ton lot, comme il te fut donné par ton père. Moi, bel ami, confiné pour quatorze années dans la forêt Dandaka, je veux goûter ici ma part, telle que me l'a faite mon magnanime père. »

À ces mots de Râma : « Quand j'aurai déserté le devoir, lui répondit Bharata, ma conduite pourra-t-elle être jamais celle d'un roi ? Il est une loi immortelle, noble prince, qui toujours exista chez nous ; la voici : « Tant que l'aîné vit, son puîné, Râma, n'a aucun droit à la couronne. » Va, digne fils de Raghou, va dans la délicieuse Ayodhyâ, pleine de riches habitants, et fais-toi sacrer ! En effet, ta grandeur n'est-elle pas maintenant le chef de notre famille ? Tandis que je vivais heureux à Kékaya et que l'exil te conduisait en ces bois, le grand monarque, notre père, estimé des hommes vertueux, s'en est allé dans le ciel. Lève-toi donc, tigre des hommes, et répands l'eau en l'honneur de ses mânes ! On assure que l'eau, donnée par une main chérie, demeure intarissable dans les mondes où habitent les mânes ; et ta grandeur était, noble Râma, le plus cher de tous ses fils. »

À ce discours touchant, avec lequel Bharata lui remettait la mort de son père sous les yeux, l'aîné des jeunes Raghouides sentit son esprit s'en aller. Quand il eut ouï s'échapper des lèvres de Bharata ces paroles foudroyantes, semblables au tonnerre lancé dans un combat par le céleste dispensateur des pluies, Râma étendit les bras et tomba sur la terre, comme un arbre à la cime fleurie, que la hache vient d'abattre au milieu d'une forêt. Alors ses frères et la chaste Vidéhaine, tous en larmes et déchirés par une double peine, d'arroser avec l'eau des yeux ce héros au grand arc, ce Râma, le maître de la terre, étendu maintenant sur la terre, comme un éléphant *couché au bord des eaux* et que l'écroulement d'une berge écrasa dans le sommeil. Mais quand il eut repris sa connaissance, les yeux baignés de larmes à la pensée de son père descendu au tombeau : « Infortuné que je suis ! dit-il à Bharata, que puis-je faire, hélas ! pour ce magnanime, mort de chagrin à cause de moi, qui n'ai pu lui payer les derniers honneurs ? Heureux êtes-vous, et toi, vertueux Bharata, et Çatroughna, vous, de qui ce monarque a reçu tous les honneurs dus aux morts !

« Parvenu au terme de mon exil dans les bois, je sens que je n'aurai pas même la force de retourner dans cette Ayodhyâ, privée de son chef, veuve du meilleur des rois et troublée dans la paix de son esprit. De quelle bouche entendrais-je maintenant ces paroles si douces à mon oreille, avec lesquelles mon père me consolait à mon retour des pays étrangers ! »

Quand il eut parlé de cette manière à Bharata, le noble anachorète, s'étant approché de Sîtâ : « Ton beau-père est mort, Sîtâ, dit-il, consumé par sa douleur, à cette femme au visage charmant comme une pléoménie ; et ce *bon* Lakshmana a perdu son père : Bharata vient de m'apprendre ce malheur, que le maître de la terre nous a quittés pour le ciel. » À cette nouvelle que son beau-père, ce révérend de tous les mondes, était mort, la fille du roi Djanaka ne put rien voir de ses yeux, tant ils se remplirent de larmes !

Râma d'embrasser la fille éplorée du roi Djanaka, et, consumé de tristesse, fixant un regard sur Lakshmana, il adressa au Soumitride ces paroles désolées : « Apporte-moi des fruits d'ingouda, du marc de sésame, un habit d'écorce, le plus sain des vêtements : je vais aller, fléau des ennemis, offrir l'eau funèbre aux mânes de mon père. Que Sîtâ marche devant ! Toi, suis-la de près ! Moi, j'irai par derrière ! Hélas ! cette procession est bien cruelle à mon cœur ! »

Les glorieux héros parvinrent non sans peine à ce fleuve saint, délicieux, aux ondes fraîches, aux charmants tîrthas, aux forêts nombreuses et fleuries. Entrés dans un endroit uni, tous, ils répandirent l'onde heureuse et limpide, en s'écriant : « Que cette eau soit pour lui ! » Le plus vertueux des fils de Raghou, levant ses mains réunies en coupe et remplies d'eau, articula ces mots en pleurant, le visage tourné vers la plage soumise à l'empire d'Yama : « Cette eau limpide, roi des rois, la plus sainte des eaux, qui t'est donnée par moi, puisse-t-elle servir à jamais pour étancher ta soif dans les royaumes des Mânes ! »

Ensuite, le fortuné monarque des hommes accomplit avec ses frères dans un lieu pur et sur la rive de la Mandâkinî les oblations funèbres, qu'il devait à l'ombre de son père. Il étala des fruits d'ingouda avec des jujubes mêlés à du marc de sésame sur une jonchée d'herbes kouças et dit ces mots, le cœur tout bourrelé de chagrins : « Grand roi, mange avec plaisir ces aliments, que nous mangeons nous-mêmes ; car, sans doute, la nourriture de l'homme est aussi la nourriture des Mânes et des Dieux ! »

Les confuses clameurs de ces princes à la force puissante, qui pleuraient en offrant le don funèbre de l'onde aux mânes de leur noble père, vinrent frapper les oreilles des guerriers de Bharata : « Sans doute Bharata, se disaient-ils effrayés, a déjà fait son entrevue avec Râma ; et ce grand bruit vient des cris que poussent les quatre fils sur la mort du père ! » À ces mots, tous ils abandonnent leur campement et courent d'eux-mêmes, le front tourné vers l'ermitage, isolément ou par groupes, suivant que le voisinage les avait ou non rassemblés.

Quand Râma les vit ainsi plongés dans la douleur et les yeux noyés de larmes, lui, qui n'ignorait pas le devoir, il les embrassa tous avec l'affection d'un père et l'amour d'une mère. L'illustre fils du roi les embrassa donc sans distinction, et tous sans distinction furent admis à le saluer : il s'entretint même familièrement avec tous, comme il eût fait avec des hommes qualifiés.

———

Arrivées là d'une marche hâtée, les veuves du monarque voient enfin Râma, qui semblait dans son ermitage un Dieu tombé du ciel. À l'aspect du prince dans un tel dénûment de toutes les voluptés, ses royales mères, désolées et *comme* irrassasiables de chagrin, se mirent toutes à verser des larmes et des plaintes éclatantes. Aussitôt Râma se lève ; il prend de ses mains douces au toucher les pieds de toutes ses nobles mères, en suivant l'ordre *établi des préséances*, et les presse avec les surfaces de ses doigts veloutés. Les épouses du roi baisèrent le front de Râma et se mirent à pleurer.

Le fils même de Soumitrâ, le corps incliné et la tristesse *au cœur*, s'avança derrière lui pour saluer toutes ses royales mères en proie à la douleur.

Sîtâ, dans une vive affliction, toucha en pleurant le pied de ses belles-mères, et se tint devant elles ses yeux baignés de larmes. Elle fut embrassée par Kâauçalyâ, comme une fille est serrée dans les bras de sa mère. Celle-ci dit à la triste jeune fille, maigrie par son habitation dans les bois : « Comment, Djanakide, es-tu venue dans ces forêts, toi, la fille du roi des Vidéhains, la bru du puissant Daçaratha et l'épouse de Râma ? »

« Princesse du Vidéha, la flamme que le malheur frotté sur le malheur a fait jaillir en ton âme, ravage ici cruellement ta charmante figure, comme *le soleil brûle* un nymphée sans eau ! »

Tandis que sa mère désolée parlait ainsi, le noble Raghouide, frère aîné de Bharata, s'étant approché de Vaçishtha, lui toucha ses pieds. Quand Râma eut pressé dans ses mains les pieds du grand-prêtre, semblable au feu, comme le roi des Immortels, Indra même, presse des siennes les pieds de Vrihaspati, *le céleste précepteur des Dieux*, alors ce rejeton magnanime de Raghou s'assit avec le vénérable environné d'une immense splendeur. Ensuite, accompagné des ministres et des guerriers chefs de l'armée, Bharata s'approche du pieux Raghouide ; et, versé dans la science du devoir, il s'assoit dans une place inférieure avec eux, les plus savants des hommes dans la science du devoir.

Or, ce discours habile et juste fut adressé par le juste Bharata au noble solitaire assis, plongé dans ses réflexions :

« Ô toi, qui sais le devoir, gouverne en paix avec tes amis et par la vertu même de ton droit ce royaume sans épines de tes aïeux. Que tous les sujets, et les prêtres du palais, et Vaçishtha, et les brahmanes versés dans les formules des prières te donnent l'onction royale ici même. Sacré par nous, comme Indra par les Maroutes, quand il eut conquis rapidement les mondes, va dans Ayodhyâ exercer l'empire. Va et règne là sur nous, prince vertueux, acquittant les trois saintes dettes, écrasant tes ennemis et rassasiant tes amis de toutes les choses désirées. Qu'aujourd'hui tes amis déposent dans ton sacre le faix de leur pénible tristesse ! Qu'aujourd'hui, frappés d'épouvante, tes ennemis s'enfuient çà et là par les dix plages du ciel. Essuie mes larmes, taureau des hommes ; essuie les pleurs de ta mère et délivre aujourd'hui ton père des liens de son péché !

« Les grands sages n'ont-ils pas dit que le premier devoir, c'est pour un kshatrya la consécration, le sacrifice et la défense du peuple ? Je t'en supplie, ma tête inclinée jusqu'à terre, étends sur moi, étends sur nos parents ta compassion, comme Çiva répand la sienne sur toutes les créatures. Mais si, tournant le dos à mes prières, ta grandeur s'en va dans les forêts, j'irai moi-même dans les bois avec ta grandeur ! »

Les prêtres, les poètes, les bardes, les panégyristes officiels, les mères d'une voix affaiblie par des larmes, elles, qui aimaient le fils de Kâauçalyâ d'une égale tendresse, applaudirent à ce discours de Bharata, et, prosternés devant Râma, tous, ils suppliaient avec lui ce *noble anachorète*.

Quand Bharata eut cessé de lui parler ainsi, Râma, *continuant à marcher* d'un pied ferme sur le chemin du devoir, lui répondit ce discours plein de vigueur au milieu de l'assemblée : « L'homme ici-bas n'est pas libre dans ses actes ni maître de lui-même ; c'est le Destin, qui le traîne à son gré çà et là dans le cercle de la vie. L'éparpillement est la fin des amas, l'écroulement est la fin des élévations, la séparation est la fin des assemblages et la mort est la fin de la vie. Comme ce n'est pas une autre cause que la maturité qui met les fruits en péril de tomber : ainsi le danger de la mort ne vient pas chez les hommes d'une autre cause que la naissance.

« Telle que s'affaisse une maison devenue vieille, bien qu'épaisse et jusque-là solide, tels s'affaissent les hommes arrivés au point où la mort peut jeter sur eux son lacet. La mort marche avec eux, la mort s'arrête avec eux, et la mort s'en retourne avec eux, quand ils ont fait un chemin assez long. Les jours et les nuits de tout ce qui respire ici-bas s'écoulent et tarissent bientôt chaque durée de la vie, comme les rayons du soleil au temps chaud tarissent l'eau *des étangs*. Pourquoi pleures-tu sur un autre ? Pleure, *hélas* ! sur toi-même, car, soit que tu reposes ou soit que tu marches, ta vie se consume incessamment. Les rides sont venues sillonner vos membres, l'hiver de la vie a blanchi vos cheveux, la vieillesse a brisé l'homme, quelle chose maintenant peut-il faire d'où lui vienne du plaisir. Les hommes se réjouissent, quand l'astre du jour s'est levé sur l'horizon : arrive-t-il à son couchant, on se réjouit encore, et personne, *à cette heure comme à l'autre*, ne s'aperçoit qu'il a marché lui-même vers la fin de sa vie ! Les êtres animés ont du plaisir à voir la fleur nouvelle, qui vient succéder à la fleur dans le renouvellement des saisons, et ne sentent pas que leur vie coule en même temps vers sa fin en passant avec elles par ces mêmes successions.

« Tel qu'un morceau de bois flottant se rencontre avec un morceau de bois promené dans l'Océan ; les deux épaves se joignent, elles demeurent quelque peu réunies et se séparent bientôt *pour ne plus se rejoindre* : ainsi, les épouses, les enfants, les amis, les richesses vont de compagnie avec nous dans cette vie l'espace d'un instant, et disparaissent ; car ils ne peuvent éviter l'heure qui les détruit. Nul être animé n'est entré dans la vie sous une autre condition : aussi, tout homme ici-bas, qui pleure un défunt, lui consacre des larmes qui ne sont point dues à son trépas. La mort est une caravane en marche, tout ce qui respire est placé dans sa route et peut lui dire : « Moi aussi, je suivrai demain les pas de ceux que tu emmènes aujourd'hui ! » Comment donc l'homme infortuné pourrait-il se désoler au sujet d'une route qui existait avant lui, sur laquelle ont passé déjà son père et ses aïeux, qui est inévitable et dont il n'est aucun moyen d'éluder la nécessité ? L'oiseau est fait pour voler et le fleuve pour couler rapidement : mais l'âme est donnée à l'homme pour la soumettre au devoir ; les hommes sont appelés *avec raison* les attelages du Devoir.

« Les âmes, qui ont accompli saintement le devoir, lavées de leurs péchés par une conduite pure et des sacrifices payés convenablement aux deux fois nés, obtiennent l'entrée du ciel, où habite Brahma, l'auteur des créatures. Notre père, *sans aucun doute*, fut admis au séjour de la béatitude, lui, qui a bien nourri ses domestiques, gouverné ses peuples avec sagesse et distribué des aliments à la vertu *indigente*. Le ciel a reçu, *n'en doutez pas*, ce dominateur de la terre, qui a célébré mainte et mainte sorte de sacrifices, savouré toutes les félicités d'ici-bas et prolongé sa vie jusqu'au plus avancé des âges.

« Par conséquent, ces larmes, répandues sur une âme qui a reçu de si belles destinées, elles ne siéent point à un homme sage, de ta sorte, ni de la mienne, qui a de l'intelligence et qui possède les saintes traditions.

« Rappelle donc ta fermeté, ne te livre point à ce deuil ; va, taureau des hommes, va promptement habiter dans cette belle métropole, et fais de la manière que mon père te l'a commandé. Moi, de mon côté, j'accomplirai la volonté de mon noble père dans l'endroit même, que m'a prescrit ce monarque aux œuvres saintes. Il serait malséant à moi de manquer à son ordre, héros, qui domptes les ennemis ; et sa parole doit toujours être obéie par toi-même, car il est notre parent, il est *plus*, notre père. »

À ces mots, Bharata d'opposer à l'instant ce langage : « Combien y a-t-il d'hommes tels que toi dans le monde, invincible dompteur de tes ennemis ? Tu n'es pas troublé par la douleur et le plaisir ne pourrait même t'enivrer de sa joie : tu possèdes l'estime de tous les vieillards autant qu'Indra jouit de l'estime parmi les habitants du ciel.

« Tu possèdes une âme semblable aux âmes des Immortels, tu es magnanime, tu es fidèle à ton alliance avec la vérité même ! Le plus accablant de tous les chagrins ne peut te renverser, toi qui, doué avec de telles vertus, connais si bien ce que c'est que naître et mourir.

« Mais à moi, sage frère, à moi, séparé de toi et privé de mon père, il me sera impossible de vivre, consumé par mon chagrin, comme le daim blessé par une flèche empoisonnée ! Veuille donc agir de telle manière que je ne laisse pas ma vie dans cette forêt déserte, où j'ai vu, d'une âme désolée, un si noble prince habiter avec son épouse et Lakshmana : *oui, sauve-moi !* et prends en main le sceptre de la terre ! »

Tandis qu'avec tristesse et la tête prosternée, Bharata suppliait ainsi Râma, ce maître de la terre, plein d'énergie, n'en ramena point davantage son esprit vers la pensée du retour, mais il demeura ferme, sans quitter des yeux la parole de son père. À l'aspect d'une constance si admirable dans ce digne enfant de Raghou, tous les cœurs se trouvaient également partagés entre la tristesse et la joie : « Il ne revient pas dans Ayodhyâ ! » se disait-on ; et le peuple en ressentait de la douleur, mais il éprouvait du plaisir à lui voir cette fermeté dans la promesse *donnée à son père*.

Bharata, tombant aux pieds de son frère, essaya instamment de le gagner avec des paroles caressantes.

Râma fit asseoir sur *le siège musculeux* de sa cuisse le jeune homme au teint azuré, aux yeux charmants comme les pétales du lotus, à la voix semblable au roucoulement du cygne, quand il s'avance ivre d'amour, et lui tint ce langage :

« Telle qu'elle est, ton intelligence, qui tient de sa nature seule la science de gouverner les hommes, peut très-bien suffire à gouverner même les trois mondes. Écoute, jeune roi, quels modèles Indra, le soleil, le vent, Yama, la lune, Varouna et la terre mettent sous nos yeux dans leur conduite *invariable*. Tel qu'Indra fait pleuvoir durant les quatre mois humides, tel un grand monarque doit inonder son empire de ses bienfaits. De même que le soleil ravit l'eau huit mois par la puissance de ses rayons, *il faut toujours qu'un roi dise* : « Puissé-je amasser ainsi des trésors avec justice ! » c'est le vœu, qu'on appelle solaire. Comme le vent circule partout et pénètre dans tous les êtres, il faut qu'un roi s'introduise en tous lieux par ses émissaires, et c'est la partie de ses fonctions que l'on appelle *ventale*. Tel qu'Yama, une fois l'heure venue, pousse dans la tombe également l'ami ou l'ennemi ; tel il faut qu'après un mûr examen tout monarque soit le même pour celui qu'il aime ou celui qu'il n'aime pas. De même que nous voyons partout Varouna lier ce globe avec la chaîne des eaux, de même le devoir *appelé* neptunien d'un roi, c'est d'enchaîner *les brigands et* les voleurs en tous lieux.

« Tel que l'aspect de la lune brillant à disque plein verse la joie dans les cœurs ; ainsi, tous les sujets doivent se réjouir en lui, et c'est l'obligation royale nommée lunaire. Comme la terre sans relâche porte également tous les êtres, tel c'est pour un monarque le devoir *appelé terrané* de soutenir, *sans manquer même au dernier*, tous les sujets de son empire.

« Qu'il soit le premier à se ressouvenir des affaires, et qu'après une sage délibération avec ses ministres, ses amis, ses conseillers judicieux, il fasse exécuter les décisions. On verra la splendeur abandonner l'astre des nuits, le mont Himâlaya voyager sur la terre, l'Océan franchir ses rivages, mais non Râma déserter la promesse qu'il fit à son père. Tu dois effacer de ton esprit ce que ta mère a fait, soit par amour, soit par ambition, et te comporter vis-à-vis d'elle comme un fils devant sa mère. »

À ce langage de Râma, égal en splendeur au soleil et d'un aspect tel que la lune au premier jour de sa pléoménie, Bharata de répondre ces mots : « Qu'il en soit ainsi ! » Ensuite, affligé de n'avoir pu obtenir ce qu'il désirait, ce magnanime joignit de nouveau ses mains, toucha de sa tête les pieds de Râma, et, le gosier plein de sanglots, il tomba sur la terre.

Aussitôt qu'il vit Bharata venir lui toucher les pieds avec sa tête, Râma se recula vite, les yeux un peu troublés *sous un voile* de larmes. Bharata cependant lui toucha les pieds ; et, pleurant, affligé d'une excessive douleur, il tomba sur la terre, tel qu'un arbre abattu sur la berge d'un fleuve.

Il n'y avait pas un homme qui ne pleurât dans ce moment, accablé de chagrin, avec les artisans, les guerriers, les marchands, avec les instituteurs et le grand-prêtre du palais. Les lianes elles-mêmes pleuraient toute une averse de fleurs ; combien plus devaient pleurer d'amour les hommes, de qui l'âme est *sensible aux peines* de l'humanité !

Râma, vivement ému de cet incident, étreignit fortement Bharata dans un embrassement d'amour et tint ce langage à son frère, consumé de chagrin et les yeux baignés de larmes : « Mon ami, c'est assez ! Allons ! retiens ces larmes ; vois combien la douleur nous tourmente nous-mêmes : allons ! pars !*retourne dans Ayodhyâ* ! Je ne puis te voir dans un état si malheureux, toi, le fils du *plus grand des* rois ; et mon âme succombe, pour ainsi dire, écrasée sous le poids de sa douleur. Héros, je jure, Sîtâ et Lakshmana le jurent avec moi, de ne plus te parler jamais, si tu ne reprends le chemin d'Ayodhyâ ! »

Il dit et Bharata d'essuyer les pleurs qui mouillaient son visage : « Rends-moi tes bonnes grâces ! » s'écria-t-il d'abord ; puis, à ce mot il ajouta ces paroles : « Loin de toi ce serment ! Je m'en irai, si ma présence te cause un tel chagrin ; car je ferai toujours, seigneur, au prix même de ma vie, ce qui est agréable pour toi. Je m'en vais sans aucune feinte avec nos royales mères, entraînant sur mes pas cette grande armée, je m'en vais à la ville d'Ayodhyâ ; mais avant, fils de Raghou, je veux te rappeler une chose. N'oublie pas, ô toi, qui sais le devoir, n'oublie pas que j'accepte, mais sous la clause de ces mots, les tiens, seigneur, sans nul doute : « Prends à titre de dépôt la couronne impériale d'Ikshwâkou. »

« Oui ! » répondit son frère, de qui cette résignation du jeune homme à revenir dans sa ville augmentait la joie, et qui se mit à le consoler avec des paroles heureuses.

Dans ce moment arrivèrent le sage Çarabhanga et ses disciples, qui apportaient en présent des souliers tissus d'herbes kouças. Quand le noble Raghouide eut échangé avec le très-magnanime solitaire des questions relatives à leurs santés, il accepta son présent. Aussitôt Bharata saisit et chaussa promptement aux deux pieds de son frère les souliers donnés par l'anachorète et tressés avec les *tiges du* graminée.

Alors Vaçishtha, orateur habile et qui savait augmenter à son gré la tristesse ou la joie, dit ces mots, environné, comme il était, par les foules du peuple.« Mets d'abord à tes pieds, noble Râma, ces chaussures ; ensuite, retire-les ; car elles vont arranger ici les affaires au gré de tout le monde. »

L'intelligent Râma, l'homme à la vaste splendeur, plaça donc à ses pieds, en ôta les deux souliers, et du même temps les donna au magnanime Bharata [20]. L'auguste fils de Kêkéyî, plein de fermeté dans ses vœux, reçut lui-même cette paire de chaussures avec joie, décrivit à l'entour du pieux Raghouide un respectueux pradakshina et posa les deux souliers sur sa tête, élevée comme celle d'un gigantesque éléphant.

Ensuite, quand il eut honoré ce peuple suivant les rangs, Vaçishtha, les autres gouravas et leurs disciples, l'anachorète, honneur de la famille de Raghou, les congédia, se montrant aussi inébranlable dans son devoir que le mont Himâlaya est immobile sur la terre. Il fut impossible à ses mères de lui dire un adieu par l'excès de la douleur, tant les sanglots fermaient leur gosier à la voix. Râma enfin d'incliner respectueusement sa tête devant toutes ses mères, et, pleurant lui-même, il entra dans son ermitage.

―――

Après que Bharata eut posé les souliers sur sa tête, il monta, plein de joie, accompagné de Çatroughna, sur le char, qui les avait amenés tous deux. Devant lui marchaient Vaçishtha, Vâmadéva, Djâvâli, ferme dans ses vœux, et tous les ministres, honorés pour la sagesse du conseil. La face tournée à l'orient, ils s'avancèrent alors vers la sainte rivière Mandâkinî, laissant à main droite le Tchitrakoûta, cette alpe sourcilleuse.

Bharata, suivi de son armée, côtoyait dans sa route un flanc de cette montagne, dont les plateaux délicieux renferment de riches métaux par milliers.

Non loin du solitaire Tchitrakoûta, il aperçut l'ermitage que Bharadwâdja, le pieux ermite, avait choisi pour son habitation. Le fils de race, le prince éminent par l'intelligence s'approche alors de la hutte sainte, descend de son char et vient toucher de sa tête les pieds de Bharadwâdja. Tout joyeux à la vue du jeune monarque : « As-tu vu Râma ? lui dit l'homme saint. As-tu fait là, mon ami, ton affaire ? »

À ces paroles du sage anachorète, Bharata, si attaché au devoir, fit cette réponse à l'ermite, qui chérissait le devoir : « Malgré toutes mes supplications jointes aux prières mêmes des vénérables, ce digne enfant de Raghou, ferme dans sa résolution, nous a tenu chez lui ce langage au comble d'une joie suprême : « Je veux tenir sans mollesse la parole que j'ai donnée à mon père dans la vérité : je reste donc ici les quatorze années, suivant la promesse que j'ai faite à mon père. »

« Quand ce prince à la vive splendeur eut achevé ces paroles, Vaçishtha, qui sait manier le discours, répondit en ces mots solennels à ce fils de Raghou, habile dans l'art de parler : « Tigre des hommes, ô toi, qui es ferme dans tes vœux et comme le devoir incarné, donne tes souliers à ton frère ; car ils mettront *la paix et* le bonheur dans les affaires au sein d'Ayodhyâ. » À ces mots de Vaçishtha, le noble Râma se tint debout, la face tournée à l'orient, et me donna, comme symbole du royaume, les deux souliers bien faits et charmants. J'acceptai ce don et maintenant, congédié par le très-magnanime Râma, je m'en retourne sur mes pas à la ville d'Ayodhyâ. »

Quand il eut ouï ces belles paroles du prince à la grande âme, l'anachorète Bharadwâdja fit cette réponse à Bharata : « Il est immortel ce Daçaratha, ton père, glorieux de posséder un tel fils en toi, qui sembles à nos yeux le devoir même revêtu d'un corps humain. »

Quand le saint eut achevé ces mots, Bharata, joignant les mains, se mit à lui présenter ses adieux et se prosterna même aux pieds du solitaire à la vaste science.

Ensuite, après deux et plusieurs tours de pradakshina autour du pieux ermite, il reprit avec ses ministres le chemin d'Ayodhyâ ; et l'armée, dans cette marche de retour, étendit, *comme en allant*, ses longues files de voitures, de chars, de chevaux et d'éléphants à la suite du sage Bharata.

Entré dans Ayodhyâ, le fils de Kêkéyî se rendit au palais même de son père, veuf alors de cet Indra des mortels, comme une caverne veuve du lion qui l'habitait.

Ensuite, quand il eut déposé dans la ville ses royales mères, le prince aux vœux constants, Bharata de tenir ce langage à tous les gouvaras universellement : « Je m'en vais habiter Nandigrâma ; je vous demande à vous tous votre avis : c'est là que je veux supporter toute cette douleur de vivre séparé du noble enfant de Raghou. Le roi mon père n'est plus, mon frère aîné est ermite des bois ; je vais gouverner la terre, en attendant que Râma puisse régner lui-même. » À ces belles paroles du magnanime Bharata, les ministres et Vaçishtha même à leur tête de lui répondre tous en ces termes :

« Un tel langage, que l'amitié pour ton frère a mis dans ta bouche, est digne de toi, Bharata, et mérite les éloges. Quel homme ne donnerait son approbation à ce voyage, dont l'amitié fraternelle t'inspira l'idée, prince à la conduite si noble et qui ne t'écartes jamais de ton amour pour ton frère ? » À peine eut-il ouï dans ces paroles agréables et conformes à ses désirs la réponse de ses ministres : « Que l'on attelle mon char ! » dit-il à son cocher.

Assis dans son char, Bharata, de qui l'âme prenait toutes ses inspirations dans le devoir et dans l'amour fraternel, arriva bientôt à Nandigrâma, portant les deux souliers avec lui. Il entra dans le village avec empressement, descendit à la hâte de son char et tint ce langage aux vénérables : « Mon frère m'a donné lui-même cet empire comme un dépôt, et ces deux souliers, jolis à voir, qui sauront le gouverner sagement. »

À ces mots, Bharata mit sur sa tête, reposa ensuite les deux chaussures, et, consumé de sa douleur, il adressa ce discours à tous les sujets, répandus en couronne autour de lui : « Apportez l'ombrelle ! Hâtez-vous d'en couvrir *cette chaussure, qu'ont touchée* les pieds du noble *anachorète* ! Les souliers, ornés *de cet emblème*, exerceront ici la royauté. Ma fonction à moi, c'est de veiller, jusqu'au retour de ce digne enfant de Raghou, sur le cher dépôt que son amitié même a remis dans mes mains. Un jour, quand j'aurai pu rendre au noble Râma les souliers saints qu'il m'a confiés, et ce vaste empire *dont je suis investi*, c'est alors que je serai lavé de mes souillures dans Ayodhyâ. Une fois l'onction royale donnée à cet illustre fils de Kakoutstha et le monde élevé au comble de la joie par son couronnement, quatre royaumes comme celui-ci ne payeraient pas mon bonheur et ma gloire ! »

Après que Bharata, l'homme à la grande renommée, eut exhalé ces paroles du fond de sa tristesse, il établit le siège de l'empire dans Nandigrâma, qu'il honora de sa résidence avec ses ministres. Dès lors on vit l'infortuné Bharata habiter dans Nandigrâma avec son armée, et ce maître du monde y porter l'habit d'anachorète, ses cheveux en djatâ et le valkala fait d'écorces. Là, fidèle à l'amour de son frère aîné, se conformant à la parole de Râma, exécutant sa promesse, il vivait dans l'attente de son retour. Ensuite le beau jeune prince, ayant sacré les deux nobles chaussures, fit apporter lui-même auprès d'elles le chasse-mouche et l'éventail, *insignes de la royauté*. Et quand il eut donné l'onction royale aux souliers de son frère dans Nandigrâma, *devenu* la première des villes, ce fut au nom des souliers qu'il intima désormais tous les ordres.

———

Le fils de Raghou trouva dans ses réflexions beaucoup de motifs pour condamner une plus longue habitation dans cette forêt : « C'est ici que j'ai vu, se dit-il, Bharata, mes royales mères et les habitants de la capitale. Ces lieux m'en retracent le souvenir et font naître sans cesse dans mon cœur la douleur vive des regrets. En outre, le camp de sa nombreuse armée, qu'il fit asseoir ici, a laisse deux vastes fumiers, dont la terre fut toute jonchée par la bouse de ses éléphants et de ses coursiers. Ainsi, passons ailleurs ! »

Parvenu à l'ermitage du bienheureux Atri, il s'inclina devant cet homme, qui avait thésaurisé la pénitence ; et le saint anachorète à son tour honora le royal ermite d'un accueil tout paternel.

« Toi, dit-il à son épouse Anasoûyâ, pénitente d'un grand âge, d'une éminente destinée, parfaite, pure et qui trouvait son plaisir dans le bonheur de tous les êtres ; toi, dit ce taureau des solitaires, charge-toi de l'accueil dû à la princesse du Vidéha. Offre à cette illustre épouse de Râma toutes les choses qu'elle peut désirer. »

Alors, s'inclinant, celle-ci salua cette vénérable Anasoûyâ, ferme dans ses vœux, et se hâta de lui dire : « Je suis la *princesse* de Mithila. »

Anasoûyâ mit un baiser sur la tête de la vertueuse Mithilienne, et lui dit ces mots d'une voix que sa joie rendait balbutiante : « Je veux, de ce pouvoir *surnaturel*, attribut de la pénitence, trésor que m'ont acquis différentes austérités, je veux tirer un don maintenant, Sîtâ, pour t'en gratifier.

« Noble fille du *roi* Djanaka, tu marcheras désormais ornée de parures et les membres teints avec un fard céleste, présents de mon *amitié*. À compter de ce jour, le tilaka, signe heureux *que* tu *portes sur le front* va durer, n'en doute pas, éternel ; et ce fard ne s'effacera pas de bien longtemps sur ton corps. Toi, chère Mithilienne, avec ce liniment que tu reçois de mon *amitié*, tu raviras sans cesse ton époux bien-aimé, comme Çri, la déesse aux formes charmantes *fait les délices de Vishnou*. »

La princesse de Mithila reçut encore avec cet onguent céleste des vêtements, des parures et même des bouquets de fleurs, présent incomparable d'amitié. Reposée de ses fatigues, la Mithilienne accepta, dans toute la joie de son âme, une couple de robes d'une propreté inaltérable et brillantes comme le soleil dans sa jeunesse du matin, les bouquets de fleurs, les parures et le fard de la beauté.

Quand la nuit se fut écoulée, Râma vint présenter ses adieux au solitaire, qui brûlait dans le feu sacré les oblations du matin.

Et quand ces brahmes magnanimes eurent prononcé, les mains jointes, leurs bénédictions pour son voyage, le héros immolateur des ennemis pénétra dans la forêt, accompagné de son épouse et de Lakshmana, comme le soleil entre dans une masse de nuages.

Alors Sîtâ aux grands yeux présente aux deux frères les carquois tout resplendissants, leurs arcs et les deux épées, dont le tranchant moissonne les ennemis. Ensuite Râma et Lakshmana s'attachent les deux carquois sur lesépaules, ils prennent les deux arcs à leur main, ils sortent et s'avancent pour continuer leur visite à *cette partie des* ermitages *qu'ils n'avaient pas encore vus*.

Quand la fille du roi Djanaka vit en marche les deux héros, armés de leurs solides arcs, elle dit à son époux d'une voix tendre et suave : « Râma, les hommes de bien atteignent à coup sûr une condition heureuse de justice, au moyen d'une bonté qui les préserve d'offenser aucun être quelconque ; mais il y a, dit-on, sept vices qui en sont le venin destructeur. Quatre, assure-t-on, naissent de l'amour, et trois de ces vices, noble fils de Raghou, se disent les enfants de la colère. Le premier est le mensonge, que fuit toujours l'homme vertueux ; ensuite, vient le commerce adultère avec l'épouse d'un autre ; puis, la violence sans une cause d'inimitié.

« Il est possible de les comprimer tous à ceux qui ont vaincu leurs sens : les tiens obéissent à ta volonté, je le sais, Râma, et la beauté de l'âme inspire tes résolutions. On n'a jamais trouvé, seigneur, et jamais on ne trouvera dans ta bouche une parole menteuse : combien moins ne peux-tu faire de mal à quelqu'un ! combien moins encore séduire une femme ! Mais je n'aime pas, vaillant Râma, ce voyage à la forêt Dandaka.

« Je vais en dire la cause ; écoute-la donc ici de ma bouche.

« Te voici en chemin pour la forêt, accompagné de ton frère, avec ton arc et tes flèches à la main. À la vue des animaux qui errent dans ces futaies, comment ne voudrais-tu pas leur envoyer quelques flèches ? En effet, seigneur, l'arc du kshatrya est, dit-on, comme le bois aliment du feu ? Placée dans sa main, l'arme augmente malgré lui et beaucoup plus sa bouillante ardeur : aussi, l'effroi de saisir à l'instant les sauvages hôtes des bois, quand ils voient l'homme de guerre s'avancer ainsi. Les armes inspirent même à ceux qui vivent dans une solitude l'envie de tuer et de répandre le sang.

« Jadis s'était confiné dans les bois je ne sais quel ascète, qui, vainqueur de ses organes des sens, était arrivé à la perfection dans la forêt des pénitents. Là, quelqu'un étant venu trouver l'anachorète, qui se maintenait dans une grande vertu, laissa dans ses mains, à titre de dépôt, une épée excellente et bien affilée.

« Une fois qu'il eut cette arme, l'ermite se dévouant au soin de conserver son dépôt, ne s'en fiait qu'à lui seul et ne quittait pas même cette épée dans les forêts. En quelque lieu qu'il aille recueillir des fruits ou des fleurs, il n'y va jamais sans porter ce glaive, tant son dépôt le tient dans une continuelle inquiétude. À force d'aller et venir sans cesse autour de cette arme, il arriva que peu à peu l'homme qui avait thésaurisé la pénitence finit par habituer sa pensée à la cruauté et perdit ses bonnes résolutions de pénitent. Ensuite, arraché au devoir par son âme, que cette familiarité avec une épée avait menée ainsi jusqu'à l'endurcissement, l'anachorète alors de tomber dans l'abîme infernal.

« C'est un souvenir que mon amour, que mon culte envers toi rappelle à ta mémoire : n'y vois pas une leçon que je veuille ici te donner. Il te faut de toute manière éviter l'impatience, maintenant que tu as pris ton arc à la main. On ne déchaîne pas la mort contre les Rakshasas mêmes sans un motif d'hostilité.

« Quelle différence il y a des armes, des combats, des exercices militaires aux travaux de la pénitence ! Celle-ci est ton devoir maintenant ; observe-le : tous les autres te sont défendus.

« La culture des armes enfante naturellement une pensée vaseuse d'injustice. Mais d'ailleurs qu'es-tu, depuis le jour où tu as cédé le trône ? Un humble anachorète ! Le devoir est le père de l'utile ; le devoir engendre le bonheur : c'est par le devoir que l'on gagne le ciel ; ce monde a pour essence le devoir. Le paradis est la récompense des hommes qui ont déchiré eux-mêmes leur corps dans les pénitences ; *car* le bonheur ne s'achète point avec le bonheur. Bel enfant de Raghou, fais ton plaisir de la mansuétude ; sois dévoué à ton devoir !... Mais il n'est rien dans le monde, qui ne te soit bien connu dans toute sa vérité.

« Médite néanmoins ces paroles dans ton esprit avec ton jeune frère, et fais-en, roi des hommes, ce qu'il te plaira. »

Quand il eut ouï ce discours si doux et si conforme au devoir, que venait de prononcer la belle Vidéhaine, Râma de répondre en ces termes à la princesse de Mithila :« Reine, ô toi à qui le devoir est si bien connu, ces bonnes paroles, sorties de ta bouche avec amour, dépassent la grandeur même de ta race, noble fille du roi Djanaka. Pourquoi dirais-je, femme charmante, ce qui fut dit par toi-même ? L'arme est dans la main du kshatrya pour empêcher que l'oppression ne fasse crier le malheureux ! » n'est-ce point là ce que tu m'as dit ? Eh bien, Sîtâ ! ces anachorètes sont malheureux dans la forêt Dandaka ! Ces hommes accomplis dans leur vœux sont venus d'eux-mêmes implorer mon secours, eux secourables à *toutes les créatures* ! Dans les bois qu'ils habitent, faisant du devoir leur plaisir, des racines et des fruits leur seule nourriture, ils ne peuvent goûter la paix un moment, opprimés qu'ils sont à la ronde par les hideux Rakshasas. Enchaînés à tous les instants du jour dans les liens de leurs différentes pénitences, ils sont dévorés au milieu des bois par ces démons féroces, difformes, qui vaguent dans *l'épaisseur des* fourrés.

« Ces bonnes paroles, que vient de t'inspirer le dévouement pour moi, sont telles *qu'on devait s'attendre* , femme charmante, à les trouver dans ta bouche, et conformes à la noblesse de ta race. Oui ! ces paroles, que tu m'as dites, inspirées de l'amour et de la tendresse, c'est avec plaisir que je les ai entendues, chère Vidéhaine ; car à celui qu'on n'aime pas, jamais on ne donne un conseil. »

Quand ils eurent marché une longue route, ils virent de compagnie, au coucher du soleil, un beau lac répandu sur un yodjana en longueur. Dans ce lac charmant aux limpides ondes, on entendait le chant de voix célestes marié au concert des instruments de musique, et cependant on ne voyait personne. Alors, poussés par la curiosité, Râma, et Lakshmana, s'approchant d'un solitaire nommé Dharmabhrita : « Un spectacle si merveilleux a fait naître en nous tous une vive curiosité. Qu'est-ce que cela, ermite à l'éclatante splendeur ? lui demandent ces héros fameux : allons ! raconte-nous ce *mystère* ! »

À cette question du magnanime fils de Raghou, le solitaire, qui était comme le devoir même en personne, se mit à lui raconter ainsi l'origine de ce lac :« On dit, Râma, que c'est l'anachorète Mandakarni, qui jadis, grâce au pouvoir de sa pénitence, créa ce bassin d'eau, nommé le lac des Cinq-Apsaras. En effet, ce grand solitaire, assis sur une pierre et n'ayant que le vent pour seule nourriture, soutint dix mille années une pénitence douloureuse. Effrayés d'une telle énergie, tous les dieux, Indra même à leur tête, de s'écrier : « Cet anachorète a l'ambition de nous enlever notre place ! » Cinq Apsaras du plus haut rang et parées d'une toilette céleste furent donc envoyées par tous les dieux, avec l'ordre même de jeter un obstacle devant sa pénitence. Arrivées dans ces lieux, aussitôt ces beautés folâtres, nymphes à la taille gracieuse, de s'ébattre et de chanter pour tenter l'anachorète enchaîné au vœu de sa cruelle pénitence.

« La suite de cette aventure, c'est que, pour assurer le trône des Immortels, ces Apsaras firent tomber sous le pouvoir de l'amour ce grand ascète, de qui le regard embrassait le passé et l'avenir du monde. Les cinq Apsaras furent élevées à l'honneur d'être ses épouses et l'ermite créa pour elles dans ce lac un palais invisible. Les cinq belles nymphes demeurent ici autant qu'elles veulent, et, fières de leur jeunesse, elles délassent l'anachorète des travaux de sa pénitence. Ce grand bruit, que vous entendez là, ce sont les jeux de ces bayadères célestes ; ce sont leurs chansons ravissantes à l'oreille, qui se marient au *son cadencé des* noûpouras et *des* bracelets. »

À ces paroles de l'anachorète contemplateur : « Voilà une chose admirable ! » s'écria le Daçarathide à la force puissante et son frère avec lui.

Tandis que le solitaire contait sa légende, Râma vit un enclos circulaire d'ermitages, sur lequel étaient jetés des habits d'écorce et des gerbes de kouças. Il entre, accompagné de son frère et de Sîtâ dans cette enceinte couverte de lianes et d'arbres variés, où tous les anachorètes *s'empressent de* lui offrir les honneurs de l'hospitalité. Ensuite, dans le cercle fortuné de leurs ermitages, le Kakoutsthide habita fort à son aise, honoré par chacun de ces grands saints. Alors, ce noble fils de Raghou visita l'un après l'autre ces magnanimes, et s'en alla d'ermitage en ermitage porter lui-même les hommages de sa présence à leurs pieds. Là, il demeurait un mois ou même une année ; ici, quatre mois ; ailleurs, cinq ou six. Chez l'un, Râma vécut avec bonheur plus d'un mois ; chez l'autre, plus de quinze jours ; chez celui-ci, trois ; chez celui-là, huit mois : d'un côté, il habita une couple de mois ; d'un autre, la révolution entière d'une année ; plus loin, un mois, augmenté d'une moitié.

Tandis qu'il vivait heureux et savourait ainsi de *candides* plaisirs dans les ermitages des anachorètes, il vit dix années couler pour lui d'un cours fortuné.

« Nous voici arrivés, dit-il un jour, à l'ermitage du saint Agastya : entre devant, fils de Soumitrâ, et annonce au rishi mon arrivée chez lui avec Sîtâ. »

Entré dans la sainte cabane à cet ordre que lui donne son frère, Lakshmana s'avance vers un disciple d'Agastya et lui dit ces paroles :

« Il fut un roi, nommé Daçaratha ; son fils aîné, plein de force, est appelé Râma : ce prince éminent est ici et demande à voir l'anachorète. J'ai pour nom Lakshmana ; je suis le *compagnon* dévoué et le frère puîné de ce resplendissant héros avec lequel et son épouse je viens ici moi-même pour visiter le saint ermite. »

À ces paroles de Lakshmana : « Soit ! » répondit l'homme riche en pénitences, qui entra dans l'ermitage annoncer la visite. Entré dans la chapelle du feu, il dit ces mots, d'une voix faible et douce, les mains réunies en coupe, à l'invincible anachorète : « Le fils du roi Daçaratha, ce prince à la haute renommée, qui a nom Râma, attend avec son frère et son épouse à la porte de ton ermitage. Il désire voir ta révérence ; il vient ici lui apporter son hommage : fais-moi connaître, saint anachorète, ce qui est à faire dans la circonstance à l'instant même. »

À peine le solitaire eut-il appris de son disciple que Râma venait d'arriver, en compagnie de Lakshmana et de l'auguste Vidéhaine : « Quel bonheur ! s'écria-t-il ; Râma aux longs bras est arrivé chez moi avec son épouse : j'aspirais dans mon cœur à son arrivée ici même ! Va ! que Râma, dignement accueilli avec son épouse et Lakshmana, soit promptement introduit ici ! Et pourquoi ne l'as-tu pas fait entrer ? »

Celui-ci entra donc, promenant ses yeux partout dans l'ermitage de l'homme aux œuvres saintes, tout rempli de gazelles familières. Alors, environné de ses disciples, tous vêtus de valkalas tissus d'écorce et portant des manteaux de peaux noires, le grand anachorète s'avança hors *de la chapelle*. À l'aspect de cet Agastya, le plus excellent des solitaires, qui soutenait le poids d'une cruelle pénitence et flamboyait comme le feu, Râma dit à Lakshmana : « C'est Agni, c'est Lunus, c'est le Devoir éternel qui sort *du Sanctuaire* et vient au-devant de nous, arrivés dans son temple.

« Oh ! que de lumière dans ce nimbe du bienheureux ! » À ces mots, le noble Daçarathide s'avança, et, comblé de joie, il prit avec sa belle Vidéhaine et Lakshmana les pieds du rishi dans ses mains : puis, s'étant incliné, il se tint devant lui, ses mains jointes, comme il seyait à la civilité.

Alors, quand l'anachorète eut baisé sur la tête le pieux Raghouide courbé respectueusement : « Assieds-toi ! » lui dit cet homme à la bien grande pénitence ; et, quand il eut honoré son hôte d'une manière assortie aux convenances et suivant l'étiquette observée à l'égard des Immortels, l'ermite Agastya lui tint ce langage : « Râma, je suis charmé de toi, mon fils ! je suis content, Lakshmana, que vous soyez venus tous deux avec Sîtâ me présenter vos hommages. Fils de Raghou, la fatigue n'accable-t-elle point ta chère Vidéhaine ? En effet, Sîtâ est d'un corps bien délicat, et jamais elle n'avait quitté ses plaisirs.

« En s'exilant au milieu des forêts à cause de toi, elle fait une chose bien difficile ; car faiblesse et crainte, ce fut toujours la nature des femmes. »

À ces mots du solitaire, le héros de Raghou, fort comme la vérité, de joindre ses deux mains et de répondre au saint en ces paroles modestes : « Je suis heureux, je suis favorisé *du ciel*, moi, de qui les bonnes qualités, réunies aux vertus de mon épouse et de mon frère, ont satisfait le plus éminent des anachorètes et lui inspirent une joie si grande. Mais indique-moi un lieu aux belles ondes, aux nombreux bocages, où je puisse vivre heureux et content sous le toit d'un ermitage que j'y bâtirai. »

Ouï ce pieux langage du pieux Raghouide, le plus saint des anachorètes, le Devoir même en personne, le sage Agastya réfléchit un instant et lui répondit en ces mots d'une grande sagesse : « À deux yodjanas d'ici, Râma, il est un coin de terre, nommé Pantchavatî, lieu fortuné, aux limpides eaux, riche de fruits doux et de succulentes racines. Vas-y, construis là un ermitage et habite-le avec ton frère le Soumitride, observant la parole de ton père telle qu'il te l'a dite. Ton histoire m'est connue entièrement, jeune homme sans péché, grâces au pouvoir acquis par ma pénitence non moins qu'à mes liens d'amitié avec Daçaratha.

« Tu vois ce grand bois de bassins à larges feuilles : il vous faut marcher au septentrion de cette forêt et diriger vos pas vers ce banian. De là, quand vous serez parvenus sur les hauteurs de cette montagne, qui n'en est pas très-loin, vous y trouverez ce lieu, qu'on appelle la Pantchavatî, bocage fleuri d'une manière toute céleste. »

Aussitôt Râma, auquel Agastya avait tenu ce langage, de lui rendre avec Lakshmana les honneurs dus et d'offrir tous deux leurs adieux au solitaire, de qui la bouche était celle de la vérité. Puis, l'un et l'autre Kakoutsthide, ayant reçu congé de lui, se prosternent à ses pieds et partent avec Sîtâ, impatients d'arriver au lieu qu'ils doivent habiter.

———

Or, dans ces entrefaites, le grand vautour, fameux sous le nom de Djatâyou, s'approcha du pieux Raghouide en marche vers Pantchavatî, et, d'une voix gracieuse, douce, affectueuse : « Mon enfant, lui dit-il, apprends que je suis l'ami du roi Daçaratha, auquel tu dois le jour. » Le noble exilé, sachant qu'il était l'ami de son père, lui rendit ses hommages et lui demanda, plein de modestie, s'il jouissait d'une santé prospère. Ensuite Râma lui dit, stimulé par la curiosité : « Raconte-moi ton origine, mon ami ; dis-moi quelle est ta race et ta lignée. »

À ces mots, le plus éminent des oiseaux : « Çyénî mit au monde une fille avec d'autres enfants mâles : elle fut *nommée* Vinatâ, et d'elle naquirent deux fils, Garouda et *le cocher du soleil*, Arouna.

« Je suis né de ce Garouda avec mon frère aîné Sampâti : sache, dompteur *invincible* des ennemis, que je suis Djatâyou, *le petit-fils* de Çyénî.

Je serai, si tu le désires, ton fidèle compagnon ; et je défendrai Sîtâ dans ces bois, quand Lakshmana et toi vous serez absents. »

« Soit ! dit le prince anachorète, accueillant son offre ; puis il embrassa joyeux ce roi des volatiles, car il avait ouï raconter mainte et mainte fois l'amitié de son père avec Djatâyou. Alors ce héros, plein de vigueur, ayant confié Sîtâ la Mithilienne à sa garde, continua de marcher vers l'ermitage de Pantchavatî en compagnie de l'oiseau Djatâyou à la force sans mesure.

Quand Râma eut mis le pied dans la Pantchavatî, repaire des animaux carnassiers de toutes les sortes, il dit à Lakshmana, son frère, à la splendeur enflammée :

« Voici un lieu joli, fortuné, couvert de jeunes arbres tout en fleurs : veuille bien nous bâtir ici, bel ami, un ermitage comme il faut ! Non loin se montre, festonnée de lotus aux senteurs les plus douces et brillants à l'égal du soleil, cette pure et charmante rivière de Godâvarî, pleine d'oies et de canards, embellie par des cygnes et troublée çà et là par ces troupeaux de gazelles, à moyenne distance.

« Cette forêt est pure, elle est charmante, elle a mille qualités ! Fils de Soumitrâ, nous habiterons ici avec l'oiseau, notre compagnon. »

À ces mots, Lakshmana eut bientôt fait à son frère une très-jolie chaumière de sa main, qui terrasse les héros des ennemis. Intelligent *ouvrier*, il bâtit pour le noble héritier de Raghou une grande cabane de feuillages charmante, jolie à voir, tout à fait ravissante. Ensuite, le beau

Lakshmana descendit à la rivière de Godâvarî, se baigna, y cueillit des fleurs et se hâta de revenir.

Alors, quand il eut consacré une offrande de fleurs et sacrifié dans le feu suivant les rites, il fit voir l'ermitage construit au noble enfant de Raghou. Celui-ci vint avec Sîtâ, vit la hutte de feuilles, délicieux ermitage, et cette vue lui causa une joie suprême. Dans son enchantement, il étreignit Lakshmana de ses deux bras, et lui tint ce langage doux, ravissant l'âme et débordant même d'une vive affection : « Je suis charmé que tu aies déjà fait un si grand ouvrage : reçois donc maintenant cet embrassement de moi comme un présent d'amitié. Nos ancêtres, mon ami, seront tous sauvés par toi, bon fils, instruit dans le devoir, la reconnaissance et la vertu. »

Après qu'il eut parlé en ces termes à Lakshmana, de qui l'attachement redoublait sa félicité, le héros équitable de Raghou, en compagnie de son épouse et de son frère, habita quelque temps ces lieux riches de fruits et parés de fleurs, comme un second Indra au sein d'un autre paradis.

———

Tandis que le pieux Daçarathide coulait dans la forêt de pénitence une vie heureuse, l'automne expira et l'hiver amena sa bien-aimée saison. Un jour, s'étant levé pour ses ablutions au temps où les clartés du matin commencent à blanchir la nuit, il descendit à la rivière de Godâvarî. Le fils de Soumitrâ, son frère, le front incliné, une cruche à la main, le suivait par derrière avec Sîtâ : « Voici arrivée, seigneur, dit alors celui-ci, une saison qui te fut toujours agréable, où l'année brille, comme parée de *ses plus nombreuses* qualités. « Il gèle ; le vent est âpre, la terre est couverte de fruits ; les eaux ne donnent plus de plaisir et le feu est agréable. *C'est le temps où* ceux qui mangent de l'offrande, quand ils ont honoré les Dieux et les Mânes avec un sacrifice de riz nouveau, sont tous lavés de leurs souillures.

« Nos jours s'écoulent aimables, purs, d'un pied hâté : ils ont des passages difficiles, qu'on traverse avec peine le matin, mais ils sont pleins de charme, quand le temps amène le milieu du jour. Maintenant, frappées d'un soleil sans chaleur, couvertes de gelée blanche, frissonnantes d'un vent froid et piquant, l'éclat des neiges tombées *la nuit* fait briller au matin les forêts désertes.

« Le soleil, qui se lève au loin et dont les rayons nous arrivent, enveloppés de la neige ou des brumes, apparaît maintenant sous l'aspect d'une *autre* lune. Sa chaleur, insensible au matin, paraît douce au toucher vers le milieu du jour ; et, sur le soir, il se colore d'une rouge qui tourne légèrement à la pâleur.

« Dans la ville, en ce moment, par attachement pour toi, Bharata, consumé de sa douleur, Bharata, le Devoir même en personne, se livre à de *pénibles* mortifications. Abandonnant et son trône, et les voluptés, et toutes les choses des sens, se frustrant même de nourriture, ce noble pénitent couche sur la froide surface de la terre. Sans doute, environné des sujets, que leur dévouement rassemble autour de lui, il se rend à cette heure même au fleuve Çarayoû, mais son cœur s'élance vers cette rive où nous sommes, pour y faire avec nous ses ablutions.

« L'homme n'imite point les exemples que lui donne son père, mais le modèle qu'il trouve dans sa mère, » dit un adage répété de bouche en bouche dans l'univers : la conduite que Bharata mène est à rebours du proverbe. Comment, roi des enfants de Manou, comment Kêkéyî, notre mère, elle, qui a pour fils le vertueux Bharata, elle, qui eut pour époux Daçaratha, peut-elle être ce qu'elle est ? »

Dans le temps que sa tendre amitié inspirait ces paroles au juste Lakshmana, son frère, de qui l'âme fuyait toujours la médisance, l'interrompit en ces termes : « Tu ne dois pas, mon ami, infliger ton blâme devant moi à cette mère, qui tient le milieu entre les nôtres : ne parle ici que de Bharata, le noble chef des Ikshwâkides. »

Tandis qu'il parlait ainsi, le Kakoutsthide arriva sur les bords de la Godâvarî : il accomplit dans cette rivière ses ablutions avec son jeune frère et son épouse.

Quand il eut, suivant les rites, satisfait d'une libation les Dieux et les Mânes, il adora avec elle et Lakshmana le soleil, qui se levait à l'horizon.

Dès que Râma eut terminé ses ablutions avec son épouse et le fils de Soumitrâ, il quitta cette rive de la Godâvarî et revint à son ermitage. Là donc, assis dans sa chaumière, entre Sîtâ et Lakshmana, son frère, il s'entretint avec eux sur différentes matières. Tandis que ce magnanime causait avec le Soumitride, le roi des vautours se présenta et dit ces paroles au noble fils de Raghou :

« Héros à la grande fortune, à la grande force, aux grands bras, au grand arc, je te dis adieu, ô le meilleur des hommes ; je retourne en ma demeure. Il te faut apporter ici une continuelle attention à l'égard de tous les êtres, fils de Raghou ! j'ai envie, *vaillant* meurtrier des ennemis, j'ai envie de revoir mes parents et mes amis. Quand j'aurai vu tous ceux que j'aime, ô le plus grand des hommes, je reviendrai, s'il te plaît ; je te le dis en vérité. »

À ces mots, Râma et Lakshmana de répondre au monarque des oiseaux : « Va donc, ô le meilleur des volatiles, mais à la condition de revenir bientôt nous voir. » Quand le roi des vautours fut parti, le fils de Raghou à l'aspect aimable revint à son toit de feuillage et rentra dans sa chaumière avec Sîtâ.

Dans ce moment une certaine Rakshasî, nommée Çoûrpanakhâ, sœur de *Râvana, le* démon aux dix têtes vint en ces lieux d'un mouvement spontané et vit là, semblable à un Dieu, Râma aux longs bras, aux épaules de lion, aux yeux pareils aux pétales du lotus. À la vue de ce prince beau comme un Immortel, la Rakshasî fut enflammée d'amour ; elle, à qui la nature avait donné un teint hideux, un caractère méchant, cette ignoble *fée* , cruelle à servir, qui marchait toujours avec la pensée de faire du mal à quelqu'un et n'avait de la femme rien autre chose que le nom.

Aussitôt elle prend une forme assortie à son désir ; elle s'approche du héros aux longs bras, et, commençant par déployer sa nature de femme, lui tient ce langage avec un *doux* sourire : « Qui es-tu, toi qui, sous les apparences d'un pénitent, viens, accompagné d'une épouse, avec un arc et des flèches, dans cette forêt impraticable, séjour des Rakshasas ? »

À ces mots de la Rakshasî Çoûrpanakhâ, le noble fils de Raghou se mit à lui tout raconter avec un esprit de droiture ; « Il fut un roi nommé Daçaratha, juste et célèbre sur la terre ; je suis le fils aîné de ce monarque et l'on m'appelle Râma. Cette femme est Sîtâ, mon épouse ; voici mon frère Lakshmana. Vertueux, aimant le devoir, je suis venu demeurer dans ces forêts à l'ordre de mon père, à la voix de ma *belle* -mère. Ô toi, en qui sont rassemblés tous les caractères de la beauté, toi, si charmante, qu'on dirait Çri elle-même, qui se manifeste aux yeux des mortels, qui es-tu donc, toi, qui, femme craintive, te promènes dans le bois Dandaka, la plus terrible des forêts ? Je désire te connaître : ainsi dis-moi qui tu es, quelle est *ta* famille, et pour quel motif je te vois errer seule ici et sans crainte. »

À ces mots, la Rakshasî, troublée par l'ivresse de l'amour, fit alors cette réponse : « On m'appelle Çoûrpanakhâ, je suis une Rakshasî, je prends à mon gré toutes les formes ; et, si je me promène seule au milieu des bois, Râma, c'est que j'y répands l'effroi dans toutes les créatures. Les tîrthas saints et les autels y périssent, anéantis par moi. J'ai pour frères le roi des Rakshasas lui-même, nommé Râvana ; Vibhîshana, l'âme juste, qui a répudié les mœurs des Rakshasas ; Koumbhakarna au sommeil prolongé, à la force immense ; et deux Rakshasas fameux par le courage et la vigueur, Khara et Doûshana. Ta vue seule m'a jetée dans le trouble, Râma : aime-moi donc comme je t'aime ! Que t'importe cette Sîtâ ? Elle est sans charmes, elle est sans beauté, elle n'est en rien ton égale ; moi, au contraire, je suis pour toi une épouse assortie et douée, comme toi, des avantages de la beauté. *Laisse* -moi dévorer cette femme sans attraits ni vertus, avec ce frère, qui est né après toi, mais de qui la vie est déjà terminée. Cela fait, tu seras libre, mon bien-aimé, de te promener avec moi par toute la contrée Dandaka, contemplant ici les sommets d'une montagne et là des bois enchanteurs. »

Quand il eut ouï ce discours plus qu'horrible de la Rakshasî, le héros aux longs bras avertit d'un regard Sîtâ et Lakshmana. Ensuite Râma, cet orateur habile à tisser les paroles, se mit à dire ces mots à Çoûrpanakhâ, mais pour se moquer :

« Je suis lié par l'hymen ; tu vois mon épouse chérie : une femme de ta condition ne peut s'accommoder ainsi d'une rivale. Mais voici mon frère puîné, qui a nom Lakshmana, beau, joli à voir, d'un bon caractère, plein d'héroïsme et qui n'est point marié. Il sera un époux assorti à cette beauté, *dont je te vois si bien douée* ; il est jeune, il a besoin d'une épouse, ses formes sont gracieuses ; il est d'un extérieur enfin qui plaît aux yeux. »

À ce discours, la Rakshasî, qui changeait de forme à sa volonté, quitte Râma brusquement et se tourne avec ces mots vers Lakshmana : « Aime-moi donc, ô toi, qui donnes l'honneur, moi, qui suis une épouse assortie à ta beauté : tu auras du plaisir à te promener avec moi dans la ravissante forêt Dandaka. »

À ce langage de Çoûrpanakhâ, le fils de Soumitrâ, habile dans l'art de parler, fixa les yeux sur la Rakshasî et lui répondit en ces termes : « Est-ce qu'il te siérait, devenant mon épouse, de servir un serviteur ? car je suis, ma haute dame, soumis à la volonté de mon noble frère aîné. À toi, femme de la plus éminente perfection, il te faut un homme de la plus haute fortune ; il n'y a qu'un sage qui soit digne de toi, douée entièrement des vertus que l'on désire : unie à ce noble personnage, sois donc ici, femme aux grands yeux, la plus jeune de ses deux épouses. »

Il dit ; à ces mots de Lakshmana, *qui semblait deviner, sous la métamorphose de la méchante fée*, ses dents longues et saillantes avec son ventre bombé, elle prit sottement pour la vérité même ce qui était une plaisanterie. Aussi courut-elle une seconde fois vers ce Daçarathide à la grande splendeur, assis avec Sîtâ ; et, folle d'amour, elle dit ces mots à l'invincible : « J'ai pour toi de l'amour, et c'est toi que j'ai vu même avant ton frère : sois donc mon époux un long temps ! Que t'importe cette Sîtâ ? »

Alors, avec des yeux semblables à deux tisons allumés, elle fondit sur la Vidéhaine, qui la regardait avec ses yeux doux, comme ceux du faon de la gazelle : on eût dit un grand météore de feu qui se rue dans le ciel contre *la belle étoile* Rohinî. Aussitôt que Râma vit la Rakshasî lancée comme le nœud coulant de la mort, il arrêta la furie dans sa course, et ce héros à la grande force dit avec colère à Lakshmana : « Fils de Soumitrâ, il ne faut pas jouer d'aucune manière avec des gens féroces et bien méchants : vois, bel ami ! c'est avec peine si ma chère Vidéhaine échappe à la mort ! Chasse à l'instant cette Rakshasî difforme, au gros ventre, infâme dans sa conduite et folle au plus haut degré. »

À ces mots, Lakshmana, dans sa colère, empoigna la méchante fée sous les yeux mêmes de Râma, et, tirant son épée, lui coupa le nez et les oreilles. Ainsi mutilée dans son visage, la féroce Çoûrpanakhâ remplit tout de ses cris et s'enfuit d'un vol rapide au fond du bois, comme elle était venue.

Ainsi défigurée, elle vint trouver son frère, ce Khara, à la force terrible, qui avait envahi le Djanasthâna, et tomba sur la terre au milieu des Rakshasas, dont il était environné, comme la foudre même tombe du haut des cieux.

À la vue de sa sœur étendue à terre, inondée par le sang, le nez et les oreilles coupés, Khara le Rakshasa lui demanda, avec des yeux rouges de colère : « Qui donc t'a mise dans un tel état, toi qui, douée de force et de courage, te promenais, pareille à la mort, où bon te semblait sur la terre ? Quelle main parmi les Dieux, les Gandharvas, les Bhoûtas et les magnanimes solitaires, possède une vigueur si grande, qu'elle ait pu t'infliger cette odieuse mutilation ? »

Il dit : à ces paroles de son frère jetées avec colère, Çoûrpanakhâ répondit ces mots d'une voix que ses larmes rendaient bégayante : « *J'ai rencontré* deux jeunes gens pleins de beauté, aux membres potelés, à la force puissante, aux grands yeux de lotus, et doués de tous les signes où l'on reconnaît des rois. Habillés de peaux noires et d'écorce, ils ressemblent aux rois des Gandharvas, et je ne saurais dire si ce sont des Dieux ou simplement des hommes.

« J'ai vu là au milieu d'eux une dame jeune, à la taille gracieuse : la beauté dont elle est douée rayonne de toutes les parures. Je me disposais dans la forêt à dévorer cette femme violemment avec ses deux compagnons, mais je me vis réduite à l'état où je suis, comme une misérable sans appui. Traînée dans le combat, malgré mes cris, malgré ma résistance, vois ! quel outrage m'a-t-on fait ;... et c'est toi, qui es mon protecteur ! »

À ces mots d'elle, Khara furieux jette cet ordre à quatorze Rakshasas noctivagues, semblables à la mort : « Deux hommes, armés de traits, vêtus de peaux noires et d'écorces, sont entrés avec une femme dans l'épouvantable forêt Dandaka. Allez ! et ne revenez pas que vous n'ayez tué ces deux scélérats avec elle, car ma sœur en veut boire le sang. »

Dociles à ce commandement, les Démons partent aussitôt avec la furie, tous une lance au poing et rapides comme des nuages chassés par le vent.

À peine eut-il aperçu les cruels Démons et la furie : « Fils de Soumitrâ, dit le vaillant Raghouide à Lakshmana, son frère, à la vigueur éclatante, reste un instant près de ma chère Vidéhaine, jusqu'à ce que j'aie terrassé dans le combat ces Rakshasas féroces. » Dès qu'il eut ouï ces paroles du héros à la force sans mesure : « Oui ! » répondit Lakshmana, qui se mit à côté de la *royale* Vidéhaine.

Râma sur-le-champ attache la corde à son arc immense, orné richement d'or ; et lui, qui était le Devoir même en personne, il adresse aux Démons ces paroles : « Retirez-vous d'ici ! Vous ne devez pas approcher davantage, si vous attachez quelque prix à votre vie : retirez-vous, Démons nocturnes ! »

À ces mots, les quatorze Démons, bouillants de fureur, la lance et les javelots en main, répondirent, les yeux rouges de colère, à Râma ; eux, qui avaient l'audace du crime, à lui, qui avait celle de l'héroïsme :

« Tu as fait naître la colère au cœur de Khara, notre bien magnanime seigneur ; tu vas laisser ici ta vie, immolé par nous dans le combat ! »

Ils disent, et, bouillants de fureur, les quatorze Rakshasas fondent sur Râma, les armes hautes et le cimeterre levé. Après un élan rapide, les quatorze Démons noctivagues font pleuvoir sur lui avec colère maillets d'armes, javelots et lances. Mais Râma soudain avec quatorze flèches brisa dans ce combat les armes de ces quatorze Rakshasas. Ensuite, calme dans sa colère au milieu du combat, il prit, aussi prompt que vaillant, quatorze nouvelles flèches acérées. Il encocha lestement ces dards à son arc, et, visant pour but les Rakshasas, déchaîna contre eux ces flèches avec un bruit pareil au tonnerre de la foudre.

Les traits empennés d'or, enflammés, rehaussés d'or, fendent l'air, qu'ils illuminent d'un éclat égal à celui des grands météores de feu. Ces flèches, semées d'yeux, telles que les plumes du paon, traversent de part en part les Démons et se plongent dans la terre, où leur impétuosité les emporte, comme des serpents dans une *molle* taupinière.

Les dards luisante revinrent d'eux-mêmes au carquois, après qu'ils eurent châtié les Démons. À la vue de ses vengeurs étendus sur la terre, la Rakshasî, délirante de colère, trembla de nouveau et jeta une clameur épouvantable. Aussitôt Çoûrpanakhâ s'enfuit rapidement toute tremblante, en poussant de grands cris, vers la région où demeurait son frère à la force puissante.

———

À l'aspect de Çoûrpanakhâ étendue pour la seconde fois aux pieds de son frère, Khara, d'une voix nette et pleine de colère, dit à cette femme revenue, sans qu'elle eût accompli son dessein : « Quand j'ai envoyé, pour te satisfaire, mes Rakshasas, ces héros si fiers, qui mangent la chair crue, pourquoi viens-tu encore verser ici des larmes ?

« Sans doute, il n'a pu arriver que mes sujets toujours fidèles, attentifs, dévoués à moi, n'aient point exécuté mes ordres, ne fût-ce que par attachement à leur vie ! Dis-moi quelle est donc la cause, noble dame, qui te ramène ici : pourquoi gémis-tu, les yeux dévastés par des larmes ? »

La méchante femme, accablée de douleur, essuya ses yeux mouillés de larmes et lui répondit en ces termes : « Ces héros des Rakshasas, que tu avais envoyés, la lance au poing, Râma seul les a tous consumés avec le feu de ses flèches. À la vue de cette prouesse, à l'aspect de ces guerriers tombés sur la terre, comme des arbres sapés à la racine, je fus saisie d'un tremblement subit. Rakshasa, je suis troublée, consternée, épouvantée ; et je viens, ne voyant partout que terreur, me réfugier sous ta protection !

« Arrache toi-même, Démon nocturne, cette épine qui est venue s'implanter dans la forêt Dandaka pour y blesser tes Rakshasas. *Autrement*, moi, qui te parle, je vais jeter là ma vie devant toi, lâche, qui n'as point de honte, si mon ennemi n'est immolé de ta main aujourd'hui même ! »

À sa cruelle sœur, qui l'excitait ainsi à l'audace, le bouillant Khara de répondre avec ce langage plein de véhémence au milieu des Rakshasas : « Ce Râma, qui n'est *tout simplement* qu'un homme, un être sans force, n'a point de valeur à mes yeux ; et bientôt, aujourd'hui même, abattu sous mon bras, il vomira sa vie pour ses méfaits ! Arrête donc ces larmes ! chasse-moi cette terreur ! Aujourd'hui même, je vais jeter Râma et son frère dans les noires demeures d'Yama ! N'en doute pas, Rakshasî, tu vas boire en ce jour le sang chaud de Râma, frappé de cette massue et couché sans vie sur la surface de la terre !

« Une fois Râma tué et son frère avec lui, tu pourras bientôt faire de Sîtâ un festin, et tes cuisiniers t'apprêteront ses chairs tendres, fines, délicieuses. »

La cruelle entendit pleine de joie ces paroles de Khara, qui allaient à son cœur, et vanta pleine de joie son frère, assis au plus haut rang des Rakshasas : « Gloire à toi, héros, à toi, le seigneur des Rakshasas, qui as fait germer en ta pensée le désir noble et vaillant d'immoler tes ennemis dans un combat !

« Sors donc en diligence pour tuer ce méchant ! J'ai soif de boire le sang de Râma sur le front même de la bataille ! »

À peine eut-il entendu ces ravissantes paroles, dont Çoûrpanakhâ flattait son oreille : « Fais, dit-il au général de ses armées, qui s'appelait Doûshana et se trouvait à son côté ; fais rassembler quatorze mille de ces Rakshasas, héros superbes, d'une impétuosité formidable, qui obéissent à ma pensée et ne reculent jamais dans les combats ; féroces, artisans de cruautés, semblables en couleur aux sombres nuages, armés de toutes pièces et qui se font une volupté de tourmenter le monde. »

Khara, bouillant de colère, monta dans son char, pareil aux cimes de Mérou et décoré avec un or épuré, tout plein d'armes, pavoisé d'étendards, orné de cent clochettes, rayonnant de toute la diversité des pierreries, égal au ciel en splendeur, où *l'orfèvre habile* avait sculpté des poissons, des fleurs, des arbres, des montagnes, le soleil et la lune en or, des troupes d'oiseaux et des étoiles en argent ; char attelé de vigoureux coursiers, mais doué d'un mouvement spontané, avec un timon parsemé de perles et de lapis-lazuli, où brillait en or l'astre des nuits.

Aussitôt que les Rakshasas à la force terrible virent Khara placé dans son char, ils se tinrent *attentifs à sa voix*, rangés autour de lui et du vigoureux Doûshana. À la vue de cette grande armée, pourvue de toutes les armes, sous diverses bannières, Khara joyeux cria du haut de son char à tous les Rakshasas : « *En avant* ! sortez ! » Soudain toute cette armée, portant massues, lances et tridents, s'élança hors du Djanasthâna avec un bruit pareil à celui du grand Océan.

Tout à coup une grande nuée fit tomber sur le Démon, qui s'avançait enflammé par le désir de la victoire, une pluie sinistre, dont l'eau se trouvait mêlée avec des pierres et du sang.

Un sombre nuage enveloppa de son manteau noir, liséré de rouge, l'astre qui donne le jour, et qui, par la couleur de son disque, ressemblait alors au tison ardent.

Le ciel brilla d'une couleur sanglante avant l'heure où s'annonce le crépuscule, et des oiseaux, qui planaient au milieu des airs, se mirent à pousser des cris aigus, tournant la tête du côté où Khara s'avançait. Un vent impétueux souffla ; le soleil perdit sa clarté, et l'on vit briller au milieu du jour la lune, environnée de son armée d'étoiles.

À la vue de ces grands, de ces épouvantables présages, qui se levaient partout simultanément, le roi de cette armée formidable dit en riant à tous les Rakshasas : « Je ne fais nul cas de ces pronostics horribles à voir, qui se lèvent autour de moi ; j'ai un augure plus certain dans cette bravoure, dont ma force est la source ! »

En ce moment accoururent, désireux tous de voir ce grand combat, et les Rishis, et les Siddhas, et les Dieux, et les principaux des Gandharvas, et les célestes chœurs des Apsaras.

Alors que le Démon à la bouillante audace, Khara, fut arrivé dans le voisinage de sa chaumière sainte, Râma vit avec son frère les sinistres augures. Et l'aîné des Raghouides tint à l'autre ce langage :

« Héros, nous tenons sous la main une victoire et l'ennemi sa défaite, car mon visage est serein, et tu vois comme il brille ! Mais, dans cette conjoncture, il est d'un homme sage, Lakshmana, d'aviser aux possibilités futures, comme s'il avait à craindre une infortune. Prends donc, armé de ton arc et tes flèches à la main, prends Sîtâ et cours la mettre à couvert dans un antre de la montagne, environné d'arbres et d'un accès difficile. Reste là, bien muni d'armes, avec la princesse du Vidéha : ainsi, l'horrible terreur des événements qui sont encore dans le futur n'ira pas y troubler tes yeux. »

À ces mots de son frère, Lakshmana prend aussitôt son arc et ses flèches ; puis, accompagné de Sîtâ, il se rend vers la caverne d'un accès impraticable. À peine Lakshmana fut-il entré dans la grotte avec Sîtâ : « Bien ! » dit Râma, qui attacha alors solidement sa cuirasse. Dès que le vaillant Raghouide fut paré de cette armure aussi brillante que le feu, il resplendit à l'égal du soleil, qui vient à son lever de chasser les ténèbres.

De tous côtés, l'armée de ces mauvais Génies se montrait également pleine de bannières, de cottes maillées, d'épouvantables armes, et poussant de profondes clameurs.

Dans ce moment le Kakoutsthide, promenant ses yeux de tous les côtés, vit les bataillons des Rakshasas arrivés en face de lui pour le combat. Son arc empoigné dans une main et ses flèches tirées du carquois, il se tint prêt à combattre, emplissant toute l'atmosphère avec les sons de sa corde vibrante. Le beau jeune prince avait l'air de sourire en face de tous les Rakshasas ; mais sa colère ne rendait que plus difficile à supporter la flamme de son regard, aussi flamboyant que le feu à la fin d'un youga.

À l'aspect du terrible enfant de Raghou, tous les Rakshasas tombent dans une profonde stupéfaction et s'arrêtent, quoique altérés de combat, immobiles comme une montagne.

À peine Khara, le roi des Rakshasas, eut-il vu toute son armée glacée par la stupeur, qu'il cria aussitôt à Doûshana et d'une voix pleine de véhémence : « Il n'y a pas encore de fleuve à traverser ici, et cependant voici que l'armée s'arrête comme entassée dans un même lieu : sache donc en vérité, bel ami, quelle raison a déterminé ce mouvement. » Aussitôt Doûshana pousse rapidement son char hors de l'armée, et voit Râma devant lui, ses armes déjà levées. Il reconnaît que l'armée est retenue par la terreur, il revient et le Rakshasa fait ce rapport au frère puîné de Râvana : « C'est Râma, qui se tient, son arc à la main, devant le front de bataille : toute l'armée des Rakshasas vient d'arrêter son pas à l'aspect du héros, de qui la vue inspire l'épouvante aux ennemis. »

À ces mots, Khara d'une bravoure impétueuse se précipite avec son char vers le vaillant rejeton de Kakoutstha, comme Rahou fond sur l'astre qui produit la lumière. Quand l'armée rakshasî vit Khara poussé au combat par l'aiguillon de la fureur, elle s'élança derrière lui en phalange profonde, avec le bruit des nuages, dont l'orage entrechoque de grands amas. Alors, pleins de colère, ces Démons noctivagues firent tomber sur l'invincible aux formidables exploits une pluie de projectiles, variés dans les formes.

Il en reçut toutes les flèches *d'un air impassible*, comme l'Océan reçoit les tributs des fleuves. Le corps percé de ces dards cruels, Râma en fut aussi peu troublé qu'un grand mont n'est ému sous les coups nombreux de la foudre enflammée.

Dans le combat, il envoyait en masse aux Démons ses dards ornés d'or, indomptables, irrésistibles et pareils au lasso même de la mort. Ces traits, volant avec leurs ailes de héron à travers les phalanges des ennemis, ôtaient la vie aux Démons d'une manière aussi prompte que les malédictions des plus saints pénitents.

Il était de ces flèches, qui partaient de l'arc sans être unies entre elles par aucun lien et qui s'enfonçaient dans le sol de la terre, après qu'elles avaient traversé les effroyables Rakshasas. Ailleurs, tranchées par les dards *en forme de croissant*, les têtes des ennemis tombent par milliers sur la terre, où leur bouche agite convulsivement ses lèvres pliées.

En ce moment, réfugiés sous l'abri du monarque et de *son frère* Doûshana, ces débris s'entassèrent autour d'eux comme un troupeau d'éléphants. Khara donc, à la vue de ses bataillons maltraités par les flèches de Râma, dit au général de ses troupes, guerrier à la vigueur épouvantable, au cœur plein de courage : « Héros, que l'on ranime la valeur de mon armée ! Que l'on tente un nouvel effort ! Je vais précipiter au séjour d'Yama cet *audacieux* Râma, tout fils qu'il est du roi Daçaratha ! »

Quand Doûshana eut aiguisé leur courage *émoussé* et rendu à l'armée sa première confiance, il se précipita vers le rejeton de Kakoutstha avec la même fureur que jadis le Démon Namoutchi s'élança contre le fils de Vasou. Tous les mauvais Génies sans crainte, parce qu'ils voyaient Doûshana près d'eux, fondirent eux-mêmes sur Râma une seconde fois, armés par divers projectiles. Empoignant les tridents aigus, les javelots barbelés, les épées et les haches, ces rôdeurs impurs des nuits dans une extrême fureur de lancer tout contre lui. Mais il eut bientôt avec ces dards brisé toutes leurs armes en morceaux ; puis, de ravir *sans relâche* à coups de flèches dans ce dernier combat le souffle de la vie à ce reste des Rakshasas. Le héros aux longs bras marchant, comme s'il jouait, dans le cercle même des mauvais Génies, coupait lestement et les bras et les têtes.

Aussitôt le général des armées, plein de colère, Doûshana à la vigueur épouvantable saisit une massue horrible à voir et pareille à une cime de montagne. Armé de cette grande massue toute revêtue de feuilles d'or et parée de bracelets d'or, mais toute semée de clous en fer à la pointe aiguë, terreur enfin de toutes les créatures et qui, semblable à un grand serpent, frappe d'un toucher écrasant comme la foudre même du tonnerre, pile et broie les membres de ses ennemis, le vigoureux Doûshana fondit, pareil au Trépas, sur le *vaillant* Râma, tel que jadis on vit le démon Vritra s'élancer contre le puissant Indra.

Voyant Doûshana, enflammé de colère, s'avancer encore, impatient de lui donner la mort, le prompt guerrier de trancher avec deux flèches les deux bras armés et décorés de ce fier Démon, qui se précipitait sur lui dans le combat. L'épouvantable massue, échappant à la main coupée, tomba sur le champ de bataille avec le bras mutilé comme un drapeau de Mahéndra tombe du faîte de son temple ; et Doûshana lui-même fut abattu mourant sur le sol avec ses deux bras coupés, tel qu'un éléphant de l'Himâlaya, qui a perdu ses défenses. Alors, voyant Doûshana étendu sur la terre avec sa massue, toutes les créatures d'applaudir au Kakoutsthide, en lui criant : « Bien ! bien ! »

Le champ de bataille était vide de combattants, car le feu des flèches de Râma les avait tous dévorés ; et, tel que dans le Niraya [21], le sang et la chair en avaient détrempé l'argile. Les uns, percés d'une flèche, gisent privés de vie sur la terre : les autres se lamentent ; ceux-là fuient comme des insensés devant les dards qui les poursuivent. Râma, dans cette journée, immola quatorze milliers de Rakshasas aux exploits épouvantables ; et cependant il était seul, il était à pied, et ce n'était qu'un homme.

Le Rakshasa nommé Triçiras, *ou le Démon aux trois têtes*, se jeta devant le roi de l'armée défaite, Khara, qui s'avançait le front tourné vers le vaillant Raghouide, et lui tint ce langage : « Confie-moi ta vengeance, roi valeureux, et va-t'en d'ici promptement : tu verras bientôt le vaillant Râma tomber sous mes coups dans le combat. Ou je serai sa mort dans le combat, ou il sera mon trépas dans la bataille : mets donc un frein à ton ardeur belliqueuse et reste spectateur un instant. »

Calmé par ce langage de Triçiras, qui se précipitait de lui-même à la mort, Khara joyeux lui répondit en ces termes : « Qu'il en soit donc ainsi ! » Ensuite le Démon plein d'allégresse, ayant reçu congé dans le combat avec ce mot : « Va ! » élève bruyamment son arc et s'avance le front tourné en face de Râma.

Alors s'éleva sur le champ de bataille entre le Démon aux trois têtes et le vaillant Raghouide un combat tumultueux, âpre, où chacun désirait tuer, où le sang était versé comme de l'eau.

Ensuite Triçiras envoya trois dards aigus s'implanter dans le front du vaillant Râma, qui, plein de courroux, jeta ces mots avec dépit : « J'ai reçu les dards que m'a décochés le nerf de ton arc : maintenant reste ferme devant moi, *si tu l'oses* ! »

À ces mots, le héros irrité de plonger dans la poitrine de Triçiras quatorze flèches, pareilles à des serpents. Le guerrier plein de vigueur abattit ses coursiers avec quatre et quatre flèches de fer, il brisa son char avec sept ; il renversa le cocher sous les coups de huit traits, il trancha d'un seul et fit voler à terre son drapeau arboré.

À la vue d'une telle prouesse, le Rakshasa fléchit les genoux mentalement devant son rival ; mais, tirant son épée d'un mouvement rapide, il s'élança vers lui avec impétuosité. Celui-ci, à peine eut-il vu ce mauvais Génie sauté lestement hors de son grand char, qu'il fendit le cœur au Démon en y plongeant dix flèches. Le prince aux yeux de lotus, riant de colère, coupa les trois têtes du monstre avec six dards acérés. Vomissant un sang *hideux*, sa vie tranchée par les flèches de Râma, il tomba sur la terre comme une grande montagne dont la chute de ses hautes cimes a précédé la chute.

À la vue du héros Triçiras abattu dans le combat, le cœur de Khara fut consumé de colère et son âme fut prise de la fièvre des batailles. Mais, devant le spectacle de ces bataillons détruits, il ne put s'empêcher aussi de songer un peu qu'un seul homme avait anéanti cette armée et renversé les deux héros. À la pensée d'un tel exploit, à la vue de cette preuve éclatante, où le bien magnanime Daçarathide avait signalé son héroïsme, le tremblement de la peur s'empara de Khara lui-même.

Néanmoins, rappelant sa fermeté, le noctivague héros d'un bouillant courage, affermit son pied de nouveau pour le combat.

Il banda son grand arc et fit voler sur Râma des flèches courroucées, reluisantes d'un feu brûlant et toutes pareilles à des serpents *de flammes*. Mais, tel qu'Indra fend l'atmosphère avec les gouttes de la pluie, Râma de les briser aussitôt avec ses flèches de fer, irrésistibles et semblables à des feux pétillants d'étincelles. La voûte du ciel était enflammée par les flèches aiguës que Râma et Khara s'envoyaient de l'un à l'autre, comme il arrive quand elle est pleine de ces nuages où la foudre allume ses éclairs.

Le Daçarathide aux longs bras de frapper au milieu du sein par dix flèches ce Khara, de qui sa main rabaissa l'arrogance. Mais celui-ci, enflammé de fureur, plongea lui-même sept flèches dans la poitrine du Raghouide, aussi versé dans le devoir qu'habile à terrasser l'ennemi. En ce moment, tout le corps baigné de sang par les dards si nombreux que le Rakshasa lui avait envoyés de son arc, le Kakoutsthide brillait du même éclat qu'un brasier allumé. Brandissant alors son grand arc, semblable à celui de Çakra même, sa main d'excellent archer en fit partir vingt et une flèches. Ce dompteur invincible des ennemis perça la poitrine avec une et les deux bras au Démon avec deux autres : il abattit les quatre chevaux par quatre dards en demi-lune. Dans sa colère, il en dépensa deux pour jeter le cocher au noir séjour d'Yama, et ce héros à la grande force en mit sept pour casser l'arc et les traits *aigus* dans les mains de Khara. Le noble fils de Raghou frappa le joug d'un seul dard et le coupa net ; il trancha les cinq drapeaux avec cinq traits, dont l'armure imitait dans sa forme l'oreille du sanglier.

Alors, son arc brisé, ses chevaux tués, son cocher sans vie, Khara se tint par terre, sa massue à la main et ses pieds fortement appuyés sur le sol. Soudain, avec la voix *menaçante* du Rakshasa, retentissent les roulements des tambours célestes, mêlés aux mélodieux accents des Immortels dans leurs chars aériens.

Khara, tout bouillant de colère, jette à Râma, comme un tonnerre enflammé, sa massue ornée de bracelets d'or, énorme, ardente, horriblement effrayante, enveloppée de flammes, comme un grand météore de feu. Des arbrisseaux et même des arbres, dans le voisinage desquels cette arme passa, il ne resta plus que des cendres. En effet, le monstre avait conquis par les efforts d'une violente pénitence cette massue divine, que lui donna jadis le magnanime Kouvéra.

Aussitôt le rejeton fortuné de Raghou, qui voulait détruire cette massue, pris dans son carquois le trait du feu, semblable à un serpent, et décocha cette flèche resplendissante comme la flamme. Le trait d'Agni, tout pareil au feu, arrêta la grande massue dans son vol au milieu des airs et la fit tournoyer plusieurs fois sur elle-même.

La massue rakshasî tomba, précipitée sur la terre, fendue et consumée avec ses ornements et ses bracelets, comme un *globe de* feu allumé.

En ce moment le Raghouide à la vigueur indomptable, homicide *généreux* des héros ennemis, adresse à Khara ce discours d'une voix terrible : « Ces paroles, que proclamait ta jactance par le désir impatient de ma mort : « Je boirai ton sang ! » tu les vois démenties à cette heure, ô le plus vil des Rakshasas ! Voici que ta massue, consumée par ma flèche, n'est plus que cendre : un seul dard l'a frappée ; ce fut assez pour la détruire et la jeter sans force sur la terre. »

« Je ne veux pas t'accorder la vie, être vil, au caractère bas, à la bouche menteuse : rassemble tes moyens pour un nouveau combat ! Je te ravirai le souffle, comme jadis Souparna ravit l'ambroisie, âme abjecte, à la vie méchante, fléau des hommes qui vivent dans la vertu ! Aujourd'hui j'affranchirai les saints de cette horrible tristesse qui a son origine dans la crainte et sa racine en toi, fléau perpétuel de nos saints brahmanes. Âme féroce, nature abjecte, ce n'est pas vivant que tu pourras m'échapper ! »

À ces mots, le Démon noctivague jeta ses regards de tous les côtés, cherchant une arme de combat, et, furieux, les sourcils contractés, il vit non très-loin un arbre énorme. Le guerrier à la force immense étreignit dans ses deux bras et, mordant les bords évasés de ses lèvres, arracha ce grand arbre : il courut, poussa un cri, et, visant Râma, lui jeta rapidement sa masse, en criant : « Tu es mort ! » Mais son auguste ennemi de couper avec un torrent de flèches le projectile feuillu dans son vol. Il conçut une brûlante colère, *un désir impatient* de tuer Khara dans cette bataille. Tous les arbres que celui-ci prenait, le noble meurtrier de ses ennemis, Râma les tranchait l'un après l'autre avec ses flèches aux barbes courbées.

Enfin, baigné de sueur et bouillant de colère, il transperça le Démon avec un millier de traits dans un *dernier* combat.

Aussitôt, mêlé au chant de voix mélodieuses, il se répandit au sein de l'atmosphère un son de tambours célestes, avec ces acclamations : « Bien ! bien ! » Une pluie de fleurs tomba au milieu du champ de bataille sur le front même de Râma, et l'on entendit *le ciel* crier à tous les points cardinaux : « Le scélérat est mort ! »

Depuis ce temps, Râma joyeux, entre Lakshmana et son épouse, qu'il avait rassurée, Sîtâ, aux yeux charmants de gazelle, coula dans cet ermitage une vie agréable, environné des honneurs que lui rendaient tous les ermites rassemblés *autour de sa personne*.

Quand Çoûrpanakhâ vit les quatorze mille Rakshasas tués, lorsqu'elle vit Doûshana, Triçiras et Khara tombés morts sur la terre, et que cet exploit, si difficile à beaucoup d'autres, Râma l'avait accompli seul, à pied, avec son bras d'homme, elle courut pleine d'épouvante à Lankâ soumise aux lois de Râvana, son frère. Là elle vit, assis entre ses conseillers, devant son char, comme le fils de Vasou au milieu des Maroutes, ce Râvana, le fléau du monde, trônant sur un siége d'or, élevé par-dessus tous et brillant à l'égal du soleil même, tel que le feu divin quand on l'a déposé tout flamboyant sur un autel d'or. Çoûrpanakhâ le vit, environné de sa cour admirable, avec ses dix visages, ses vingt bras, ses yeux couleur de cuivre et sa vaste poitrine ; elle le vit marqué des signes naturels où l'on reconnaît un roi, avec ses parures d'or épuré, ses longs bras, ses dents blanches, sa grande figure, sa bouche toujours béante, comme celle de la mort, héros semblable à une montagne, pareil aux nuées pluvieuses, invincible dans les combats aux magnanimes Rishis, aux Yakshas, aux Dânavas, aux Dieux mêmes. Sillonné des blessures faites par les traits du tonnerre dans les guerres des Asouras contre les Dieux, son corps étalait aux yeux les nombreuses cicatrices des plaies qu'Aîrâvata[22] lui avait infligées avec la pointe de ses défenses, et les traces multiples que le disque *acéré* de Vishnou avait laissées en tombant sur lui dans ses combats avec les Immortels.

Alors, au milieu des ministres de son frère, Çoûrpanakhâ furieuse jette ce discours plein d'âcreté à Râvana, le fléau du monde : « Plongé sans aucun frein dans tes jouissances de toutes les choses désirables, tu ne songes pas qu'il est né pour toi un danger terrible, auquel il est bien temps de songer.

« Khara est tué, Doûshana est tombé mort, et tu ne le sais pas ! Tu ignores que ces deux héros gisent percés de flèches dans le Djanasthâna. Râma seul, à pied, avec un bras d'homme, a moissonné quatorze milliers de Rakshasas à la vigueur enflammée ! La sécurité est rendue aux saints, la joie est ramenée dans tous les alentours de la forêt Dandaka ; et ce héros infatigable dans ses travaux a violé même ta province du Djanasthâna !

« Et toi, Râvana, livré à l'avarice, à l'incurie, à ceux qui disposent de ta volonté, tu n'as point senti qu'un danger terrible s'était allumé dans ton empire ! »

Ensuite, Râvana de jeter avec colère au milieu des ministres ces questions à Çoûrpanakhâ : « Qui est ce Râma ? D'où vient ce Râma ? Quelle est sa force ? Quel est son courage ? Pour quel motif a-t-il pénétré dans cette forêt Dandaka, si difficile à pratiquer ? Avec quelle arme ce Râma a-t-il moissonné mes Rakshasas, abattu Khara sur le champ de bataille, et Doûshana, et Triçiras avec lui ? »

À ces mots du roi des Rakshasas, la furie pleine de colère se mit à raconter ce qu'elle savait de Râma suivant la vérité : « Râma est le fils du roi Daçaratha ; il a de longs bras, de grands yeux ; son vêtement est un tissu d'écorces avec une peau d'antilope noire : sa beauté est égale à celle de l'Amour. Il bande un arc aux bracelets d'or, semblable à l'arc d'Indra même, et lance des flèches de fer enflammées, pareilles à des serpents au poison mortel. Quatorze milliers de Rakshasas aux exploits épouvantables ont succombé sous les traits acérés de lui seul, archer incomparable. À peine, seigneur, ai-je pu seule échapper à la mort : « C'est une femme ! » a dit Râma ; et la seule grâce qu'il a faite, ce fut de me laisser ainsi la vie par dédain. Il a un frère d'une vive splendeur, vigoureux, plein de vertus, attaché, dévoué à lui, marqué de signes fortunés, égaux à ceux de Râma : son nom, c'est Lakshmana.

« Une dame illustre, aux grands yeux, à la taille charmante, si déliée qu'une bague peut lui servir de ceinture, est l'épouse légitime de Râma : elle se nomme Sîtâ. Je n'ai jamais vu sur toute la face de la terre une femme aussi belle, ni aucune nymphe, soit Kinnarî, soit Yakshî, ou Gandharvî, ni même une déesse ! L'homme qui serait l'époux de Sîtâ ou qu'elle embrasserait avec amour, il vivrait aussi heureux parmi les mortels qu'Indra même parmi les Dieux. Ainsi, elle, de qui la beauté ne voit rien de comparable à elle-même sur la terre, elle sera ici une épouse assortie à toi, Génie à la grande splendeur, comme tu seras toi-même un époux digne de Sîtâ.

« Si mon discours te sourit, n'hésite point à l'exécuter, roi des Rakshasas ; car tu n'obtiendras jamais un plaisir égal à celui qu'il te promet. »

Après qu'il eut bien examiné l'entreprise, qu'il eut dessiné son plan avec justesse, qu'il eut pesé le fort et le faible des avantages et des inconvénients : « Voilà ce qui est à faire ! » se dit-il, arrêtant sa résolution ; et, l'esprit solidement assis dans son dessein, il se dirigea vers la magnifique remise où l'on gardait son char. Quand il se fut rendu là en secret, le roi des Rakshasas jeta cet ordre à son cocher : « Que l'on attelle mon char ! »

À ces mots, le cocher aux mouvements agiles d'atteler à l'instant même ce véhicule beau, resplendissant, muni de tous ses harnais, orné de tous ses drapeaux. Le fortuné monarque des Rakshasas monte sur le char fait d'or, avec des ornements d'or, allant de sa propre volonté, *quoique* attelé d'ânes, parés d'or eux-mêmes, avec des visages de vampires. Ensuite, il dirige sa marche vers *l'Océan*, souverain maître des rivières et des fleuves.

Le Démon passa au rivage ultérieur et vit dans un lieu solitaire, pur, enchanteur, s'élever un ermitage au milieu des bois. Là, il vit un Rakshasa, nommé Mâritcha, qui, ses cheveux roulés en djatâ, une peau noire de gazelle pour vêtement, vivait dans l'abstinence de toute nourriture.

Il s'approcha de l'anachorète ; et, quand il eut reçu de Mâritcha les honneurs exigés par l'étiquette, le monarque habile à manier le discours lui tint ce langage :

« Mâritcha, écoute maintenant les paroles que va prononcer ma bouche, je suis affligé ; et mon suprême asile dans mon affliction, c'est ta sainteté ! Entre plusieurs milliers rassemblés de Naîrritas [23], je ne trouverais nulle part, vaillant héros, un compagnon semblable à toi dans les combats. Ne veuille point ici ta sainteté briser mon affection : je t'implore dans mon besoin ; accomplis ma prière.

« Tu connais le Djanasthâna, où habitaient Khara, mon frère, Doûshana à la grande vigueur, Çoûrpanakhâ, ma sœur, Triçiras, ce Démon vigoureux,*toujours* affamé de chair *humaine*, et d'autres nombreux héros noctivagues, habiles à toucher le but d'un trait. Ils avaient mis là, suivant mon ordre, leurs habitations et s'occupaient à vexer dans la grande forêt les anachorètes dévoués au devoir. Là, vivaient quatorze milliers de Rakshasas aux prouesses épouvantables, qui marchaient à la volonté de Khara et s'étaient maintes fois signalés en frappant le but *avec le javelot ou la flèche*.

« Or, il est arrivé tout à l'heure que ces démons à la force immense, campés dans le Djanasthâna, en sont venus aux mains avec Râma, qui les a complètement battus dans la guerre.

« *Oui* ! Râma seul, à pied, avec son bras d'homme, a couché morts sur le champ de bataille dans le Djanasthâna par ses flèches, semblables à des serpents, ces quatorze milliers de Rakshasas, contre qui s'était allumée sa colère, sans qu'il eût reçu d'eux aucune parole injurieuse. Il a tué Khara dans le combat, il a tué Doûshana et Triçiras, il a rendu la sécurité aux saints et ramené le bonheur dans toutes les contrées de la forêt Dandaka.

« Et cet être, qui a déserté le devoir, qui même ne connaît pas le devoir, qui trouve son plaisir dans le mal des créatures, il porte un vêtement d'écorces, il se dit un pénitent, mais il a une épouse avec lui et son bras est armé d'un arc !

« Il a, *dis-je* , une épouse, célèbre sous le nom de Sîtâ : c'est une femme aux grands yeux, douée parfaitement de jeunesse et de beauté, charmante comme Çri même Apadma. Aujourd'hui j'irai, moi ! dans le Djanasthâna, d'où j'emmènerai de force ce joyau du monde : sois mon associé dans cette expédition ! Avec toi pour compagnon, debout à mes côtés, Démon à la grande vigueur, je ne crains pas tous les Dieux en bataille, Indra même à leur tête.

« Métamorphosé en gazelle au pelage d'or, moucheté d'argent, rends-toi à l'ermitage de ce Râma, et montre-toi sous les yeux de Sîtâ. Sans doute, sortant de sa chaumière aussitôt qu'elle t'aura vu sous la forme de gazelle : « Prenez vivante cette *jolie bête* ! » dira-t-elle à son époux ainsi qu'à Lakshmana. Ces deux héros partis, l'ermitage reste vide et j'enlève à mon aise *la belle* Sîtâ sans appui, comme l'éclipse ravit à Lunus sa lumière. Avec le pied léger de la gazelle, ta révérence peut fuir aisément : elle a d'ailleurs le courage et la vigueur nécessaires à la gravité de cette mission. Parmi ces Rakshasas qui furent tués dans le Djanasthâna, il n'en était pas un qui fût égal à toi, sans excepter Doûshana, ou Triçiras, ou Khara même ! Quand Râma et Lakshmana seront occupés à suivre ta piste, quand j'aurai enlevé Sîtâ et donné à ma sœur la joie de cette vengeance, quand le rapt de son épouse aura sans peine étouffé dans le chagrin la vigueur de Râma, alors mon âme au comble de ses vœux goûtera le plaisir en toute sécurité. »

L'anachorète, engagé par ce discours à se mêler dans la grande lutte avec Râma, joignit les mains, et, l'esprit hors de lui-même, parce qu'il avait éprouvé toute la vigueur du héros, tint à Râvana ce langage salutaire, convenable, dicté par la vérité.

« Sire, il est aisé de rencontrer des hommes qui ne disent jamais que des choses agréables : au contraire, il est difficile de trouver un homme qui sait dire ou entendre une chose désagréable, mais utile. Renseigné par des espions négligents, tu ne sais pas sans doute comme est le courage, comme est la vigueur de ce Râma, semblable, soit à Varouna, soit au grand Indra même. Si la guerre s'allume entre vous deux, sache, roi des Rakshasas, que ton peuple entier va flotter dans un extrême péril.

« Fasse le ciel que le salut soit pour tous les Rakshasas sur la terre ! Fasse le ciel, mon ami, que Râma dans sa colère ne jette pas tous les Rakshasas hors du monde ! Fasse le ciel que cette fille du roi Djanaka ne soit pas née pour être comme la fin de ta vie ! Fasse le ciel qu'une grande infortune ne tombe pas sur toi à cause de Sîtâ !

« Râma n'est pas un cœur dur, mon ami, ce n'est pas un insensé ; il n'est point esclave des sens : ce que tu as dit, Rakshasa, n'est pas vrai, ou tu as mal entendu.

« Ayant su que *l'ambitieuse* Kêkéyî avait trompé son père, de qui *toute* parole était une vérité : « Je ferai *ce qu'il a promis* ! » dit ce héros, le Devoir même en personne, et là-dessus il partit aussitôt, pour les forêts. C'est par le désir de faire une chose agréable à Kêkéyî et au roi son père qu'il abandonna son royaume et ses voluptés pour s'exiler dans la forêt Dandaka.

« Comment veux-tu lui ravir sa princesse du Vidéha, quand elle est défendue par son courage et sa vigueur ? Insensé, c'est comme si tu voulais ravir sa lumière au soleil ! Quiconque aurait enlevé à Râma cette épouse d'un sang égal au sien, cette *noble* bru du *roi* Daçaratha, ne pourrait sauver sa vie, eût-il trouvé même un asile chez les treize immortels !

« Si tu veux conserver ton royaume, ton bonheur, tes voluptés, ta vie, garde-toi bien jamais d'attaquer l'auguste Râma. En effet, la vigueur fut donnée sans mesure à ce héros, de qui la fille du roi Djanaka est l'épouse dévouée sans relâche à ses devoirs et plus chère à lui-même que sa vie. Il ne t'est pas moins impossible d'enlever Sîtâ à la taille charmante de son asile entre les bras vigoureux de son époux, que de prendre même la flamme du feu allumé !

« Retourne à la ville, dépouille ta colère, sache te placer dans un juste milieu, délibère avec tes conseillers suivant que les affaires sont graves ou légères. Entoure-toi de tous les ministres, consulte dans toutes les affaires Vibhîshana, le prince des Rakshasas : il te dira toujours ce qu'il y a de plus salutaire. Consulte aussi Tridjatâ, *la femme anachorète* , exempte de tout défaut, parvenue à la perfection et riche d'une grande pénitence : tu recevras d'elle, roi des rois, le plus sage conseil. Quant aux affections irritantes, que dut naturellement verser dans ton cœur ce qui est arrivé, soit à Doûshana, soit à Khara, soit au Rakshasa Triçiras, soit à Çoûrpanakâ, comme à tous les autres démons, il faut en jeter, excuse-moi, grand roi des Rakshasas, il faut en jeter le fiel hors de ton cœur. »

Le monstre aux dix visages repoussa, dans son orgueil, les bonnes paroles que lui adressait Mârîtcha, comme le malade qui veut mourir se refuse au médicament :

« Comment donc viens-tu me jeter ici, Mârîtcha, ces discours sans utilité et qui ne peuvent absolument fructifier, comme le grain semé dans une terre saline ? Il est impossible que tes paroles m'inspirent la crainte de livrer une bataille à ce fils de Raghou, enchaîné à des observances religieuses, esprit stupide, et qui d'ailleurs n'est qu'un homme ; à ce Râma, qui, désertant ses amis, son royaume, sa mère et son père lui-même, s'est jeté d'un seul bond au milieu des bois sur l'ordre vil d'une femme. Il faut nécessairement que j'enlève sous tes yeux à cet homme, qui a tué Khara dans la guerre, cette *belle* Sîtâ, aussi chère à lui-même que sa vie ! C'est une résolution bien arrêtée ! elle est écrite dans mon cœur : les Asouras et tous les Dieux, Indra même à leur tête ne pourraient l'y effacer !

« *Si tu ne fais pas la chose de bon gré*, je te forcerai même à la faire malgré toi : quiconque, sache-le, se met en opposition avec les rois ne grandit jamais en bonheur ! Mais si, *grâces à toi*, mon dessein réussit, Mârîtcha, je donne en récompense à ta grandeur et d'une âme satisfaite la moitié de mon royaume. Tu agiras de telle sorte, ami, que j'obtiendrai la belle Vidéhaine : le plan de cette affaire est arrêté de manière que nous devons manœuvrer *de concert, mais* séparés. Si tu jettes un regard sur ma famille, mon courage et ma royale puissance, comment pourras-tu voir un danger redoutable dans ce Râma, de qui l'*univers* a déserté la fortune ?

« Ni Râma, ni quelque âme que ce puisse être chez les hommes, n'est capable de me suivre où je m'enfuirai dans les routes de l'air, aussitôt que je tiendrai la Mithilienne dans mes bras. Toi, revêtu des formes que va te prêter la magie, éloigne ces deux héros de l'ermitage, qu'ils habitent ; égare-les au milieu de la forêt, et tu fuiras ensuite d'un pied rapide. Une fois passé au rivage ultérieur de la mer immense et sans limite, que pourront te faire tous les efforts du Kakoutsthide réunis à ceux de Lakshmana.

« Quand tu as vu Indra avec son armée, Yama et le Dieu qui préside aux richesses, céder la victoire à mon bras, comment Râma peut-il encore t'inspirer de l'inquiétude ?

« De sa part, ta vie est incertaine, si tu parais devant lui ; mais, de la mienne, ta mort est sûre, si tu empêches mon dessein : ainsi pèse comme il faut ces deux lots dans ta pensée, et fais ensuite ce qui est convenable ou ce qui te plaît davantage. »

Traité par le monarque des Rakshasas avec un tel mépris, Mârîtcha, le Démon noctivague lui répondit à l'encontre ces paroles amères : « Quel artisan de méchancetés, Génie des nuits, t'a donc enseigné cette voie de perdition, où tu vas entraîner dans ta ruine, et la ville, et ton royaume, et tes ministres ? Qui voit avec peine, qui voit avec chagrin ta félicité ? Par qui cette porte ouverte de la mort te fut-elle indiquée ? Ce sont de noctivagues Démons sans courage, tes ennemis, bien certainement, et qui désirent te voir périr dans l'étreinte d'un rival plus fort que toi !

« Quoi ! on ne livre pas tes conseillers à la mort qu'ils méritent, eux, à qui les Çâstras commandent, Râvana, de t'arrêter sur le penchant du précipice, où te voilà monté *pour y tomber*.

« Tu mets plus de légèreté que la corneille à chercher une guerre avec Râma : quelle gloire sera-ce donc pour toi d'y périr avec ton armée ?

« Tu n'aimes pas, Démon aux dix visages, parce qu'il met un obstacle devant ton projet, tu n'aimes pas ce langage, que m'inspire l'amour de ton bien ; car les hommes, que la mort a déjà rendus semblables aux âmes des trépassés, ne sont plus capables de recevoir les présents qui viennent de leurs amis.

« Tue-moi ! ce sera un mal pour moi seul, mais un bien pour toi, si ma mort peut rompre entièrement ce funeste dessein. Quand tu m'auras tué d'un coup malheureux, va-t'en vers tes Rakshasas et retourne dans ton palais, sans que tu aies aventuré ton pied dans une faute à l'égard de Râma. Je t'ai déjà parlé plus d'une fois, mais, *trop* ami des combats, tu ne reçois pas encore mes paroles : que dois-je faire ?… Hélas ! je ferai, âme insensée que je suis, je ferai ce que tu veux !

« Pour sûr, la mort est déjà près de toi, monarque des Rakshasas !… Mais un roi n'a des yeux que pour voir seulement la chose qu'il désire ; possible ou non ! »

Quand le Démon Râvana entendit Mârîtcha dire : « Je ferai *ce que tu veux*, » il se mit à rire et lui tint joyeux ce langage : « Eût-il une force égale à celle d'Indra même, que pourra-t-il faire ce Kakoutsthide, qui a perdu son royaume, qui a perdu ses richesses, que ses amis ont abandonné et qui est relégué dans une forêt ?

« Comment ta grandeur peut-elle craindre au moment où je lui signifie mes ordres, moi qui ai vaincu et réduit les trois mondes sous ma puissance ?

« Tu es habile dans l'art des prestiges, tu es plein de force et d'intelligence, ta *forme empruntée de gazelle* est taillée pour la course : quand tu auras fasciné la Vidéhaine, sois prompt à disparaître. Mes ordres accomplis et les deux Raghouides égarés dans les bois, reviens aussitôt vers moi, s'il te plaît, nous irons de compagnie à la ville. Satisfaits d'avoir conquis Sîtâ lestement et trompé ses deux compagnons, nous marcherons alors en pleine sécurité et l'âme enivrée de notre succès. »

Mârîtcha, tombé dans le plus grand des périls et persuadé qu'il y trouverait sa mort, consterné, tremblant, pâle d'effroi et l'âme troublée par la crainte, Mârîtcha, voyant Râvana déterminé : « Marchons ! » dit-il au roi des noctivagues Démons, après qu'il eut soupiré mainte fois. Cette parole comble de joie le monarque des Rakshasas, qui l'embrasse étroitement et lui tient ce langage : « On reconnaît ta grande âme dans ce mot, que tu dis là comme de toi-même : te voilà donc revenu, Mârîtcha, à ta propre nature. Monte promptement avec moi dans ce char aux ornements d'or et doué lui-même d'un mouvement spontané. » Ils arrivèrent à la forêt Dandaka, et le roi des Rakshasas bientôt aperçut avec Mârîtcha l'ermitage du *pieux* Raghouide. Ils descendent alors du char magnifique, et Râvana tient ce langage à Mârîtcha, en prenant sa main : « Voici l'ermitage de Râma, qui se montre au loin, environné de bananiers : exécutons sans tarder, mon ami, l'affaire qui nous amène ici. » Celui-ci, à ces mots de Râvana, déploie toute sa promptitude, rejette au même instant ses formes de Rakshasa et devient, objet ravissant pour toutes les créatures, une gazelle d'or variée de cent mouchetures d'argent, parée de lotus, brillants comme le soleil, de lapis-lazuli et d'émeraudes. Quatre cornes faites d'or, autour desquelles s'enroulaient des perles, armaient son joli front. Le Démon, changé en gazelle, alla et vint devant la porte de Râma.

Ce malheureux, arrivé au terme de sa vie, roulait au même temps ces pensées en lui-même :

« Un être, qui veut le bonheur de son maître ou qui désire le ciel, doit exécuter sans balancer ce qu'on lui commande, possible ou non : il n'est ici nul doute. Placé entre la force épouvantable de Râma et l'ordre terrible de mon seigneur, mon devoir est ici de préférer l'obéissance à ma vie même. »

Mârîtcha, qui avait conçu une idée si généreuse et fait *sans réserve* le sacrifice de lui-même, arriva, charmant les âmes, mais la pensée de la mort occupant son esprit, dans le voisinage de Râma et de Sîtâ.

―――

À la vue de cette gazelle, *errante* au milieu du bois, resplendissante du vif éclat de l'or, parée *de fleurs*, aux flancs variés d'or et d'argent, au front décoré de jolies cornes d'or, aux membres ornés par toutes les sortes de gemmes, toute brillante de lumière et charmante à voir, avec des oreilles où se mariaient les couleurs des perles et du lapis-lazuli, avec un poil, une peau, un corps d'une exquise finesse, la noble Sîtâ fut saisie d'admiration. La fille du roi Djanaka, Sîtâ au corps séduisant, tout émerveillée de cette gazelle aux poils d'or, aux cornes embellies de perles et de corail, avec une langue rouge comme le soleil, avec une splendeur pareille à la route étincelante des constellations, adressa à son époux ces paroles, avant lesquelles sa bouche mit pour exorde un sourire :

« Vois, Kakoutsthide, cette gazelle toute faite d'or, aux membres admirablement ornés de pierreries, être merveilleux, que son caprice amène ici de lui-même ! Certes ! fils de Kakoutstha, ce n'est pas à tort que tout le monde aime la forêt Dandaka, si l'on y trouve de ces gazelles d'or !

« De cette gazelle, mon noble époux, que j'aimerais m'asseoir doucement sur la peau étalée dans ma couche et brillante comme l'or ! J'exprime là un atroce désir, malséant à la nature des femmes ; mais cet animal ravit mon âme jusqu'à l'envie de posséder son corps *si charmant*. »

À ces mots de son épouse bien-aimée, Râma, ce *noble* taureau *du troupeau* des hommes, dit alors, tout rempli de joie, au fils de Soumitrâ : « Vois, Lakshmana, le désir que cette gazelle fit naître à ma Vidéhaine : la beauté supérieure de son pelage est cause, vraiment ! que bientôt cette bête aura cessé d'être. Fils du monarque des hommes, il te faut rester sans négligence auprès de cette fille des rois jusqu'à ce que j'aie abattu cette gazelle avec une de mes flèches. Après que je l'aurai tuée et que j'aurai enlevé sa peau, je reviendrai, Lakshmana, d'un pied hâté ; mais, toi, ne bouge pas, que je ne sois de retour ici !

Voyant cette gazelle d'une splendeur égale à celle de l'Antilope céleste [24], Lakshmana, plein de soupçon, ayant roulé plus d'une fois cette pensée en lui-même, tint ce langage à son frère : « Héros, voilà cette forme prestigieuse dont se revêt souvent un Démon appelé Mârîtcha, comme jadis il nous fut raconté par de saints anachorètes, semblables au feu. Beaucoup de rois, armés d'arcs et montés sur des chars qui s'en allaient joyeux à la chasse furent tués dans le bois par ce Rakshasa, métamorphosé en gazelle.

« Il n'y a point de gazelle d'or ! D'où vient donc ici dans le monde cette association *contre nature* de l'or et de la gazelle ? Réfléchis bien à cela. Cet animal aux cornes de perle et de corail, lui, dont les yeux sont des pierres précieuses, n'est pas une vraie gazelle : c'est, à mon sentiment, une gazelle créée par la magie : c'est un Rakshasa, caché sous une forme de gazelle. »

À ces paroles du Kakoutsthide, Sîtâ, pleine de joie et l'âme fascinée par cette métamorphose enchanteresse, interrompit Lakshmana et dit avec son candide sourire : « Mon noble époux, elle me ravit le cœur ! amène ici, guerrier aux longs bras, cette gazelle charmante ; elle servira ici pour notre amusement. Ici, dans notre lieu d'ermitage, circulent mêlés ensemble de nombreuses gazelles, jolies à voir, des vaches grognantes et des singes cynocéphales. Mais je n'ai jamais vu, Râma, une bête, qui fût semblable à cet animal, ni rien qui fût, pour la douceur, la vivacité et la splendeur, comparable à celui-ci, le plus admirable des quadrupèdes.

« Si elle se laisse prendre vivante par tes mains, cette jolie bête, elle fera naître ici l'admiration de ta grandeur à chaque instant, comme un être merveilleux. Et, quand, un jour, le temps de notre exil dans les bois révolu, nous aurons été rétablis sur le trône, elle servira encore, cette gazelle, d'ornement au sein même du gynœcée. Mais, s'il arrive que ce quadrupède, le plus merveilleux des animaux à quatre pieds, ne se laisse pas saisir tout vivant, sa peau du moins nous prêtera un brillant *tapis* . J'ai bien envie de m'asseoir dans mon humble siège d'herbes sur la peau, telle que l'or, de cet animal, abattu *sous ta flèche* . »

Elle dit ; et le beau Râma, à l'ouïe de ces paroles et à la vue de cette gazelle merveilleuse, adresse, fasciné lui-même, ces mots à Lakshmana : « Si la gazelle que je vois maintenant, fils de Soumitrâ, est une création de la magie, j'emploierai tous les moyens pour la tuer, car elle est fortement l'objet de mes désirs. Ni dans les bosquets charmants du Nandana, ni dans les bocages du Tchaîtraratha, il est impossible de voir une gazelle qui ait une beauté égale à la beauté de cette gazelle : combien moins, fils de Soumitrâ, n'en pourrait-on voir sur la terre !

« Cette gazelle ressemble à de l'or épuré : on dirait que ses pieds sont de corail : des étoiles d'argent sont peintes *sur l'or de son pelage* et deux lunes demi-pleines s'argentent sur ses flancs. En effet, de qui ne séduirait-elle point l'âme par sa beauté nonpareille, cette gazelle au corps infiniment gracieux, au visage de nacre et de perle ?

« Mais, si la gazelle que voici est la même qui a tué, comme tu me dis, Lakshmana, des chasseurs venus l'arc en main dans ces bois ; si elle est ce magicien qui rôde sous une forme de gazelle dans les forêts et qui a massacré des fils de roi et des rois vigoureux, c'est encore à mon bras que sa mort est due, pour venger la mort donnée par elle à tant de princes qui vinrent exercer dans la chasse leur arc sans pareil !

« Je tuerai, moi ! cette reine des gazelles, on n'en peut douter ; mais toi, héros, veille ici d'un œil sans négligence sur la princesse de Mithila. Il ne faut pas que tu bouges d'ici jusqu'à mon retour en ces lieux ; car les Démons s'ingénient dans le bois à se travestir en mille formes ! »

Aussitôt que le rejeton et l'amour de Raghou eut fait ces recommandations à Lakshmana, il courut du côté où se trouvait la gazelle, bien résolu à lui donner la mort. Son arc orné et courbé en croissant à sa main, deux grands carquois liés *sur les épaules*, une épée à poignée d'or à son flanc et sa cuirasse attachée sur la poitrine, il poursuivit la gazelle dans la forêt. Mârîtcha courait dans le bois avec la rapidité du vent ou même de la pensée, mais Râma suivait sa course d'assez près. Le Démon, agité par la peur de Râma, disparaissait tout à coup dans la forêt Dandaka ; l'instant d'après, il se montrait de nouveau ; et le Raghouide plein de vitesse allait toujours, se disant : « La voici ! elle s'approche ! »

Un moment, on voit la gazelle ; un moment, on ne la voit plus : elle passe d'un pied que hâte la peur du trait, alléchant par ce manège le plus grand des Raghouides. Tantôt elle est visible, tantôt elle est perdue ; tantôt elle court épouvantée tantôt, elle s'arrête ; tantôt elle se dérobe aux yeux, tantôt elle sort de sa cachette avec rapidité. Mârîtcha, plongé dans une profonde terreur, allait donc ainsi par toute la forêt.

Dans un moment où Râma vit cette gazelle, création de la magie, marcher et courir devant lui, il banda son arc avec colère ; mais à peine eût-elle vu le Raghouide s'élancer vers elle, son arc à la main, qu'elle disparut soudain et s'éclipsa plusieurs fois pour se laisser voir autant de fois sous les yeux du chasseur. Tantôt elle se montrait dans son voisinage, tantôt elle apparaissait, éloignée par une longue distance.

Par ce jeu de se découvrir et de se cacher, elle entraîna le Raghouide assez loin. Voyant courir ou cessant de voir dans la grande forêt cette gazelle, visible un moment, l'autre moment invisible dans toutes les régions du bois, comme le disque de la lune, qui paraît et disparaît sous les nuages déchirés dans un ciel d'automne, le Kakoutsthide, son arc à la main et se disant à lui-même : « Elle vient !... Je la vois !... Elle disparaît encore ! » parcourut çà et là toutes les parties du bois immense.

Enfin le Daçarathide, qu'elle trompait à chaque instant, arrivé sous la voûte ombreuse d'un lieu tapissé d'herbes nouvelles, s'arrêta dans cet endroit même. Là, de nouveau, se montra non loin sa gazelle, environnée d'autres gazelles, immobiles, debout près d'elle et qui la regardaient avec les yeux tout grands ouverts de la peur. À sa vue, bien résolu de la tuer, ce héros à l'immense vigueur, ayant bandé son arc solide, encoche la meilleure de ces flèches.

Soudain, visant la gazelle, Râma tire sa corde jusqu'au bord de son oreille, ouvre le poing et lâche ce trait acéré, brûlant, enflammé, que Brahma lui-même avait travaillé de ses mains ; et le dard habitué à donner la mort aux ennemis fendit le cœur de Mârîtcha. Frappé dans ses articulations par ce trait incomparable, l'animal bondit à la hauteur d'une paume et tomba mourant sous la flèche. Mais, le prestige une fois brisé par la sagette, il parut ce qu'il était, un Rakshasa aux dents longues et saillantes, orné de toutes parures avec une guirlande de fleurs, un collier d'or et des bracelets admirables. Abattu par ce dard sur la terre, Mârîtcha de pousser un cri épouvantable ; et la pensée de servir encore une fois son maître ne l'abandonna point en mourant. Il prit alors, cet artisan de fourberies, une voix tout à fait semblable à celle de Râma : « Hâ ! Lakshmana ! » exclama-t-il ;...« Sauve-moi ! » cria-t-il encore dans la grande forêt.

À cet instant même arrivé de sa mort, voici quelle fut sa pensée : « Si, à l'ouïe de cette voix, Sîtâ, remplie d'angoisse par l'amour de son mari, pouvait d'une âme éperdue envoyer ici Lakshmana !... Il serait facile à Râvana d'enlever cette princesse, abandonnée par Lakshmana ! »

Mârîtcha, quittant sa forme *empruntée* de gazelle et reprenant sa forme *naturelle* de Rakshasa, ne montra plus, en sortant de la vie, qu'un corps gigantesque étendu sur la terre. À la vue de ce monstre, d'un aspect épouvantable, la pensée du Raghouide se tourna vers Sîtâ, et ses cheveux se hérissèrent d'effroi. Dès qu'il vit ces horribles formes de Rakshasa mises à découvert par la mort de ce cruel Démon, Râma se hâta de revenir aussitôt, l'âme troublée, par le même chemin qu'il était venu.

———

À peine eut-elle ouï ce cri de détresse, qui ressemblait à la voix de son époux, que Sîtâ dit à Lakshmana : « Va et sache ce que devient le noble fils de Raghou ; car et mon cœur et ma vie me semblent prêts à me quitter, depuis que j'ai entendu ce long cri de Râma, qui appelle au secours dans le plus grand des périls. Cours vite défendre ton frère, qui a besoin de secours et qui est tombé sous la puissance des Rakshasas, comme un taureau sous la griffe des lions ! »

À ces paroles, où la nature de la femme avait mêlé son exagération, Lakshmana répondit ces mots à Sîtâ, les paupières toutes grandes ouvertes par la peur : « Il est impossible à mes yeux que mon frère soit vaincu par les trois mondes, les Asouras et tous les Dieux, Indra même à leur tête... Le Rakshasa ne peut faire de mal à mon frère dans le plus petit même de ses doigts : pourquoi donc, reine, ce trouble qui t'émeut ? »

Quoi qu'elle eût dit, Lakshmana ne sortit point, obéissant à l'ordre qu'il avait reçu là de son frère. Alors la fille du roi Djanaka, Sîtâ de lui adresser avec colère ces paroles : « Tu n'as d'un ami que l'apparence, Lakshmana ; tu n'es pas vraiment l'ami de Râma, toi, qui ne cours pas tendre une main à ton frère tombé dans une telle situation ! Tu veux donc, Lakshmana, que Râma périsse à cause de moi, puisque tu fermes ton oreille aux paroles sorties de ma bouche ! Il est impossible que je vive un seul instant même, si mon époux m'est enlevé : fais donc, héros, ce que je dis, et défends ton frère sans tarder. Dans ce moment où sa vie est en péril, que feras-tu ici pour moi, qui n'ai pas même une heure à vivre, si tu ne cours aider l'*infortuné* Raghouide ? »

À la Vidéhaine, qui parlait ainsi, noyée de larmes et de chagrin, Lakshmana de répondre en ces termes : « Reine et femme charmante, dit-il à Sîtâ, pantelante comme une gazelle, ni parmi les hommes et les Dieux, les oiseaux et les serpents, ni parmi les Gandharvas ou les Kinnaras, les Rakshasas ou les Piçâtchas, ni même parmi les terribles Dânavas, on ne trouve personne en puissance de se mesurer avec Râma, comme un des enfants de Manou ne peut lutter avec le grand Indra. Il est impossible que Râma périsse dans un combat : il ne sied pas que tu parles de cette manière : quant à moi, je ne puis te laisser dans ce lieu solitaire sans Râma. On t'a mise entre mes mains, Vidéhaine, comme un précieux dépôt ; tu me fus confiée par le magnanime Râma, dévoué à la vérité : je ne puis t'abandonner ici. Ces cris entrecoupés, que tu as entendus, ne viennent point de sa voix… Râma, dans une position malheureuse, ne laissera jamais échapper un mot qu'on puisse reprocher à son *courage* ! »

À ces mots, les yeux enflammés, de colère, la Vidéhaine répondit en ces termes amers au discours si convenable de Lakshmana :

« Ah ! vil, cruel, honte de ta race, homme aux projets déplorables, tu espères sans doute que tu m'auras pour amante, puisque tu parles ainsi ! Mais il n'est pas étonnant, Lakshmana, que le crime soit chez des hommes tes pareils, qui sont toujours des rivaux *secrets* et des ennemis cachés ! »

Après qu'elle eut de cette manière invectivé Lakshmana, cette femme semblable à une fille des Dieux, Sîtâ, versant des larmes, se mit à battre des mains sa poitrine. À ces mots amers et terribles, que Sîtâ lui avait jetés, Lakshmana, joignant ses deux paumes en coupe et les sens émus, lui répliqua en ces termes : « Je ne puis t'opposer une réponse ; ta grandeur est une divinité pour moi : d'ailleurs, Mithilienne, ce n'est pas une chose extraordinaire que de trouver une parole injuste dans la bouche des femmes.

« Honte à toi ! péris donc, *si tu veux*, toi, à qui ta mauvaise nature de femme inspire de tels soupçons à mon égard, quand je me tiens dans l'ordre même de mon auguste frère ! »

Mais à peine Lakshmana eut-il jeté ce discours mordant à Sîtâ, qu'il en ressentit une vive douleur, il reprit donc la parole et lui dit ces mots, que précédait un geste caressant : « Eh bien ! je m'en vais où est le Kakoutsthide : que le bonheur se tienne auprès de toi, femme au charmant visage ! Puissent toutes les Divinités de ces bois te protéger, dame aux grands yeux ! Car les présages qui se manifestent à mes regards n'inspirent que de l'effroi. Puissé-je à mon retour ici te voir avec Râma ! »

À ce langage de Lakshmana, la fille du roi Djanaka, toute baignée de larmes, lui répondit en ces termes : « Si je me vois privée de mon Râma, je me noierai dans la Godâvarî, Lakshmana, ou je me pendrai, ou j'abandonnerai mon corps dans un précipice ! Ou j'entrerai dans un bûcher allumé de flammes ardentes ! Mais je ne toucherai jamais de mon pied même un autre homme que Râma ! » Quand Sîtâ eut dit ces mots à Lakshmana, elle se répandit en pleurs et se remit, bourrelée de chagrin, à battre des mains sa poitrine.

Alors, voyant ses larmes et la douleur étalée dans toutes les formes de sa personne, le fils de Soumitrâ essaya de consoler cette dame aux grands yeux, mais Sîtâ ne répondit pas même un seul mot à ce frère de son époux.

———

Le juste Lakshmana, l'esprit agité d'une grande peur, était parti après un dernier regard jeté sur la Mithilienne et marchait, pour ainsi dire, malgré lui. L'auguste Démon aux dix visages saisit aussitôt l'occasion favorable et se présenta devant la belle Vidéhaine sous la forme empruntée d'un anachorète mendiant. Il s'avança vers cette jeune et tendre femme, abandonnée par les deux frères, comme le voile d'une nuit obscure envahit la dernière lueur du jour en l'absence du soleil et de la lune. Alors, voyant cette beauté incomparable délaissée dans ce lieu solitaire, le monstre aux dix têtes, monarque de tous les Rakshasas, se mit à rouler cette pensée dans son esprit en démence :

« Voilà bien le moment pour moi d'aborder cette femme au charmant visage, pendant que son époux et Lakshmana même ne sont pas auprès d'elle ! »

Quand Râvana eut songé à profiter aussitôt de l'occasion qui s'offrait à lui, ce démon à dix faces se présenta devant la chaste Vidéhaine sous la métamorphose d'un brahmane mendiant. Il était couvert d'une panne jaune et déliée ; il portait ses cheveux rattachés en aigrette, une ombrelle et des sandales, un paquet lié sur l'épaule gauche, une aiguière d'argile à sa main avec un triple bâton.

À l'aspect de ce monstre épouvantable par ses œuvres et par sa vigueur, les oiseaux et tous les êtres animés, les arbres, qui végétaient dans le Djanasthâna et même les diverses plantes nées pour grimper et saisir un appui, tout resta immobile et le vent retint même son haleine. Aussitôt qu'elle vit s'arrêter le roi des Rakshasas, venu d'une course impétueuse, la rivière Godâvarî d'enchaîner soudain son onde *glacée d'épouvante*. On vit courir *ou s'envoler* çà et là, effarouchés par ce Démon, tous les volatiles et tous les quadrupèdes, qui se trouvaient dans la Pantchavatî et la forêt de pénitence ou dans le voisinage du Djanasthâna.

Le monstre, guettant l'occasion que lui donnait cette absence de Râma, s'avança, caché dans sa métamorphose en religieux mendiant, vers Sîtâ, qui pleurait son époux : il aborda sous des formes qui ne lui convenaient aucunement cette âme pure incarnée dans une forme assortie.

Il s'arrêta, fixant les yeux sur l'épouse de Râma aux lèvres *de corail*, aux dents brillantes, au visage rayonnant comme une pleine-lune ; mais alors, délaissée par son époux et Lakshmana, noyée dans le chagrin et les pleurs, assise dans sa maison de feuillage et plongée dans la tristesse de ses pensées, elle ressemblait à la nuit privée de son astre et couverte d'une profonde obscurité.

À chaque membre qu'il voyait de la belle Vidéhaine, il ne pouvait en détacher son regard, absorbé dans la contemplation d'un charme fascinant le cœur et les yeux. Percé d'une flèche de l'amour, le Démon nocturne à l'âme corrompue s'avança en récitant les prières du Véda vers la Mithilienne au torse vêtu de soie jaune, aux grands yeux de nymphéas épanouis. Râvana s'étendit dans un long discours à cette femme, le corps tout resplendissant comme une statue d'or ; elle, au-dessus de qui nulle beauté n'existait dans les trois mondes et qu'on aurait pu dire Çrî même sans lotus à la main. Le monarque des Rakshasas adressa donc ses flatteries à la princesse aux membres tout rayonnants :

« Femme au charmant sourire, aux yeux charmants, au charmant visage, cherchant à plaire et timide, tu brilles ici d'un vif éclat, comme un bocage en fleurs ! Qui es-tu, ô toi, que ta robe de soie jaune fait ressembler au calice d'une fleur dorée, et que cette guirlande portée de lotus rouges et de nymphéas bleus rend si charmante à voir ? Es-tu la Pudeur, … la Gloire,… la Félicité,… la Splendeur ou Lakshmî ? Qui d'elles es-tu, femme au gracieux visage ? Es-tu l'Existence elle-même,… ou la Volupté aux libres allures ? Que tu as les dents blanches, polies, égales, bien enchâssées, femme à la taille ravissante ! Tes gracieux sourcils sont bien disposés, ma belle, pour l'ornement des yeux. Tes joues, dignes de ta bouche, sont fermes, bien potelées, assorties au reste du visage : elles ont un brillant coloris, une exquise fraîcheur, une coupe élégante, et rien n'est plus joli à voir, femme *chérie* à la figure enchanteresse. Tes oreilles charmantes, revêtues d'un or épuré, mais ornées davantage par leur beauté naturelle, ont une courbe dessinée suivant les *plus justes* proportions. Tes mains bien faites sont azurées comme les pétales du lotus : ta taille est en harmonie avec tes autres charmes, femme à l'enivrant sourire. Tes pieds, qui, réunis maintenant, se font ornement l'un à l'autre, sont d'une beauté céleste : les plantes ont une délicatesse enfantine, et les doigts une fraîcheur adolescente. D'une splendeur égale aux riches couleurs du lotus, ils *ne* sont *ni moins* beaux *ni moins* gracieux dans leur marche : des étoiles de jais entre les angles rouges de tes grands yeux nagent dans leur émail pur. Beauté de chevelure, taille qu'on pourrait cacher dans ses deux mains ! *Non !* Je n'ai jamais vu sur la face de la terre une femme, une Kinnarî, une Yakshî, une Gandharvî, ni même une Déesse qui fût égale à toi pour la beauté !

« Ce lieu est le repaire des Rakshasas féroces, qui rôdent çà et là suivant leurs caprices. Les jardins aimables des cités aux palais magnifiques, les belles ondes tapissées de lotus, les divins bocages mêmes, comme le Nandana et les autres bosquets célestes, méritent seuls d'être habités par toi. La plus noble des guirlandes, le plus noble des vêtements, la plus noble des perles et le plus noble des époux sont, à mon avis, les seuls dignes de toi, femme charmante aux yeux noirs. Dame illustre, née pour jouir de tous les plaisirs de la vie, il ne sied pas que tu habites, privée de tous plaisirs et même dans la souffrance au milieu d'un bois désert, où tu n'as pour lit que la terre, où tu n'as pour aliments que des racines et des fruits sauvages.

« Qui es-tu, femme au candide sourire ? Une fille des Roudras ou des Maroutes : Es-tu née d'un Vasou ? car tu me sembles une Divinité, ô toi à la taille enchanteresse ! Qui es-tu, jeune beauté, entre ces Déesses ? N'es-tu pas une Gandharvî, éminente dame ? N'es-tu point une Apsarâ, femme à la taille svelte ? Mais ici ne viennent jamais ni les Dieux, ni les Gandharvas, ni les hommes ; ce lieu est la demeure des Rakshasas : comment donc es-tu venue ici ! »

Tandis que le méchant Râvana lui parlait ainsi, la fille du roi Djanaka, sans confiance, s'éloignait de lui çà et là, pleine de peur et de soupçons. Enfin cette femme à la taille charmante, aux formes distinguées, revint à la confiance, et, se disant à soi-même : « C'est un brahme ! » elle répondit au Démon Râvana, caché sous l'extérieur d'un religieux mendiant, l'honora et lui offrit tout ce qui sert à l'accueil d'un hôte. D'abord, elle apporta de l'eau ; elle invita ensuite le *faux brahmane* à manger des aliments que l'on trouve dans les bois, et dit au scélérat caché sous une enveloppe amie : « La collation est prête ! » Quand il se vit alors invité par Sîtâ avec un langage *franc et* sans réticences, le Démon, ferme dans sa résolution d'enlever par la violence cette fille des rois, se crut déjà parvenu au comble de ses vœux.

Ensuite la noble Vidéhaine, songeant aux questions emmiellées que Râvana lui avait adressées, y répondit en ces termes : « Je suis la fille du magnanime Djanaka, roi de Mithila : le nom de ta servante est Sîtâ ; son mari est le sage Râma. J'ai habité une année entière le palais de mon époux, jouissant avec lui des voluptés humaines dans l'abondance de toutes les choses désirables. Ce temps écoulé, le monarque, après en avoir délibéré avec ses ministres, jugea convenable de sacrer mon époux comme associé à sa couronne. Tandis qu'on préparait le sacre pour l'aîné des Raghouides, une reine ambitieuse au cœur vil, nommée Kêkéyî, surprit le roi, mon beau-père, et, tout d'abord, lui demanda l'exil de mon époux comme une grâce destinée à payer des services que jadis elle avait rendus au vieux monarque.

« Je ne dormirai, je ne boirai, je ne mangerai pas, *disait-elle, que je ne l'aie obtenue* : si Râma est sacré, ce sera la fin de ma vie ! Donne sa vérité à la grâce que tu m'as jadis accordée, seigneur, dans la guerre des Asouras contre les Dieux. Que cette même cérémonie soit destinée à sacrer *mon fils* Bharata ; que Râma s'en aille aujourd'hui même dans l'horrible forêt, et qu'il y reste quatorze années ermite, vêtu avec une peau d'antilope noire et un habit d'écorce ! Que le fils de Kâauçalyâ parte donc à l'instant pour les bois, et que l'on sacre Bharata !

« À ces mots de Kêkéyî, le monarque au grand char, mon beau-père, la conjura avec des paroles conformes au devoir ; mais elle ne voulut pas écouter ses prières. Mon époux est un homme plein d'héroïsme, pur, vertueux, sincère dans son langage, et qui, trouvant son bonheur dans celui de toutes les créatures, mérite ce nom de Râma, célèbre dans l'univers. Le monarque à la grande vigueur, Daçaratha, son père, ne voulut pas le sacrer de lui-même pour faire une chose agréable à Kêkéyî.

« Quand mon époux vint trouver son père à l'heure du sacre, Kêkéyî dit à Râma, inébranlable dans ses résolutions : « Écoute, prince de Raghou, ce qui m'a été promis par ton père : « Je donne à Bharata, sans que personne y puisse rien prétendre, *m'a-t-il dit*, le trône de mes ancêtres. Il est donc nécessaire, fils de Kakoutstha, que tu ailles habiter la forêt neuf ans auxquels seront ajoutées cinq années : ainsi, pars et sauve du mensonge la parole de ton père. »

« Mon époux, ferme en ce qu'il a promis, obéit à sa voix et lui répondit : « *Je le ferai !* » en présence de son père. Râma est toujours prêt à donner, jamais à recevoir ; il ne sortira point de sa bouche une parole qui ne soit la vérité : telle est, *saint* brahme, la sûreté de sa promesse, qu'il n'est rien au-dessus d'elle. Un frère de Râma, né d'une autre mère et nommé Lakshmana, homme éminent et plein de courage, se fit le compagnon de son exil. Aux remontrances pleines de sens que fit celui-ci contre l'engagement de son frère : « Mon âme se plaît dans la vérité ! » lui répondit ce Raghouide à la vive splendeur. Ce frère judicieux, à la grande vigueur et fidèle à son devoir, Lakshmana suivit avec moi, son arc à la main, Râma, qui s'en allait *dans le bois de son exil*.

« Ainsi, une *seule* parole de Kêkéyî nous a bannis tous les trois du royaume, et nous errons pleins de constance, ô le plus vertueux des brahmes, dans la forêt profonde. Nous habitons ces bois tout remplis de bêtes féroces : rassure-toi cependant ; il t'est possible d'habiter ici. Mon époux va bientôt revenir, m'apportant les plus beaux fruits de la forêt… Dis-moi donc, *en attendant*, dis-moi quel est ton nom, ta famille et ta race, suivant la vérité. Pourquoi vas-tu seul ainsi dans la forêt Dandaka ? Je ne doute pas, saint ermite, que Râma ne t'accueille avec honneur. Mon époux aime la conversation et se plaît dans la compagnie des ascètes. »

À ces mots de Sîtâ, la *charmante* épouse de Râma, le vigoureux Démon, blessé par une flèche de l'Amour, lui répondit en ces termes : « Écoute qui je suis, de quel sang je suis né ; et, quand tu le sauras, n'oublie pas de me rendre l'honneur qui m'est dû. C'est pour venir ici te voir que j'ai emprunté cette heureuse métamorphose, moi, par qui furent mis en déroute et les hommes et les Immortels avec le roi même des Immortels. Je suis celui qu'on appelle Râvana, le fléau de tous les mondes ; celui sous les ordres de qui, femme ravissante, Khara gouverne ici le Dandaka. Je suis le frère et même l'ennemi de Kouvéra, dame aux brillantes couleurs ; je suis un héros, le propre fils du magnanime Viçravas. Poulastya était le fils de Brahma, et moi, femme, je suis le petit-fils de Poulastya. J'ai reçu de l'Être existant par lui-même un don *incomparable* , celui de prendre à mon gré toutes les formes et de marcher aussi vite que la pensée. Ma force est renommée dans le monde : on m'appelle aussi Daçagrîva [25] ; mais le nom de Râvana est *encore plus* célèbre, femme au candide sourire, et je le dois à la nature de mes œuvres [26].

« Sois donc la première de mes épouses, auguste Mithilienne, sois à la tête de toutes ces femmes, mes nombreuses épouses, au plus haut rang elles-mêmes de la beauté. Ma ville capitale est nommée Lankâ, la plus belle des îles de la mer ; elle est située sur le front d'une montagne et l'Océan se répand à l'entour. Elle est ornée de hauts pitons faits d'or épuré, elle est ceinte de fossés profondément creusés, elle porte *comme* une aigrette de palais et de belles terrasses. Non moins célèbre dans les trois mondes qu'Amarâvatî, la cité d'Indra, c'est la capitale des Rakshasas, de qui le teint imite la couleur des sombres nuages.

« C'est une île céleste, ouvrage de Viçvakarma, et large de trente yodjanas. Là, tu pourras te promener avec moi, Sîtâ, dans ses riants bocages ; et tu n'auras plus aucun désir, noble dame, de *revenir jamais* habiter ces bois. »

À ces mots de Râvana, la charmante fille du roi Djanaka répondit avec colère au Démon, sans priser davantage ses discours : « Je serai fidèle à mon époux, semblable à Mahéndra, ce Râma, qu'il est aussi impossible d'ébranler qu'une grande montagne et d'agiter que le vaste

Océan ! Je serai fidèle à Râma, cet héroïque fils de roi, à l'immense vigueur, à la gloire étendue, qui a vaincu en lui-même ses organes des sens et de qui le visage ressemble au disque plein de l'astre des nuits ! Ton désir, bien difficile à satisfaire, de t'unir à moi est celui du chacal, qui voudrait s'unir à la tigresse : il est aussi impossible que je sois touchée par toi, qu'il est impossible de toucher les rayons du soleil !

« Ô toi, qui veux enlever de force à Râma son épouse chérie, c'est comme si tu voulais arracher à la gueule d'un lion, ennemi des gazelles, la chair qu'il dévore plein de vigueur, impétueux, en fureur même !

« La différence qu'il y a dans les bois du chacal au lion ; la différence qu'il y a du faible ruisseau à l'Océan : c'est la différence qui existe de toi à mon noble époux !

« Tant qu'il sera debout, son arc et ses flèches dans sa main, ce vaillant Râma, de qui la puissance est égale à celle de la divinité aux mille yeux, tu ne pourras, si tu m'enlèves, oui ! tu ne pourras même digérer ta conquête, comme une mouche ne peut avaler la foudre ! »

C'est ainsi qu'à ce langage impur du noctivague Démon répondit cette femme à l'âme pure ; mais Sîtâ, vivement émue, tremblait en lui jetant ces paroles, comme un bananier superbe qu'un éléphant a brisé.

Le monarque des Rakshasas, quittant la forme de mendiant, revint à sa forme naturelle avec son long cou et son corps de géant. À l'instant ce noctivague Démon, frère puîné de Kouvéra, dépouillant ses placides apparences de religieux mendiant, rentra dans la *hideuse* réalité de son extérieur, semblable à celui de la Mort. Il avait un grand corps, de grands bras, une large poitrine, les dents du lion, les épaules du taureau, les yeux rouges, le corps bigarré et les cheveux enflammés.

Le rôdeur impur des nuits jeta ces mots à Sîtâ, parée de joyaux resplendissants, ornée des boucles noires de ses beaux cheveux, mais qui avait comme perdu le sentiment : « Femme, si tu ne veux pas de moi pour époux sous ma forme naturelle, j'emploierai la violence même pour te soumettre à ma volonté ! Puisque la vigueur de Râma, qui t'a mise en oubli, te fait ainsi te glorifier devant moi, c'est que tu n'as jamais entendu parler, je pense, de ma force sans égale ! Me tenant au sein des airs, je pourrais enlever la terre à la force de mes bras ; je pourrais même tarir l'Océan *comme une coupe* : je pourrais tuer la Mort, si elle combattait avec moi ! Je pourrais offusquer le soleil de mes flèches aiguës ; je pourrais fendre même la surface de la terre ! Vois donc, insensée, que je suis *ton* maître, que je prends à mon gré toutes les formes, et donne à qui je veux les biens que l'on désire ! »

Quand il eut ainsi parlé, Râvana, cette âme corrompue, égaré par l'amour, osa prendre Sîtâ, comme Bouddha saisit dans les cieux la brillante Rohinî [27].]

Elle, baignée de larmes et pleine de colère : « Méchant, dit alors Sîtâ, tu mourras immolé par la vigueur du magnanime Râma ! Insensé, tu exhaleras bientôt avec les tiens, ô le plus vil des Rakshasas, ton dernier soupir ! »

À ces mots de la belle Vidéhaine, la fureur du cruel Démon enflamma d'un éclat fulgurant ses dix faces pareilles aux sombres nuages. Râvana irrité brûlait, pour ainsi dire, la tremblante Vidéhaine avec ses regards flamboyants comme le feu sous des sourcils contractés et bien épouvantables à voir. De sa main gauche, il prit la belle Sîtâ par les cheveux ; de sa main droite, il empoigna les deux cuisses de la princesse aux yeux de lotus. Aussitôt qu'elle se vit dans les bras du vigoureux Démon, Sîtâ de jeter ces cris : « À moi, cher époux !... Pourquoi, héros, ne me défends-tu pas !... À moi Lakshmana ! »

À l'aspect du monstre aux longues dents acérées, à l'immense vigueur et semblable au sommet d'une montagne, toutes les Divinités du bois, saisies de crainte, s'enfuirent tremblantes çà ce là. Une fois que le robuste Démon, tourmenté par l'amour, eut enveloppé de ses bras cette femme, les amours de Râma, il s'élança dans les cieux avec elle malgré sa résistance, comme Garouda, d'un vol rapide, emporte dans les airs l'épouse du roi des serpents.

Au même instant apparut de nouveau le char de Râvana, ouvrage de la magie, vaste, céleste, au bruit éclatant, aux membres d'or, attelé de ses ânes *merveilleux*. Le ravisseur, menaçant la Vidéhaine avec une voix forte et des paroles brutales, la prit alors dans son sein et la plaça dans son char : c'était l'époque de l'année où la nuit et le jour se partagent le cercle diurne en deux parties égales, le quantième du mois où la lune remplit de lumière toute la moitié de son disque, et l'heure du jour où le soleil arrive à la moitié de sa carrière.

Le Démon ravit l'épouse d'autrui comme un çoûdra qui dérobe l'audition des Védas. Enlevée par ce monstre, la sage Mithilienne appelait, bourrelée de chagrin : « À moi, criait-elle, mon époux ! » mais son mari errait au loin dans les bois *et ne pouvait l'entendre*.

———

En ce moment, sur le plateau d'une montagne, dans la forêt aux retraites diverses, dormait, le dos tourné au soleil enflammé, le monarque des oiseaux, *Djatâyou*, à la grande splendeur, au grand courage, à la grande force. Le roi des oiseaux entendit cette plainte comme le son d'une voix apportée dans un rêve, et cette lamentation, entrée dans le canal de ses oreilles, vint frapper violemment son cœur, comme la chute du tonnerre. Réveillé en sursaut par sa *vieille* amitié pour le roi Daçaratha, il entendit le bruit d'un char qui roulait avec un son pareil au fracas des nuages.

Il jette ses regards dans les cieux, il observe l'un après l'autre tous les points cardinaux de l'espace étendu, il voit Râvana et la Djanakide poussant des cris. Voyant ce Rakshasa enlever la bru de feu son ami, le roi des oiseaux, pénétré d'une bouillante colère, s'élança dans les airs d'un rapide essor. Là, ce puissant volatile, tout flamboyant de colère, se tint alors devant le Rakshasa et se mit à planer sur la route de son char :

« Démon aux dix têtes, dit-il, je suis le roi des vautours ; mon nom est Djatâyou à la grande vigueur ; je me tiens ferme dans l'antique devoir et je marche avec la vérité. Toi, monarque à la force immense, tu es le plus élevé dans la race des Rakshasas et tu as maintes fois vaincu les dieux en bataille. Je ne suis plus qu'un oiseau vieux, affaibli dans sa vigueur ; mais tu vas connaître dans un combat, petit-fils de Poulastya, ce qui me reste encore de vaillance, ce tu n'en sortiras point vivant !

« Comment un roi fidèle à son devoir peut-il souiller une femme qui n'est pas la sienne ! C'est aux rois surtout qu'il appartient de protéger les femmes d'autrui. Reviens de cette pensée, être vil, d'outrager la femme d'un autre, si tu ne veux que je te pousse à bas de ton char magnifique comme un fruit que l'on secoue de sa branche !

« Esprit mobile avec un naturel méchant, comment se fait-il qu'on t'ait donné l'empire, ô le plus vil des Rakshasas, comme on donnerait au pécheur un siège dans le paradis ? Quand Râma, cette âme juste et sans péché ne t'a offensé, ni dans ta ville, ni dans ton royaume, pourquoi donc, toi, lui fais-tu cette offense ? Pour venger Çoûrpanakhâ, si Khara est venu dans le Djanasthâna et si vaincu il y trouva la mort, est-ce là un crime dont Râma soit coupable ? Quand il y vint aussi quatorze milliers de Rakshasas pour tuer Râma et Lakshmana, si le bras du Raghouide leur fit mordre à tous la poussière, dis, et que ta parole soit l'expression de la vérité, est-ce encore une faute qu'il faille reprocher à ce noble maître du monde ? Est-ce un motif pour te hâter d'enlever son épouse ?

« Lâche promptement l'*auguste* Vidéhaine, ou je vais te consumer de mon regard épouvantable, *destructeur* , incendiaire, comme Vritra fut consumé par le tonnerre de Mahéndra ! Ne vois-tu pas que tu as lié au bout de ta robe un serpent à la dent venimeuse ? Ne vois-tu pas que la mort a passé déjà son lacet autour de ton cou ? Insensé, il ne faut pas entrer dans une condition où l'on trouverait sa mort ; et l'homme ne doit pas accepter une perle même, si elle peut un jour amener sa ruine !

« Il y a soixante mille ans que je suis né, Râvana, et que je gouverne avec justice le royaume de mon père et de mon aïeul. Je suis vieux, et toi, héros, tu es jeune, monté sur un char, une cuirasse devant ta poitrine, un arc à ton poing ; mais aujourd'hui, ravisseur de la Vidéhaine, tu ne saurais m'échapper sain et sauf ! »

À ces mots, prononcés avec tant de justesse par le vautour Djatâyou, les vingt yeux du Rakshasa irrité brillèrent menaçants et pareils au feu. Avec des regards enflammés de colère, *agitant* ses pendeloques d'or épuré, le monarque des Rakshasas s'élança furieux sur le roi des oiseaux.

Voici donc l'oiseau, frappant et de son bec et de ses ailes, ayant pour troisième arme ses pattes crochues, et Râvana à la grande force, qui luttent *sans peur* l'un contre l'autre.

Le Démon fit pleuvoir sur le roi des vautours ses flots épouvantables de traits, de javelots, de flèches en fer aux pointes aiguës, aux barbes alternées. Le monarque des oiseaux, enveloppé dans ces réseaux de flèches, reçut dans le combat *sans bouger* ces dards coup sur coup de Râvana ; mais ensuite, enflammé de colère, déployant son immense envergure telle qu'une montagne, il s'abattit sur le dos de son ennemi et le déchira avec ses fortes serres. Djatâyou, à la grande force, le souverain des oiseaux, ouvrit de sanglantes blessures dans le corps du guerrier avec ses pattes armées d'ongles tranchants ; mais Râvana, débordant de colère, ce monstre aux dix visages, perça le volatile à son tour avec ses flèches empennées d'or et semblables au tonnerre même. Néanmoins, sans penser ni aux dards que lui décochait Râvana, ni même à ses blessures, le roi des oiseaux fondit sur lui tout à coup.

Le volatile aux grandes serres s'éleva dans les cieux, et, dressant les deux ailes sur la tête *de son ennemi*, il en battit avec une fureur acharnée le front du Rakshasa. Puis, soudain l'oiseau-roi de briser dans ses pattes l'arc avec la flèche de son rival ; et, quand il eut rompu cet arc décoré de perles et de joyaux, arme divine et pareille au feu, le volatile à la grande splendeur s'esquiva d'un agile essor.

Le monarque ailé revint battre à coups redoublés son diadème céleste, d'or massif, embelli par toutes les sortes de pierres fines : le vigoureux oiseau, plein de fureur, lui jeta sa couronne à bas sur les plaines de l'air, et la tiare en tombant éclaira comme le disque du soleil. Il frappa même les ânes aux visages de vampires, aux caparaçons d'or, et, les traînant çà et là dans sa fougue, le héros emplumé les eut bientôt séparés de la vie. Il brisa le grand char aux ais variés d'or et de pierreries, aux roues et au timon parsemés d'ornements, cette voiture, qui marchait d'un mouvement spontané et répandait une vaste épouvante. Il renversa le cocher, et, quand il eut bientôt déchiré son corps d'une serre pareille au crochet aigu qui sert à conduire les éléphants, il jeta son cadavre hors du véhicule fracassé.

Aussitôt que Râvana se vit avec son arc rompu, son char brisé, son attelage tué, son cocher sans vie, il prit la Vidéhaine dans ses bras et s'élança d'un bond sur la terre. À la vue de Râvana descendu sur la terre et veuf de son char brisé, tous les êtres d'applaudir à l'envi le roi des vautours : « Bien ! bien ! » lui crièrent-ils.

Quand il eut exécuté ce lourd travail, Djatâyou, sur qui pesait le poids de la vieillesse, en ressentit de la fatigue : Râvana l'observait, et, quand il vit le prince des oiseaux déjà las par l'effet de son grand âge, il reprit la Vidéhaine, et joyeux il s'élança de nouveau dans les airs. Le monarque des vautours, Djatâyou pris aussitôt son essor dans les cieux, et, suivant le Démon, qui serrait la fille du roi Djânaka contre son flanc, il tint ce langage au ravisseur :

« Méchant, scélérat, artisan de cruautés, depuis que, poussé au vol par ton âme rapace, tes mains ont ravi Sîtâ, tu es comme une victime consacrée déjà pour l'autel ! Le héros tue son ennemi et le dépouille, ou, percé de flèches, il reste lui-même sans vie sur le champ de bataille ; mais le héros ne foule jamais la route où marche le voleur ! Combats, si tu es un héros ! Arrête un instant, Râvana, et tu vas te coucher mort sur la terre, comme ton frère le vaillant Khara ! Plus d'une fois, tu as vaincu dans la guerre les Dieux et les Dânavas ; mais le fils du roi Daçaratha, ce beau Râma, qui n'a point oublié ses exercices de kshatrya, tout vêtu qu'il est ici avec un habit d'écorce, t'aura bientôt fait mordre la poussière ! »

À ces mots du roi des oiseaux, l'orgueilleux monarque des Rakshasas lui répondit en ces termes, les yeux rouges de colère : « Tu nous as fait voir autant qu'il faut ton amitié pour le roi Daçaratha ; ce que tu devais à Râma est largement acquitté : ne te fatigue pas davantage ! »

À ces paroles *fières*, le plus éminent des oiseaux lui répondit sans émotion : « Montre-moi donc ici tout ce que tu as de force, de vigueur, de puissance et ton *plus grand* courage : cruel, tu ne t'en iras pas vivant ! Ravisseur des épouses d'autrui, âme impatiente, vendue au mensonge, amie de la cruauté, tu brûleras dans l'épouvantable Naraka sur le feu de ton action ! »

À peine Djatâyou eut-il achevé ces belles paroles, que le robuste volatile se précipita avec impétuosité sur le dos même du Rakshasa. Il déchira tout l'entre-deux des épaules du monstre aux dix têtes avec ses ongles perçants et semblables aux aiguillons du cornac. Le bec ce les serres de l'oiseau couvraient de blessures ce mettaient le noctivague en morceaux. Saisi par les ongles acérés, le Démon s'agitait de tous les côtés, comme un éléphant se remue *avec impatience*, quand le conducteur est monté dessus *et lui fait sentir sa pointe*. Avec ses griffes, le roi des oiseaux lui sillonna tout le dos ; avec ses griffes et les blessures de son bec tranchant, Djatâyou laboura le cou entièrement. Avec les armes que lui donnaient son bec, ses pattes crochues ce ses *grandes* ailes, il arracha les rudes cheveux du monstre et lui fit sentir la douleur dans tous les yeux de ses dix têtes.

Enfin, le noctivague prit la Vidéhaine à son flanc gauche et se mit lestement à frapper de sa main droite le volatile avec fureur. De son côté, enflammé de colère, Djatâyou, blessant à coups redoublés avec les serres, le bec et les ailes, fit passer Râvana dans cette guerre à la couleur éclatante d'un açoka en fleurs. Mais le vigoureux Daçagrîva furieux, s'armant de ses poings et de ses pieds, abandonne la Vidéhaine et fait pleuvoir une grêle de coups sur le roi des vautours.

Ce nouveau combat entre ces deux athlètes d'une force prodigieuse, ne dura qu'un instant. En effet, Râvana, *dégagé*, leva son épée, il perça le flanc, il coupa les deux pieds, il trancha les deux ailes de l'oiseau, qui luttait si vaillamment pour la cause de Râma. Ses ailes abattues par le Rakshasa aux féroces exploits, le vautour tomba rapidement sur la terre, n'ayant plus qu'un souffle de vie.

Quand elle vit l'oiseau gisant sur le sol et baigné de sang, la Vidéhaine, *profondément* affligée, courut à lui comme elle eût fait pour son époux. Le roi de Lankâ contemplait ce vautour à l'âme généreuse, la poitrine toute blanche, le reste du corps semblable aux sombres nuages, abattu maintenant sur la terre, où Djatâyou se débattait misérablement. Alors Sîtâ étreignit dans ses bras l'oiseau gisant sur la face de la terre et vaincu par l'épée de Râvana, en même temps que la plaintive Djanakide mouillait de pleurs son visage brillant comme l'astre des nuits.

« Le voilà donc gisant inanimé sur la terre, disait-elle, celui même qui eût dit à Râma que je vis encore, et que, tombée dans une telle infortune, je suis encore vertueuse : ah ! cette heure sera aussi l'heure de ma mort ! Râma, certainement ! ne sait pas quel grand malheur a fondu sur nous ; ce, tandis qu'il erre, son arc bandé à la main, le Kakoutsthide ignore sans doute quel monstre vint ici ! »

Une et deux fois elle appela Râma, et *Kâauçalyâ*, sa belle-mère, et Lakshmana lui-même : la tremblante Vidéhaine leur jetait *en vain* ces appels redoublés. Le monarque des Rakshasas courut alors vers sa captive, le visage pâle d'effroi, les parures et les bouquets de fleurs en désordre. Elle s'accrochait des mains aux sommités des arbustes, elle serrait les grands arbres dans ses bras et poussait de sa douce voix ces cris répétés : « Sauve-moi ! sauve-moi ! »

Mais lui, pareil à la mort, il saisit par les cheveux *comme* pour trancher sa vie, cette femme consternée, à la voix expirante, isolée de son époux dans ces bois. À la vue de cette violence infligée à Sîtâ, la compassion et la douleur émurent tous les grands saints, qui habitaient dans la forêt Dandaka. Devant cet outrage fait à Sîtâ, l'espace infini du monde avec tous les êtres animés ou non fut enveloppé d'une profonde obscurité. Quand il vit de son regard céleste l'infortunée subir cette injure, le père suprême de toutes les créatures prononça lui-même ces paroles dans sa béatitude : « Le crime est consommé ! »

Elle eut beau crier : « Râma ! Râma !... À moi Lakshmana ! » le Démon reprit la Vidéhaine et continua sa route dans les airs. Avec ses membres atourés de leurs bijoux d'un or épuré, avec sa robe de soie jaune, elle brillait alors, cette fille des rois, comme l'éclair au milieu du ciel ! Sa robe jaune, que l'air soulevait par-dessus Râvana, jetait son éclat sur le géant et lui donnait les apparences d'une montagne, dont la cime est embrasée par le feu.

En voyant, sur le fond du ciel, sa figure immaculée se détacher du sein de son ravisseur, on eût dit la lune, qui se lève, après qu'elle a percé un sombre nuage.

Un pied de la *belle* Vidéhaine laissa échapper son bracelet, qui tomba sur la terre, éclatant comme le feu ce pareil à un disque d'éclairs.

Les bijoux de la Vidéhaine et tous ses joyaux couleur du feu tombaient du ciel rapidement sur la terre, semblables à des étoiles qui se détachent du firmament. Son blanc et riche fil de perles se rompit au milieu du sein et parut dans sa chute comme le Gange, qui se répand du ciel sur la terre. Battus par le vent, tous les arbres, habités par les familles des oiseaux *les plus* variés, semblaient dire avec le bruit de leurs cimes émues : « Ne crains pas ! ne crains pas ! »

Irrités contre son ravisseur, les lions, les tigres, les éléphants, les gazelles couraient après Sîtâ dans la grande forêt et marchaient tous *pêle-mêle* derrière son ombre. Quand le soleil consterné vit ce rapt de *l'auguste* Vidéhaine, son disque pâlit et son brillant réseau de lumière disparut.

« Il n'y a plus de justice ! D'où viendra maintenant la vérité ? Il n'y a plus de rectitude ! Il n'est plus de bonté ! » Ainsi, partout où Râvana emportait l'épouse de Râma, ainsi gémissaient dans le ciel toutes les créatures, à la vue de cette violence infligée à l'illustre Vidéhaine, qui appelait de sa voix aux syllabes douces : « Hâ ! Lakshmana !… à moi, Râma ! » et qui jetait, *hélas ! toujours en vain*, des regards multipliés sur toute la surface de la terre.

———

Chemin faisant, la sage Vidéhaine, enlevée dans le sein de Râvana, dit en pleurant, ses yeux rouges de larmes et de colère, au monarque des Rakshasas, de qui les yeux inspiraient la terreur : « Tu montres bien ici, roi des Rakshasas, ton courage sans pareil ! Cette prouesse, vil Démon, ne te fait-elle pas rougir, toi, qui veux m'enlever, abusant de la force et sachant que je suis abandonnée ! C'est toi qui, voulant me ravir à mon époux, que tu n'osais affronter, oui ! c'est toi, âme corrompue, qui le fis écarter de sa chaumière avec ce prestige d'une gazelle, ouvrage de la magie ! Tu montres bien ici, roi des Rakshasas, ton courage sans pareil ! Tu m'as conquise, *vraiment* ! dans un noble combat, où ton nom fut proclamé *à haute voix* ! Ce cri, qui ressemblait à la voix de Râma, ce cri de détresse, qui déchira mon cœur, n'était qu'un artifice de toi ! Comment n'as-tu pas de honte, vil Démon, après que tu as commis une telle action, le rapt d'une femme en l'absence de son mari !

« Râma fut éloigné ainsi *de l'ermitage* : toi, voici que tu fuis ! alors, qu'est-il possible de faire ? Attends un instant, et tu ne t'en iras pas avec le souffle de la vie ! »

C'est ainsi que le scélérat enlevait, malgré sa résistance, cette infortunée toute pantelante, baignée de larmes, plongée dans le chagrin, horriblement tourmentée, plusieurs fois malade et qui exhalait des plaintes touchantes, précédées par des gémissements.

Il dirigea sa marche le front tourné vers la rivière Pampâ, mais d'un esprit agité jusqu'à la démence. Une fois ce cours d'eau franchi dans son vol, le roi des Rakshasas tendit vers le mont Rishyamoûka, tenant la Mithilienne en pleurs dans ses bras ! La princesse enlevée n'aperçut nulle part un défenseur, mais elle vit sur le sommet de la montagne cinq des principaux singes. La Djanakide aux grands yeux, à la taille charmante, jeta au milieu des cinq quadrumanes ses brillantes parures et son vêtement supérieur, tissu de soie avec un éclat d'or : « S'ils allaient raconter ce fait à Râma ! » pensait-elle, ses regards attachés sur la terre et ses yeux versant des larmes. D'un mouvement rapide, elle fit tomber au milieu d'eux l'habillement avec les joyaux ; et, dans son agitation intérieure, le monstre aux dix têtes ne s'aperçut pas que Sîtâ jetait aux pieds des singes tous ses bijoux, et même que cette femme à la taille gracieuse n'avait plus ni sa divine aigrette de pierreries ni aucune de ses parures. Les chefs des singes, tournant vers Sîtâ les regards curieux de leurs yeux bistrés, virent alors cette dame aux grands yeux, qui invectivait Râvana.

———

Parvenu dans sa grande cité aux larges rues bien distribuées, il déposa enfin sa victime, comme Mâya l'Asoura déposa jadis *la Déesse* Mâyâ. Le monarque aux dix têtes appela des Rakshasîs à l'aspect épouvantable et leur intima ses volontés pour la surveillance de sa captive : « Consacrez, dit-il à ces furies, qui toutes, debout et réunies devant lui, tenaient leurs deux paumes rassemblées en coupe *à la hauteur du front* ; consacrez sans négligence toute votre attention à faire que personne en ces lieux, ni homme ni femme, ne parle à cette Vidéhaine sans ma permission. Donnez-lui tout ce qu'elle désire en parfums, fourrures, habillements, or, pierreries ou perles ; je l'accorde… *Ne l'oubliez pas* ! elle n'attache aucun prix à sa vie, celle qui dira jamais, sciemment ou même à son insu, une parole qui soit désagréable à *ma* Vidéhaine ! »

———

Quand le Démon eut fait entrer sa captive dans Lankâ, Brahma joyeux tint ce langage à Çatakratou : « C'est pour le bien des trois mondes et pour le mal des Rakshasas, dit le père des créatures au roi des Immortels, que Râvana, l'âme cruelle, a conduit Sîtâ dans sa ville.

« Cette dame de la plus haute noblesse, fidèle à son époux et qui a toujours vécu dans les plaisirs, ne voyant plus son mari et consumée de chagrins, parce qu'elle en est séparée, n'ayant plus maintenant sous les yeux que des Rakshasas et harcelée sans cesse par les menaces de leurs femmes : « Comment, se dira-t-elle, entrée dans Lankâ, ville bâtie sur une île de la mer, souveraine des rivières et des fleuves ; comment Râma saura-t-il que l'on me retient ici et que j'y marche sur la ligne de mes devoirs ? »

« Roulant cette pensée en soi-même, captive, isolée dans sa faiblesse, elle refusera toute nourriture, soutien de la vie, et renoncera sans doute à l'existence. De nouveau, il me vient aujourd'hui cette crainte que Sîtâ ne veuille plus supporter le poids de sa vie. Va donc promptement, fils de Vasou, console Sîtâ, entre chez elle et présente-lui *de ma part* ce vase de beurre céleste et clarifié. » À ces mots, le Dieu Indra partit, accompagné du Sommeil, pour la ville soumise aux lois de Râvana. *Ils arrivent*, et le saint meurtrier du *mauvais Génie* Pâka dit à son compagnon : « Sommeil, trouble ici les paupières des femmes Rakshasîs ! » Invité de cette manière, le Dieu qui préside au sommeil, plein d'une joie suprême, les endormit toutes pour le succès du roi des Immortels.

L'occasion favorable ainsi donnée, la Divinité aux mille regards s'approcha de Sîtâ et l'auguste époux de Çatchî commença par lui inspirer de la sécurité : « Je suis le roi des Dieux : la félicité descende sur toi ! lui dit-il ; jette les yeux sur moi, femme au candide sourire ! Ton noble Raghouide, fille du roi Djanaka, jouit avec son frère d'une bonne santé. Un jour, ce prince équitable viendra lui-même dans cette Lankâ, soumise aux lois de Râvana. Environné d'ours et de singes par milliers de kotis, ce *digne* enfant de Raghou, accompagné de son frère et suivi de son armée, t'emmènera dans sa ville, après qu'il aura fait mordre la poussière à tous les Rakshasas, grâce à la vigueur de son bras, et tué Râvana même dans une bataille. *Oui* ! Djanakide, vainqueur de Râvana et de son armée, ce puissant guerrier t'emmènera de ces lieux sur le char Poushpaka : étouffe le souci qui te ronge le cœur ! Pour en assurer le succès, je vais prêter mon aide à l'entreprise de ce roi magnanime : ainsi ne te livre pas à la douleur, fille du roi Djanaka.

« Grâces à moi, ce héros à la grande vigueur franchira l'Océan : c'est déjà moi, noble femme, qui ai su me procurer ici le sommeil de tes Rakshasîs par les enchantements de la magie.

« Prends ce vase de beurre clarifié, que je te présente ; mets le temps à profit et mange, éminente Dame, cet aliment délicieux, suprême, divin ! Une fois que tu auras goûté ce mets, reine charmante, tu ne seras plus affligée, très-vertueuse et noble Dame, ni par la faim, ni par les maladies horribles ou même par la pâleur. »

À ces mots, toute remplie de doute : « Comment saurai-je, lui dit Sîtâ, que c'est bien Indra, le divin époux de Çatchî, que je vois présent ici devant mes yeux ? Si tu es vraiment le roi même des Immortels, montre-moi sans tarder les signes auxquels on reconnaît un Dieu et dont j'ai entendu traiter mainte fois en présence de mon instituteur spirituel ! »

À ces mots de Sîtâ, le fils de Vasou fit ce qu'elle demandait : il se tint sans toucher la terre de ses pieds et regarda sans cligner les yeux. Reconnaissant à ces traits qu'il était véritablement le roi des Dieux, la Mithilienne dit alors pleine de joie : « Je te vois maintenant de la manière que t'ont vu le roi mon beau-père et le souverain de Mithila, mon père : tu es, divin Indra, le protecteur de mon époux. Il vit donc heureux, mon noble Raghouide, avec son frère sous ta céleste protection ! J'en reçois la nouvelle avec bonheur, Dieu à la force immense. Ce lait immortel et suprême, donné par toi, je le bois, comme tu m'y invites, à l'accroissement de la famille des Raghouides ! »

Ensuite, ayant pris la coupe aux mains du grand Indra, la Mithilienne au candide sourire l'offrit d'abord à son époux, ensuite à Lakshmana : « Puissent longtemps vivre mon époux à la force puissante et son frère ! » Elle dit ; et sur ces mots, la Vidéhaine mangea cet aliment fortuné. Quand elle eut pris cette réfection, la Dame au charmant visage sortit de l'épuisement où l'avait jetée la faim : puis, Mahéndra, lui ayant raconté l'histoire des événements à venir, s'éleva dans les airs et partit.

Une fois qu'il eut tué le Démon, qui savait prendre à son gré toutes les formes, ce Mârîtcha, qui marchait devant lui sous les apparences d'une gazelle, Râma, quittant cette partie du bois, retourna chez lui.

Quand il songeait aux moyens avec lesquels Mârîtcha l'avait écarté de sa chaumière ; à la manière dont cette gazelle d'or, frappée de sa flèche, avait laissé voir le Rakshasa, *qui s'était caché dans ses formes* ; au cri, que le Démon avait jeté *en expirant* : « À moi, Lakshmana !..... Je suis mort !..... » Cette voix, *imitant la mienne*, se disait-il plein d'angoisse, a dû procurer aux Rakshasas cette favorable occasion qu'ils désiraient bien trouver ! Daigne le ciel garder Sîtâ délaissée dans la grande forêt ; car leur défaite dans le Djanasthâna a soulevé contre moi la haine des Rakshasas ! »

Tandis qu'il agitait ces réflexions en lui-même, le Raghouide *inquiet* rencontra Lakshmana accourant à sa rencontre avec une splendeur éteinte. À ce héros triste, abattu, consterné, le visage altéré, Râma encore plus consterné lui-même de jeter ces mots avec tristesse et plein d'abattement. « Hâ, Lakshmana ! que tu as fait une chose blâmable de venir ici, abandonnant Sîtâ dans cette forêt déserte, infestée par les Rakshasas ! Je ne puis en douter maintenant d'aucune manière : la fille du roi Djanaka est égorgée ou même dévorée par les Démons, qui habitent dans ces bois. Car de sinistres augures se montrent à nos yeux en plus grand nombre. Puissions-nous retrouver saine et sauve notre chère Vidéhaine ! En effet, cet animal, qui m'avait séduit avec ses apparences de gazelle, m'attira loin par des allèchements donnés à mon espérance ; mais, frappé enfin d'une flèche après une grande fatigue, il abandonna ses formes de gazelle et ne montra plus en lui qu'un Rakshasa ! »

Après qu'il eut fouillé toute sa retraite, le Raghouide, pénétré de la plus vive douleur, interrogea le fils de Soumitrâ au milieu de son ermitage : « Quand je t'avais donné, plein de confiance en toi, la belle Mithilienne à titre de dépôt dans cette forêt déserte, infestée par les Rakshasas, comment s'est-il fait que tu l'aies abandonnée pour venir me trouver ? Ton arrivée *inattendue* vers moi, après ce délaissement de Sîtâ, a troublé véritablement toute mon âme en y jetant *soudain* le soupçon d'un horrible forfait. À peine t'eus-je aperçu de loin marchant au milieu des bois sans être accompagné de Sîtâ, que je sentis battre mon cœur, Lakshmana, trembler mon œil et mon bras gauches. »

À ces mots, le Soumitride aux signes heureux, Lakshmana, tout plongé dans la douleur et le chagrin, fit cette réponse au noble enfant de Raghou : « Ce n'est pas de moi-même, par un acte de mon plein gré, que je suis venu, abandonnant Sîtâ. Elle m'en a donné l'ordre elle-même, et là-dessus je suis parti. En effet, ces mots : « Lakshmana, sauve-moi ! » ce cri, que le noble*Démon* avait jeté au loin à travers une vaste expansion, est tombé dans l'oreille de la Mithilienne. À ce cri de détresse, elle, inquiète dans sa tendresse pour son époux : « Va ! cours ! » m'a-t-elle dit, baignée de larmes et palpitante de terreur. Quand elle m'eut plusieurs fois répété cet ordre : « Pars ! » alors moi, qui désirais faire ce que tu avais pour agréable, je dis à ta Mithilienne : « Je ne vois personne qui puisse mettre, Sîtâ, ton époux en danger.

« Rassure-toi ! cette parole, à mon avis, est un prestige ce non une réalité. Comment lui, ce noble prince, qui serait le sauveur des treize Dieux mêmes, aurait-il pu dire cette lâche et méprisable parole : « Sauve-moi ! » Pour quelle raison et par quelle bouche, imitant la voix de mon frère, furent jetés ces mots étranglés : « Sauve-moi, fils de Soumitrâ ? » *C'est là précisément ce dont je me défie !* Loin de toi ce trouble, où je te vois tombée ! Sois tranquille ! N'aie point d'inquiétude ! Il n'existe pas dans les trois mondes un homme qui puisse vaincre ton époux dans un combat : *oui* ! il est impossible à nul être, soit né, soit à naître, de gagner sur lui une bataille ! »

« À ces mots, ta Vidéhaine m'adressa, versant des larmes et d'une âme égarée, ces mordantes paroles : « Ton cœur est placé en moi : tu es d'une nature infiniment dépravée ; mais, si mon époux reçoit la mort, ne te flatte pas encore, Lakshmana, de posséder sa femme ! » — Ainsi invectivé par la Vidéhaine, je suis sorti indigné de l'ermitage, mes yeux rouges et mes lèvres tremblantes de colère. »

Au fils de Soumitrâ, qui tenait ce langage, Râma fit cette réponse, l'esprit affolé d'inquiétude : « Tu as commis une faute, mon ami, de quitter l'ermitage et de venir. Quoiqu'elle sût bien que c'est la nécessité de réprimer les Démons qui m'oblige à me tenir ici dans ces bois, ta grandeur n'a pas craint d'en sortir à ces paroles irritées de la Mithilienne. Je ne suis pas content de toi : je n'approuve pas que tu aies délaissé ma Vidéhaine, surtout à la voix mordante d'une femme courroucée. »

À l'aspect de ce Djanasthâna, qui semblait aussi pleurer de tous les côtés, Râma dit encore, poussant des cris et levant au ciel ses deux bras luisants : « Si cachée derrière un arbre, Sîtâ, tu veux rire de mon *inquiétude*, que la vive douleur, où ton absence m'a jeté, noble Dame, suffise à ton badinage !... Sîtâ aime à jouer avec ces faons apprivoisés de gazelle ; mais tu ne vois point ici avec eux, Lakshmana, leur maîtresse aux grands yeux !... Ces bijoux d'or, Lakshmana, ces paillettes brisées d'or, avec cette guirlande, répandues sur la terre, ils étaient dans la parure de ma Vidéhaine !... Vois, fils de Soumitrâ ! d'affreuses gouttes de sang, pareilles à de l'or épuré, couvrent de tous côtés la surface de la terre !

« Je pense, Lakshmana, que la sainte pénitente du Vidéha, déchirée ce percée de leurs dents, fut mise en pièces ou dévorée même par ces Démons habiles à changer de formes. Vois ces traces, fils de Soumitrâ ! Elles signalent ici un combat livré à cause de ma Vidéhaine, que deux Rakshasas *impurs* se disputaient. Que devint, *hélas* ! entre ces deux noctivagues, qui se battaient pour elle, son visage, dont l'éclat sans tache ressemble à l'astre des nuits ?

« À qui appartient, mon ami, ce grand arc, avec des ornements d'or et pareil à l'arc même d'Indra, que je vois tombé là et rompu sur la terre ! À qui était cette armure, qui gît non loin brisée, cuirasse d'or aux ornements de pierreries et de lapis-lazuli, brillante comme le soleil dans sa jeunesse *du matin* ? À qui fut ce parasol zébré de cent raies, mon ami, et rehaussé d'une céleste guirlande de fleurs, que tu vois là jeté sur la terre, avec un sceptre cassé ? Héros, à quel maître furent tués dans le combat ces ânes aux grands corps, aux formes épouvantables, aux plastrons d'or, aux visages de vampires ?

« Où est allée cette femme aux beaux yeux, aux belles dents, aux paroles toujours pleines de convenance ? Où est allée ma souveraine, Lakshmana, après qu'elle m'eut abandonné sous le poids de mon accablante douleur, comme la splendeur abandonne l'astre du jour sur le front du couchant ? »

Quand il eut fouillé ainsi de ses regards le Djanasthâna de tous les côtés, le fils de Raghou, bien tourmenté par le chagrin, n'y rencontra pas la fille du roi Djanaka.

Voyant que ses recherches ne lui avaient pas rendu son épouse, le fils du roi Daçaratha, cet homme supérieur, que l'absence de Sîtâ avait plongé dans une immense et terrible douleur, ne pouvait revenir à la quiétude, comme un grand éléphant qui ne peut sortir du vaste bourbier où il est entré, mais qui s'y enfonce de plus en plus.

Animés par le désir de voir Sîtâ, les deux héros visitèrent, et les forêts, et les montagnes, et les fleuves, et les étangs. Râma, secondé par Lakshmana, de fouiller toute la montagne avec ses bois et ses bocages : ils sondèrent tous les deux les plateaux, les grottes et les viviers fleuris de ce mont aux cimes nombreuses, couvert par des centaines de métaux divers ; mais ils ne purent nulle part rencontrer celle *qu'ils cherchaient*.

Enfin, ils aperçurent, couché sur la terre, baigné de sang et ses deux ailes coupées, l'oiseau géant Djatâyou, semblable aux cimes d'une montagne. À la vue de ce volatile, Râma tint ce langage à son frère : « On ne peut en douter, ma Vidéhaine fut dévorée ici par ce *monstre* ! Ce vautour est sans doute un Rakshasa qui erre dans la forêt avec cette forme empruntée : il fait ici la sieste à son aise, bien repu de ma Sîtâ aux grands yeux !

« Je vais le frapper d'un coup rapide avec mes flèches à la pointe enflammée, qui volent droit au but, comme le Dieu aux mille yeux frappe dans sa colère allumée une grande montagne avec son tonnerre ! »

À ces mots, encochant une flèche à son arc, il fondit irrité sur le vautour, et la terre en fut comme ébranlée sous les pieds du héros tout ému. Alors ce volatile infortuné, qui vomissait le sang à pleine bouche : « Râma !... Râma ! dit-il avec une voix plaintive au Raghouide en courroux. Cette femme, que tu cherches comme une plante salutaire dans la forêt, Sîtâ et ma vie, noble fils du roi des hommes, c'est Râvana, qui les a ravies toutes les deux à la fois !

« J'ai vu, abusant de la force, Râvana enlever ta Vidéhaine, abandonnée par toi, vaillant Raghouide, et par Lakshmana. J'ai volé au secours de Sîtâ, mon fils, et j'ai renversé dans une bataille Râvana sur le sol de la terre avec son char fracassé. Cet arc ici rompu est à lui ; c'est encore à lui cette ombrelle déchirée : c'est à lui qu'appartient ce char de guerre, et c'est moi qui l'ai brisé. Ici, j'ai livré à deux et plusieurs fois une longue, une affreuse bataille à Râvana, et j'ai déchiré ses membres à grands coups de mes ailes, de mon bec ou de mes serres. Mais, trop vite fatigué à cause de ma vieillesse, Râvana m'a coupé les deux ailes ; il prit ta Vidéhaine sur le bras et s'enfuit de nouveau dans les airs.

Quand Râma eut reconnu Djatâyou dans le volatile qui racontait cette histoire, il embrassa le monarque des vautours et se mit à pleurer avec le fils de Soumitrâ. À la vue du malheureux oiseau, poussant toutes sortes de gémissements, délaissé même dans ce lieu impraticable et solitaire, Râma plein de tristesse tint alors ce langage à Lakshmana : « Ma déchéance du trône, mon exil dans les bois, la perte de Sîtâ et la mort de mon père : voilà tombés sur moi des malheurs tels qu'ils pourraient incendier le feu même ! Si j'allais puiser de l'eau à la mer salée, on verrait sans doute cette reine des rivières et des fleuves se tarir aussitôt que je viendrais à toucher ses rives ! Il n'est pas dans ce monde avec toutes ses créatures, douées ou non du mouvement, un être plus malheureux que moi, enveloppé dans cet immense filet d'infortunes ! Cet ami de mon père, ce roi des vautours, chargé d'années, le voilà donc gisant sur la terre, frappé lui-même par l'adversité de mon Destin ! »

Il dit, et Râma sur ces mots, lui montrant toute l'affection d'un père, caressa de sa main avec Lakshmana le malheureux vautour.

« Djatâyou, si tu as encore la force d'articuler quelques mots, parle-moi, s'il te plaît, de Sîtâ et des circonstances qui ont amené ta mort à toi-même.

« Pour quelle raison Sîtâ fut-elle enlevée ? Quelle offense Râvana avait-il reçue de moi ? ou dans quel lieu avait-il vu ma bien-aimée ? Quelle est la forme, quelle est la vigueur, quelles sont les prouesses de ce Rakshasa ? Où son palais est-il situé ? Parle, mon ami ; réponds à mes questions. »

Ensuite, ayant tourné ses yeux vers le héros invincible, qui se répandait en gémissements, Djatâyou, malade jusqu'à la mort et l'âme toute contristée, se leva non sans peine, et recueillant ses forces, dit à Râma ces mots d'une voix nette :

« Son ravisseur, c'est Râvana, le bien vigoureux monarque des Rakshasas : il eut recours aux moyens de la grande magie, qui procède avec les tempêtes du vent.

« Il t'a ravi Sîtâ à cette heure du jour que l'on appelle Vinda [28], où le maître d'un objet perdu tarde peu à le retrouver ; circonstance à laquelle Râvana ne fit alors aucune attention. »

Tandis que l'oiseau mourant parlait ainsi à Râma, il s'agitait sans repos ; le sang et la chair même sortaient à flots de sa bouche. Enfin, promenant de tous côtés ses yeux inquiets, le vautour, dans les convulsions extrêmes de l'agonie, dit encore ces paroles en expirant : « Ce monarque, il règne à Lankâ dans une île de la mer, qui est au midi ; il est, sans aucun doute, le fils de Viçravas et le frère de Kouvéra. » À ces mots, dans une crise de faiblesse, ce roi des volatiles exhala son dernier soupir.

La tête du vautour s'affaissa par terre, il écarta ses jambes, allongea son cou et retomba sur la face du sol.

À la vue du volatile gisant, la vie éteinte, comme une montagne *écroulée*, Râma dans le plus amer des chagrins, dit ces mots au fils de Soumitrâ : « Cet oiseau, qui parcourut de si nombreuses années la forêt Dandaka et qui demeurait tranquillement ici dans le séjour des Rakshasas ; lui, de qui, plusieurs fois centenaire, la vie atteignit une si longue durée, le voici maintenant qui gît mortellement frappé ; car il est impossible d'échapper à la mort !

« Ce roi des oiseaux mérite de ma reconnaissance le même culte et les mêmes honneurs que Daçaratha, le fortuné monarque d'illustre mémoire. Apporte du bois, Lakshmana ; j'en vais extraire le feu ; je veux rendre les devoirs funèbres à cet Indra des oiseaux, qui reçut la mort à cause de moi. » À ces mots, Râma, le devoir incarné, mit Djatâyou sur la pile de bois allumé et réduisit en cendres le roi des vautours : puis il se plongea dans l'onde avec le fils de Soumitrâ, et les deux frères à l'instant de célébrer la cérémonie de l'eau funéraire à l'intention de l'oiseau mort. Ensuite, le héros illustre abattit un cerf ; il coupa ses chairs en morceaux ce les abandonna aux oiseaux, dans un lieu de la forêt tapissé de frais gazons. Enfin il prononça lui-même sur le volatile défunt, pour son entrée dans le Paradis, ces mêmes prières que les brahmes ont coutume de réciter sur un homme trépassé. Cela fait, les deux fils du plus noble des hommes descendent à la rivière Godâvarî, et présentent de nouveau l'onde funèbre aux mânes du roi des vautours. Honoré de ces pieuses obsèques par ce *royal anachorète*, semblable à un grand rishi, l'âme du monarque emplumé qui avait affronté une entreprise si glorieuse, mais si difficile, et reçu la mort en combattant, parvint à la voie sainte, suprême et fortunée. Le lendemain, ils se lèvent à l'aube naissante ce vaquent ensemble aux prières du jour. Ce devoir accompli, les deux héros à la grande force abandonnent le Djanasthâna désert et tournent leurs pas à la recherche de Sîtâ vers la plage occidentale. De là, ces deux Ikshwâkides, armés d'arcs, de flèches et d'épées, arrivent devant un chemin non battu. Ils virent une immense forêt, impraticable, hérissée de hautes montagnes et toute couverte de maintes lianes, d'arbrisseaux et d'arbres.

Or, Lakshmana au cœur pur et vertueux, au langage de vérité, à la grande splendeur, dit ces mots, les mains jointes, à son frère, de qui l'âme était pleine de tristesse :

« Je sens mon bras qui tremble fortement ; le trouble agite mon cœur : je vois, guerrier aux longs bras, des prodiges qui nous sont tous contraires. Des augures se montrent avec des formes sinistres : assieds ton âme, héros, sur une base inébranlable, car ces présages nous annoncent un combat à soutenir dans l'instant même. »

Dans ce moment s'offrit à leurs yeux un torse énorme, de la couleur des sombres nuages, hideux, bien effrayant à voir, difforme, sans cou, sans tête, et couvert de soies piquantes, avec une bouche armée de longues dents au milieu du ventre. D'une élévation colossale, ce tronc égalait pour la hauteur une grande montagne et résonnait avec le fracas des nuées, où bondit le tonnerre. Il n'avait qu'un œil très-fauve, long, vaste, large, immense, placé dans la poitrine, et dont la vue embrassait une distance infinie. Détruisant tout et d'une force *sans mesure*, il dévorait les ours farouches et les plus grands éléphants : jetant çà et là ses deux bras horribles et longs d'un yodjana, il empoignait dans ses mains les divers quadrupèdes ou volatiles. peine les deux frères avaient-ils parcouru l'intervalle d'une lieue seulement, qu'ils furent saisis par ce colosse aux longs bras. Embrassés fortement par le monstre que tourmentait la faim, les deux héros, entraînés vers le *tronc difforme*, virent alors ses bras semblables à des massues ou pareils aux trompes des plus grands éléphants ; ses bras, couverts de poils aigus avec des mains armées d'ongles secs, longs, horribles comme des serpents à cinq têtes. Portant leurs arcs, leurs épées ce leurs flèches, nos deux guerriers, entraînés malgré eux par ses bras et tirés déjà près de sa bouche, eurent grande peine à s'arrêter sur les bords.

Il ne put néanmoins, en dépit de ses bras, jeter dans sa gueule ces deux héroïques frères, Râma et Lakshmana, qui résistaient de toute leur force. Alors ce Dânava redoutable, Kabandha aux longs bras, dit à ce couple de frères, armés d'arcs et de flèches : « Qui êtes-vous, *guerriers* aux épaules de taureaux, qui portez des arcs et de grandes épées ; vous, qui êtes venus dans ces bois horribles et vous êtes approchés de moi pour être ma pâture ? Dites-moi et quel est votre but, et quelle raison vous amène ici, et pourquoi, venus dans ma région, où la faim me tourmente, vous deux, restez-vous là ? »

À ces mots du cruel Kabandha, l'aîné des Raghouides, le visage glacé *d'épouvante*, dit à son frère : « Nous sommes tombés d'une infortune dans un plus grand malheur ; désastre épouvantable et sûr, où nous perdrons la vie sans avoir eu même le bonheur de recouvrer ma bien-aimée ! »

Tandis qu'il parlait ainsi, l'auguste fils du roi Daçaratha, ce héros fameux, au courage inébranlable, à la vigueur infaillible, jetant les yeux sur Lakshmana, de qui tout l'extérieur annonçait la fermeté d'âme, conçut aussitôt la pensée de couper les bras du colosse.

Aussitôt ces deux Raghouides, qui savaient le prix du temps et du lieu, dégainent leurs cimeterres et tranchent les deux membres à l'endroit où ils s'emboîtaient aux épaules. Râma, qui se trouvait à droite, coupa de son épée le bras droit et le sépara de l'épaule, tandis que le héros Lakshmana vivement abattit le bras gauche. Le grand Asoura au corps de géant tomba, ses deux bras coupés, remplissant de ses cris, comme un nuage orageux, la terre, le ciel et tous les points cardinaux. Ensuite, inondé de sang, mais joyeux à la vue de ses bras coupés, le Démon interroge ainsi les deux héros : « Qui êtes-vous ? »

À la question de ce torse mutilé, Lakshmana, aux signes heureux, à la vigueur immense, répondit en ces termes : « Ce guerrier-ci est l'héritier d'Ikshwâkou ; sa renommée est grande ; il se nomme Râma : sache que moi, je suis Lakshmana, son frère puîné. Tandis que ce héros, égal aux Dieux pour la puissance, habitait dans la forêt déserte, un Rakshasa lui a ravi son épouse, et Râma vient ici la chercher. Mais toi, qui es-tu ? Ou pourquoi demeures-tu en ces bois, tronc épouvantable par tes jambes tronquées et ta bouche enflammée au milieu du ventre ? »

Plein d'une joie suprême à ces mots de Lakshmana, car il se rappelait alors ce qu'Indra jadis lui avait dit, Kabandha fit cette réponse : « Héros, soyez tous deux les bienvenus ! c'est ma bonne fortune qui vous amena dans ces lieux ! c'est ma bonne fortune qui vous inspira de me trancher ces deux bras, semblables à des massues !

« Dévoré par la faim, dans ma vertu éteinte, je ne faisais grâce à rien de ce qui passait à ma portée, gazelle ou buffle, ours et tigre, éléphant ou homme ! Mais aujourd'hui que j'ai vu, dans le profond chagrin où j'étais plongé ; aujourd'hui que j'ai vu, dans le malheur où j'étais enchaîné, les deux héros de Raghou, il n'est pas au monde un être plus heureux que moi !

« Jadis, j'étais sur la terre séduisant par ma beauté et semblable même à l'Amour ; une faute commise un jour me fit tomber dans ces formes-ci tout à fait contraires. C'est le venin d'une malédiction qui a changé mes attraits en cette difformité hideuse, repoussante, qui inspire la terreur à tous les êtres ce telle enfin *que vous voyez*.

« Ma beauté fut célèbre dans les trois mondes, elle était au delà de toute imagination, comme si tous les charmes, partagés entre Çoukra, la lune, le soleil et Vrihaspati étaient réunis dans une seule personne. Je suis un Dânava, mon nom est Danou, je suis le fils moyen de Lakshmî, *déesse de la beauté* : apprends que c'est la colère d'Indra qui m'a revêtu de ces formes hideuses.

« Une terrible pénitence me rendit agréable au père des créatures : il m'accorda une longue vie en récompense, et ce don remplit mon âme *d'un vain orgueil*.« Maintenant qu'une longue vie m'est donnée, pensai-je, qu'est-ce qu'Indra peut me faire ? » et là-dessus je défiai Indra même au combat. Mais son bras, déchaînant sur moi sa foudre aux cent nœuds, fit rentrer dans mon corps et ma tête et mes jambes. Je le conjurai en vain *de me donner la mort*, il ne voulut pas m'envoyer au noir séjour d'Yama : « Non ! dit-il, que la parole de Brahma subsiste dans sa vérité ! »

« Alors, devenu ce que tu vois, rejeté hors de ma beauté, avec ma splendeur éteinte, je dis au roi des Immortels, en réunissant les paumes de mes deux mains à *l'endroit où n'était plus* mon front : « Transformé par la foudre, les jambes tronquées et ma bouche rentrée dans mon corps avec ma tête, comment puis-je sans manger vivre encore une très-longue vie ? » À ces mots, le roi des Immortels me donna ces bras longs d'un yodjana et me fit au milieu du ventre cette bouche munie de ses dents acérées. Grâces à mes longs bras, j'entraîne à moi de tous côtés dans la grande forêt éléphants, tigres, ours, gazelles, et je fais d'eux ma pâture. Indra me dit alors : « Tu iras au ciel, quand Râma ce Lakshmana t'auront coupé les deux bras dans un combat. »

« Tu es Râma, je n'en puis douter, car nul autre que toi ne pouvait me donner la mort, suivant les paroles que m'a dites l'habitant du ciel. Je veux me lier de société avec vous, hommes éminents, et jurer à vos grandeurs une *éternelle* amitié, en prenant le feu même à témoin. »

Quand Danou eut achevé ces mots, le vertueux Raghouide lui tint ce langage en présence de Lakshmana : « Sîtâ est mon illustre épouse : Râvana me l'a ravie, sans rencontrer d'obstacle, car mon frère et moi nous étions sortis du Djanasthâna. Je connais le nom seulement de ce Rakshasa, mais nous ne savons ni quelle est sa forme, ni quelle est sa demeure, ni quelle est sa puissance.

« Parle-nous de Sîtâ, de son ravisseur et du lieu où mon épouse fut emmenée : fais-nous ce plaisir infiniment agréable, si tu en sais quelque chose dans la vérité. Il te sied d'agir ainsi par compassion pour nous, errants, malheureux, accablés de chagrins et voués nous-mêmes au secours des *opprimés*. »

À ces mots de Râma composés de syllabes attendrissantes, Danou, habile à manier la parole, fit cette réponse au fils éloquent de Raghou : « Je n'ai plus ma science céleste ; je ne connais pas ta Mithilienne ; mais je pourrai t'indiquer un être qui doit la connaître, quand, de ce corps brûlé sur le bûcher, je serai passé dans mon ancienne forme.

« Tandis que le soleil marche encore avec son char fatigué, creuse-moi une fosse, Râma, et brûle-moi suivant les rites. »

À ces mots, les deux héros à la grande force, Râma et Lakshmana, élèvent sur la montagne un lit de gazons, y portent Kabandha sur leurs épaules, font sortir le feu du bois frotté contre le bois, déposent le tronc inanimé dans une fosse et se mettent à construire le bûcher par-dessus.

Alors, avec de grands tisons allumés, Lakshmana mit le feu de tous côtés à la pile de bois, et le bûcher flamboya entièrement. Le feu consuma lentement ce grand corps de Kabandha, pareil à une masse de beurre clarifié, et la moelle en fut cuite dans les os.

Soudain, secouant les cendres du bûcher, s'envola rapidement au sein des cieux le beau Danou, joyeux, paré de tous ses membres, regardant, *comme un Dieu*, sans cligner ses paupières et portant sur des habits sans tache une guirlande de fleurs cueillies sur l'arbre céleste Santâna. Autour de lui flottait sa robe lumineuse, immaculée ; et, tout radieux, illuminant de sa vive splendeur tous les points du ciel, il se tenait dans les airs sur un char attelé de cygnes, ravissant l'âme et les yeux.

L'être fortuné qui marchait dans les cieux *et qui naguère était* Kabandha : « Apprends, fils de Raghou, dit-il à Râma, qui doit un jour te rendre Sîtâ. Près d'ici est une rivière nommée Pampâ, dans son voisinage est un lac ; ensuite, une montagne appelée Rishyamoûka : dans ses forêts habite Sougrîva, personnage à la grande vigueur, qui peut changer de forme à sa fantaisie. Va le trouver : il est digne de tes hommages et mérite que tu l'honores d'un pradakshina.

« Heureusement pour toi, Râma, ce vertueux singe, nommé Sougrîva, fut renversé du trône par son frère en courroux, Bâli, fils du soleil. Depuis lors, ce héros magnanime, accompagné de quatre singes fidèles, habite la haute montagne Rishyamoûka, que la Pampâ embellit de sa fraîche lisière. Va sur-le-champ, fils de Raghou, et ne tarde pas à faire de lui ton ami : avec lui pour allié, je vois ton entreprise bientôt couronnée du succès. Lève-toi, homme pieux ; mets-toi en route à l'instant et va, tandis que le *flambeau du* soleil est allumé, t'aboucher avec le monarque reconnaissant des singes. »

« Que la félicité t'accompagne ! adieu ! » disent les deux Raghouides au glorieux Kabandha, qui planait dans le sein des airs.« Et vous aussi, allez, répondit le Dânava, pour le succès de l'affaire *où vous êtes engagés* . » Ainsi congédiés, les deux rejetons de Kakoutstha rendent leurs hommages à Danou et partent bien contents.

Hâtés par le désir de voir Sougrîva, les deux voyageurs traversent des lieux couverts de montagnes, dont les arbres étaient chargés de fruits doux comme le miel. Après une station d'une seule nuit sur le dos *gazonné* des montagnes, ces héros continuent leur voyage le premier jour dès l'aube naissante.

Enfin, quand ils eurent mesuré une longue route, ornée de bois variés, les deux Raghouides s'approchèrent du rivage occidental de la Pampâ.

Sous l'éventail d'un frais zéphir au souffle caressant, Râma joyeux sentit avec le Soumitride se dissiper toute sa fatigue, au spectacle de ces arbres, les rameaux chargés de fleurs et de fruits, les voûtes retentissantes du concert des kokilas ; à la vue de cette terre aux surfaces tapissées d'herbes nouvelles, douces, fraîches et bleu-foncé, à l'aspect de cette Pampâ, bien ravissante et comme enflammée par des lotus brillants à l'égal du soleil dans son enfance *du matin* . En contemplant cette rivière limpide, fortunée, charmante à voir, ces deux héros à l'immense vigueur furent enivrés d'une joie aussi vive que Mitra et même Varouna, ce jour où sous leurs yeux ils virent le grand fleuve du Gange sortir de la création à la voix des rishis.

La vue de ces deux magnanimes héros jetait dans une extrême inquiétude Sougrîva et ceux qui suivaient sa fortune. L'esprit assiégé de *mille* pensées, le roi des singes résolut de quitter la montagne. Observant que ces deux héros paraissaient d'une vigueur immense et porter des arcs formidables, il ne pouvait calmer son âme ; et, le cœur assailli d'anxiété, il regardait autour de lui tous les points de l'espace.

Le prince des quadrumanes ne pouvait rester en place un seul instant. Il se mit à réfléchir ; et, plein de trouble, dit à ses conseillers : « Voici deux espions, que Bâli même envoie dans cette forêt impénétrable sous la forme empruntée de ces deux hommes, qui viennent ici, vêtus d'habits faits d'écorce ! »

Les optimates singes passent aussitôt de leur cime dans une autre cime de la montagne.

Quand Sougrîva eut sauté de sommet en sommet, rapide comme le vent ou les ailes de Garouda, il s'arrêta enfin sur la crête septentrionale du Malaya, où ses hommes des bois vinrent se rallier à lui sur les pics inaccessibles de cette grande montagne ; et leur marche effrayait alors chats-pards, antilopes et tigres. Réfugiés sur la haute montagne, les conseillers de Sougrîva s'approchent du roi des singes et se tiennent devant lui, joignant leurs paumes en coupe à la hauteur du front. Ensuite, le sage Hanoûmat tient ce langage plein de sens au monarque tout ému, en défiance contre une scélératesse de Bâli : « Pourquoi, l'esprit troublé, cours-tu ainsi, roi des singes ? Je ne vois point ici ton cruel frère aîné, cet artisan de crimes, le farouche Bâli, qui t'inspire une continuelle inquiétude. »

À ces paroles du singe Hanoûmat, Sougrîva lui répondit alors en ces paroles d'une grande beauté : « Au cœur de qui n'entrerait pas la crainte, à la vue de ces deux archers aux grands yeux, aux longs bras, au courage héroïque, à la vigueur immense ? C'est Bâli, je le crains, Bâli même, qui expédie vers nous ces deux hommes formidables. Les rois ont beaucoup d'amis : ils aiment à frapper leurs ennemis ; un être de condition vulgaire ne peut bien les connaître : mais toi, singe, quoique tu ne sois pas un roi, tu peux néanmoins pénétrer le secret de ces deux hommes à leur marche, à leurs gestes, à leur mine, à leurs discours, à certaine altération même dans leurs voix. Observe attentivement si leur âme est ou bonne ou méchante, en gagnant leur confiance, en les comblant d'éloges, en redoublant pour eux de gestes affectueux. Demande, noble singe, à ces deux hommes, doués pleinement de beauté, quelle chose ils désirent ici. »

Hanoûmat eut à peine entendu ces grandes paroles de Sougrîva, qu'il s'élança de la montagne, où les racines des arbres puisaient leur nourriture, et se porta d'un saut jusqu'au lieu où marchaient les deux Raghouides.

Le noble singe, qui possédait la force de la vérité, ce messager à la grande vigueur dépouilla ses formes de singe ; il revêtit les apparences d'un religieux mendiant, et, commençant par les flatter suivant l'étiquette, il adressa aux deux héros ce langage *insinuant* : « Pénitents aux vœux parfaits, vous qui ressemblez au roi des Immortels, comment, anachorètes des bois, vos grandeurs sont-elles venues dans cette contrée où vos pas jettent l'épouvante parmi les troupes des gazelles et les autres habitants des forêts ; vous, ascètes, de qui les yeux contemplent de tous côtés les arbres nés sur les rives de la Pampa, et qui n'êtes pas *en ce moment* le moins bel ornement de cette rivière aux ondes fraîches ? Qui êtes-vous donc, vous, qui, remplis de force, êtes revêtus d'un valkala ; vous, héros à la couleur d'or, qui, avec le regard du lion, ressemblez encore au lion par une vigueur sans mesure et tenez à vos longs bras des arcs pareils à l'arc même d'Indra ?

« Vous, qui possédez la beauté, la richesse des formes et la splendeur, vous, les plus magnanimes des hommes, qui ressemblez aux plus magnifiques éléphants, et de qui la démarche fière me rappelle ces nobles animaux dans l'ivresse de rut ?

« Cette reine des montagnes rayonne de votre lumière ! Comment êtes-vous arrivés dans cette contrée, vous, qui méritez un empire et me semblez être des Immortels ? Vous, qui avez des yeux comme les pétales du lotus ; vous au front de qui vos cheveux en djatâ forment un diadème ; vous, de qui l'un est le portrait vivant de l'autre, et qui paraissez venir du monde des grands Dieux ?

« Quand je vous parle ainsi, pourquoi ne me regardez-vous pas ? Et pourquoi ne me parlez-vous pas, à moi, que le désir de vous parler a conduit auprès de vous ? Un roi du peuple singe, âme héroïque et juste, nommé Sougrîva, erre affligé dans le monde, fuyant les violences de son frère. Je suis un conseiller de ce monarque ; le Vent, sachez-le, est mon père ; j'ai la faculté d'aller en quelque lieu qu'il me plaise ; je prends à mon gré toutes les apparences ; j'ai changé tout à l'heure mes formes naturelles sous l'extérieur d'un religieux mendiant, et je viens du Malaya, conduit par l'envie de servir les intérêts de Sougrîva. »

Ensuite Râma, s'étant recueilli dans sa pensée un moment, dit à son frère : « C'est le ministre de Sougrîva, magnanime roi des singes. Réponds, Soumitride, en paroles flatteuses à son envoyé, qui est venu me trouver ici, qui sait parler, à qui la vérité est connue et de qui la bouche est l'organe de la vérité. »

Il dit : Hanoûmat entendit avec joie ce langage de Râma, et sa pensée lui peignit en ce moment Sougrîva, l'âme troublée de chagrin. Le singe alors de raconter, et le nom, et la forme, et l'exil de son maître *sur le mont Rishyamoûka*, et de porter enfin toute l'histoire de son roi à la connaissance de Râma, dans une assez longue extension.

À ces mots, Lakshmana, que Râma invite à répondre : « Il fut, dit-il au magnanime fils de Mâroute, il fut un roi, nommé Daçaratha, plein de constance, ami du devoir, et de qui ce héros appelé Râma est le fils premier né, de haute renommée, dévoué au devoir, tempéré, doux, trouvant son bonheur dans le bien de tous les êtres, secourable à ceux qui ont besoin de secours, accomplissant ici les ordres de son père. En effet, ce Raghouide à l'éclatante splendeur fut renversé du trône et banni dans les bois par son père asservi à la vérité : je l'accompagnai ; et Sîtâ, son épouse aux grands yeux, le suivit elle-même dans l'exil, comme la lumière à la fin du jour suit, *dans l'autre hémisphère*, le soleil aux clartés flamboyantes. Plongé dans une vaste mer de chagrins, quoiqu'il fût digne du bonheur, le grand monarque, père de ce héros et l'essence même du bien pour l'univers entier, s'en est allé dans le Paradis.

« Apprends, singe, que Lakshmana est mon nom ; que je suis le frère de Râma, venu avant moi dans la condition humaine, et que ses vertus m'attachent à son service. Dans le temps que ce prince à la vive splendeur habitait, dépouillé de sa couronne et banni, dans les bois *déserts*, un Rakshasa mit la fraude en jeu pour lui dérober son épouse. Mais il ne connaît pas le Démon ravisseur de sa bien-aimée. Il est un fils de Lakshmî, nommé Danou, et tombé dans la condition des Rakshasas par l'effet d'une malédiction. Suivant lui, Sougrîva, le roi des singes, peut nous donner ce renseignement. »

Hanoûmat, se tenant face à face de Lakshmana, répondit comme il suit : « Les hommes, doués d'intelligence, secourables aux créatures, qui ont dompté la colère, qui ont vaincu les organes des sens, qui sont tels que vous êtes, *méritent de* gouverner la terre. »

Il dit ; et, quand il eut d'une voix douce prononcé gracieusement ces mots : « Allons, reprit-il, où m'attend le singe Sougrîva. En guerre déclarée avec son frère, en butte aux vexations répétées de Bâli et renversé du trône,comme toi, *ce prince, qui s'est vu aussi ravir son épouse, tremble* sans cesse *au milieu des bois. Accompagné de nous, Sougrîva, compatissant aux peines de Râma*, ne peut manquer de *s'associer à vous dans la recherche de la Vidéhaine.* »

Alors ce noble singe à la couleur d'or bruni, Hanoûmat, à la science bien étendue, reprit ses formes naturelles et dit tout joyeux : « Monte, ô le meilleur des rois, monte sur mon dos avec ton frère Lakshmana ; et viens, dompteur des ennemis, viens promptement voir Sougrîva. » À ces mots, le fils du Vent, Hanoûmat au grand corps s'en alla, portant les deux héros, où Sougrîva se tenait *dans l'attente* .

Arrivé du mont Rishyamoûka aux cimes du Malaya, Hanoûmat fit connaître les deux vaillants guerriers au magnanime Sougrîva : « Voici le sage Râma aux longs bras, le fils du roi Daçaratha, qui vient se réfugier sous ta protection avec son frère Lakshmana.

« Né dans la famille d'Ikshwâkou, il reçut un jour, de son magnanime père, enchaîné par la vérité, l'injonction de s'en aller vivre au milieu des forêts. Là, tandis qu'il habitait dans les bois, accomplissant les ordres paternels, un Rakshasa lui a ravi Sîtâ, son épouse, avec le secours de la magie. Dans son infortune, ce Râma, que sa force n'a trompé jamais et de qui le devoir est comme l'âme, vient chercher avec Lakshmana, son frère, un appui à ton côté. »

Le roi des singes prit soudain la forme humaine, et, revêtu d'un extérieur admirable, tint ce langage à Râma : « Ta grandeur est façonnée au devoir, elle est pleine de vaillance, elle est amie du bien : c'est avec raison que le fils du Vent attribue à ta grandeur ces belles qualités. Aussi l'honneur même que j'ai maintenant de vous recevoir est-il une riche acquisition pour moi, ô le meilleur des êtres qui ont reçu la voix en partage. Si tu veux, sans dédain pour ma nature de singe, t'unir d'amitié avec moi ; si tu désires mon alliance, je tends mon bras vers toi, serre ma main dans la tienne, et lions entre nous un attachement solide. »

Dès qu'il eut ouï ces mots prononcés par Sougrîva, aussitôt Râma de serrer la main du singe dans sa main ; celui-ci prit à son tour la main de Râma dans la sienne ; puis, enflammé d'amour et d'amitié pour son hôte, d'embrasser l'Ikshwâkide étroitement. Voyant ainsi formée cette union, objet de leurs mutuels désirs, Hanoûmat fit naître le feu, suivant les rites, en frottant le bois contre le bois. Il orna le feu allumé avec une parure de fleurs, et, joyeux, il déposa entre les nouveaux alliés ce brasier à la flamme excitée. Ensuite ces deux princes, qui s'étaient liés d'amitié, Râma et Sougrîva, de célébrer un pradakshina autour du feu allumé, et, se regardant l'un l'autre d'une âme joyeuse, le Raghouide et le singe ne pouvaient s'en rassasier les yeux.

Alors Sougrîva, de qui l'âme était fixée dans une seule pensée, Sougrîva à la grande splendeur tint ce langage au fils du roi Daçaratha, à ce Râma, de qui la science tenait embrassées toutes choses.

« Écoute, ô le plus éminent des Raghouides, écoute ma parole véridique : dépose ta douleur, guerrier aux longs bras ! Je te le jure, ami, par la vérité ! je sais à la ressemblance des situations *qui enleva ton épouse* : car c'est ta Mithilienne, sans doute, que j'ai vue ; c'est elle qu'un Rakshasa cruel emportait, criant d'une manière lamentable : « Râma !... Lakshmana !... Râma ! Râma ! » et se débattant sur le sein du monstre comme l'épouse du roi des serpents *dans les serres de Garouda*. Elle me vit elle-même sur un plateau de montagne, où j'étais moi cinquième *avec ces quatre singes* ; elle nous jeta rapidement alors son vêtement supérieur et ses brillants joyaux. Ces objets recueillis par nous sont ici, fils de Raghou : je vais te les apporter ; veuille bien les reconnaître. »

« Apporte-les vite, répondit le Daçarathide à ces nouvelles agréables, que Sougrîva lui racontait : ami, pourquoi différer ? »

Hâté par l'envie de faire une chose qui plût à son hôte, Sougrîva d'entrer à ces mots de Râma dans une caverne inaccessible de la montagne.

Là, il prit la robe et les bijoux éclatants, *revint*, les mit sous les yeux du héros et lui dit : « Regarde ! »

À peine le Raghouide eut-il reconnu dans ces objets le vêtement et les joyaux de Sîtâ que ses yeux se remplirent de larmes : « Hélas ! s'écria-t-il ; hélas, bien-aimée Djanakide ! » et, toute sa fermeté l'abandonnant, il tomba sur la terre. Plusieurs fois, avec désespoir, il porta ces parures à son cœur ; plusieurs fois il poussa de longs soupirs, comme les sifflements d'un reptile en colère.

« Sougrîva, dis-moi ! Vers quels lieux as-tu vu se diriger le féroce Démon, ravisseur de ma bien-aimée, non moins chère que ma vie ? Où habite ce Rakshasa, qui m'a frappé d'une si grande infortune, lui, pour l'offense duquel j'exterminerai tous les Rakshasas ? »

Le roi des singes alors serra le Raghouide avec amour dans ses bras, et, vivement affligé, ses mains jointes, il tint ce langage à l'époux de Sîtâ, qui fondait en larmes :

« Je ne connais pas du tout ni l'habitation de ce méchant, ni la puissance, ni la bravoure, ni la race de ce vil Démon. Secoue néanmoins ton chagrin, dompteur invincible des ennemis ; car je te promets que j'emploierai mes efforts à te rendre la noble Djanakide.

« Loin de toi ce trouble d'esprit, où je te vois tombé ! souviens-toi de cette fermeté, qui est la vertu des natures énergiques. Certes, une telle légèreté d'âme ne sied pas à tes pareils. Moi aussi, j'ai senti cette grande infortune que fait naître dans un cœur le rapt d'une épouse ; mais je ne me désole pas, comme tu fais, et je n'abandonne pas ma fermeté.

« Médite cette maxime dans ta pensée : « Un esprit ferme ne souffre pas que rien abatte sa *constance* ; mais l'homme qui laisse toujours le souffle du trouble agiter son âme est un insensé. Il est malgré lui submergé dans le chagrin, comme un vaisseau battu par le vent. »

« Le chagrin tue la force : ne veuille donc plus t'abandonner à cette douleur ! Je ne prétends point ici, Râma, t'enseigner ce qui est bon, car c'est un don que tu as reçu de ta nature. Mais écoute mes paroles, venues d'un cœur ami et cesse de gémir. »

Ainsi consolé doucement par Sougrîva, l'auguste Kakoutsthide essuya son visage baigné de larmes avec l'extrémité de son vêtement ; et, replacé dans sa nature même par ces bonnes paroles, il embrassa le roi des singes et lui tint ce discours : « Toute chose digne et convenable que doit faire un ami tendre et bon, tu l'as faite, Sougrîva. Un ami tel que toi est un trésor bien rare surtout dans ce temps-ci. Il te faut employer tes efforts à la recherche de ma chère Mithilienne et du cruel Démon à l'âme méchante qui a nom Râvana. Trace-moi en toute confiance quelle marche je dois suivre ; et que mon bonheur naisse de toi comme les moissons naissent d'une heureuse pluie dans une terre féconde. »

Joyeux de son langage, Sougrîva le quadrumane lui répondit comme il suit en présence de Lakshmana : « Les Dieux veulent sans doute verser de toute manière les faveurs sur moi, puisqu'ils m'ont amené dans ta grandeur un ami digne et plein de vertus. Certes ! aujourd'hui que ta grandeur est mon alliée, je pourrais, secondé par ton héroïsme, conquérir même l'empire des Dieux : à plus forte raison puis-je, ami, reconquérir avec toi mon royaume ! De mes parents et de mes amis, c'est moi que la fortune a le mieux partagé, héros à la grande force, puisqu'elle a joint nos mains dans une alliance où nous avons pris le feu à témoin. »

Ensuite, le roi des quadrumanes, voyant Râma debout avec le vigoureux Lakshmana, fit tomber de tous les côtés ses regards curieux dans la forêt, et, non loin, il aperçut un shorée robuste avec un peu de fleurs, mais riche de feuilles et paré d'abeilles voltigeantes. Il en cassa une branche touffue de fleurs et de feuilles, l'étendit sur la terre et s'assit dessus avec l'aîné des Raghouides. Quand Hanoûmat les vit assis tous deux, *il s'approcha* d'un sandal, rompit une branche de cet arbre, en joncha la terre et fit asseoir Lakshmana.

Alors, d'une voix douce, Sougrîva joyeux prononce affectueusement ces paroles, dont sa tendresse émue lui fait bégayer quelque peu les syllabes : « Les persécutions me forcent, Râma, d'errer çà et là dans cette terre... Après que mon frère m'eut enlevé mon épouse, je suis venu chercher un asile dans les *bois du* Rishyamoûka ; mais, redoutant le vigoureux Bâli, en guerre déclarée avec lui, en butte à ses vexations, mon âme tremble sans cesse au milieu des forêts. Veuille bien me protéger, fils de Raghou ; moi, qui n'ai pas de protecteur, infortuné, que tourmente la crainte de Bâli, terreur du monde entier ! »

À ces mots, le resplendissant Kakoutsthide, qui savait le devoir et chérissait le devoir, lui répondit en souriant : « Comme j'ai reconnu dans ta grandeur un ami capable de me prêter son aide, je donnerai aujourd'hui même la mort au ravisseur de ton épouse. »

« Commence par écouter, répondit Sougrîva, quel est le courage, l'énergie, la vigueur, la fermeté de Bâli, et décide ensuite ce qui est opportun. Avant que le soleil ne soit levé, Bâli, secouant déjà la torpeur *du sommeil*, s'en va de la mer occidentale à l'Océan oriental, et de l'Océan méridional à la mer septentrionale. Dans sa vigueur extrême, il empoigne les sommets et les grandes cimes des montagnes, les jette dans les cieux rapidement et les rempaume dans sa main. Pense donc à le tuer par un seul coup de flèche ; autrement, nous aurons allumé la colère de Bâli, et nous subirons nous-mêmes, Kakoutsthide, cette mort, que nous lui destinons. »

Lakshmana répondit en souriant à ces paroles de Sougrîva : « Tous les oiseaux, les serpents, les hommes, les Yakshas et les Daityas, réunis aux Dieux mêmes, ne pourraient tenir en bataille contre lui, son arc à la main ! Mais quelle action lui faudrait-il faire ici pour te persuader qu'il est capable de tuer Bâli ? »

« Autrefois Bâli transperça d'une flèche trois palmiers d'un seul coup dans les sept que voici, répondit le singe à Lakshmana : *eh bien* ! que Râma les perce tous à la fois d'une seule flèche et je crois à l'instant qu'il peut tuer Bâli ! »

À ces mots, Râma de répondre en ces termes à Sougrîva :

« Je veux connaître dans la vérité quelle fut la cause de ton infortune ; car je ne puis, ô toi, qui donnes l'honneur, balancer le fort avec le faible, ni arrêter comme il faut toutes mes résolutions, sans connaître bien l'origine de cette inimitié qui vous divise à tel point. »

À ces paroles du magnanime Kakoutsthide, le roi des singes se mit d'un visage riant à raconter au frère aîné de Lakshmana toutes les circonstances de cette rivalité fraternelle :

« Bâli, comme on appelle ce farouche immolateur des ennemis, Bâli est mon frère aîné. Il fut toujours en grand honneur devant mon père et dans mon estime. Quand notre père fut allé se reposer *dans la tombe* : « Bâli, se dirent les ministres, est son fils aîné. Il fut donc sacré, d'un consentement universel, monarque et seigneur des peuples singes ; et moi, tandis qu'il gouvernait ce vaste empire de mon père et de mes aïeux, je lui fus toujours et dans toutes les affaires un serviteur obéissant.

« Doundoubhi avait un frère aîné, Asoura d'une grande force appelé Mâyâvi : entre celui-ci et mon frère une femme, qu'ils se disputaient, alluma, comme on sait, une terrible inimitié. Un jour, à cette heure de la nuit où chacun dort, le Démon vint à la porte de la caverne Kishkindhyâ. Il se mit à rugir dans une violente colère et défia Bâli au combat. Mon frère entendit au milieu des ténèbres ce rugissement d'un bruit épouvantable ; et, tombé sous le pouvoir de la colère, il s'élança hors de la gueule ouverte de sa caverne, malgré tous les efforts de ses femmes et de moi-même pour empêcher qu'il ne franchît le seuil. Il nous repoussa tous, et, sans balancer, il sortit, poussé par son courroux, aiguillonné par sa fureur ; et moi sur-le-champ de hâter ma course derrière le monarque des singes, sans autre pensée que celle de mon amitié pour lui.

« Aussitôt qu'il me vit paraître non loin de mon frère, le Démon s'enfuit rapidement, saisi de terreur ; mais nous de courir plus vite encore sur les traces du fuyard tout tremblant. La lune vint en se levant éclairer nos pas dans la route. Sur ces entrefaites, l'Asoura fuyant aperçoit dans la terre une caverne profonde cachée par de hautes graminées ; il s'y précipite soudain ; tandis que nous, en approchant, les grandes herbes nous enveloppent *et nous dérobent sa vue*. Quand il vit son ennemi déjà réfugié dans la caverne, Bâli, transporté de colère, me parla en ces termes, les sens tout émus : « Reste ici, toi, Sougrîva ! et garde sans négligence cette porte de l'antre aux abords très-difficiles, jusqu'au moment où, mon rival tué, je sorte d'ici ! »

« À peine mon frère eut donné cet ordre, que je tâchai par tous mes efforts d'arrêter sa résolution ; *ce fut en vain*, il s'engagea malgré moi dans cette caverne. Une année complète s'écoula entièrement depuis son entrée, et je testai devant la porte en faction tout le temps que dura cette révolution du soleil ; mais, ne l'ayant pas vu sortir, mon amitié pour mon frère me jeta dans une terrible inquiétude. Je craignais qu'il n'eût péri victime d'une trahison.

« Enfin, après ce long espace de temps écoulé, je vis, à n'en pas douter, je vis sortir de cette catacombe un fleuve de sang écumeux ; et *tout* mon cœur en fut troublé. En même temps il vint du milieu de la caverne à mes oreilles un grand bruit de rugissements, jetés par des Asouras et mêlés aux cris d'un combattant qui se voit tué dans une bataille. Alors moi je crus à de tels indices que mon frère avait succombé, et je pris enfin le parti de m'en aller. Je revins, assailli par le chagrin, à la caverne Kishkindhyâ, mais après que j'eus comblé avec des rochers *l'entrée de* cet antre *fatal* et versé, mon ami, d'une âme déchirée par la douleur, une libation d'eau funèbre en l'honneur de mon frère.

« En vain j'employai mes efforts à cacher la catastrophe, elle parvint aux oreilles des ministres, et tous alors de me sacrer dans ce trône *vacant*. Mais, tandis que je gouvernais l'empire avec justice, Bâli revint, fils de Raghou, après qu'il eut tué son terrible ennemi. Quand il me vit, le front investi du sacre, une *soudaine* colère enflamma ses yeux, il frappa de mort tous mes conseillers et m'adressa des paroles outrageantes. Sans doute, fils de Raghou, j'avais la force de réprimer ce méchant ; mais, enchaîné par le respect, je n'en eus pas même la pensée. Je caressai, je flattai avec adresse, je comblai mon frère des bénédictions les plus respectueuses, en observant les règles de l'étiquette. Mais ce fut en vain que j'honorai Bâli de tels hommages, son âme ulcérée les repoussa tous.

« Alors ce monarque des singes convoqua l'assemblée des sujets et m'infligea, au milieu de mes amis, ce discours bien terrible : « Vous savez comment le puissant Asoura Mâyâvi, toujours altéré de batailles et plein d'un immense orgueil, vint une nuit me défier au combat. À peine eus-je entendu ses rugissements furieux, je m'élançai hors de la gueule ouverte de ma caverne ; et cet ennemi, que j'ai là sous la figure de mon frère, me suivit d'un pied rapide. Quand le Démon aux grandes forces me vit marcher dans la nuit, accompagné d'un second, alors, saisi d'un tremblement extrême, il se mit à courir, sans tourner les yeux derrière lui. Et moi, voyant l'Asoura fuir si lestement sur la terre : « Arrête ! lui criai-je furieux avec Sougrîva ; arrête ! »

« Après qu'il eut couru seulement douze yodjanas, fouetté par la crainte, il se déroba sous la terre au fond d'une caverne. Aussitôt que je vis l'ennemi, qui m'avait toujours fait du mal, entrer dans ce lieu souterrain, je dis alors, moi, qui avais des vues innocentes, à cet ignoble frère, qui avait, lui ! des vues perfides : « Mon dessein n'est pas de m'en retourner à la ville sans avoir tué mon rival : attends-moi donc à la porte de cette caverne. »

« Persuadé qu'il assurait mes derrières, je m'engageai dans cette grande caverne, et j'y passai toute une année à chercher la porte *d'une catacombe intérieure*.

« Enfin, je vis cet Asoura, de qui l'arrogance avait semé tant d'alarmes, et je tuai sur-le-champ mon ennemi avec toute sa famille. Cet antre fut alors inondé par un fleuve de sang, vomi de sa bouche ; et, râlant sur le sein de la terre, il exhala son âme dans un cri de désespoir. Après que j'eus tué Mâyâvi, mon rival, si cher à Doundoubhi, je revins sur mes pas et je vis fermé l'orifice de la caverne. J'appelai Sougrîva mainte et mainte fois ; puis, n'ayant reçu de lui nulle réponse, la colère me saisit ; je brisai à coups de pied redoublés ma prison, et, sorti de cette manière, je revins chez moi *sain et sauf*, comme j'en étais parti. Il m'avait donc enfermé là ce cruel, à qui la soif de ma couronne fit oublier l'amitié qu'il devait à son frère ! »

« Sur ces mots, le singe Bâli me réduit au seul vêtement, *que m'a donné la nature* , et me chasse de sa cour sans ménagement. Voilà, fils de Raghou, la cause des persécutions répétées qu'il m'a fait subir. Privé de mon épouse et dépouillé de mes honneurs, je suis maintenant comme un oiseau, à qui furent coupées ses deux ailes.

« Résolu à me donner la mort, il sortit sur le seuil de sa caverne et me fit trembler, en levant sur ma *tête* un arbre épouvantable. Je m'enfuis sous la crainte du coup et je parcourus toute la terre, fils de Raghou, avec les montagnes, qui la remplissent, et les mers, qui la revêtent de leur *humide* manteau. Enfin, j'arrivai au Rishyamoûka, et, comme une *puissante* cause oblige cet invincible Bâli à laisser toujours un intervalle entre ce mont et lui, je choisis pour mon habitation cette reine des montagnes.

« Je t'ai raconté, noble Raghouide, tout ce qui m'attira cette mortelle inimitié : vois ! j'étais innocent et je n'avais pas mérité le malheur qui tomba sur moi. Daigne, héroïque enfant de Raghou, daigne me regarder avec bienveillance, moi, qui traîne ici, tourmenté par la crainte, une vie misérable, et dompter enfin ce farouche Bâli. »

À ces mots, le fléau des ennemis, ce radieux enfant de Raghou, se mit à ranimer le courage de Sougrîva : « Mes dards, que tu vois, ces flèches aiguës, qui ne sont jamais vaines, Sougrîva, et qui brillent à l'égal du soleil, je les enverrai se plonger dans le cruel Bâli. *Oui* ! Bâli, cette âme corrompue, le corrupteur des bonnes mœurs, n'a plus de temps à vivre que celui où mes yeux n'auront pas encore pu voir ce ravisseur de ton épouse. »

Il prit alors son arc céleste, resplendissant à l'égal de l'arc même du *puissant* Indra ; il encocha une flèche, et, visant les sept palmiers, déchaîna contre eux ce *merveilleux projectile* . Le trait paré d'or, envoyé de sa main vigoureuse, transperça tous les palmiers, fendit la montagne elle-même et pénétra jusqu'au sein des enfers. Ensuite, la flèche remonta spontanée sous la forme d'un cygne ; et, brillante d'une lumière infinie, elle revint *d'où elle était partie* ce rentra d'elle-même au carquois de son maître.

Quand il vit les sept palmiers traversés d'outre en outre par la flèche impétueuse de Râma, le roi des singes tomba dans une admiration sans égale. À la vue de cette prouesse incomparable, Sougrîva joyeux porta les deux paumes de ses mains réunies au front et se mit à glorifier le noble Raghouide :

« Comme le soleil est le premier des êtres lumineux, comme l'Himâlaya est la première des montagnes, comme le grand Océan est la première des vastes mers : ainsi toi, Râma, tu es le premier des hommes pour la vigueur. Ni le Dieu, qui put immoler Vritra, ni celui de la mort, ni l'Asoura, ni le Dispensateur des richesses, qui est l'auguste roi de tous les Yakshas, ni Varouna, ses chaînes à la main, ni le Vent, ni le Feu même n'est égal à toi !

« Quel *être* mâle est capable de résister à celui, de qui la main put transpercer à la fois d'une seule flèche ces grands palmiers et cette montagne elle-même, hantée par les Dânavas ? Maintenant mon chagrin est dissipé ; maintenant mon *cœur* est inondé par la joie ; maintenant je vois déjà étendu mort sur un champ de bataille ce Bâli, toujours ivre de combats ! »

À ces mots, le héros à la grande science, Râma d'embrasser le *noble* singe à la parole agréable et de lui répondre en ces termes, approuvés de Lakshmana : « Viens avec moi, Sougrîva ; je vais à la caverne Kishkindhyâ, où règne Bâli : arrivé là, défie au combat cet ennemi, qui a *dépouillé* les formes du frère ! » Sur les paroles de Râma, l'exterminateur des ennemis : « Je te suis, » reprit avec joie Sougrîva ; et tous deux alors ils s'avancent d'un pied hâté. Ils parviennent d'un pas léger à la Kishkindhyâ, lieu masqué par les djungles épais, et se cachent derrière les arbres dans la forêt impénétrable. L'aîné des Raghouides y tient alors ce langage à Sougrîva : « Appelle ton frère au combat, force Bâli à sortir hors de la bouche de sa caverne, et je lui donnerai la mort avec une flèche brillante comme la foudre. » À peine le Kakoutsthide à la vigueur sans mesure eut-il articulé ces paroles, qu'une grande et profonde symphonie ruissela du ciel en sons agréables. Une guirlande céleste, au tissu d'or, embelli de mille pierres fines, tomba du firmament sur la tête de Sougrîva ; et, dans sa chute du ciel vers la terre, cette guirlande d'or, ouvrage d'un Immortel, resplendit au sein des airs comme une guirlande ravissante qu'on aurait tissée avec des éclairs. Dans une pensée d'amour, un habitant des cieux, le soleil même, son père, avait, d'une main soigneuse, tressé pour lui ce beau feston égal à celui de Bâli.

———

Quand le vigoureux Bâli entendit les rugissements épouvantables de son frère, sa colère s'enflamma soudain, et furieux il sortit de sa caverne, comme le soleil, qui sort du milieu des nuages. Alors, s'éleva entre ces deux rivaux un combat d'un assourdissant tumulte : telle, dans les champs du ciel, une terrible et grande bataille entre les deux planètes Angâraka et Bouddha [29].

Ils se frappaient l'un l'autre dans cet *horrible* duel avec leurs paumes semblables à des foudres, avec leurs poings durs comme les diamants, avec des arbres, avec les crêtes elles-mêmes des montagnes !

En ce moment Râma prit son arc et regarda les combattants ; mais ses yeux les virent tous deux égaux par le corps, semblables exactement l'un à l'autre, et pareils celui-ci à celui-là pour la vaillance et la force : il reconnut alors qu'on ne pouvait distinguer le premier du second, comme il en est pour les deux beaux Açwins. *Dans cette parfaite ressemblance* , le vaillant Raghouide ne pouvait discerner Sougrîva, ni Bâli : aussi ne voulut-il pas encore lancer une flèche *au milieu du combat* .

Sur ces entrefaites, rompu sous la main de Bâli et voyant ce *qu'il s'imaginait une* trahison du Raghouide, *son allié* , Sougrîva se mit à courir vers le Rishyamoûka. Épuisé, baigné de sang, accablé de coups, frappé avec fureur, il se réfugia dans la grande forêt. À peine le resplendissant Bâli eût-il vu que son ennemi s'était dérobé dans ces bois, il fit volte-face, chassé par la crainte d'une malédiction, *jadis fulminée contre lui* , et s'en retourna en disant : « Tu m'as échappé ! »

Le noble Raghouide, accompagné de son frère et des ministres, s'en vint lui-même trouver Sougrîva dans cette retraite ; et, quand le singe infortuné vit Râma en sa présence avec Lakshmana et ses conseillers, il tint ce langage, baissant la tête et plein de honte : « Après que tu m'as fait admirer ta force et que tu m'as dit : « Provoque Bâli au combat ! » pourquoi donc as-tu mis ta promesse en oubli et m'as-tu laissé battre ainsi par mon ennemi ?

« Si tu voulais, le ciel détourne ce malheur ! si tu voulais que Bâli me donnât la mort dans ce combat, quel besoin avais-je de *ton* amitié pour m'aider à recouvrer mon royaume, puisque j'allais cesser de vivre ? »

Le Raghouide entendit sans colère sortir de sa bouche ces paroles affligées et beaucoup d'autres semblables : « Dépose ton chagrin, Sougrîva ! lui dit-il. Écoute maintenant la cause, roi des singes, qui me retint de lancer ma flèche.

« Toi, Sougrîva et Bâli, vous êtes l'un à l'autre semblables par la guirlande, le vêtement, la démarche et la taille. Cri, lustre, station, marche, regard ou parole, il n'est rien qui vous distingue à mes sens avec certitude. Aussi, roi des singes, troublé par une telle ressemblance de formes, je n'ai point alors décoché ma flèche : « Qui m'assure ici, me disais-je, que je ne vais pas tuer mon ami ? »

« Veuille donc bien attacher sur ton corps un signe qui soit comme un drapeau, et par lequel je puisse te reconnaître une fois engagé dans ce combat de l'un contre l'autre.

« Tresse-nous, Lakshmana, une guirlande avec une branche de boswellia parée de ses fleurs, et mets-la au cou du magnanime Sougrîva. »

« Héros, dit le singe, tu m'as promis naguère que ta *flèche* lui porterait la mort : tâche que ta promesse, comme une liane en fleurs, ne tarde point à nous donner son fruit ! »

« Maintenant que mes yeux, répondit l'époux de Sîtâ, peuvent te distinguer à cette guirlande, roi des singes, va en pleine confiance, ami, et défie une seconde fois Bâli au combat. »

Bâli, entré dans le sérail de ses femmes, entendit avec colère ce nouveau défi de Sougrîva, son frère. À ce fracas épouvantable, que le robuste singe apportait à ses oreilles une seconde fois, sa figure se rembrunit tout à coup, comme le soleil obscurci dans une éclipse.

Faisant grincer les dents longues de sa bouche et la fureur teignant son poil d'une couleur plus rouge encore, sa face brillait avec ses yeux tout grands ouverts, comme un lac aux lotus *épanouis*. Le roi des simiens sortit avec impétuosité et la marche de ses pieds fit trembler, pour ainsi dire, toute la terre. Mais Târâ aussitôt embrassa, pleine d'effroi, son royal époux, qui s'élançait ainsi hors de la caverne béante, et lui tint ce langage : « Allons, héros ! abandonne cette colère, de même que, le matin, au sortir de la couche, tu rejettes une guirlande froissée !

« Ton frère est déjà venu, bouillant de colère, et t'a défié au combat : tu es sorti ; il a succombé dans cette lutte sous ta vigueur et s'est enfui, chassé par la crainte. Ce défi, qu'il rapporte ici, fait naître en moi des soupçons, surtout à la pensée qu'il s'est déjà vu tout à l'heure abattu et tué même, *pour ainsi dire*, sous ta main.

« Une telle arrogance dans ce vaincu, qui rugit, tant de résolution, ce tonnerre de sa voix, tout cela n'est point d'une légère importance.

« J'ai ouï dire avant ce jour que Sougrîva s'est lié par une fraternité d'armes avec le sage Râma, de qui la vaillance est éprouvée et de qui la flèche ne manque jamais le but.

« Râma est le poison qui tue l'affliction des affligés ; c'est un arbre, sous les branches duquel habitent les hommes de bien : il est sur la terre un vase de gloire et de hautes perfections.

« Qu'Angada, *notre fils*, s'en aille, emportant avec lui tous les joyaux qui sont ici dans ton palais : qu'il offre *de ta part* ces richesses à Râma et signe un traité de paix avec ce héros d'une splendeur égale aux clartés du feu à la fin d'un youga. Ou bien abandonnons cette caverne et sauvons-nous dans une solitude des bois. Car, de concert avec Sougrîva, le Daçarathide va s'étudier à nous enfermer dans un insurmontable danger. Avant que n'arrivent les infortunes, sache donc employer les moyens qui doivent les prévenir. »

Après que sa compagne au visage radieux, comme la reine des étoiles, eut parlé de cette manière, Bâli railla ses craintes et lui répondit en ces termes : « Comment puis-je dans cette colère, qu'il fit naître en moi, comment puis-je endurer, mon amie, les cris d'un ennemi qui vient rugir *à ma porte* avec une telle arrogance, et qui n'est après tout que le voleur *de ma couronne* ? Pour des héros, qui ne reculent jamais dans les combats et qui n'ont pas un front accoutumé à l'injure, tolérer une offense, ma chérie, est plus difficile que la mort !

« Ce noble fils de Raghou ne doit pas t'inspirer de la crainte à mon égard : s'il a de la reconnaissance et s'il connaît le devoir, il ne peut commettre une mauvaise action. Quitte donc ce souci ! je vais sortir, combattre avec Sougrîva et lui arracher son arrogance, mais je ne veux pas lui ôter la vie.

« Va-t'en ! Je reviendrai, je t'en fais le serment sur ma vie et ma *prochaine* victoire ; *oui* ! je reviendrai, moi qui te parle, aussitôt que j'aurai vaincu mon frère dans ce combat. »

Târâ embrasse alors Bâli, de qui la vue était *bien* chère à ses yeux ; *toute* en pleurs et tremblante, elle décrit à pas lents un pradakshina autour de son époux. Après qu'elle eut, suivant les rites, invoqué le succès pour l'expédition du singe auquel son *cœur* désirait la victoire, cette reine à la taille charmante de rentrer suivie des femmes dans son gynœcée ; et, quand Târâ eut regagné avec elles ses appartements, Bâli sortit, poussant une respiration aiguë, comme les sifflements d'un boa.

Quand le vigoureux quadrumane vit, tout fier de l'appui qu'il trouvait en Râma, son rival impatient lui-même de combattre, déjà posté en attitude de bataille et la cuirasse bien attachée sur la poitrine, il raffermit solidement la sienne avant de se risquer dans cette périlleuse aventure ; et, délirant de fureur, les yeux tout rouges de colère, il jeta ces mots à Sougrîva :

« Scélérat insensé, quelle hâte, Sougrîva, te fait courir une seconde fois à la mort ? Vois mon poing fermé, que je lève pour la mort et qui, déchargé sur ton front, va briser ta vie ! » À ces mots, il frappa du poing son rival en pleine poitrine.

Néanmoins, Sougrîva sans crainte arrache aidé de sa vigueur *et lève* un grand arbre, qu'il abat sur le sein de Bâli, comme la foudre tombe sur une haute montagne. La chute de cette masse étourdit *un moment* son ennemi, qui s'était approché de nouveau pour le combat : accablé sous la pesanteur du coup, Bâli chancelle et vacille.

Cependant Râma voyait Bâli rompre la fierté de Sougrîva et lui abattre même sa vigueur ; il en fut irrité d'une furieuse colère. Il encoche soudain une flèche, qui semblait un serpent de flamme et l'envoie frapper au cœur Bâli à la grande force, à la guirlande tissue d'or. Le sein percé du trait, celui-ci tombe, les sens troublés et la route de sa vie brisée : « Ah ! s'écrie-t-il, je suis mort ! » Alors, comme un éléphant plongé dans un marais fangeux, Bâli, d'une voix triste et le gosier obstrué par des pleurs, dit ces mots à Râma, qu'il voyait debout près de lui : « Quelle gloire espères-tu de cette mort, que tu m'as portée dans un instant où je n'avais pas les yeux tournés de ton côté ? car tu m'as frappé *lâchement* caché et tandis que ce duel absorbait toute mon attention ! »

Après la chute de ce héros, le monarque des singes, *on vit* la face de la terre s'obscurcir, comme le ciel quand la lune est plongée *dans les nuages*. Mais ni la vie, ni la force, ni le courage, ni la beauté n'avaient déserté le corps de ce magnanime, étendu sur la terre. En effet, sa guirlande céleste, qu'un Dieu avait tissue d'or, était *comme* attentive elle-même à soutenir dans sa fin la vie de ce quadrumane, le plus noble des singes.

———

La nouvelle, que Râma d'une flèche, envoyée par sa main, avait renversé Bâli mortellement frappé, était déjà parvenue à l'oreille de Târâ, son épouse. À peine eut-elle appris cette mort si horrible de son mari, qu'elle sortit, versant des larmes, précipitant son pas, accompagnée de son fils, hors de cette caverne de la montagne. Elle vit les singes tremblants fuir d'une course légère comme des gazelles *épouvantées*, quand *un chasseur a* tué la reine du troupeau et dispersé toute la bande : « Singes, leur dit-elle, pourquoi donc, abandonnant ce monarque des singes, de qui vous êtes les officiers, courez-vous en pelotons épars et tremblants ? »

À ces questions prononcées d'une voix lamentable, les singes d'une âme tout émue répondent à l'épouse du roi ces paroles opportunes : « Fille de Jîva, retourne chez toi et défends ton fils Angada ! La mort sous la forme de Râma emporte *l'âme de* Bâli, qu'elle a tué ! »

Alors, voyant son mari immolé sur le champ de bataille, elle s'approcha de lui tout émue et s'assit avec son fils sur la terre. Elle prit ce corps dans ses bras, comme s'il fût endormi : « Hélas ! mon époux ! » s'écria-t-elle ; puis, embrassant le cadavre étendu sur la face de la terre, elle se mit à pousser des cris.« Ah ! dit-elle, héros aux longs bras ! je suis morte aujourd'hui, que tu m'as rendue veuve ! Si tu m'avais écoutée, tu n'aurais pas éprouvé ce malheur ! Ne t'en ai-je pas averti bien des fois ? Lève-toi, ô le plus vaillant des singes ! Pourquoi restes-tu couché là sur la dure ? Ne me vois-tu pas, tourmentée par la douleur, étendue sur la terre avec ton fils ? Rassure-moi dans ce moment comme tu fis tout à l'heure ; rassure-moi avec ton fils, moi, désespérée, à qui ta mort enlève son protecteur ! »

Devant le spectacle de son époux étendu par terre, le sein percé de ce dard que l'arc de Râma lui avait décoché, Târâ se dépouilla de toute pitié pour son corps, et, levant ses deux bras, cette femme aux bras charmants se broya de coups elle-même.« Hâ ! s'écria-t-elle, je suis morte ! » puis elle tomba sur la face de la terre et s'y roula comme une gazelle qu'un avide chasseur a blessée mortellement. Ceux qui formaient la cour du *magnifique* Bâli et les dames simiennes de son intérieur, tous alors de s'élancer avec des cris de pygargue hors de la bouche de sa caverne.

Bâli, respirant à peine, traîna de tous les côtés ses regards affaiblis et vit près de lui Sougrîva, son jeune frère. À la vue du roi des singes, qui remportait sur lui cette victoire, il adressa la parole d'une voix nette à Sougrîva et lui tint affectueusement ce langage : « Sougrîva, ne veuille pas que je m'en aille, tourmenté par cette défaillance de l'âme, où tu me vois, *noble* singe, et chargé d'une faute, moi, que l'expiation a lavé de ses péchés. Sans doute le Destin avait décidé que la concorde n'existerait pas entre nous : l'amitié est naturelle à des frères ; mais pour nous le Destin arrangea les choses d'une autre manière.

« Saisis-toi du sceptre aujourd'hui et règne sur les hommes des bois ; car, sache-le, je pars à l'instant même pour l'empire d'Yama. Dans une telle situation, héros, veuille bien faire exactement ce que je vais dire, chose importante et qui retient ici ma vie. Vois, étendu sur la terre cet enfant plein de sagesse, élevé au sein des plaisirs et qui mérite le bonheur, mais de qui la face est baignée de larmes, Angada, mon fils, qui m'est plus cher que la vie. Défends-le de tous les côtés, comme s'il était pour toi-même un fils né de ta propre chair, lui que je laisse au monde sans protecteur !

« Pare-toi donc, Sougrîva, de cette guirlande, présent du ciel et tissue d'or. Quand j'aurai cessé de vivre, l'opulente félicité qui réside en elle se répandra sur toi ! » Il dit, et, dès qu'il eut parlé de cette manière à Sougrîva, Bâli à la haute renommée, courbant la tête, s'adressa, les mains jointes, à Râma, et tint ce langage pour lui recommander son fils : « Le prolétaire qui, dès son commencement, a toujours vécu dans une maigre condition, n'est point, *à bien dire*, misérable, fils de Raghou ; mais ce nom de misérable convient plus justement à l'homme de haute naissance précipité dans l'affliction et dans l'infortune. Né dans une famille opulente, Râma, et qui peut combler de ses largesses tous les vœux, Angada, quand j'aurai vécu, Angada sera donc misérable ! Voilà ce qui fait ma douleur, à moi qui ne verrai plus ce visage bien-aimé de mon enfant chéri, comme l'âme du pécheur n'entrevoit jamais le Paradis. Tué par ta main dans ce combat, je vais donc mourir, héroïque fils du plus éminent des hommes, sans avoir pu me rassasier entièrement de voir mon fils Angada ! Fléau des ennemis, toi, qui es la voie où marchent et l'asile où se réfugient toutes les créatures, accueille avec bonté Angada, mon fils, aux bracelets d'or. »

Quand il eut transmis sa guirlande à son frère et baisé Angada sur le front, Bâli, préparé saintement pour entrer dans la condition des âmes, dit ces mots avec amour *au jeune quadrumane* :

« Ménage les temps et les lieux, endure avec patience ce qui plaît ou déplaît, supporte également la douleur et le plaisir ; sois, mon fils, un sujet docile pour Sougrîva. Si tu l'honores, il saura bien te payer de retour comme moi, qui t'ai choyé toujours depuis ton enfance. Fais-toi des amis, ni trop, ni trop peu, car la solitude, mon ami, est un grand mal : sache donc garder le milieu entre les deux extrêmes. » Il n'avait pas encore achevé de parler sous l'oppression violente du trait *acéré* que ses yeux se roulent affreusement dans leur orbite, ses dents s'entre-choquent avec une force à les briser, et le mourant exhale enfin sa vie dans un dernier soupir. Alors, toute plongée dans un océan de chagrin, Târâ, les yeux fixés sur la face *glacée* de son cher époux, retomba dans la poussière, tenant Bâli embrassé comme une liane roulée autour d'un grand arbre.

Quand l'*aîné des* Raghouides, l'exterminateur des ennemis, vit que Bâli avait exhalé son dernier soupir, il tint à Sougrîva ce discours modeste : « L'homme ne se laisse point ainsi enchaîner par le chagrin, il s'élance vers une condition meilleure. Que Târâ s'en aille avec son fils habiter maintenant chez toi. Tu as répandu ces larmes, qui viennent à la suite d'une violente douleur : *c'est assez !* car, passé la mort, il ne reste plus rien à faire. La nécessité est la cause universelle, la nécessité embrasse le monde, la nécessité est la cause qui agit dans la séparation de tous les êtres. Néanmoins, que l'homme ne perde jamais de vue, dans les évolutions de ce Destin, le bien, sur lequel on doit toujours fixer les yeux, car le Destin même embrasse dans sa marche le devoir, l'utile et l'agréable.

« Bâli est rentré au sein de la nature ; il a reçu dans cette mort donnée le fruit *amer* de son œuvre : que l'on célèbre maintenant les funérailles du roi des singes, comblé de tous les dons funèbres. Son âme fut chassée du corps, parce qu'il a commis l'injustice et qu'il en a recueilli ce fruit ; mais, comme il est rentré dans le devoir, *à la fin de sa vie*, le Paradis lui fut donné pour sa récompense. Nous avons accordé ce qu'il faut à la douleur : accomplissons maintenant ce qu'il est à propos de faire »

Les yeux troublés de larmes, Târâ et les autres dames singes, parentes du mort, suivent, poussant des cris, le *cercueil du* roi des simiens.

Au bruit des pleurs et des sanglots que ces femmes quadrumanes versaient au milieu du bois, on eût dit que les forêts et les montagnes pleuraient elles-mêmes de tous les côtés.

Les amis en bien grand nombre de Bâli construisent un bûcher dans une île solitaire, que la rivière, descendue de la montagne, environnait de ses ondes ; et, *l'ouvrage terminé*, les principaux des singes, qui portaient la bière sur leurs épaules, s'approchent, déposent le cercueil et se tiennent à l'écart, l'âme plongée dans le recueillement.

Ensuite Târâ, à la vue de son époux couché dans ce lit d'une bière, leva dans son sein la tête de son époux et gémit ces mots dans une profonde affliction : « Ô toi, à qui tes fils étaient si chers, tu n'aimes donc plus celui-ci, qui se nomme Angada ? Pourquoi le regardes-tu avec cet air stupéfait, lui, *ton enfant*, accablé sous le poids du chagrin ?

« Ton visage semble encore me sourire au sein même de la mort : je le vois, tel que si tu étais vivant, pareil au jeune soleil du matin ! »

Alors, aidé par Sougrîva, Angada, pleurant et redoublant ses cris, fit monter sur le bûcher ce corps de son père. Il appliqua le feu à la pile de bois, conformément aux rubriques, et, tous les sens troublés, il décrivit un pradakshina autour de son père, qui s'en allait pour un long voyage. Enfin, quand les singes ont honoré Bâli suivant les rites, ils descendent faire la cérémonie de l'eau funèbre dans la Pampâ aux ondes fraîches et limpides. Ce devoir accompli, ils sortent de la rivière et viennent tous avec leurs habits mouillés revoir l'aîné des Raghouides et Lakshmana à la grande vigueur.

Ensuite le sage Hanoûmat, brillant à l'égal du soleil adolescent et le corps tel qu'une montagne, adresse, les mains jointes, ce discours au guerrier issu de Raghou : « Grâce à toi, fléau des ennemis, Sougrîva monte sur le trône de son père et de son aïeul : il a conquis, grâce à toi, ce vaste empire des singes bien difficile à conquérir. Qu'il entre, congédié par toi, dans cette ville, et qu'il y règle avec ses amis les affaires de toutes les sortes ! Bientôt, consacré par le bain, son âme reconnaissante va t'honorer avec ses présents de pierreries diverses, de simples recueillis en tout pays et de parfums célestes. Daigne entrer dans cette merveilleuse caverne de la montagne ; fais alliance avec mon seigneur, et que ta vue répande la joie parmi les singes. »

À ces mots d'Hanoûmat, Râma le Daçarathide, habile à manier la parole et plein de sens, lui répondit en ces termes : « Je n'entrerai pas, bel Hanoûmat, ni dans une ville, ni dans un village, avant que je n'aie accompli mes quatorze années : c'est l'ordre de mon père. Entrez, vous ! et hâtez-vous de faire ce qui demande une exécution immédiate. Ami, que le sacre, donné suivant les rites, inaugure Sougrîva sur le trône ! » Quand il eut parlé de cette manière au singe Hanoûmat, Râma dit à Sougrîva : « Ô roi, fais sacrer Angada, que voici devant tes yeux, comme le roi de la jeunesse.

« Ce mois de Çrâvana, plongé dans la pluie, est le premier des mois pluvieux : nous voici entrés, mon ami, dans les quatre mois de la saison des pluies. Ce temps ne convient pas au rassemblement d'une armée : entre dans cette ville ; moi tenant domptés mes organes des sens, j'habiterai là sur la montagne. Voici, dans le sein du mont *Rishyamoûka*, une caverne délicieuse, vaste, protégée contre le souffle du vent : c'est là que j'habiterai, mon ami, toute la saison des pluies avec le fils de Soumitrâ. Mais, quand tu auras vu s'écouler Kârttikî, mois charmant, aux ondes redevenues limpides, aux moissons de lotus et de nymphéas, déploie alors, déploie, ami, tes soins pour la mort de Râvana. C'est donc là, *souviens-t'en* ! ce qui reste bien convenu entre nous. Va dans cette ville florissante ; puis, une fois sacré dans ton royaume, fais-y la joie de tes amis. »

Il dit : à ce congé que lui donnait Râma, le nouveau monarque des singes pénétra dans cette aimable cité, le cœur joyeux et tous ses chagrins dissipés. Là, devant le roi qui entre, des milliers de quadrumanes s'inclinent, transportés d'allégresse, et l'environnent de tous les côtés.

Tout le *peuple des* sujets, la tête prosternée jusqu'à terre, salue, plein de respect, le nouveau roi des singes, en lui criant : « Victoire ! victoire ! »

Sougrîva les invite à se relever et, les ayant honorés suivant l'étiquette, il entre dans le voluptueux sérail de son frère.

En sortant du gynæcée, il fut sacré par les plus nobles des singes à la grande taille de la manière que les Immortels avaient sacré le Dieu aux mille regards.

———

Le sommeil n'approchait pas de la couche où Râma était allé se reposer durant les nuits, noyé dans les pleurs et le chagrin, il n'y avait que le souci dont il reçût la visite.

Tandis que ce magnanime habitait ainsi dans la grande montagne, sa pensée toute remplie de son épouse ravie, la saison acheva de répandre ses pluies ; et la retraite des nuages, qui promenaient sur leurs chars une pesante charge d'eaux, annonça le retour de l'automne.

———

Quand le fils du Vent, Hanoûmat, qui n'avait pas une âme indécise et qui savait distinguer le moment des affaires, vit Sougrîva empêché par l'amour de marcher avec ardeur sur le chemin de son devoir ; Hanoûmat s'inclina devant Sougrîva, et, flattant ce monarque des singes avec des paroles affectueuses et douces, il tint au roi, qui savait goûter les qualités d'un discours, ce langage utile, vrai, convenable, et tout assaisonné de bienveillance et d'amour : « Ô roi, tu as personnifié en toi-même l'empire, la gloire céleste et la fortune de ta race ; tu as gagné l'amour des sujets, tu as comblé d'honneur tes parents. Ta majesté a consumé tes ennemis, dont il ne reste plus que le nom ; mais une chose est à faire, c'est de secourir tes amis : que ta grandeur veuille donc y penser.

« Héros, plein de courage dans les batailles et qui domptes les ennemis, tu laisses passer l'occasion pour l'affaire de Râma, ton ami ; *tu oublies que le moment est venu* pour aller à la recherche de sa Vidéhaine. Tu perds le temps, et néanmoins on ne le voit pas te presser, malgré son impatience : cet homme sage et qui sait le devoir, s'incline, ô mon roi, sous ta volonté. Rends-lui service avant qu'il ne réclame de toi le retour du plaisir qu'il t'a fait le premier : veuille donc rassembler, roi des singes, les plus vaillants de tes guerriers. Car les héros simiens à la grande vigueur ont des routes difficiles à parcourir : ainsi, ne laisse pas un trop long temps s'écouler sans leur envoyer tes ordres. »

À peine Sougrîva eut-il entendu ces paroles sages et dites à propos, que, maître de lui-même et plein de cœur, il prit aussitôt sa résolution et donna cet ordre au singe Nîla, toujours le pied levé : « Réunis tous mes guerriers à tous les points du ciel : fais en sorte que mes armées entières et les chefs entièrement des troupeaux simiens, et les grands capitaines de mes troupes, et les défenseurs des frontières, à l'âme décidée, à la course rapide, se rendent tous dessous les drapeaux sans défaillance de cœur. Aussitôt le rassemblement opéré, que ta grandeur elle-même passe la revue des armées. Tout singe qui, après cinq nuits écoulées, ne sera point arrivé en ma présence, je lui ferai tomber le châtiment sur la vie : telle est ma sentence ! »

Dès que le ciel fut débarrassé de ses nuages et l'automne arrivé, Râma, qui avait passé toute la saison des pluies sous l'oppression du chagrin que lui causait l'amour, songeant alors qu'il avait perdu la fille du roi Djanaka, et que Sougrîva, retenu par la volupté, laissait échapper le temps favorable, s'évanouit sous la violence de sa douleur. Ensuite, revenu après un instant à la connaissance de lui-même, le Kakoutsthide se recueillit dans ses réflexions un moment, et dit ces paroles à Lakshmana pour conduire son affaire au succès :

« Les rois altiers, magnanimes, ambitieux de conquérir la terre et qui sont engagés dans une guerre l'un avec l'autre, ne manquent pas la saison du rassemblement des armées. C'est la première chose dont s'occupent les princes qui désirent la victoire ; et cependant je ne vois ni Sougrîva, ni rien qui annonce une levée de cette nature. Ces quatre mois de la saison pluvieuse, bel ami, ont passé lents comme un siècle pour moi, consumé par l'amour et qui ne peux voir ma Sîtâ !

« Va donc ! entre dans la caverne de Kishkindhyâ et répète ces paroles de moi au stupide roi des singes, endormi au sein de ses grossières voluptés : « Tu diffères le moment d'accomplir ce traité fait entre nous et toi, nous, qui sommes venus réclamer ton secours dont nous avons besoin, et qui avons commencé par te prêter notre aide. Celui qui détruit l'espérance que sa promesse avait inspirée est un homme vil dans le monde ; mais celui qui reconnaît la parole, soit bonne, soit mauvaise, tombée de sa bouche, et qui dit : « C'est la vérité ! » est dans le monde un homme supérieur.

« Aujourd'hui, puissant roi, que la saison est ainsi disposée, pense donc vite au salut de ma Vidéhaine, afin que le temps ne s'écoule pas stérilement.

« Ou bien désires-tu voir, bandé par moi dans un combat *avec toi*, la forme de mon arc au dos plaqué d'or et semblable à un faisceau d'éclairs ? Veux-tu entendre, pareil au fracas du tonnerre, le bruit épouvantable de ma corde vibrante, quand je la tire d'une main irritée au milieu de la guerre ? Certes ! il n'est pas fermé le chemin par où Bâli mort s'en est allé ! Sougrîva, tiens-toi ferme dans le traité ! Ne suis pas la route de Bâli ! J'ai terrassé d'une flèche Bâli seul ; mais, si tu sors de la vérité, j'immolerai ta famille avec toi ! »

Lakshmana, ce prince fortuné, au corps semé de signes heureux, se dirigea donc *lestement* vers la cité des singes. Bientôt il aperçut la ville du roi des simiens, pleine de singes à la grande vigueur, hauts comme des montagnes, *les yeux* attentifs *au signe du maître*. Effrayés par sa vue, tous ces quadrumanes, semblables à des éléphants, saisissent alors par centaines, ceux-ci des crêtes de montagnes, ceux-là de grands et vieux arbres. Quand Lakshmana les vit tous empoigner ces armes, il en fut encore plus irrité, comme le feu sur lequel on a jeté l'offrande de beurre purifié.

Leurs chefs entrent dans le palais de Sougrîva ; ils annoncent aux ministres que Lakshmana vient, bouillant de colère.

Lakshmana vit alors toute cette Kishkindhyâ, que Bâli seule naguère suffisait à défendre, occupée en ce moment de tous les côtés par des singes, qui tenaient des arbres à leurs mains. Alors tous les simiens, rangés en bataille devant le jardin public de la ville, sortirent de l'espace vide entre les remparts et le fossé. Une fois arrivés près de Lakshmana, ces guerriers aux formes telles que les grands nuages, à la voix semblable au tonnerre de la foudre, poussèrent à l'envi le rugissement des lions.

Aussitôt Sougrîva, que cette vaste clameur et la *voix de* Târâ avaient tiré du sommeil, entra dans la salle du conseil pour délibérer avec ses ministres.

Le plus éminent des conseillers, *Hanoûmat*, le fils du Vent, commence par se concilier la faveur de Sougrîva et lui tient ce langage, comme Vrihaspati lui-même s'adresse au roi des Immortels : « Râma et Lakshmana, ces deux frères à la grande vigueur et dévoués à la vérité, t'ont prêté jadis leurs secours et c'est d'eux que tes mains ont reçu le royaume. Un seul de ces deux, Lakshmana se tient à la porte, son arc à la main, et les singes tremblants ont jeté ce cri d'épouvante à sa vue. Lakshmana, qui sait manier les rênes de la parole, vient ici, monté, suivant l'ordre de Râma, sur le char de sa résolution. »

À ces mots d'Hanoûmat : « Il en est ainsi ! » dit Angada, saisi de tristesse ; et, là-dessus, il ajoute ces paroles à son père *adoptif* : « Admets-le devant toi, ou bien arrête-le dans sa marche ; fais ce que tu penses convenable ; il est certain que Lakshmana vient ici d'un air furieux ; mais nous ignorons tous quelle peut être la cause de sa colère. »

Sougrîva, courbant un peu la tête, réfléchit un instant ; et quand il eut pesé le fort avec le faible des paroles qu'Hanoûmat et ses autres ministres venaient ainsi de lui adresser, le monarque, expert à manier le discours, tint ce langage à tous ses conseillers, d'une grande habileté dans les délibérations : « Je ne trouve en moi nulle faute, soit en parole, soit en action, pour m'expliquer cette colère, qui pousse vers nous Lakshmana, ce frère du noble Raghouide. Peut-être mes ennemis jaloux, et qui guettent sans cesse une occasion, auront-ils fait tomber dans les oreilles de Râma les insinuations d'une faute dont je suis innocent.

« L'amitié est facile à gagner de toutes les manières ; mais elle est difficile à conserver : un rien suffit à briser l'affection par suite de l'inconstance des esprits. Je suis donc infiniment inquiet au sujet du magnanime Râma, parce qu'il me fut impossible jusqu'ici d'acquitter avec le mien cet éminent service, que j'ai reçu de sa *faveur*. »

À ces mots du monarque, Hanoûmat lui fit cette réponse au milieu de ses ministres quadrumanes :

« Il n'y a rien d'étonnant, souverain des tribus simiennes, à ce que tu n'aies pas oublié cet éminent service tout de bienveillance ; car ce fut pour le seul plaisir de t'obliger que ce héros de Raghou tendit son grand arc et donna la mort à Bâli d'une force égale à celle du *puissant* Indra. Le Raghouide est irrité de l'indifférence que tu lui montres de toutes les manières, je n'en fais aucun doute ; et c'est pour cela qu'il t'envoie son frère, ce Lakshmana, *de* qui *la société* ajoute à sa fortune.

« Il te faut supporter, ô le plus grand des singes, les paroles amères du magnanime Raghouide, qui t'a rendu un bon office et que la perte de son épouse ravie abreuve de chagrin. Je ne connais pas un moyen plus convenable pour toi que d'aller, les mains jointes, conjurer Lakshmana. Pénétré de cet axiome, prince : « Que les ministres doivent parler avec liberté, » j'ai mis de côté la crainte et j'ai tenu devant toi ce langage salutaire. »

TOME II

Ensuite l'exterminateur des héros ennemis, Lakshmana, son âme tout enveloppée de colère, pénétra dans l'épouvantable caverne Kishkindhyâ, comme Râma lui avait commandé. Ici, tous les singes aux grands corps, à la vigueur immense, préposés à la surveillance des portes, voyant le Raghouide en fureur, poussant des soupirs de colère, et, pour ainsi dire, tout flamboyant de son ardent courroux, élèvent au front les paumes de leurs mains réunies, et, tremblants, glacés d'effroi, ne tentent pas de l'arrêter.

L'exterminateur des héros ennemis, Lakshmana, dis-je, l'âme tout enveloppée de colère, vit alors cette grande caverne, belle, charmante, délicieuse, remplie de machines de guerre, embellie de jardins et de bosquets, encombrée d'hôtels et de palais, merveilleuse, céleste, faite d'or, bâtie par les mains de Viçvakarma, avec des forêts de fleurs variées, avec des bois plantés d'arbres au gré de tous les désirs, avec toute la diversité des jouissances bocagères, avec des singes du plus aimable aspect, qui pouvaient changer de forme suivant leur fantaisie, vêtus de robes divines, parés de guirlandes célestes, fils des Gandharvas ou des Dieux, et, *pour comble*, avec une grande rue, embaumée de parfums aux senteurs exquises de lotus, d'aloès, de sandal, de rhum et de miel.

Lakshmana vit partout aux deux côtés des rues les blanches files des palais aux constructions variées, hauts comme les cimes du mont Kêlâsa. Dans la rue royale, il vit les temples d'une belle architecture et plaqués d'émail blanc : partout il vit des chars consacrés aux dieux. Le frère puîné de Bharata vit là des lacs tapissés de lotus, des bois en fleurs, une rivière limpide, qui descendait sur la pente d'une montagne. Il vit la délicieuse habitation d'Angada, les magnifiques hôtels bien fortifiés des nobles singes Maînda, Dwivida, Gavaya, Gavâksha, du sage Çarabha, des princes Vidyounmâla, Sampâti, Hanoûmat, Nîla, Kéçari, du singe Çatavali, de Koumbha et de Rabha. Les palais de ces magnanimes, bâtis çà et là dans la rue royale, s'élevaient, pareils à des nuées blanches : les plus suaves guirlandes *en* décoraient *l'extérieur* ; ils regorgeaient de pierres fines et de richesses, *mais* la perle des femmes en faisait la *plus charmante* parure. Il vit, pareil au palais de Mahéndra et protégé d'un rempart, tel qu'une blanche montagne, le délicieux château du monarque des singes avec ses dômes blancs, comme les sommets du Kêlâsa, maison presque inabordable, aux jardins embellis d'arbres, où l'on cueillait du fruit en toute saison, aux bosquets enrichis de plantes fortunées,célestes, nées dans le Nandana, présent du grand Indra lui-même, et qui de loin ressemblait à des nuées d'azur. Couvert partout de singes terribles, leurs javelots à la main, il regorgeait de fleurs divines et *montrait avec orgueil* ses arcades en or bruni.

Apprenant que l'envoyé de Râma vient à lui sans trouble, Sougrîva commande aux ministres d'aller à sa rencontre, et ceux-ci l'abordent, tenant les paumes des mains réunies en coupe à leurs tempes. Lakshmana de parler aux conseillers, Hanoûmat à leur tête, en observant les bienséances, non par timidité d'âme, mais par le sentiment des convenances ; puis, *officiellement* reconnu, il entra dans le palais. Quand ce guerrier, le devoir même incarné, eut franchi trois cours toutes couvertes de chars-à-bancs, il se vit en face du vaste sérail, que défendait une garde bien nombreuse. On y voyait briller çà et là beaucoup de trônes faits d'or et d'argent et sur lesquels s'étalaient de riches tapis. Là, il entendit un chant doux et des plus ravissants, qui se mariait à l'unisson des flûtes, des lyres et des harpes.

Le frère puîné de Bharata vit dans le palais du monarque un grand nombre de femmes avec différents caractères de figure, mais toutes fières de leur jeunesse et de leur beauté. Parées des plus riches atours, de bouquets et de guirlandes variées, elles étaient revêtues de robes différentes par les couleurs et n'étaient pas moins distinguées par la politesse que par la beauté.

Quand le héros eut comparé la joie de Sougrîva à la tristesse de son frère aîné, ce parallèle accrut encore plus dans son *cœur* la puissance de sa colère. À peine Angada l'eut-il vu irrité comme le roi des Nâgas ou comme le feu allumé pour la destruction *du monde* , qu'une vive émotion le saisit tout à coup, et son visage fut couvert de confusion. Les autres singes, qui gardaient la porte ou circulaient dans les cours du palais, s'inclinèrent humblement et leurs mains réunies en coupe devant Lakshmana.

Ensuite, il vit assis dans un trône d'or, éclatant à l'égal du soleil, couvert de précieux tapis, élevé au sommet d'une estrade, le roi des singes vêtu d'une robe divine, enguirlandé de fleurs célestes, frotté d'un onguent divin et les membres éblouissants de parures toutes divines : on eût dit l'invincible Indra même incarné sur la terre. Des femmes d'une beauté supérieure l'environnaient par centaines de mille : telles, sur le Mandara, de célestes Apsaras font cercle autour de Kouvéra. Lakshmana vit aussi les deux épouses, Roumâ, qui se tenait à la droite, et Târâ à la gauche du magnanime Sougrîva. Il vit encore à ses côtés deux femmes charmantes agiter sur le front du roi l'éventail blanc et le blanc chasse-mouche aux ornements d'or bruni.

À la vue de cette voluptueuse indolence, à la comparaison qu'il en fit avec la peine immense de son frère, Lakshmana sentit redoubler sa fureur. À peine Sougrîva eut-il aperçu Lakshmana, les yeux rouges de colère, la vue errante de tous les côtés, ridant son visage par la contraction des sourcils, mordant sa lèvre inférieure sous les dents, poussant maint et maint soupir long et brûlant, irrité enfin comme le serpent aux sept têtes enfermé dans un cercle de feux ; à peine, dis-je, l'eut-il vu, les yeux rouges de colère, tenant son arc empoigné, qu'il se leva soudain et porta les mains en coupe à ses tempes.

Quand le héros fut entré dans son intérieur : « Assieds-toi là ! » dit le roi des singes.

Alors, poussant un long soupir, comme un reptile enfermé dans une caverne, Lakshmana, retenu par les instructions qu'il avait reçues de son frère, lui répondit en ces termes : « Il est impossible qu'un envoyé, roi des singes, accepte l'hospitalité, mange ou s'assoie même, avant qu'il n'ait obtenu ce que demande son message. Quand le messager, heureux dans sa mission, a vu le succès couronner les affaires de son maître, il peut alors, monarque des singes, accepter les présents de l'hospitalité. Mais comment puis-je recevoir ici les tiens, sire, moi, qui ne t'ai pas encore vu satisfaire aux vœux du noble Râma ? »

Aussitôt qu'il eut ouï ces paroles, Sougrîva de s'incliner devant Lakshmana et de répondre ainsi, les sens tout émus de frayeur : « Nous sommes entièrement les serviteurs de Râma aux prouesses infatigables ;

je ferai tout ce qu'il désire en échange du service qu'il m'a rendu. Accepte d'abord, suivant l'étiquette, l'eau pour laver et la corbeille de l'arghya ; assieds-toi d'abord, Lakshmana, dans cet auguste siège ; ensuite je parlerai un langage que tu aimeras entendre. »

Lakshmana dit : « Voici les instructions que m'a données Râma : « Tu ne dois pas accepter les présents de l'hospitalité dans la maison du singe avant que tu n'aies accompli ton message. » Écoute donc la mission, que j'ai reçue ; médite-la, singe, et donne-lui dès l'instant, s'il te plaît, une prompte exécution. »

Ensuite, l'homicide *héros* des héros ennemis, Lakshmana tint ce langage mordant à Sougrîva, qui l'écouta même debout, environné de ses femmes. « Un roi qui a du cœur et de la naissance, qui est miséricordieux, qui a dompté ses organes des sens, qui a de la reconnaissance, qui est vrai dans ses paroles, ce roi est exalté sur la terre. Mais est-il rien de plus cruel au monde qu'un monarque esclave de l'injustice et violateur d'une promesse faite à ses amis, dont il avait déjà reçu les services ? L'homme qui ment à son cheval tue cent de ses chevaux ; s'il ment à sa vache, il tue mille de ses vaches ; mais l'homme qui ment à l'homme se perd lui-même avec sa maison. L'homme qui fait un mensonge à la terre, son châtiment frappe dans sa famille et ceux qui sont nés et ceux qui sont à naître. Il y a, nous dit-on, égalité entre le mensonge à l'homme et le mensonge à la terre. Le mensonge à la terre atteint la postérité du menteur jusqu'à la septième génération. L'ingrat qui, obligé par ses amis, ne leur a jamais payé de retour le service rendu, mérite que tous les êtres conspirent à sa mort.

« Insensé, tu oublies que naguère, sur le Rishyamoûka, une des plus saintes montagnes, tu pris nos mains dans les tiennes pour nous garantir la vérité de ton alliance. Et maintenant, plongé dans tes voluptés matérielles, voici que tu déchires le traité !

« Ni la vérité, ni la promesse, ni l'autorité, ni la conférence, ni les mains serrées en présence du feu allumé ne sont rien à tes yeux ! Ce fut, pervers, ce fut donc en toutes les façons que tu as trompé mon frère ; lui, ce sage, à l'âme droite ; toi, cœur vil, aux pensées tortueuses ! Un tel mépris fait bouillonner dans mon sein une ardente colère, comme le gonflement du magnanime Océan au jour de la pleine-lune. Je vais t'envoyer, frappé de mes flèches aiguës, dans les habitations d'Yama ! Certes ! ici, avec mes flèches, moi qui te parle, je t'immolerai, comme le fut ton frère, toi, qui as déserté le chemin de la vérité, ingrat, menteur, aux paroles emmiellées, à l'âme inconstante et mobile par le vice de ta race ! »

À Lakshmana, qui parlait ainsi, comme enflammé d'une ardente fureur, Târâ, semblable par son visage à la reine des étoiles, répondit en ces termes : « Le roi ne mérite pas que tu lui parles de cette manière, Lakshmana : le monarque des singes ne mérite pas ce langage amer, venu de tes lèvres surtout. Ce héros n'est pas ingrat, perfide et cruel ; son âme n'est point amie du mensonge, son âme ne creuse pas des pensées tortueuses. Le vaillant Sougrîva ne peut oublier le service, impossible à d'autres, qu'il doit à Râma d'une vigueur incomparable. C'est la bienveillance de Râma qui met ici dans ses mains la gloire, l'empire éternel des singes, moi, et sur toutes choses, Roumâ, *son épouse* . Rentré en possession des plus douces jouissances par la bienveillance de Râma, il a voulu, *c'était naturel !* goûter de ses voluptés, lui de qui la douleur avait toujours été la compagne. Que le noble Raghouide veuille bien excuser, Lakshmana, un malheureux qui a passé dix années dans les fatigues *de l'exil* et dans la privation de toutes les choses désirées !

« Râvana aux longs bras est insurmontable à qui manque d'auxiliaires : ce besoin de *vigoureux* compagnons a donc fait expédier çà et là de nobles singes, afin qu'ils amènent pour la guerre d'autres chefs de singes en nombre infini. Si le monarque des simiens n'est pas sorti en campagne, c'est qu'il attend ici, pour assurer le triomphe de Râma, ces valeureux quadrumanes à la bien grande vigueur. Les dispositions de Sougrîva sont toujours, fils de Soumitrâ, ce qu'elles étaient auparavant.

« Voici le jour où doivent arriver tous les singes : les ours viendront ici par dizaines de billions, et les golângoulas par milliards ; les tribus simiennes répandues sur la terre afflueront ici kotis par kotis. De la rive des mers, tous les singes qui habitent les îles de l'Océan vont accourir pleins de hâte devant toi : dépose donc, irascible guerrier, dépose là ton chagrin.

« Une fois détruite, la cité glorieuse du roi des mauvais Génies, les singes ramèneront ici la bien-aimée de ton frère, cette Djanakide charmante aux formes délicieuses, dussent-ils, monarque des hommes, l'arracher du ciel même ou des entrailles de la terre ! »

Lakshmana, d'un caractère naturellement doux, accueillit avec faveur ce langage modeste, uni au devoir ; et, voyant les paroles de Târâ bien reçues, le roi des singes rejeta, comme un habit mouillé, la crainte que les deux Ikshwâkides lui avaient inspirée. Ensuite il déchira la guirlande variée, grande, admirable, passée autour de son cou et resta dépouillé de cette royale distinction. Puis, le souverain de toutes les tribus simiennes, Sougrîva à la vigueur épouvantable, de parler à Lakshmana ce langage doux et fait pour augmenter sa joie :

« J'avais perdu mon diadème, fils de Soumitrâ, ma gloire et l'empire éternel des singes ; mais j'ai recouvré tout par la bienveillance de Râma. Dans ce monde tel qu'il est, où trouver, dompteur *invincible* des ennemis, un être assez fort pour s'acquitter, par un service égal au sien, envers cet homme-Dieu, qui occupe la renommée du bruit de ses hauts faits ?

« À quoi bon, seigneur, à quoi bon des alliés pour un bras qui, tirant son arc, fait trembler, au seul bruit de sa corde, la terre avec les montagnes ? Je suivrai, sans aucun doute, je suivrai les pas du vaillant Raghouide, marchant pour l'extermination de Râvana et des généraux ennemis. Si j'ai péché quelque peu, soit par *trop de* confiance, soit par *intempérance d'* amour, il faut que Râma ait de l'indulgence : quel mortel n'a pas une faute à se reprocher ? »

Ce langage du magnanime Sougrîva fit plaisir à Lakshmana, qui répondit ces mots avec amour : « Ces paroles, tombées de ta bouche, Sougrîva, sont d'une âme reconnaissante, qui sait le devoir et ne recule pas en face des batailles : elles sont dignes et convenables. Quel mortel, assis dans une haute puissance, toi, singe, et mon frère majeur exceptés, saurait ainsi reconnaître sa faute ? Oui ! tu es l'égal de Râma pour la bravoure et la force : ce sont les Dieux mêmes, roi des singes, qui t'ont donné à nous pour notre bonheur après une longue *attente* !

« Mais sors promptement d'ici ; viens, héros, avec moi, viens consoler ton ami, le cœur déchiré à la pensée de son épouse ravie. Veuille bien excuser toutes les paroles injurieuses que j'ai dites pour toi sous l'impression des plaintes du Raghouide, vaincu par sa douleur. »

Les singes chargés des ordres du roi volent de tous les côtés et, couvrant le ciel, route divine, où circule Vishnou, ils tiennent offusqués les rayons du soleil. Dans les mers, dans les forêts, dans les montagnes et sur la rive des fleuves, les envoyés appellent tous les singes à soutenir la cause de Râma.

Partout, aussitôt qu'ils ont ouï les paroles des messagers et reçu l'ordre du monarque, semblable au noir Trépas, la gent quadrumane est frappée de terreur.

Alors trois kotis [30] de singes au poil sombre comme le collyre s'avancent, de la montagne nommée le Grand-Andjana, vers ces lieux où Râma les attend. Dix kotis de singes couleur de l'or bruni viennent de la belle montagne, brillante comme l'or, où le soleil se couche à l'occident. Trente kotis de singes accourent du Mandara, *une des* plus hautes alpes *de la terre* : vaillants héros, ils ont la taille et la force des lions. Trois mille deux cents kotis de singes, *les épaules couvertes* d'une crinière léonine toute resplendissante, affluèrent des sommets du Kêlâsa. De ceux qui errent sur les flancs de l'Himâlaya et savent goûter la saveur de ses racines et de ses fruits, un millier de mille kotis se mit en campagne à la ronde. Du mont Vindhya sortirent mille kotis de singes, tels que des masses de charbon, épouvantables par l'aspect, épouvantables par les actions. Dix mille kotis de singes arrivèrent du mont Oudaya, tous renommés par le courage et la force. De ceux qui gîtent sur le rivage de la Mer-de-Lait, où ils mangent les fruits du xanthocyme et font leurs festins de cocos, il n'existe pas de nombre qui puisse exprimer la multitude *infinie des croisés*.

Les armées de ces hommes des bois accouraient des bords de la mer, des fleuves, des forêts ; et l'astre du jour en était comme éclipsé.

Sougrîva de monter avec Lakshmana dans son palanquin d'or, brillant comme le soleil et porté sur les épaules de grands singes. Il sortit en roi, auquel est échu la gloire de ceindre une couronne sans égale ; il sortit avec le parasol blanc élevé sur sa tête, avec l'éventail blanc, avec le blanc chasse-mouche, agités de tous les côtés autour de son visage. Environné de singes nombreux, terribles, des javelots à leur main, le fortuné monarque s'avançait, entouré de ses ministres à la grande vigueur ; et, dans sa course rapide, il faisait trembler même le sol de la terre sous les pas de l'innombrable armée des singes. Dans ce voyage de Sougrîva, le ciel était comme rempli du bruit des conques et du son des timbales. Les ours, par milliers, les golângoulas par centaines et des singes fortement cuirassés marchaient devant lui. Il franchit dans l'intervalle d'un instant la distance qui le séparait du Mâlyavat, la grande montagne : arrivé à la demeure, mais encore loin du noble Raghouide, le monarque des armées quadrumanes s'arrêta.

Sougrîva descendit avec Lakshmana ; et, quittant sa litière d'or, le roi fortuné des singes, tenant au front ses deux mains en coupe et marchant à pied, s'approcha de Râma. Il se prosterna la tête sur la terre et se tint formant de ses mains jointes la coupe de l'andjali. À peine eut-elle vu son roi les paumes des mains réunies aux tempes, toute l'armée des quadrumanes se mit au front les deux mains et fit de même l'andjali.

Quand il vit ainsi la grande armée des singes comme un lac de lotus, dont les fleurs entr'ouvrent leurs calices, Râma fut satisfait à l'égard de Sougrîva. Le digne fils de Raghou étreignit dans ses bras le royal singe, il salua de quelques mots les ministres et lui dit : « Assieds-toi ! » Alors, s'étant dépouillé de sa colère, il tint avec bonté ce langage au roi singe assis avec ses conseillers sur le sol de la terre :

« Écoute, ami, écoute cette parole : renonce à des jouissances brutales et sache que prêter du secours à tes amis, c'est défendre même ton royaume. Déploie tes efforts à la recherche de Sîtâ et travaille, ô toi qui domptes les ennemis, travaille à découvrir en quel pays habite Râvana. »

À ces mots, Sougrîva, le monarque des singes, s'incline entièrement rassuré devant Râma et lui répond en ces termes : « J'avais perdu ma fortune, ma gloire et l'empire éternel des singes ; mais j'ai tout recouvré, grâce à ta bienveillance, héros aux longs bras ! L'homme, ô le plus éminent des victorieux, qui ne te payerait pas de retour, à toi, père, seigneur et Dieu, le service rendu serait le plus ignoble des hommes.

« J'ai expédié en courriers, fléau des ennemis, les principaux de mes singes par centaines. Ces messagers doivent tous amener ici tous les simiens répandus sur la terre ; ils amèneront les ours et les golângoulas ; ils amèneront, fils de Raghou, les singes enfants des Dieux et des Gandharvas, héros d'une épouvantable vigueur, qui changent de forme à volonté, entourés chacun de son armée et versés dans la connaissance des lieux impraticables, des bois et des forêts.

« Des singes, pareils à des montagnes ou des nuages et qui peuvent se métamorphoser comme ils veulent, suivront tes pas dans la guerre, chacun avec toute sa parenté. Ces guerriers, qui ont pour armes, les uns des rochers, les autres des shorées et des palmiers, arracheront la vie à ton ennemi Râvana et ramèneront la Mithilienne *dans tes bras !* »

———

Sur ces entrefaites arriva l'épouvantable armée du roi singe, *en tel nombre* qu'elle éclipsait dans les cieux la grande lumière de l'astre aux mille rayons. Les yeux ne distinguaient plus aucun des points cardinaux enveloppés alors dans la poussière ; et la terre elle-même tremblait tout entière avec ses bois, ses forêts et ses montagnes.

Un singe, nommé Çatabali, héros cher à la fortune, s'avança d'abord, environné par dix mille kotis de guerriers.

Ensuite, pareil à une montagne d'or, entouré par des armées au nombre de cinq et cinq fois mille kotis, parut le vaillant père de Târâ, le roi ou plutôt l'Indra même des singes, l'héroïque Souséna, honoré des plus grands ministres et semblable au Dieu Mahéndra.

Après lui, voici venir Gandhamâdana, sur les pas duquel marchent mille kotis et cent milliers de singes.

Derrière eux arrive l'héritier présomptif, d'une valeur égale à celle de *Bâli*, son père : Angada conduit mille padmas de singes avec une centaine de çankhas [31].

Il est suivi par Rambha, splendide comme le soleil au matin : celui-ci commande une myriade avec onze centaines de guerriers.

Eux passés, apparaît un chef au grand corps, à la grande vigueur, telle qu'une montagne de noir collyre : c'est Gavaya. Dix mille héros exécutent ses commandements.

Après celui-ci, on voit arriver Hanoûmat, autour duquel se pressent mille kotis de singes à la vigueur épouvantable, tous pareils aux cimes du Kêlâsa.

Maintenant, voici le tour d'un chef effrayant à voir, Dourmoukha, comme on l'appelle, avec cent mille braves, auxquels s'ajoute encore une neuvaine de milliers. Intelligent, le plus vaillant des singes, estimé de tous les quadrumanes, son visage resplendit comme le soleil adolescent, et sa couleur imite celle des fibres du lotus.

Ensuite paraît le fils du père universel des créatures, le fortuné Kéçari, à la voix duquel obéissent des armées composant dix mille kotis de guerriers.

Sur leurs pas vient le grand monarque des singes à queue de taureau : il a nom Gavâksha et commande à mille kotis de golângoulas.

Immédiatement s'avance le roi des ours, appelé Dhoûmra, autour duquel marchent deux mille kotis d'ours à la couleur enfumée.

Après eux défilent trois cents kotis de singes épouvantables et pareils à de hautes montagnes sous les ordres d'un chef à la grande vigueur : son nom est Panasa.

Deux singes d'une force terrible, Maînda et Dwivida, entourent Sougrîva avec mille kotis de simiens.

À leur suite, Târa, brillant comme un astre, amène dans cette guerre cinq kotis de singes à la vigueur épouvantable.

Là, vient encore, avec un millier de mille kotis, Darimoukha à la grande force, honoré par tous les chefs des chefs.

Incontinent apparaît Indradjânou, le singe aux grands genoux, que suivent quatre kotis de magnanimes quadrumanes.

Puis s'avance, environné d'un koti et semblable à une montagne, Karambha à la grande splendeur, le visage brillant comme le soleil du matin.

Après lui se montre, guidant onze kotis répandus autour de sa personne, le singe fortuné Gaya, le chef suprême des chefs de troupes.

On voit enfin défiler tour à tour le prudent Vinita, et Koumouda, et Sampâti, et le singe Nala, et Sannata, et Rambha, et Rabhasa.

Ces quadrumanes et d'autres encore, venus pour cette guerre, tous capables de changer de forme à volonté, couvraient entièrement la terre, et les forêts et les montagnes. Les généraux des armées s'approchent, l'air joyeux, et tous ils courbent avec respect le front devant Sougrîva, le plus noble des quadrumanes. D'autres illustres singes s'avancent à leur instant et suivant leurs dignités ; ils se tiennent alors devant Sougrîva, les mains réunies à la manière de l'andjali. Le monarque, joignant aussi les deux mains aux tempes, annonce à Râma, digne *en tous points* d'être aimé, que tous les singes à la grande vigueur sont arrivés.

Quand les généraux singes, pareils à des cimes de montagnes, eurent fait connaître exactement les états des armées, chacun s'en alla coucher à son aise, ou dans les grottes du Mâlyavat, ou sur la rive de ses cataractes, ou dans ses forêts charmantes.

Alors que le monarque vit tous les singes arrivés et campés sur la terre, il adressa joyeux ces mots à Râma :

« Daigne me donner tes ordres maintenant que je suis environné de mes armées. Veuille bien me conter la chose de la manière qu'elle doit marcher. »

À ces paroles du monarque, le fils du grand Daçaratha étreignit Sougrîva dans ses bras et lui répondit en ces termes : « Que l'on sache, bel ami, si ma Vidéhaine vit ou non. Que l'on sache, monarque à la haute sagesse, en quel pays demeure le démon Râvana. Quand je connaîtrai bien l'existence de ma Vidéhaine et l'habitation de Râvana, je déploierai avec ta grandeur les moyens exigés par les circonstances. Ni Lakshmana, ni moi, ne sommes les maîtres dans cette affaire : tu es la cause qui doit ici tout mouvoir, et c'est de toi que dépend toute la chose. Ainsi, fais-moi connaître toi-même, seigneur, la part que tu m'assignes dans cette affaire. L'homme qui trouve à s'appuyer sur un ami tel qu'est ta grandeur, modeste, courageux, plein de sagesse et versé dans la distinction des choses, doit parvenir à son but, je n'en doute pas. »

À ce langage, que Râma lui tenait d'une manière accentuée d'amour, le monarque des singes appela un général de ses troupes, nommé Vinata, à la voix tonnante comme une nuée d'orage, au corps semblable à une montagne, et dit au héros quadrumane d'une épouvantable vigueur, incliné devant lui avec respect : « Fais-toi accompagner par mille kotis de rapides quadrumanes, et va, environné des plus élevés entre les singes, qui savent mener et ramener *une armée*, fils eux-mêmes du Soleil ou de Lunus, instruits à bien connaître les circonstances des lieux et des temps ; va, dis-je, fouiller toute la contrée orientale avec les forêts, les montagnes et les eaux. Recherchez-y la Vidéhaine Sîtâ et l'habitation de Râvana dans les régions impraticables des bois, dans les cavernes et dans les forêts. »

———

Alors que le monarque des simiens eut expédié ces quadrumanes dans le pays du levant, il fit partir d'autres singes pour les contrées méridionales.

D'après son ordre, Târa le plus vaillant des singes, entouré de cent milliers, se dirige, avec ses éminents compagnons, qui revêtent à leur gré toutes les formes, vers les excellentes et vastes régions du sud. Le roi fit connaître à ces quadrumanes, les principaux entre les simiens, tous les pays qui, dans cette plage, offraient des chemins difficiles ou dangereux.

Sougrîva tenait en grande estime la force et la bravoure d'Hanoûmat : ce fut donc à ce quadrumane surtout, le plus excellent des singes, qu'il adressa la parole en ces termes : « Je ne vois, prince des singes, ni sur la terre, ni dans les eaux, ni dans l'atmosphère, ni dans les enfers, ni dans le séjour des Immortels, *oui ! je ne vois* personne qui puisse mettre un obstacle à ta route. Les mondes te sont connus, grand singe, avec les

Dieux, et les Gandharvas, et les Nâgas, et les Dânavas, et les mers, et les montagnes. Liberté d'allures, promptitude, force, légèreté : ces dons, héros, sont tels en toi, qu'on les voit dans ton père, le magnanime Vent.

« Sur la terre, il n'existe aucun être qui te soit égal en force : veuille donc agir de manière que la vue de Sîtâ soit rendue bientôt à nos yeux. Il y a en toi, Hanoûmat, tout courage, toute énergie, toute force, avec un art d'assouplir à ta volonté et les temps et les lieux, avec une science de gouverner dégagée de toute impéritie.

Quand le monarque eut mis sur les épaules d'Hanoûmat la charge de cette affaire, il parut s'épanouir de l'âme et des sens, comme s'il eût déjà tenu la réussite en ses mains. Aussitôt que Râma eut compris que le roi comptait sur Hanoûmat pour le succès de l'expédition, ce prince à la grande intelligence réfléchit en lui-même, et lui donna joyeux son anneau, sur lequel était gravé le caractère de son nom, pour qu'il se fît reconnaître avec ce bijou par la fille des rois : « À sa vue, la fille du roi Djanaka, noble singe, pensera que tu viens envoyé par moi, et ta vue ne pourra lui causer d'inquiétude. Car ta sagesse, tes actions illustres et ce choix dont t'honore Sougrîva, tout m'entretient déjà du succès, *comme s'il était obtenu*. »

Hanoûmat reçoit l'anneau et le porte à son front avec ses mains jointes ; puis, quand il se fut prosterné aux pieds de Râma et de Sougrîva, le noble singe, fils du Vent, escorté de ses compagnons, prit son essor dans les airs. Semant la joie dans cette nombreuse armée de robustes hommes des bois, le fils du Vent brillait alors dans le ciel balayé des nuages, comme la lune au disque pur, environnée par les bataillons des étoiles.

Quand Sougrîva eut fait partir sous les ordres d'Hanoûmat ces quadrumanes, doués tous d'intelligence, de courage et d'une agilité égale à la rapidité même du vent, le monarque à la grande splendeur manda un chef d'une épouvantable vaillance, nommé Soushéna, le père de Târâ, et, portant ses mains réunies à ses tempes, il s'inclina devant lui, honora son illustre beau-père et lui tint ce langage : « Prête l'appui de ton aide à Râma dans la présente affaire. Entouré de cent mille singes rapides, va, mon doux seigneur, dans la contrée occidentale, où préside Varouna.

« Une fois trouvées la Vidéhaine et l'habitation de Râvana, une fois arrivés au mont Asta, revenez, après un mois écoulé. Ce temps expiré, je punirais de mort le retardataire !

« Si nous ramenons à la vue de Râma la *belle* Mithilienne, son épouse, nous aurons entièrement acquitté notre dette envers lui et payé d'un service le bon office qu'il nous a rendu. Je trouve dans ta grandeur un père donné par l'alliance aussi vénérable à mes yeux, *Soushéna* , qu'un père donné par la nature : il n'est pour moi aucun ami qui me soit égal à toi. Ainsi règle tout de telle sorte que j'aie bientôt le plaisir de te voir ici revenu après ta mission accomplie. » À peine eurent-ils entendu ce discours habile du monarque des simiens, que les singes partirent, l'âme transportée d'ardeur, sous les ordres de Soushéna, pour fouiller cette région, à laquelle préside le Dieu Varouna.

Aussitôt l'auguste suzerain de s'adresser au singe Çatabali en ces paroles utiles au *pieux* Râma et funestes au démon Râvana : « Fais-toi accompagner, dit-il au vaillant héros, monarque estimé de tous les quadrumanes ; fais-toi accompagner de cent mille rapides simiens, et fouille avec les singes fils d'Yama toute la région du nord, que protège le roi sage des Yakshas, des Rakshasas, des Gandharvas et des Kinnaras, le magnanime Dieu qui donne à son gré les richesses et qui voile au front avec une tache brune la place où manque l'un de ses yeux. Là, que vos grandeurs cherchent avec des singes invincibles cette noble fille de Vidéha, l'épouse du sage Râma. Vous devez, singes, au risque même d'y laisser votre vie, ne rien passer en cette région sans le visiter dans le but d'y retrouver la fille du roi des Vidéhains.

« *Revenez*, une fois trouvés la Mithilienne et l'asile de Râvana. Ne restez pas loin d'ici plus d'un mois : ce temps écoulé, je punirais de mort le retardataire ! »

Il dit ; et les singes, à qui ces paroles s'adressaient, de courber aussitôt la tête jusqu'à terre aux pieds de Râma et de leur monarque à la bravoure infinie ; puis, de partir ensemble d'un vol rapide pour cette plage du monde où préside Kouvéra.

Les héros singes à la grande force vinrent, en bondissant, jurer cette promesse.

« Moi seul, je veux immoler Râvana dans le combat, et, quand j'aurai tué cet impur, enlever rapidement la fille du roi Djanaka.

« Je fendrai la terre et je bouleverserai les flots de la mer ! Je franchirai, n'en doutez pas, vingt yodjanas d'un seul bond ! Le grand monarque des quadrumanes a tort d'appeler pour cette guerre un si grand nombre de singes : il suffira de moi seul pour accomplir toute cette affaire. »

Pendant cette grande revue de Sougrîva, chacun des singes, dans l'orgueil de sa force, vint se lier individuellement par cette promesse ; et, quand ils eurent tous prononcé le serment, ces magnanimes à la grande vigueur, les plus éminents des singes partirent chacun pour sa région avec le désir de satisfaire le suzerain.

Le roi Sougrîva fut content, alors qu'il eut expédié en éclaireurs les premiers généraux des armées simiennes par tous les points du ciel ; et Râma, dans la compagnie de son frère, habita ce mont Prasravana, attendant que fût expiré le mois accordé aux singes pour découvrir sa bien-aimée Sîtâ.

—

Après le départ des singes, Râma dit à Sougrîva : « Par quelles circonstances, héros aux longs bras, as-tu jadis exploré ce monde ? Comment ta grandeur a-t-elle pu connaître ce globe entier de la terre, si difficile à connaître ? Comment l'as-tu parcouru ? » À ces paroles de Râma : « Écoute, dit le monarque des singes ; écoute, Râma, ce qui jadis m'a forcé de le voir.

« Chassé par Bâli, mourant de peur, courant de toute ma vitesse, je visitai, noble fils de Kakoutstha, je visitai la terre de tous les côtés, observant et les fleuves divers, et les cités, et les forêts. Je parcourus d'abord la plage orientale ; puis j'errai *çà et là* dans la région méridionale ; ensuite je promenai dans les pays du couchant la terreur qui me talonnait sans cesse.

« Un long temps avait déjà coulé quand le fils du Vent eut un *heureux* souvenir et me tint ce langage : « Matanga jadis a maudit Bâli au sujet de Mahisha : « Singe, *a-t-il dit*, garde-toi bien d'entrer jamais ici dans les bois du Rishyamoûka ! Ta tête, si tu enfreignais ma défense, se briserait en cent morceaux ! » Cette haute montagne du Rishyamoûka se présente à mon souvenir en ce moment. Allons-y tous, sire ; ton frère n'y viendra pas. »

« À ces mots d'Hanoûmat, moi, qui avais déjà fait cent fois le tour de la terre, chassé par la crainte de Bâli, je me rendis à ce grand ermitage, où je fus à l'abri de mon ennemi. Telles sont, en vérité, les circonstances auxquelles je dus alors de voir par mes yeux mêmes ce monde entier et le Djamboudwîpa dans sa vaste étendue. »

———

Cherchant la *noble* Vidéhaine, explorant la terre avec les montagnes, les eaux et les forêts, tous les chefs des troupes simiennes avaient déjà fouillé, pour y trouver l'épouse de Râma, toutes les plages du monde, suivant la parole du maître et comme le roi des singes leur avait commandé. Scrutant çà et là toutes les montagnes, les étangs, les défilés, les forêts, les cavernes, les fourrés, les cataractes, les collines et tous les rochers, les chefs des quadrumanes s'étaient rendus en tous les pays que Sougrîva leur avait indiqués.

Tous, ils avaient maintes fois visité, inébranlables dans la recherche de Sîtâ, les plateaux des montagnes avec leurs sommets plantés d'arbres nombreux, et parcouru toutes les habitations.

Les recherches finies et le premier mois écoulé, les chefs des armées simiennes retournèrent sans espérance vers le monarque des singes au mont Prasravana.

Vinata, secondé par ses quadrumanes, avait fouillé entièrement la plage orientale, mais il revint à la caverne Kishkindhyâ, n'ayant pas vu Sîtâ. L'héroïque et grand singe Çatabali avait fouillé toute la contrée septentrionale ; mais il revint aussi, n'ayant pas vu Sîtâ. Soushéna, qui avait porté ses pas dans les régions du couchant, revit son noble gendre au bout du mois accompli ; mais son retour *n'apporta point de plus grandes nouvelles* au mont Prasravana.

Tous, ils s'approchent du monarque, assis avec *son allié* Râma sur un flanc de la montagne ; ils s'inclinent à ses pieds et lui tiennent ce langage :

« On a fouillé toutes les montagnes, et les bois, et les fourrés, et les fleuves, et les mers, et toutes les campagnes. On a parcouru les défilés ; on a visité les cavernes de toutes les formes ; on a battu les *massifs des* lianes ou des broussailles et coupé les hautes herbes. Nos singes, dans la pensée qu'ils avaient peut-être devant eux une métamorphose de Râvana, ont effarouché çà et là, ils ont tué même de grands, d'épouvantables animaux, remplis de vigueur, doués *horriblement* de force et de courage. Nos singes, criant, marchant, courant, sautant ou grimpant, ont pénétré dans tous les endroits impénétrables, qu'ils ont fouillé mainte et mainte fois. Ils n'ont rien ménagé pour atteindre au but de leur voyage ; mais nulle part ils n'ont pu saisir un seul renseignement sur l'infortunée Vidéhaine. »

Hanoûmat, suivi des singes, à la tête desquels marchait Angada, s'en était allé dans la région méridionale, suivant l'ordre que lui avait donné Sougrîva.

Ces quadrumanes, cherchant avec fureur, sans ménager leur vie pour le service de Râma, pénètrent dans les endroits les *plus* épouvantables ou les *plus* inaccessibles.

Tous accablés de lassitude, manquant d'eau, exténués de faim et de soif, après avoir fouillé cette plage méridionale, impraticable, hérissée par des amas de montagnes, et cherché, malades de besoin, *mais toujours sans les trouver*, un ruisseau et Sîtâ ; alors, *dis-je*, tous ces quadrumanes, épuisés de fatigue, s'étant réunis là, tombèrent dans l'abattement, l'âme consternée, le visage défait, le corps tremblant à la pensée de Sougrîva et l'esprit comme halluciné par la crainte du puissant monarque des singes. Vivement affligés de ce qu'ils n'avaient pu voir ni Sîtâ, ni Râvana, mourant de faim, de fatigue et de soif, ils virent, tandis qu'ils aspiraient à trouver de l'eau, ils virent devant eux un antre formé par les déchirements de la montagne ; caverne enveloppée d'arbres, mais engloutie dans une profonde nuit et capable d'inspirer la terreur au *céleste* Indra lui-même.

De là sortaient de tous les côtés, hérons, cygnes, grues indiennes et martins-pêcheurs, oies du brahmane, mouillées d'eau et le plumage teint par le pollen des lotus, gallinules, pygargues, coqs-d'eau, canards aux plumes rouges, kalahansas, pélicans et autres oiseaux aquatiques.

Le cœur de tous les singes fut saisi d'admiration à la vue de cette caverne ; et leur âme, suspendue entre l'espérance de l'eau et la crainte de n'en pas trouver, fut remplie tout à la fois de douleur et de joie. Ensuite le fils du Vent, Hanoûmat, adressa les paroles suivantes à tous les singes rassemblés, après qu'il eut fouillé avec eux cette impraticable région du midi, couverte par une multitude de montagnes : « Nous sommes tous fatigués, et la Mithilienne ne s'offre pas encore à nos yeux ; mais nous voyons sortir de cette caverne, par centaines et par milliers, des bandes nombreuses d'oiseaux habitués sur les ondes. Sans doute, il doit se trouver là, soit un bassin d'eau, soit un lac, puisqu'on en voit sortir ces oiseaux pêcheurs. Entrons dans cette grande caverne : là, nous pourrons noyer dans l'eau la crainte de mourir par la soif et nous y chercherons Sîtâ de tous les côtés. À coup sûr, il doit se trouver là un grand lac où les eaux abondent. »

À ces mots, tous les singes entrent dans cette caverne, enveloppée de ténèbres, sans soleil, sans lune, horrible, épouvantable.

D'abord Hanoûmat à leur tête, ensuite Angada et ses compagnons après lui, tous se tenant l'un à l'autre enchaînés par la main, pénètrent jusqu'à la distance d'un yodjana dans cette caverne impraticable, hérissée d'arbres, embarrassée de lianes. Les singes remplissaient tous ces lieux du cri forcené de leurs noms, *afin de s'y reconnaître mutuellement* . Déjà, continuant à manquer d'eau, troublés, l'esprit *comme* perdu et mourants de soif, ils avaient passé l'intervalle d'un mois entier dans cette épouvantable caverne. Alors, épuisés de fatigue, maigres, le visage défait, le sang allumé par la soif, ils aperçurent avec délices une clarté semblable aux rayons du soleil.

Arrivés dans ce lieu charmant, d'où les ténèbres étaient bannies, ils virent des arbres d'or, éblouissants d'une splendeur égale à celle du feu. C'étaient de magnifiques shoréas, des pryangous, des tchampakas, des mulsaris, des açokas, des arbres à pain et des nagapoushpas, tous parsemés de bourgeons rouges, tous semblables au soleil du matin et répétant sous leurs voûtes les gazouillements des oiseaux les plus variés. Ils virent là des étangs de lotus aux ondes brillantes et diaphanes, au milieu desquelles circulaient des tortues d'or mêlées à des poissons d'or. On voyait aussi là des chars d'or et des palais de cristal, aux fenêtres d'or, aux vitres de perles.

Là étaient des mines d'argent, d'or, de pierres fines et de lapis-lazuli, vastes, admirables, resplendissantes de lumière. Là, partout, les singes voient des amas de pierreries.

Ces hôtes des bois admirent des lits et des sièges en or et en ivoire, grands, de formes diverses et couverts de riches tapis. Des piles de vaisselles et de coupes, soit d'argent, soit d'or ; des racines, des fruits, des mets *délicats et* purs ; des breuvages de haut prix et des liqueurs de toutes les espèces, des parfums à l'odeur suave d'aloës et de sandal ; des couvertures, soit en laine, soit en poil de rankou, soit en couleurs mélangées pour les éléphants ; des tas de vêtements précieux et de riches pelleteries. Les singes voient çà et là, pareils aux flammes du feu, des amas éblouissants, célestes, d'or en lingots.

Là, sur un brillant siège d'or, s'offrit aux yeux des singes une femme anachorète, vouée au jeûne, vêtue d'écorce et d'une peau de gazelle noire. Aussitôt le docte Hanoûmat, courbant aux pieds de la pénitente sa taille semblable à une montagne, réunit en coupe à ses tempes les paumes de ses deux mains, et : « Qui es-tu ? lui demanda-t-il. À qui sont ce palais, cette caverne et ces riches pierreries ?

« Auguste sainte, nous sommes des singes, qui parcourons incessamment les forêts ; nous sommes entrés avec imprudence sous *les voûtes de* cette caverne enveloppée de ténèbres. Consumés par la faim et la soif, accablés de fatigue, exténués de lassitude, nous avons pénétré dans ce gouffre de la terre, espérant y trouver de l'eau. Mais la vue de cette admirable, céleste et fortunée caverne, d'un parcours impraticable, a redoublé la peine, le trouble et l'aliénation de notre âme.

« À qui donc appartiennent ces beaux arbres d'or, embaumés de suaves parfums et qui, chargés de fleurs et de fruits d'or, resplendissent à l'égal du soleil adolescent ? À qui ces racines, ces fruits, ces mets *délicats et purs* ? À qui ces chars d'or et ces maisons d'argent, aux fenêtres d'or, aux vitres de perles ? Par la puissance de qui ces arbres faits d'or ont-ils obtenu le don *merveilleux* de végéter ? Comment trouve-t-on ici des lotus d'une telle richesse et d'un parfum si doux ? Qui a pu faire que ces poissons d'or nagent dans ces limpides ondes ? Veuille bien, dans notre ignorance à tous, veuille bien nous raconter exactement qui tu es et de quelle dignité est revêtu le maître de cette immense caverne ? »

À ces mots d'Hanoûmat, la pénitente, fidèle à suivre le devoir et qui trouvait son plaisir dans celui de toutes les créatures, lui répondit en ces termes : « Jadis il fut un prince des Dânavas, savant magicien, doué d'une grande vigueur et nommé Maya : ce fut par lui que fut construite entièrement cette caverne d'or avec l'art de la magie. Il était dans les temps passés le Viçvakarma des principaux Dânavas, et ce palais superbe d'or massif fut bâti de ses mains. Il pratiqua mille années la pénitence dans la grande forêt, et le père des créatures le récompensa par le don *merveilleux* d'une force égale entièrement à la force même d'Ouçanas.

« Alors, exempt de la mort, plein d'une vigueur *formidable* , maître souverain de toutes les choses qu'il pouvait désirer, il habita quelque temps au sein des plaisirs dans cette immense caverne. Mais l'amour, dont il s'éprit enfin pour la nymphe Hémâ, ayant excité la jalousie de Pourandara, ce Dieu vint l'attaquer, sa foudre en main, et le tua.

« Après lui, Brahma transmit à la *charmante* Hémâ cette forêt sans pareille, les jouissances éternelles des choses désirées et ce magnifique palais d'or. Mon père est Hémasâvarni, je m'appelle Swayamprabhâ, et c'est à moi qu'Hémâ, nobles singes, a confié la garde de son palais.

« Hémâ est ma bien chère amie ; je garde, à cause de l'amitié qui nous unit, le palais de cette nymphe, qui excelle dans le chant et la danse. »

Quand Swayamprabhâ eut parlé ainsi dans ce beau langage, sympathique au devoir, Hanoûmat, le prince des singes, fit cette réponse à la pénitente : « Nous sommes dans le besoin ; donne-nous à boire, noble femme aux yeux de lotus, et daigne nous conserver la vie, à nous qui mourons faute de nourriture. »

Attentive à marcher dans son devoir, la pénitente, à ces mots, prit des racines et des fruits, qu'elle donna aux singes, en observant les règles de l'étiquette. Les quadrumanes alors de manger, après qu'ils ont reçu d'elle ces présents de l'hospitalité et qu'ils ont honoré la sainte conformément aux lois de la politesse. Dès qu'ils ont bu l'eau pure et mangé tout ce qu'on leur avait offert, les chefs des singes contemplent de tous côtés le *merveilleux* spectacle de ces beaux lieux.

Ces nobles singes avaient tous maintenant l'âme sereine ; la brûlante fièvre s'était enfuie d'eux ; ils se montraient là tous restaurés dans toute leur force et dans toute leur beauté. La pénitente, qui marchait sur la voie même de Brahma, adresse alors ces limpides paroles à ces joyeux habitants des bois : « Pour quelle affaire ? à cause de qui êtes-vous donc venus dans ces routes difficiles ? Comment avez-vous été conduits à visiter cette caverne impénétrable ? Si vous avez ranimé votre langueur avec ce festin de racines, si la chose est telle que je puisse l'entendre, je désire la connaître : ainsi, parlez, singes ! »

À ces mots de la pénitente, Hanoûmat, le fils du Vent, se mit à lui conter leur mission avec franchise et dans toute la vérité. « Le fortuné fils du roi Daçaratha, ce Râma, le monarque du monde entier, ce Râma, semblable à Varouna ou tel que le grand Indra, était venu s'établir dans la forêt Dandaka avec Lakshmana, son frère, et Sîtâ, sa royale épouse. Mais Râvana, abusant de la force, enleva cette princesse dans le Djanasthâna. Le monarque des héros quadrumanes, héros lui-même, un docte singe, ami de Râma (on l'appelle Sougrîva), nous a fait partir, environnés de ces vaillants simiens, desquels Angada est le chef, pour sonder la plage méridionale où circule *l'étoile* Agastya et qu'Yama couvre de sa protection.

« Cherchez, tels sont les ordres, qu'il nous a donnés, cherchez tous de concert ce démon Râvana, qui change de forme à volonté, et *sa captive* Sîtâ, née dans le Vidéha.

« Nous tous alors de fouiller entièrement la région du midi, *mais en vain* ; ni Sîtâ la Vidéhaine, ni Râvana son tyran, ne s'offrit à nos regards. Enfin, épuisés de fatigue, dévorés par la faim, consumés par la soif, déchirés par la crainte de Sougrîva, nous cherchons un abri au pied des arbres, tous le visage sans couleur, tous plongés dans nos réflexions, sans trouver nulle part un moyen pour aborder à la rive ultérieure de ce vaste océan d'incertitudes *où flottaient nos esprits ballottés*. Tandis que nous promenions çà et là nos regards, nous entrevîmes, caché sous des buissons et des lianes, un antre ouvert, comme une grande bouche de la terre.

« Il en sortait, et des cygnes, avec des gouttes d'eau *tremblottantes* sur leurs ailes, et des pygargues, et des grues indiennes, et de ces oies rouges, qu'on appelle des tchakras, et des gallinules, et des canards, les plumes stillantes d'eau, tous mêlés à d'autres oiseaux aquatiques.

« Voici quelle pensée nous vint à l'esprit devant le spectacle de ces volatiles, hôtes accoutumés des eaux : « Mes bons quadrumanes, dis-je à mes compagnons, entrons là ! » Et tous, ils se réunissent à mon conseil d'un accord unanime. « Entrons donc ! marchons ! » s'écrient *à la fois tous mes* singes, se hâtant d'accomplir cette commission que nous a donnée le maître. Nous alors de nous tenir fortement l'un à l'autre enchaînés par la main et d'entrer, sans plus réfléchir, dans cette caverne enveloppée de ténèbres. Voilà quelle est notre mission ; voilà quel fut le motif qui nous fit entrer dans cette caverne : au moment où nous vînmes près de toi, nous allions tous périr de faim. C'est alors que, remplissant à notre égard le devoir de l'hospitalité, tu nous a donné des fruits et des racines : nous les avons mangés, déchirés que nous étions par la fatigue et la faim. Parle ! que doivent faire les singes pour s'acquitter envers toi de ce bon office ? »

À ce langage, que lui adressait le fils du Vent, la pénitente aux vœux parfaits répondit en ces termes à tous les singes :

« Je suis contente de vous tous, singes à la grande vigueur : je marche dans le devoir ; ainsi, personne n'a rien à faire ici pour moi. »

Hanoûmat lui tint de nouveau ce langage : « Ta sainteté nous a parfaitement accueillis, moi et tous mes habitants des bois ; tu nous as traités avec les honneurs de l'hospitalité, et notre accablante fatigue est maintenant dissipée. Nous t'avons fait connaître dans sa vérité la cause de notre voyage et raconté *comment nous étions occupés à* la recherche de Sîtâ la Vidéhaine. Le monarque des singes nous a fixé lui-même, en présence des quadrumanes, une limite de temps : « Une fois le mois accompli, revenez ! autrement, je punirai de mort tout retardataire ! »

« Tel est, noble dame, l'ordre que nous avons reçu du maître. Sans doute les singes, à la marche légère, ont déjà fouillé toutes les autres plages. Mais nous, à qui la région du midi fut assignée par Sougrîva, cet antre ouvert s'offrit à nos yeux, après que nous eûmes couru de tous les côtés à la ronde. Entrés étourdiment ici pour continuer la recherche de Sîtâ, nous n'y voyons pas, femme à la jolie taille, un chemin de sortie qui nous mène dehors. »

À ce langage d'Hanoûmat, alors tous les singes, joignant les mains pour l'andjali, disent à la pénitente, fidèle à suivre le devoir :

« Depuis que nous promenons çà et là nos courses sous *les voûtes* de cet antre *obscur*, le temps qui nous fut accordé par le magnanime Sougrîva a franchi déjà sa limite. Veuille donc nous conduire tous hors de ces lieux, car le roi Sougrîva, outre qu'il est sévère, met ses plus grands soins à plaire au noble fils de Raghou. Nous avons à terminer, sainte anachorète, une laborieuse affaire, que nos longues erreurs dans ces lieux nous ont empêchés d'accomplir.

« Ainsi, daigne nous protéger dans la crainte que nous inspire ce roi si terrible, et veuille bien nous tirer de cette caverne impraticable. »

À tous les singes qui parlaient ainsi, la pénitente qui aimait à faire du bien à toutes les créatures répondit au comble de la joie, avec la volonté de les conduire hors de ces vastes souterrains :

« Il n'est pas facile, à mon avis, d'en sortir vivant à celui que *son malheur fit* entrer dans cet antre, dont le tonnerre d'Indra même a déchiré le sein par un déchaînement impétueux de sa colère. Néanmoins, grâce à la puissance que je possède en vertu de ma pénitence, grâce aux mérites conquis par mes constantes macérations, vous sortirez tous, singes, de cet obscur labyrinthe. Mais fermez tous, nobles simiens, fermez bien vos yeux, car il est impossible d'en sortir à qui tient ses yeux ouverts. »

Alors tous les singes à la fois, impatients de quitter cette caverne, se couvrent les yeux avec les paumes très-délicates de leurs mains ; et, dans l'intervalle d'un clin d'œil seulement, la pénitente mit à la porte des souterrains ces magnanimes quadrumanes, le visage caché entre leurs mains.

Quand elle eut délivré les singes, elle se mit à les consoler et leur tint ce langage : « Ici est le fortuné mont Vindhya, rempli de grottes et de cascades ; là, est le mont Prasravana ; à côté, c'est la mer. La félicité vous conduise, nobles singes ! Moi, je m'en retourne dans mon palais ! » À ces mots, la sainte rentra dans l'épouvantable caverne, elle qui pouvait franchir les distances dans l'espace d'un clin d'œil, par la vertu de sa pénitence et de son unification *en Dieu*.

Les singes à la grande vigueur se tenaient encore là, cachant leur visage entre les mains ; et ce fut un instant seulement *après son départ* qu'ils rouvrirent les paupières. Ils virent alors une mer épouvantable, empire de Varouna, aux bruyantes vagues, pleines de grands cétacées, et qui semblait n'avoir pas de rivages. Arrivés dans cette douce et belle région, éclairée du soleil, tous alors, comme ils avaient manqué à l'ordre qu'ils avaient reçu, tous alors ils se dirent l'un à l'autre ces paroles : « Voici déjà expiré le temps dont le roi nous imposa la loi, pour trouver l'épouse de Râma et ce rôdeur *impur* des nuits, le démon Râvana. »

Assis sur le flanc aux arbres fleuris du mont Vindhya, eux alors de se plonger dans une profonde rêverie.

Ensuite l'héritier présomptif, Angada, le singe aux épaules de grand lion, aux bras longs et musculeux, tient à ses compagnons cet énergique langage : « Nous sommes tous venus ici d'après l'ordre même du monarque des simiens ; mais, entrés dans la caverne *et plongés dans ses ténèbres*, il nous fut impossible de connaître, singes, que le mois avait achevé son cours. Maintenant que nous avons laissé fuir le temps fixé par Sougrîva lui-même, ce qui nous convient à nous, hommes des bois, c'est de nous asseoir dans une privation absolue d'aliments et d'y rester jusqu'à la mort ! Le monarque des simiens est tout puissant ; il est naturellement sévère : l'auguste Sougrîva ne voudra point nous pardonner cette transgression à ses commandements. Il ne saura pas sans doute quels épouvantables, quels immenses travaux nos efforts ont accomplis dans la recherche de Sîtâ ; il ne verra, lui, pas autre chose que la faute. Nous avions tous reçu des ordres, *nous y avons tous manqué* : eh bien ! renonçant à nos maisons, à nos richesses, à nos épouses, à nos fils mêmes, asseyons-nous dans un jeûne opiniâtre jusqu'à en mourir. Ne laissons pas au roi de châtier notre retour après le temps écoulé ; mieux vaut mourir ici volontairement que subir là une mort indigne de nous ! Celui par qui je fus sacré comme l'héritier de la couronne, ce n'est point Sougrîva ; *non !* c'est Râma, l'Indra des hommes, si versé dans la science du « connais-toi toi-même. » Le roi porte liée *à son cou* une vieille inimitié contre moi, et, voyant ce retard, il m'infligera un rigoureux supplice pour la faute de revenir après une trop longue attente. Que me serviront mes amis, quand ils verront mon infortune couper le fil de ma vie ? Mieux vaut ici m'ensevelir dans le jeûne sur le délicieux rivage de cette mer ! » À ces mots, que le prince héréditaire avait prononcés d'un ton lamentable, tous les plus distingués des quadrumanes tinrent alors ce langage : « Sougrîva est d'un naturel sévère, il veut plaire à *son allié* Râma ; quand il nous verra de retour, après le terme fixé, n'ayant point accompli notre mission, n'ayant pas vu Sîtâ, il est certain qu'il nous punira de mort dans son désir empressé de faire une chose qui soit agréable à Râma. Les rois ne pardonnent pas les fautes dans les princes du peuple, et nous sommes des chefs qu'il a mis dans sa plus haute estime. Puisque la chose en est venue à de telles extrémités, il vaut donc mieux nous laisser mourir de faim ! »

Quand ils eurent écouté les paroles du fils de Bâli, ces nobles simiens alors de toucher l'eau et de s'asseoir tous à l'orient. Décidés à le suivre dans la mort, tous, la face regardant le septentrion, ils s'assirent par terre sur des kouças, la pointe des herbes courbée au midi.

Tandis que tous les singes étaient assis sur la montagne au sein du jeûne, voici venir dans ces lieux le roi des vautours, chargé d'années, Sampâti, fameux par son courage et sa vigueur, le plus éminent des oiseaux, le frère aîné du vautour Djatâyou. Sorti d'un antre ouvert dans les flancs du grand mont Vindhya, il vit les singes couchés là et prononça tout joyeux ces paroles : « Sans doute il y a dans l'autre monde une fortune qui dirige ici-bas les choses avec sa loi, car je trouve enfin, après un si long jeûne, ce festin servi là pour moi ! Je vais donc manger, à mesure qu'ils mourront, ce qu'il y a de plus exquis dans les plus excellents des singes ! » Quand il eut dit ces mots, Sampâti resta là, tenant ses regards attachés sur les singes.

À peine Angada eut-il entendu ces paroles épouvantables du roi des vautours, qu'il adressa, tremblant au plus haut point, ce langage au *ver-*

tueux Hanoûmat : « Voici le fils de Vivasvat, Yama lui-même, que la perte de Sîtâ fait venir ici devant nos yeux pour le malheur des singes.

« Après qu'il a perdu, et Djatâyou, et Bâli, et Daçaratha lui-même, ce rapt de Sîtâ jette encore ici les singes dans un *affreux* péril. Heureux ce roi des vautours qui tomba sous les coups de Râvana, en déployant sa vaillance pour la cause de Râma ! »

Aussitôt qu'il eut ouï ces paroles échappées à la bouche d'Angada, l'amour qu'il portait à son frère mineur fit tout à coup palpiter le cœur de Sampâti. Debout sur le mont sublime, l'inaffrontable vautour au bec acéré tint ce discours aux singes entrés dans le jeûne afin d'y mourir : « Qui parle ici de Djatâyou, qui m'est plus cher que la vie ?

« Qui est ce Râma pour lequel est mort Djatâyou ?

« Je suis l'aîné, princes des singes ; Djatâyou était mon jeune frère. Qui donc a tué Djatâyou ? Comment ? Où ?

« Mais je suis dans l'impuissance de voler, car les rayons du soleil ont brûlé mes ailes ; et vos grandeurs combleraient mon envie si elles voulaient me descendre vers elles du sommet où je suis de la montagne. »

———

Les conducteurs des singes, à ces mots dits sur un ton arraché par la douleur, se défièrent de son action et ne crurent point à son langage.

Néanmoins, ces héros, entrés dans le jeûne de la mort, réfléchissaient, la tête baissée à terre, et cette pensée leur vint à l'esprit : « Ce cruel va nous dévorer tous. S'il nous mange, tandis que nous voilà tous assis dans le jeûne pour y mourir, *eh bien !* notre affaire en sera plus tôt faite et nous serons arrivés d'un seul coup à notre but ! » Aussitôt venue cette réflexion, les chefs des singes descendirent eux-mêmes, de la cime où il se tenait, le colossal oiseau ; et quand ils eurent mis le volatile au pied, Angada lui tint ce langage : « Jadis vivait un singe d'une grande majesté, roi des ours et monarque des simiens. C'était mon aïeul, ô le plus noble des oiseaux. De ce prince vertueux, à l'âme pure, sont nés deux fils vigoureux et magnanimes :

« Bâli, le roi des singes, et Sougrîva, le fléau de ses ennemis. Leurs hauts faits sont également célèbres dans le monde : c'est le roi des singes qui fut mon père. Râma, ce grand héros des kshatryas, ce monarque de l'univers entier, ce fils charmant du roi Daçaratha, est sorti *de sa patrie* à l'ordre de son père, et, marchant sur le chemin du devoir, il est entré dans la forêt Dandaka, suivi de Sîtâ, son épouse, et de Lakshmana, son frère. Râvana, l'éternel ennemi des brahmes, ce Démon, parvenu dans tous les crimes à une perfection débordante, lui a ravi perfidement son épouse dans le Djanasthâna.

« Le vautour appelé Djatâyou, ce vertueux oiseau qui fut l'ami du père de Râma, vit la *plaintive* Mithilienne dans le temps même que Râvana l'emportait. Il brisa le char de Râvana, il délivra un moment la Mithilienne ; mais enfin, accablé par la fatigue et le poids des années, il périt sous les coups du Rakshasa. Ainsi fut tué par le Démon, plus fort que lui, ce généreux oiseau, tandis qu'il déployait le plus grand courage et se consumait en efforts pour *sauver l'épouse de* son ami. Sans doute il fut admis dans le ciel, car le Raghouide eut soin d'accomplir en son honneur la cérémonie des funérailles.

« Suivant les ordres que nous a donnés Râma, nous cherchons çà et là son épouse ; mais elle n'apparaît pas davantage à nos yeux qu'on ne voit la clarté du soleil dans la nuit.

« Les singes auraient bientôt donné la mort à ce meurtrier de ton frère, à ce ravisseur de la femme, qui est l'épouse de Râma, s'ils pouvaient savoir où le trouver !

« Après que nous eûmes fouillé avec une scrupuleuse attention la forêt Dandaka, notre ignorance des lieux nous fit pénétrer dans un antre ouvert au sein de la terre déchirée ; et, tandis que nous visitions cette grande caverne, que Maya construisit aidé par la magie, le mois au bout duquel notre *auguste* roi nous avait prescrit de revenir s'est consumé tout entier.

« Le monarque des singes nous avait envoyés dans la plage du midi pour la fouiller de tous les côtés. Mais, comme nous avons transgressé la condition qui nous fut imposée, la crainte *du châtiment* nous fait embrasser ici *la résolution* d'un jeûne poussé jusqu'à la mort ! Ainsi, fais de nos corps un festin, suivant ton désir. »

À ces lamentables paroles des singes, qui renonçaient à la vie, le vautour à la grande intelligence répondit avec des larmes : « Ce Djatâyou, qui, dites-vous, a trouvé la mort dans un combat sous les coups du cruel Râvana, il était, singes, il était mon frère puîné ! Ma condition *languissante* de vieillard me force d'entendre l'injure et de la supporter, car je n'ai plus maintenant assez de force pour venger la mort de mon frère.

« Jadis (c'était à l'époque où *le démon* Vritra fut tué), Djatâyou et moi, tous deux jeunes, vigoureux, avides de triompher, nous nous défiâmes hardiment à voler dans le ciel.

« Aussitôt, l'un devancé par l'autre, nous courons vers l'orient où le soleil se levait, allumé, flamboyant, avec une couronne de rayons, éblouissant de lumière comme un globe de flammes. Djatâyou et moi, nous volions avec une extrême vitesse ; mais, quand le soleil fut arrivé à son midi, Djatâyou défaillit *sous le poids de la chaleur*. Alors moi, à la vue de mon frère consumé par les rayons de l'astre flamboyant, je me sentis ému au plus haut point dans mon amour fraternel, et je fis à Djatâyou un abri avec mes ailes. Mais le soleil me les brûla, et je tombai, vaincu moi-même, sur le haut de cette montagne : depuis lors, confiné dans le Vindhya, aucune nouvelle de mon frère n'avait pu venir jusqu'à moi ; et maintenant qu'un temps bien long s'est écoulé, ce sont de telles nouvelles qu'on nous apporte de lui ! »

Le singe héritier du trône, Angada répondit à l'oiseau, de qui l'esprit distinguait nettement la vraie nature des choses : « Des nouvelles te furent données par ma bouche sur Djatâyou, ton bien-aimé frère. Parle-moi, si tu en sais quelque chose, de ce cruel Démon à courte vue, de ce Râvana, le plus vil des Rakshasas : est-il près ou loin d'ici ? »

Ensuite le souverain des vautours, Sampâti à la grande splendeur tint ce langage digne de lui-même et qui répandit la joie parmi les singes : « Mes ailes sont brûlées, je suis vieux, ma vigueur s'est évanouie ; néanmoins, je vais rendre, singes, un service éminent à Râma de ma voix seulement.

« J'ai vu une femme jeune, douée admirablement de beauté et parée de tous les atours, que Râvana, le Démon à l'âme cruelle emportait dans les airs. « Râma ! Râma ! » criait-elle d'une voix lamentable : « *À moi*, Lakshmana ! » disait-elle aussi, agitant ses beaux membres et jetant de tous les côtés ses parures. Sa magnifique robe de soie imitait l'éclat du soleil sur la cime de la montagne et brillait à l'entour du noir Démon, comme l'éclair sur un grand nuage. C'était Sîtâ, je le crois, à ce nom de Râma, qu'elle semait dans les airs : écoutez encore ! je vous dirai en quels lieux est l'habitation de ce Rakshasa.

« Le fils de Viçravas, le frère du célèbre Kouvéra, le monarque des Rakshasas, Râvana enfin habite dans la ville de Lankâ. Loin d'ici, à cent yodjanas entiers dans la mer, il est une île, au sein de laquelle s'élève la charmante cité de Lankâ, bâtie par Viçvakarma. C'est là qu'habite, enfermée dans le gynœcée de Râvana et surveillée d'un œil attentif par des femmes Rakshasîs, l'infortunée Vidéhaine aux vêtements de soie.

« Arrivés au bord, où finit la mer, à cent yodjanas bien comptés au delà, singes, vous apercevrez au sud le rivage de cette île.

« D'ici, où je me tiens, mes yeux voient Râvana et sa captive ; car la puissance de notre vision est grande, céleste et, pour ainsi dire, supérieure à celle de Garouda lui-même. Notre faculté visuelle et le besoin d'aliments nous font distinguer un cadavre à la distance de cent yodjanas complets. Mais la nature, en nous gratifiant d'une vue pour saisir des objets très-éloignés, nous condamne à une manière de vivre semblable à celle de la poule, mangeant ce qu'elle trouve à la racine de ses pieds. Avisez donc à quelques moyens de traverser la mer salée ; car, une fois vue de vos yeux la Mithilienne, vous aurez accompli tout l'objet de votre mission. Je désire maintenant que vos grandeurs me conduisent vers l'humide empire de Varouna ; je veux offrir l'eau funèbre aux mânes de mon frère, ce magnanime oiseau, qui s'en est allé dans les demeures célestes. »

À ces mots, les singes mènent Sampâti dans une place unie sur le rivage, et soutiennent le volatile aux ailes brûlées pour descendre dans la mer, souveraine des rivières et des fleuves ; puis, la cérémonie de l'eau terminée, le ramènent *au mont Vindhya*, et, l'ayant aidé à remonter *sur le sommet*, ils goûtent en eux-mêmes la joie de posséder ces renseignements *sur l'épouse de Râma*. En ce moment, le vautour, auquel était revenu la sérénité, Sampâti, voyant assis à ses pieds Angada, qu'environnaient les singes, reprit avec joie la parole en ces termes : « Gardez le silence, nobles singes ; écoutez avec attention ; je vais dire en toute vérité comment je connais la Mithilienne.

Jadis, brûlé par les rayons du soleil, et les membres enveloppés de souffrances causées par le feu, je tombai du ciel sur la cime du mont Vindhya. Six jours s'écoulent, je reviens enfin à la connaissance, et, malade, chancelant, je parcours tous ces lieux de mes regards, sans que je puisse m'y reconnaître avec certitude. Mais, tandis que j'observais les rivages de cette mer, ce fleuve, ces montagnes, ces bois, ces lacs et ces cascades, peu à peu me revint la mémoire. Ce lieu, où abondent les eaux, les bassins et les cavernes, et que remplissent les bandes joyeuses des oiseaux, ce lieu, pensai-je, est le mont Vindhya, situé sur le rivage de l'Océan méridional.

« Là est un ermitage pur, que les Dieux honorent eux-mêmes, et c'est là que vécut dans la patience de la *plus* effrayante pénitence, un saint, nommé Niçâkara. Il habita cette montagne huit mille années : un siècle ajouté à deux autres s'est écoulé depuis qu'il s'en est allé au ciel et que ce pays est ma demeure. Je fis de nombreux et pénibles efforts, soutenu par le désir de voir l'anachorète ; car souvent, Djatâyou et moi, nous étions allés visiter le saint homme.

« Près du pieux ermitage, les vents soufflent d'une haleine suavement parfumée ; on n'y voit pas d'arbre qui n'ait des fleurs ou qui n'ait des fruits. Enfin, parvenu à la porte de son ermitage, je m'appuyai contre le pied des arbres et j'attendis là, impatient de voir l'auguste Niçâkara. Ensuite je vis encore loin, mais vis-à-vis de moi, l'invincible rishi, qui revenait dans le nimbe d'une splendeur flamboyante, au sortir de ses ablutions. Des ours, de jeunes daims, des tigres, des éléphants, des lions et des serpents, répandus autour de sa personne, le suivaient comme les êtres animés suivent le créateur. Quand ils virent l'ermite arrivé sur le seuil de sa chaumière, eux alors de se disperser par tous les points de l'espace : telle se rompt l'escorte des troupes et des ministres aussitôt que le monarque est rentré dans son palais.

« Le saint anachorète, m'ayant vu garder le silence, entra dans son ermitage ; mais il en sortit après un instant, et me demanda quelle affaire m'avait conduit en ce lieu. « Ta couleur effacée, *me dit-il*, et tes ailes détruites ont empêché d'abord que je ne te reconnusse ; mais voici qu'un souvenir me ramène auprès de toi.

« J'ai vu autrefois deux vautours d'une vitesse égale à la rapidité du vent ; tous deux ils étaient les rois des vautours, sous les formes de la Mort : l'aîné se nommait Sampâti, le plus jeune s'appelait Djatâyou. Un jour, s'étant revêtus de la forme humaine, ils vinrent ici toucher mes pieds.

« Quelle maladie est tombée sur toi ? Comment est venue la chute de tes ailes ? Qui t'a donc infligé ce châtiment ? Je veux savoir cela dans la vérité. »

« À ce langage, que m'avait tenu cette âme juste, mon visage se remplit un peu de larmes au souvenir de mon frère. Mais, arrêtant bientôt le torrent de ces pleurs, que m'arrachait l'amour fraternel, je réunis mes deux pattes en forme d'anjali et j'instruisis le grand anachorète de ce qu'il désirait connaître : « Vénérable saint, retenu et *comme* abattu par la confusion que tu m'inspires, il m'est impossible de te raconter cela : *vois !* ma bouche est obstruée par les pleurs. Sache, bienheureux, que tu vois en moi Sampâti et que j'ai commis une faute : *oui !* je suis le frère aîné du vautour Djatâyou, ce héros que j'aime ! Comment cette difformité a-t-elle remplacé mes deux ailes brûlées ? je vais t'en exposer la cause : grand saint, daigne écouter.

« Djatâyou et moi, jadis tombés sous le pouvoir de la mort, nous fîmes une gageure, en face des anachorètes, sur la cime du Vindhya, et nous mîmes pour enjeu le royaume des vautours. L'objet du pari, nous sommes-nous dit, c'est de suivre le soleil depuis l'orient jusqu'à l'occident ! À ces mots, de nous lancer dans les routes du vent, et voici que les différentes surfaces de la terre se déroulent sous nos yeux.

« Suivant le chemin du soleil, nous allions une extrême vitesse, regardant le spectacle qui s'étalait en bas. La terre, je me rappelle, ornée d'un jeune et frais gazon, semblait alors un champ de lotus par ses montagnes, plantées sur toute la surface.

« Les fleuves apparaissaient à nos yeux comme des sillons tracés par la charrue.

« Enfin, une violente fatigue, une chaleur dévorante, la plus extrême langueur, une fièvre délirante pèsent à la fois sur nous et la crainte agite nos *cœurs*.

« En effet, on ne distinguait plus aucun des points cardinaux : tout n'était qu'un foyer rempli par les flammes du soleil, comme si le feu consumait l'univers dans l'époque fatale où se termine un youga. Le soleil, tout rouge, n'est plus qu'une masse de feu au milieu du ciel, et l'on discerne avec peine son vaste corps dans l'incendie général. L'astre du jour, que j'observais dans le ciel avec de grands efforts, me parut d'une ampleur égale à celle de la terre.

« Mais soudain voici que Djatâyou, ne s'inquiétant plus de me *disputer la victoire*, se laisse tomber, la face tournée vers la terre ; et moi, à la vue de sa chute, je me précipitai en bas du ciel rapidement. J'étendis sur lui mes ailes comme un abri, et Djatâyou ne fut pas brûlé ; mais le soleil fit sur moi un hideux ravage, et je tombai, précipité des routes du vent. Je tombai sur le Vindhya, mes ailes brûlées, mon âme frappée de stupeur, et Djatâyou, comme je l'ai ouï dire, tomba dans le Djanasthâna. S'il ne m'était resté quelque chose du mérite acquis par mes bonnes œuvres, j'eusse été plongé dans la mer ; ou j'eusse trouvé la mort, soit au milieu des airs, soit sur les âpres sommets de la montagne.

« Privé de mon royaume, séparé de mon frère, dépouillé de mes ailes, désarmé de ma vigueur, j'ai tous les motifs pour désirer la mort. Je veux me précipiter du faîte de la montagne ! À quoi bon maintenant la vie pour un oiseau qui n'a plus d'ailes, qui ne peut marcher sans un aide, qui est devenu semblable au morceau de bois ou tel que la motte de terre ? »

« Après que j'eus parlé ainsi, en pleurant et dans une vive douleur, au plus vertueux des anachorètes, je versai des larmes, qui ruisselèrent de mes yeux, comme une rivière descend de la montagne. À la vue de ces pleurs, qui baignaient mon visage, le grand saint, touché de compassion, réfléchit un moment et sa révérence me tint ce langage : « D'autres ailes, souverain des oiseaux, te reviendront un jour, et tu dois recouvrer avec elles ta puissance de vision, ta plénitude de vie, ton intelligence, ton courage et ta force. Au temps passé, j'ai ouï dire que tu aurais à faire une grande œuvre ; je l'ai même déjà vue par les *yeux* de ma pénitence : apprends donc ceci, qui est la vérité.

« Il est un monarque, issu d'Iskshwâkou et nommé Daçaratha : il aura un fils d'une splendeur éclatante, appelé Râma. Ce prince d'un héroïsme infaillible, obéissant à l'ordre de son père dans une chose inutile à raconter, s'en ira dans les forêts, accompagné de son épouse et de son frère. Un roi de tous les Rakshasas, qui a nom Râvana, invulnérable aux Démons et même aux Dieux, lui ravira son épouse dans le Djanasthâna.

« Des singes, messagers de Râma, viendront ici dans la recherche de sa royale épouse : je te confie le soin de leur indiquer en quel pays ils doivent trouver la fille du roi Djanaka.

« Tu ne dois pas quitter ces lieux sous aucun prétexte : où d'ailleurs irais-tu en l'état où tu es ? Un jour, on te rendra tes ailes ; attends ainsi le moment !

« Depuis lors, consumé par la douleur, mais docile aux paroles du solitaire, je n'ai pas voulu déserter mon corps, soutenu que j'étais par l'espérance de voir le *plus noble des* Raghouides. *Chaque jour*, sorti de ma caverne et marchant à pas bien lents, je gravissais péniblement la montagne et là j'attendais l'arrivée de vos seigneuries. Aujourd'hui trois siècles complets d'années ont coulé depuis le jour que j'ai mis dans mon cœur ces paroles de l'anachorète et que j'observe curieusement les temps et les lieux.

« Mon fils me nourrit ici avec les uns ou les autres des aliments les plus divers. Un jour, il s'en était allé au mont Himâlaya faire une visite à sa mère. Il rencontra le Démon, qui enlevait la Mithilienne : ses ailes fermaient le passage à Râvana ; mais, considérant ma triste condition et ne s'attachant qu'à son devoir de fils, il ne voulut pas engager un combat avec lui. Quoique je connusse bien toute la vigueur du cruel Démon, je blâmai *Soupârçwa* , mon fils, avec des paroles *sévères* : « Comment, lui dis-je, n'as-tu pas sauvé la Mithilienne ? »

Il dit ; et les chefs des quadrumanes sentent leur joie doublée à ces paroles, que le roi des vautours avait distillées de sa bouche avec une saveur d'ambroisie.

———

Alors que Sampâti causait de cette manière avec eux, il repoussa des ailes au magnanime volatile en présence de ces hôtes des bois. À la vue des rames aériennes qui soudain lui étaient nées, enveloppant tout son corps de leurs plumes, le vautour à la grande vigueur fut rempli avec son fils d'une joie sans égale.

Le monarque des oiseaux, voulant connaître jusqu'où ses ailes pouvaient s'élever, déploya son essor du sommet de la montagne ; et tous les singes de suivre, les regards tournés vers la cime du mont, Sampâti dans son vol sublime, avec des yeux que l'admiration tenait tout grands ouverts. Puis, l'oiseau vint se reposer sur le faîte et reprit de nouveau la parole en ces termes, d'une voix que sa joie avait épanouie dans les plus suaves modulations :

« Singes, vous voyez tous quel est ce miracle du rishi Niçâkara, en qui la pénitence avait consumé entièrement la matière !

« N'épargnez aucun effort ! vous arriverez *bientôt* à découvrir Sîtâ ; *le saint* n'a fait renaître mes ailes sous vos yeux que pour vous en donner l'assurance !

« Il vous faut diriger vos pas, singes, vers la haute montagne au vaste sommet, qui est située au nord pour la mer du Midi : une faible distance la sépare du mont Malaya. Là, confiez tous la charge de sauter par-dessus la mer à ce héros, qui parmi vous est capable de franchir cent yodjanas sans trouver ni rocher, ni terre où il puisse mettre un instant son pied ! » À ces mots, il dit adieu aux quadrumanes et, s'étant plongé au milieu des airs, il partit d'un essor rapide comme les ailes de Garouda.

À cette vue de l'oiseau que son vol emportait au loin, Angada, le fils de Bâli, au comble de la joie dit aux princes joyeux des singes : « Maintenant qu'il nous a transmis les nouvelles de la Vidéhaine et sauvé les singes de la mort, l'oiseau Sampâti retourne à sa demeure, l'âme satisfaite. Venez donc ! marchons vers la montagne située au nord pour la mer du Midi. Quand nous serons arrivés sur le rivage, nous penserons au moyen de traverser le vaste Océan. »

Alors, d'un pas égal à celui du vent, les singes, dans une résolution bien arrêtée, s'avancent, l'âme contente, vers la plage désirée, sur laquelle préside le *noir* souverain des morts.

—

À la vue de cette mer sans rivage ultérieur comme le ciel, ceux-ci parmi les singes tombèrent dans l'abattement, ceux-là tressaillirent de joie. Dans le but de ranimer leur courage, le fils de Târâ, voyant le visage consterné de quelques singes, *Angada* leur tint ce langage, après qu'il eut salué les grands et sollicité d'un mot l'attention des autres :

« Quadrumanes à l'héroïque vigueur, il ne faut pas vous abandonner au découragement ; car l'homme découragé ne peut mettre fin à son affaire. L'homme qui, s'armant d'énergie en face d'un obstacle, résiste à son découragement, ne laisse jamais derrière lui son œuvre imparfaite.

« Qui pourrait aller d'ici à Lankâ et revenir en deux bonds vigoureux ? Qu'il réfléchisse mûrement et qu'il parle, celui qui possède en lui-même ce don merveilleux de franchir une distance ! celui grâces auquel, revenus un jour d'ici, heureux et couronnés du succès, nous reverrons nos fortunes, nos épouses et nos fils ! »

À ces paroles d'Angada, qui que ce fût parmi les singes ne répondit un seul mot, et les chefs du peuple restèrent là tous immobiles.

Gaya dit ces mots le premier : « Je puis nager dix yodjanas. » — « Et moi, dit Gavâksha, j'irai plus loin, jusqu'à vingt yodjanas ! » — « Quant à moi, dit Gavaya, je peux franchir dans un seul jour trente yodjanas ! » Ainsi parla dans cette assemblée des singes ce quadrumane vigoureux et cher à la fortune. Après lui, Çarabha, le singe d'une valeur incomparable, d'une bien grande vigueur et d'un aspect semblable au sommet d'une montagne, répondit ces mots aux paroles d'Angada : « Je puis aller quarante yodjanas dans un même jour ! »

« Parcourir cinquante yodjanas, ce m'est chose facile, nobles singes ! » dit ensuite Gandhamâdana, le fortuné singe à la couleur d'or. Puis Maînda, pareil au mont Himâlaya, tint ce langage : « Ma force est capable de soutenir une marche de soixante yodjanas ! » — « Et moi j'irai sans doute jusqu'à soixante-dix, » répondit au *bel* Angada Dwivida à la grande splendeur.

Après celui-ci : « Singes, fit le sage Nîla, fils d'Agni, je puis nager quatre-vingts yodjanas ! » — « Je pourrais bien fournir quatre-vingt-dix yodjanas complets ! » dit avec assurance le fortuné Nala, ce noble singe de qui Viçvakarma fut le père. « Et moi, quatre-vingt-douze ! » répond à son tour le vigoureux Târa, d'une force et d'un courage immenses. Profond comme l'Océan et rapide comme le vent, semblable au Mandara par sa taille et d'une splendeur égale à celle du soleil ou du feu, le singe Djâmbavat, saluant tous les chefs des quadrumanes, dit avec un sourire en présence des plus nobles simiens :

« Certes ! ni pour le saut, ni même pour la marche, ma force, ma vigueur et mon courage ne sont plus ce qu'ils étaient dans les jours de ma jeunesse, au temps de mes jeunes années !

« Trois et trois fois, Djatâyou et moi nous décrivîmes un pradakshina autour de l'éternel Vishnou dans le sacrifice de Bali et pendant qu'il opérait ses trois pas célèbres. Je calcule où peut aller maintenant ma puissance de marcher : ce doit être sans doute jusqu'à cent yodjanas, moins neuf ou dix. Et cette force ne paraît pas suffisante pour atteindre le but proposé. »

Tandis que Djâmbavat parlait en ces termes pleins de sens et de raison, le fils du Vent, Hanoûmat, semblable à une montagne, ne dit rien alors de sa force et de son courage. Mais, ayant salué ce grand singe, le magnanime Djâmbavat, Angada lui répondit ces belles et magnifiques paroles : « Je pourrais bien marcher cent yodjanas, il n'est aucun doute, singes ; mais je ne pourrais supporter la fatigue d'un prompt retour. À cause de mon jeune âge et par son attention à tenir mon existence éloignée de la douleur, mon père, sans considérer mes défauts ou mes qualités, m'a toujours élevé dans les délices, et sa tendresse ne m'a jamais accoutumé à la fatigue. »

Djâmbavat à la grande sagesse lui dit ces mots en souriant : « Il ne convient pas à toi, héros, de parler ainsi dans l'assemblée des singes. Nous savons tous, roi de la jeunesse, quelle est ta vigueur ; tu peux revenir, ayant passé et repassé cent fois le grand Océan.

« Tu es notre maître et le fils de notre maître, ô le plus grand des singes : réunis autour de ta grandeur, elle nous inspire dans la discussion des affaires. Il est donc impossible à toi de nous quitter pour t'en aller quelque part, comme il ne convient pas à nous-mêmes de te laisser aller seul, prince héroïque des simiens. »

À ces paroles du noble pasteur des singes, Djâmbavat à l'éminente sagesse, Angada fit cette réponse d'un visage que la joie se partageait avec la tristesse : « Si je ne vais pas moi-même, ou si un autre chef ne va pas vite à Lankâ, nous courons tous un affreux danger ! Certes ! il nous faudra nous asseoir une seconde fois dans le jeûne de la mort ; car, si nous revenons dans nos patries sans avoir effectué l'ordre que nous a donné le prudent monarque des singes, je n'y vois pas un moyen de sauver notre vie ! Mais, si je vais *à Lankâ* , mon retour n'est qu'incertain. « Or, dit-on, un trépas douteux vaut mieux qu'une mort assurée. »

Alors que le roi de la jeunesse, Angada, eut prononcé de telles paroles, tous les singes, portant les mains en coupe à leurs tempes, de s'écrier aussitôt : « Il est impossible que ta grandeur s'en aille d'ici nulle part à la distance d'un seul pas ! À ta vue, nous croyons tous posséder Bâli même de nos yeux ! Nous souffrirons tous avec toi ce qui peut t'arriver de Sougrîva, le bien ou le mal, le plaisir ou la douleur ! »

À ces belles paroles que les chefs des simiens adressaient au prince héréditaire, Djâmbavat aux longs bras passe les quadrumanes en revue dans sa pensée et répond, orateur disert, au fils de Bâli :

« Prince des singes, je connais le héros quadrumane qui peut franchir cent yodjanas et revenir couronné du succès. »

Quand il eut parcouru de ses regards cette armée abattue des singes, qui formait plusieurs centaines de milliers, Djâmbavat s'avança vers Hanoûmat, couché à part, sans mot dire, lui, habile dans toutes les matières des Çâstras et l'un des principaux de l'armée quadrumane : « Pourquoi, lui dit-il, pourquoi ne parles-tu pas, Hanoûmat ?

« Je suis vieux aujourd'hui, ma vigueur s'est évanouie ; la saison où me voici maintenant est celle de la mort ; tous les dons au contraire accompagnent l'âge dont jouit ta grandeur. Déploie donc, héros, déploie donc tes moyens ! N'es-tu pas en effet le plus excellent des singes ? De même que tous les êtres suivent le Dieu qui dispense la pluie ; de même la vie du monde tend vers ce magnanime, qui toujours, dans une difficulté survenue, attaque l'obstacle avec énergie ; car la chose de l'homme, n'est-ce pas l'exercice du courage ? »

Excité par le plus vénérable des singes, le fils du Vent, ce guerrier d'une vitesse renommée, se fit soudain une forme allongée propre à naviguer dans les airs, spectacle qui ravit alors toute l'armée des simiens.

———

Tandis que l'intelligent quadrumane se gonflait, son visage enflammé brillait, semblable au *soleil*, roi du ciel, ou tel qu'un feu sans fumée. Il se leva du milieu des singes, et, le poil hérissé, il s'inclina devant les grands et leur tint ce langage : « Qu'il en soit ainsi ! Je passerai la mer, en déployant ma vigueur, et je reviendrai, ma mission accomplie : ayez, singes, ayez foi tous en moi !

« Veuillez écouter quel est mon courage, quelle est ma force, quel fut mon auguste père, et *prêter l'oreille à* toute cette aventure de ma mère. Si je vous entretiens de ma race, c'est pour vous inspirer de la confiance en mon héroïque vigueur : ce n'est pas l'envie d'exciter l'admiration, ni l'orgueil, ni le penchant naturel à parler, qui m'ouvre la bouche.

« Il est un limpide tîrtha de la mer occidentale, piscine renommée, où les saints anachorètes viennent se baigner avec recueillement : il est nommé Prabhâsa. Là, vivait un éléphant des plages célestes, appelé Dhavala :

intrépide, méchant, doué d'une force épouvantable, il donnait sans pitié la mort à tous les solitaires. Ce monstre fondit un jour sur le saint anachorète Bharadwâdja, vénéré de tous les rishis et qui s'en allait dévotement se baigner dans les eaux du tîrtha.

« Mon père, tel que la cime d'une montagne, se fit à la hâte une forme d'une affreuse épouvante et s'élança tout à coup sur l'impétueux pachyderme. Le terrible monarque des singes aussitôt de lui déchirer avec acharnement les yeux de ses dents et de ses ongles aux pointes finement acérées. Puis, fondant sur lui d'un bond rapide, mon père lui arracha de la bouche, quoi qu'il fît, ses deux longues défenses, et, lui en assénant deux coups rapides, le tua avec ses propres armes. Le *monstrueux* éléphant tomba sans vie sur la montagne, comme une autre montagne *qui s'écroule*.

« Quand *il vit* tué ce terrible animal, l'anachorète prit mon père avec lui et s'en fut annoncer aux solitaires que le monstre n'était plus : « Cet éléphant, dont la rage dévasta entièrement le saint tîrtha, il est tombé *leur dit-il*, sous les coups de ce roi des singes aux prouesses infatigables ! » *À cette nouvelle*, la société joyeuse des anachorètes de se rassembler tous les uns avec les autres et de résoudre : « Qu'il faut accorder à l'héroïque singe la grâce qu'il désire. » Tous ces ermites, les plus savants des hommes instruits dans les Védas, laissèrent donc à mon bien magnanime père de choisir lui-même cette faveur. « Je voudrais obtenir, dit-il, déclarant son choix, je voudrais obtenir, s'il plaît à la bienveillance des brahmes, un fils immortel, d'une beauté comme on peut la souhaiter, et d'une force qui fût celle de Mâroute même ! »

« Certainement, grand singe ! lui répondirent les anachorètes satisfaits, il te naîtra un fils tel que tu le demandes ! » Ils dirent ; et, joyeux de cette grâce obtenue, mon père, à la force héroïque, vécut à sa fantaisie dans les bois aux senteurs de miel.

« Ensuite de cette aventure, il arriva qu'Andjanâ, ma mère, se promenait un jour au temps de sa jeunesse. Cette beauté charmante, que le Malaya vit croître sous les ombrages de sa montagne céleste, était la fille du magnanime Koundjara, le monarque des singes. Parée de sandal rouge, elle venait de baigner sa tête dans la mer, et, laissant flotter ses cheveux humides, elle se tenait alors sur la cime du Malaya. Mâroute la vit en ce moment toute florissante de jeunesse et de beauté, l'étreignit dans ses bras, et, joignant ses mains en coupe, lui dit :

« Belle aux grands yeux, je suis Mâroute, le souffle de toutes les âmes. Mon union, *toute mystique avec toi*, femme au charmant visage, ne peut te souiller d'une faute : il naîtra de toi un fils, qui sera d'une force immense et le monarque des singes. Beauté, splendeur, force, courage : tels que ces dons mêmes sont en moi, tels on les verra bientôt réunis dans ton fils. »

« Il dit ; et c'est ainsi que ma mère a jadis reçu la chaste faveur du beau Mâroute, ce vent, l'ami du feu, ce souffle rapide, impossible à mesurer, qui habite dans la région des airs et qui prête la respiration à tous les animaux. Je suis le propre fils de ce Mâroute à la course rapide, de ce magnanime à la terrifiante vélocité : je n'ai pas d'égal qui me le dispute à franchir une distance.

« Tous les singes, auxquels Angada commande, je suffirai seul, en traversant moi-même la grande mer, à les délivrer de la crainte *qui les tourmente* comme à repousser d'eux la colère de Sougrîva.

« Tel que Garouda, les ailes déployées, enlève un long serpent ; tel je vais d'un vol rapide m'emparer du ciel, séjour des oiseaux. Vous, nobles singes, attendez-moi tous dans ces lieux ; je vais franchir en courant les cent yodjanas.

« Réjouissez-vous donc, singes ! je verrai la Vidéhaine : mes pressentiments me le disent et je la vois déjà même avec les yeux de ma pensée. »

À ce plus héroïque des singes, à ce fils du Vent, qui proclamait si haut sa puissance, l'habile Angada répondit en ces belles paroles : « Héros, singe rempli de vigueur, issu de Mâroute et fils de Kéçarin, tu viens d'étouffer dans le sein de tes pareils un chagrin bien cuisant. Les principaux des singes, réunis de concert, ces grands, qui tous aspirent au triomphe de ta mission, adresseront ici des vœux au ciel pour le succès de ton voyage.

« Nous resterons ici tant que va durer ton voyage, notre pied *comme* enraciné dans le même vestige : en effet, c'est de toi, *noble* singe, que dépendent les existences de nous tous. » À peine eut-il recueilli ce langage, que lui tenaient Angada et l'assemblée des quadrumanes, le grand singe ayant salué ceux à qui cet hommage était dû, se mit à dilater ses proportions naturelles.

———

Ce fortuné prince, de qui la main terrassa toujours ses ennemis, Hanoûmat, environné des singes, monta sur le Mahéndra.

Quand le singe pressa de ses deux pieds la noble montagne, elle rendit un mugissement : tel, dans sa colère, un grand éléphant qu'un lion a blessé. Les hauteurs brisées du sommet vomirent des ruisseaux pleins d'écume, les éléphants et les singes tremblèrent, la tige des grands arbres fut ébranlée. Écrasés dans le creux des rochers, où ils repairent, les serpents au venin mortel jettent de leur gueule un feu mêlé de fumée et une flamme épouvantable.

Le noble singe, debout sur le sommet de la montagne, brillait alors, tel que Vishnou sur le point de franchir le monde en trois pas. Là, désireux de voir cette merveille et conduits par une vive curiosité, se rassemblent de tous côtés les Dieux, les Gandharvas, les Siddhas et les saints du plus haut rang, les animaux qui vivent sur la terre, ceux qui habitent au sein des mers, ceux qui nichent sur le tronc des arbres et ceux qui repairent dans le creux des rochers.

Pour obtenir une bonne traversée de la grande mer, le singe aux longs bras de s'incliner avec recueillement, ses mains réunies aux tempes, en l'honneur des Immortels, du soleil et de la lune, de Mahéndra, du Vent, de Çiva, de Swayambhou, de Skanda, *le Dieu qui préside à la guerre* , d'Yama et de Varouna, de Râma, de Lakshmana, de Sîtâ même et du magnanime Sougrîva, des Bhoûtas, des Rishis, des Mânes et de *Kouvéra* , le sage monarque des Yakshas. Puis il embrassa les siens, et, les ayant salués d'un pradakshina, il s'élança dans la route pure et sans écueil, habitée par le vent. « Au retour ! » s'écrièrent tous les singes. À cet adieu, il étendit ses longs bras et se tint la face tournée vers Lankâ.

Il affermit ses pieds sur le sol rocheux et le grand mont vacilla. Au moment qu'il appuya son pas sur la montagne, une liqueur rouge comme le sandal stilla des arbres embaumés de fleurs et parsemés de jeunes pousses.

L'eau suinte en bulles de mousse blanche par tous les côtés du grand mont, pressé sous le talon du singe vigoureux. Aussitôt qu'il assura le pied sur sa base, on vit chanceler soudain les belles cimes aimées des Siddhas et des Tchâranas, ces promenades chéries des Kinnaras. Toutes les fleurs tombèrent, secouées de la tête fleurie des arbres. À cette jonchée de fleurs aux suaves odeurs et qui, tombées de chaque arbre, couvraient le sol de tous côtés, on eût dit que la montagne était faite de fleurs. Quand il eut appuyé ferme ses pieds et baissé les deux oreilles, le noble singe, Hanoûmat de s'élancer avec toute sa grande vigueur.

Ses deux bras, allongés dans les champs du ciel, resplendissaient pareils à deux cimeterres sans tache ou semblables à deux serpents vêtus d'une peau nouvelle.

En quelque lieu de la mer que passe le grand singe, on voit les ondes entrer comme en furie, soulevées par l'air que déplace son corps. À la vue de ce tigre-simien, qui nage en plein ciel, les reptiles, qui ont leurs habitations dans la mer, pensent que c'est Garouda lui-même. Les poissons de tomber dans la stupeur, en voyant l'ombre de ce roi des singes couvrir dix yodjanas de sa largeur, et trois fois plus avec sa longueur. La grande ombre, en suivant le fils du Vent, se dessinait sur les ondes salées comme une file de nuages dans un ciel blanc, ou comme le fils de Vinatâ quand il courut enlever l'ambroisie.

Les grands nuages, labourés par les bras du singe, éclataient de couleur pourpre, blanche, rouge et noire dans l'espace illuminé de foudres, enflammé d'éclairs et que la chute des tonnerres festonnait avec des guirlandes de feu. On le voit à différentes fois entrer dans la masse des nuages ou sortir, et tantôt se montrer aux yeux, tantôt se dérober comme la lune.

———

Tandis que le singe nageait ainsi dans l'espace, cette pensée vint à l'esprit d'une vieille Rakshasî, nommée Sinhikâ, qui pouvait se revêtir à son gré de toutes les formes : « Aujourd'hui, après un long temps, je vais apaiser ma faim ; car je vois là dans les airs un bien grand animal, qui tombe enfin sous ma puissance ! » Quand elle eut roulé dans son esprit cette pensée, elle saisit l'ombre comme un vêtement ; et le singe, voyant qu'elle arrêtait son ombre, de songer en lui-même : « Oh ! oh ! me voilà secoué vivement, tel qu'une montagne dans un tremblement de terre, ou comme un grand navire battu dans l'Océan par un vent contraire ! »

Alors jetant les yeux en bas, en haut, de côté, le fils de Mâroute vit ce grand être qui s'élevait hors des ondes salées. « C'est là, on n'en peut douter,*se dit-il* , cette créature qu'on voit dans la grande mer happer l'ombre, ainsi que je l'ai ouï dire au monarque des singes. » À peine eut-il conjecturé de cette manière avec justesse que c'était Sinhikâ, le quadrumane ingénieux de gonfler soudain son corps, tel que le nuage dans la saison des pluies. Aussitôt qu'elle vit s'augmenter les proportions du grand singe, elle ouvrit démesurément une bouche pareille aux enfers. L'officieux et rusé quadrumane observe alors cette furie, ses membres *énormes* et sa vaste gueule toute grande ouverte.

Le singe à l'immense vigueur se ramasse peu à peu, et, le corps devenu comme la foudre, il se plonge dans cette gueule béante ; puis il déchire avec ses ongles acérés les entrailles de la Rakshasî et s'échappe rapidement, lui, qui possédait la vitesse du vent et celle de la pensée.

Grâces à la sûreté de son coup d'œil, à sa force, à son adresse, à sa fermeté, à son audace, le singe maître de lui-même fit son retour au dehors avec une promptitude merveilleuse. Tuée par cet Indra des singes à la prodigieuse légèreté, à la rapidité du vent ou de la pensée, la Rakshasî tomba dans le grand bassin des eaux.

Et, voyant la furie tombée morte sous les coups d'Hanoûmat, les Bhoûtas, ces Génies, habitants des airs :

« Tu viens d'accomplir, mon ami, dirent-ils au noble singe, une prouesse épouvantable, en immolant cette colossale créature. Ta force a terrassé la furie, dont la crainte avait banni de cette région les Tchâranas, les Dieux et le roi même des Immortels. La sécurité est rendue à ces routes, où les habitants de l'air pourront aller maintenant à leur gré.

« Mets à fin l'œuvre que tu as résolue : va donc, singe, et va sans péril ! »

Au milieu de ces applaudissements, le grand et docte singe, qui avait réussi dans sa ruse, se replongea entre les routes de l'air et continua son voyage d'un vol accéléré.

Parvenu tout à fait sur le rivage ultérieur, ayant tourné ses regards sur lui-même, qui, semblable à un grand nuage, offusquait, pour ainsi dire, le ciel entièrement, le singe, toujours maître de son âme, fit cette réflexion :

« J'exciterais à coup sûr, je pense, la curiosité des Rakshasas, s'ils me voyaient entrer dans leur ville avec ces membres démesurés. »

Le singe alors diminua extrêmement son corps, et, pour se mettre à couvert *de la curiosité*, il revint à son état naturel, comme Vishnou, quand il eut opéré ses trois pas.

Il s'avança vers Lankâ, ceinte de tous les côtés, *en haut*, par des remparts semblables à des masses blanches ; en bas, par des fossés remplis d'eaux intarissables et bien profondes ; cette ville, qu'environnait un grand retranchement fait d'or ; cette ville, dont l'imagination ne peut se créer une idée ; elle, jadis la résidence accoutumée de Kouvéra ; elle, dont jadis le séjour était la récompense des bonnes œuvres. Pavoisée d'étendards et de drapeaux, ornée de balcons, les uns de cristal, les autres d'or, elle se couronnait avec des centaines de belvédères surétageant le faîte de ses maisons. Fondées sur le sol même du retranchement, on voyait des colonnes d'émeraude et de lapis-lazuli, si brillantes qu'elles semblaient aux yeux des centaines de lunes et de soleils, élever sur leurs chapiteaux de *magnifiques* arcades.

Hanoûmat, le fils du Vent, roula ces nouvelles pensées en lui-même : « Par quel moyen verrai-je la Mithilienne, *auguste* fille du *roi* Djanaka, sans être vu de Râvana, ce cruel monarque des Rakshasas ?

« Confiées aux mains d'un messager sans prudence, les affaires succombent sous les difficultés des lieux et des temps, comme les ténèbres s'évanouissent au lever du soleil.

« Ici le vent, je pense, ici le vent lui-même ne pourrait aller incognito ; car il n'est rien qui puisse échapper à la connaissance de ces indomptables Rakshasas ! Si je me tiens ici, revêtu de la forme qui m'est propre, je cours vite à ma perte et l'affaire de mon seigneur échoue. Aussi vais-je me réduire à des proportions minimes dans cette forme elle-même et courir cette nuit à Lankâ pour exécuter les commissions de Râma.

Aussitôt faites ces réflexions, Hanoûmat de gagner un bois vers le coucher du soleil et de s'y tenir caché dans l'attente du moment où il puisse tromper l'œil des Rakshasas. Ensuite, quand le jour a disparu, le vigoureux fils du Vent, qui doit pénétrer la nuit dans Lankâ, se réduit à la grosseur d'un chat, et, sautant sur le boulevard, il se met à contempler cette ville entière, fondée sur la cime d'un mont, qui semblait tenir *en* elle *son épouse*, couchée dans son sein.

Tel que le ciel brille de ses constellations, elle étincelait de magnifiques palais, hauts comme la cime du Kêlâsa, blancs comme les nuages d'automne ; palais de corail, de marbre, d'argent, d'or, de perles et de lapis-lazuli, aux védikas de lapis et de perles, aux portes d'or, au sol pavé de corail, aux étages desservis par des escaliers de pierreries. Elle s'en allait, pour ainsi dire, espionner les *secrets du* ciel par ses hautes maisons élancées dans les airs.

Quand il eut observé la superbe cité du monarque des Rakshasas, cette Lankâ, si grande et si riche : « Il n'est pas d'ennemi, pensa le singe en lui-même, qui puisse enlever d'assaut cette ville, défendue, les armes levées à la main, par les forces de Râvana. Mais, quand je considère l'héroïque valeur de Râma aux longs bras et celle de Lakshmana, je renais à l'espérance. » Ensuite, revenu à la confiance, l'intelligent et sage fils du Vent s'élança d'un bond rapide à l'heure où le soir étend ses voiles, et pénétra dans la ville de Lankâ aux grandes rues bien distribuées.

Alors, dans les demeures des Rakshasas, les rires, les cris et les causeries, sur lesquels dominait le son des instruments de musique ; alors, *dis-je*, tous ces bruits se mêlaient ensemble pour former en quelque sorte la seule voix de Lankâ.

Arrivé dans la grande rue, embaumée du parfum que l'éléphant amoureux distille de ses tempes, il vint cette pensée à l'esprit du singe intelligent, qui promenait ses regards de tous les côtés : « Je vais inspecter l'une après l'autre toutes les entrées de ces maisons princières qui ont l'éclat des constellations ou des planètes, et qui montent, pour ainsi dire, jusqu'au ciel. »

La lune, comme si elle eût prêté son ministère au singe, s'était levée, environnée par les bataillons des étoiles ; et, brillante avec plusieurs milliers de rayons, elle fouillait dans les mondes par l'expansion de sa lumière. Le héros illustre des singes vit monter avec la splendeur de la nacre cet astre illuminant les régions éthérées dans la nuit, et qui, blanc comme le lait ou comme les fibres du lotus, nageait dans les deux, tel qu'un cygne dans un lac. Ce héros vit ensuite la splendide et radieuse planète, arrivée entre les deux moitiés de sa carrière, verser dans le ciel une abondante expansion de sa lumière et se promener *dans le troupeau des étoiles*, comme un taureau enflammé d'amour au milieu du parc aux génisses. Il vit l'astre aux rayons froids éteindre en s'élevant les chaleurs dont le monde avait souffert pendant le jour, enfler même les eaux de la grande mer, éclairer enfin toutes les créatures.

Il était semblable aux *soirs du* Paradis, cet heureux soir, qui répandait tant de charmes dans la nuit par le *magnifique* lever de la lune éclatante ; cette nuit où circulent et les Rakshasas et les animaux carnassiers, mais dans laquelle Râma envoyait *alors* ses pensées vers sa gracieuse épouse. Le singe intelligent voit dans ses courses les maisons pleines de gens ivres ou somnolents, de trônes, de chars, de chevaux, et remplies même des dépouilles conquises par la main des héros. Ils se rabaissent les uns les autres dans leurs discours, ils jettent à droite et à gauche leurs bras énormes, ils sèment de part et d'autre les propos obscènes et se provoquent mutuellement comme des gens ivres.

Le singe vit encore là maintes sortes d'Yâtoudas d'une intelligence supérieure, d'une brillante nature, pleins de foi, riches en trésors de pénitence et l'âme recueillie dans la lecture des Védas. La vue des Rakshasas difformes lui inspira le dégoût ; mais il vit avec plaisir ceux qui étaient doués d'une jolie forme, ceux qui étaient dignes, ceux qui avaient de la conduite et de la décence, ceux que distinguaient plusieurs bonnes qualités et qui n'étaient pas en désaccord avec leur noble origine. Il vit aussi leurs femmes de penchants bien purs, d'une haute majesté, épouses assorties aux maris, brillantes à l'égal des étoiles et dont le cœur était lié au cœur de leurs époux.

Il vit là de nouvelles mariées, flamboyantes de beauté et que les oiseaux de leurs parures couvraient comme de fleurs [32] : elles tenaient embrassés leurs époux, telles que des lianes attachées récemment à des troncs de xanthocyme.

Tandis que le prince des singes promenait ainsi tour à tour ses yeux dans chaque maison, il y remarqua des femmes jolies, gracieuses, enivrantes de gaieté, suavement parées de fleurs. Mais il ne vit point Sîtâ, issue d'une origine miraculeuse, née dans la famille des rois et de qui le pied ne déviait jamais de sa route ; cette princesse bien née, à la taille svelte comme une liane en fleurs, et qui n'avait pas encore vu couler de nombreuses années depuis le jour de sa naissance : cette femme distinguée, vertueuse plus que les plus vertueuses ; elle, qui marchait dans la voie éternelle ; elle, de qui l'image habitait dans le cœur de son époux et qui, pleine de son amour, appelait Râma de tous ses vœux.

Voyant qu'il n'avait aperçu nulle part l'épouse de Râma, le plus grand des victorieux et le souverain des enfants de Manou, il demeura longtemps frappé de tristesse, mais enfin son âme revint à la sérénité.

Le grand singe, aimé de la fortune, s'approcha de la demeure habitée par le monarque des Rakshasas.

Un haut rempart couleur de soleil environnait son château, décoré, *non moins que défendu* , par des fossés, auxquels des masses de nélumbos formaient comme des pendeloques. Le singe en fit le tour, examinant ce palais aux arcades faites d'or, toutes semées de perles et de pierreries, aux enceintes d'argent, aux colonnes massives d'or. Alentour, se tenaient des héros infatigables, invincibles, à la grande âme, à la haute taille, habitués à monter des coursiers ou des chars d'or, d'argent ou d'ivoire, tapissés de riches pelleteries, soit de tigres, soit de lions.

———

Dans la demeure de Râvana, le noble singe vit tout émerveillé des chevaux marqués de signes heureux, avec la tête du perroquet, avec les ailes du héron, avec les yeux pareils au jasmin d'Arabie. Ils avaient le regard louche et les jambes longues : ils étaient d'une grande légèreté ou d'une vitesse égale à celle de la pensée. Il y en avait de rouges, de jaunes, de blancs, de noirs, de bais, de verts, de cramoisis et d'un rouge pâle, ou d'un pelage tacheté comme la peau de l'antilope aux pieds blancs. Les pays d'Aratta, de Vâlhi et de Kamboge les ont vus naître.

Il contempla ce palais sublime, hérissé par les hampes des étendards, troublé par le cri des paons et semblable au mont appelé Mandara ; cette demeure peuplée en tous lieux de quadrupèdes et de volatiles variés, admirables à voir, des plus nobles espèces et par nombreux milliers. Ce palais, éclairé d'une lumière incessante par l'éclat des pierreries les plus fines et la splendeur même de Râvana, comme le soleil brille de ses rayons, et desservi, suivant les règles de l'étiquette, par de nobles dames et *par les* femmes du plus haut rang ; ce palais, tout stillant de rhum et de liqueurs spiritueuses ; ce palais regorgeant de vases en pierreries.

Vêtus en habit de femmes avec des manières de femme, on y voyait courir çà et là des animaux charmants, le corps et le sein radieux.

Ensuite il entendit un son de tambour, de conques, d'instruments à cordes, mêlé au son des instruments de musique à vent.

Il s'avança vers ce lieu, d'où partaient les accords, et vit le char nommé Poushpaka, resplendissant comme l'or. Il avait un demi-yodjana de long ; sa largeur s'étendait égale à sa longueur [33] : il était soutenu sur des colonnes d'or avec des portes d'or et de pierres fines. Brillant, couvert de perles en multitude et planté d'arbres, où l'on cueillait du fruit au gré de tous les désirs, on y trouvait du plaisir en toutes les saisons, et sa douce atmosphère se balançait entre l'excès du chaud et du froid.

À la vue de ce grand char Poushpaka, aux arcades incrustées de corail, le noble singe monta dans cette voiture céleste et douée même d'un mouvement spontané. Le fils du Vent, Hanoûmat, vit au milieu d'elle un palais magnifique, long et large, tout à fait spacieux, embelli par beaucoup de bâtiments et couvert dans son pourtour de fenêtres en or, avec des portes, les unes d'or, les autres de lapis-lazuli : la présence du monarque ou de l'Indra même des Rakshasas en assurait la défense.

Là, soufflait une senteur exquise, enivrante, céleste, exhalée des breuvages, des onguents de toilette et des bouquets de fleurs. La suave odeur montait, et, parente, elle disait çà et là au singe magnanime, son parent, comme si elle était Mâroute lui-même, revêtu d'une forme : « Approche ! approche-toi ! »

Hanoûmat s'avance donc : il admire cette grande et resplendissante habitation, aussi chère au cœur de Râvana qu'une noble femme adorée ; ce palais rayonnant de ses treillis d'or, au sol pavé de cristal, aux murs couverts de lambris d'ivoire, aux étages duquel on montait par des escaliers de pierreries.

« N'est-ce point ici le Swarga ? Ne serait-ce point ici le monde des Dieux ? ou le séjour de la perfection suprême ? » pensait Hanoûmat, observant mainte et mainte fois ce palais. Il vit là des lampes d'or, qui semblaient méditer, pensives comme des joueurs vaincus au jeu par des joueurs plus habiles. Il vit là des femmes d'une éclatante splendeur, assises par milliers sur des tapis dans une *grande* variété de costumes avec des bouquets et des robes de toutes les couleurs. Tombé sous l'empire du sommeil et de l'ivresse, quand la nuit fut arrivée au milieu de sa carrière, ce troupeau de femmes, renonçant au plaisir de ses jeux, s'endormit alors en mille attitudes. En ce moment, dans le sommeil des oiseaux, dans le silence des robes et des parures, la salle parut comme une forêt de lotus, où se taisent les abeilles et les cygnes.

Alors cette pensée vint à l'esprit du singe : « Voilà sans doute les étoiles qu'on voit tomber de temps en temps, rejetées du ciel, et qui sont venues toutes se rassembler ici ! » En effet, ces femmes rayonnaient là manifestement de la même couleur, du même éclat, de la même sérénité que les grandes étoiles à la splendeur éclatante.

Là, sur des panavas, des tambours, des cymbales, des sièges, des lits magnifiques et de riches tapis, des femmes dorment fatiguées, celles-ci des jeux, celles-là du chant, les autres de la danse.

Ici, un bras mis sur la tête et posé sous de fins tissus, sommeillent d'autres femmes, parées de bracelets d'or ou de coquillages. Celle-ci dort sur l'estomac d'une autre, celle-là sur un sein de la première : elles ont comme oreillers les cuisses, les flancs, les hanches et le dos les unes des autres.

Ces belles à la taille svelte semblaient, par le tissu de leurs bras enlacés, une guirlande tressée de femmes ; guirlande aussi brillante qu'au mois de Mâdhava, un bouquet de lianes en fleurs tressées dans un feston, autour duquel voltigent des abeilles enivrées.

Ces dames étaient les filles des hommes, des Nâgas, des Asouras, des Dastyas, des Gandharvas et des Rakshasas : telle se composait la cour de Râvana. Ainsi que resplendit le ciel par le troupeau des étoiles, ainsi brillait ce chariot *divin* par les visages, semblables à l'astre des nuits, et les pendeloques étincelantes, qui se jouaient à l'oreille de ces femmes.

Tandis qu'il parcourait tout des yeux, Hanoûmat vit un siège éminent de cristal, orné de pierreries et semblable au trône des Immortels.

Il vit, tel que l'astre des nuits, monarque des étoiles, un parasol blanc, orné de tous les côtés par les plus belles guirlandes suspendues à des rubans. Là, semblable à un nuage et revêtu d'une longue robe en argent, avec des bracelets d'or bruni, ses yeux rouges, ses vastes bras, tous ses membres oints d'un sandal rouge à l'exquise odeur, tel enfin que la nuée, grosse de foudres, qui rougit le ciel au crépuscule du soir ou du matin ; là, couvert de superbes joyaux, plein d'orgueil, capable de revêtir à son gré toutes les formes et pareil au Mandara endormi avec ses riches forêts d'arbres et d'arbustes ; là, *dis-je*, éventé par de nobles dames, le chasse-mouche et l'éventail en main, orné des plus belles parures, embaumé de parfums divers et dans les vapeurs du plus suave encens, mais se reposant alors des liqueurs bues et des jeux prolongés dans la nuit, apparut aux yeux du grand singe ce héros, l'amour des filles nées des Naîrritas et la joie des jeunes Rakshasîs, ce monarque souverain des Rakshasas, endormi sur un lit éblouissant de lumière.

Le singe vit couchée dans un lit éclatant, disposé auprès du monarque, une femme charmante, douée admirablement de beauté. Reine du gynæcée, cette blonde favorite, semblable à la nuance de l'or, était là étendue sur un divan superbe : Mandaudarî était son nom.

Hanoûmat la vit, telle que l'éclair flamboyant au sein du sombre nuage, illuminer ce riche palais avec sa beauté et ses parures d'or bruni, enchâssant des pierreries et des perles. Quand le Mâroutide aux longs bras l'eut considérée un moment, sa jeunesse et sa beauté si parfaites lui firent naître cette pensée : « Ce ne peut être que Sîtâ ! » Il en fut d'abord saisi d'une grande joie et s'applaudit, émerveillé. Ensuite, le fils du Vent écarte cette conjecture et son esprit sage, embrassant une autre opinion, s'arrête à cette idée sur la princesse du Vidéha :

« Cette dame, pensa-t-il, ne doit, séparée qu'elle est de Râma, ni dormir, ni manger, ni se parer, ni goûter à quelque breuvage. Elle ne doit pas se tenir à côté d'un autre homme, fût-ce Indra, le roi des Immortels ! En effet, parmi les Dieux mêmes, il n'existe personne qui soit égal à Râma. »

Il dit ; et le prudent fils de Mâroute, promenant sur elle un nouveau regard, observa tels et tels gestes, d'où il conclut que ce n'était point Sîtâ.

Le singe à la grande vigueur fouilla tout le palais de Râvana, sans rien omettre, et ne vit point la Djanakide. Ensuite la crainte d'avoir manqué au devoir lui inspira cette pensée :

« Sans doute cette vue que j'ai promenée dans leur sommeil sur les épouses d'autrui, au milieu de son gynæcée, est une infraction énorme au devoir. En effet, il n'entre pas dans les choses permises à mes yeux de voir les épouses d'un autre, et j'ai parcouru ici de mes regards tout ce gynæcée d'autrui. » Puis il naquit encore cette réflexion dans l'esprit du magnanime, lui de qui la pensée avait pour unique fin sa commission et de qui le regard n'avait pas vu là autre chose que le but de son affaire : « J'ai considéré à mon aise, dans toute son extension, le gynæcée de Râvana, et mon âme n'en a conçu rien d'impur. En effet, la cause d'où procèdent les mouvements de tous les organes des sens est dans les dispositions bonnes ou mauvaises de l'âme, et la mienne est bien disposée. D'ailleurs il m'était impossible de chercher la Vidéhaine autre part : où trouver les femmes que l'on cherche si ce n'est toujours parmi les femmes ? »

Ensuite, brûlant de voir Sîtâ, le Mâroutide *Hanoûmat* de continuer ses recherches au milieu du palais, dans les maisons *ou berceaux* de lianes, dans les salles de tableaux, dans les chambres de nuit ; mais il ne vit pas encore là cette femme au charmant visage.

Hanoûmat, le fils du Vent, se remet à visiter, montant, descendant, s'arrêtant ici, marchant là, toutes les différentes salles consacrées à boire, les maisons où l'on garde les fleurs, les salles diverses de tableaux, les maisons d'amusements, les places publiques, les chars et les bocages plantés devant les maisons. Le quadrumane à la marche légère, tel qu'un autre Mâroute, le singe, réduit à la taille de quatre pouces, rôdait ainsi partout, ouvrant les portes, secouant les vantaux, entrant ici, sortant de là, d'un côté montant, d'un autre descendant un escalier. Il n'y a pas un endroit où n'aille Hanoûmat ; il n'existe rien dans le gynæcée de Râvana où il ne porte ses pas.

Il vit un riant bosquet : « Voilà un grand bocage d'açokas avec des arbres de très-belle taille, pensa Hanoûmat aux longs bras, le sage fils du Vent ; il faut que je cherche là, car je n'ai pas encore fouillé ce parage. »

Alors de s'élancer par bonds vers ce clos d'açokas, rapide comme la flèche au moment qu'elle part de la corde. Promptement arrivé là, ce grand, léger et vigoureux singe, fils de Mâroute, pénétra dans ce plantureux bocage, rempli d'arbres et de lianes par centaines.

Tandis qu'il cherchait la vertueuse fille des rois à la taille charmante, le singe réveillait tous les oiseaux dans leur doux sommeil. Des pluies de fleurs tombaient des arbres, odorante averse de plusieurs teintes que les troupes des oiseaux, en s'envolant, soulevaient avec le vent de leurs ailes. Inondé là de ces fleurs, Hanoûmat le Mâroutide, au milieu du bocage d'açokas, brillait tel qu'une montagne faite de fleurs. Aussi, à cette vue du singe entré dans les massifs d'arbres et courant partout çà et là, tous les êtres de s'imaginer que c'était le printemps même.

Le singe remarqua un grand çinçapâ d'or, qui étendait au large ses branches couvertes de nombreuses feuilles et de jeunes rameaux. Le grand singe courut en bondissant vers le çinçapâ au faîte élevé, arbre majestueux né au milieu de ces arbres d'or. Arrivé au pied, le brave Hanoûmat se mit à rouler ces pensées en lui-même : « D'ici je verrai la Mithilienne, qui soupire après la vue de son époux, marcher à son gré çà et là, ses yeux baignés de larmes, son cœur dans la tristesse, captive et toute pantelante, comme une daine séparée de son daim et tombée sous la griffe d'un lion.

Après cette réflexion du magnanime Hanoûmat, soit qu'il cherchât dans le cercle de l'horizon l'épouse du monarque des hommes, soit qu'il jetât ses regards au pied de l'arbre couvert de fleur, Hanoûmat voyait tout, caché lui-même dans l'épaisseur de son feuillage.

L'optimate singe aux longs bras vit des Rakshasîs difformes. Les unes avaient trois oreilles, les autres avaient des oreilles comme le fer d'un épieu ; celle-ci avait d'amples oreilles et celle-là n'avait point d'oreilles ; certaines n'avaient qu'un œil et certaines qu'une oreille. Telle aurait pu s'envelopper de ses oreilles comme d'une coiffe ; telle, sur un cou long et grêle, soutenait sa tête d'une grosseur énorme : l'une avait de beaux cheveux, l'autre était chauve, les cheveux d'une autre lui faisaient comme un voile. Celle-ci était large du front et des oreilles, celle-là portait flasques et pendants le ventre et les mamelles : *beaucoup* avaient les dents saillantes, la bouche rompue, le visage laid et difforme.

Elles avaient la face rébarbative et le teint noir ou tanné : irascibles, amies des rixes, elles tenaient à la main des marteaux, des maillets d'armes et de grandes piques en fer.

Telle avait une gueule de crocodile, telle avait une hure de sanglier ; telle cachait une âme sinistre sous un visage heureux ; les unes étaient courtes, les autres longues, bossues, naines ou déhanchées. Certaines avaient les pieds d'un éléphant, d'un âne ou d'un chameau ; celles-ci avaient le mufle soit d'un tigre, soit d'un buffle ; celles-là une tête de serpent, d'âne, de cheval ou d'éléphant ; d'autres avaient le nez campé sur le sommet du crâne. Il y en avait de bipèdes, de tripèdes, de quadrupèdes : celles-ci avaient de larges pieds, celles-là un cou et d'autres les mamelles d'une longueur démesurée. En voici avec une bouche et des yeux d'une grandeur immense ; en voilà avec une langue et des ongles excessivement longs : telle avait le faciès d'une chèvre ; telle autre le faciès d'une cavale ; telle est vache par sa tête et telle autre a son cou emmanché avec le chef d'une truie. Certaine a le mufle d'une hyène et *sa compagne* celui d'une bourrique. Toutes ces Rakshasîs ont une force épouvantable. Le nez de celle-ci est court et le nez de celle-là prodigieusement long : telle a son nez de travers ; le nez manque à telle autre.

Elles tiennent des lances, des épées, des maillets d'armes ; elles se repaissent de chair ; elles ont les mains et la face ointes de graisse, elles ont tous leurs membres souillés de chair et de sang. Avides de graisse et de viande, elles boivent et mangent continuellement ; elles font aliment de tout ; mais, quoiqu'elles mangent toujours, elles ne sont jamais rassasiées.

Le singe joyeux et le poil hérissé de plaisir vit enfin dans le cercle des Rakshasîs, telle que Rohinî dans la gueule de Râhoû, cette reine infortunée qui étreignait dans ses bras, comme une liane en fleurs, cet arbre sur les branches duquel Hanoûmat se tenait accroupi.

Le singe vit cette charmante femme s'asseoir, pleine de sa tristesse, à la racine de l'arbre sisô, le visage troublé comme le croissant de la lune, *voilé par un nuage*, au commencement de sa quinzaine blanche.

Dépouillée de ses parures et néanmoins telle encore que Lakshmî sans lotus à la main, accablée de honte, consumée par la douleur, pleine de langueur et le corps exténué, elle semblait Rohinî sous l'oppression de la planète Lohitânga ; elle paraissait comme la richesse tombée ; comme la mémoire quand elle s'affaisse dans l'incertitude ; comme une espérance, qui s'est envolée ; comme un ordre qui n'est plus soutenu par la puissance. Désolée, amaigrie par l'abstinence, baignant sa face de larmes, faible, très-délicate, l'âme épuisée de chagrins et le corps de souffrances, elle jetait épouvantée de nombreux et longs soupirs, comme l'épouse du roi des serpents.

À l'aspect de cette femme souillée de taches et de poussière, triste et non parée, elle si digne des parures, et telle que la reine des constellations quand sa lumière est obscurcie par de sombres nuages, l'incertitude assiégea l'esprit du singe dans ses investigations.

Le fils du Vent, Hanoûmat, la reconnut avec peine : aussi douteuse revient à l'homme dans un moment, où sa pensée n'y est pas attentive, la science qu'il doit à ses lectures.

Après que le vigoureux quadrumane eut médité un instant, il tourna vers la Mithilienne ses yeux noyés de larmes et se mit à gémir dans une vive douleur. « C'est là, *se dit-il*, c'est là cette femme inébranlable dans sa fidélité à son époux, Sîtâ, la fille du magnanime Djanaka, ce roi de Mithila, si dévoué à son devoir ! Elle, qui fendit la terre et sortit du champ déchiré par le soc de la charrue ; elle, qui fut produite par la poussière jaune du guéret, pareille au pollen des lotus.

« Délaissant tous ses plaisirs, entraînée par la force de sa piété conjugale, elle était, sans tenir compte des peines, entrée dans la forêt déserte. Là, contente de manger les fruits *sauvages* et les racines, heureuse d'obéir à son époux, elle goûtait dans les bois tout le bonheur qu'elle eût jamais goûté dans son palais. Cette princesse à la couleur d'or, qui accompagnait toutes ses paroles d'un sourire, infortunée, sans appui, elle endure ici un supplice épouvantable ! Cette magnifique robe jaune, qui brille sur elle avec la teinte de l'or, est la même que j'ai vue avec les singes ce jour qu'elle fit tomber sur la montagne son vêtement supérieur.

« Mais je veux interroger cette vertueuse Mithilienne, troublée par l'odieux Râvana, comme une fontaine par un homme altéré. Elle ne brille plus aujourd'hui, comme un lotus souillé de boue, cette femme en deuil, que le monstre aux dix têtes arracha violemment à ce lac d'Ikshwâkou ! Elle, à cause de qui Râma est tourmenté de quatre sentiments : la pitié, la tendresse, le chagrin et l'amour. À cette pensée : « Ma femme est perdue ! » sa pitié s'émeut ; « elle pense à moi ! » sa tendresse ; « épouse fidèle ! » son chagrin ; « épouse adorée ! » son amour. »

S'étant réveillé au temps opportun, le puissant monarque des Rakshasas, sa robe et ses guirlandes tombées, *la tête* encore échauffée par l'ivresse, tourna sa pensée vers la Vidéhaine.

Car, enchaîné fortement à Sîtâ, enivré d'amour jusqu'à la fureur, il ne pouvait cacher la passion effrénée dont son âme était consumée pour elle. Brûlant de voir la Mithilienne, il sortit de son palais : il était paré de tous ses joyaux et portait une magnificence incomparable.

Une centaine de femmes seulement suivaient Râvana dans sa marche, comme les femmes des Gandharvas et des Dieux suivent Kouvéra, le rejeton de Poulastya. Là, ces femmes portaient, les unes des lampes d'or et de formes diverses, les autres un chasse-mouche fait avec la queue du gayal, celles-là des éventails. Celles-ci d'une politesse *distinguée* marchaient, tenant à leur main droite des vases massifs d'or et pleins de maints breuvages.

Le fils du Vent alors entendit le son des noûpouras et des ceintures, qui gazouillaient aux pieds et sur les flancs de ces femmes du plus haut parage.

Brillant de tous les côtés par l'éclat de plusieurs lampes, où brûlaient, portés devant lui, des parfums et des huiles de sésame, Râvana, plein d'ivresse, d'orgueil et de luxure, semblait au regard oblique de ses grands yeux rouges l'Amour, qui s'avance irrité sans arc à la main.

À la vue de la splendeur infinie qu'il semait de tous les côtés : « C'est le monarque aux longs bras ! » pensa le singe vigoureux à la grande énergie. L'intelligent quadrumane s'élance à terre et, gagnant une autre branche cachée au milieu des feuilles et des arbrisseaux, il s'y tient, désireux de voir ce que va faire le monstre aux dix têtes.

À l'aspect de Râvana, l'auguste femme trembla, comme un bananier battu par le vent.

Le Démon aux dix têtes vit l'infortunée Vidéhaine gardée par les troupes des Rakshasîs, en proie à sa douleur et submergée dans le chagrin, comme un vaisseau dans la grande mer. Il vit, inébranlable dans la foi jurée à son époux, il vit la *triste* captive assise alors sur la terre nue : telle une liane coupée de l'arbre conjugal et tombée sur le sol.

Il vit, privée de l'usage des bains et des parfums, les membres hâlés, sa personne non parée, elle si digne de toute parure : il vit telle qu'une statue faite de l'or le plus pur, mais souillée de poussière, il vit Sîtâ fuir dans le char de ses désirs attelé avec les coursiers de la pensée vers le *grand et sage* Râma, ce lion des rois, qui possédait la science de son âme.

Il la vit saisie de mouvements convulsifs à son approche.

Elle parut à ses yeux comme une gloire, qui se dément, comme la foi en butte au mépris, comme une postérité détruite, comme une espérance envolée, comme une Déesse tombée du ciel, comme un ordre foulé aux pieds.

Comme un autel souillé, comme la flamme éteinte du feu, comme le croissant de la lune, dont le rayon tombe du ciel sur la terre sans nous apporter de lumière.

Il la vit accablée par sa douleur, poussant des soupirs et telle que l'épouse du roi des éléphants, qui, séparée du chef de son troupeau et tombée captive, est gardée dans un peloton *de chasseurs*.

Consumée par le jeûne, le chagrin, la rêverie et la crainte, maigre, triste, se refusant la nourriture, se faisant, *pour ainsi dire*, un trésor de macérations, en proie à la douleur et ses mains jointes à ses tempes, comme une Déesse, elle demandait continuellement au ciel de conserver la vie à Râma et d'envoyer la mort à son persécuteur.

Râvana tint ce langage avec amour à l'infortunée Sîtâ, cette femme sans joie, macérant son corps et fidèle à son époux : « À mon aspect, te cachant çà et là dans ta crainte, tu voudrais te plonger au sein de l'invisibilité. Il n'est ici, noble dame, ni hommes quelconques, ni Rakshasas mêmes : bannis donc la terreur, Sîtâ, que t'inspire ma présence. Prendre les femmes de force et les ravir avec violence, ce fut de toutes manières et dans tous les temps notre métier, dame craintive, à nous autres Démons Rakshasas.

« Je t'aime, femme aux grands yeux ! Sache enfin m'apprécier, ma bien-aimée, ô toi, en qui sont réunies toutes les perfections du corps, et qui es l'enchantement de tous les mondes ! Ainsi, je ne te verrais plus armée de cette haine contre moi, noble dame. Reine, tu n'as rien à craindre ici ; aie confiance en moi : accorde-moi ton amour, chère Vidéhaine, et ne reste point ainsi plongée dans le chagrin. Ces cheveux, que tu portes liés dans une seule tresse, *comme les veuves*, cette rêverie, cette robe souillée, cet éloignement des bains, le jeûne : ce ne sont pas là des choses qui siéent pour toi.

« Ce qu'il te faut, ce sont les guirlandes variées, les parfums d'aloès et de sandal, les robes de toute espèce, les célestes parures, les plus riches bouquets de fleurs, des lits précieux, de magnifiques sièges, et le chant, et la danse, et les instruments de musique : car *je* t'égale à moi, princesse du Vidéha. Tu es la perle des femmes ; revêts donc tes membres de leurs parures : comment peux-tu, noble dame, toi, femme de haut parage, te montrer ainsi devant mes yeux ?

« Elle passera cette jeunesse que tu pares avec tant de beauté ; ce rapide fleuve du temps est comme l'eau ; une fois écoulé, il ne revient plus !

« Viçvakarma, l'artiste en belles choses, après qu'il t'eut faite, n'en a plus fait d'autre, je pense ; car il n'existe pas, Mithilienne, une seconde femme qui te soit égale en beauté. À la vue de la jeunesse et des charmes dont tu es si bien douée, quel homme venu près de toi voudrait s'éloigner de ta présence, fût-il Brahma lui-même ?

« Mithilienne, sois mon épouse ; abandonne cette folie : sois mon épouse favorite, à la tête de mes nombreuses femmes les plus distinguées. Les joyaux que j'ai ravis aux mondes avec violence, ils sont tous à toi, dame craintive, et ce royaume et moi-même. À cause de toi, je veux conquérir toute la terre, femme coquette, et la donner à Djanaka, ton père, avec les villes nombreuses qui en couvrent l'étendue.

« Témoignes-en le désir, et l'on va te faire à l'instant une magnifique parure. Que les plus brillants joyaux étincellent, attachés sur ta personne ! Que je voie, femme bien faite, la parure orner tes jolies formes, et ta *grâce* polie orner la parure même.

« Jouis des pierreries diverses qui appartenaient au fils de Viçravas ; jouis à ton gré, femme ravissante, de Lankâ et de moi. Râma n'est pas mon égal, Sîtâ, ni pour les austérités de la pénitence, ni pour les richesses, ni pour la rapidité même des pas : il ne m'égale ni en force, ni en valeur, ni en renommée. Jouis, dame craintive, ô toi, de qui la personne est embellie par ce brillant collier d'or, jouis donc avec moi du plaisir de ces forêts, nées sur les rivages de l'Océan, percées d'avenues et couvertes par une multitude d'arbres à la cime fleurie. »

Après qu'elle eut écouté ce langage du Rakshasa terrible, Sîtâ oppressée, abattue, d'une voix triste, lui répondit ces mots prononcés avec lenteur : « *C'est* une chose honteuse, *que* je ne dois pas faire, moi, vertueuse épouse, entrée dans une famille pure et née dans une illustre famille. »

Quand elle eut parlé de cette manière à l'Indra des Rakshasas, la chaste Vidéhaine au charmant visage tourna le dos à Râvana et lui dit encore ces paroles : « Je suis l'épouse d'un autre, je ne puis donc être une épouse convenable pour toi ; allons ! jette les yeux sur le devoir ; allons ! suis le sentier du bien ! De même que tu défends tes épouses, ainsi dois-tu, nocturne Génie, défendre les épouses des autres.

« Ou les gens de bien manquent ici, ou tu ne suis pas l'exemple des gens de bien : ce métier, dont tu parles, c'est ce que les sages nomment le crime. Bientôt Lankâ, couverte par des masses de pierreries, Lankâ, pour la faute de toi seul, va périr, malheureuse de ce qu'elle eut pour maître un insensé. À la vue du malheur tombé sur ton âme scélérate : « Quel bonheur ! s'écrieront avec joie tous les hommes ; ce monstre aux actions féroces a donc enfin trouvé la mort ! »

« Ni ton empire, ni tes richesses ne peuvent me séduire : je n'appartiens qu'à Râma, comme la lumière n'appartient qu'à l'astre du jour !

« Ne fus-je pas légalement unie pour son épouse à ce bien magnanime, comme la science est unie au brahme, qui a dompté son âme et reçu l'initiation après le bain cérémoniel ? Allons, Râvana ! allons ! rends-moi à Râma dans ma douleur, comme la femelle chérie d'un noble éléphant, qu'on ramène à son époux amoureux dans la grande forêt.

« La raison te commande, Râvana, de sauver ta ville et de gagner l'amitié du vaillant Raghouide, à moins que tu ne désires une mort épouvantable.

« Avant peu le Raghouide, mon époux, qui dompte ses ennemis ; avant peu Râma, fondant sur toi, son odieux rival, m'arrachera de tes mains comme Vishnou aux trois pas ravit aux Asouras sa Lakshmî enflammée de splendeur. »

À ces paroles de la Mithilienne, le monarque irrité des Rakshasas lui répondit ces mots dans une colère montée jusqu'à la fureur : « Tu crois sans doute que ta condition de femme te met à l'abri du supplice, et c'est là ce qui t'excite à me tenir sans crainte ce langage outrageant. Il n'est pas convenable de jeter une injure ni même des paroles qui déplaisent dans l'oreille d'un roi, surtout au milieu de grandes et d'éminentes personnes. Assurément, dit-on, une politesse distinguée est la parure des femmes ; c'est un avantage, noble dame, qu'il ne t'est pas facile d'acquérir. Comment peux-tu conserver ici le désir de ton époux ?

« Au point où ma colère est montée, amassée comme elle est sur ta tête, il faudra bien que je t'envoie à la mort ! Si tu vis maintenant, c'est grâce à ce que tu es une femme ! »

Indignée de ce langage, Sîtâ répondit avec colère au monarque des Rakshasas, comme la gloire pure qui s'adresse à la honte : « À la nouvelle du carnage que Râma fit dans le Djanasthâna, à la nouvelle qu'il avait tué Doûshana et Khara même, ta première pensée fut pour la vengeance, et tu m'as conduite ici.

« Car notre habitation était vide alors de ces deux héroïques et nobles frères, sortis pour la chasse, tels que deux lions *d'une caverne*.

« Les forces ne seront pas égales dans cette guerre, prête à fondre ici entre eux et toi. Bientôt accompagné du Soumitride, Râma s'en ira de ces lieux, emportant avec la tienne les vies de ton armée, comme le soleil passe, ayant tari une flaque d'eau. »

Le monarque des Rakshasas, quand il eut ouï ces paroles amères de Sîtâ, répondit en ce langage odieux à cette femme d'un aspect aimable : « J'ai toujours été avec toi comme un flatteur, esclave des femmes ; mais, à chaque fois, tu m'as traité comme un être à qui l'on paye en mépris la douceur de ses paroles.

« Pour chacune des paroles outrageantes que tu m'as dites, Mithilienne, une horrible mort ne serait qu'un juste châtiment. Mais il me faut patienter encore deux mois : je t'accorde ce temps : puis, monte dans ma couche, femme aux yeux enivrants. Passé le terme de ces deux mois, si tu refuses de m'accepter pour ton époux, mes cuisiniers te couperont en morceaux pour mon déjeuner !

« Râma ne pourra jamais te reconquérir, Mithilienne, comme Hiranyakaçipou ne put enlever Poulakshmî venue dans les mains d'Indra. »

À la vue de cette *belle* Djanakide ainsi menacée par le monstre aux dix têtes, les jeunes filles aux grands yeux des Gandharvas et des Dieux furent saisies par la douleur. Résolues à la défendre, elles se mirent, avec les mouvements de leurs yeux obliques et les signes de leurs visages à rassurer Sîtâ contre les menaces du hideux Rakshasa.

Raffermie par elles, Sîtâ, justement fière de sa belle conduite, tint ce langage utile pour lui-même à ce Râvana, qui fit verser tant de larmes au monde :

« Il n'existe assurément aucun être, dévoué au soin d'acquérir la béatitude, qui ne veuille détourner tes pas de cette action criminelle. Il n'est, certes ! pas dans les trois mondes un autre que toi pour oser même de pensée arrêter son désir sur moi, l'épouse du sage Râma, non plus qu'il n'oserait désirer Çatchî, l'épouse de *l'immortel* Indra. Après que tu m'as tenu un langage tel à moi, la femme de Râma, tu verras bientôt, vil Rakshasa, quelle résolution a prise ce héros d'une vigueur sans mesure ! De même qu'un lièvre n'est pas l'égal d'un fier éléphant pour le combat : de même Râma est tel qu'un éléphant vis-à-vis de toi, et l'on te regarde, toi ! comme un vil lièvre à côté de lui.

« Quand tu viens rabaisser ainsi le rejeton d'Ikshwâkou, tu ne penses pas *ce que tu dis* ; car tu ne saurais tenir le pied ferme dans la région de sa vue le temps *qu'a duré ta jactance*.

« On ne peut m'ôter au vaillant Râma, tant qu'il vit ; mais si le Destin a voulu disposer les choses comme elles sont, ce fut pour ta mort, sans aucun doute. »

Après ces mots, Râvana, qui fait répandre tant de larmes au monde, impose un ordre à toutes les Rakshasîs épouvantables à la vue.

« Rakshasîs, leur dit-il, faites ce qu'il faut, sans balancer, à l'ordre que je vous donne ici, pour que Sîtâ la Djanakide sache bientôt obéir à ma volonté ! Employez pour la rompre tous les moyens, les présents et les caresses, les flatteries et les menaces : faites-la s'incliner vers moi à force de travaux mêmes et par de nombreux châtiments ! »

Quand il eut donné ce commandement aux furies, le monarque des Rakshasas, l'âme pleine de colère et d'amour, *sortit* abandonnant la Djanakide.

Le monarque des Rakshasas était à peine sorti et retourné dans son gynœcée, que les Rakshasîs aux formes épouvantables s'élancèrent toutes vers Sîtâ. Ces furies aux visages difformes commencent par se moquer de leur captive ; ensuite elles couvrent à l'envi de paroles choquantes et d'injures cette infortunée, à qui des louanges seules étaient si bien dues.

« Quoi ! Sîtâ, tu n'es pas heureuse d'habiter ce gynœcée, meublé de couches somptueuses et doué complétement des choses que l'on peut désirer ? Pourquoi donc es-tu fière d'avoir un époux de condition humaine ? Détourne ta pensée de Râma ; tu ne dois plus jamais retourner vers lui !

« Pourquoi ne veux-tu pas être l'épouse du monarque des Naîrritas, lui, de qui le bras a vaincu les trente-trois Dieux et le roi des Immortels ? Pourquoi, ma belle, toi, simple humaine, ne pas élever ton ambition au-dessus d'un humain, ce Râma, qui ne jouit pas d'une heureuse fortune, qui est exilé de sa famille, qui vit dans le trouble, qui est enfin tombé du trône ? »

À ces mots des Rakshasîs, la Djanakide au visage de lotus répondit en ces termes, les yeux remplis de larmes : « Mon âme repousse comme un péché ce langage sorti de votre bouche, ces affreuses paroles, exécrées du monde. Qu'il soit malheureux ou banni de son royaume, l'homme qui est mon époux est l'homme que je dois vénérer, comme l'épouse de Bhrigou ne cessa point d'estimer cet anachorète à la grande vigueur. Il est donc impossible que je renie mon époux : n'est-il pas une divinité pour moi ? »

À ces mots de Sîtâ, les Rakshasîs, pleines de colère, se mettent à menacer çà et là avec des paroles féroces la malheureuse Vidéhaine. Hanoûmat, caché dans les branches du çinçapâ, entendit ces discours menaçants, que les furies déversaient à l'envi sur elle.

Les Rakshasîs irritées se penchent de tous les côtés sur la tremblante Vidéhaine, lèchent avidement Sîtâ avec ces hideuses langues, dont leur grande bouche est couverte ; et, saisissant leurs épées, empoignant leurs bipennes, lui disent, enflammées de courroux : « Si tu ne veux pas de Râvana pour ton époux, tu vas périr : n'en doute pas ! »

À ces menaces, elle de s'enfuir et de se réfugier, baignée de larmes, au tronc du çinçapâ. Là, harcelée de nouveau par les furies épouvantables, cette noble dame aux grands yeux se tient, noyée dans sa douleur, au pied du grand arbre ; mais, de tous les côtés, les Rakshasîs n'en continuent pas moins d'effrayer la Vidéhaine maigre, le visage abattu, le corps vêtu d'une robe souillée.

Ensuite une Rakshasî à l'aspect épouvantable, les dents longues, le ventre saillant, les formes encolérées, Vinatâ *ou la courbée* , c'est ainsi qu'elle était nommée, lui dit : « Il suffit de cette preuve, Sîtâ, que tu aimes ton époux. En tous lieux, ce qui passe la mesure est un malheur. Je suis contente de toi, noble dame : ce qu'on peut faire humainement, tu l'as fait ! Mais écoute la parole de vérité que je vais dire, Mithilienne. Accepte comme époux Râvana, le souverain de tous les Rakshasas ; ce Démon vaillant, beau, poli, qui sait dire à chacun des mots aimables ; lui, *si* noble de caractère, égal dans les combatsau grand Indra lui-même. Abandonne

Râma, un malheureux, un homme ! et que ton cœur incline vers Daçagrîva. Embaumée d'un onguent céleste et parée de célestes atours, sois désormais la souveraine de tous les mondes, comme Swâhâ est l'épouse du Feu et Çatchî l'épouse de *l'auguste* Indra.

« Que veux-tu faire de ce Râma, un misérable, qui, *pour ainsi dire* , n'est déjà plus ? Accepte Râvana comme un époux qui est tout dévoué à toi et de qui les pensées, belle dame sont toutes pour toi ! Si tu ne suis pas ce conseil, que, moi ! je te donne ici, nous allons toutes, à cette heure même, te manger ! »

Une autre furie, horrible à la vue et nommée la Déhanchée, dit en vociférant, les formes toutes courroucées et levant son poing : « C'est trop de paroles inconvenantes, que notre douceur et notre bienveillance pour toi nous ont fait écouter patiemment ! À cause de toi, ma jeune enfant, nous sommes accablées de peines et de soins : à quoi bon tarder, Sîtâ ? Aime Râvana, ou meurs ! Si tu ne fais pas ce que je dis là, toutes les Rakshasîs vont te manger à cette heure même, n'en doute pas ! »

Ensuite Tête-de-cheval, rôdeuse épouvantable des nuits, la bouche en feu et les yeux enflammés dit, la tête penchée sur la poitrine, ces mots avec colère à l'épouse de Râma : « Longtemps nous avons mêlé nos caresses aux avis que nous t'avons donnés, Mithilienne, et cependant tu n'as pas encore suivi nos paroles salutaires et dites à propos. Tu fus amenée sur le rivage ultérieur de la mer inabordable pour d'autres, et tu es entrée, Mithilienne, dans le gynœcée terrible de Râvana. C'est assez verser de larmes ! abandonne cet inutile chagrin ! Le Dieu même qui brisa les cités *volantes* ne pourrait te délivrer, enfermée dans le sérail de Râvana et bien gardée ici par nous toutes. Suis donc le salutaire conseil, Mithilienne, qui t'est donné par moi. Cultive le plaisir et la joie, dépouille ce chagrin continuel. Tu ne sais pas, toi ! Sîtâ, combien la jeunesse d'une femme est incertaine : savoure donc le plaisir, tandis que tu la tiens encore. ivre de vin, parcours avec le monarque des Rakshasas ses délicieux jardins et ses bois d'agrément sur la pente des montagnes. Sept milliers de femmes se tiendront, Mithilienne, attentives à tes ordres. Accepte pour ton époux Râvana, le souverain de tous les Rakshasas : ou bien, si tu n'obéis pas comme il faut à la parole que j'ai dite, nous allons t'arracher le cœur et nous le mangerons ! »

Après elle, une Rakshasî d'un horrible aspect et nommée *Ventre-de-tonnerre* jeta ces mots, brandissant une grande pique : « Alors que je vis cette femme, devenue la proie de Râvana ; elle de qui les yeux se jouaient comme une onde et le sein palpitait de crainte, il me vint une grande envie *de la manger*. Quel régal, pensais-je, de savourer son foie, sa croupe, sa poitrine, ses entrailles, sa tête et son cœur tout dégouttant de *sang* liquide ! »

La Rakshasî, nommée la Déhanchée prit de nouveau la parole : « Étranglons Sîtâ, fit-elle, et nous irons annoncer qu'elle est morte *de soi-même*. En effet, quand il aura vu cette femme sans respiration et passée dans l'empire d'Yama : « *Eh bien !* mangez-la ! » nous dira le maître ; je n'en doute pas. »

« --Partageons-la donc entre nous toutes, car je n'aime pas les disputes ; » lui répondit une Rakshasî, qui avait nom Tête-de-chèvre.

« --J'approuve ce que vient de nous dire ici Tête-de-chèvre. Qu'on apporte vite, reprit Çoûrpanakhâ, la furie aux ongles, dont chaque aurait pu faire un van [34] ; qu'on apporte ici des liqueurs enivrantes et beaucoup de guirlandes variées. Quand nous aurons bien dîné avec la chair humaine, nous danserons sur la place où l'on brûle les victimes ! Si elle ne veut pas faire comme il fut dit par nous, eh bien ! mettons un genou sur elle et mangeons-la de compagnie ! »

À de telles menaces, que lui jettent à l'envi ces Rakshasîs très-épouvantables, la fermeté échappe à Sîtâ, et cette femme, semblable à une fille des Dieux, se met à pleurer.

Accablée par tant d'invectives effrayantes, que vomissaient toutes ces furies hideuses, la fille du roi Djanaka versait des larmes, baignant ses larges seins avec l'eau dont ses yeux répandaient les torrents ; et, plongée dans sa triste rêverie, elle ne pouvait aborder nulle part à la fin de cette douleur. En ce moment les femmes de Râvana, qui avaient tenté Sîtâ par tous les artifices et rempli de concert les injonctions du maître avec le *plus grand* soin, firent silence autour d'elle.

Aux paroles des Rakshasîs, la sage Vidéhaine répondit, effrayée au plus haut point et d'une voix que ses larmes rendaient bégayante : « Il ne sied pas qu'une femme de condition humaine soit l'épouse d'un Rakshasa : mangez toutes mon corps, si vous voulez ; je ne ferai pas ce que vous dites ! »

Elle s'appuya sur une longue branche fleurie d'açoka, et là, brisée par le chagrin, l'âme en quelque sorte exhalée, elle reporta une pensée vers son époux : « Hélas ! Râma ! » s'écria-t-elle, assaillie par la douleur ; » Hâ !Lakshmana ! » fit-elle encore : « Hélas ! Kâauçalyâ, ma belle-mère ! Hélas ! noble Soumitrâ !

« Heureux les regards qui voient ce rejeton de Kakoutstha, à l'âme reconnaissante, aux paroles aimables, aux yeux teints comme les pétales du lotus, au cœur doué avec le courage des lions. De quel crime jadis mon âme dans un autre corps s'est-elle donc souillée, pour que je doive subir un tel chagrin et cette horrible torture ! Honte à la condition humaine ! Honte à celle de l'esclave, puisqu'il m'est impossible de rejeter la vie à ma volonté ! Puisque Yama ne m'entraîne pas dans son empire, moi, ballottée dans une douleur sans rivage ! »

Tandis que la fille du roi Djanaka parlait ainsi, des larmes ruisselaient à son visage ; et, malade, vivement affligée, la tête baissée à terre, la jeune femme se lamentait comme une égarée ou telle qu'une insensée ; tantôt, comme engourdie au fond d'une tristesse inerte ; tantôt, se débattant sur le sol comme une pouliche qui se roule dans la poussière.

« Si Râma savait que je suis captive ici dans le palais de Râvana, sa main irritée enverrait aujourd'hui ses flèches dépeupler tout Lankâ de Rakshasas ; il tarirait sa grande mer et renverserait la ville même !

« Rien n'y serait épargné, en premier lieu, dans la race impure du vil Râvana ; ensuite, dans chaque maison des Rakshasîs, qui tomberaient elles-mêmes sur leurs époux immolés ; et la cité résonnerait alors de mes chants, comme elle retentit à cette heure de mes plaintes larmoyantes ! Oui ! Râma, secondé par Lakshmana, viderait tout Lankâ de Rakshasas, et l'on chercherait un jour la ville *sur la terre où maintenant elle s'élève* !

À ce langage de Sîtâ, ses gardiennes sont remplies de colère : les unes s'en vont rapporter ses discours au cruel Râvana ; les autres, furieuses à l'aspect épouvantable, s'approchent d'elle et recommencent à l'accabler de paroles outrageantes et même de paroles sinistres : « Ô bonheur ! c'est maintenant, ignoble Sîtâ, puisque tu choisis un parti funeste ; c'est maintenant que les Rakshasîs vont manger les chairs arrachées de tous les côtés sur tes membres ! »

Or, en ce moment, parlait un oiseau perché sur une branche, adressant à l'affligée mainte et mainte consolation puissante ; corneille *fortunée*, elle envoyait à la captive sa douce parole de « bonjour, » et semblait annoncer à Sîtâ la *prochaine* arrivée de son époux.

―

Le vaillant Hanoûmat entendit, sans que rien lui échappât, toutes ces paroles ; le fils du Vent regarda cette reine *malheureuse* comme il eût regardé une Déesse elle-même au sein du Nandana ; ensuite, il se mit à rouler dans son esprit mainte espèce de pensées : « Celle que les singes par milliers, par millions et par centaines de millions cherchent dans tous les points de l'espace, c'est moi, qui l'ai trouvée !

« Les convenances m'imposent de rassurer une épouse qui aspire à la vue de son époux, ce *héros* doué véritablement d'une âme sans mesure. Elle ne trouve pas une fin à sa douleur, elle, qui jusqu'ici n'en avait pas connu les angoisses.

« Si je m'en retourne sans avoir consolé dans son abandon cette infortunée, de qui l'âme est plongée dans la tristesse, cet oubli sera blâmé fortement comme une faute. Il m'est impossible de m'entretenir avec elle en présence de ces rôdeuses impures des nuits. Comment donc faire ? se disait Hanoûmat, enfoncé dans ses réflexions. Si je ne la rassure pas entièrement aujourd'hui, elle abandonnera la vie, je ne puis en douter nullement. Et si Râma vient à me demander : « Qu'est-ce que t'a dit ma bien-aimée ? » que lui répondrai-je, moi, qui n'aurai pas causé avec cette femme d'une taille ravissante ? »

Il dit ; et, s'étant recueilli dans ses réflexions, le singe intelligent adopte enfin cette idée :

« Je vais lui nommer Râma aux travaux infatigables, et lui parler dans un langage sanscrit, mais comme on le trouve sur les lèvres d'un homme *qui n'est pas un brahme*. De cette manière, je ne puis effrayer cette *infortunée*, de qui l'âme est allée dans sa pensée rejoindre son époux. »

Le grand singe fit tomber ces mots avec lenteur dans l'oreille de Sîtâ : « Reine, que vit naître le Vidéha, ton époux Râma te dit *par ma bouche* ce qu'il y a de plus heureux ; et le jeune frère de ton mari, Lakshmana, le héros, te souhaite la félicité ! » Quand il eut dit ces mots, Hanoûmat, le fils du Vent, cessa ; et la Djanakide, à ces douces paroles, ouvrit son cœur au plaisir et se réjouit. Ensuite, elle, de qui l'âme était assiégée par les soucis, elle de lever craintive sa tête aux jolis cheveux annelés et de regarder en haut sur le çinçapâ. Tremblante alors et l'âme tout émue, la modeste Sîtâ vit, assis au milieu des branches, un singe d'un aspect aimable. À la vue du noble quadrumane posé dans une attitude respectueuse : « Ce *que j'ai cru entendre* n'était qu'un songe ; » pensa la dame de Mithila.

Mais, ne voyant pas autre chose qu'un singe, son âme défaillit : elle resta longtemps comme une personne évanouie ; et, quand elle eut enfin recouvré sa connaissance, cette femme aux grands yeux, Sîtâ de rouler ces pensées en elle-même : « C'est un songe ! je me suis endormie un instant, épuisée de terreur et de chagrin ; car il n'est plus de sommeil pour moi, depuis que j'ai perdu celui de qui le visage ressemble à la reine des nuits ! En effet, toute mon âme s'en est allée vers lui ; l'amour que je porte à mon époux égare souvent mon esprit ; et, pensant à lui sans cesse, c'est lui que je vois, c'est lui que j'entends, au milieu de ma rêverie.

« ... Mais quelle est donc cette chose ? car un songe n'a point de corps, et c'est un corps bien manifeste qui me parle ici ! Adoration soit rendue à Çiva, au Dieu qui tient la foudre, à l'Être-existant-par-lui-même ! Adoration soit rendue même au Feu ! S'il y a quelque chose de réel dans ce que dit là cet habitant des bois, daignent ces Dieux faire que toutes les paroles en soient véritables ! »

Ensuite, Hanoûmat adressa une seconde fois la parole à Sîtâ, et, portant à sa tête les deux mains réunies, il rendit cet hommage à la Djanakide et lui dit : « Qui es-tu, femme aux yeux en pétales de lotus, à la robe de soie jaune, toi qui te tiens appuyée sur une branche de cet arbre et qui appartiens sans doute à la classe des Immortels ?

« Si tu es Sîtâ la Vidéhaine, que Râvana put un jour enlever de force dans le Djanasthâna, dis-moi, noble dame, la vérité. »

Quand elle eut ouï ces paroles d'Hanoûmat, la Vidéhaine, que le nom de son époux avait remplie de joie, répondit en ces termes au grand singe, qui était venu se placer dans le milieu du çinçapâ : « Je suis la fille du magnanime Djanaka, le roi du Vidéha : on m'appelle Sîtâ, et je suis l'épouse du sage Râma. »

À ces paroles de Sîtâ, le noble singe Hanoûmat lui répondit en ces termes, l'âme partagée entre la douleur et le plaisir :

« C'est l'ordre même de Râma qui m'envoie ici vers toi en qualité de messager : Râma est bien portant, belle Vidéhaine ; il te souhaite ce qu'il y a de plus heureux. Lakshmana aux longs bras, la joie de Soumitrâ, sa mère, te salue, inclinant sa tête devant toi, mais consumée par la douleur, car tu es toujours présente à la pensée de ton fils [35], comme un fils est toujours présent à la pensée de sa mère. Ce Démon, qui, un jour, dans la forêt, *te fait dire ici Lakshmana par ma bouche* ; ce Démon, qui avait séduit tes regards, reine, sous la forme empruntée d'une gazelle ravissante au pelage d'or, mon frère aîné, qui pour moi est égal à un père, Râma aux yeux beaux comme des lotus, Râma, à qui le devoir est connu dans sa vraie nature, l'a tué avec justice en lui décochant une grande flèche aux nœuds droits.

« Mârîtcha, en tombant, a jeté son cri au loin.

« Le vertueux Lakshmana, pour te faire plaisir, obéit docilement aux paroles mordantes que tu lui fis entendre à cette occasion ; car ton jeune beau-frère est pour toi, reine, toujours plein d'une respectueuse soumission... »

À ces mots, le singe de s'incliner devant elle et Sîtâ de pousser à cette vue un long et brûlant soupir : « Si tu es Râvana lui-même, qui, aidé par la puissance de la magie, vient ajouter une nouvelle douleur à mon chagrin, lui dit cette femme au visage brillant comme la lune, tu ne fais pas une belle action. Mais salut à toi, noble singe, si tu es un messager envoyé par mon époux ! Je demande que tu me fasses de lui un récit qui me ravira de plaisir. Raconte-moi les vertus de mon bien-aimé Râma : tu entraînes mon âme, beau singe, comme la saison chaude emporte la rive du fleuve. Mais ceci n'est, hélas ! qu'un songe ! c'est un songe qui présente le singe à mes yeux ! car ce rêve, il m'enivre d'une grande béatitude, et la béatitude n'est donnée à personne ici-bas.

« Oh ! qu'il y a de charmes en toi, songe ! puisque, dans mon triste abandon même, je te vois sous mes yeux comme un habitant des bois, qui m'est envoyé par le noble enfant de Raghou !

« Cette vision aurait-elle sa cause dans le trouble de mon esprit ? est-ce délire, hallucination, folie ? ou n'est-ce qu'un effet du mirage ?

« Ou plutôt ce n'est pas égarement, ni délire, ou signe d'un trouble dans mon esprit : je vois bien que le singe est ici une réalité. »

Ensuite, la fille du roi Djanaka eut le désir de connaître mieux le singe, et, cette pensée conçue, la Mithilienne de lui parler en ces termes :

« Puisque tu es le messager de Râma, veuille bien encore, ô le meilleur des singes, me dire avec le secours des comparaisons quel est ce Râma, *allié* des *singes*, habitants des bois ? »

À ces paroles de Sîtâ, l'auguste fils du Vent lui répondit en ces mots doux à l'oreille :

« Ce prince vertueux, qui a l'énergie de la vérité, qui est le Devoir même incarné, qui trouve son plaisir dans le bonheur de toutes les créatures, qui est le défenseur et le donateur de tous les biens, vigoureux comme le vent, invincible comme le grand Indra, aimé du monde comme la lune et resplendissant comme le soleil ; ce roi, chéri de tout l'univers, semblable à Kouvéra, et qui possède autant de courage qu'il en est dans Vishnou à la force immense ; ce monarque, sur la bouche duquel réside la vérité ; ce Râma à la voix douce comme celle de Vrihaspati, et beau, joli, charmant comme l'Amour, qui s'est revêtu d'un corps ; ce magnanime, qui a dompté la colère en lui-même, c'est le plus intrépide guerrier et le plus grand héros du monde ! Sous l'ombre de son bras l'univers entier repose, et, dans un prochain combat il va tuer de ses dards enflammés de fureur, comme des serpents gonflés de leurs poisons, ce Râvana par qui tu fus enlevée de ton ermitage vide, un jour qu'il en eut fait écarter ce vigoureux fils de Raghou, sous les apparences mensongères d'une gazelle ! Tu verras donc bientôt ce méchant goûter le fruit de son action ! Envoyé par ton époux, je me présente ici devant tes yeux en qualité de son messager : ta séparation d'avec lui brûle son cœur de chagrin ; il te souhaite une bonne santé !

« Sous peu de temps, accompagné de Lakshmana et de Sougrîva, tu verras venir ici ton Râma au milieu des singes par dix millions comme Indra au milieu des Maroutes. Je suis le singe appelé Hanoûmat, le conseiller de Sougrîva et le messager de Râma, ce héros infatigable et ce lion des rois. J'ai franchi la grande mer et je suis entré dans la cité de Lankâ.

« Je ne suis pas ce que tu penses, reine : abandonne ce doute, crois-en ma parole, Mithilienne, car jamais un mensonge n'a souillé ma bouche. »

« Comme tu ne vois en moi qu'un singe, c'est évident ! et non pas autre chose, reçois donc cet anneau, sur lequel est écrit le nom de Râma ; car il me fut donné par ce magnanime comme un signe *qui devait m'accréditer*.

« Râma sur cet anneau d'or, auguste reine, a gravé lui-même ces mots : « D'or, d'or, d'or ! »

Les membres palpitants de joie et la face baignée de larmes, la royale captive reçut alors cet anneau et le mit sur sa tête. À peine entendues les paroles que Râma lui envoyait, à peine vu l'anneau, elle versa de ses yeux noirs et charmants l'eau dont la source est dans la joie. Son visage pur aux belles dents et doué avec les dons les plus charmants parut comme l'astre des nuits, quand son disque sort affranchi de la gueule du *serpent* Râhou.

La femme aux yeux de gazelle dit alors ces douces paroles au singe d'une voix suffoquée par ses larmes, mais où la joie se mêlait avec le chagrin :

« Je veux offrir au temps convenable un sacrifice aux Dieux en reconnaissance de cet *événement*, ô le plus grand des singes. Quel bonheur ! mon époux jouit encore de la vie ! Lakshmana, oh ! bonheur ! vit encore ! Je suis toute satisfaite d'apprendre ici par ton récit, après tant de jours écoulés, que mon époux et le héros Lakshmana se portent bien l'un et l'autre. »

Elle dit ensuite au fils du Vent : « Je suis contente de toi, singe, puisses-tu jouir d'une longue vie ! Sois heureux ! toi, par qui me fut annoncé que mon époux est en bonne santé avec son frère puîné. Certes ! je ne crois pas, noble singe, que tu sois un quadrumane vulgaire, toi, à qui ce Râvana n'inspire ni terreur, ni frémissement ! Tu es bien digne de converser avec moi, ô le plus excellent des singes, puisque tu viens, envoyé par mon époux, qui a la science de son âme. Il est sûr que Râma n'eût pas envoyé, surtout en ma présence, un affidé qu'il n'aurait pas étudié et dont il n'eût pas expérimenté le courage !

« Râma n'est-il pas dans le trouble ? N'est-il pas rongé de chagrin ?

« Emploie-t-il sa main à des actions viriles et même à des œuvres divines ? Est-ce que l'absence n'a point effacé *mon* amour dans le cœur de ce noble héros ? *Non !* c'est lui, qui doit m'arracher de cette horrible calamité, lui, toujours digne des biens et jamais digne des maux !

« Plongé dans une douleur profonde, Râma ne s'y noie donc pas ? On le verra donc bientôt, singe, venir à cause de moi dans ces lieux, ce rejeton auguste de Raghou, ce Râma, fils du monarque des hommes !

« Puissé-je vivre, Hanoûmat, jusqu'au temps où mon époux ait reçu tes nouvelles ! Viendra-t-elle bientôt à cause de moi l'armée complète, l'épouvantable armée du magnanime Bharata, commandée par ses généraux et rassemblée sous les étendards ? Est-ce que les singes à la force terrible viendront ici ? Le beau Lakshmana, ce fils, qui est la joie de Soumitrâ, va-t-il de sa main habile à tirer l'arc jeter l'épouvante chez les Rakshasas avec la multitude de ses flèches ? Mon vœu est que je puisse voir bientôt Râvana tué dans un combat, lui, ses parents, ses conjoints et ses fils, sous la main de Râma si terrible avec son arc sans égal ! »

À ces belles paroles de Sîtâ, le fils du Vent lui répondit en ces termes d'une voix douce et les mains réunies en coupe à ses tempes : « Reine, *ton*

Raghouide ne sait pas encore que tu es ici : à mon retour, ses flèches consumeront bientôt cette ville.

« Là, si la Mort, si les habitants du ciel avec Indra osent tenir pied devant lui, ce noble fils de Kakoutstha leur fait mordre à tous la poussière du champ de bataille !

« Plongé dans une grande affliction par ton absence de ses yeux, Râma ne trouve de calme nulle part, comme un taureau assailli par un lion.

« Troublé de ce chagrin, né du malheur qui le sépare de toi, il ne pense ni à l'héroïsme, ni à l'exercice des armes, ni à la volupté, ni aux festins. Le seul plaisir qu'il trouve est celui, Vidéhaine, que lui donne son âme en se reportant vers toi : il gémit sans cesse, femme craintive ; il se plonge mainte fois dans sa douleur profonde.

« Son âme toujours avec toi n'a pas d'autre pensée : il rêve de toi dans le sommeil ; à son réveil, il pense encore à toi. « Sîtâ ! » dit le prince d'une voix douce à l'aspect, ou d'un fruit, ou d'une fleur, ou d'un autre objet qui ravit le cœur des femmes ; et, *courant* saisir *la jolie* chose : « Ah ! mon épouse ! » fait-il, s'imaginant que c'est toi-même ! « ah ! Sîtâ ! ah ! femme au corps séduisant ! ah ! toi, de qui la vue est la merveille de mes yeux ! où demeures-tu, Vidéhaine ? où es-tu ? » s'écrie-t-il en pleurant toujours. Du moment qu'il a vu dans les nuits se lever le charme de la nature, cette lune, ravissante par l'immense réseau de ses rayons froids, les yeux de Râma ne cessent point d'accompagner jusqu'au mont Asta la reine des étoiles, car l'amour, dont il est esclave, chasse le sommeil de ses paupières ! »

Quand elle eut écouté ce discours, Sîtâ, au visage beau comme la lune dans sa pléoménie, répondit au singe Hanoûmat ces paroles, où le juste se mariait à l'utile : « Ce langage que tu m'as tenu est de l'ambroisie mêlée à du poison, car si d'un côté Râma n'a pas une pensée dont je ne sois l'objet, son amour d'une autre part le rend malheureux.

« Je l'espère, ô le meilleur des singes, mon époux viendra bientôt ; car mon âme est pure et de nombreuses qualités sont en lui. Persévérance, force, énergie, courage, activité, reconnaissance, majesté : voilà, singe, les qualités de mon noble Raghouide.

« Quand donc Râma, ce héros, *ou plutôt* ce soleil qui sème en guise de rayons un réseau de flèches, dissipera-t-il avec colère ces ténèbres que Râvana fit naître *sur notre ciel* ? »

À Sîtâ, qui parlait ainsi, consumée de chagrin par l'absence de Râma et le visage baigné de larmes, le noble singe répondit en ces termes : « Je vais aujourd'hui même te porter sur le sein de Râma, Mithilienne aux beaux cheveux annelés, comme le feu porte aux Dieux l'offrande sacrifice sur leurs autels.

« Viens ! monte sur mon dos, reine ; assure tes mains dans ma crinière ! Je te ferai voir ton Râma aujourd'hui même, regarde-moi bien ! *oui !* ton Râma à la grande vigueur, assis, comme Pourandara, sur le front d'une montagne-reine, où il se tient dans un ermitage, les efforts de son âme tendus pour atteindre jusqu'à ta vue. Assise sur mon échine, traverse l'Océan par la voie des airs, comme la Déesse Pârvatî, montée sur le taureau. En effet, quand je fuirai, t'emportant avec moi, reine au charmant visage, tous les habitants de Lankâ ne sont point capables de suivre ma route.

« Ou bien, si tu crains de monter sur mon dos, reine, de quel volatile ou quadrupède vivant sur la terre me faut-il emprunter la forme ? »

À ces paroles agréables du terrible singe Hanoûmat à la vigueur épouvantable, la Mithilienne en ces termes lui dit avec modestie : « Comment pourrais-tu, noble singe, toi de qui le corps est si petit, me porter de ces lieux jusqu'en présence de mon époux, le monarque des enfants de Manou ? »

Hanoûmat répondit à ces mots de Sîtâ : « Eh bien ! Vidéhaine, vois seulement la forme que je vais prendre maintenant ! » Alors, ce tigre des singes à la grande énergie, lui, auquel était donné de changer sa forme à volonté, il s'augmenta dans ses membres.

Devenu semblable à un sombre nuage, le prince des quadrumanes se mit en face de Sîtâ et lui tint ce langage : « J'ai la force de porter Lankâ même avec ses chevaux et ses éléphants, ses arcades, ses palais et ses remparts, ses parcs, ses bois et ses montagnes ! »

Quand la fille du roi Djanaka vit semblable à une montagne le propre fils du Vent, cette princesse aux yeux grands comme les pétales des nymphées lui dit :

« Je sais que tu as la force, singe, de me porter dans cette course ; mais il est essentiel de voir si l'affaire peut arriver sans naufrage au succès. Il est impossible que j'aille avec toi par les airs, ô le meilleur des singes : ton impétueuse vitesse, égale à toute la fougue du vent, me ferait tomber. Ensuite, il ne sied pas que l'épouse de ce Râma, aux yeux de qui le devoir siège avant tout, monte sur le dos même d'un être que l'on appelle d'un nom affecté au sexe mâle. Si autrefois, sans protecteur, esclave et n'étant pas la maîtresse de mes actes, il est arrivé que j'ai touché malgré moi le corps de Râvana, est-ce un motif pour que je fasse *librement* la même chose *à présent* ? »

À ce langage, le singe Mâroutide, aux louables qualités, répondit à Sîtâ : « Ce que tu dis, reine à l'aspect charmant, est d'une forme convenable ; ce discours est assorti au caractère d'une femme qui siège au rang des *plus* vertueuses ; il est digne enfin de tes vœux.

« Tous ces détails, reine, et ce que tu as fait, et ce que tu as dit en face de moi, tout sera conté, sans que rien soit omis, au rejeton de Kakoutstha.

« Si tu ne peux venir avec moi par la voie des airs, donne-moi un signe que Râma sache reconnaître. »

À ces paroles d'Hanoûmat, la jeune Sîtâ, semblable à une fille des Dieux, lui répondit ces mots d'une voix que ses larmes rendaient balbutiante : « Dis au roi des hommes : « Sîtâ la Djanakide, vouée au soin de conserver ta faveur, est couchée, en proie à la douleur, au pied d'un açoka et dort sur la terre nue. Les membres pantelants de chagrin, aspirant de tout son cœur à ta vue, Sîtâ est plongée dans un océan de tristesse ; daigne l'en retirer. Maître de la terre, tu es plein de vigueur, tu as des flèches, tu as des armes ; et Râvana qui mérite le trépas vit encore ! Que ne te réveilles-tu ?

« Un héros, toi ! ceux qui le disent ne parlent pas avec justesse : en effet, quiconque a souillé l'épouse d'un héros ne peut garder la vie. Le héros défend son épouse et l'épouse sert le héros ! Mais toi, héros, tu ne me défends pas : quel signe est-ce d'héroïsme ? »

« Tu lui diras ces choses et d'autres encore de manière à toucher son cœur de compassion pour moi, car le feu *ne* brûle *pas* une forêt, s'il *n'* est agité par le vent. »

Quand elle eut ainsi donné fin à ces candides et justes paroles, Sîtâ, levant son visage pareil à l'astre des nuits, regarda une seconde fois dans le çinçapâ fait d'or. Cette noble dame vit, assis au milieu des branches avec sa taille d'un empan, le singe au langage aimable, tenant les deux mains réunies en coupe à ses tempes. À sa vue, la chaste Sîtâ, le cœur affligé, poussant un long soupir, adressa une seconde fois la parole au singe, qui se tenait là *dans cette respectueuse attitude* :

« Raconte à mon époux ces *deux faits de notre vie intime* , ce qui sera *pour toi* le meilleur des signes *devant lui* : « Au pied du mont Tchitrakoûta, rempli confusément d'arbres et de lianes, dans les massifs des bocages, embaumés par les senteurs de fleurs variées, au temps que j'habitais avec toi un ermitage de pénitents, non loin du fleuve Mandâkinî et dans un lieu vanté des saints anachorètes, un jour, que j'avais recueilli au milieu des bois les racines et les fruits, je m'assis, humide du bain, sur ta cuisse, où tu m'avais attirée. Alors tu pris en jouant de l'arsenic rouge et tu me fis sur le front un tilaka, qui, *dans un embrassement* , fut imprimé sur ta poitrine.

« Une autre fois, que j'avais étalé des viandes de cerf devant la porte de l'ermitage, une corneille voulut en dérober ; mais je l'en empêchai, lui jetant des mottes de terre. La corneille s'irritant vient alors me frapper de tous côtés : en colère, à *mon tour*, je lève ma robe, *comme un bouclier*, contre les assauts du volatile. L'oiseau enlève de force, il mange la chair, que j'avais semée en l'honneur de tous les êtres ; et toi, Râma, tu n'eus aucun souci que j'eusse perdu ma robe dans cette lutte. Furieuse, moquée de toi, fuyant çà et là, j'étais vaincue de tous côtés par la vigueur de l'oiseau, avide de nourriture. Enfin, épuisée de force, je courus à toi, *insoucieusement* assis, et je me réfugiai sur ton sein dans une colère que tu pris soin de calmer, toi, que cette *petite guerre* avait amusé.

« Là, fondant sur moi à tire d'aile, le volatile me frappa encore aux deux seins. Tu me vis alors désolée, irritée par la corneille, essuyant mes yeux sur mon visage baigné de larmes ; et ta main secourable, tirant une flèche *du carquois*, l'envoya contre l'oiseau. C'était l'arme de Brahma, que tu avais encochée : le trait flamboya dans les airs ; et la corneille, visée par toi, s'enfuit, prenant des routes différentes. Dans son vol, que précipite la crainte, elle suit le tour de ce globe : tantôt elle se joue au sein du nuage pluvieux, tantôt au milieu des gazelles ; mais le dard que tu as lancé la suit comme son ombre. Enfin n'ayant pu trouver la paix dans les mondes, c'est auprès de toi-même qu'elle vient chercher un asile.

« Triste et consternée, elle reçut de toi ces paroles : « La flèche, que j'ai décochée, ne l'est jamais en vain. Quel membre veux-tu qu'elle détruise en toi ? » L'oiseau choisit de perdre un œil, que le trait fit périr à l'instant. Tu n'as pas craint de lancer à cause de moi la flèche de Brahma lui-même sur une chétive corneille ; et tu peux, maître du monde, épargner le *Démon* qui m'a ravie de tes bras ! Courageux et fort, comme tu l'es, fils de Raghou, pourquoi ne décoches-tu point ta flèche au milieu des Rakshasas, toi, le plus adroit parmi tous ceux qui savent manier l'arc ? Chef des hommes, aie donc, héros du grand arc, aie donc pitié de moi ! »

À ces paroles de Sîtâ, Hanoûmat répondit en ces termes : « Ton époux accomplira tout ce qui fut dit par toi, Mithilienne. Veuille me confier, noble dame, un signe, que Râma connaisse et qui mette la joie dans son cœur. »

À ces mots, Sîtâ, regardant tout le gracieux tissu de ses cheveux entrelacés dans une tresse, délia sa longue natte et donna au singe Hanoûmat le joyau *qui retenait la chevelure attachée* : « Donne-le à Râma, » dit cette femme, semblable à une fille des Immortels. Le noble singe reçut le bijou, s'inclina pour saluer, décrivit un pradakshina autour de Sîtâ et se tint à côté, les mains réunies aux tempes. « Adieu ! lui dit-il, femme aux grands yeux ; ne veuille pas t'abandonner au chagrin ! »

Salué, au moment de son départ, avec des paroles heureuses, quand le singe eut incliné sa tête devant Sîtâ et se fut éloigné d'elle, il fit ces réflexions : « Il reste peu de chose dans cette affaire ; j'ai vu la *princesse* aux yeux noirs : mettant de côté les trois moyens [36], qui sont dans l'ordre avant le quatrième, c'est à mes yeux celui-là que je dois employer.

« *Oui ?* Je ne vois que l'énergie maintenant pour dénouer ce nœud : après que j'aurai tué *quelque* héros éminent des Rakshasas, viendra ensuite, de manière ou d'autre, le tour des moyens amiables.

« Je détruirai donc, comme le feu dévore une forêt sèche, tout le magnifique bocage de ce roi féroce ; bocage, riche de lianes et d'arbres variés ; bocage, le charme de l'âme et des yeux, semblable au Nandana lui-même ! Et ce parc dévasté allumera contre moi la colère du monarque. »

À ces mots, le vaillant Hanoûmat de saccager ce royal, peuplé de maintes gazelles et rempli d'éléphants ivres d'amour. Bientôt ce bocage n'offrit plus aux regards que des formes hideuses par ses arbres cassés, ses bassins d'eau rompus, et ses montagnes réduites en poussière.

Quand le grand singe, *émissaire* de l'auguste et sage monarque des hommes eut achevé cet immense dégât, il s'avança vers la porte en arcade, ambitieux de combattre seul contre les nombreuses et puissantes armées des Rakshasas.

—

Cependant le cri du singe et le brisement de la forêt avaient jeté le trouble et l'épouvante chez tous les habitants de Lankâ. Aussitôt que le sommeil eut abandonné leurs paupières, les Rakshasîs aux hideuses figures virent ce bocage dévasté et le géant héros des quadrumanes.

Elles, à l'aspect du vigoureux simien, le corps démesuré, tel enfin qu'un nuage, de s'enquérir à la fille du roi Djanaka : « Qui est-il ? De qui est-il né ? D'où vient-il ? Quel sujet l'a conduit ici ? Et comment, fille de roi, se fait-il qu'il tienne ici conversation avec toi ? »

Alors, cette fille des rois, belle en toute sa personne : « Je ne crois pas le connaître, dit Sîtâ, parce qu'il est donné aux Rakshasas de prendre toutes les formes qu'ils veulent. Mais vous connaissez, vous ! ce qu'il est et ce qu'il fait, car le serpent doit connaître les pas du serpent : il n'y a pas de doute ! »

À ces paroles de Sîtâ, les Rakshasîs furent saisies d'étonnement : les unes de rester là, les autres de s'en aller raconter cet événement à Râvana. Les mains réunies en coupe à leurs tempes, courbant leurs têtes jusqu'à terre, pleines d'effroi et les yeux égarés : « Roi, lui dirent-elles, un singe au corps épouvantable et d'une vigueur outre mesure se tient au milieu du bocage d'açokas, où il s'est entretenu avec Sîtâ. Nous avons interrogé la Djanakide plusieurs fois, *mais en vain* ; cette femme aux yeux de gazelle ne veut pas nous révéler ce qu'il est. Ce doit être, soit un messager d'Indra, soit un émissaire de Kouvéra ; ou Râma peut-être l'envoie à la recherche de Sîtâ. En peu de temps, sire, il a brisé tout le bocage ; mais il n'a point saccagé la partie du bois où Sîtâ la Djanakide est assise. Est-ce par ménagement pour Sîtâ ou par fatigue ? On ne sait ; mais comment cette violence aurait-elle pu le fatiguer ? Et d'ailleurs il *semble* garder la Djanakide. Il défend l'abord d'un çinçapâ aux branches semées de charmants boutons, arbre majestueux, dont Sîtâ s'est approchée. Veuille bien ordonner, sire, le châtiment de cet audacieux aux actes criminels, qui osa converser avec Sîtâ et dévaster le bocage. »

À ces mots des furies, le souverain des Rakshasas, les yeux rouges de colère, flamboya comme le feu, qui dévore une oblation ; et le monarque à la grande splendeur commanda sur-le-champ de saisir Hanoûmat.

Aussitôt un héros au cœur généreux, de qui l'âme avait déjà précédé le corps au combat ; ce héros, égal en puissance au fils de Daksha même, décrivit un pradakshina autour de son père ; et, cet hommage rendu, l'invincible Indradjit monta dans son char, auquel un *art merveilleux* avait adapté une irrésistible impétuosité. Quatre lions aux dents aiguës et tranchantes le traînaient d'une vitesse épouvantable et pareille au vol de *Garouda*, le monarque des oiseaux.

Le héros, maître du char, le plus adroit des archers, le plus habile de ceux qui savent manier les armes, courut sur le singe avec son chariot couleur du soleil. Le noble quadrumane se réjouit, dès qu'il entendit retentir son char, résonner son arc et vibrer sa corde. À la vue du héros Indradjit, qui s'avançait dans son véhicule, le singe poussa un effroyable cri, et rapide il grossit la masse de son corps. Indradjit, monté sur le céleste char, tenant son arc admirable dans sa main, le brandit avec un son égal au fracas du tonnerre.

Alors ces deux héros à la grande force, à l'ardente fougue dans l'action, *au cœur* dur au milieu des combats, le singe et le fils du monarque des Rakshasas en vinrent aux mains comme deux rois des Dieux et des Démons, entre lesquels s'est allumée la guerre.

Ensuite le singe démesuré, ne songeant pas combien étaient rapides les flèches du guerrier au grand char, excellent archer et le plus habile de ceux qui manient les armes, s'élança *tout à coup* dans les routes de son père. Là, Hanoûmat, qui avait la vitesse et la force du vent, se tint devant les flèches du héros et s'en moqua. Doués également de rapidité, experts l'un et l'autre dans les choses de la guerre, alors ces deux athlètes d'engager un combat terrible, qui retint enchaînées les âmes de tous les êtres. Le Rakshasa ne connaît pas le côté faible d'Hanoûmat et le Mâroutide ne connaît pas celui du Rakshasa : objets mutuels de leurs pensées, ils se tenaient donc l'un en face de l'autre, semblables à deux serpents qui ne sont point armés de poisons. Ensuite il vint cette pensée au fils du roi des Rakshasas touchant le plus grand héros des singes : « J'ai vu que cet animal est immortel ; ainsi de quels moyens n'userai-je pas, *comme inutiles*, pour me saisir de lui ? »

Indradjit, à ces mots, de lier son rival avec la flèche de Brahma. Le singe devint au même instant incapable de tout mouvement et tomba sur la face de la terre. Maltraité par les Rakshasas, accablé par une nuée de projectiles, Hanoûmat ne savait comment se dégager du lien dont ce trait *puissant* le tenait garrotté.

Quand le singe eut reconnu la puissance du trait *enchanté*, il songea que la grâce de Brahma lui avait donné un charme pour s'en délivrer : il récita donc la formule que lui avait enseignée le père des créatures. Mais, tout doué qu'il fût de vigueur, le Mâroutide ne put même s'affranchir de cette flèche avec les chants mystiques, dont il devait la science à la faveur de Brahma. « Hélas ! s'écria-t-il, il n'est pas de remède contre ce dard lancé par les Rakshasas ! Où vint frapper la flèche de Brahma, nulle autre n'en peut détruire l'effet : nous voilà tombés dans un grand péril ! »

Quand ils virent le Mâroutide enchaîné par ce trait merveilleux, aussitôt les Rakshasas de l'attacher avec des cordes multipliées de chanvre et des liens faits du liber enroulé des grands végétaux.

À l'aspect de ce héros, le plus vaillant des quadrumanes, lié fortement avec l'écorce des arbres, Indradjit lui ôta son dard, lien formidable, dont la délivrance n'était pas connue au noble singe.

Hanoûmat se résigna donc malgré lui à ses liens et au mépris des Rakshasas, ses ennemis : « Si du moins la curiosité, pensa-t-il, inspirait l'envie de me voir au monarque des Rakshasas ! » Battu à coups de poings et de bâtons par ces cruels Démons, le Mâroutide fut, *ce qu'il désirait*, introduit en la présence du monarque des nocturnes Génies.

Le fils du Vent aperçut le monstre aux dix visages, les yeux rouges et tout pleins de colère, assis dans un siége moelleux et dictant ses ordres aux principaux de ses ministres, distingués par l'âge, les bonnes mœurs et la famille. Alors ce magnanime prince des singes, fils de Mâroute, abordant le souverain à la grande vigueur, de s'annoncer à lui dans ces termes : « Je viens ici en qualité de messager, envoyé de sa présence par le monarque des singes. »

Saisi d'un grand courroux à la vue du singe aux longs bras, aux yeux jaunes nuancés de noir, qui se tenait en face de lui, Râvana au vaste courage, les yeux rouges de sa colère allumée, dit à Prahasta, le plus éminent des Rakshasas, ces mots dictés par la circonstance : « Interroge ce méchant ! Qui est-il ? Quelle raison nous l'amène ? Pour quel motif a-t-il brisé mon bocage ? Pourquoi ses menaces contre les Rakshasas ? »

À ces paroles du monarque : « Rassure-toi ! dit Prahasta : salut à toi, singe ! Tu n'as rien à craindre ici ? Est-ce Indra qui t'envoie maintenant chez les Rakshasas ? Dis la vérité ; n'aie pas d'inquiétude, singe, tu seras mis en liberté. Es-tu l'envoyé de Kouvéra ? ou d'Yama ? ou de Varouna ? N'as-tu pris cette forme épouvantable *que* pour entrer dans cette ville ? Viens-tu même envoyé par Vishnou, ambitieux de conquérir Lankâ ? car ta vigueur n'est pas d'un quadrumane et tu n'as du singe que la forme ! Conte-nous la vérité maintenant, et tu seras mis en liberté ; mais si tu nous dis un mensonge, il te sera difficile de sauver ici ta vie ! »

À ces mots, le singe doué de la parole, le quadrumane à la grande vitesse, Hanoûmat, fils du Vent, tourna les yeux vers le monarque des Rakshasas et, lui parlant d'une âme ferme, il se fit connaître au Démon : « Je ne suis pas l'envoyé de Çakra, ni celui d'Yama, ni le messager de Varouna. Aucune alliance ne m'unit, soit au Dieu qui donne les richesses, soit à Vishnou : aucun d'eux ne m'a donc envoyé. Cette forme est la mienne, et c'est comme singe que je viens ici. Il ne m'était pas facile d'obtenir cette vue du monarque des Rakshasas ; et, si j'ai détruit son bocage, c'est afin d'être amené en sa présence.

« Il est impossible qu'une arme *fée* m'enchaîne avec ses liens, quelque longs même qu'ils soient, car jadis le père des créatures m'accorda cette faveur éminente. Mais, comme j'avais envie de voir ici le roi, j'ai permis à cette arme de m'attacher : « *Qu'importe !* ce fut là ma pensée ; puisque j'ai le pouvoir de m'en délivrer ! » Et j'ai subi même ces liens vils, non assurément par faiblesse, roi, mais, sache-le, pour atteindre au but de mon désir. Je suis venu dans ces lieux comme le messager du *plus grand des* Raghouides à la force sans mesure : écoute donc, sire, les paroles convenables, que je vais t'adresser ici en *cette qualité*. »

Le prince courageux des singes regarda le Démon à la grande âme et lui tint sans trouble ce langage plein de sens : « Je suis venu dans ton palais suivant les ordres de Sougrîva. L'Indra des singes, ton frère, Indra des Rakshasas, te souhaite une bonne santé. Écoute les instructions que m'a données le magnanime Sougrîva, ton frère ; paroles où le juste se marie à l'utile, paroles séantes, convenables ici et partout ailleurs.

« Il fut un potentat, nommé Daçaratha, le roi des coursiers, des éléphants et des hommes : il était comme le père du monde entier ; il égalait en splendeur le monarque des Immortels. Son fils aîné, prince charmant, aux longs bras et *de qui la vue* inspirait la joie, sortit de la ville aux ordres de son père et s'exila dans la forêt Dandaka. Accompagné de Lakshmana, son frère, et de Sîtâ, son épouse, il entra dans le sentier du devoir que suivent les grands saints. Il perdit au milieu de la forêt sa femme, la chaste Sîtâ, fille du magnanime Djanaka, roi du Vidéha.

« Tandis qu'il cherchait la reine, ce fils du roi *Daçaratha* vint avec son frère puîné au mont Rishyamoûka, et là il eut une conférence avec Sougrîva. Celui-ci promit à celui-là de chercher Sîtâ, et l'autre s'engageait à rétablir Sougrîva dans le royaume des singes. Sougrîva fut ainsi réinstallé sur le trône, comme roi de tous les peuples singes, par la main de Râma, qui tua Bâli, ton ami, dans un combat. Enchaîné à la vérité et pressé d'acquitter sa promesse, le nouveau roi des quadrumanes a donc envoyé des singes par tous les points de l'espace à la recherche de Sîtâ. Des milliers de simiens, des myriades même et des centaines de millions la cherchent aujourd'hui en toutes les régions, sur la terre et dans le ciel. Moi, j'ai pour nom Hanoûmat, je suis le propre fils du Vent, et j'ai franchi légèrement à cause de Sîtâ *votre mer de* cent yodjanas.

« Écoute entièrement le message que je t'apporte ici, grand roi : utile dans ce monde-ci, il peut même te procurer le bonheur dans l'autre monde. Ta majesté connaît la dévotion, le juste et l'utile ; elle a ses propres femmes : il ne te sied donc pas, monarque à la grande sagesse, de faire violence aux épouses d'autrui. Si tu estimes cet avis utile pour toi, si tu le crois digne de tes amis et de toi-même, rends, héros, la Djanakide au roi des hommes.

« J'ai vu cette reine ; je suis parvenu à la chose où il était si difficile de parvenir chez toi : pour ce qui reste à faire en dernier lieu, c'est à Râma de l'exécuter ici. Je l'ai vue plongée dans le chagrin, cette reine aux grands yeux. Quand tu enlevas cette femme pour ta concubine royale, comment n'as-tu pas senti que tu prenais une lionne *pour te dévorer* ? Le Dieu qui brisa les villes,*Indra même* , s'il commettait une offense à la face de Râma, ne goûtera plus désormais de bonheur : combien davantage un être de ta condition ! Cette femme qui se tient ici charmante et de laquelle tu dis : « *Voilà donc* Sîtâ ! » sache que c'est Kâlarâtri[37]_elle-même pour tous les habitants de Lankâ !

« Certes ! mon bras fût-il seul, peut facilement détruire Lankâ, ses éléphants, ses chars et ses coursiers ; mais ce n'est pas là que gît le point de la question. Râma, il en a fait la promesse en face du roi des singes, tranchera la vie du rival odieux par qui sa Mithilienne lui fut ravie. Rejette donc ce lacet de la mort que tu as lié toi-même à ton cou ; rejette ce lacet dissimulé sous les formes charmantes de Sîtâ, et pense au moyen qui peut seul te sauver ! »

Enflammé de colère à ces mots du singe, le monarque des Rakshasas ordonne qu'il soit conduit à la mort.

Quand Râvana eut commandé le supplice d'Hanoûmat, Vibhîshana lui tint ce langage afin de l'en détourner. Informé que le roi était en colère et de quelle affaire il s'agissait, le *vertueux* Rakshasa d'examiner la chose d'après ses règles mêmes.

Ensuite il honora le monarque avec politesse, et, versé dans l'art de manier un discours, il adressa au Poulastide assis dans sa résolution ce langage d'une extrême justesse : « Il n'est pas digne de toi, héros, d'envoyer ce singe à la mort : en effet, le devoir s'y oppose ; c'est un acte blâmé dans cette vie et dans l'autre monde. Ce quadrumane est un grand ennemi, nul doute en cela ; son crime est odieux, il est infini ; mais, disent les sages, on doit respecter la vie des ambassadeurs. Il est plusieurs autres peines desquelles on peut user envers eux. Il est permis de les mutiler dans les membres, de faire tomber le fouet *sur leurs épaules*, de raser leurs cheveux, d'arracher même leurs insignes : le hérault de qui les paroles sont blessantes mérite de telles punitions ; mais on ne voit pas que la mort de l'envoyé soit portée au nombre des châtiments.

« Ô toi qui réjouis l'âme des Naîrritas, le héros né de Raghou ne peut lutter sur un champ de bataille avec toi, si plein de génie, de persévérance, de courage, si difficile à vaincre aux Asouras, et, qui plus est, aux Dieux. Il est même à toi des guerriers nombreux, attentifs, intelligents, bons soldats, héros même, les meilleurs de ceux qui manient les armes et nés dans les familles les mieux douées en grandes qualités. Tu combattras, sire, accompagné de leurs bataillons rassemblés contre ces deux fils de roi : que le singe aille donc libre vers eux, et fais promptement défier au combat ces deux hommes qui me semblent déjà morts ! »

Quand il eut ouï ce discours, le monarque puissant répondit à son frère en ces mots conformes aux circonstances du temps et du lieu : « Ta grandeur vient de parler avec justesse : on est blâmé pour donner la mort à des ambassadeurs ; nécessairement, il faut infliger à celui-ci une peine autre que la mort. Les singes tiennent leur queue en grande estime ; ils disent qu'elle est une parure : eh bien ! qu'on mette sans tarder le feu à la queue de celui-ci, et qu'il s'en retourne avec sa queue brûlée ! Que ses conjoints, ses parents, ses alliés, ses amis et le monarque des singes le voient tous vexé par la difformité de ce membre ! »

À ces mots les Rakshasas, de qui la colère avait accru la méchanceté, enveloppent sa queue avec de vieilles étoffes en coton. À mesure que l'on entourait sa queue de ces matières combustibles, le grand singe d'augmenter ses proportions, comme un incendie allumé dans les forêts quand la flamme s'attache au bois sec.

Le prudent singe de rouler en lui-même beaucoup de pensées assorties aux circonstances du moment et du lieu : « Il est sûr que ces rôdeurs impurs des nuits sont trop faibles contre moi, tout lié que je suis ; combien moins ne pourraient-ils m'arrêter si je voulais rompre ces liens et fuir, m'élançant *au milieu des airs* . Mais il faut nécessairement que je voie Lankâ éclairée par le jour. »

Quand Hanoûmat, zélé pour le bien de Râma, eut ainsi arrêté sa résolution, le noble singe endura ces avanies, tout fort qu'il fût *pour les empêcher* . Ensuite, pleins de fureur et l'ayant arrosée d'huile, ces Démons à l'âme féroce attachent solidement la flamme à sa queue. Ils empoignent Hanoûmat, l'entraînent hors du palais et se font un jeu cruel de promener le grand singe, sa queue enflammée, dans toute la ville, qu'ils remplissent çà et là de bruit avec le son des conques et des tambourins.

Tandis qu'ils montrent Hanoûmat dans la ville avec la flamme au bout de sa queue, les Rakshasîs de s'en aller vite porter cette nouvelle à Sîtâ : « Ce singe à la face rouge qui eut un entretien avec toi, Sîtâ, lui disent-elles, voici que *nos* Rakshasas ont mis le feu à sa queue et le traînent ainsi partout ! » À ces paroles cruelles et qui, pour ainsi dire, lui donnaient la mort, Sîtâ la Djanakide tourna son visage vers le grand singe et conjura le feu par ses incantations puissantes.

Cette femme aux grands yeux adora le feu d'une âme recueillie : « Si j'ai signalé mon obéissance à l'égard de mon vénérable, dit-elle ; si j'ai cultivé la pénitence ou si même je n'ai violé jamais la fidélité à mon époux, Feu, sois bon pour Hanoûmat ! S'il est dans ce quadrumane intelligent quelque sensibilité pour moi, ou s'il me reste quelque bonheur, Feu, sois bon pour Hanoûmat ! S'il a vu, ce *quadrumane* à l'âme juste, que ma conduite est sage et que mon cœur suit le chemin de la vertu, Feu, sois bon pour Hanoûmat ! »

À ces mots, un feu pur de toute fumée et d'une lumière suave flamboya dans un pradakshina autour de cette femme aux yeux doux comme ceux du faon de la gazelle, et sa flamme semblait ainsi lui dire : « Je suis bon pour Hanoûmat ! »

Ces pensées vinrent à l'esprit du singe dans cet embrasement de sa queue : « Voici le feu allumé ; pourquoi son ardeur ne me brûle-t-elle pas ? Je vois une grande flamme ; pourquoi n'en éprouvé-je aucune douleur ? Un ruisseau de fraîcheur circule même dans ma queue ! C'est là, je pense, une chose merveilleuse !

« Si le feu ne me brûle pas, c'est une faveur, que je dois sans doute à la bonté de Sîtâ, à la splendeur de Râma, à l'amitié, qui unit le feu au *vent*, mon père ! »

Le grand singe, marchant vers la porte de la ville, s'approche alors de cette *magnifique* entrée, qui s'élevait comme l'Himâlaya et d'où tombaient les faisceaux divisés de ses rayons éblouissants. Là, toujours maître de lui-même, le simien se rend aussi grand qu'une montagne ; puis, il se ramasse tout à coup dans une extrême petitesse, fait tomber ses liens et, sitôt qu'il en est sorti, le fortuné singe redevient au même instant pareil à une montagne. Ses yeux, observant tout, virent une massue arborée dessus l'arcade : aussitôt le singe aux longs bras saisit l'arme solide toute en fer, et broya de ses coups les gardes mêmes de la porte.

Les Rakshasas, échappés au carnage, de courir sans jeter un seul regard derrière eux, comme des gazelles épouvantées qu'un tigre chasse devant lui.

Le grand singe avec sa queue toute en flammes se promena dans Lankâ sur les toits des palais, tel qu'un nuage d'où jaillissent les éclairs. Hanoûmat semait le feu, qui semblait, comme un fils, prêter au singe le concours zélé de sa flamme ; et le Vent, qui aimait son fils, de souffler *en même temps* l'incendie allumé sur tous les palais. Aussi voyait-on le feu, d'une fureur augmentée par son alliance avec le vent, dévorer les habitations comme le feu de la mort.

Les palais superbes, incrustés de gemmes, périssaient avec leurs treillis d'or, avec leurs pavés de perles et de pierreries ; et les œils-de-bœuf en éclats tombaient sur le sol de la terre, comme les chars des saints tombent du ciel, quand ils ont *un jour* épuisé la récompense due à leurs bonnes œuvres. Hanoûmat vit en flammes tous les quartiers des palais admirables aux ornements d'argent, de corail, de perles, de lapis-lazuli et de diamants.

Le feu est insatiable de bois, le noble singe est insatiable de feu, et la terre ne peut se rassasier de Rakshasas morts, que lui jette Hanoûmat. Le fils du Vent semait çà et là ses brûlantes guirlandes de flammes, et le feu *toujours* plus intense dévorait Lankâ avec ses Rakshasas.

Effrayés par le bruit et vaincus par le feu, ces grands, ces terribles Démons à la force épouvantable, armés de traits divers, se précipitent sur le singe. Ils fondent sur lui avec des flèches pareilles en éclat aux rayons du soleil, et l'on voit cette multitude de Rakshasas envelopper le plus vaillant des quadrumanes comme un vaste et profond tourbillon dans les eaux du Gange. Les Démons nocturnes jettent à l'envi contre Hanoûmat des lances étincelantes, des traits barbelés, une grêle de haches ; mais soudain le fils irrité du Vent se donne une forme épouvantable, arrache d'un palais une colonne incrustée d'or, la fait pirouetter cent fois, proclame autant de fois son nom, et, tel qu'Indra sous les coups de sa foudre abat les Asouras, il assomme les horribles Rakshasas.

Vaincue par la force de sa colère, Lankâ, toute flamboyante de feux, enveloppée de flammes, les plus vaillants héros tués, les guerriers taillés en pièces, Lankâ semblait en ce moment frappée d'une malédiction.

Après qu'il eut ruiné la ville, porté le trouble au cœur de Râvana, signalé sa force épouvantable et salué Sîtâ, ce vaillant meurtrier des ennemis, ce tigre des singes, brûlant de revoir enfin son maître, escalada le grand mont Arishta ; montagne à la surface boisée, ténébreuse, couverte d'arbres en grand nombre et plantée de padmakas élevés, d'acwakarnas, de palmiers et de vigoureux sâlas.

De la cime où il était monté, le héros, fils du Vent, contempla cette mer épouvantable, séjour des reptiles et des poissons. Tel que Mâroute au milieu des airs, le tigre des simiens, ce propre fils du Vent, s'élança dans la route la plus haute de son père. Accablée sous le poids du singe, la grande montagne alors poussa un gémissement, et, secouée par lui, elle semblait danser avec ses hautes cimes, les unes ébranlées, les autres même s'écroulant.

On entendit un bruit épouvantable, pareil au fracas des nuées orageuses : c'était le rugissement des lions à la grande force écrasés au milieu des cavernes, leurs tanières.

De nombreux serpents aux venins subtils, aux langues enflammées, à l'immense longueur, se débattent et se tordent, le cou et la tête écrasés.

La belle montagne, foulée par le grand singe, fit jaillir, ici, un torrent d'eau ; là, un ruisseau de sang ; ailleurs, différents métaux ; et, sous les pieds du quadrumane vigoureux, elle entra dans le sein de la terre avec ses arbres et ses hautes cimes.

Hanoûmat non fatigué, de qui la voix était pareille au bruit des nuages tonnants, poussa un long cri et se plongea dans le lac sans rivage du ciel ; *ce lac* pur, dont les nuées sont le jeune gazon et la vallisnérie, dont les étoiles de l'arcture sont les cygnes qui en sillonnent la surface.

Dès qu'ils eurent ouï ce cri épouvantable d'Hanoûmat, la joie remplit aussitôt l'âme des singes impatients de revoir ce noble ami.

Djâmbavat, le plus vertueux des quadrumanes, adressant la parole à tous les simiens, ainsi qu'à leur chef Angada, prononce alors ces mots, le cœur ému de plaisir : « C'est Hanoûmat qui a complètement réussi dans sa mission ; il n'y a là nul doute ; car, s'il avait échoué dans son entreprise, il n'aurait pas un tel empressement ! » À peine entendu ce cri du magnanime avec le battement fougueux de ses bras et de ses cuisses, les singes contents de s'élancer *à l'envi* de tous les côtés.

Déployant sa plus grande légèreté et d'une vigueur que doublait sa joie, Hanoûmat, à la vive splendeur, traversa de nouveau l'Océan par le milieu.

Le grand et fortuné quadrumane, voyageur aérien, s'avançait ainsi dans le ciel même, séjour accoutumé du vent, et *sa fougue* arrachait, pour ainsi dire, les *bornes* aux dix points de l'espace.

Remuant les masses de nuages et les traversant mainte et mainte fois, on le voit comme la lune, tantôt il apparaît à découvert, et tantôt il disparaît caché.

À la vue du grand singe, qui semblable à une masse de feu précipitait sa course vers eux, tous les simiens alors se tinrent, les mains réunies en coupe à leurs tempes. Descendu sur la haute montagne avec une rapidité extrême, le Mâroutide prit enfin pied sur la cime, hérissée de grands arbres. Alors tous les chefs des singes environnent le magnanime Hanoûmat et se tiennent auprès de lui, tous d'une âme joyeuse. Ils honorent le singe très-distingué, fils naturel du Vent, et lui offrent des présents, du miel et des fruits. Les uns d'éclater en joyeux applaudissements ; *les autres* poussent des cris de plaisir, ceux-là se balancent de contentement sur les branches des arbres.

Hanoûmat à la puissante vigueur salua, inclinant son corps, le grand singe Djâmbavat à la vieillesse reculée et le prince de la jeunesse Angada.

Quand il eut reçu d'eux les révérences et les honneurs, qu'il méritait justement, le vaillant quadrumane leur annonça brièvement sa nouvelle : « J'ai vu la reine ! » À ces mots du fils de Mâroute : « J'ai vu la reine ; » ces mots si heureux et semblables en douceur à l'ambroisie même, le *cœur des* singes fut*tout* rempli de joie.

Le fils de Bâli, Angada le serre dans ses bras avec étreinte ; il prend sa main dans la sienne ; puis il s'assoit. Tous les singes font cercle autour de lui dans ces bois charmants du grand mont de Mahéndra et se livrent à la joie la plus vive.

Accroupis aux pieds du Mâroutide sur les grands blocs de la montagne, les principaux des singes, impatients de l'entendre conter de quelle manière il avait traversé la mer, comment il avait pu voir, et Lankâ, et Sîtâ, et Râvana, se tiennent de toutes parts autour de lui, et tous, les mains réunies en coupe à leurs tempes. Les yeux brillants de joie, ils demeurent tous en silence, attentifs, recueillis, et le visage dressé vers les paroles qu'allait dire Hanoûmat.

—

Après qu'il eut raconté toutes ses aventures, Hanoûmat, le fils du Vent, prit de nouveau la parole dans le plus beau langage : « La victoire de Râma, le zèle de Sougrîva et ma grande natation aérienne pour aller vers la chaste Sîtâ, ont porté des fruits. Telles que sont les œuvres de cette noble dame, sa pénitence peut sauver les mondes, chefs des singes, ou les brûler même dans sa colère.

« La puissance de Râvana, ce grand monarque des Rakshasas, est infinie de toute manière, puisqu'il a touché cette femme vertueuse et que son corps n'est point éclaté en cent morceaux ! La flamme du feu, touchée avec la main, ne ferait pas elle-même ce que peut faire la fille du roi Djanaka, quand son âme est émue de colère. Environnée de Rakshasîs, cette dame charmante est accablée sous le poids du chagrin, et cependant c'est une fille des rois et la plus chaste des femmes qui gardent saintement la foi du mariage.

« Au milieu des Rakshasîs mêmes, je ramenai la confiance dans le cœur de cette femme aux yeux tels, pour ainsi dire, que ceux du faon de la gazelle, aux cheveux noués d'une seule tresse, *comme les veuves* , environnée dans ce bocage délicieux par des Rakshasîs difformes, en butte à leurs menaces, infortunée *captive* , affermie dans la résolution de mourir, n'ayant pour couche que la terre, les membres sans couleur comme un étang de lotus à l'arrivée des neiges, l'âme détournée avec horreur de *l'impie* Râvana et tout absorbée dans la pensée de son époux. J'eus un entretien avec elle, je l'instruisis des choses dans la vérité. Apprenant que Râma s'était uni par une alliance avec Sougrîva, elle en fut ravie de joie, cette magnanime dame, qui, malgré ses douleurs, ne s'écarte pas de ses vœux, de sa résolution, de sa rare piété conjugale. »

« Décidons maintenant tout ce qui est à faire dans la conjoncture. »

Après qu'il eut ouï son discours : « Puisque la chose est ainsi et qu'on vous l'a racontée comme elle est arrivée, dit le fils de Bâli à tous ses compagnons, quel autre parmi vous a besoin de voir la Vidéhaine, fille du roi *Djanaka* ? Moi, fussé-je même sans aide, je suis capable de renverser dans un instant cette Lankâ, avec son peuple de Rakshasas, et d'exterminer le noctivague Râvana : combien plus, si j'étais accompagné de toutes vos grandeurs aux âmes parfaites, aux bonds vigoureux ?

« Ce qui retient ici mon courage, c'est le congé que j'attends de vos grandeurs.

N'est-ce pas quand nous aurons délivré cette reine aux yeux noirs et reconquis cette fille du roi Djanaka, qu'il nous sied d'aller nous montrer sous les yeux du magnanime fils de Raghou ? *Autrement*, que diriez-vous là ? « On a vu Sîtâ, mais on ne l'a pas ramenée ! » parole honteuse pour des gens qui ont du cœur, du courage et de la vigueur !

« *Quoi !* chacun ici est capable de franchir la mer, et pas un ne le serait d'héroïsme, quand vous n'avez pas d'égal dans les mondes, nobles singes, ni parmi les Daityas, ni même entre les Immortels !

« Une fois Lankâ vaincue avec ses multitudes de Rakshasas, une fois Sîtâ enlevée de force à Râvana tué, alors nous, l'âme joyeuse et notre mission accomplie, nous ramènerons la fille du *roi* Djanaka au milieu de Râma et de Lakshmana ! »

Djâmbavat, à ce langage d'Angada, répondit en ces termes : « La pensée, héros aux longs bras, que tu viens d'exprimer ici n'est pas la mienne, prince à la grande sagesse. Fouillez, nous a-t-on dit, l'immense plage méridionale ; » mais ni le roi des singes ni le sage Râma n'ont parlé de conquérir.

« Comment pourrait-il vouloir que Sîtâ fût reconquise par nous ? *S'il en était ainsi*, le Raghouide, ce roi le plus grand des rois, il renierait donc son illustre famille ! Après que *notre* monarque s'est engagé lui-même, en face de tous les principaux des singes, à faire de sa personne la conquête de Sîtâ, comment pourrait-il abjurer sa promesse ? Cette grande chose mise à fin ne lui donnerait aucune satisfaction, et vous auriez en vain fait montre d'héroïsme, ô les plus excellents des singes ! Rendons-nous donc aux lieux où Râma nous attend avec Lakshmanaet Sougrîva aux longs bras : portons cet événement à leurs oreilles. »

« Bien ! » lui répondent tous les singes ; et, ce mot dit, ils aspirent au départ ; ils s'élancent de la cime du Mahéndra et nagent de tous les côtés au sein des airs.

Tous les chefs des singes avaient mis le Mâroutide à leur tête et ne pouvaient rassasier leurs yeux de contempler cet illustre Hanoûmat à l'éminente force ; *Hanoûmat*, le plus excellent des simiens, que saluaient *à son passage* toutes les créatures.

Ils arrivèrent près d'un bois couvert d'arbres et de lianes, semblable au Nandana et nommé le Bois-du-Miel. Cette forêt, bien disposée, appartenait à Sougrîva ; elle ravissait l'âme de toutes les créatures, mais elle était infranchissable à tous les êtres. Le singe Dadhimoukha aux longs bras, oncle du magnanime Sougrîva, le monarque des simiens, veillait continuellement sur le bois.

Nos voyageurs abordent ce parc du souverain des quadrumanes, lieu fortuné, délicieux, aimé du cœur, et sont transportés de joie à sa vue. Puis, enchantés à l'aspect de ce grand Bois-du-Miel, les singes, Djâmbavat à leur tête, de prier Hanoûmat, qui s'approche d'Angada et lui parle en ces termes : « Daigne nous accorder une faveur, à nous, qui avons réussi dans notre mission. »

Le jeune prince loua d'une voix gracieuse Hanoûmat et lui répondit ces mots avec amitié : « Que désires-tu ? parle ! »

À ces paroles, le fils du Vent, accompagné de ses proches, Hanoûmat reprit avec joie : « Fils du roi des simiens, daigne accorder en don aux chefs des singes le *Bois-du-Miel*, qui fut jadis à ton père ; cette forêt inexpugnable, bien gardée, sans pareille, dont l'accès nous est défendu. »

À peine eut-il entendu ce langage d'Hanoûmat : « *Eh bien !* lui répondit Angada, le plus éminent des simiens, que les singes boivent le miel ! Après qu'Hanoûmat a *si bien* rempli sa mission, l'on ne peut se dispenser de satisfaire à sa demande, fût-elle même impossible : à plus forte raison, quand la chose est telle qu'est celle-ci. » À ces paroles tombées de la bouche d'Angada, les singes joyeux de s'écrier : « Bien ! bien ! » et d'honorer cet *auguste prince*.

Les singes envahirent les arbres pleins des sucs du miel ; ils remuèrent mainte et mainte fois toute la forêt ; ils prenaient dans leurs bras des rayons tels, qu'un drona les eût à peine contenus, les jetaient joyeux par terre, et mangeaient et buvaient. Le plaisir de manger ces miels savoureux et bien parfumés les mit tous dans la joie et tous ils en devinrent *comme* fous d'ivresse.

De ces quadrumanes à face ridée, les uns maltraitaient après boire les préposés à la garde des rayons, ceux-là se frappaient dans l'ivresse les uns les autres avec un reste de miel. Ici, des singes se roulent aux pieds des arbres ; là, gorgés de mets, ils se font un lit de feuilles et dorment accablés d'ivresse. On voit des chefs de troupeaux quadrumanes arracher les arbres et *casser* la forêt : on en voit qui, le corps tout basané par le miel, boivent dans les rayons d'une soif insatiable. Les uns chantent, les autres déclament, en voici qui dansent, en voilà qui rient ; ceux-ci boivent, ceux-là causent ; tels dorment et tels racontent. Les uns se laissent tomber ivres de la cime des arbres ; les autres, d'un rapide essor, s'élancent du sol de la terre et s'envolent de nouveau sur le sommet des branches. Tel en riant lutte avec un rival, tel fond en volant sur un autre, qui dort ; tel s'élance à l'improviste devant tel autre qui s'avance ; celui-ci vient en pleurant vers celui-là qui pleure. Il n'y avait pas un simien qui ne fût ivre ; il n'y en avait pas un qui ne fût rassasié.

Les singes empêchés ne tinrent pas compte alors de tous ceux que Dadhimoukha avait mis là par son ordre pour défendre le miel. On les tira par les bras, on leur fit voir les chemins du ciel ; et, frappés, ils s'enfuirent épouvantés à tous les points de l'espace. Ils arrivent tremblants vers Dadhimoukha et lui disent : « Singe, Hanoûmat, Angada et les autres ont détruit le Bois-du-miel. Que ta grandeur veuille donc faire immédiatement ce qui doit l'être dans la circonstance ! On nous a tirés par les genoux ; on nous a fait voir la route des airs. »

Aussitôt que le chef des surveillants, Dadhimoukha eut appris, enflammé de colère, que l'on avait saccagé le Bois-du-Miel, il se mit à ranimer le courage de ces quadrumanes : « Allez donc ! marchons, *leur dit-il* ; empêchons à toute force les singes d'un orgueil excessif, qui mangent ce miel exquis. »

À ces mots, les héros, chefs des singes, retournent au Bois-du-Miel, où Dadhimoukha les accompagne. Il prend au milieu d'eux un arbre énorme et court avec furie, escorté par les plus grands des singes. Ceux-ci alors s'arment de pierres, d'arbres et même de lianes ; ils se précipitent, bouillants de colère, où sont les nobles singes, *compagnons d'Hanoûmat* .

Les vaillants singes, Hanoûmat à leur tête, voyant s'avancer Dadhimoukha furieux, de fondre sur lui dans une égale colère.

Irrité, le vigoureux Angada saisit par les deux bras ce héros impétueux qui accourait avec son arbre ; mais, tout aveuglé qu'il fût par l'ivresse, il en eut pitié : « C'est un *vieillard* vénérable ! » et, ce disant, il se contenta de lui frotter les membres sur le sol de la terre.

S'étant un peu débarrassé des singes, le noble quadrumane se rapprocha tout à fait des serviteurs, qui étaient accourus avec lui, et leur dit : « Singes, venez avec moi ! allons où est notre maître, Sougrîva au long cou, avec le sage Râma. Car ces insensés, qui foulent aux pieds les ordres mêmes du souverain, ont mérité la mort ; et Sougrîva, irrité de leurs violences, ôtera la vie à tous. » Quand Dadhimoukha, le garde vigoureux du bois, eut parlé de cette manière, il partit à la tête de tous les singes qui formaient son bataillon. Dans l'intervalle que mesure un clin d'œil, ce coureur des bois atteignit ces lieux où Sougrîva se tenait assis avec Râma et Lakshmana. Le singe Dadhimoukha, le chef aux longs bras des préposés à la surveillance du bois, descendit alors, environné de tous ses gardes forestiers. Là, d'un visage consterné, joignant les mains en coupe à ses tempes, il pressa du front les pieds fortunés de Sougrîva.

Ensuite le monarque des simiens, ayant vu ce *noble* singe, le cœur dans le trouble et le front humilié, lui tint ce langage : « Relève-toi ! relève-toi ! pourquoi te vois-je prosterné à mes pieds ? Tu n'as rien à craindre ; je t'en donne l'assurance.

« Dis-moi ce que tu veux au fond de ta pensée. La paix règne-t-elle dans le Bois-du-Miel ? Singe, je désire le savoir. »

Ainsi encouragé par le magnanime Sougrîva, le sage Dadhimoukha se lève et lui répond en ces termes : « Les singes ont détruit ce bois, que n'avaient pu surmonter jusqu'ici le monarque des ours, ni toi, bien-aimé *neveu*, ni Bâli même. Environné de tous ses compagnons, Hanoûmat à leur tête, le singe Angada, à la vue des rayons, nous a chassés tous et les a mangés. »

Quand le singe eut informé Sougrîva de ces nouvelles, l'immolateur des héros ennemis, Lakshmana à la grande sagesse fit cette demande au monarque des simiens : « Sire, quelle affaire amène ce singe qui garde ton bois ? Il vient de t'annoncer quelque chose d'un air affligé : quelle parole est-ce qu'il a dite ? »

À cette question, le monarque habile dans l'art de parler, Sougrîva de répondre en ces termes au magnanime Lakshmana : « Mon Bois-du-Miel fut saccagé par les chefs valeureux des bataillons quadrumanes, qui sont allés, sous la conduite d'Angada, scruter la plage méridionale.

« Si Angada est entré sans aucun égard avec tous les singes, Hanoûmat à leur tête, dans mon Bois-du-Miel, c'est qu'il a vu la reine, je pense, ô fils, qui ajoute sans cesse à la joie de Soumitrâ, ta mère. C'est là, sans doute, ce qui a rendu les singes si osés d'envahir ma forêt et d'y boire le miel. »

Ensuite, quand il eut ouï cette délicieuse parole, tombée des lèvres de Sougrîva, le vertueux Lakshmana s'en réjouit avec le *plus grand des* Raghouides. Sougrîva joyeux lui-même tint ce langage à Dadhimoukha : « Je suis content ; n'aie pas d'inquiétude ! Le singe a *bien* rempli sa mission : je dois pardonner cette faute d'un *serviteur*, qui a réussi dans son expédition. Retourne vite au Bois-du-Miel, continue à le garder comme il convient, et hâte-toi de m'envoyer tous les singes, Hanoûmat à leur tête. »

Le fortuné s'en alla rapide, comme il était venu ; il abaissa du haut des airs son vol sur la terre et pénétra dans la forêt. Entré dans le Bois-du-Miel, il vit les chefs des bataillons singes désenivrés, debout et tremblants tous de crainte maintenant que l'ivresse était dissipée.

Le héros s'approcha d'eux, tenant ses mains réunies en coupe à ses tempes, et, d'un air joyeux, il dit ces paroles caressantes au *noble* Angada : « Gentil *singe*, l'obstacle que ces gens ont mis à ta marche ne doit pas allumer ta colère : il n'est personne qui ne pèche à son insu ou sciemment.

« Je suis allé, noble singe, vers ton oncle et je lui ai dit, mon seigneur, l'arrivée de vous tous dans ces lieux. À la nouvelle que tu étais venu ici avec ces chefs de bataillons quadrumanes, à la nouvelle même que son bois fut envahi, c'est de la joie qu'il en ressentit, et non de la colère. « Hâte-toi de me les envoyer tous ! » m'a dit Sougrîva, ton oncle, ce puissant roi des simiens. Allez donc à votre désir ! »

À ce langage affectueux que lui tient Dadhimoukha, le fils de Bâli adresse à tous les principaux des singes ces réjouissantes paroles : « Le roi, je m'en doutais, nobles singes, vient d'apprendre cet événement : c'est une joie *franche* qui fait parler ce quadrumane, et c'est la cause qui en porte ici la nouvelle à notre connaissance. Vous avez bu tous à souhait du miel jusqu'à l'ivresse : aussi convient-il maintenant de nous rendre aux lieux où le singe Sougrîva nous attend. Vos excellences doivent agir de telle manière, illustres chefs, qu'elles soient ma règle ; car je ne suis qu'un serviteur au milieu de vos excellences. Suis-je vraiment le prince héréditaire ? En ce cas, j'aurais le pouvoir de commander : mais il vous convient de me suivre, puisque vous avez terminé votre expédition. »

À peine ont-ils ouï Angada émettre une aussi noble parole, tous les singes à la grande vigueur de s'écrier, l'âme ravie de joie : « Qui parlera jamais de cette manière, s'il tient le sceptre, ô le plus éminent des singes ? En effet, aveuglé par l'ivresse de la puissance : « Je suis tout ! » Voilà quelle est toujours la pensée d'un roi. »

« Bien ! fit Angada ; je pars ! » et, cela dit, le singe prit son essor au milieu des airs. Tous les principaux des singes mirent leur vol à la suite de son vol, et, comme une nuée de pierres lancée par des machines, ils dérobaient aux yeux l'atmosphère.

—

Quand Sougrîva, le monarque des simiens, eut appris l'arrivée des singes, il dit à *son allié* Râma aux yeux de lotus, au cœur battu par le chagrin : « Console-toi, s'il te plaît ! on a vu Sîtâ ! *autrement*, il serait impossible que les singes revinssent ici, après qu'ils sont restés absents au delà du temps prescrit.

« Console-toi, Râma, fils charmant de Kâauçalyâ ! ne t'abandonne pas au chagrin ! On a vu ta Sîtâ, le fait est certain, et ce n'est pas un autre qu'Hanoûmat ! »

Dans ce moment, l'on entendit au sein des cieux retentir de joyeuses clameurs : c'étaient les singes, qui, fiers des exploits d'Hanoûmat et criant, s'avançaient vers Kishkindhyâ et semblaient ainsi lui envoyer *devant eux* la nouvelle de leur succès. À l'ouïe de ces acclamations, le monarque des simiens releva sa grande queue et sentit la joie inonder son âme.

Arrivés au mont Prasravana, les nobles singes courbent la tête devant Râma et devant le héros Lakshmana ; ils se prosternent, le prince héréditaire à leur tête, aux pieds de Sougrîva, et commencent à raconter les nouvelles qu'ils apportent de Sîtâ.

Le Mâroutide éloquent, Hanoûmat exposa de quelle manière il était parvenu à voir l'*auguste princesse* :

« Captive dans le gynœcée de Râvana et sous la garde vigilante des Rakshasîs, la reine Sîtâ, digne de tout plaisir, est toujours ensevelie dans une profonde douleur. Infortunée, elle porte ses cheveux noués dans une seule tresse [38] ; elle n'a de pensée que pour toi, son âme est tout absorbée en toi ; et, les membres sans couleur, comme un lac de lotus à l'arrivée des neiges, elle n'a pour couche que la terre. L'âme détournée avec horreur de Râvana, elle est résolue de mourir. Telle Sîtâ parut à mes yeux mêmes, rejeton de Kakoutstha, quand j'eus trouvé un moyen pour m'approcher d'elle. »

Quand Hanoûmat eut donné à Râma la perle d'une beauté céleste et brillante d'une splendeur native, il ajouta, les mains réunies en coupe à ses tempes : « Saisissant une occasion que lui offraient ses Rakshasîs, la charmante Sîtâ me dit ensuite, les yeux noyés dans les pleurs du chagrin :

« Ne manque pas de conter entièrement à Râma, le plus élevé des hommes, ce héros, dont le courage est une vérité, ce que tes yeux ont vu et ce que tes oreilles ont entendu ici de ces *affreuses* Démones : répète-lui, et ces invectives que leur maître a vomies contre moi, et ce langage que m'a tenu, et cette épouvantable menace que m'a faite Râvana lui-même.

Je n'ai plus que deux mois à vivre ; c'est le terme, dans lequel m'a renfermée ce monarque des Rakshasas. »

À ces mots, que lui adressait Hanoûmat, Râma le Daçarathide, ayant pressé la perle contre son cœur, se mit à pleurer avec Lakshmana. Quand il eut contemplé cette perle, la plus riche des perles, l'*époux infortuné*, bourrelé de chagrins, articula ces mots, les yeux noyés de larmes : « Tel que la vache périt d'amour loin du veau qu'on dérobe à sa tendresse, tel je languis ; *mais* la vue de ce joyau est pour moi comme l'aspect de ma Vidéhaine. Cette parure fut donnée à la princesse du Vidéha par le *roi* son beau-père ce jour qu'elle devint sa bru : attachée entre ses tempes, elle brillait alors du plus vif éclat !

« Cette perle, née dans les eaux, était en bien grande vénération ; car le sage Indra jadis l'avait donnée au roi, *mon père*, comme un témoignage de la plus haute satisfaction. La vue de cette perle magnifique semblait à mes yeux la vue même de mon père : aujourd'hui, bon *Hanoûmat*, c'est comme la vue de Sîtâ qu'elle vient ici m'offrir avec la sienne !

« Cette perle rare fut portée longtemps par ma bien-aimée : en la revoyant aujourd'hui, il me semble voir Sîtâ même. Que t'a dit ma Vidéhaine, beau singe ! Ne te lasse pas de me le dire : verse l'eau de tes paroles sur mon cœur incendié par le feu du chagrin. »

À ces mots de Râma, le noble singe Hanoûmat répondit en racontant de nouveau les événements passés, qu'il avait reçus de Sîtâ comme un signe *pour l'accréditer*.

« Belle reine, dis-je à cette femme d'une taille ravissante, monte sur mon dos, sans balancer. Je ferai voir à tes yeux aujourd'hui même l'auguste Râma, ce maître de la terre, assis entre Lakshmana et Sougrîva : c'est là mon dessein bien arrêté ! » « Noble singe, me répondit ensuite la reine, m'asseoir de mon plein gré sur ton dos, ce n'est pas une chose que permette le devoir. Héros, mon corps, *il est vrai*, a touché le corps du Rakshasa ; mais je n'étais pas maîtresse *de l'empêcher* : dois-je faire *volontairement* une chose toute semblable à cette heure, que la nécessité ne m'y contraint pas ?

« Va donc, tigre des singes, va seul où sont les deux fils du plus noble des hommes !

« Veuille bien agir de telle sorte que mon époux aux longs bras m'arrache bientôt à cette vaste mer de chagrins. *Adieu*, ô le plus héroïque des singes ! Que ton voyage soit heureux ! »

Quand il eut ouï ce discours, qu'Hanoûmat avait su dire avec *une pleine* convenance, Râma lui répondit en ces mots accompagnés de bienveillance : « Cette affaire si grande, *à jamais* célèbre dans le monde, impossible même de pensée à nul autre sur la face de la terre, Hanoûmat a donc pu l'accomplir ! Je ne vois, certes ! pas un être qui puisse franchir la vaste mer, excepté Garouda ou le vent, excepté Hanoûmat !

« Mais voici une chose qui désole encore mon âme contristée : je ne puis récompenser le plaisir que m'a fait ce récit, par un don qui fasse un plaisir égal ! »

Quand l'Ikshwâkide eut ainsi roulé plusieurs idées en son âme ravie, il fixa bien longtemps des yeux amis sur Hanoûmat et lui tint affectueusement ce langage : « Cet embrassement est toute ma richesse, fils du Vent : reçois donc ce présent assorti au temps et à ma condition. »

À ces mots, embrassant Hanoûmat avec des yeux noyés de larmes, il se plongea derechef au milieu de ses pensées.

Ensuite le héros tint ce discours au singe Hanoûmat : « De toutes les manières, je suis capable de vous passer à la rive ultérieure de cette mer, soit au moyen d'un pont rapidement construit, soit par le dessèchement de ses ondes mêmes. Dis-nous suivant la vérité, Hanoûmat, tout ce qu'il y a dans cette ville de Lankâ, sa force, sa grandeur, quels travaux défendent l'approche de ses portes, quels sont, et ses ouvrages fortifiés, et les richesses des Rakshasas ; car tu le sais, puisque tu as pu voir là exactement et dans sa vraie nature ce qu'il en est à son égard. »

À ces mots de Râma, Hanoûmat, le fils du Vent et le plus habile entre ceux qui savent manier la parole, lui répondit à l'instant même et dans les termes suivants : « Écoute ! et, suivant l'ordre *que tu viens de me tracer*, je vais décrire toutes ses fortifications, comment la ville est défendue et par quelles forces Lankâ est gardée.

« La ville joyeuse vit dans les plaisirs ; elle est remplie d'éléphants, tous enivrés pour les combats ; elle est fermée de portes liées solidement ; elle est environnée de fossés profonds. Elle a quatre portes vastes et très-hautes, sur lesquelles on voit se dresser des machines de guerre, engins formidables d'une grande force et de grande dimension. Ces portes sont barrées avec des poutres épouvantables de fer massif, travaillées avec art ; et devant elles sont rangés des çataghnîs par centaines, que les troupes héroïques des Rakshasas ont forgés *de leurs mains*. Elle est immense, pleine de chars et de vigoureux Démons, premier obstacle que rencontre une armée d'ennemis arrivant sous les murs. Là est un rempart de fer, très-élevé, inexpugnable, embelli d'or même, de corail, de lapis-lazuli, de pierreries et de perles. Partout des fossés profonds, aux froides ondes, peuplés de poissons, mais infestés de crocodiles, inspirent l'effroi et portent *au cœur* une *mortelle* épouvante. Dans les portes sont quatre couloirs étroits du fer le plus dur, que défendent des machines de guerre et des archers nombreux, intrépides, à la grande taille. Supposé qu'une armée d'ennemis les franchisse, elle trouve devant elle trois nouveaux défilés, tous remplis d'engins meurtriers, disposés de tous les côtés autour des fossés. Derrière eux vient seul, *mais plus impraticable*, un dernier passage difficile, fort, bien solide, inébranlable, couvert de védikas en or et de nombreuses colonnes faites du même riche métal.

« J'ai rompu ces défilés, comblé ces fossés, incendié toute la cité et fendu les remparts du côté où nous traversons l'empire de Varouna. Songe que la ville de Lankâ est *déjà comme* détruite par les singes ! »

———

Après ce discours d'Hanoûmat, Râma, l'immolateur de ses ennemis, tint ce langage à Sougrîva, le singe au long cou : « Sougrîva, je suis d'avis que nous passions à l'instant même ; car c'est une heure convenable pour la victoire : l'astre qui donne le jour est arrivé au milieu de sa carrière. En effet, aujourd'hui l'astérisme Phalgounî est au septentrion, et, demain, il sera joint par la constellation Hasta *ou la main*. Mets-toi donc en route, Sougrîva, entouré de ton armée entière. Les signes qui se révèlent à mes yeux sont tous propices : je ferai mordre la poussière au Démon, c'est évident, et je ramènerai la Mithilienne.

« Que Nîla, environné par cent mille singes rapides, s'en aille visiter la route en avant de cette armée. Général Nîla, obéis à ma voix et conduis promptement les bataillons par un chemin où l'on trouve en suffisance des racines et des fruits, de l'eau et des bois aux frais ombrages !

« Que le singe *nommé* Rishabha, *parce qu'il est* le taureau des singes et *qu'* il règne sur une multitude de simiens, s'avance, commandant l'aile droite de l'armée quadrumane. Non facile à vaincre, comme un éléphant, qui est dans la fièvre du rut, que Gandhamâdana aux pieds rapides se mette en marche, tenant sous ses ordres l'aile gauche de l'armée simienne. Moi, porté sur Hanoûmat, comme le roi des Immortels sur *le céleste éléphant* Airâvata, je marcherai au milieu de l'armée pour en diriger tout l'ensemble. Qu'après moi vienne immédiatement Lakshmana, monté sur Angada, comme Bhoutaiça [39] sur le proboscidien éthéré Sârvabhâauma. Que Djâmbavat, Soushéna et Végadarçi, que ces trois singes défendent nos derrières avec le magnanime roi des ours ! »

Ensuite Râma, au milieu des hommages que lui rendent et le monarque des quadrumanes et *son frère* Lakshmana, s'avance avec l'armée vers la plage méridionale.

Commandés par Sougrîva, les singes à la vigueur indomptable suivaient les pas de Râma dans les transports de l'enthousiasme et de la joie. Volant, nageant, poussant des cris, badinant, soulevant mille bruits, ils s'avançaient ainsi vers la plage méridionale. Ils mangeaient des racines et des fruits à l'odeur suave ; ils portaient, ceux-ci de grands arbres, ceux-là des éclats de montagne. Ivres d'orgueil, ils s'enlèvent brusquement l'un à l'autre sa place, ils s'invectivent ; les uns tombent et se relèvent, ceux-là dans leur chute font choir les autres. « Certes ! il faut que Râvana tombe sous nos coups avec tous ses noctivagues ! » criaient les singes devant l'époux de Sîtâ.

Cette grande et terrible armée des singes, pareille aux vagues de l'Océan, serpentait dans sa route avec un bruit immense, telle qu'une mer, dont la tempête a déchaîné la fougue impétueuse.

Ensuite, d'une voix affectueuse et tout en cheminant sur Angada, le resplendissant Lakshmana dit à Râma ces mots d'une parfaite justesse : « Bientôt, ayant tué Râvana et reconquis la Vidéhaine, qui te fut ravie, tu dois revenir, couronné de succès, dans Ayodhyâ, la ville aux abondantes richesses. Je vois, fils de Raghou, sur la terre et dans le ciel de grands signes, tous heureux et qui te promettent la réussite dans ton expédition. Le vent accompagne les armées d'un souffle bon, agréable, doux, fortuné ; ces quadrupèdes et ces volatiles, qui ramagent ou crient, ont des couleurs et des sons parfaits.

« Une ruine certaine menace donc les Rakshasas, que la mort a déjà saisis dans cette heure même : j'en ai pour signes l'oppression des constellations et des planètes, qui leur sont affectées. »

Le Soumitride joyeux parlait ainsi et consolait son frère. L'innombrable armée s'avançait, couvrant toute la surface de la terre : le sol en avait disparu sous la foule de ces héros ours et singes, de qui les armes étaient les ongles et les dents. La poussière, soulevée par les singes avec la pointe de leurs pieds, avec le bout de leurs mains, offusquait la clarté du soleil et dérobait aux yeux le monde terrestre.

Toute la grande armée des simiens ravie, joyeuse, commandée par Sougrîva, cheminait sans relâche jour et nuit. Brûlante de combattre, elle s'avançait d'un pied hâté, par bonds rapides, et, tout impatiente de courir à la délivrance de Sîtâ, elle ne fit halte nulle part un seul instant.

Les singes, ayant franchi et les sommets du Vindhya et ceux du Malaya, cette alpe sourcilleuse, arrivèrent, suivant l'ordre des bataillons, sur les bords de la mer au bruit épouvantable.

Descendu sur la plaine, accompagné de son frère et de son allié, Râma de gagner promptement la majestueuse forêt du rivage ; et là, dans cette vaste plage aux franges toutes baignées par les vagues, aux roches nettes et lavées par les ondes, ce héros, le plus aimable de ceux qui savent plaire : « Sougrîva, dit-il au roi des singes, nous voici arrivés au réceptacle des ondes salées.

« Voici le moment venu pour nous de mettre en délibération les moyens de traverser ici la mer. Que personne dans les héros singes, quel qu'il soit et de quelque endroit qu'il vienne, ne quitte son armée pour aller dans ce bois, dont les périls sont cachés et qu'il faut reconnaître ! » Ces paroles de Râma entendues, Sougrîva et Lakshmana firent camper l'armée sur les bords de cette mer aux rives plantées d'arbres.

Le camp de l'armée bien attentive et bien en garde fut assis par Nîla dans un lieu favorable et suivant les règles sur le rivage septentrional de la mer. Alors deux généraux des singes, Maînda et Dwivida, battirent de tous côtés la campagne, voltigeant en éclaireurs à l'entour des armées.

Tandis que l'armée était campée sur le bord du souverain des rivières et des fleuves, Râma tint ce discours à Lakshmana, qu'il voyait se tenir à ses côtés : « Le chagrin s'en va avec le temps qui s'écoule, c'est l'effet constant ici-bas : au contraire, l'absence de ma bien-aimée augmente de jour en jour mon chagrin.

« Quand s'envolera donc la Djanakide, mon épouse, du milieu des Rakshasas dissipés devant elle comme un trait de la foudre, qui a fendu le sombre nuage ? Telle que la riante fortune, quand verrai-je donc, victorieux de l'ennemi, la charmante Sîtâ aux yeux grands comme les pétales du lotus ?

« Quand me dépouillerai-je au plus vite de cet affreux chagrin que m'inspire l'absence de la Mithilienne, *et me revêtirai-je de la joie* comme d'un autre habit blanc ? Cette femme d'une nature infiniment délicate, le jeûne et le chagrin ont dû la rendre plus délicate encore dans la situation où elle est tombée par l'adversité de sa fortune. Quand donc, ayant plongé mes flèches dans la poitrine du monarque des Rakshasas, quand pourrai-je donc ramener *ma* Sîtâ, noyée maintenant sous les vagues furieuses du chagrin ? »

Tandis que le judicieux Râma se livrait à ces plaintes, le soleil, dont le jour près de finir avait émoussé les rayons, parvint à la montagne où son astre se couche.

Hanoûmat, à la grande sagesse, était parti de Lankâ, incendiée par lui, quand la mère du monarque des noctivagues Démons, ayant appris, déchirée par la plus vive douleur, ce carnage des Rakshasas terribles, pleins de force et de courage, tint à Vibhîshana, son fils, ce langage dont la plus haute vérité formait la substance : « Hanoûmat fut envoyé ici par le fils de Raghou, versé dans la science de la politique et livré aux soins de chercher son épouse bien-aimée : le messager a vu la captive.

« C'est là, mon fils, un grand écueil pour le monarque des Rakshasas : tu sais, prince à la vaste prévoyance, ce qui doit en résulter à coup sûr dans l'avenir. Car, ô toi, qui sais le devoir, un grand plaisir que l'on goûte en violant son devoir ne manque jamais d'apporter à l'homme une affreuse calamité pour augmenter la joie de ses ennemis.

« Ce qu'a fait ton frère, Démon sans péché, est une action *justement* blâmée : elle produit en moi une douleur telle que si j'avais mangé une nourriture empoisonnée. Car, aussitôt reçue la nouvelle que Sîtâ fut enlevée, Râma, qui est le Devoir en personne, Râma, qui sait tous les chemins des flèches, va consommer un exploit digne de lui. Oui ! dans sa colère, ayant saisi son arc, il peut tarir la mer elle-même, ce héros, *si* ferme dans le vœu de la vérité et dans la céleste force de ses flèches !

« Quand je songe à ces grandes qualités dont fut doué ce rejeton du roi Daçaratha, la crainte agite mes sens et mon âme ne trouve point où se reposer dans la tranquillité ! Singe aux grands yeux, héros à l'esprit infiniment délié, ne laisse point échapper le moment favorable. Fais aujourd'hui même, ô toi, qui sais manier la parole, fais écouter, si tu peux, à Râvana un langage utile et qui se lève *comme un astre* doux sur le ciel de l'avenir. Car moi, je n'ai pas la force, mon fils, de gouverner cet insensé, ce cœur qui a secoué le frein, cette âme qui a déserté le devoir. Fais entendre, ô le plus éloquent des êtres à qui la voix fut donnée en partage, fais entendre au plus vite ces mots de ta bouche au petit-fils de Poulastya : « Renvoie libre Sîtâ ! » car c'est dans cette parole qu'est notre salut.

« Tel qu'un pont enchaîne le vaste bassin des eaux, tel c'est par toi seul et par ta vie sage qu'on est maître de ce peuple enfoncé dans le vice. »

À ces mots, le Démon serra les pieds fortunés de sa mère, joignit ses mains pour l'andjali, prit congé d'elle et s'en alla, impatient de voir le monarque des Rakshasas, non que les délices des sens, *où nageait son frère*, eussent allumé sa jalousie.

—

Quand le monarque des Rakshasas vit le désastre épouvantable et glaçant de terreur dont le magnanime Hanoûmat, tel que s'il était Indra même, avait frappé sa ville de Lankâ, il dit, ses yeux rouges de fureur et sa tête légèrement inclinée par la colère, à tous les Démons, ses ministres, comme à Vibhîshana lui-même : « Hanoûmat est venu, il est entré dans cette ville, il a pénétré jusque dans mon gynœcée, où ses yeux ont vu la Vidéhaine. Hanoûmat a brisé le faîte de mon palais, il a tué les principaux des Rakshasas, il a bouleversé toute la cité de Lankâ ! Que ferons-nous dans la circonstance ? Ou que devons-nous faire immédiatement ? Dites ce qui vous semble convenable ici pour nous : qu'est-ce que nous avons de mieux à faire dans cette conjoncture ? En effet, le conseil, ont dit les nobles sages, est la racine de la victoire : ainsi, Démons à la grande force, veuillez bien délibérer au sujet de Râma. »

À ce langage du monarque des Rakshasas, tous les Démons à la grande force, joignant leurs mains en coupe, répondent à Râvana, l'Indra des Rakshasas : « Le malheur qui est tombé sur ta ville, puissant roi, est le fait d'un être vulgaire ; il ne faut pas que tu le prennes à cœur ; nous tuerons le Raghouide ! Sire, tu as une bien grande armée, pleine de patti-ças, d'épées, de lances et de massues : pourquoi ta majesté conçoit-elle de la crainte ?

« Reste ici tranquille, puissant monarque ! À quoi bon te fatiguer, mon seigneur ? Ce guerrier aux longs bras, Indrajit *ton fils*, va broyer ton ennemi ! »

Ensuite un Rakshasa, nommé Prahasta, héros, pareil aux sombres nuages et général d'une armée, réunit ses mains en coupe et tint ce langage : « Ni les serpents, les oiseaux ou les vampires, ni les Gandharvas, les Dânavas ou les Dieux mêmes, combien moins les singes, ne pourraient te vaincre dans une bataille ! Si Hanoûmat a pu nous tromper, c'est grâce à la négligence, comme à la folle confiance de tous les Rakshasas : autrement, ce coureur de bois n'eût point échappé vivant de nos mains, nous vivants ! Que ta majesté nous le commande, et nous allons dépeupler de singes toute la terre, avec ses bois, ses montagnes et ses forêts, jusqu'à la mer, ses limites. »

Tenant à la main son épouvantable massue, affamée de chair et de sang, le Démon Vajradanshtra dit ces paroles au monarque des Raksha-sas : « À quoi bon nous occuper, noctivague, du misérable Hanoûmat, quand Sougrîva, Lakshmana et *surtout* l'invincible Râma sont encore debout ? Aujourd'hui, je vais commencer, moi ! par tuer Râma avec Laksh-mana et Sougrîva ; puis, je mets en déroute l'armée des singes et j'écrase les ennemis sous les coups de cette massue ! »

Un Rakshasa, nommé Triçiras, dit à son tour dans une bouillante colère : « On ne peut tolérer un tel outrage fait à nous tous ! C'est une chose épouvantable qu'on ait détruit, —et surtout un vil singe, —le gynœcée de l'Indra fortuné des Rakshasas et sa ville capitale ! *Je pars et* je reviens dans cette heure même, couvert du sang des quadrumanes immolés ; car je ne puis supporter davantage cette horrible offense que l'on fit à mon seigneur ! »

Après lui un Démon, pareil à une montagne et léchant ses lèvres avec sa langue, qu'il promène autour de sa bouche, Yadjnahanou (c'est ainsi qu'il était nommé) jette ces mots dans sa colère : « Que tous les Rakshasas goûtent le plaisir dans la compagnie de leurs épouses : je veux dévorer à moi seul tous les princes des peuples quadrumanes ! »

Mais soudain, arrêtant les Démons qui sortent, les armes au poing, Vibhîshana les fait tous rentrer, et, joignant ses mains, adresse au monarque ce langage : « Une marche conduite avec circonspection et suivant les règles, mon ami, aboutit nécessairement à son but. On ne peut évaluer, noctivagues Démons, ni les armées, ni les forces *de ces quadrumanes : d'ailleurs*, il ne faut jamais se hâter de mépriser un ennemi. Râma avait-il commencé lui-même par offenser le roi des Rakshasas, pour que celui-ci vînt enlever dans le Djanasthâna la noble épouse de ce magnanime !

« Si Khara vaincu périt sous les coups de Râma dans une bataille, il y avait nécessité pour celui-ci ; car il faut que l'être, à qui la vie fut donnée, emploie toutes ses forces à défendre sa vie.

« Un affreux danger nous menace à cause de cette fille des rois : que Sîtâ soit donc renvoyée à *son époux* ! le salut de ta famille l'exige, il n'y a là nul doute.

« Il n'est pas bon pour toi de s'aventurer dans une guerre funeste avec ce héros sage, dévoué à son devoir, plein de vaillance, à l'immense vigueur, à la grande âme, au bras exterminateur de ses ennemis ! Pour sauver ta capitale avec ses Rakshasas et ta vie, jetée dans un péril extrême, suis la parole salutaire et vraie de tes amis : rends sa Mithilienne au Daçarathide ! Arrache à la mort, et cette ville opulente avec les Rakshasas, et ton splendide gynœcée, Râvana, et tes serviteurs, et ton palais : rends sa Mithilienne au Daçarathide !

« Renonce à la colère, par laquelle on détruit sa gloire et sa race ; cultive la vertu, qui ajoute un nouveau lustre à la beauté de la gloire : prête une oreille favorable à ma voix ; fais que nous puissions vivre, nous, nos parents, nos fils, et rends sa Mithilienne au Daçarathide ! »

À ce langage de Vibhîshana, discours salutaire et dont le devoir même avait inspiré la substance, l'intelligent Râvana se mit à délibérer avec ses ministres. Habile à manier la parole, ce monarque éloquent, superbe, entouré de superbes compagnons, parla en ces termes pleins de justesse : « On appelle sage l'homme qui, d'abord, ayant bien examiné sa force, celle des ennemis, les circonstances des temps et des lieux, ne commence une affaire qu'après *cet examen*.

« Vous n'avez point à délibérer ni à raisonner ici sur le Destin, qui est une chose éternelle. Mais, comme l'inattention ou la vigilance portent des fruits, que tous les êtres animés doivent recueillir dans le monde, il n'est aucune chose humaine dont il ne faille s'occuper ici.

« Quant à ce Destin, bien différent de la puissance humaine, n'y songez pas ! Les esprits sensés n'observent que le chemin par où les malheurs peuvent arriver naturellement : *ils savent que* le sort est le maître de tout et les atteint comme il veut !

« En effet, comment eût-il été possible qu'un être, qui n'est pas autre chose qu'un singe, eût fouillé ainsi tout Lankâ, si le Destin ne l'eût permis ? Le Destin est donc la plus grande des merveilles !

« Je tiens ici la Vidéhaine à ma discrétion, et je n'en ressens pas d'ivresse : n'est-ce pas *vous* donner ici une preuve assez grande que je suis maître de moi-même. Que des sages austères puissent me blâmer ici pour une offense que j'aurai faite à quelque saint anachorète : c'est une opinion que j'ai déjà conçue moi-même. *Mais* comment un homme, qui porte les insignes des anachorètes, peut-il, un arc, des flèches, une épée dans ses mains, poursuivre les *timides* hôtes des forêts ? Où voit-on une seconde femme anachorète, qui demeure comme Sîtâ dans un ermitage et qui porte comme elle des pendeloques en or fin avec une robe de pourpre au tissu délié ? Quel enfant de Manou, habitant, par vœu de pénitence au milieu des bois, entendit jamais là un son de noûpouras mêlé au gazouillement des parures et des ceintures de femme ? »

Râvana dit, et Prahasta, expert en fait d'héroïsme et de guerre, ses propres sciences, Prahasta d'abord se mit à lui tenir ce langage : « Un homme instruit dans les Çâstras, habile à manier la parole, conciliant, sage, pur et né dans une noble race, voilà celui que les gens de bien estiment pour messager. Mais celui-ci était un espion que Râma nous envoya avec des qualités entièrement opposées ! *Un espion* , qui vint jeter le désastre ici pour la ruine de son affaire à lui-même ! En effet, seigneur, est-il possible de consentir à la demande d'un homme qui agit d'une telle manière, et, dans l'égarement de son intelligence, s'associe avec un être avide de combats ?

« Le voilà donc enfin arrivé ce temps fortuné des batailles, qu'attendent depuis si longtemps *nos* guerriers, toujours affamés de combats ! Certes ! les massues, les arcs, les haches, les piques de fer ne manquent point ici !

« Les guerriers, de qui la *plus belle* parure est le courage, désirent les porter au milieu des combats !

« La terre aspire à se joncher de cadavres et, tout arrosée de leur sang, comme d'un parfum liquide, à rire en quelque sorte elle-même avec la bouche, *entr'ouverte à son dernier soupir*, de ces guerriers aux belles dents ! Que tes ordres soient donc envoyés aujourd'hui même à tous nos combattants ! »

Doué de constance, versé dans le devoir et dans les affaires, Vibhîshana, sur un ton doux, prit de nouveau la parole en ces termes : « Les conseils donnés par tes ministres étaient bons, amis, tout à fait en prévision de l'avenir et surtout d'une importance considérable. En effet, un ministre dévoué, rejetant loin de lui ce qui est simplement agréable et s'attachant à tout ce que l'affaire a de plus grave en elle-même, doit toujours dire uniquement ce qui est bien. Aussi vais-je, appuyé sur la confiance que m'inspirent tes grandes qualités, dire une chose que j'ai bien étudiée, roi des rois, dans ma pensée attentive. On poursuit dans ce bas monde les jouissances que procurent l'amour, la richesse et le devoir ; mais c'est toujours avec l'œil du devoir qu'il faut examiner ici-bas la richesse et l'amour. Car l'homme qui, désertant le devoir, ne voit dans la richesse que la richesse et dans l'amour que le plaisir de l'amour, n'est pas un homme sage dans ses pensées.

« Quel homme judicieux, s'il prend sa conviction dans la raison, oserait dans les conseils d'un roi donner une fausse couleur à l'attentat commis sur l'épouse d'autrui, et dire : C'est le devoir. Les actions que l'on raconte de Râma ont laisse des vestiges répandus çà et là : eh bien ! où voit-on nulle part, dans un de ces vestiges, Râma s'écarter du devoir ? Quand Râma sortit de sa demeure un arc dans sa main, quand il décocha même sa flèche contre un kshatrya, a-t-il en cela violé son devoir ?

« Suis donc mon avis ! et que le vertueux Râma, s'il vient auprès de ta grandeur toute-puissante, reçoive de toi son épouse ! Et quel homme, sire, n'eût-il aucune vertu, fût-il d'un rang vulgaire, se présenterait ici, devant ta majesté, remplie de belles qualités, et n'obtiendrait pas d'elle une gracieuse faveur ? Si tu veux faire une chose digne de toi-même ou si tu veux observer le devoir, cette noble Sîtâ mérite, ô mon roi, que ta bienveillance lui rende sa liberté. »

À peine le vigoureux monarque eut-il ouï le discours de son frère, que soudain la fureur colora son visage, comme le soleil parvenu à son couchant. Tous les ministres, à qui le caractère *du monarque* était bien connu, sentirent naître la crainte au fond du cœur, en voyant cette fureur violente de l'irascible souverain.

Ensuite, après qu'il a frotté vivement de colère une main dans la paume de l'autre main, Râvana jette à Vibhîshana ces paroles dictées par un amer dépit : « Ce que ta grandeur a dit porte entièrement le sceau d'une pensée funeste pour moi : c'est un langage paré de qualités favorables à mes ennemis et qui n'est coupé nullement sur ma taille. Tu n'as point observé ici les égards que les hommes attentifs et bien nés se doivent mutuellement : il faut mettre le plus grand soin à respecter ces convenances, qui ne sont pas dépourvues de raison.

« En venant ici devant le maître de la terre, tu fais bien voir que tout ce qu'il y a de sottise, de pauvreté, d'idiotisme, d'aveuglement et d'inintelligence au monde est ramassé tout entier dans toi-même. Oui ! c'est comme si la sauterelle en se jouant allait follement sauter pour sa perte au milieu du feu : serait-ce donc un signe indubitable d'héroïsme ?

« Ce peuple, sans doute, ne savait pas quelle différence existe d'égarer à bien conduire, puisqu'il a reçu *des cieux* le sage Vibhîshana, de qui l'esprit est si dégagé des sens ! Si les ennemis sont des héros dans la guerre et si nous sommes, nous, des lâches dans les combats, que n'allons-nous, par couardise et cédant à la force, demander grâce à l'ennemi !

« Voilà ce qui est toujours à l'heure du combat la nature éternelle des gens peureux, étroits de cœur, à l'âme basse, tels enfin que toi-même !

« Les hommes sans courage et sans vigueur ne brillent point à pourfendre les ennemis : leur âme est poltronne, de même nature et telle que la tienne !

« Si Râma, dépouillant son orgueil, venait me demander grâce ! ... Est-il une chose faisable aux yeux des gens de bien, qu'ils ne soient disposés à faire si on vient les supplier ? Nous devons étouffer notre haine à l'égard de notre ennemi surtout : c'est un devoir à vos excellences de pratiquer la compassion de toute votre âme envers l'homme qui demande votre assistance. Ne pas le faire, c'est unir le poison avec le sang, d'où résulte que le mélange ira bientôt allumer la guerre entre les deux substances.

« Moi, fussé-je même seul dans ce combat, je suis capable de consumer par ma vigueur sur le champ de bataille Râma avec Lakshmana, comme un feu allumé dévore l'herbe sèche.

« Ainsi, que la résolution de la guerre soit prise à l'instant par vos grandeurs, *si bien* douées pour la guerre, à l'exception toujours du vil et du lâche Vibhîshana lui-même. »

Ensuite le sage, le généreux Vibhîshana, profond comme la mer et victorieux des sens, répondit ces nouvelles paroles au monarque des Rakshasas : « Rejeter les discours les plus vertueux pour s'engager dans une mauvaise route, c'est, disent les sages, un signe avant-coureur de la ruine.

« Il n'est pas facile pour une âme aveuglée de remporter la victoire : et quelle victoire peuvent espérer les bons mêmes, s'ils retiennent dans leurs mains une chose avec injustice ? Autant il est difficile de traverser la mer à la force des bras, autant est-il impossible aux âmes basses d'atteindre le devoir, ce but où visent les gens de bien et qu'on doit se proposer ici-bas et dans l'autre monde ! Comme l'amour, la haine et les autres affections naissent toujours de l'âme ; ainsi tous les bonheurs des gens heureux ici-bas ont pour cause le devoir. Et même une preuve suffisante que le devoir est l'auteur de tout ce qui arrive, c'est que l'homme en général a très-peu de bonheur et que les maux font la plus grande partie de sa fortune.

« Est-il un bien quelconque, excellent, supérieur, d'acquisition facile, qui n'en soit le résultat ? Si l'on veut observer d'un regard intelligent le bonheur de tous les êtres, on verra que le devoir en est la source.

« Là où le guide est vertueux et ceux qui l'accompagnent doués eux-mêmes des vertus, on doit naturellement considérer avec justesse l'amour, l'utile et le devoir. Mais ici le guide est sans vertus et ses compagnons suivent *aveuglément ses pas*. Les choses étant ce qu'elles sont, à quoi bon ce conseil et que cherchez-vous à connaître ? Ce qui mérite d'être appelé un conseil, c'est une assemblée où l'on examine sérieusement, et le bien, et le mal, et le douteux ; les autres ne sont, à bien dire, qu'un mauvais emploi du nom.

« J'abandonne un roi, esclave de l'amour et qui oublie son devoir dans ses conseils : je me retire à l'instant vers ce Râma, qui est sans cesse, lui dévoué, invariablement au devoir ; car on m'a toujours dit que c'est un roi victorieux des Asouras et des Dieux ; *un prince* qui n'abandonne jamais le faible abrité dessous sa protection ; *un roi* qui est secourable à ses ennemis eux-mêmes ! Je laisse avec une vive douleur ici tous mes parents divers, et je m'en vais, conseillé par le devoir, demander un asile à ce noble enfant de Manou. Une fois cela fait et moi parti, arrêtez, s'il est ici un conseiller qui sache indiquer la bonne voie, arrêtez convenablement une résolution qu'inspire l'intelligence d'une saine politique. »

Tandis que son frère Vibhîshana parlait ainsi, le monarque des Rakshasas, plein de fureur, s'élança tout à coup de son siège, le cimeterre à la main, tel qu'un nuage sombre, tonnant, d'où jaillissaient de longs éclairs ; et, poussé par le sentiment de la colère, il frappa du pied Vibhîshana sur le siège où il se tenait assis. Le prince tomba renversé de son trône sur la terre, comme le fragment d'une belle montagne, brisée par la chute de la foudre. La terreur saisit les ministres à la vue de cette rixe, comme elle saisit les créatures à l'aspect de la pleine lune tombée dans la gueule de Râhou. Prahasta se mit à calmer doucement le monarque irrité des Rakshasas et fit rentrer dans le fourreau son glaive, qu'il tenait à la main. Ramené dans sa nature, le terrible souverain se rasséréna, tel que la mer au temps où ses flots, revenus au calme, sont rentrés dans ses rivages.

Les *grands* demeuraient là, formant un cercle autour du trône, où Râvana se tenait assis : tel que le hallo de la lune, merveilleux et beau spectacle ! telle silencieuse resplendissait alors cette couronne de ministres. Ensuite, le vertueux Vibhîshana éteignit en lui-même le feu allumé de la colère et chercha dans sa pensée quelle marche son bien lui prescrivait d'observer. Doué de mansuétude et brillant d'une grande force morale, il suivit sans la franchir, comme un généreux coursier, la ligne que lui traçaient les inspirations de sa noble race. Quand il eut réfléchi un instant, pris, quitté et repris une résolution, Vibhîshana se levant tint alors ce langage dicté par le devoir :

« Les affections de mon âme sont pour le devoir et ne sont pas nommées de l'amour ou de la colère. Ce coup de pied n'est donc pas un bien grand malheur à mes yeux. Dans ce monde, ceux qui sont vraiment à plaindre, ce sont les grands pécheurs, qui ont déserté le devoir et qui, en dépit de leur *auguste* naissance, ont asservi leurs âmes à la colère. Toutes vos excellences ont embrassé *les opinions de* cet homme, et c'est un malheur, où je vois le grand signe d'une catastrophe universelle.

« Une flèche ne peut tuer qu'une seule vie sur le champ de bataille. Mais la pensée d'un roi à l'esprit aveuglé fait périr et lui-même et tout son peuple. La meilleure des flèches à la pointe acérée ne cause pas autant de mal que les péchés, une fois nés, de ces mortels, qui ont peu d'âme.

« Toi, sur la tête de qui la ruine est suspendue et qui pousses ta famille à sa ruine, je te quitte et je m'en vais de ce pas avec colère, tel que les eaux d'un fleuve coulent vers l'Océan. À cette heure, où j'ai reconnu que ton esprit est faux, cruel, infracteur de la justice, puis-je faire autrement que de t'abandonner comme un éléphant qui est enfoncé dans la boue ? »

―

Quand Râvana, que poussait la mort, eut, bouillant de colère, entendu ces paroles de Vibhîshana, il répondit à son frère en ces termes pleins d'amertume : « On peut habiter avec son ennemi, avec un serpent irrité ; mais non avec l'homme, qui manque à ses promesses et qui sert nos ennemis ! Je sais bien, Rakshasa, quel est en toute chose le caractère des parents : les infortunes des parents font toujours du plaisir aux parents. Oui ! des parents comme toi dédaignent et méprisent *dans leur parent* un chef actif, héroïque, savant, qui sait le devoir et qui se plaît avec les gens de bien.

« Félons, cœurs dissimulés, se réjouissant toujours des revers les uns des autres, les parents sont pour nous *des ennemis* terribles ; et c'est d'eux que nous viennent les dangers. On entend quelque part, dans la forêt Padma, les éléphants mêmes chanter des çlokas à la vue des chasseurs qui viennent, tenant des cordes à leur main. Écoute-les, Vibhîshana !

« Notre danger n'est pas dans ces cordes, ni dans le feu, ni dans les autres armes ; il est dans nos parents, esclaves égoïstes de leurs intérêts : voilà ce qui est à craindre. Ils indiqueront sans doute le moyen de nous prendre ! Le plus terrible de tous les dangers est toujours, pense-t-on, le danger que nous apportent les parents.

« Il te déplaît, scélérat, que je sois honoré du monde ! ... Mais qui est monté sur le trône a les pieds sur le front de ses ennemis ! »

Après que le monarque aux dix têtes eut jeté ces paroles, le fortuné Vibhîshana, dont il avait excité la colère, lui répondit en ces termes, debout au milieu des ministres : « Il est donc vrai, Démon des nuits ! les hommes pris de vertige et tombés sous la main de la mort n'acceptent jamais les paroles d'un ami, qu'inspire le dévouement à leur bien ! Si un autre que toi, nocturne Génie, m'avait tenu ce discours, il eût cessé de vivre à l'instant même. Loin de moi, honte de ta race ! » Après qu'il eut dit ces mots si amers, Vibhîshana, de qui la juste raison inspirait toujours les paroles, prit son vol tout à coup, le cimeterre à la main, suivi par quatre des ministres.

Il revit sa mère, lui donna connaissance de tout, et, se replongeant au sein des airs, il se dirigea vers le mont Kêlâsa, où habite le monarque à la vigueur sans mesure, fils de Viçravas, avec ses nombreux Gouhyakas et ses Yakshas à la grande force. Il y avait alors dans le palais de ce roi divin l'auguste souverain des mondes, le chef *de tout, Çiva*, la vertu en personne.

Environné de troupes nombreuses *d'immortels serviteurs*, le suprême seigneur de tous les Dieux, celui de qui le drapeau montre aux yeux un taureau, était venu avec Oumâ, sa compagne, visiter le Dieu qui préside aux richesses dans sa *brillante* demeure.

Aussitôt ces deux grands Immortels de jouer entre eux aux dés. Sur ces entrefaites, l'époux d'Oumâ, voyant le prince des Rakshasas, Vibhîshana, le rejeton de Poulastya, qui venait à la montagne, dit ces paroles au maître des richesses : « Voici que Vibhîshana vient se réfugier vers toi, seigneur. Ce héros est tout plongé dans le ressentiment, parce qu'il a reçu un outrage du monarque des Rakshasas. Il a mis sur toi sa pensée et vient ici demeurer chez toi. Que ce héros vigoureux à la grande vaillance s'en aille promptement aujourd'hui même, engagé par toi, se présenter devant Râma. Ensuite, Vibhîshana étant venu chez lui, Râma, l'immolateur des ennemis et le plus élevé des hommes, doit sacrer ce Démon sur le trône des Rakshasas. »

Vibhîshana, comme il parlait ainsi, arrive en ce lieu, descend sur la terre, tombe à ses genoux et courbe la tête à ses pieds. Le bienheureux Çiva lui dit avec l'auguste rejeton de Viçravas : « Lève-toi, Rakshasa ! lève-toi ! La félicité descende sur toi ! Ne te livre point à la douleur. Obtiens, invincible guerrier, obtiens la couronne aussitôt que tombée du front même de Râvana. Rends-toi, mon ami, aux lieux où sont, et Râma aux longs bras, ce jardin *fortuné* des vertus, et le singe Sougrîva, et le majestueux Lakshmana. C'est là que Râma à la vive splendeur et le plus habile de ceux qui manient les armes te sacrera bientôt sur le trône de Lankâ, toi, venu d'ici vers lui, *vaillant* meurtrier des ennemis. »

Dans ce moment, le monarque à la grande splendeur, fils de Viçravas, tint ce langage au prince des Rakshasas, Vibhîshana : « Partant d'ici, héros, tu seras bientôt roi de toutes les manières à Lankâ ; c'est ce que nous avons déjà vu dans *l'avenir* depuis longtemps. Hâte-toi d'aller en ce jour même, pour l'anéantissement des Rakshasas, le salut de toutes les créatures et l'inauguration de toi-même sur le trône, vers ce héros né de Raghou, le plus vertueux de tous ceux par qui la vertu est cultivée. Accompagné de Râma, hâte-toi de consommer, prince à l'éminente fortune, l'affaire des habitants du ciel, des Rishis et de tous les êtres appliqués au devoir.

« Immole Râvana, comme on tue l'homme d'un naturel pervers, sans pudeur, sans frein, qui cherche à s'enivrer de guerres, qui est le perpétuel obstacle des âmes placides et douces, vouées aux pratiques de la vie pénitente. Immole ce Démon aux dix têtes qui se fait un jeu de troubler le soma dans les grands sacrifices, qui se plaît à semer le danger sous les pas du voyageur et des autres, qui aime à vivre toujours au milieu des iniquités, comme on se tient près d'un jeune frère que l'on aime ou dans la compagnie des Dieux.

« Parce que tu as quitté le tyran aux dix têtes comme on abandonne loin derrière soi le voyageur qui marche hors du vrai chemin et ne suit pas une bonne route, tu jouiras, Démon sans péchés, de la gloire et des plaisirs éternels dont nous jouissons nous-mêmes. »

Après qu'il eut écouté ces paroles tombées des lèvres de son frère aîné, le prudent Vibhîshana, baissant la tête, demeura plongé dans ses réflexions. L'auguste et immortel Bhagavat dit au prince enseveli dans ses pensées : « Lève-toi, monarque des Rakshasas ! lève-toi, Démon à la grande sagesse ! obtiens le bonheur éternel, digne récompense de ta pénitence et de tes bonnes œuvres ! Nous voyons toutes ces choses *dans l'avenir*, héroïque Vibhîshana, comme si elles étaient sous nos yeux.

« Lève-toi donc et rends-toi vers l'immortel seigneur des villes, l'immortel et glorieux appui de toutes les créatures. Car c'est le trésor des vertus ; c'est la voie suprême où circule ce qui se meut ; c'est la racine de l'univers entier. »

À ces mots prononcés là par l'Immortel au cou bleu, le singe aux longs bras de se lever avec ses ministres eux-mêmes. Puis, quand il eut adoré le Dieu Çiva et l'auguste Kouvéra, le vertueux Vibhîshana partit d'un vol rapide, et, se replongeant au sein des airs, il s'en alla chercher la présence du héros à la grande force.

Les rois des singes, qui se tenaient sur la terre, le virent se tenant au milieu du ciel, où il ressemblait à la cime d'un mont et paraissait flamboyer de splendeur. Ceint des armes les plus excellentes, le fortuné Démon planait au sein de l'air, semblable à une montagne de nuages ou tel que la Mort vêtue d'un corps humain. Munis eux-mêmes d'armes offensives et de boucliers, ses quatre suivants à la force épouvantable reluisaient par l'éclat des parures.

Dès que le vigoureux monarque des singes, l'invincible Sougrîva, l'eut aperçu, il dit à tous ses quadrumanes, Hanoûmat à leur tête, ces mots que lui dictait sa prudence : « Ce Rakshasa couvert d'armes et d'une cuirasse, qui vient ici, voyez ! suivi par quatre Démons, accourt sans doute pour nous tuer. »

À ces mots, arrachant des rochers et des arbres, tous les chefs des tribus quadrumanes de lui répondre en ces termes : « Donne-nous promptement tes ordres, sire, pour la mort de ces méchants ; qu'ils tombent maintenant immolés sur la terre et baignés dans leur sang ! »

Tandis qu'ils se parlaient mutuellement, Vibhîshana, étant arrivé sur le bord septentrional de la mer, s'y tint, planant au milieu des airs. Le Démon à la grande sagesse, abaissant de là ses regards sur le monarque et sur les singes, leur dit en criant d'une voix forte : « Je suis venu, sachez-le, singes, pour voir le noble Râma. Il est un Rakshasa puissant, nommé Râvana ; c'est le souverain des Rakshasas. C'est par lui que Sîtâ fut emportée du Djanasthâna, après qu'il eut tué Djatâyou. Je suis le frère puîné de ce monarque, et Vibhîshana est mon nom. Je *tentai* d'ouvrir ses yeux par différents et sages discours : « Allons ! que Sîtâ, lui ai-je dit mainte et mainte fois, que Sîtâ soit rendue à Râma ! » Mais Râvana, que la mort pousse en avant, ne voulut point agréer les bonnes paroles que je lui fis entendre : tel un malade qui veut mourir se refuse au médicament.

« Accablé d'invectives, outragé par lui comme un esclave, je viens, abandonnant mes amis et mon épouse, me réfugier sous la protection de Râma. Je n'ai, certes, besoin ni des plaisirs, ni d'une autre opulence, ni de la vie : puisse mon abandon même de tous ces biens m'obtenir la faveur du prince fils de Raghou !

« Annoncez promptement au magnanime Râma, le protecteur de toutes les créatures, que je suis venu solliciter sa protection. »

Sougrîva s'en fut aussitôt trouver les deux Ikshwâkides : « Le frère puîné de Râvana, dit le monarque des singes, le héros Vibhîshana, comme on l'appelle, vient, accompagné de quatre ministres, se mettre sous ta protection. C'est Râvana lui-même, ce me semble, qui nous envoie ce Vibhîshana : la prudence veut qu'on s'assure de lui ; c'est là mon avis, ô le meilleur des hommes patients. Il vient avec une pensée tortueuse, méchante, infernale, épier l'heure où tu seras sans défiance pour te frapper : homme sans péché,*méfie-toi !* c'est un ennemi caché ! Mettons à mort dans un cruel supplice, avec ses quatre amis, ce frère puîné du sanguinaire Râvana, ce Vibhîshana qui s'est jeté dans nos mains. »

Alors que Râma eut appris l'arrivée de Vibhîshana il dit à Sougrîva, constant dans la douceur, l'attention sur le temps présent et la vigilance pour le temps à venir : « Asseyons-nous là, Sougrîva ! convoque tous les conseillers, Hanoûmat à leur tête, et les autres chefs des peuples quadrumanes. Réuni avec eux, je ferai l'examen que nous avons à faire. Ce que tu dis est juste, Sougrîva : oui ! les rois sont environnés de pièges. »

Ensuite, à la voix de Sougrîva, on vit se rassembler entièrement les chefs des tribus simiennes, tous héros, tous versés dans les affaires, tous adroits à lancer une flèche.

Alors ces optimates singes, qui avaient ouï les paroles de Vibhîshana et qui désiraient agir pour le bien de Râma, lui dirent avec soumission : « Il n'est rien qui te soit inconnu dans les trois mondes, fils de Raghou : si tu nous consultes, docte roi, c'est donc par amitié, c'est qu'il te plaît d'honorer nos personnes. Que tes conseillers nombreux, qui savent la raison des choses et sont doués tous de sages conseils, parlent donc maintenant tour à tour, et, *s'il est nécessaire*, à deux et plusieurs fois. »

À ces mots, Angada, rempli de prudence, leur dit ces bonnes paroles sur les précautions qu'il fallait observer à l'égard de Vibhîshana : « Il convient d'examiner à fond cet étranger, qui vient de chez l'ennemi ; il ne faut point ajouter foi précipitamment au langage de Vibhîshana. Ces Démons aux pensées trompeuses circulent, dissimulant ce qu'ils sont ; cachés dans les trous, ils épient l'instant de vous attaquer : un malheur *ici* serait *pour eux* un bonheur ! »

Le singe Çarabha réfléchit ; puis il dit ces mots : « Qu'on expédie promptement un espion vers lui, tigre des hommes. Oui ! qu'un émissaire observe de toute son attention le caractère de ce réfugié, et, sur l'examen fait, que l'on tienne à son égard la conduite exigée par la juste raison. »

Djâmbavat, quadrumane savant, après qu'il eut considéré la chose dans son esprit illuminé par tous les Traités, exprima sa pensée dans ces termes exempts de reproche et dignes même d'éloge : « Sorti de chez le monarque des Rakshasas, en guerre déclarée avec nous et d'un naturel méchant, Vibhîshana vient ici, où ne l'appelle aucune raison, ni de temps, ni de lieu ; il faut donc l'observer sans rien négliger. »

Après lui, Maînda, éloquent orateur, dit ces mots remplis de sens : « Que maintenant, sur l'ordre enjoint par ce monarque issu de Raghou, Vibhîshana soit interrogé sans précipitation avec des paroles douces. Quand tu sauras distinguer son caractère, ô le plus éminent des hommes, alors, s'il est perfide ou non, tu prendras une résolution, devant laquelle aura marché l'intelligence. »

Ensuite Hanoûmat, doué de sagesse, Hanoûmat le plus grand des conseillers, tint ce langage doux, aimable, utile et rempli de sens :

(Vrihaspati même parlant n'eût pas été capable de surpasser, quand Hanoûmat parlait, ce quadrumane savant, le plus vertueux des singes et le plus éloquent des êtres à qui fut donnée la parole :)

« Ce n'est pas l'amour, ni l'envie d'un présent, ni l'orgueil, ni une ambition de supériorité, mais, comme il convient, sire, la gravité de cette affaire, qui va dicter mon discours.

« Tes conseillers ont parlé d'envoyer, soit un espion, soit un émissaire : il n'existe pas de motif à cette mesure, puisqu'il n'en peut résulter aucun avantage. En effet, un espion ne peut connaître Vibhîshana tout d'un coup, et c'est une faute de traîner ici le temps en longueur : donc, il n'y a pas lieu d'envoyer un espion.

« On dit encore : « Ce Vibhîshana vient ici, où ne l'appelle aucune raison, ni du temps, ni du lieu ! » J'ai pour cette objection quelques mots à répondre : « Il en est ici du temps et du lieu ce qu'il en est des vertus ou des vices dans chaque homme : *ce sont les unes ou les autres qui font l'à-propos ou l'inopportun*. Ce qui est accompagné du moyen porte bientôt ses fruits.

« Il a vu tes grands exploits et Râvana engagé dans une fausse route ; il a su que tu avais immolé Bâli et mis Sougrîva sur le trône ; il aspire à posséder *aussi* le trône *de son frère* et voit déjà, son âme le présageant, *que les choses auront ici la même fin* : voilà sans doute les considérations placées en première ligne devant ses yeux, *et les motifs* qui amènent Vibhîshana vers toi. »

Après qu'il eut écouté le fils du Vent, l'invincible Râma lui répondit en ces termes : « J'ai moi-même quelque envie de parler sur Vibhîshana. Je désire que mes paroles soient toutes entendues par vos grandeurs, inébranlables dans la vertu. À Dieu ne plaise que je repousse jamais l'homme qui vient à moi sous les couleurs de l'amitié ! S'il est en lui de la perfidie, le blâme des gens de bien *n'*en sera-*t-il pas* le châtiment ?

« Ne voyant donc en lui qu'un magnanime, entré dans une noble voie et qui vient à moi sans détour, veuillez bien retirer de lui vos soupçons.

« Ce nocturne Génie, qu'il soit bon ou méchant, est-il capable, singes, de me nuire en la moindre chose ?

« On raconte que *jadis* une colombe accueillit avec politesse un *vautour, son* ennemi, qui était venu lui demander assistance, et lui offrit sa chair même en festin. Si une colombe, un simple volatile, donna l'hospitalité au meurtrier de son épouse, à plus forte raison dois-je accueillir ce Vibhîshana, ce frère de Râvana, *il est vrai*, mais appliqué à suivre le devoir et qui, malheureux, vient se réfugier vers moi, accompagné de ces démons !

« Je promets d'assurer la sécurité de tous les êtres, ai-je dit quand je prononçai mes vœux, et d'épargner dans le combat ceux qui diront, implorant ma pitié : « Je me rends à toi ! »

« Conduis vers moi Vibhîshana, ô le meilleur des singes ; je lui donne toute assurance : autrement, Sougrîva, ne serais-je pas un Râvana moi-même pour Vibhîshana ? »

Quand Râma eut accordé le sauf-conduit, ce frère puîné de Râvana fut invité par le roi des singes et descendit aussitôt du ciel avec ses compagnons. Le monarque intelligent des quadrumanes s'approcha de Vibhîshana, l'étreignit dans ses bras, lui fit ses compliments et lui montra le héros né de Raghou. Descendu à peine du ciel à terre avec ses fidèles suivants, le Rakshasa joyeux attache toutes ses armes aux premiers des arbres qui se trouvent devant lui. Imité par ses compagnons eux-mêmes, le vertueux Démon changea sa forme en une autre plus avenante et se prosterna aux genoux de Râma.

Celui-ci, dont il cherchait à toucher les pieds, le fit relever, l'embrassa et lui dit cette douce parole : « Ta grandeur est mon amie ? » À ce langage *poli*, Vibhîshana répondit en ces termes non moins polis, mariés au devoir et sur l'expression desquels se levait l'expression de ses qualités : « Je suis le frère puîné de Râvana et je fus outragé par lui. J'ai quitté Lankâ, mes richesses, mes amis, et je viens me réfugier vers ta majesté, secourable pour toutes les créatures. C'est à toi que je devrai tout, ma vie, mes richesses et l'empire même. Je ferai une alliance avec toi, héros à la grande sagesse, et je conduirai tes armées à la mort des Rakshasas et à la conquête de Lankâ. »

Ces paroles dites au fils du roi des hommes, le Démon dans la race d'un saint [40] n'ajouta point un seul mot et contempla silencieusement le magnanime Râma.

À ces mots, Râma le héros d'embrasser Vibhîshana : « Mon ami, va chercher, dit-il à son frère, un peu d'eau à la mer et sacre au milieu des principaux singes à l'instant même ce Vibhîshana, par ma grâce, monarque des Rakshasas et roi de Lankâ ; car, fils de Soumîtrâ, il a gagné ma faveur. » Il dit, et, sur l'ordre que lui donnait son frère, Lakshmana de sacrer Vibhîshana dans sa dignité au milieu des chefs quadrumanes. À la vue de la bienveillance que Râma témoignait au *pieux Démon*, tous les singes à l'instant d'applaudir avec de grandes clameurs : « Bien ! bien ! » s'écrièrent-ils.

Ensuite, Hanoûmat et Sougrîva dirent à Vibhîshana : « Comment traverserons-nous cette mer, inébranlable asile des monstres marins ? Indique-nous un moyen, mon ami, de franchir sains et saufs avec une armée cet empire de Varouna, souverain des rivières et des fleuves. »

À ces paroles, Vibhîshana, le devoir en personne, de répondre : « Un monarque, issu de Sagara, n'a-t-il pas droit à réclamer le secours de la mer, car la main qui a creusé ce grand bassin des eaux, vaste et, *pour ainsi dire*, sans mesure, fut celle de Sagara ? C'est donc un devoir pour la mer de rendre au petit-neveu de cet ancien roi les bons offices d'une parente : voilà quelle est mon opinion ! En effet, Sagara, vous l'avez ouï dire, fut un des aïeux de Râma : aussi, prenant de nobles sentiments, la mer, à la vue de sa force immense, lui rendra certainement, *je le répète*, les bons offices d'une parente. » Ces paroles de Vibhîshana, le sage Démon, plurent au fils de Raghou, dont le caractère était naturellement fait pour le devoir.

Et, par une déférence de politesse, le héros à la grande splendeur, habile dans ses travaux, dit ces mots que précédait un sourire, à Lakshmana comme à Sougrîva, le monarque des singes : « J'approuve, Lakshmana, ce conseil de Vibhîshana ; dis-moi, sans tarder, Sougrîva, s'il te plaît également. »

À ces mots, les deux héros, Lakshmana et Sougrîva, lui répondirent, *d'un commun accord*, en ces termes, d'une résolution bien arrêtée : « Les Dieux puissants, Indra même à leur tête, ne pourraient conquérir Lankâ, s'ils n'avaient d'abord jeté un pont sur cette mer, séjour épouvantable de Varouna ! Suis, mon ami, cet avis, convenable ou non, de Vibhîshana : ne perdons pas de temps et que la mer soit liée d'un pont ! »

Trois nuits alors s'écoulèrent ainsi dans la compression des sens pour ce héros d'une grandeur infinie, couché sur le sol de la terre. Mais Râma eut beau réprimer ses sens et lui rendre tout l'honneur qu'elle méritait, la mer ne se montra point à ses yeux.

Alors, s'irritant contre elle et voyant à ses côtés Lakshmana, il dit les yeux enflammés ces paroles avec colère : « Vois donc, Lakshmana, l'insolence de cette ignoble mer ! Je l'honore, et pourtant elle ne veut pas m'accorder la vue de sa personne ! La placidité, la patience, la douceur, l'attention à ne dire que des choses aimables, sont des qualités dont les fruits n'ont jamais de saveur pour les gens sans vertus. Le monde ne sait honorer que l'homme cruel, audacieux, qui se donne à soi-même des éloges et qui, dénué de raisons persuasives, ne parle jamais que le bâton levé.

« Apporte-moi donc au plus tôt mon arc et mes flèches pareilles à des serpents ! Je vais à l'instant même bouleverser dans ma colère cette mer qu'on ne peut émouvoir ! »

Ces mots dits, Râma de saisir dans les mains de Lakshmana ses flèches et son arc céleste, auquel soudain il attacha la corde.

Il courba son grand arc, et ce mouvement ébranla, pour ainsi dire, la terre ; puis il décocha ses dards acérés, tel qu'Indra lance ses tonnerres ! Ces longs traits flamboyants, et dont la splendeur était semblable à celle du feu, volent rapidement au sein des eaux et font trembler tous les poissons de l'Océan.

Au même instant s'élevèrent par milliers, semblables au mont Vindhya, les flots du souverain des fleuves, portant *jusqu'aux nues* les requins et les crocodiles. Hérissé par des multitudes de vagues monstrueuses et jonché par des masses de coquillages, le grand bassin des eaux s'agitait avec des ondes enveloppées de fumée. La terreur fouettait les reptiles aquatiques, la gueule en feu, les yeux enflammés. Ensuite, ayant éprouvé la puissance du héros et vu quelle terrible affaire il avait soulevé contre lui-même, le grand souverain qui règne sur les fleuves se fit voir en personne au fils du souverain qui régna sur le monde.

Ouvrant donc près du *noble* Râma ses vastes flots, la mer se montre alors entourée de ses monstres aux gueules enflammées. Semblable au suave lapis-lazuli, portant une robe de pourpre et des guirlandes de fleurs rouges avec des parures faites d'or, la mer, accompagnée de ses ministres, s'approche de Râma, sans tarder, et, les mains réunies en coupe à ses tempes, lui adresse un discours modeste et doux. Le saluant d'abord avec son nom, elle dit : « Râma ! » ensuite, la mer vigoureuse lui tint ce langage :

« La terre, le vent, l'air, l'eau et la lumière, qui est la cinquième, se tiennent, mon ami, dans leur nature et suivent la voie éternelle *qui leur fut assignée*. Impérissable, j'ai reçu pour ma qualité la profondeur : être guéable serait un renversement de ma nature ; je te répète là ce qui me fut dit *à l'origine des choses*. Un de tes aïeux à la grande splendeur et nommé Sagara fut jadis *en ces lieux* mon auteur, et c'est de son nom que je suis appelée Sâgara, moi, la souveraine des rivières et des fleuves. Je ne veux pas qu'on élève un pont sur moi ; mais jette un môle dans mes eaux, Râma, et je t'y donnerai un chemin facile, par où passeront tes singes. L'origine de cette voie solide au milieu de la mer sera dès lors une merveille dans le monde ; et c'est à toi surtout qu'il sied, Râma, de me laisser *à jamais* ce *monument* de toi.

« Apprends de moi, mon ami, le moyen de traverser mon domaine. Râma, voici un singe appelé Nala : c'est le fils de Viçvakarma, qui l'a doué de ses dons ; Nala, qui trouve son *plus grand* plaisir à procurer ton bien même. Que ce fortuné singe, capable de grands travaux, soit préposé à la construction du môle et qu'il fasse, ô le meilleur des hommes, une jetée dans mes eaux ! Je consens à la supporter, vu l'importance de l'affaire qui amène ici ta majesté ; j'empêcherai les monstres marins de rôder *au milieu de ces travaux*, et Mâroute lui-même retiendra son souffle. Enfin, je rendrai mes flots immobiles, à ton ordre comme à celui de Nala. »

Quand il vit la mer tenir ce langage, Nala répondit au fils de Raghou : « Je mettrai en œuvre cette capacité, *insigne faveur* de mon père, et j'élèverai une vaste chaussée dans l'habitation des monstres marins : la reine des eaux a dit la vérité. »

La mer, aussitôt qu'elle eut ouï ce langage de Nala, prit congé de Râma et rentra dans son domaine.

À l'ordre de Sougrîva, les singes de s'élancer pleins d'empressement vers le bois par centaines de mille. Là, se chargeant d'açvakarnas, de shorées, de bambous et de roseaux, de koraïyas, de pentaptères arjounas, de nauclées, de tilâs, de mulsaris, de bakapoushpas et d'autres arbres ; apportant même des cimes de montagne, les singes par centaines de mille en construisent une chaussée dans les eaux de la mer. Les uns, d'une force immense, arrachaient à l'envi des crêtes de montagnes ou des roches luisantes d'or, et venaient déposer leur faix dans la main de Nala.

Des singes pareils à des éléphants élevaient ce môle de la mer avec des monts aussi gros qu'une ville et des arbres encore tout parés de fleurs.

Le chemin s'en allait dans la mer, se dépliant sur les dix yodjanas de sa largeur, comme on voit dans la chaude saison un grand nuage se dérouler au souffle du vent.

Ces travailleurs à la force immense, pour lier entre eux les intervalles de la jetée, couchèrent là des arbres attachés avec des arbrisseaux pullulants de sauterelles, avec des câbles de lianes et de roseaux.

Les autres, par centaines de mille, chargeant d'un seul coup sur leurs épaules des sommets de montagnes, en formaient les assises du môle dans les eaux de la mer. Des singes rapides, vigoureux, secouaient impétueusement et renversaient même dans l'*Océan* , roi des fleuves, les arbres nés sur le rivage. C'était alors *partout* dans ce grand bassin des eaux un bruit confus de roches transportées et de cimes rompues.

Sougrîva lui-même, grimpant de montagne en montagne et semblable à un nuage, en faisait descendre les sommets par centaines et par milliers. Le bel Angada rompit de sa main le faîte du mont Dardoura et le fit rouler dans les flots salés comme une nuée d'où jaillissent des éclairs. Ici Maînda et Dwivida même accouraient, voiturant d'un pied hâté une grande cime, qu'ils venaient d'arracher, toute revêtue encore de sa forêt de sandal fleurie de tous les côtés.

Épouvantés du fracas, tous les quadrupèdes et les volatiles des bois, impuissants à *courir ou* voler, restaient nichés *ou tapis* dans les cimes des montagnes.

Les plus hauts Rishis, les Siddhas, les Gandharvas et les Dieux, brûlants de voir cette merveille, tous alors d'accourir là, couvrant de leur multitude la plaine éthérée. Les Rishis, les Pitris, les Nâgas, les saints rois, les Yakshas et Garouda lui-même viennent contempler ce môle jeté dans la grande mer. Et, se tenant au sein des airs, non loin de Râma, tous lui rendent leurs hommages et parlent ainsi d'une voix douce : « Quel créateur, sans excepter même Indra, secondé par les Dieux, a fait jadis ou fera jamais un ouvrage tel que celui du noble Raghouide ?

« Autant que subsistera cette mer, aussi longtemps durera, comme elle est, cette *admirable* jetée : et tant que la renommée dira le nom de cette mer, elle publiera en même temps le nom de Râma [41] ! »

—

Accourus à la hâte dans ces lieux : « Qui a lié d'une chaussée les deux rives de cette mer ? » demandaient émerveillés les Tchâranas et les Vidyâdharas. « Celui, répondait-on, qui a lié d'une chaussée les deux rives de cette mer, c'est Râma. » Et ces mots dans un bruit confus *de voix* mêlées s'en allaient par les dix points de l'espace et venaient frapper les oreilles jusque sur la terre.

De peur que l'astre du jour ne brûlât, si peu même que ce fût, les singes dans leurs fatigants travaux, des nuages, nés sous la voûte des cieux, interceptaient les rayons du soleil. Indra versait la pluie et Mâroute son haleine d'une manière *tout à fait* propice : on vit même les arbres distillant alors un miel semblable aux nourritures accoutumées des singes.

Commencée à la rive septentrionale, la jetée se prolongeait jusqu'au rivage de Lankâ ; et, d'une admirable beauté, on la voyait diviser la mer en deux parties. Large, bien exécutée, propice, faite pour tous les êtres, elle brilla désormais au front de l'Océan comme une raie de chair, qui partage les cheveux sur le milieu de la tête.

La jetée construite, le passage des singes magnanimes par milliers de kotis exigea un mois entier.

Enfin, ayant repris haleine et s'étant reposés tous, chacun dans son armée, ces quadrumanes fameux traversèrent l'Océan sur la voie qui était née sous leurs mains. Vibhîshana, une massue au poing, se tenait avec ses *quatre* amis sur la rive ultérieure de la mer afin de repousser l'approche des ennemis.

———

Quand Râma, le Daçarathide, eut traversé la mer avec son armée, le fortuné Râvana de parler ainsi à deux de ses ministres, Çouka et Sârana : « L'armée entière des singes a franchi l'infranchissable Océan, et Râma a lié d'une chaussée, qui n'existait pas avant ce jour, les deux rives de cette mer. On n'a jamais ni vu ni ouï dire qu'un pont fût jeté sur la mer elle-même : c'est donc le Destin qui, pour nous perdre, étend son bras *vers nous* ! C'est Râma qui fit, Sârana, ce travail incroyable : la construction d'une telle chaussée en plein Océan trouble à cette heure mon esprit. Il faut nécessairement que je connaisse le nombre de cette armée simienne : une fois ces informations prises, je disposerai nos moyens de résistance.

« Que vos excellences, revêtant le corps des singes, entrent *donc*, sans qu'on les remarque, dans cette armée, et veuillent bien en supputer les forces. Observez, et l'armée, et l'ordre suivi des marches, et quels desseins ont les guerriers, et la stature, et la vigueur, et qui sont les plus excellents des quadrumanes. »

« *Il sera fait* ainsi ! » répondent à cet ordre les démons Çouka et Sârana, qui s'en vont d'un vol rapide où est l'armée *des ennemis*. Là, revêtus d'une forme simienne, les deux ministres du monarque des Rakshasas entrent, sans avoir été remarqués, sous le déguisement que leur avait prêté la magie, dans l'armée des singes, dont l'imagination n'aurait pu se peindre une idée et dont l'aspect aurait fait dresser le poil d'épouvante.

Çouka et Sârana virent cette grande armée assise ou courant par milliers sur le faîte des montagnes, sur les rives de la mer, dans les cavernes, dans les bois fleuris, le long des cataractes, et se mirent à computer de tous leurs soins. Mais *en vain*, Sârana et Çouka ne surent pas trouver le nombre de cette armée simienne, invincible, sans fin, indestructible.

Vibhîshana reconnut sous leur déguisement ces deux magnanimes pour des espions venus de Lankâ. Ce héros à la grande vigueur les fit saisir par des singes aux forces épouvantables et dénonça les deux compagnons à Râma : « Sache que ces deux *faux singes* , lui dit-il, sont des espions qui nous viennent de Lankâ ! »

Alors, pleins de trouble et désespérant de leur vie à l'aspect de Râma, ceux-ci de joindre en coupe leurs mains suppliantes et de lui adresser tout frissonnants les paroles suivantes : « Nous sommes venus dans ton camp, héros, les délices de Raghou, parce que Râvana nous envoya tous deux, observer ici toute cette armée sous tes ordres. »

Quand il eut ouï ces mots, Râma le Daçarathide, qui trouvait son plaisir dans le salut de tous les êtres, dit en souriant ces paroles : « Si vous avez bien vu toute l'armée, si vous nous avez suffisamment observés, si vous avez tout fait de la manière qu'on vous l'avait dit, retournez-vous-en comme il vous plaira. Vous pouvez, à votre aise, emporter vos calculs à la ville de Lankâ. Je vais dans ce moment, noctivagues, vous donner un sauf-conduit ; et, s'il est quelque chose que vous n'ayez pas encore *bien* vu, il vous est permis de le voir une seconde fois.

« Mais une fois rentrés dans votre cité, n'oubliez pas de répéter au monarque des Rakshasas, le frère puîné du Dieu qui donne les richesses, ces paroles de moi, telles que je vous les dis : « Fais-nous voir autant qu'il est dans ta puissance, avec le secours de ton armée et de tes parents, cette vigueur que tu as déployée ce jour du temps passé, où tu m'as enlevé Sîtâ !

« Vois, quand demain sera venu, toute la ville de Lankâ s'écrouler sous mes flèches avec ses remparts, avec ses portiques, avec son armée de Rakshasas ! »

À cet ordre, les deux Yâtavas *partent, ils* arrivent dans la cité de Lankâ, où Çouka et Sârana disent au roi des Rakshasas :

« Arrêtés *dans notre mission* par Vibhîshana, la mort nous était due, monarque des Rakshasas ; mais, conduits en présence du magnanime Râma, ce prince à la vigueur sans mesure nous fit rendre la liberté. C'est là que nous vîmes réunis dans un même lieu et semblables aux gardiens du monde ces quatre héros à la grande force, aux mains instruites dans le maniement des armes, au courage inébranlable : Râma, le beau Daçarathide, Lakshmana à l'immense vigueur, Sougrîva d'une splendeur éblouissante et Vibhîshana, ton frère.

« Les voilà donc, ces héros quadrumanes, arrivés sous les murs de notre Lankâ inexpugnable. On ne trouve pas la fin de cette armée, qui a passé déjà et qui passe maintenant la mer sous la protection de Râma, qui semble, sire, un de ces Dieux préposés à la garde du monde. Loin d'ici la guerre ! Que la paix soit résolue ! Rends sa Mithilienne au fils du roi Daçaratha. »

Quand il eut ouï ces paroles justes, hardies, bien dites par Sârana, le roi de lui répondre en ces termes : « Je ne rendrais pas même Sîtâ par la crainte du monde entier, les Dânavas, les Gandharvas et les Dieux vinssent-ils à fondre sur moi ! »

À ces mots, Râvana, plein d'une bouillante colère, se leva du siège royal et, poussé par le désir de voir, il monta, rapide, sur le faîte de son palais, qui avait la blancheur de la neige et dont la hauteur eût égalé plusieurs palmiers, *l'un sur l'autre étagés*. Flamboyant de *tout* son corps, il abaissa les yeux sur la terre, et, accompagné de ces deux espions, il contempla cette grande armée. Il vit, et la mer, et les montagnes couvertes de héros simiens, et les contrées de la terre bien remplies de singes. Quand il eut considéré cette armée de quadrumanes, immense, incalculable, sans terme, le monarque fit ces demandes à Sârana :

« Qui sont parmi eux les enfants des Dieux ? Qui sont réduits à des forces purement humaines ? Qui sont ici les singes de qui Sougrîva écoute les conseils ? Qui sont les chefs des chefs ? Indique-moi promptement, Sârana, les singes qui sont ici les généraux ? »

À ces mots du monarque de Rakshasas, l'interrogé, à qui les principaux des singes n'étaient pas inconnus, lui répondit : « Le singe qu'entourent mille centaines de capitaines et qui rugit, le front tourné vers Lankâ ; ce héros de qui la grande voix fait trembler toute la cité avec ses remparts, ses portiques, ses bois, ses montagnes et ses forêts ; ce général qui se tient à la tête des armées du magnanime Sougrîva, l'Indra de tous les singes, on l'appelle Nala. Il est fils de Viçvakarma, et c'est par lui que ce pont fut construit.

« Semblable au faîte d'une montagne et pareil en couleur aux fibres du lotus, ce guerrier vigoureux, qui, tenant ses bras levés, creuse des pieds la terre et qui, la face tournée vers Lankâ dans une fureur débordée, ouvre à chaque instant sa bouche par des bâillements de colère, fait claquer à chaque pas sa queue et remplit du son les échos aux dix points de l'espace ; ce héros qui, environné par un millier de padmas [42] et par une centaine de cent milliards, te défie au combat, fut sacré comme roi de la jeunesse par Sougrîva, le monarque des singes : le nom qu'il porte, est Angada.

« *Tu vois* ce singe blanc, qui semble d'argent, qui vient de s'aboucher à la tête de son armée avec Sougrîva et qui s'en retourne, divisant *par sa marche* les armées simiennes, au milieu desquelles sa vue répand la joie. Il promène ses pas sur les rives charmantes de la Gomatî, sur les flancs du mont Arbouda, et tient le sceptre en ces lieux, où s'élève, peuplée d'oiseaux variés, la montagne nommée Sankotchana. Ce quadrumane fortuné, distingué par l'intelligence et fameux dans les trois mondes, est appelé Koumouda.

« Celui-ci d'une immense vigueur, et qui entraîne autour de lui cent et un mille guerriers, s'appelle Nîla, capitaine des capitaines et conseiller du magnanime Sougrîva, le monarque des singes.

« Cet autre, de qui les cheveux épars, affreux à voir, longs de plusieurs brasses, descendent jusqu'à sa grande queue et ressemblent à la crinière d'un lion ; *cet autre, dis-je*, roi de Lankâ, qui, d'un naturel irascible et dans une *bouillante* colère, aspire au combat, a nom Végavat, et sa force est égale à celle de Sougrîva. Environné par un millier de cent mille kotis, il se vante de broyer Lankâ sous les coups de son armée !

« Ce général de couleur fauve, qu'on dirait un lion à sa longue crinière et qui, poussant des rugissements répétés, observe Lankâ d'une contenance plus modeste, est nommé Parvata. Il remplissait *avant ce jour* de ses cris éternels le Vindhya, qu'il habite, montagne azurée, délicieuse et charmante à la vue.

« Ce général simien, qui tient là ses oreilles ouvertes et qui bâille *d'impatience*, qui ne détourne pas ses yeux et ne s'écarte pas de son armée, qui montre enfin tant de sécurité dans ces grands dangers, a pour demeure le mont Tchandra, sire, et pour nom Çarabha. Tous les singes, compagnons de ce puissant capitaine, sont au nombre de cent milliers et de quarante centaines.

« Ce grand singe qui, dérobant le ciel, comme un grand nuage, se tient au milieu des chefs quadrumanes, comme Indra parmi les Dieux, là où, tel que le bruit des tambours, on entend les rois simiens appeler à grands cris le combat ; ce général, vif, irascible, semblable à une montagne et toujours irrésistible dans une bataille, habite le Pâripâtra, mont sublime, et se nomme Pauasa.

« En voici un autre, que suit une armée formidable, excellente, de singes, campés avec lui sur le rivage de la mer, comme une seconde mer. Ce général, appelé Vinata, habite le mont Dardoura et s'abreuve dans la rivière Parnâça : cent millions de guerriers sont répandus autour de lui.

« Celui-là, qui, pareil au sombre nuage, les yeux enflammés, le visage doré comme le soleil, et tenant levée une roche immense, te défie au combat, se nomme Krathana. Son armée comprend soixante centaines de mille hôtes des bois.

« Voici Gavaya, que la colère pousse vers toi, singe plein de splendeur et qui nourrit un corps dont la teinte est ressemblante à l'or. Dix milliers et dix centaines de kotis lui obéissent, tous singes prompts et d'une grande vigueur. À leur tête, il peut te vaincre sur un champ de bataille, ô toi qui domptes les cités des ennemis ! »

Après qu'il eut contemplé cette armée simienne aux nobles âmes, examiné la vigueur et l'héroïsme, entendu rapporter le nombre des singes, le monarque pâlit dans tout son corps et sentit faiblir sa résolution.

Quand Sârana, le magnanime Rakshasa, eut fini de parler, Çouka saisit l'occasion, et, contemplant toute l'armée, il dit à Râvana :

« Ces deux jeunes princes que tu vois là avec des formes célestes, sont Maînda et Dwivida : ils n'ont point d'égal au combat. Ils ont obtenu de Brahma la permission de manger l'ambroisie : aussi proclament-ils que leur seule force peut broyer la ville de Lankâ !

« Ces deux autres, qui, semblables à des montagnes, se tiennent à leurs côtés, sont Dourmoukha et Soumoukha, fils du Trépas, égaux à leur père. Environnés par cent millions de guerriers, ils observent la ville et se vantent que leur force va réduire en poussière la cité de Lankâ !

« Celui que tu vois là se tenir comme un éléphant enivré *pour les combats* ; ce guerrier qui peut dans sa colère agiter, quoi qu'elle fasse, la mer elle-même par sa vigueur seule, est ce même singe qui a déjà triomphé de Lankâ et qui a déjà vu Sîtâ : vois-le revenu devant ces murs, lui que tes yeux ont vu dès avant ce jour. C'est le fils aîné de Kéçari, *ou plutôt*, dit la renommée, c'est le fils du Vent. On l'appelle Hanoûmat, et c'est lui-même qui a franchi la mer. On ne peut mettre obstacle à son chemin, comme il est impossible d'arrêter le vent dans sa route. Un jour, au temps qu'il était un enfant, comme il vit le soleil qui se levait, il s'élança vers lui ; ce fait est certain : il franchit une route, qu'il parcourut jusqu'à trois mille yodjanas : « Je prendrai le soleil, avait-il dit, et le soleil n'ira plus sur moi ! » Il avait arrêté cette résolution dans son âme, que sa force déjà enivrait d'orgueil. Mais, sans atteindre le soleil, ce Dieu, le plus invincible des êtres aux Dânavas, aux Rishis, aux Dieux mêmes, il tomba sur la montagne, où se lève *chaque jour* l'astre qui donne la lumière. Le singe au corps solide, précipité sur la face d'un rocher, s'y brisa quelque peu l'une des mâchoires : c'est de là qu'il est appelé Hanoûmat. Voilà ce que j'ai appris sur lui dans cette excursion même, où j'ai mis toute mon attention. Sa vigueur, ses formes, sa puissance est chose impossible à décrire.

« Ce héros, qui est là tout près de lui ; cet homme au teint bleuâtre, aux yeux comme les pétales du lotus ; ce guerrier, le plus grand des Ikshwâkides ; lui, de qui la valeur est célèbre dans le monde ; lui, de qui le devoir ne s'écarte jamais et qui n'abandonne jamais le devoir ; lui, qui est le plus instruit des hommes instruits dans les Védas et qui sait manier la céleste flèche de Brahma ; ce prince, en qui réside avec la destruction même l'assemblage de toutes les armes ; lui, qui pourrait fendre le ciel et déchirer la terre avec ses flèches ; lui, de qui la colère est comme celle de la mort et le courage est comme celui d'Indra, c'est Râma le Daçarathide, à qui naguère tu es allé dans un ermitage du Djanasthâna ravir son épouse et qui vient ici te livrer bataille !

« *Ce guerrier*, qui est à son côté droit avec un éclat d'or épuré, une large poitrine, les yeux dorés, les cheveux noirs et bouclés, c'est Lakshmana, l'exterminateur des ennemis, son frère, qu'il tient pour égal à sa vie. Habile à gouverner autant qu'il est habile à combattre, il a épuisé toute la science des armes ; il est impétueux, difficile à vaincre, fort, courageux dans le combat, victorieux ; c'est le bras droit de Râma ; il est continuellement comme son âme qui se meut autour de lui.

« Ce guerrier, qui, environné par un peloton d'Yâtavas est venu se placer au flanc gauche de Râma, c'est ton frère lui-même, Vibhîshana. Dans sa colère contre toi, il s'en est allé prêter l'appui de ses conseils au Raghouide ; et ce roi fortuné des rois a fait sacrer Vibhîshana comme monarque de Lankâ.

« Jadis, lancé par le vent, un grain de poussière entra dans l'œil gauche du maître des créatures, et le contact de *cet hôte incommode* lui causa une impression douloureuse. Brahma le prit donc avec la main gauche et l'envoya tomber au loin ; puis cette pensée lui vint à l'esprit : « Que va-t-il naître de cela ? »

« À l'instant même s'éleva une forme de jeune fille aux yeux de lotus, aux regards tremblants comme l'éclair, au visage rond comme le disque de la lune, et brillant comme un flocon d'écume, sur lequel vacille un rayon de lumière. Brahma lui-même n'avait jamais rien vu, ni Pannagî, ni Asourî, ni Gandharvî, ni Déesse elle-même d'une égale beauté. Les gardiens célestes du monde, à sa vue, d'accourir en ce lieu. Alors, s'étant approché de Brahma, le soleil de lui parler en ces termes : « De qui est cette nymphe à la figure charmante ? Quelle raison l'a conduite ici ? Pourquoi cette fille des Nâgas, quittant sa ville de Bhogavatî, est-elle venue ici ? Est-ce la Grandeur, la Perfection, Lakshmî, la Satisfaction, la Splendeur ou l'Aurore ? Aussitôt le Pradjâpati de raconter cette histoire au Soleil.

« Un jour qu'elle s'était baignée sur le sein du Mandara, le soleil dit ces mots à la nymphe, toute fière de sa jeunesse et de sa beauté : « Par l'opération d'une force écoulée de ma splendeur, il te naîtra un fils d'une immense vigueur, invincible dans les grandes batailles aux Rakshasas, aux Pannagas, aux Yakshas, aux Démons, aux Dieux ; *un fils*, à qui les Tridaças eux-mêmes n'auraient pas la puissance d'ôter la vie. »

« Dès qu'il eut gratifié la nymphe de cette faveur *éminente*, le Dieu partit aussitôt. Elle fut appelé Bâlâ par le soleil, parce qu'elle était dans la fleur de l'adolescence.

« Ensuite, dans la saison qui abonde en toutes les espèces de fleurs, un jour que le bienheureux Indra se promenait, agité par l'amour, il vit cette jeune fille belle en toute sa personne ; et ce Dieu, que tous les Dieux honorent, en fut ravi dans la plus haute admiration. De qui, *lui dit-il*, de qui es-tu la fille entre les Rakshasas, les Pannagas et les Yakshas ? Tu ravis mon âme, belle timide, car tu es ce que j'ai vu de plus beau ! »

« Alors il toucha de sa main fraîche comme l'onde, par la nature de son essence divine, cette nymphe bien séduisante et lui dit encore ces paroles : « Deux singes d'une forme céleste, possédant toutes les sciences, prenant à leur gré toutes les formes, naîtront de toi, noble nymphe : bannis donc ta crainte. Ces glorieux jumeaux seront appelés Bâli et Sougrîva. Il est une caverne sainte, riche de fruits et de fleurs célestes ; on la nomme Kishkindhyâ. C'est là qu'ils doivent exercer l'empire sur tous les héros simiens. Il naîtra dans la race d'Ikshwâkou un prince fameux, nommé Râma, qui sera Vishnou même sous une forme humaine : un de tes jumeaux est pour s'unir d'une alliance avec lui. »

« Cet invincible seigneur de tous les rois simiens est celui-là même que tu vois debout ici tout près de Lakshmana : il surpasse les singes en splendeur, en renommée, en intelligence, en force, en noblesse, autant que l'Himâlaya dépasse en hauteur les montagnes. Il habite avec les principaux chefs la Kishkindhyâ, caverne pleine de singes, impénétrable et située au milieu d'une montagne. C'est autour de lui que resplendit cette guirlande d'or, où s'entrelacent cent lotus et dans laquelle réside la fortune, non moins agréable aux Dieux qu'elle est aimée des hommes. Cette guirlande et la belle Târâ, et l'empire éternel des singes, sont les dons que Râma fit à Sougrîva quand sa main eut donné la mort à Bâli.

« Maintenant que tu as vu, grand monarque, cette armée impatiente de combattre et pareille à la planète qui vomit des flammes, déploie tes plus héroïques efforts de manière que tu remportes la victoire et non la défaite. »

Râvana, saisi de colère, éclata en menaces à la fin du récit, et, courroucé, il jeta aux deux héros Çouka et Sârana, ces reproches d'une voix bégayante de fureur : « Tenir un discours si blessant au roi qui dispense et les faveurs et les peines, c'est un langage qui, certes, ne convient pas dans la circonstance à des conseillers qui vivent dans sa dépendance ! Des paroles comme celles que vous avez dites l'un et l'autre siéent à des ennemis déclarés et qui s'avancent pour le combat ; mais dans votre bouche, elles ne sont point à louer.

« Certes ! j'enverrais à la mort ces deux coupables, qui osent vanter les forces de mes ennemis, si leurs anciens services n'inclinaient mon courroux à la clémence : ils iraient voir à l'instant même, envoyés par moi, le Dieu *sombre* Yama !

« Que ces deux méchants sortent d'ici et s'éloignent vite de ma présence ! je ne veux plus vous avoir sous les yeux, vous de qui les paroles offensent ! »

À ces paroles, les deux *ministres* Çouka et Sârana, tout confus, de saluer ce monarque aux dix têtes avec le mot d'usage : « Triomphe ! » et de sortir à l'instant.

Il manda le Rakshasa Vidyoudjihva, magicien au grand corps, à l'immense vigueur ; puis il entra dans le bocage où était la Mithilienne. Quand le puissant magicien fut venu, le monarque des Rakshasas lui dit : « Je veux au moyen de ta magie fasciner l'âme de Sîtâ, *cette* fille du roi Djanaka. Fais-moi donc à l'instant une tête enchantée avec un grand arc et sa flèche : puis, reviens à moi, noctivague, *une fois ton œuvre finie.* »

« Oui ! » répondit à ces mots le coureur de nuit Vidyoudjihva, qui bientôt mit sous les yeux de Râvana ce travail de magie parfaitement exécuté. Le roi, content de lui, gratifia d'une parure l'*habile enchanteur* et, d'un pas empressé, il entra dans le joli bosquet d'açokas.

Là, il vit la triste Djanakide, venue elle-même dans ce bocage, plongée dans une affliction qu'elle ne méritait pas, rêvant à son époux et surveillée de loin par ses épouvantables Rakshasîs. Le monarque à l'âme vicieuse dit ces mots à l'adolescente fille du roi Djanaka, qui, *tristement* assise, détournait de lui sa face et tenait son visage baissé vers la terre :

« J'ai toujours été avec toi comme un flatteur, esclave des femmes ; mais, à chaque fois, tu m'as traité comme un être à qui l'on paye en mépris la douceur de ses paroles. Je refrène ma colère soulevée contre toi, Sîtâ, comme un habile cocher, abordant un chemin difficile, modère la course de ses chevaux. Ton époux, noble Dame, vers lequel ton âme se reporte sans cesse, quand elle répond à mes flatteries, est mort dans un combat. Ainsi, de toutes les manières, j'ai coupé ta racine et j'ai terrassé ton orgueil : grâce à ton malheur, tu seras donc mon épouse, Sîtâ !

« Écoute quelle fut la mort de ton époux, aussi épouvantable que la mort de Vritra lui-même ! Il est vrai que ton Raghouide, environné d'une armée nombreuse, commandée par Sougrîva, le roi des singes, a franchi l'Océan pour me tuer !

« Abordé sur la rive méridionale de la mer, à l'heure où le soleil s'inclinait vers son couchant, il s'est campé avec une grande armée. Nos espions, se glissant au milieu de la nuit, ont d'abord visité ces troupes, qu'il ont trouvées lasses du voyage et dormant un agréable sommeil. Ensuite une grande armée de moi, que Prahasta commandait, a surpris dans cette nuit même le camp, où reposaient Râma et Lakshmana. Pleuvent alors de toutes parts au milieu des singes les kampanas, les crocs *aigus*, les bhallas, les tchakras-de-la-mort, les haches, une grêle de flèches, une tempête de patticas, de bâtons en fer massif, de pilons, de massues, de lances, de maillets d'armes et de marteaux de guerre luisants, de traits, de *grands* disques, de moushalas et d'effrayants leviers tout en fer. Bientôt le terrible Prahasta d'une main ferme coupa de plusieurs coups avec une grande épée la tête de Râma, plongé dans le sommeil. Blessé dans le dos à l'instant qu'il se levait en sursaut, Lakshmana, mettant de lui-même un frein à sa valeur, s'enfuit avec les singes vers la plage orientale.

« C'est ainsi que mon armée immola ton époux avec son armée. Sa tête me fut apportée ici couverte de poussière avec les yeux remplis de sang. »

En ce moment, le monarque des Rakshasas dit aux oreilles mêmes de Sîtâ à l'une des Rakshasîs : « Fais entrer Vidyoudjihva aux actions féroces, qui m'apporta lui-même du champ de bataille la tête du Raghouide. À ces mots, la Rakshasî d'aller en courant vers le Rakshasa et d'introduire avec empressement le rôdeur *impur* des nuits. Vidyoudjihva, portant la tête et l'arc, se prosterna, le front jusqu'à terre, et se tint devant le monarque. Ensuite le puissant Râvana dit à l'épouvantable Démon, placé debout et près de lui :

« Mets, sans différer, la tête de ce Daçarathide sous les yeux de Sîtâ ! Allons ! qu'elle voie, cette malheureuse, la dernière condition de son époux. »

À ces paroles, l'esprit impur, ayant fait rouler aux pieds de Sîtâ une tête si chère à sa vue, disparut au même instant, et Râvana, jetant lui-même devant elle un grand arc tout resplendissant : « Voilà, dit-il, ce qu'on appelle dans les trois mondes l'arc de Râma ! Cette arme, à laquelle tient sa corde, c'est Prahasta qui me l'apporta ici lui-même, après qu'il en eut tué le maître dans cette nuit de combat. »

Quand Râvana vit Sîtâ, qui, fidèle à sa foi conjugale et déchirée par le malheur de son époux, versait des larmes : « Qu'as-tu, lui dit-il, à voir ici davantage ? *Allons !* deviens mon épouse, noble dame ! »

À peine Sîtâ eut-elle vu cet arc gigantesque et la tête ravissante ; à peine eut-elle vu, et les cheveux, et cette place de la tête, où leur extrémité se rattachait en gerbe, et le joyau étincelant de l'aigrette, que, tombée dans une profonde douleur et convaincue par tous ces traits exposés devant ses yeux, elle se mit à maudire Kêkéyî et à pousser des cris comme un aigle de mer.

« Jouis, au comble de tes vœux, Kêkéyî ! ce héros qui répandait la joie dans sa famille est tué, et toute sa race est détruite avec lui par une ambitieuse, amie de la discorde ! »

La chaste Vidéhaine eut à peine articulé ces mots, que, tremblante et déchirée par sa douleur, elle tomba sur la terre, comme un bananier tranché dans un bois. Dès que la respiration lui fut rendue et qu'elle eut recouvré sa connaissance, elle baisa cette *pâle* tête et gémit cette plainte avec des yeux troublés :

« Je meurs avec toi, héros aux longs bras ! *c'est là ce que demande* la foi que j'ai vouée à mon époux. Ce dernier état *de l'homme* est donc maintenant le tien, et mon veuvage m'arrache également la vie. Le premier et le *plus* saint asile de la femme, dit-on ici-bas, est celui qu'elle trouve auprès de son époux. Honte soit donc à moi, qui peux te voir dans cet état suprême *de la mort* !

« En effet, toi qui fus renversé dans ton premier élan pour me sauver, n'est-ce point à cause de moi que tu fus tué dans cette lutte avec les Rakshasas ? La parole de ceux qui t'avaient promis une longue vie n'était donc pas vraie, héros à la force inimaginable, puisque tu n'as point vécu de longues années. Comment as-tu pu tomber dans cette mort sans la voir, toi, versé dans les traités de la politique, habile à te garantir des malheurs et qui savais opposer la ruse à *la ruse* ? Mais, quelque savant qu'il soit, la science de l'homme expire au moment qu'arrive le Destin contraire et que vient *l'heure* de la mort. Car la mort, impérissable et souveraine, moissonne également tous les êtres.

« Sans doute, tu es allé dans le ciel, héros sans péché, te réunir à Daçaratha, ton père et mon beau-père, ainsi qu'à tes antiques aïeux ? Là, tu contemples ces rois saints de ta race immaculée, qui, en célébrant les cérémonies des plus grands sacrifices, ont mérité de former dans le ciel une constellation.

« Pourquoi ne tournes-tu pas tes yeux sur moi, Râma ? Pourquoi ne m'adresses-tu pas une parole, à moi qu'enfant tu pris enfant pour ton épouse et qui toujours accompagnai tes pas ?

« Lakshmana, revenu seul de *nous* trois, qui étions partis pour l'exil, répondra aux questions de Kâauçalyâ, insatiable de chagrins.

« Il racontera donc, héros, ta mère l'interrogeant, et mon enlèvement par un Démon, et cette mort *fatale*, que tu as reçue des Rakshasas dans une heure où tu dormais. À la nouvelle que son fils *unique* fut tué dans le sommeil et qu'un Rakshasa m'avait déjà lui-même ravie à *mon époux*, elle quittera sans doute la vie, car tout son cœur se brisera. Allons, Râvana ! fais-moi tuer promptement sur le corps de Râma ! Joins l'épouse à son époux, et procure-moi ce bonheur, le plus grand *que je puisse goûter maintenant*.

« Place ma tête sur cette *froide* tête, unis mon corps à son corps : je suivrai dans sa route mon époux magnanime ! »

Ainsi la fille du roi Djanaka gémissait, consumée par sa douleur, et contemplait avec ses yeux troubles *ce qu'elle croyait* l'arc et la tête de son époux. Mais, tandis qu'elle se lamente de cette manière, voici venir le général des armées, les mains réunies en coupe, désirant parler au puissant monarque. Dans le même instant, l'âme troublée de ce qu'il venait d'apprendre, le portier du palais courut annoncer au *noctivague* souverain la nouvelle effrayante et malheureuse, *que le général apportait à son maître* . « Triomphe, dit-il, fils d'une noble race ! » Puis, après qu'il se fut incliné *sur la terre* , il raconta d'un air stupéfait la chose à l'Indra même des Rakshasas : « Prahasta est arrivé avec tous les conseillers ; il désire t'informer d'une affaire un peu fâcheuse, qui *nous* est survenue. »

À ces mots, le puissant monarque sortit avec empressement, et vit Prahasta, qui attendait non loin, accompagné des ministres. Mais à peine fut-il sorti, vivement ému, que la tête feinte s'évanouit et que l'arc gigantesque disparut avec elle.

Ayant su que Sîtâ était *comme* aliénée *par sa douleur* , une Rakshasî, nommé Saramâ, s'approcha de la Vidéhaine pour la consoler. Car, pleine de compassion et ferme dans ses vœux, elle s'était prise d'affection pour Sîtâ et lui adressait toujours des paroles aimables. Elle vit donc alors Sîtâ, l'âme pénétrée de chagrin, assise et souillée de poussière, comme une cavale *qui s'est roulée* dans la poudre.

Quand elle vit sa chère amie dans une telle situation, Saramâ, cherchant à la consoler, lui dit ces mots d'une voix émue par l'amitié : « Djanakide aux grands yeux, ne plonge pas ton *âme* dans ce trouble. Il est impossible qu'on ait surpris dans le sommeil ce Râma, qui a la science de son âme. La mort ne trouve même aucune prise dans ce tigre des hommes. On ne peut tuer les héros quadrumanes, qui ont pour armes de grands arbres et que Râma défend, comme le roi des Immortels défend les Dieux. Tu es fascinée par une illusion, ouvrage d'un terrible enchanteur. Bannis ton chagrin, Sîtâ ! la félicité va renaître pour toi ! »

Tandis que la bonne Rakshasî parlait de cette manière avec Sîtâ, elle entendit un bruit épouvantable d'armées qui en venaient aux mains ; et, quand elle eut distingué le bruit des tymbales frappées à grands coups de baguette, Saramâ dit ces mots à Sîtâ d'une voix douce :

« Écoute ! la tymbale effrayante, qui fait courir le brave à ses armes et qui fend le cœur du lâche, envoie dans les airs un son profond comme le bruit des nuées orageuses. Voici qu'on met le harnais aux éléphants déjà enivrés *pour les combats* ; voici qu'on attelle aux chars les coursiers ; on entend çà et là courir les fantassins, qui ont vite endossé la cuirasse, de toutes parts toute la rue royale est encombrée d'armées, comme la mer de grands flots impétueux à la fougue indomptable.

«

Cette épouvante des Rakshasas, belle aux yeux charmants comme les pétales du lotus, c'est Râma qui l'inspire, tel que le Dieu, armé de sa foudre sème la terreur chez les Daîtyas. Bientôt, sa colère éteinte dans le sang de Râvana, ton époux, d'une bravoure inconcevable, viendra te reprendre ici comme le prix de sa conquête ! »

———

De même que le ciel, en versant la pluie, redonne la joie à la terre ; de même la bienveillante Yâtoudhânî remit dans la joie avec un tel discours cette âme égarée, où il était né un cuisant chagrin. Ensuite, cette bonne amie, qui désirait procurer le bien de son amie, lui tint ce langage à propos, elle qui savait les moments opportuns, et, débutant par mettre un sourire en avant de ses paroles : « Je puis m'en aller vers ton Râma, dit-elle, et revenir sans qu'on le sache, belle aux yeux noirs, après que je lui aurai fait part de tous ces discours. »

À Saramâ qui parlait ainsi, la Vidéhaine répondit ces douces paroles d'une voix faible et *comme* étouffée par le chagrin qu'elle venait d'éprouver : « Si tu veux me rendre un service, si tu es mon amie, va et veuille bien t'informer ainsi : « Qu'est-ce que fait Râvana ? »

« Voici la grâce que je voudrais obtenir de toi, femme, de qui les promesses sont une vérité : c'est que je sache toutes les actions du monarque aux dix visages, ses discours touchant Râma et ce qu'il aura décidé même en conseil. »

À ces mots d'elle, Saramâ, troublée par ses larmes, répondit à Sîtâ d'une voix douce ces nobles paroles : « Si c'est là ton désir, *belle* Djanakide, je pars à l'instant pour l'accomplir. » Elle dit et s'en alla près du puissant Démon, où elle entendit tout ce que Râvana délibérait avec ses ministres. Quand elle eut découvert les résolutions du cruel monarque, elle revint avec la même vitesse au charmant bocage d'açokas. Entrée là, elle vit Sîtâ qui l'attendait, Sîtâ, belle comme Lakshmî sans lotus à la main.

« Écoute, Mithilienne, ce qu'a résolu ton ravisseur. Aujourd'hui sa mère elle-même a supplié, Vidéhaine, le monarque des Rakshasas pour ta délivrance ; et le plus vieux de ses ministres lui fit entendre bien longtemps ses représentations :

« Qu'on traite avec les honneurs de l'hospitalité, ont-ils dit, le roi de Koçala, et qu'on lui rende sa Mithilienne. Que ses exploits merveilleux dans le Djanasthâna, sa traversée de la mer, la vue de ce qu'il est *comme Dieu* sous une forme *humaine*, et le carnage des Rakshasas nous suffisent pour exemple ! En effet, quel homme aurait pu consommer de tels actes sur la terre ? » Mais en vain ces avertissements lui sont-ils donnés longuement par sa mère et le plus vieux de ses conseillers, il n'a point la force de te rendre la liberté, comme l'avare ne peut se résoudre à lâcher son or. Ton ravisseur, Djanakide, ne pourra jamais prendre sur lui de te renvoyer sans combat. Voilà quelle résolution fut arrêtée par le monarque des Rakshasas dans le conseil de ses ministres ; et cette pensée demeure immuable par le décret même de la mort. Ni Râma lui-même, ni aucun autre ne peut donc briser tes fers sans combat. Mais ne te fais nullement de cette difficulté un pénible souci. Le Raghouide saura bien, Sîtâ, reconquérir son épouse, et, Râvana une fois immolé par ses flèches, ton époux te remmènera dans sa ville, Mithilienne aux yeux noirs. »

Au même instant, il s'éleva dans le camp de Râma un bruit de tambours mêlé au son des conques, et les montagnes en furent toutes ébranlées.

Au bruit épouvantable qui s'élevait, envoyé au loin par un vent impétueux, la grande ville s'affaissa tout entière dans la peur, tant elle ne put supporter le tumulte des singes.

Râvana le Rakshasa délibéra de concert avec ses ministres ; il examina les choses ; il établit dans Lankâ la plus vigoureuse défense. Il confia la porte orientale au Démon Prahasta, il mit le quartier du midi sous la garde de Mahâpârçwa et de Mahaudara. Il commanda pour la porte occidentale de la ville son fils Indradjit, le grand magicien, environné de nombreux Yâtavas. Il préposa *les deux compagnons* Çouka et Sârana sur la partie du nord : « C'est là que je serai de ma personne ; » dit-il à ses ministres. Il mit Viroûpâsksha d'un grand courage et d'une grande force à la tête de la division postée au milieu de la ville. Quand il eut ainsi disposé les choses dans Lankâ, le souverain des Rakshasas, fasciné par la puissance de la mort, se crut déjà maître du succès.

Parvenus enfin sur le territoire des ennemis, les deux rois des hommes et des quadrumanes, le singe fils du Vent, Djâmbavat, le roi des ours, et le Rakshasa Vibhîshana, Angada, Lakshmana, Nala et le singe Nîla se réunirent tous en conseil pour délibérer.

« La voilà donc qui se montre à nos yeux, *dirent-ils*, cette Lankâ inexpugnable aux Démons, aux Gandharvas, aux Dieux mêmes et par conséquent aux hommes ! »

Tandis qu'ils se parlaient ainsi, le vertueux Vibhîshana, prince habile dans toutes les affaires soumises à la délibération d'un conseil, tint ce langage utile à Râma, mais funeste à Râvana ; discours aux excellentes idées et tissu même avec la substance de la raison :

« *Mes quatre compagnons*, d'une vigueur sans mesure, Anala, Hara, Sampâti et Praghasa, sont allés, au moyen de la magie, dans la ville de Lankâ et sont revenus ici près de moi dans l'intervalle d'un clin d'œil seulement. Changés en oiseaux, ils sont tous entrés dans la cité de l'ennemi, et, visitant ses quartiers, ils ont vu toutes les dispositions faites pour la défense. »

Aussitôt ouïes les paroles qu'avait dites ce frère puîné de Râvana, le Raghouide tint ce langage dans le but d'opposer victorieusement la force à la force des ennemis. « Environné de plusieurs milliers des plus grands héros simiens, que Nîla le singe fonde sur Prahasta le Rakshasa. Qu'appuyé d'une armée formidable, Angada, fils de Bâli, coure à la porte méridionale sur Mahâpârçwa et Mahaudara. Que le fils du Vent à la magnanimité sans mesure enfonce la porte du couchant et pénètre dans la ville, escorté par une foule de singes !

« Quant à moi, me réservant la mort de Râvana, cet Indra puissant des Rakshasas, je forcerai, secondé par le Soumitride, la porte septentrionale de la ville. Enfin que Sougrîva, le roi des singes, et le monarque des ours, et le frère puîné de l'Indra même des Rakshasas se tiennent prêts à charger le corps d'armée posté au milieu de la ville.

« Je défends à tous les simiens de prendre une forme humaine dans la bataille, afin que tous conservent les moyens de se reconnaître au milieu de la mêlée dans leurs divisions respectives. « C'est un singe ! » diront nos gens, qui les distingueront à cette marque. »

Après qu'il eut dit ces paroles à Vibhîshana pour le triomphe de ses armes, le sage Râma conçut la pensée de monter sur la cime du Souvéla.

Parvenu avec les singes au sommet, il s'assit là sur une roche à la surface unie. Ensuite des troupes de simiens, couvrant la terre à la distance de trois yodjanas, gravirent toutes en sautant cette montagne, la face tournée vers le midi. Arrivés là de tous les côtés en peu de temps, ils virent *devant eux* la ville de Lankâ remplie de Rakshasas épouvantables, d'un immense courage et de formes différentes, impatients de combattre ; tous les singes poussèrent de hautes clameurs, tels que des paons à la vue de nuages *pluvieux*. Ensuite le soleil, rougi par le crépuscule, disparut au couchant et la nuit vint promener la pleine lune comme une lampe *au milieu du ciel*.

Quand il eut à propos arrêté mainte et mainte résolution, désirant une exécution immédiate, connaissant la vérité des choses dans leur enchaînement et leurs conséquences, se rappelant d'ailleurs à quels devoirs les rois sont obligés, le Daçarathide appela vers lui Angada, fils de Bâli, et lui dit ces mots avec le consentement de Vibhîshana : « Va, mon ami, vers le monarque aux dix têtes ; ose traverser, exempt de crainte et libre d'inquiétude, la ville de Lankâ, et répète ces mots, recueillis de ma bouche, à ce Râvana, de qui la fortune est brisée, la puissance abattue, la raison égarée et qui cherche la mort :

« Abusant des grâces que t'a données Brahma, l'orgueil est né dans ton cœur, vaniteux noctivague ; et ta folie est montée jusqu'à outrager les rois, les Yakshas, les Nâgas, les Apsaras, les Gandharvas, les Rishis et même les Dieux ! Je t'apporte ici le châtiment dû à ces *forfaits*, moi, de qui tu as suscité la colère par le rapt de mon épouse ; et j'ai la force de tenir la peine levée sur ta tête, moi, *que tu vois déjà* placé devant la porte de Lankâ. De pied ferme dans le combat, je suivrai le chemin, Rakshasas, de tous les rois saints, des Maharshis et des Dieux. Montre-nous donc ici, roi des noctivagues, cette vigueur avec laquelle tu m'as enlevé Sîtâ, après que tu m'eus fait sortir *de mon ermitage* au moyen de la magie. Je ne laisserai pas un Rakshasa dans ce monde avec mes flèches acérées, si tu ne me rends la Mithilienne et ne viens implorer ma clémence. Renonce à la souveraineté de Lankâ, abdique l'empire, quitte le trône, et, pour sauver ta vie, insensé, fais sortir ma Vidéhaine. Ce Vibhîshana qui est venu me trouver, ce sage Démon, le plus vertueux des Rakshasas et comme le devoir incarné, va gouverner, sous ma protection, le vaste empire de Lankâ. »

À ces mots de Râma, infatigable en ses travaux, le fils de Târâ se plongea dans les airs et partit : on eût dit le feu revêtu d'un corps. Un instant après, le gracieux messager abattit son vol sur le palais du monarque, où il vit Râvana paisible et calme assis dans son trône au milieu de ses conseillers. Descendu près de lui, le jeune prince des singes, Angada aux bracelets d'or, se tint vis-à-vis, resplendissant comme un brasier flamboyant.

Puis, s'étant fait connaître lui-même, il rendit, sans rien omettre, au despote, environné de ses ministres, les grandes, les suprêmes, les irréprochables paroles du Raghouide.

À ces paroles mordantes, que lui jetait le roi des singes, Râvana fut saisi d'une violente colère, et, les yeux tout enflammés d'une fureur débordante, il dit alors plus d'une fois aux ministres : « Qu'on saisisse et qu'on châtie cet insensé ! » À peine Râvana, de qui la splendeur égale celle du feu, a-t-il articulé ces mots, quatre épouvantables noctivagues s'emparent aussitôt d'Angada. Le héros se laissa prendre volontairement lui-même pour donner sa force en spectacle dans l'armée des Yâtoudhânas. Mais Angada étreignit aussitôt dans ses deux bras les *quatre noctivagues*, et, les emportant comme des serpents, il s'envola sur le comble du palais, semblable à une montagne. Rejetés par lui du haut des airs avec impétuosité, tous ces Rakshasas alors de tomber sur la terre sans connaissance et la vie brisée. Le fortuné Angada frappe alors de son pied la cime du palais, et ce comble *superbe* tomba du choc aux yeux mêmes du monstre aux dix têtes. Quand il eut brisé le sommet du palais et proclamé son nom : « Victoire, s'écria-t-il, au roi Sougrîva, le puissant monarque des singes ! Et à Râma, le Daçarathide, et au vigoureux Lakshmana, et au vertueux roi Vibhîshana, le souverain des Rakshasas ! car il obtiendra ce vaste empire de Lankâ, après qu'il t'aura couché mort dans la bataille. »

Alors, joyeux, Angada se battit les bras avec ses mains, s'élança *dans les cieux*, revint en la présence du magnanime Râma, et, de retour aux pieds de Sougrîva, il rendit compte de toute *sa mission*. À peine Râma eut-il ouï ce rapport, tombé de la bouche d'Angada, qu'il fut ravi de la plus haute admiration et tourna ses pensées vers la guerre.

L'outrage fait à son palais avait allumé dans Râvana la plus vive colère, et, prévoyant sa ruine à lui-même, il poussait de profonds soupirs.

Alors et sous les regards mêmes du monarque des Rakshasas, les armées, dévouées au bien de Râma, escaladaient par sections la ville de Lankâ. Ces héros d'une vigueur infinie ébranlaient, soit à coups de poing, soit en frappant, les uns avec des arbres, les autres avec les pitons des montagnes, ces hautes portes et ces remparts solides, inébranlables ; et remplissant, ou de terre sèche, ou de sommets arrachés des monts, les fossés aux ondes limpides, les singes combattaient vaillamment.

Ils dévastaient les arcades faites d'or, ils secouaient les hautes portes, semblables aux cimes du Kêlâsa, et volant, bondissant, élevant des cris, les singes, pareils à de grandes montagnes, se ruaient tous sur Lankâ même.

L'âme enveloppée de colère, Râvana aussitôt de commander à toutes les armées de sortir au pas de course. À son ordre, les héros joyeux de s'élancer par toutes les portes en masses compactes, tels que les courants de la mer. Au même instant une bataille épouvantable s'engage entre les Rakshasas et les singes, comme si les Dânavas en venaient aux mains avec les Dieux. Proclamant à haute voix leurs propres qualités, les terribles Démons frappent les singes avec des massues enflammées, des lances, des piques en fer ou des haches ; et les singes de tous les côtés répondent aux coups des Rakshasas avec les dents et les ongles, avec des arbres aux grands troncs, avec des cimes de montagnes.

D'autres affreux Démons blessaient du haut des remparts avec des javelots et des piques en fer les singes placés en bas sur la terre. Ceux-ci alors d'un vol rapide s'élancent irrités et précipitent à coups de poing les Rakshasas du haut des remparts.

Dans ce moment, il s'engagea une série de combats singuliers entre les singes et les Rakshasas, qui se précipitaient à l'envi les uns contre les autres.

Le Rakshasa Indradjit à la grande vigueur et d'une bravoure égale à celle de *Râvana*, son père, combattit avec Angada, fils de Bâli.

Sampâti, toujours difficile à vaincre dans une lutte, en vient aux mains avec Pradjangha.

Le vigoureux Hanoûmat lui-même entreprit Djâmboumâlî. Poussé d'une bouillante colère, Vibhîshana fit tête dans la bataille à Mitraghna d'une fougue irrésistible ; et Nala à la grande vigueur croisa le fer avec le Rakshasa Tapana.

Nîla à la vive splendeur se battit avec Soukarna, et Sougrîva, le roi des singes, affronta le duel avec Praghasa. Le sage Lakshmana se posa dans le combat à l'encontre de Viroûpâksha ; mais Râma seul eut quatre ennemis à combattre, l'invincible Agnikétou, le Démon Raçmikétou, Souptaghna et Yadjnakétou.

Beaucoup d'autres guerriers quadrumanes s'étaient couplés avec *beaucoup* d'autres guerriers Yâtavas pour se livrer des combats singuliers. Là, bouillonnait donc une épouvantable, immense, tumultueuse bataille de héros singes et Rakshasas, désirant tous également la victoire. Sortis du corps des Rakshasas et des singes, on voyait couler des fleuves de sang, roulant une foule de cadavres, où les cheveux des morts figuraient aux yeux des herbes fluviales.

Habitué à rompre les armées des ennemis, le héros Indradjit, plein de colère, frappa de sa massue Angada, comme Indra lui-même frappe de son tonnerre. Mais le bel Angada lui brise dans la bataille son char aux admirables ais d'or, ses chevaux, son cocher, et pousse un cri *de victoire*. Sampâti, blessé par trois flèches de Pradjangha, asséna un coup du shorée, qu'il tenait, à son adversaire, et l'étendit sur le champ du combat. Atikâya, de qui la vigueur infinie pouvait briser l'orgueil des Démons et des Dieux, perça de ses flèches Rambha et Vinata même. Tapana fondit sur Nala, qui fondait sur lui ; mais l'épouvantable singe d'un coup de sa paume lui enfonça les deux yeux. Le Démon à la main prompte de lui déchirer le corps avec ses flèches acérées, mais Nala d'assommer Tapana avec son poing, aussi lourd qu'une montagne.

Bouillant de colère et debout sur son char, le vigoureux Djâmboumâlî perça dans le combat Hanoûmat entre les deux seins avec sa lance de fer. Mais le fils du Vent s'élança sur le char, et, frappant le Démon avec la paume seulement, il broya sa tête, pareille au sommet d'une montagne. Mitraghna de ses flèches aiguës avait hérissé le corps de Vibhîshana, et celui-ci dans sa colère assomma le Rakshasa d'un coup de sa massue. Praghasa, qui dévorait, pour ainsi dire, les bataillons, tomba sous l'alstonie, dont s'était armé le roi des singes, et Sougrîva de pousser un cri de victoire. Avec une seule flèche, Lakshmana eut raison de Viroûpâksha, ce Rakshasa d'un aspect épouvantable, qui semait des averses de flèches.

Les traits de l'invincible Anikétou, ceux de Raçmikétou, de Souptaghna et du Rakshasa Yadjnakétou avaient blessé Râma. Mais, avec quatre flèches, Râma dans sa colère de trancher les têtes de ses quatre ennemis : les chefs *coupés* bondissent *hors des épaules* et croulent sur la terre.

Debout lui-même sur un char, Vidyounmâlî transfora de ses dards aux ornements d'or le roi Soushéna et poussa maint cri *de victoire* ; mais celui-ci, voyant un instant propice, *le saisit et* soudain lui broya son char sous le coup d'une grande cime de montagne. Alors, grâce à sa légèreté naturelle, le noctivague Vidyounmâlî sauta vite à bas du char et se tint pied à terre, une massue à la main.

Aussitôt, enflammé de colère, Soushéna, le roi des singes, prit un vaste rocher et courut sur le noctivague. Néanmoins, d'un mouvement rapide, le rôdeur des nuits, Vidyounmâlî, frappa dans la poitrine avec sa massue le roi Soushéna au moment qu'il fondait sur lui. Mais le quadrumane, sans faire aucune attention à ce terrible coup de massue, envoya sa *lourde* roche tomber dans la poitrine même de son rival et *termina* ce grand combat. Tué par l'atteinte du rocher, le noctivague Vidyounmâlî tomba sur la terre, ayant son cœur moulu et sa vie brisée.

Tandis que les Rakshasas et les singes combattaient ainsi, le soleil parvint à son couchant et fut remplacé dans les cieux par la nuit destructive des existences. Alors un combat de nuit infiniment épouvantable s'éleva entre ces guerriers qu'une haine mutuelle armait l'un contre l'autre et qui tous désiraient également la victoire : « Es-tu Rakshasa ? » disaient les singes ; « es-tu un singe ? » criaient les Rakshasas ; et tous, à ces mots, ils se frappaient dans le combat de coups réciproques au milieu de cette affreuse obscurité. « Fends ! ... déchire ! ... amène ! » disaient les uns ; « Traîne-le ! ... mets-les en fuite ! » criaient les autres. On ne distinguait que ces mots dans un bruit confus au milieu de cette affreuse obscurité.

Sous leurs cuirasses d'or, les noirs Démons apparaissaient dans les ténèbres comme de grandes montagnes, dont le feu consume les forêts et les herbes. Les ours, couleur de la nuit, circulaient pleins de fureur et dévoraient les noctivagues au milieu de cette affreuse obscurité. Remplis de colère, les Rakshasas à la vigueur immense criaient eux-mêmes çà et là, dévorant les quadrumanes au milieu de cette inextricable nuit.

Les singes, élevant, abaissant leur vol, plongeaient à leur tour dans l'empire d'Yama les Rakshasas, qu'ils frappaient avec les poings et les dents. Répétant leurs assauts, ils déchiraient à belles dents, pleins d'une violente colère, et les coursiers aux riches panaches d'or, et les drapeaux semblables à la flamme du feu. Répétant leurs assauts, ils mettaient en pièces avec l'ongle et la dent les chars, les conducteurs, les fantassins, les éléphants et les guerriers habitués à combattre sur les éléphants.

Râma et Lakshmana, visant avec justesse aux plus excellents des noctivagues, les frappaient de leurs flèches pareilles à la flamme du feu.

Déroulée par le sabot des chevaux et soulevée par les roues des chars, une poussière épaisse dérobait aux yeux et les armées et toutes les plages du ciel.

Le bruit confus des tambours, des tymbales et des patahas, mêlé d'un côté au son des conques et des flûtes, jouées par les terribles Démons aux formes changeantes, d'un autre aux gémissements des Rakshasas blessés, aux cliquetis des armes, aux hennissements des chevaux, frappaient les oreilles du plus épouvantable fracas. Le champ du combat, affreux à voir, affreux à marcher dans un bourbier de chair et de sang, n'offrait là que des bouquets d'armes au lieu de ses présents de fleurs.

Alors, enflammé de colère, Indradjit, furieux, se mit à ravager de toutes parts l'armée d'Angada par une averse de flèches.

Angada, ce roi vigoureux de la jeunesse, arrache, l'âme tout enveloppée de colère, un *vaste* rocher à la force de ses bras et pousse trois et quatre fois un cri. Submergé sous un torrent de flèches, le prince simien lance rapidement son roc et brise le char de son ennemi sous la chute impétueuse de cette masse. Indradjit, à qui le terrible singe avait tué ses chevaux et son cocher, abandonne son char à l'instant, et, puissant magicien, il se rend alors même invisible.

Indradjit, humilié, ce héros méchant, habile à manier toutes les flèches et terrible dans les batailles, courut sacrifier au feu suivant les rites sur la place destinée à consumer les victimes. Tandis qu'il célébrait les cérémonies en l'honneur du feu, les Yâtavas s'empressèrent d'apporter là, où le Râvanide était, des bouquets de fleurs, des habits et des turbans couleur de sang : des flèches à la pointe aiguisée, des *morceaux de* bois, des myrobolans belerics, des vêtements rouges et une cuiller double en fer noir. De tous côtés, à l'entour du feu, ils jonchèrent le sol de flèches, de leviers en fer et de traits barbelés.

Le guerrier, avide de combats, égorgea vivant un bouc noir et versa dans le feu, suivant les rites, le sang recueilli du cou. Une grande flamme, pure de fumée, s'allume soudain, et des signes, présage de victoire, se manifestent avec elle. Le feu s'enflamme de lui-même, et, tournant au midi la pointe de sa flamme, couleur d'or épuré, il accepte gracieusement l'oblation de beurre clarifié. Ensuite, du milieu des feux sacrés s'élança un char magnifique, attelé de quatre beaux coursiers avec des panaches d'or sur la tête.

Resplendissant comme le feu enflammé, à peine le fortuné Démon, qui s'était rendu invisible, eut-il rassasié du sacrifice le feu, les Asouras, les Dânavas et même les Rakshasas ; à peine eut-il fait prononcer par la voix des Brahmanes les bénédictions et les vœux pour un bon succès, qu'il monta dans ce char éblouissant, nonpareil, brillant de sa propre substance, tel enfin que l'or épuré. Attelé de quatre chevaux sans frein, il marchait invisible, couvert de riches vêtements, approvisionné de traits divers, armé de grandes lances à l'usage des chars, muni partout de bhallas et de flèches ressemblantes à des lunes demi-pleines. Un serpent d'or massif, paré de lapis-lazuli et pareil en éclat au soleil adolescent, *se déroulait sur le char* : c'était le drapeau qu'arborait Indradjit.

Quand celui-ci eut sacrifié au feu avec les formules des prières consacrées chez les Rakshasas, il se tint à lui-même ce langage : « Aujourd'hui que j'aurai tué ces *deux insensés*, qui méritent la mort et que leur folle audace engage dans un combat, je vais rapporter une victoire délicieuse à Râvana, mon père ! »

Monté dans le char aérien et se tenant invisible aux yeux, il blesse alors de ses dards aiguisés Râma et Lakshmana. Les deux frères, enveloppés dans une tempête de ses flèches, saisissent leurs arcs et lancent dans les cieux des traits épouvantables. Mais ce couple de héros à la grande force eut beau couvrir le ciel par des nuages de flèches, aucun trait ne vint toucher le Rakshasa, pareil à un grand Asoura.

Ayant fait naître des ténèbres, grâce à cette puissance de la magie dont il était doué, le Râvanide voila toutes les plages du ciel, enveloppées de brouillards et d'obscurité. Tandis qu'il se promenait ainsi dans les airs, on n'entendait, ni le bruit du char, ni celui des roues, ni le son de la corde vibrante à son arc : on n'entrevoyait même aucune forme de son corps.

Enfin la colère fit parler Lakshmana : « Je vais, dit-il plein de courroux à son frère, décocher la flèche de Brahma pour la mort de tous les Rakshasas ! »

« Garde-toi bien, répondit celui-ci, de tuer pour un seul Rakshasa tous ceux qui vivent sur la terre et *de confondre avec les Rakshasas qui nous font la guerre* ceux qui ne combattent pas, ceux qui dorment, ceux qui sont cachés, ceux qui fuient et ceux qui viennent à nous les mains jointes ! »

Dans l'intervalle à peine d'un clin d'œil, le Râvanide lia par la vertu d'une flèche *enchantée* les deux frères, qui, tombés sur le champ de bataille, ne pouvaient plus même remuer les yeux. Tous les membres percés, couverts l'un et l'autre de javelots et de flèches, en vain cherchaient-ils à briser le charme, ils gisaient comme deux bannières du grand Indra qu'on plie *après une fête et* qu'on lie d'une corde.

Héros, ils étaient couchés maintenant sur la couche des héros, ces deux frères ensevelis dans la douleur, baignés de sang et tous les membres hérissés de flèches ! Il n'était pas dans tout le corps de ces deux guerriers une largeur de doigt sans blessure ; il n'était pas si minime partie que les dards n'eussent percée ou même détruite.

Ensuite les *singes*, hôtes des bois, portant leurs yeux dans le ciel et sur la terre, virent gisants les deux frères Daçarathides, que les flèches tenaient là garrottés.

Vibhîshana et tous les singes furent saisis d'une vive douleur à la vue de ces deux héros, tombés sur la terre et couverts d'une grêle de flèches. Parcourant des yeux le firmament et toutes les plages du ciel, les simiens ne virent pas dans tout ce *vaste* champ de bataille Indradjit, qui se dérobait sous le voile de la magie. Mais Vibhîshana, regardant lui-même dans les airs avec des yeux éclairés de la même science, aperçut le fils de son frère, qui s'y tenait caché grâce aux prestiges de la magie.

Le Râvanide, habile à trouver les articulations dans tous les membres, se mit à fatiguer de ses épouvantables flèches, présent d'*Agni*, tous les chefs des quadrumanes, et, les enchaînant avec la magie de ses dards, il faisait tomber ces héros fascinés sur la face de la terre. Quand il eut semé les blessures et la terreur au milieu des singes par les torrents de ses flèches, il éclata d'un rire bruyant et dit ces paroles : « Ces deux frères, compagnons de fortune, je les ai garrottés à la face même de l'armée avec cet affreux lien d'une flèche : voyez, Rakshasas ! » À ces mots, charmés de cet exploit, tous les noctivagues, accoutumés à combattre avec l'arme de la fraude, sont ravis dans la plus haute admiration. Tous alors de crier à grand bruit, comme les nuées *tonnantes* ; et tous, à cette nouvelle : « Râma est tué ! » d'honorer à l'envi ce *vaillant* Râvanide.

Ensuite l'indomptable Indradjit, victorieux dans cette bataille, entra d'un pied hâté dans la ville de Lankâ, rapportant la joie à tous les Naîrritas.

Là, il s'approcha de Râvana, il s'inclina devant son père, les mains jointes, et lui annonça l'agréable nouvelle que Râma et Lakshmana n'étaient plus. À peine eut-il ouï que ses deux ennemis gisaient morts, Râvana joyeux de s'élancer vers son fils et de l'embrasser au milieu des Rakshasas. Il baisa d'une âme toute satisfaite son fils sur le front ; et celui-ci répondit aux questions de son père, en lui racontant sa bataille entièrement. Aussitôt que Râvana eut ouï le récit de ce guerrier au grand char, il rejeta le souci, que le vaillant Daçarathide avait déjà fait naître dans son âme, inondée par un torrent de plaisir, et, dans les transports de sa joie, il congratula son fils.

Le roi manda vers lui une vieille Rakshasî, personne éminente, dévouée, exécutant les choses à son moindre signe : elle était au-dessus des autres et se nommait Tridjatâ. Quand le monarque des Rakshasas vit la Démone accourue à la parole de son maître, celui-ci tint ce langage :

« Dis à la Vidéhaine qu'Indradjit, *mon fils*, a tué Râma et Lakshmana, fais-la monter sur le char Poushpaka et fais-lui voir les deux frères morts sur le champ de bataille. Sans incertitude, sans crainte, sans préoccupation maintenant, il est évident que la Mithilienne va s'approcher de moi, *souriante* et parée de toutes ses parures. »

À peine Tridjatâ et les Démones, ses compagnes, eurent-elles ouï ces paroles de Râvana le méchant, qu'elles s'en allèrent où était le char Poushpaka. Elles s'empressent de tirer le *céleste* chariot de sa remise, et viennent trouver la Mithilienne dans le bocage d'açokas.

Le monarque des Rakshasas fit pavoiser Lankâ de drapeaux, de banderolles, d'étendards, et, plein de joie, fit proclamer dans toute la ville : « Râma et Lakshmana sont morts : c'est Indradjit qui les a tués ! »

Alors Sîtâ, du char, où elle était assise avec Tridjatâ, vit la terre couverte par des armées de héros quadrumanes, les Rakshasas, l'âme remplie de joie, mais l'aspect épouvantable, et les singes consumés par la douleur à côté de Râma et de Lakshmana. À la vue de ces deux héroïques Daçarathides, étendus sur le sein de la terre, la cuirasse détruite, l'arc échappé des mains, le corps, *pour ainsi dire* , tout revêtu de flèches, alors, noyée dans les pleurs du chagrin, tremblante, consumée par la douleur, elle se mit à gémir d'une manière lamentable.

« Tous les doctes interprètes des marques naturelles, qui m'ont dit : « Tu seras mère et tu ne seras jamais veuve ! » n'avaient donc pas dit la vérité, puisque Râma fut tué aujourd'hui ! Les savants, qui m'appelaient tous : « Fortunée, parce que tu seras, disaient-ils, l'épouse d'un héros et d'un roi, » ne disaient donc pas la vérité, puisque Râma fut tué aujourd'hui ! Quand ces doctes sacrificateurs, qui ont sans cesse les Çâstras dans leurs mains, me prédisaient tous que je serais une reine couronnée, ils ne disaient donc pas la vérité, puisque Râma fut tué aujourd'hui ! Tous ces brahmes savants, qui m'ont assuré dans l'audition *des prières* que je serais bienheureuse et que j'étais fortunée, ils assuraient donc eux-mêmes un mensonge, puisque Râma fut tué aujourd'hui ! »

La Rakshasî Tridjatâ dit à l'infortunée, qui soupirait ces plaintes : « Reine, ne te livre pas au désespoir, car ton époux est vivant. On voit des marques certaines accompagner toujours la défaite des héros. En effet, quand le roi est tué, les chefs des guerriers ne sont pas *si* bouillants de colère et *si* brûlants d'exercer leur courage et leur impatiente ardeur.

« Une armée qui a perdu son général est sans vigueur, sans énergie ; elle se débande ; elle est dans une bataille ce qu'est au milieu des eaux un navire qui a perdu son gouvernail. Au contraire, cette armée, pleine d'ardeur, sans trouble, ses légions en bon ordre, garde ici le Kakoutsthide, étendu sur le champ de bataille.

« Fais attention, Mithilienne, à cet indice ; il est bien grand : ces deux héros ont perdu le sentiment, et cependant la beauté ne les a pas encore abandonnés. *Ce n'est pas ce qu'on voit* ordinairement ; *car* le visage des hommes qui ont rendu le dernier soupir et dont l'âme s'est enfuie, inspire à tous les yeux une insurmontable aversion. Secoue, fille du roi Djanaka, secoue ce chagrin et cette douleur, qu'a jetés dans ton âme ce triste aspect de Râma et de Lakshmana : ils n'ont pas, ces deux héros, perdu la vie. »

Semblable à une fille des Dieux, Sîtâ joignit les mains et répondit encore affligée à ces paroles de Tridjatâ : « Puisse-t-il en être ainsi ! »

Là, dans ce bosquet délicieux, l'épouse du monarque des hommes ne put goûter de joie au souvenir de ces deux princes, qu'elle venait de contempler étendus sur le champ de bataille ; car cette vue l'avait blessée au cœur, telle qu'une jeune gazelle, par une flèche empoisonnée.

———

Après beaucoup de temps écoulé, l'aîné des Raghouides, quoiqu'il fût tout criblé de flèches, reprit enfin sa connaissance, grâce à sa durabilité, grâce à l'union d'une plus grande part de l'âme divine dans sa nature humaine.

Il tourna d'abord ses regards sur lui-même, et, se voyant inondé de sang, il gémit et des larmes lentes coulèrent de ses yeux. Mais, quand il vit Lakshmana tombé *près de lui*, alors, saisi par la douleur et le chagrin, désespéré, il prononça d'un accent plaintif le nom de sa mère, et, d'une voix brisée, il dit au milieu des singes :

« Qu'ai-je à faire maintenant de Sîtâ, de Lankâ ou même de la vie, moi, qui, à cette heure, vois Lakshmana aux signes heureux couché *parmi les morts* ? Je puis trouver ailleurs une épouse, un fils et même d'autres parents ; mais je ne vois pas un lieu où je puisse obtenir de nouveau un frère consanguin. « Indra fait pleuvoir tous *les biens* ; » c'est une parole des Védas ; « mais il ne fait pas qu'il nous pleuve un frère ! » c'est un adage qui n'est pas moins vrai. Soumitrâ est ma mère *par son hymen avec mon père*, et Kâauçalyâ est celle qui m'a donné le jour. Mais je ne fais aucune différence entre elles pour l'autorité d'une mère. »

Dans ce même instant, le Vent s'approcha du héros gisant et lui souffla ces mots à l'oreille : « Râma ! Râma aux longs bras, souviens-toi dans ton cœur de toi-même. Tu es Nârâyana le bienheureux, incarné dans ce monde pour le sauver des Rakshasas : rappelle-toi *seulement* le fils de Vinatâ, ce divin *Garouda*, à l'immense vigueur, qui dévore les serpents ! Et soudain il viendra ici vous dégager l'un et l'autre de cet affreux lien, dont vous ont enchaîné des serpents *sous les apparences de flèches*. »

Râma, les délices de Raghou, entendit ce langage du Vent et pensa au céleste Garouda, la terreur des serpents. Au même instant, il s'élève un vent *impétueux* avec des nuages accompagnés d'éclairs. L'eau de la mer est bouleversée, les montagnes sont ébranlées ; tous les arbres nés sur le rivage sont brisés, arrachés avec les racines et renversés de mille manières dans les ondes salées au seul vent des ailes *de l'invincible oiseau*. Les serpents *de la terre* et les reptiles, habitants des eaux, tremblent d'épouvante.

Un instant s'était à peine écoulé, que déjà tous les singes voyaient ce Garouda à la grande force, comme un feu qui flamboyait au milieu du ciel. À la vue de l'oiseau, qui vient à *tire d'aile*, tous les reptiles de s'enfuir çà et là. Et les serpents, qui se tenaient sous la forme de flèches sur le corps de ces deux robustes et nobles hommes, disparaissent *au plus vite* dans les creux de la terre.

Aussitôt qu'il voit les princes Kakoutsthides, Garouda les salue et de ses mains il essuie leurs visages, resplendissants comme la lune. Toutes les blessures se ferment dès que l'oiseau divin les a touchés, et des couleurs égales sur tout le corps effacent dans un moment les cicatrices. Souparna, brillant comme l'or, les baisa tous deux, et, *sous l'impression de ce baiser*, il revint en eux-mêmes deux fois plus de force, de vigueur, d'énergie, de courage, de prévision et même d'intelligence *qu'ils n'avaient auparavant*. « Grâce à toi, lui dit Râma, nous avons échappé vite à cette profonde infortune, où le Râvanide nous avait plongés ; nous sommes revenus promptement à la bonne santé ; nous avons été délivrés du lien de ces flèches et nous avons obtenu même une force plus grande ! Être fortuné, qui rehausses de célestes parures cette beauté dont tu es doué, qui es-tu, ô toi, qui, portant ces vêtements célestes, parfumes notre haleine de célestes guirlandes et de parfums célestes ? »

Souparna, le monarque des oiseaux, embrassa, l'âme pleine de joie et les yeux troublés par des larmes *de plaisir*, le noble rejeton de Kakoutstha et lui dit en souriant : « Je suis ton ami, Kakoutsthide, et, pour ainsi dire, une seconde âme que tu as hors de toi : je suis le propre fils de Kaçyapa et je suis né de Vinatâ, *son épouse*. Je suis Garouda, que l'amitié fit accourir à votre aide ; car ni les Asouras au grand courage, ni les Dânavas à la grande force, ni les Dieux ou les Gandharvas, Indra même à leur tête, n'auraient pu vous délivrer de ces flèches au lien souverainement épouvantable, que le farouche Indradjit avait forgées par la puissance de la magie. En effet, tous ces dards plongés dans ton corps, c'étaient des serpents infernaux se nouant de l'un à l'autre, aux dents aiguës, au subtil venin, que le Rakshasa avait changés en flèches par la vertu de sa magie.

« Fils de Raghou, il te faut déployer dans les batailles une grande vigilance ; car tous les Rakshasas naturellement sont des êtres pour qui la fraude est l'arme habituelle de combat. »

Il dit ; et, sur ces mots, Garouda à la force impétueuse décrivit au milieu des singes un pradakshina autour du noble Râma, et, se plongeant au sein des airs, il partit, semblable au vent. À la vue de ce merveilleux spectacle et des Raghouides rendus à la santé, les simiens de pousser tous à l'envi des acclamations de triomphe, qui portent la terreur dans l'âme des Rakshasas.

Les oreilles battues par le bruit vaste et profond de ces habitants des bois, les ministres de parler en ces termes : « Tels qu'on entend s'élever, comme le tonnerre des nuages, les cris immenses de ces milliers de singes joyeux, il a dû naître, c'est évident, au milieu d'eux un bien grand sujet d'allégresse ; car voilà qu'ils ébranlent de leurs intenses clameurs toute la mer, pour ainsi dire.

À ces paroles de ses ministres, le monarque des Rakshasas : « Que l'on sache promptement, dit-il aux gens placés là près de lui autour de sa personne, la cause qui fait naître à cette heure une telle joie parmi ces coureurs des bois dans une circonstance née pour la tristesse ! »

À cet ordre, ils montent avec empressement sur le rempart et promènent leurs yeux sur les armées commandées par le magnanime Sougrîva. Ils virent les deux nobles princes debout et libres des liens, dont ces flèches magiques les avaient garrottés : cette vue alors consterna les Rakshasas. L'âme tremblante, ils descendent vite du rempart, et, tristes, ils se présentent devant l'Indra des Rakshasas avec un visage abattu. L'affliction peinte sur la figure, ces noctivagues, tous orateurs habiles, rapportent suivant la vérité cette fâcheuse nouvelle à Râvana.

À ces mots, l'Indra puissant des Rakshasas, le visage consterné, l'âme enveloppée de tristes pensées, donna cet ordre au milieu des Rakshasas : « Sors, accompagné d'une nombreuse armée de guerriers aux formidables exploits, dit-il au Rakshasa nommé Dhoûmrâksha, et va combattre *à l'instant* Râma avec le peuple des bois ! »

Les vigoureux noctivagues aux formes épouvantables attachent leurs sonnettes, et, joyeux, poussant des cris, ils environnent Dhoûmrâksha. Les chefs des Rakshasas, inabordables comme des tigres, s'élancent revêtus de cuirasses, ceux-ci montés sur des chars pavoisés de *brillants* drapeaux et défendus par un filet d'or, ceux-là sur des ânes [43] aux hideuses figures, les uns sur des chevaux d'une vitesse incomparable, les autres sur des éléphants tout remplis d'une furieuse ivresse. Dhoûmrâksha, étourdissant les oreilles par un son éclatant, était monté sur un char divin, attelé d'ânes, aux ornements d'or, à la tête de lions et de loups.

Aussitôt qu'ils voient sortir le Démon aux yeux couleur de sang, tous les singes joyeux, avides de combats poussent des cris. Et, du même temps, s'éleva un combat tumultueux entre les simiens et les Rakshasas. Ils tombèrent dans cette bataille, déchirés mutuellement par les javelots impitoyables.

Son arc à la main et sur le front de la bataille, Dhoûmrâksha éparpillait en riant à tous les points de l'espace les singes fuyant sous les averses de ses flèches. Mais à peine eut-il vu le Rakshasa maltraiter son armée, soudain le Mâroutide empoigna un énorme rocher et furieux il fondit sur lui. Les yeux deux fois rouges de colère et déployant une force égale à celle du *Vent*, son père, il envoya la pesante roche tomber sur le char de l'ennemi.

Mais Dhoûmrâksha, qui avait déjà levé sa massue, voyant arriver cette grande masse, se hâta de sauter lestement à bas du char, et se tint de pied ferme sur la terre. Le rocher brisa le char et tomba sur la plaine.

Quand il eut rompu la voiture de l'ennemi, son timon et ses roues, cassé même son arc et son drapeau avec le char, Hanoûmat, le fils du Vent, se mit à répandre la terreur parmi les Démons à coups d'arbres enlevés, troncs et branches.

Brisés, la tête fendue, le corps tout broyé sous le poids de ces arbres *énormes*, les Rakshasas, noyés dans leur sang, tombèrent sur la face de la terre.

L'armée de Yâtavas une fois mise en déroute, le fils du Vent prit la cime d'une montagne et courut avec elle sur *le vaillant* Dhoûmrâksha.

Mais celui-ci, portant haut sa massue, de s'élancer rapidement contre Hanoûmat, qui fondait sur lui dans le combat avec des rugissements. Alors Dhoûmrâksha fit tomber avec impétuosité sa massue toute hérissée de pointes sur la poitrine d'Hanoûmat, enflammé de colère. Le Mâroutide à la grande valeur, que sa massue d'une forme épouvantable avait frappé au milieu des seins, n'en fut nullement ému. Et le singe qui possédait la force de Mâroute, sans même penser à ce terrible coup, déchargea, au milieu de la tête du Rakshasa la cime de montagne. Broyé sous la chute du lourd sommet, Dhoûmrâksha, tous ses membres vacillants, tomba soudain sur la terre, comme une montagne qui s'écroule.

À la vue de leur chef renversé, les noctivagues échappés au carnage de rentrer dans Lankâ, tremblants et battus par les singes. Tout bouleversé, les genoux brisés, la poitrine et les cuisses rompues, les yeux rouges de sang, la tête pendante, vomissant de la bouche un sang *épais*, Dhoûmrâksha tomba par terre, sa connaissance éteinte.

À peine eut-il appris la mort du héros, *qu'il avait envoyé au combat*, Râvana, plein de colère, dit ces mots à l'intendant de ses armées, qui s'était approché, les mains réunies en coupe : « Que des Rakshasas d'un épouvantable aspect, difficiles à vaincre et tous habiles au métier des armes, sortent à l'instant sous le commandement d'Akampana ! Il a étudié les Traités *sur la guerre*, il sait défendre *une armée* ; il est le plus excellent des hommes qui ont l'intelligence des batailles ; il a toujours eu ma prospérité à cœur, il a toujours aimé les combats. »

Monté sur un char et paré de pendeloques d'un or épuré, le fortuné Akampana sortit, environné de formidables Rakshasas.

De nouveau, il s'alluma donc entre les singes et les Rakshasas une bataille infiniment épouvantable, où, de l'une et de l'autre part, on sacrifiait sa vie pour la cause de Râma et celle de Râvana.

Il était impossible aux combattants de se voir les uns les autres sur le champ de bataille, enveloppés qu'ils étaient par les nuages de poussière, où le blanc, le pourpre, le jaune et le bistre se confondaient ensemble dans une teinte unique. Ils ne pouvaient distinguer au milieu de cette poussière, ni un char, ni même un coursier, ni un drapeau, ni une bannière, ni une cuirasse, ni même une arme quelconque. On entendait le cri tumultueux des guerriers s'entrechargeant et poussant des cris ; mais aucune forme n'était perceptible dans cette bataille confuse. Les singes irrités frappaient les singes dans le combat, et les Rakshasas tuaient les Rakshasas dans cette mêlée.

Bientôt la poussière fut abattue sur le sol, arrosée par un fleuve de sang, et la terre se montra aux yeux toute remplie par des centaines de cadavres.

Alors ce guerrier, le plus habile de ceux qui savent combattre sur un char, le vigoureux Akampana, emporté par sa colère, de précipiter contre les simiens son char et ses chevaux, dont le *fouet ou l'aiguillon* excitait la vitesse.

Les singes ne pouvaient tenir pied devant lui, à plus forte raison ne purent-ils combattre ; et tous ils s'enfuirent, brisés par les flèches du général ennemi. Quand Hanoûmat vit ses proches tombés dans les mains de la mort ou réduits sous le pouvoir d'Akampana, il s'avança avec son immense vigueur. À peine tous les plus braves simiens ont-ils vu le grand singe dans la bataille, qu'ils se rallient et se pressent de tous les côtés autour du héros.

Mais Akampana inonde avec une averse de flèches Hanoûmat, ferme devant lui et tel qu'une montagne, comme *Indra*, le grand Dieu, inonde avec un torrent de pluie *les sommets et les flancs* d'un mont. Le fils du Vent, Hanoûmat à la vive splendeur pousse un éclat de rire et court sur le Rakshasa d'un pas qui, pour ainsi dire, fait trembler la terre.

Songeant qu'il n'avait pas d'arme et saisi de colère, il arracha un shorée, haut comme la cime d'une montagne. Le guerrier vigoureux tint d'une main l'arbre sourcilleux, et, poussant le plus effroyable cri, il remplit d'épouvante les Rakshasas. Ensuite il fondit sur Akampana pour le tuer, comme le Dieu courroucé de la foudre tua Namoutchi dans un grand combat. Mais le général des Rakshasas, le voyant porter haut son shorée, lui coupa de loin cette affreuse massue avec de grandes flèches en demi-lune. Hanoûmat fut saisi de stupéfaction, quand il vit cet arbre énorme qui, tranché au milieu des airs par le chef des Yâtavas, tombait, jonchant la terre de ses débris. Mais de nouveau le singe à la grande force, à la dévorante splendeur, arracha d'un mouvement rapide un shorée immense pour la mort de son ennemi. Il empoigna et, riant d'une joie extrême, se mit à brandir l'arbre colossal sur le champ de bataille.

Furieux, il abattit et les éléphants, et les guerriers montés sur des éléphants, et les chars, et les coursiers attelés à des chars, et les troupes de fantassins Rakshasas.

Quand ils virent Hanoûmat en courroux et qui, semblable au Dieu de la mort, arrachait les vies dans la bataille, les Démons prirent de nouveau la fuite. À l'aspect du singe accourant, plein de colère, et semant la terreur dans les Rakshasas, le héros à la grande force, Akampana, fut lui-même rempli de fureur.

Aussitôt le guerrier vigoureux de percer Hanoûmat au milieu des seins avec quatorze flèches aiguës, habituées à fendre les articulations. Mais, tenant son arbre levé, il se précipita du plus vif élan et déchargea le shorée épouvantable rapidement sur la tête du noctivague Akampana. Celui-ci, à peine reçu en pleine tête le coup asséné par le singe, tombe soudain sur la terre et meurt.

Tous les *plus* vigoureux des Rakshasas jettent leurs armes et, tournant le dos à l'ennemi, s'enfuient vers Lankâ, malmenés par les singes. Troublés, vaincus, brisés, les cheveux épars, les couleurs du visage effacées par la peur, soupirant, la tête perdue, fous d'épouvante, tournant à chaque instant leurs yeux effrayés derrière eux, ils entrèrent dans la ville, en s'écrasant les uns les autres.

Alors, et tous les quadrumanes, Sougrîva même à leur tête, et Vibhîshana à la grande sagesse, et Lakshmana à la force sans mesure, et Râma lui-même, et les chœurs des Immortels s'empressèrent tous d'honorer le vaillant Mâroutide.

Dès que Râvana eut appris d'une âme agitée cette défaite, il donna promptement de *nouveaux* ordres à ses Yâtavas :

« Je rendrai à Râma et à Lakshmana le prix de leur inimitié : je sortirai pour l'extermination des ennemis et le gain de la victoire avec les chars, avec les coursiers, avec les éléphants, avec tous les Rakshasas, et j'irai moi-même d'un pied hâté au front de la bataille. »

À la nouvelle que Râvana se laissait emporter au désir des combats, la noble et belle reine, qui avait nom Mandaudarî, se leva et vint *le trouver*. Elle prit Mâlyavat par la main ; puis, accompagnée par Yoûpâksha, par les ministres versés dans la vérité des conseils et par les autres plus sages conseillers ; environnée par les Yâtavas, qui tous portaient des jharjharas [44] et des bambous, entourée de femmes, jeunes et vieilles, escortée de tous les côtés par des guerriers, qui tenaient des armes dans leurs mains inquiètes, la reine se rendit elle-même dans la salle où était le souverain des Rakshasas.

Aussitôt que le monarque aux dix têtes voit s'approcher la reine, il se lève précipitamment, *il marche à sa rencontre* d'un pied hâté, il embrasse Mandaudarî, sa belle épouse.

Après que Râvana l'eut saluée comme il était convenable, il se rassit sur le trône, les yeux rougis par les *pleurs donnés aux* malheurs de Lankâ, l'âme troublée et soupirant après les combats. Et prenant la parole, suivant l'étiquette, d'une voix haute et profonde : « Reine, dit-il, quelle affaire t'amène ici ? Empresse-toi de me l'apprendre. »

À ces paroles du monarque, la reine de lui répondre en ces termes : « Écoute, grand roi, ce que j'ai à t'apprendre, je t'en supplie à mains jointes. Il n'entrera dans mes paroles aucune intention de t'offenser, ô toi, de qui l'honneur découle. J'ai pensé que ta majesté brûlait de combattre et qu'elle avait formé la résolution de sortir : c'est là, roi des rois, la cause de ma venue en ces lieux.

« Il ne sied pas à toi, ô le plus éminent *des princes*, il ne sied pas à toi d'affronter le magnanime Râma, de qui tu as ravi l'épouse, ni le fils de Soumitrâ, ce Lakshmana qui n'a point son égal dans la guerre. Ce n'est pas simplement un homme, que ce Râma le Daçarathide, qui, seul de sa personne, immola tant de Rakshasas…, quatorze milliers, qui habitaient le Djanasthâna !

« Il est impossible que tu réussisses : c'est l'opinion de ces ministres mêmes dans leur intelligence. Que la vertueuse épouse de Râma soit donc rendue à son époux !

« Envoyons au plus grand des Raghouides, et de riches vêtements, et des joyaux, et Sîtâ elle-même, puissant roi, et des chars, et de l'or, et de l'argent, et du corail, des pierreries et des perles. Que Mâlyavat se rende vers lui en diligence, accompagné de Yoûpâksha et de cet Atikâya *si* versé dans la connaissance des choses qui sont ou ne sont point à faire. Vibhîshana, qui les a précédés, aidera certainement ces trois envoyés, qui vont le rejoindre, à négocier la paix au camp des ennemis : sans doute, après qu'il aura salué Râma et honoré la Mithilienne, Vibhîshana lui-même, *en ton nom*, rendra ta captive à son époux.

« La fortune des batailles est douteuse : ou l'on tue, ou l'on est tué : n'embrasse donc pas le parti des combats, et traite plutôt de la paix, monarque aux dix têtes. »

À ces paroles de son épouse, le monarque des Rakshasas, poussant de longs et brûlants soupirs, regarda les membres de l'assemblée, prit ensuite la main de Mandaudarî et lui répondit en ces termes : « Ce langage, que tu m'as tenu par le désir de mon bien, reine chérie, n'est pas entré d'une manière fâcheuse dans mon esprit. Quand j'ai vaincu jadis les Nâgas, les Asouras, les Démons et les Dieux, comment irais-je m'incliner devant Râma, le protégé d'un singe ! Que diraient les Dieux, s'ils me voyaient baisser la tête devant Râma le Kakoutsthide ? Quelle serait ma vie dans la perte de ma splendeur !

« Ne laisse pas entrer le souci dans ton cœur ; je triompherai, femme au candide sourire ; je tuerai les singes, et Lakshmana, et Râma lui-même. La peur de Râma ne me fera pas lui renvoyer sa Vidéhaine : Râma d'ailleurs ne voudrait plus de la paix maintenant. Au reste, je ne veux de sa paix ni aujourd'hui, ni dans un autre temps ; va donc, aie confiance ; tout cela, noble dame, est pour nous l'aube du plaisir. »

Il dit et, d'une âme qui semblait joyeuse, il embrasse son épouse. La reine aussitôt rentra dans son brillant palais. *Elle partie*, Râvana de penser à cette guerre épouvantable qui avait éclaté, et, s'adressant aux Rakshasas : « Qu'on prépare vite mon char, dit-il, et qu'on l'amène ici promptement ! »

Alors, au milieu des conques, des tambours et des patahas résonnants, au milieu des applaudissements, des cris de guerre et des grincements de dents, au milieu des hymnes les plus doux chantés à sa gloire, alors s'avança le plus grand des rois Yâtavas.

À l'aspect de Râvana, qui accourt d'un rapide essor avec son arc et son dard enflammé, le monarque des simiens se porte à sa rencontre, impatient de se mesurer avec lui dans un combat. Le souverain des singes arrache de ses bras vigoureux la cime d'une montagne, fond sur le roi des Rakshasas, et, levant cette masse, lance à Râvana le sommet que surmonte un plateau ombragé d'une forêt. Mais à la vue de ce mont qui vient sur lui, soudain le héros décacéphale de le couper avec des flèches pareilles au sceptre de la mort.

Quand il eut fendu par morceaux cette montagne aux admirables et nombreux plateaux couverts d'arbres, au faîte aérien et sublime, le formidable monarque prit une flèche terrible, semblable à un grand serpent. Il encocha cette arme scintillante, pareille à une flamme et d'une vitesse égale à celle du vent ; puis il envoya au souverain des troupes simiennes ce trait aussi rapide que le tonnerre du grand Indra. Le dard, lancé par la main de Râvana, ce dard à la pointe aiguë, au corps semblable à celui de la foudre, atteint Sougrîva et le perce avec impétuosité : tel Kârtikéya d'un coup de sa lance transperça le mont Krâauntcha.

Le roi blessé par la flèche pousse un cri et tombe sur la terre, l'âme égarée, en proie à l'émotion de la douleur. À l'aspect du noble singe étendu sur le champ de bataille, les Yâtoudhânas, pleins de joie, la font éclater en acclamations : mais Gavâksha, Gavaya, Soudanshtra, Nala, Djyotirmoukha, Angada et Maînda arrachent les rochers d'une grosseur démesurée et courent à l'envi sur l'Indra même des Rakshasas. Ce terrible monarque rendit inutiles tous les coups des singes avec des centaines de traits à la pointe aiguë, et blessa les héros quadrumanes avec ses multitudes de flèches à l'empennure embellie d'or.

Sur ces entrefaites, le fils du Vent, Hanoûmat à la grande splendeur, voyant Râvana lancer partout ses projectiles, s'était avancé contre lui.

Il s'approcha du char et, levant son bras droit, il fit trembler ce héros : « Eh quoi ! les singes t'inspirent de la crainte, lui dit le sage Hanoûmat, à toi, qui as pu briser les Nâgas et les Yakshas, les Gandharvas, les Dânavas et les Dieux, grâce à ce que *la faveur obtenue de Brahma* te mit de leur côté à l'abri de la mort !

« Ce bras de moi à cinq rameaux, ce bras droit que je tiens levé, arrachera de ton corps l'âme qui l'habite et dont il fut trop longtemps le séjour ! »

À ces mots d'Hanoûmat, Râvana au terrifiant courage lui répondit en ces termes, les yeux rouges de colère : « Sus donc ! attaque-moi sans crainte ! couvre-toi d'une solide gloire ! je n'éteindrai ta vie qu'après avoir expérimenté ce que tu as de vigueur ! » À ce langage de Râvana le fils du Vent répondit : « Souviens-toi que c'est moi qui naguère t'enlevai ton fils Aksha ! » Sur ces mots, le vigoureux monarque des Rakshasas, le Viçravaside à la splendeur flamboyante, asséna au fils du Vent un coup de sa paume dans la poitrine. À ce rude choc, le singe alors chancelle un instant ; mais, saisi de colère, il frappe également de sa paume l'ennemi des Immortels.

Sous le coup *violent* de ce quadrumane impétueux, le monarque aux dix têtes fut secoué comme une montagne dans un tremblement de terre. À l'aspect du Rakshasa ébranlé dans le combat par une paume *vigoureuse*, les Démons et les Dieux, les Siddhas, les Tchâranas et les plus grands saints poussent *à l'envi* des cris de joie. Quand il eut repris le souffle : « Bien, singe ! tu as de la vigueur, lui dit Râvana à la vive splendeur ; tu es un ennemi digne de moi ! » Hanoûmat répondit à ces mots : « Honte soit de ma vigueur, puisqu'elle n'a pu briser ta vie, Râvana ! Livre maintenant un combat sérieux ! Pourquoi te vanter, insensé ? Mon poing va te précipiter dans les abîmes d'Yama ! » Ces paroles du quadrumane ne firent qu'ajouter à la fureur du noctivague ; et celui-ci, l'âme tout enveloppée par le feu de la colère, jeta des flammes, pour ainsi dire.

Les yeux affreusement rouges, le vigoureux Démon lève son poing épouvantable, qu'il fait tomber rapidement sur la poitrine du simien. Frappé de ce poing terrible dans sa large poitrine, le grand singe en fut tout ému, perdit connaissance et chancela. Aussitôt qu'il vit Hanoûmat privé de sentiment, Râvana, qui excellait à conduire un char, fondit sur Nîla rapidement, à toute vitesse.

Quand le resplendissant Hanoûmat à la grande vigueur et plein de vaillance eut recouvré le sentiment, il ne songea point à tirer parti de la circonstance pour ôter la vie à Râvana ; mais, arrêtant sur lui ses regards, il dit avec colère : « Guerrier versé dans la science des batailles, ce combat est inconvenant aux yeux de tout homme qui n'ignore pas les devoirs du kshatrya : tu ne devais pas m'abandonner pour t'en aller combattre avec un autre ! »

Mais le vigoureux monarque des Yâtavas, sans faire cas de ces paroles, coupa en sept morceaux, avec sept flèches, la cime de montagne lancée par Nîla.

En ce moment, le fortuné Mâroutide asséna dans sa large poitrine à l'ennemi un coup de son poing semblable au tonnerre. Sous le choc de cette main fermée, le monarque à la grande vigueur tomba par terre à genoux, vacilla et s'évanouit. En voyant ce Râvana d'une valeur si terrible dans les batailles étendu sans connaissance, les Rishis, les Dânavas et les Dieux poussent à l'envi des cris de joie. Revenu à lui aussitôt, le Démon prit des flèches acérées et s'arma d'un grand arc.

Le vaillant Râma, voyant le courage du puissant noctivague et tant de fameux héros des armées simiennes étendus sans vie, courut sus à Râvana dans ce combat même. Alors, s'étant approché de lui : « Monte sur mon dos, lui dit Hanoûmat, et dompte cet impur Démon ! » — « Oui ! » répondit à ces mots le Raghouide, qui, impatient de combattre et désireux de tuer le noctivague, monta vite sur le singe.

Porté sur Hanoûmat, comme Indra même sur l'éléphant Aîrâvata, le monarque des hommes vit alors dans le champ de bataille Râvana monté sur son char. À cette vue, le héros à la grande vigueur, tenant haut son arme, de fondre sur lui, comme jadis Vishnou dans sa colère fondit sur Virotchana. Et, faisant résonner le nerf de son arc au bruit tel que la chute écrasante du tonnerre, Râma d'une voix profonde : « Arrête ! arrête ! dit-il au monarque des Yâtavas. Après un tel outrage que j'ai reçu de toi, où peux-tu aller, tigre des Rakshasas, pour te dérober à ma vengeance ? Allasses-tu chercher un asile chez Indra, chez Yama ou vers le Soleil, chez l'Être-existant-par lui-même, vers Agni ou vers Çiva ; allasses-tu même dans les dix points de l'espace, tu ne pourrais aujourd'hui échapper à ma colère ! »

Il s'approche et brise de ses dards à la pointe aiguë le char de Râvana, avec ses roues, avec ses chevaux, avec son cocher, avec son ample étendard, avec sa blanche ombrelle au manche d'or. Puis, soudain, il darde au Démon lui-même dans sa poitrine large et d'une forme bien construite une flèche pareille à l'éclair et au tonnerre : tel Indra au bras armé de la foudre terrassa dans ses combats l'Indra même des Dânavas. Atteint par la flèche de Râma, cet orgueilleux roi, que n'avaient pu ébranler dans leurs chutes ni les traits de la foudre, ni les lances du tonnerre, chancela sous le coup, et, *tout ébranlé*, déchiré par la douleur, consterné, laissa tomber son arc de sa main. À l'aspect de son vacillement, le magnanime Râma saisit un dard flamboyant en forme de lune demi-pleine et coupa rapidement sur la tête du souverain des Yâtavas sa radieuse aigrette couleur du soleil.

Le vainqueur alors de jeter dans le combat ces paroles au monarque, semblable au serpent désarmé de poison, la splendeur éteinte, sa gloire effacée, l'aigrette de son diadème emportée, tel enfin que le soleil quand il n'a plus sa lumière : « Tu viens d'exécuter un grand, un bien difficile exploit ; ton bras m'a tué mes plus vaillants guerriers : aussi pensé-je que tu dois être fatigué, et c'est pourquoi mes flèches ne t'enverront pas aujourd'hui dans les routes de la mort ! »

À ces mots, Râvana, de qui l'orgueil était renversé, la jactance abattue, l'arc brisé, l'aurige et les chevaux tués, la grande tiare mutilée, se hâta de rentrer dans Lankâ, consumé de chagrins et toute sa gloire éclipsée.

Il s'approcha du siège royal, céleste, fait d'or ; il s'assit, et, regardant ses conseillers, il parla en ces termes : « Toutes ces pénitences rigoureuses que j'ai pratiquées, elles ont donc été vaines, puisque moi, l'égal du roi des Dieux, je suis vaincu par un homme ! La voici confirmée par l'événement, cette parole ancienne de Brahma : « Tu n'as rien à craindre, si ce n'est des hommes. » J'ai obtenu que ni les Pannagas ou les Rakshasas, ni les Yakshas ou les Gandharvas, ni les Dânavas ou même les Dieux ne pourraient m'ôter la vie ; mais j'ai dédaigné de m'assurer contre les hommes. Voici même que ma ville, comme Nandî[45] me l'avait prédit un jour dans sa colère sur le mont Himâlaya, est assiégée par des êtres d'une figure semblable à son visage. Aujourd'hui les choses n'arrivent pas autrement qu'il ne fut dit par ces deux magnanimes. Elles n'étaient pas moins vraies, ces paroles que m'adressa le noble Vibhîshana. Ces discours sages de mon frère s'accomplissent : les événements qui surviennent sont justement ce qu'il avait prévu.

« Que Koumbhakarna d'un courage incomparable et qui a brisé l'orgueil des Dânavas et des Dieux soit réveillé du sommeil où il est plongé par la malédiction de Brahma ! Ce *géant* aux longs bras dépasse dans le combat tous les Rakshasas comme une cime de montagne : il aura tué bientôt les singes et les deux princes Daçarathides. »

À ces paroles du monarque, les Rakshasas de courir avec la plus grande hâte au palais de Koumbhakarna.

Mais, rejetés au dehors par le vent de sa respiration, ces robustes Démons ne purent même y rester. Quelle que fût leur puissante vigueur, le souffle seul du géant les repoussa hors du palais : enfin, avec de grands efforts et beaucoup de peine, les Yâtavas parvinrent à rentrer dans cette habitation charmante au pavé d'or. Là, ils virent alors couché, dormant, tout son aspect glaçant d'effroi et le poil dressé en l'air, cet horrible chef des Naîrritas, ce mangeur de chair, effrayant par ses ronflements, soufflant comme un boa, avec une tempête de respiration épouvantable, sortant d'une bouche aussi grande que la bouche même de l'enfer.

Alors, se plaçant à l'entour et *se tenant l'un à l'autre* fortement, ils s'approchent du géant, dont la vue semblait une montagne de noir collyre ; puis, ces guerriers intrépides entassent devant lui un amas d'aliments haut comme le Mérou et capable de rassasier sa faim complètement. Ils firent là des tas de gazelles, de buffles et de sangliers ; ils amoncelèrent une prodigieuse montagne de nourriture. Ensuite, ces ennemis des Dieux mirent devant Koumbhakarna des urnes de sang et différentes liqueurs spiritueuses. Ils oignirent d'un sandal précieux à l'odeur céleste, ils couvrirent le géant de riches habits, de guirlandes et de parfums aux senteurs les plus exquises. Enfin, ils répandent les émanations embaumées du plus suave encens autour de lui, ils entonnent des hymnes en l'honneur de

Koumbhakarna, ils se mettent à réveiller de son lourd sommeil ce héros, immolateur des ennemis. Tels que des nuages *orageux*, les Yâtoudhânas font du bruit çà et là, ils secouent ses membres, et poussent des cris en même temps qu'ils frappent sur lui. Ils se fatiguent, mais ils ne peuvent le réveiller. Enfin ils tentent, pour le tirer du sommeil, un plus grand effort. Ils remplirent de leur souffle des trompettes reluisantes comme la lune, et, dans leur vive impatience, ils jetèrent tous à la fois des cris éclatants. Ils se frappaient les mains l'une contre l'autre *ou les bras avec leurs mains*, ils allaient et venaient de tous les côtés, soulevant pour le réveil de Koumbhakarna un bruit tumultueux. Ils battaient des chameaux, des ânes, des chevaux et des éléphants à grands coups de bâtons, de fouets et d'aiguillons : ils faisaient résonner de toutes leurs forces des tymbales, des conques et des tambours, membres du géant avec de grands marteaux, avec des maillets d'armes, avec des patticas, avec des pilons même, levés autant qu'ils pouvaient. Les oiseaux tombaient tout d'un coup dans leur vol, étourdis par ce fracas de tymbales, de patahas, de conques, par ces cris de guerre, ces battements de mains et ces rugissements ; bruit confus, qui s'en allait courant par tous les points de l'espace et se dispersait au milieu du ciel.

Mais en vain ; tant de tumulte ne réveillait pas encore ce magnanime Démon.

Las *de tous ces vains efforts*, les noctivagues essayent d'un nouveau moyen : ils font venir de charmantes femmes aux colliers de pierreries éblouissants. Celles-ci étaient nées des Rakshasas ou des Nâgas, celles-là étaient les épouses des Gandharvas, celles-ci encore étaient les filles des hommes ou même des Kinnaras.

Entrées dans ce palais magnifique au pavé d'or pur, elles se tiennent devant Koumbhakarna, *les unes* chantant, *les autres* jouant divers instruments du musique. Et voici que, dans leurs folâtres ébats, ces dames célestes aux célestes parures, ces nymphes, embaumées d'un céleste encens et parfumées de senteurs célestes, remplissent des odeurs les plus suaves cette splendide habitation. Toutes avaient de grands yeux, toutes avaient le doux éclat de l'or, toutes possédaient les dons *aimables* de la beauté, toutes étaient parées de *gracieux* atours.

Réveillé par le gazouillement de leurs noûpouras, le ramage de leurs ceintures, le concert de leurs chants mariés au son de leurs instruments, leurs voix douces, leurs senteurs exquises et leurs divers attouchements, le géant crut n'avoir jamais goûté de plus délicieuses sensations. Le prince des noctivagues jette en l'air ses grands bras aussi hauts que des cimes de montagnes ; il ouvre sa bouche semblable à un volcan sous-marin, et bâille hideusement. Cet horrible spasme achève de réveiller ce Démon à la force sans mesure : il pousse un soupir, comme le vent qui souffle à la fin du monde. Ensuite le Démon réveillé, ayant fait rougir ses yeux, *en les frottant*, promena ses regards de tous les côtés et dit aux noctivagues : « Pour quelle raison vos excellences m'ont-elles réveillé dans mon sommeil ? Ne serait-il point arrivé quelque chose de fâcheux au monarque des Rakshasas ? En effet, on ne trouble pas dans le sommeil une personne de mon rang pour une faible cause. »

« Le roi souverain de tous les Rakshasas a *bien* envie de te voir. Veuille donc aller vers lui, répondent-ils ; fais ce plaisir à ton frère. »

Aussitôt qu'il eut ouï la parole envoyée par son maître, l'invincible Koumbhakarna : « Je le ferai ! » dit le géant à la grande vigueur, qui se leva de sa couche, et, joyeux, se lava le visage, prit un bain et revêtit ses plus riches parures. Ensuite il eut envie de boire et demanda au plus vite un breuvage, qui répand la force dans les veines. Soudain les noctivagues s'empressent d'apporter au géant, comme Râvana leur avait prescrit, des liqueurs spiritueuses et différentes sortes d'aliments pour la joie de son cœur. Le colosse affamé se jeta avidement, avec une bouche enflammée, avec des yeux ardents, sur la chair des buffles, sur les viandes de sangliers, sur les boissons préparées, et, *non moins* altéré, il but à longs traits du sang.

À l'aspect de cet éminent Rakshasa, tel qu'à le voir on eût dit une montagne, et qui semblait marcher dans les airs, comme jadis l'auguste Nârâyana lui-même ; à cet aspect du colosse, affreusement épouvantable, à la voix tonnante comme celle du nuage, à la langue flamboyante, aux longues dents aiguës et saillantes, aux grands bras, aux mains armées d'une lance et devant la vue duquel, inspirant la terreur, fuyaient tous les singes par les dix points de l'espace, Râma dit avec étonnement ces mots à Vibhîshana : « Dis-moi qui est ce colosse ? Est-il un Rakshasa ? Est-ce un Asoura ? Je ne vis jamais avant ce jour un être de cette espèce ? »

À cette demande que lui adressait le prince aux travaux infatigables, Vibhîshana répondit en ces termes au rejeton de Kakoutstha : « C'est le fils de Viçravas, le noctivague Koumbhakarna, qui a pu vaincre dans la guerre Yama et le roi des Immortels.

« Le vigoureux Koumbhakarna est fort de sa propre nature : la force des autres chefs Rakshasas vient des faveurs et des grâces qu'ils ont méritées *du ciel* ; mais la force de Koumbhakarna ne vient que de son corps, héros aux longs bras ; elle est innée en lui. Aussitôt sa naissance, ce magnanime, pressé déjà par la faim, mangea dix Apsaras, suivantes du puissant Indra. Par lui furent dévorés des êtres animés en bien grand nombre de milliers.

« Enfin, accompagné des créatures, Indra se rendit au séjour de l'Être-existant-par-lui-même, et fit connaître au vénérable aïeul de tous les êtres la méchanceté de Koumbhakarna : « La terre sera bientôt vide, s'il continue à dévorer sans relâche, comme il fait, tous les êtres animés ! » À ces paroles de Çakra, l'auguste père de tous les mondes manda vers lui Koumbhakarna et vit cet affreux géant. À l'aspect du colosse, le souverain maître des créatures fut saisi d'étonnement, et l'Être-existant-par-lui-même tint ce langage au vigoureux Koumbhakarna :« Assurément, c'est pour la destruction du monde, que tu fus engendré par le fils de Poulastya ; mais, puisque tu n'emploies tes soins et cette force, dont tu es doué, qu'à ravager le monde, désormais tu vas dormir, semblable à un mort ! »

« Aussitôt, vaincu par la malédiction de Brahma, le Rakshasa tombe, *et s'endort* !

« Quand il vit son frère étendu et plongé dans un profond sommeil, alors, agité par la plus vive émotion : « On ne jette pas à terre, dit Râvana, un arbre d'or, parce qu'il n'a point rapporté de fruits dans la saison. Souverain maître des créatures, il n'est pas séant que ton petit-fils dorme ainsi. L'auguste parole, dite par toi, ne peut l'être en vain : il dormira donc, ce n'est pas douteux ; mais fixe pour lui un temps *alternatif* de sommeil et de veille. » À ces mots de Râvana : *« Eh bien !* répondit l'Être-existant-par-lui-même, il dormira six mois, et restera éveillé un seul jour. J'accorde toute la durée d'un jour à ce héros affamé pour se promener sur la terre, y faire des choses égales à lui-même et se pourvoir de nourriture. »

« C'est Râvana lui-même, qui maintenant, épouvanté de ta valeur et tombé dans l'adversité, fit *sans doute* réveiller Koumbhakarna. Ce héros vigoureux va sortir, crois-le bien ! et, dans sa violente colère aiguisée par la faim, il va dévorer les singes. »

Le prince des Rakshasas à la grande vigueur, mais encore plein de l'ivresse du sommeil, était arrivé dans la rue royale, environné de splendeur.

Il vit la charmante demeure du monarque des Rakshasas, vaste habitation ; revêtue d'une immense richesse et qui offrait l'aspect du soleil, père de la lumière. Il s'approche du palais, il entre dans l'enceinte, il voit son auguste frère assis, le cœur troublé, dans le char Poushpaka.

Alors le prince à la grande force, Koumbhakarna, d'embrasser les pieds de son frère, assis dans un palanquin. Mais Râvana se lève et, plein de joie, lui donne une accolade. Ensuite Koumbhakarna, embrassé et comblé par son frère des honneurs qu'exigeait l'étiquette, prit place sur un trône sublime et céleste. Quand le Démon à la grande vigueur se fut assis dans le siège, il adressa, les yeux rouges, avec colère, ces mots à Râvana :

« Pourquoi, sire, m'as-tu fait réveiller sans aucun égard ? Dis-moi d'où te vient cette crainte ? À qui dois-je maintenant donner la mort ? Ce danger te vient-il du roi des Dieux, sire, ou du monarque des eaux ? »

« Noctivague, mon frère, il y avait bien longtemps, répondit l'autre, que durait le sommeil, dont nous t'avons retiré aujourd'hui. Tu n'as donc pu connaître, plongé dans ce doux repos, en quelle infortune m'a jeté Râma. Jamais, ni les Gandharvas, ni les Daîtyas, les Asouras ou même les

Dieux ne m'ont fait courir un péril égal au danger qui me vient de cet homme.

« Tu n'as pu savoir comment Sîtâ fut jadis enlevée par moi. Râma, que ce rapt consume *de colère et de chagrin*, nous a précipités dans ces horribles transes. Accompagné de Sougrîva, ce vigoureux Daçarathide a franchi la mer, et maintenant il coupe *sans pitié* les racines *de* notre *existence*. Vois, hélas ! aux portes mêmes de Lankâ nos bosquets d'agrément, que les singes, arrivés par une chaussée *inouïe*, revêtent d'une couleur tannée. Ils ont tué dans la guerre mes Rakshasas les plus éminents.

« Sors donc, armé de ta lance et ton lasso à la main, comme la Mort !

« Guerrier à la vigueur infinie, qu'aujourd'hui, rendu au bonheur, tout mon peuple, défendu par la vitesse et la force de ton bras, soit affranchi de ce péril extrême : immole, ennemi des Dieux, Râma et toute son armée ! »

Dès qu'il eut ouï ce discours, Koumbhakarna lui répondit en ces termes : « C'est assez t'abandonner aux soucis, tigre des Rakshasas ! dépose ton chagrin et ta colère, veuille bien être calme. J'immolerai celui qui est la cause de tes chagrins.

« Aujourd'hui, guerrier aux longs bras, sois dans la joie et Sîtâ dans la douleur, en voyant la tête de Râma, que je vais te rapporter du combat !

« Amuse-toi, selon tes fantaisies, bois des liqueurs spiritueuses, vaque à tes affaires, chasse de toi le souci : aujourd'hui que son époux sera plongé dans l'empire de la Mort, Sîtâ va pour longtemps devenir ton esclave ! »

Le colosse saisit rapidement sa lance aiguë, exterminatrice des ennemis ; arme épouvantable, flamboyante, toute de fer, pareille à la foudre du *puissant* Indra et d'un poids à l'équipollent du tonnerre. Quand il eut pris cette lance, ornée d'un or épuré, teinte du sang des ennemis, émoulue, qui avait mainte fois brisé l'orgueil des Dânavas et des Dieux, arraché à la vie des Yakshas et des Gandharvas, Koumbhakarna à la grande splendeur tint ce langage à Râvana : « J'irai seul, moi —même ! Que ton armée reste ici ! »

Son cocher à l'instant de lui amener son char céleste, attelé de cent ânes et sur lequel flottaient des drapeaux de guerre ; vaste char, semblable au sommet du *mont* Kêlâsa, monté sur huit roues, bruyant comme les grands nuages et long de cinq stades.

Inondé par des pluies de fleurs, le front abrité d'une ombrelle, une pique émoulue à sa main, ivre du sang dont il s'était gorgé, et dans la fureur de l'ivresse, tel sortait le plus terrible combattant des Yâtavas.

Grand, terrible, large de cent arcs, haut de six cents brasses, les yeux comme les roues d'un char, il ressemblait au sommet d'une montagne.

« Au reste, la racine des maux de Lankâ, c'est l'aîné des Raghouides avec Lakshmana ; lui mort, tout est mort, se disait-il : je vais donc le tuer dans cette bataille. »

Tandis que le Rakshasa Koumbhakarna s'avançait, des prodiges d'un aspect sinistre se manifestaient de tous les côtés.

Des chacals aux formes horribles glapirent et leurs gueules jetèrent des bouffées de flammes ; les oiseaux annoncèrent des augures sinistres. Un vautour s'abattit sur le char du héros en marche pour le combat ; son œil gauche tressaillit et son bras gauche trembla. Son pied frémit, son poil se hérissa, sa voix même changea de nature au moment qu'il entra sur le champ de bataille. Un météore igné tomba flamboyant du ciel avec un fracas épouvantable, la clarté du soleil fut éclipsée et le vent fut sans haleine.

Mais, sans tenir compte de ces grands signes, qui tous se levaient pour annoncer la fin de sa vie, Koumbhakarna sortit, l'âme égarée par la puissance de la mort.

Aussitôt que le vigoureux colosse eut passé le seuil de la cité, il poussa une clameur immense, qui fit résonner tout l'Océan, produisit *au milieu des airs* l'effet d'un ouragan impétueux et fit trembler, pour ainsi dire, les montagnes. Dès qu'ils virent s'avancer le monstre aux yeux épouvantables, que n'auraient pu tuer Yama, Maghavat et Varouna, tous les singes de courir çà et là.

À la vue de Gavâksha, de Çarabha, de Nîla et du robuste Koumouda, qui s'enfuyaient, oublieux de leur vaillance, de leurs familles et d'eux-mêmes, le fils de Bâli, Angada, leur jeta ces paroles : « Où allez-vous, tremblants comme des singes vulgaires ? Vous courez là ? Revenez ! Quoi ! vous *croyez* sauver ainsi votre vie ? Mais où irez-vous, chefs des singes, que la mort n'y soit pour vous ? Puisque la mort est une nécessité, ce qui va le mieux à des gens tels que vous, c'est de mourir en combattant. »

Rassurés avec peine et s'appuyant l'un sur l'autre, les singes restent enfin de pied ferme sur le front de la bataille, tenant à leurs mains des rochers et des arbres. Revenus sur leurs pas, les sylvicoles guerriers, bouillants d'ardeur, comme des éléphants pleins d'ivresse, se mettent à frapper dans une extrême fureur Koumbhakarna de tous les côtés ; mais en vain le frappait-on avec des rochers, avec des sommets élevés de montagnes, avec des arbres aux cimes fleuries, il n'en était pas ébranlé.

Irrité, Koumbhakarna de broyer dans un souverain effort les armées des singes vigoureux, comme un feu allumé dévore les forêts.

Enfin, battus par le terrible Démon, les singes *tremblants* se sauvent dans la route même par laquelle tous ils avaient traversé la mer. Traversant d'un bond *ce large détroit* , courant en avant, le visage consterné d'épouvante, ils ne s'arrêtaient pas à regarder ces lieux profonds. Les uns franchissent la mer, les autres s'envolent dans les cieux ; il en est qui grimpent sur les arbres ; il en est qui plongent dans l'Océan. Ceux-ci de gravir sur les montagnes, ceux-là de se réfugier dans les cavernes ; en voici qui tombent ; en voilà qui ne se tiennent plus en bon ordre. Voyant les simiens rompus ; « Arrêtez, singes ! leur crie Angada ; combattons ! Que vous sert-il de fuir ?

« Si nous sauvons nos vies par la fuite, rompus en si grand nombre sous le bras d'un seul, notre renommée dans la guerre est à jamais perdue ! »

Aussitôt neuf généraux des armées quadrumanes, tenant levées de pesantes roches, courent sur le géant à la grande vigueur. Mais, rompus par le corps du géant, les rochers, pareils à des montagnes, ne broyent sous leur chute que son drapeau, son char, ses ânes et son cocher. Le héros en toute hâte se jette à bas du char, tenant levée sa lance, et s'envole rapidement au milieu des airs, tel qu'une montagne ailée.

Il se promenait dans les armées des singes, foulant aux pieds les guerriers, comme un vigoureux éléphant, ses tempes baignées par une sueur de rut, brise de ses piétinements une forêt de roseaux.

En ce moment du combat, Nîla de lancer une cime de montagne à Koumbhakarna ; mais celui-ci voit arriver cette masse et la frappe de son poing. Sous l'atteinte de ce vigoureux coup, le sommet de montagne se brisa et tomba sur la face de la terre, en semant des étincelles et dispersant des flammes.

On vit alors des milliers de simiens se précipiter à la fois contre le géant ; et, grimpant sur Koumbhakarna, ils escaladèrent le colosse, tels qu'on eût cru voir des collines s'élever sur une montagne.

Le vigoureux Démon, entraînant tous les simiens entre ses bras, se mit à les dévorer dans sa fureur, comme Garouda mange les serpents. Mais les singes, que le monstre jetait dans sa bouche, aussi grande que les enfers, trouvaient le moyen d'en sortir, *ceux-ci* par ses oreilles, *ceux-là* par ses fosses nasales.

Ceux-ci, fuyant la mort, courent s'abriter sous la protection de Râma, qui s'élance et prend son *arc, cette* perle des arcs.

Près d'en venir aux mains, il dit alors au colosse, tel qu'une montagne ou pareil à un nuage, chassé par le vent : « Avance près de moi, seigneur des Rakshasas ! Me voici de pied ferme, mon arc et ma flèche dans les mains. Sache que je suis la mort venue ici pour toi : dans un moment, scélérat, tu vas exhaler ta vie ! »

« C'est Râma ! » se dit Koumbhakarna à la grande splendeur. Il poussa en même temps un bruyant éclat de rire, qui brisa, pour ainsi dire, les cœurs de tous les quadrumanes hôtes des bois ; et, quand il a ri d'une manière difforme, épouvantable, pareille au tonnerre des nuages, il tient ce langage au Raghouide :

« Vois ce maillet d'armes que je porte, solide, épouvantable, tout en fer ! avec lui, j'ai vaincu jadis les Dieux et les Dânavas. Montre-moi, tigre d'Ikshwâkou, cette vigueur agile de laquelle est doué ton corps ; ensuite, quand j'aurai vu ta force et ton courage, je ferai de toi mon festin. »

À ces mots, Râma lui décocha des flèches bien empennées ; mais, atteint dans le combat par ces traits d'une vitesse égale à celle du tonnerre, le colosse n'en fut aucunement ému.

Cet ennemi du grand Indra but des pores, *en quelque sorte*, ces flèches, comme des gouttes d'eau, et, brandissant son maillet d'armes, il en opposa la terrible fougue à l'impétuosité des projectiles *du vaillant* Raghouide.

Mais Râma dans ce combat déploie soudain un arc céleste et plonge des flèches invincibles dans le cœur de Koumbhakarna. De la bouche du colosse en fureur, blessé par le Daçarathide et fondant sur lui rapidement, il sortit un mélange de flammes et de charbons.

Dans son trouble, l'arme effroyable tomba de sa main sur la terre ; et, quand il vit son bras désarmé, le géant à la grande vigueur se mit à faire un immense carnage à coups de pieds, à coups de poings. Le corps tout blessé par les flèches, baigné du sang qui ruisselait de ses membres comme les torrents d'une montagne, Koumbhakarna, inondé à la fois de sang et d'une colère bouillante, parcourut les armées, dévorant tout sans distinction, quadrumanes ou Rakshasas.

Râma, défiant son ennemi, décocha au noctivague la grande flèche-du-vent et lui enleva du coup le bras, qui tomba au milieu des armées quadrumanes et frappa dans ses convulsions les bataillons des singes.

Tel qu'une haute montagne, à qui la foudre coupa une aile, Koumbhakarna, que cette flèche avait dépouillé de son bras, déracine un shorée de l'autre main et fond avec cet arbre sur l'Indra même des hommes. Mais soudain, celui-ci, associant à la flèche d'Indra un dard pareil à l'éclair et au tonnerre, de lui trancher ce bras, que le géant élevait, armé de son énorme shorée. Ce bras coupé de Koumbhakarna, tombant comme un serpent échappé aux serres de Garouda, se débattit sur le sol et frappa les rochers, les arbres, les Rakshasas et les singes.

Néanmoins le Rakshasa, poussant des cris, accourait avec la même furie, quoiqu'il fût sans bras : à cette vue, Râma saisit deux flèches émoulues en demi-lunes et lui trancha les deux pieds dans cette nouvelle phase du combat. Alors, ouvrant sa bouche semblable au volcan sous-marin, le

Démon vociférant, les bras coupés et les jambes mutilées, s'avançait encore impétueusement vers le Raghouide : tel Râhou, dans les cieux, quand il veut dévorer la lune. Râma aussitôt de lui remplir sa gueule de flèches à la pointe aiguë, à l'empennure vêtue d'or ; et le monstre, sa bouche pleine de traits, ne pouvant parler, râlait à grand'peine des sons inarticulés ; il perdit même la connaissance.

Râma choisit un autre dard céleste, d'une éternelle durée, que les Dieux et même Indra vénéraient comme le second sceptre de la Mort. Il envoya au noctivague cette arme à l'empennure variée d'or et de diamants, ce projectile d'un éclat pareil aux flammes ou aux rayons allumés du soleil, ce trait d'une vitesse égale à celle de l'éclair et du tonnerre déchaînés par le grand Indra.

Soudain le trait coupe au roi des Yâtavas sa tête pareille au sommet d'une montagne, ce chef à la bouche armée de ses longues dents arrondies, au cou paré de son beau et resplendissant collier : tel Indra jadis abattit la tête de Vritra. Le Démon poussa un effroyable cri et tomba mort : son grand corps écrasa deux milliers de singes. La chute du géant sur la terre fit trembler tous les remparts et les portiques de Lankâ ; la grande mer elle-même en fut agitée.

Alors, pleins d'allégresse et le visage riant comme des lotus épanouis, les singes d'honorer en foule cet heureux et bien-aimé Raghouide, qui avait tué de sa main leur ennemi noctivague d'une force épouvantable. Alors les Maharshis, les Gouhyakas, les Dieux et les Asouras, les Bhoûtas, les Pannagas et Garouda même, les Yakshas, les Gandharvas, les Daîtyas, les Dânavas et les Dieux-rishis, tous de célébrer dans la joie cette valeur *insigne* du *noble* Râma.

À la nouvelle que le rejeton magnanime de Raghou avait tué Koumbhakarna, les Yâtavas se hâtent d'en porter la connaissance aux oreilles du monarque des Rakshasas. Apprenant que ce géant à la grande force avait perdu la vie dans la bataille, Râvana, consumé de chagrin, s'évanouit et tomba.

Voyant le souverain plongé dans ses pénibles soucis, personne n'osait parler, et tous ils étaient absorbés dans leurs *tristes* pensées. Enfin le fils du monarque des Rakshasas, Indradjit, le plus grand des héros, voyant son père consterné et comme submergé par les flots de cet océan de chagrins, lui adressa la parole en ces termes : « Mon père, il n'est pas temps de s'abandonner au découragement, puisque Indradjit vit encore : oui ! puissant roi des Naîrritas, qui que ce soit dans un combat, s'il est touché d'une flèche lancée par mon bras ennemi d'Indra, n'est capable de remporter sa vie sauve ! Vois bientôt Râma couché sans vie avec Lakshmana sur le sol de la terre, le corps fendu, tout hérissé de mes flèches et les membres couverts de mes dards aigus. » À ces mots, l'ennemi du roi des Tridaças salua son père et, d'une âme intrépide, il monta dans son char, bien admirable, attelé des plus excellents coursiers et dont la vitesse égalait celle du vent. Quand ce guerrier à la vive splendeur, habitué à dompter les ennemis, fut monté dans ce char, pareil au char de Vishnou, il hâta sa marche vers le champ de bataille. De nombreux héros à la grande vigueur, les mains armées de harpons, d'arcs et d'épées, suivirent à l'envi l'un de l'autre les pas de ce magnanime. Le contempteur du roi des Dieux s'avançait à grand son de tymbales, au bruit terrible des conques, au milieu des hymnes chantés à sa gloire.

Râvana dit à son fils, qu'il voyait sortir, environné d'une nombreuse armée : « Tu n'as pas au monde un héros qui puisse lutter avec toi, mon fils : tu as vaincu Indra même dans la guerre ; à plus forte raison feras-tu mordre la poussière à ce Raghouide, un misérable, un homme ! » Après ces mots de son père et quand il eut reçu les bénédictions pour la victoire, ce héros, monté sur le char attelé de rapides chevaux, s'en alla vite au lieu destiné à consumer les victimes. Arrivé sur le terrain des sacrifices, le Démon à la grande splendeur, habitué à dompter ses ennemis, fit placer de tous côtés les Rakshasas devant son char.

Là, cet auguste prince, d'un éclat pareil à celui du feu, sacrifia au puissant Agni, suivant les rites avec les prières mystiques.

Alors, il se mit à charmer par des incantations son arc, ses flèches et son char même entièrement.

Il congédia son armée, et seul, une flèche et son arc à la main, invisible sur le champ de bataille, il répandit sur les armées des singes la pluie d'une tempête de flèches, tel qu'un sombre nuage déverse l'eau de ses flancs.

Fascinés par sa magie et criant avec des sons discordants, les plus épouvantables des singes, le corps hérissé des flèches que lançait Indradjit, tombent sur la terre, comme des arbres sourcilleux, sur lesquels Indra jette sa foudre. Ils voyaient seulement les dards si horribles que l'exterminateur envoyait dans les armées des singes ; mais ils n'entrevoyaient nulle part leur ennemi, ce terrible contempteur du roi des Dieux, que sa magie enveloppait d'invisibilité.

L'invisible ennemi de frapper Sougrîva, Angada, Nîla, le vigoureux Hanoûmat, Soushéna, Dhoûmra, Çatabali, Dwivida et d'autres ennemis.

Quand il eut déchiré avec ses dards empennés d'or les héros et le monarque des singes, il enveloppa Râma lui-même et Lakshmana dans les réseaux de ses pluies de flèches, aussi rapides que la foudre.

Inondé par cette averse de projectiles, comme le roi des monts par la chute des pluies, Râma d'une beauté souveraine et merveilleuse jeta les yeux sur Lakshmana et lui tint ce langage : « Lakshmana, le prince des Rakshasas, ce vaillant guerrier, ennemi du roi des Dieux, a pris de nouveau le trait de Brahma ; il immole cette armée de héros simiens, et, monté sur son char, il déploie toute sa magie. Comment peut-on maintenant réussir à tuer dans le combat cet Indradjit, son trait *ineffable* à la main, et le corps invisible aux yeux ? Son dard infaillible est un don, je pense, de l'auguste Swayambhoû lui-même, inconcevable à la pensée. Supporte en ce moment avec moi d'une âme intrépide ces averses épouvantables de flèches.

« Toute cette armée du monarque des simiens est taillée en pièces ; elle a perdu ses héros les plus éminents. Mais, quand il nous aura vus, nous d'une fougue épouvantable dans la guerre, mis hors de combat et tombés sans connaissance, alors, sans doute, cet ennemi des Tridaças nous abandonnera ; et, content de la gloire insigne, qu'il a recueillie dans sa bataille, cet odieux contempteur d'Indra et de ses Dieux, va bientôt s'en aller, environné de ses amis, raconter son triomphe au monarque des Rakshasas. » En effet, ces multitudes de flèches, lancées par Indradjit, couvrirent de blessures les deux nobles frères ; et, quand il eut abattu ces deux puissants Raghouides, le prince des Rakshasas *mit fin* au combat en poussant un cri de victoire.

Le terrible Démon avait couché morts ou blessés dans la huitième partie d'un jour soixante-quatre kotis de rapides quadrumanes.

Après un long regard jeté sur cette épouvantable armée, répandue telle que les flots de la mer, Hanoûmat et Vibhîshana virent le vieux Djâmbavat couvert par des centaines de flèches. Accablé naturellement sous le faix de la vieillesse, ce héros, enveloppé de souffrances, était alors comme l'image d'un feu qui s'éteint. À sa vue, le rejeton de Poulastya, s'étant approché de lui : « Ces flèches acérées, noble vieillard, dit-il, n'auraient-elles pas entièrement brisé ta vie ? Vis-tu encore, roi des ours ? Te reste-t-il encore un peu de force ? »

Quand il eut ouï la voix de Vibhîshana, Djâmbavat, le monarque des ours, faisant couler de sa bouche les paroles avec peine, lui répondit ces mots : « Puissant roi des Naîrritas, je te vois de l'oreille. Mais, blessé par ces multitudes de flèches, plein de souffrances, je ne puis, Naîrrita, te voir de mes yeux. Celui que la nymphe Andjanâ et le Vent se glorifient d'avoir pour fils, Hanoûmat, le plus excellent des singes, a-t-il sauvé sa vie du combat ? » À ce langage du moribond, Vibhîshana, voulant éprouver le caractère et la sagesse de ce roi, qui savait honorer les sages : « Pourquoi me fais-tu cette demande sur Hanoûmat, lui dit-il, sans t'inquiéter d'abord de ces deux illustres hommes qui sont les premiers objets de notre douleur, eux, sur la vie desquels repose même notre force ! »

À ces mots de Vibhîshana, Djâmbavat répondit : « Écoute pour quelle raison je t'ai fait cette demande sur le Mâroutide ; c'est que, tigre des Naîrritas, si l'invincible Hanoûmat respire, cette armée, fût-elle morte, peut vivre encore ! Si le souffle de la vie est resté au Mâroutide, nous sommes pleins de vie nous-mêmes, eussions-nous rendu le dernier soupir. »

À peine ouïes ces belles paroles, Vibhîshana reprit : « Il vit, mon père, ce héros d'une vitesse égale à celle du vent : le prince, fils de Mâroute, conserve une splendeur pareille à celle du feu. Il est venu ici ; et c'est toi, seigneur, qu'il cherchait maintenant de concert avec moi. »

Hanoûmat, le fils du Vent, s'approche alors du vieillard, le salue avec modestie et lui dit son nom. Quand ce vieux roi des ours entendit, les sens tout émus, cette parole d'Hanoûmat, il crut naître, pour ainsi dire, une seconde fois à la vie. Ensuite Djâmbavat à la grande splendeur lui tint ce langage : « Va, prince des simiens, et veuille sauver les quadrumanes ; il n'y en a pas d'autre ici que toi, ô le plus vertueux des singes, qui soit *assez* doué de vigueur.

« Après une route merveilleuse parcourue au-dessus de la mer, veuille bien diriger ta course, Hanoûmat, vers l'Himâlaya, roi des monts. Ensuite tu verras, héros à la prodigieuse vigueur, une montagne d'or, appelée Rishabha, au front sourcilleux, et la crête elle-même du Kêlâsa. Entre deux cimes, tu verras une admirable montagne d'un éclat incomparable : c'est la Montagne-des-simples, riche de toutes les herbes médicinales. Là, végétant sur le faîte, s'offriront à tes yeux, noble singe, quatre plantes à la splendeur enflammée, dont elles illuminent les dix points de l'espace. Une d'elles, herbe précieuse, ressuscite de la mort, une autre fait sortir les flèches des blessures, la troisième cicatrise les plaies, une autre enfin ramène *sur les membres guéris* une couleur égale et naturelle. Prends-les toutes, Hanoûmat, et veuille bien revenir ici promptement. Fais à tous les singes, fils du Vent, fais-nous présent de la vie ! »

À ces mots des torrents de force remplirent Hanoûmat, comme la mer elle-même est remplie par les courants impétueux des ondes.

Après qu'il eut offert son adoration aux Dieux, le Mâroutide à la terrifiante vigueur entra dans sa grande mission pour le salut des Raghouides. Il releva sa queue semblable à un serpent, courba son dos, infléchit ses oreilles, ouvrit sa bouche, pareille au volcan sous-marin et s'élança dans les airs d'une vitesse impatiente et merveilleuse. Ses deux bras, tels que des serpents étendus par-devant lui, Hanoûmat, de qui la force égalait celle de Garouda, le roi des oiseaux, dirigea son vol, déchirant, pour ainsi dire, les plages du ciel, vers le Mérou, ce mont, le roi des monts ; et le grand singe aperçut bientôt l'Himâlaya, doué richement de fleuves et de ruisseaux, orné de cataractes et de forêts, avec des cimes du plus magnifique aspect et semblables à des masses de nuages blancs.

Le grand singe avait parcouru mille yodjanas quand il arriva sur la haute montagne, où il se mit à chercher les quatre inestimables panacées. Mais ces divines plantes qui pouvaient changer de forme, ayant su qu'Hanoûmat n'était venu dans ce lieu que pour s'emparer d'elles, se cachèrent à l'instant même dans l'invisibilité. Le noble singe, ne les voyant pas, s'irrite ; il pousse un cri de colère, il ouvre sa bouche, il cligne tout indigné ses yeux et jette ces paroles au roi de la montagne :

« Est-ce une sage pensée à toi de montrer une telle insensibilité pour le noble Raghouide ? Vaincu par la force de mon bras, vois ! à l'instant même, roi des grandes montagnes, tes débris vont ici joncher la terre ! » Soudain ce magnanime, embrassant la cime, rompit violemment, d'un seul coup, dans sa fougue, le sommet flamboyant et le sépara de la montagne avec ses éléphants, son or et sa richesse de mille métaux.

Quand il eut déraciné ce plateau, il s'élança dans les cieux avec lui et, déployant sa vitesse impétueuse, effrayant les mondes, les princes des Asouras, les Dieux mêmes et le roi des Souras, il s'en alla rapidement célébré à l'envi par les chœurs des Immortels et des Siddhas. Cette montagne répandait une splendeur éclatante sur le fils du Vent, tel qu'une montagne lui-même, comme le tchakra de feu jette dans les cieux sa lumière flamboyante sur Vishnou, quand ce Dieu s'est armé de son disque aux mille tranchants.

Aussitôt qu'ils ont aperçu Hanoûmat, les singes de pousser leurs acclamations de joie ; le Mâroutide, *de son côté* , jette un cri de triomphe à la vue des singes, et les habitants de Lankâ eux -mêmes, au bruit de ces clameurs effrayantes, crient d'une manière encore plus épouvantable. Admiré par les plus nobles chefs des simiens et loué par Vibhîshana lui-même, le héros, tenant la cime de montagne, descendit au milieu de cette armée quadrumane. À peine les deux fils du monarque issu de Raghou ont-ils respiré l'odeur exhalée des célestes panacées, soudain les flèches sortent des plaies et leur corps est guéri même de toutes ses blessures.

Alors tous les singes privés de la vie sortirent de la mort, comme on sort du sommeil à la fin de la nuit ; et, poussant des cris *de joie* , ils se relevaient tout à coup, célébrant à l'envi ce glorieux fils du Vent !

—

Quand Indradjit, victorieux dans la guerre, eut mis l'armée des singes en déroute, il revint du combat et rentra dans la ville. *Mais bientôt* , saisi d'une grande colère au souvenir mainte et mainte fois renouvelé des Rakshasas, tombés morts *sous les coups des singes* , le héros prit de nouveau le chemin de la sortie. Dès qu'il eut franchi d'un pied rapide le seuil de la porte occidentale, le puissant noctivague résolut de mettre en œuvre la magie pour fasciner les quadrumanes hôtes des bois.

Le cruel fit donc par la vertu de sa magie un fantôme de Sîtâ, montée dans son char : puis, guerrier habile en l'art des combats, il s'avança dans le champ de bataille, la face tournée vers les singes. À peine ont-ils vu le Rakshasa venir de la ville, ceux-ci, brûlants de combattre, s'élancent, enflammés de colère et les mains pleines de rochers. Devant eux marchait le noble Hanoûmat, tenant levé un faîte de montagne, sommet immense et d'un poids accablant.

Il vit, montée sur le char d'Indradjit, la Sîtâ, plongée au fond de la tristesse, les cheveux renoués dans une seule tresse et le corps exténué de jeûnes. À cette vue de la Mithilienne, assise dans le char, l'air consterné et les membres souillés d'impuretés, son âme se troubla et des larmes noyèrent son visage. À peine eut-il vu la Sîtâ morne, pleine de méfiance, amaigrie de privations, déchirée par le chagrin et montée sur le char du Râvanide : « Quel est son dessein ? » pensa le grand singe ; et là-dessus il fondit avec les plus vaillants des quadrumanes sur le fils de Râvana.

Rempli de colère en voyant l'armée des singes, le Râvanide tire son glaive du fourreau et pousse un bruyant éclat de rire. Quand il se fut armé de cet excellent cimeterre, il saisit par son épaisse chevelure ce fantôme de Sîtâ, qui appelait à grands cris : « Râma ! Râma ! »

Alors qu'il vit appréhender la Sîtâ, Hanoûmat, le fils du Vent tomba dans un profond abattement et versa de ses yeux l'eau dont la source est dans la douleur. Au comble de la colère, il dit au Râvanide avec menace : « Âme ignoble, méchante et vile, insensé, de qui la scélératesse inspire les résolutions, il n'est pas séant à toi de faire une chose telle, basse, ignominieuse !

« Comment veux-tu ôter la vie à cette Mithilienne, enlevée à sa demeure, à son royaume, aux mains de Râma, innocente de toute injure et sans défense ? De quelle offense cette dame s'est-elle rendue coupable envers toi, que tu veuilles ici la tuer ? »

À peine eut-il articulé ces mots sur le champ de bataille, Hanoûmat, plein de colère, fondit, environné des singes, sur le fils du monarque des Rakshasas. Mais le Démon aux faits épouvantables refoula dans un *rapide* combat cette formidable armée des orangs-outangs qui se ruaient contre lui. Indradjit, avec mille dards, sema le trouble dans l'armée des simiens, puis, adressant la parole au Mâroutide, le plus vaillant des singes : « Moi, qui te parle, dit-il, je tuerai sous tes yeux, à l'instant même, cette Mithilienne pour laquelle Sougrîva, toi et Râma, vous êtes venus ici. Une fois la vie arrachée à Sîtâ, je donnerai la mort à Sougrîva, à Râma, à Lakshmana, à toi, singe, et au lâche Vibhîshana. On doit respecter la vie des femmes, dis-tu : je te réponds qu'on a droit, singe, de faire ce qui peut causer de la peine à l'ennemi. »

Indradjit, à ces mots, frappa de son glaive au taillant acéré ce fantôme de Sîtâ, versant des larmes. Tranchée par lui comme un fil, tombe alors sur la terre cette belle anachorète à la ravissante personne.

Le fils du Vent, Hanoûmat, dit à tous les singes terrifiés, la face consternée, fuyant, aiguillonnés par la peur, chacun de son côté : « Singes, pourquoi fuyez-vous, troublés, le visage abattu, l'ardeur éteinte pour les combats ? Où s'en est allée votre âme héroïque ? Suivez-moi par derrière, je marche en avant au combat ! car il ne sied pas de fuir à des héros nés en de nobles races. »

Il dit : et les singes dont ces mots raniment le courage, d'empoigner aussitôt les cimes des montagnes ou des arbres nombreux et divers.

Pénétré de colère et de chagrin, le grand singe Hanoûmat envoya tomber sur le char du Râvanide un pesant rocher. Mais, à peine voit-il arriver cette masse, le cocher détourne bien loin du coup son char attelé de coursiers dociles. Arrivé sur la place où avaient été le char et les chevaux, Indradjit et son cocher, le granit, sans toucher le but, rompit la terre et s'y plongea. La chute du rocher mit le trouble dans l'armée Rakshasî ; et les singes par centaines de se ruer sur elle en poussant des cris.

Arrivé en la présence du magnanime Râma, Hanoûmat lui tint avec douleur ce langage : « Fils de Raghou, tandis que nous combattions de tous nos efforts, le Râvanide a frappé de son épée, sous nos yeux, Sitâ versant des pleurs. Consterné, l'âme troublée, je l'ai vue de mes yeux *gisante*, dompteur des ennemis, et, l'esprit enveloppé d'épaisses ténèbres, je suis venu t'en apporter la nouvelle. » À peine le Raghouide eut-il ouï ces paroles du singe, que, suffoqué par la douleur, il tomba sur la terre, son âme troublée et sa connaissance évanouie.

Tandis que Lakshmana, frère dévoué, s'occupait à rendre le sentiment à Râma, Vibhîshana revint d'inspecter les troupes et de leur assigner des postes. Le héros aux vastes forces, s'étant approché de l'infortuné Raghouide, vit les singes consternés, en même temps que Sougriva, en même temps que Lalislimana. Il vit aussi le Raghouide à la grande vigueur, joie de la race d'Iksh-wàkou, tombé dans l'évanouissement et soutenu sur le sein de Lakshmana.

À la vue de Râma, sans force et consumé par le chagrin : « Qu'est-ce ? » dit Vibhîshana, le cœur affligé d'une peine intérieure. Lakshmana, voyant Vibhîshana plongé dans ses réflexions et la tête baissée : « Héros, lui dit-il, noyé dans ses larmes, ce prince vient d'apprendre à l'instant par la bouche d'Hanoûmat qu'Indrad-jit a tué Sitâ, et soudain il est tombé dans cet évanouissement… »

Mais Vibhîshana, interrompant le Soumitride au milieu de son récit, adresse à l'évanoui, revenu à la connaissance, ces paroles éminemment consolantes : « Dans ce qu'est venu te raconter Hanoûmat d'un air consterné, il n'y a pas moins de fausseté, je pense, qu'il n'y en aurait dans cette nouvelle : « Toute la mer est à sec ! » Je sais, guerrier aux longs bras, quelles sont à l'égard de Sitâ les résolutions de l'impie Râvana : il ne lui fera pas ôter la vie. En effet, ses parents lui ont dit, au nom de son intérêt, en même temps qu'ils parlaient au nom du devoir : « Abandonne la Vidéhaine ! » mais il n'a point écouté cette parole.

« Secoue, tigre des hommes, secoue ce désespoir qui est tombé sur toi sans raison ; car toute l'armée va perdre courage en te voyant la proie du chagrin. »

Revêtu de son armure, le Soumitride, tenant alors ses flèches, portant son épée, couvert de sa cuirasse et rayonnant d'une grande quantité d'or, toucha les pieds de Râma et lui dit, plein de joie : « Dans un instant ces dards, lancés par mon arc, vont dévorer le corps de ce terrible Démon, comme le feu consume un tas d'herbes sèches. »

Il dit, et, sur ces mots prononcés en face de son frère, Lakshmana joyeux sortit, brûlant de tuer le Râvanide dans un combat. Aussitôt Hanoûmat, environné par de nombreux milliers de singes, et Vibhîshana, escorté de ses ministres, suivent le frère de Râma.

Le Râvanide, plein de fureur, semblable au noir Trépas, s'avance impétueux, monté dans son char, bien décoré, spacieux, hérissé d'armes et de cimeterres, attelé de chevaux noirs. Ensuite, quand il eut promené ses regards sur lous, et sur le Soumitride, et sur Vibhîshana, et sur les principaux des singes : « Voyez ma force ! s'écria dans la plus ardente colère le puissant Râvanide aux longs bras. Tâchez maintenant de supporter dans cette guerre l'insupportable averse des flèches que va lancer mon arc, comme une pluie versée au milieu des airs. Qui tiendra pied devant moi, criant d'une voix semblable au tonnerre du nuage et semant d'une main prompte sur le champ de bataille les multitudes de mes flèches ? Tout à l'heure, sous les coups de mes pattiças, de mes épées, de mes traits à sarbacane, je vous plongerai tous, percés de mes flèches aiguës, dans la "noire" habitation d'Yama ! »

À peine eut-il entendu cette jactance du prince des Yâtavas, Lakshmana, plein de colère, lui répondit en ces mots, prononcés d'une voix que la peur ne troublait pas : « On aborde aisément avec la langue au rivage des faits ; mais le propre du sage, ô le plus vil des Rakshasas, c'est de prendre terre avec un acte à cette rive ultérieure des actes.

« Le feu brûle sans parler et le soleil échauffe en silence ; le vent brise les arbres, sans leur jeter un seul mot d'outrage. » Le puissant héros, à qui ce langage était adressé, Indradjit, habitué à vaincre dans les combats, saisit un arc épouvantable et se mit à lancer des flèches acérées. Décochés par le guerrier vigoureux, ces dards, pareils au poison des serpents, atteignent Lakshmana et continuent leur vol en sifflant comme des reptiles.

Tous ses membres percés par cette multitude de flèches, le beau Lakshmana, baigné de sang, brillait alors sous la couleur d'un feu sans fumée.

Indradjit, admirant son exploit, s'enorgueillit, jeta au loin un immense cri et tint ce langage : « Frappé de mes flèches, tu vas rester ici gisant, tes membres supérieurs déchirés, les sens troublés, ta cuirasse tombée sur la terre et ton arc en morceaux échappé de ta main ! »

Au fils de Râvana, à qui la colère avait dicté ces mots outrageants, Lakshmana répondit en ces termes convenables et pleins de raison : « Pourquoi viens-tu, Rakshasa, te vanter ici, n'ayant rien fait encore ? C'est moi qui, sans t'avoir dit une seule injure, sans me vanter, ni mépriser ta "valeur", te ferai mordre la poussière à cette heure même, ô le plus vil des Rakshasas ! »

À ces mots, Lakshmana d'une grande vitesse plongea dans le fils de Râvana une flèche à cinq nœuds, lancée d'une corde tirée jusqu'à son oreille. Atteint par ce trait, le Râvanide en colère de blesser à son tour Lakshmana avec trois dards bien décochés.

Lakshmana irrité arrache ces terribles flèches et, d'un visage intrépide, jette dans le combat ces mots au Râvanide : « Ce tir, noctivague, n'est pas celui des héros, une fois arrivés sur un champ de bataille ; car ces flèches, venues de ta main, sont légères et n'ont pas une grande force. Voici de quelle manière dans un combat tirent les héros qui désirent la victoire ! » Le guerrier à ces mots le perça cruellement de ses flèches. Brisée par les dards sur le sein du noctivague, sa vaste cuirasse d'or tombe çà et là sur le fond du char, comme on voit filer dans le ciel une multitude d'étoiles. Sa cotte de maille enlevée par les flèches de fer, le héros Indradjit, tout sanglant de ses blessures, parut aux yeux dans la bataille comme un kinçouka en fleurs. Tous les membres hérissés de flèches, ces deux héros à la grande vigueur combattirent, inondés par leur sang de tous les côtés et respirant d'un souffle haletant. L'homme et le Démon exposaient aux yeux dans ce combat leur terrible vigueur : de l'un à l'autre passait une ardeur à détruire, légère, variée, sûre.

Le ciel était labouré de leurs flèches entremêlées ; leurs dards à milliers brisaient et fendaient les airs.

Tantôt Lakshmana touchait le Râvanide et tantôt le Râvanide touchait Lakshmana : aussi régnait-il dans cette lutte de l'un avec l'autre une effrayante instabilité. Enfin Lakshmana de percer avec quatre dards les quatre chevaux noirs aux ornements d'or, qui traînaient ce lion des Rakshasas. Ensuite il saisit une flèche de fer étincelante, signalée, meurtrière des ennemis et telle qu'un serpent. Lancée par son arc, comme le tonnerre par un nuage, elle ravit le jour au cocher.

Mais, "voyant" son attelage sans vie et son cocher mort, le Râvanide se jette à bas du char et fait pleuvoir sur le Soumitride une averse de flèches. Alors, semblable au grand Indra même, Lakshmana d'arrêter vigoureusement avec des centaines de flèches le guerrier aux chevaux massacrés, qui, forcé de combattre à pied, semait dans le champ de bataille ses traits formidables, acérés, invincibles.

Indradjit, ayant brisé d'abord la cuirasse imbrisable de Lakshmana, lui plante trois dards bien empennés au "milieu" du front, en homme de qui la main est rapide. Lakshmana, déployant sa valeur, eut bientôt fiché cinq dards acérés dans le visage irrité d'Indradjit aux boucles d'oreille faites d'or. L'un et l'autre habiles archers, l'âme déterminée à la victoire, s'étant mis à portée, ils se frappèrent de coups mutuels dans tous les membres avec des flèches épouvantables.

Ensuite, le frère puîné du Raghouide encocha une flèche excellente, bien faite, céleste, insurmontable, irrésistible, rayonnante de splendeur, aux nœuds droits, au toucher pareil à celui du feu ou mortel comme celui des serpents et qui portait au corps une incurable destruction. Jadis, combattant avec cette arme dans la guerre des Asouras et des Dieux, l'auguste Indra, cette puissante divinité aux coursiers fauves, extermina les Dânavas.

Ce trait encoché au meilleur des arcs, Lakshmana, le protégé de Lakshmî, prononça en tirant la corde, ces mots utiles pour le succès de lui-même : « Aussi sûr que Râma le Daçarathide est une âme vertueuse,"un cœur"attaché à la vérité, un guerrier qui n'a point son égal pour le courage dans un combat singulier, tue ce Rakshasa ! Aussi sûr qu'il fut dévoué à son père, qu'il est une grâce accordée aux Dieux, que c'est un jeu pour lui de lutter contre une multitude de héros, qu'il aime tous les êtres et compatit à leurs peines, tue ce Rakshasa ! »

Ces mots dits, l'héroïque Lakshmana tire jusqu'à son oreille et décoche au vaillant Démon sa flèche, qui va toujours droit au but. Elle fait tomber violemment du corps d'Indradjit sur le sol de la terre sa tête épouvantable, armée de son casque et parée de ses pendeloques flamboyantes.

Alors ce Démon tué, tous les singes et Vibhîshana avec eux poussent des cris simultanés de joie : tels acclamèrent les Dieux à la mort de Vritra. Dans ce moment éclate au sein des airs un battement de mains, applaudissement des Bhoûtas, des magnanimes Rishis, des Gandharvas et des Apsaras elles-mêmes.

À peine eut-elle appris sa mort, la grande armée des Rakshasas, maltraitée par les singes victorieux, se dispersa dans tous les points de l'espace. Après qu'ils ont envoyé une volée de traits, les Rakshasas tournent la face vers Lankâ, et, battus par les simiens, ils fuient, poussant des cris et la tête perdue. Malmenés par les singes, les uns entrent dans Lankâ tout tremblants, ceux-là se jettent dans la mer, ceux-ci gravissent les montagnes.

Aussitôt que le fils du monarque des Rakshasas fut tombé, le souffle impétueux du vent se calma ; le monde perdit son inquiétude et prit un aspect souriant. Aussitôt que ce Démon aux œuvres méchantes eut succombé, l'auguste Indra se réjouit avec tous les principaux Dieux ; les cieux et les eaux deviennent purs ; les Dânavas et les Dieux se félicitent. Une fois mort cet impie, qui portait l'épouvante dans tous les mondes, les Gandharvas, les Dieux et les Dânavas marchent de compagnie et proclament joyeux : « Que les Brahmes désormais se promènent sans inquiétudes, leur ennemi n'est plus ! »

De leur côté, les chefs des troupeaux quadrumanes, ayant vu frapper de mort dans le combat ce prince des Rakshasas, doué d'une irrésistible vigueur, poussent à l'envi des cris de joie. Se balançant, jetant des cris, se glorifiant, tous les singes s'étaient approchés et formaient un cercle autour du rejeton vaillant de Raghou, qui avait si bien touché le but. Remuant leurs queues, battant des mains, ils criaient à l'envi ces mots : « Victoire à Lakshmana ! » L'âme remplie de joie et s'embrassant les uns les autres, ils échangeaient entre eux différentes histoires concernant ce "noble" frère de l'aîné des Raghouides.

Les membres arrosés de sang, le guerrier puissant avait eu le corps sillonné de blessures dans ce combat par le terrible Rakshasa. Le vigoureux Lakshmana à la vive splendeur s'en revint, l'âme dans la joie, appuyé sur Vibhîshana et sur le singe Hanoûmat au lieu où l'attendaient Râma et Sougrîva.

« Qu'est-il arrivé ? » dit Râma, interrogeant Lakshmana, son frère. Alors, comme s'il en avait perdu le souvenir, ce héros ne raconta point lui-même la mort d'Indradjit au magnanime Raghouide. « Mais la tête du Râvanide fut coupée, dit Vibhîshana, par l'intrépide Lakshmana ! » Et, joyeux, le noble transfuge exposa toute l'affaire. À cette nouvelle que son héroïque frère avait terrassé Indradjit, le Raghouide à la grande vigueur en conçut une joie sans égale.

Puis, voyant avec douleur que des flèches avaient blessé cruellement son frère, le Raghouide alors fut près de s'évanouir, partagé qu'il était entre la joie et le chagrin. Il baisa sur la tête ce héros, donné pour l'accroissement de sa fortune et fit asseoir Lakshmana malgré lui et rougissant au milieu de sa cuisse. Après qu'il eut posé dans son sein le Soumitride avec amour, le Raghouide l'embrassa : il tourna mainte et mainte fois ses regards vers ce frère bien-aimé, le baisa au front une seconde fois, toucha doucement ses blessures et dit :

« Cet exploit difficile, que tu viens d'accomplir, est heureux au plus haut degré. Tu as coupé dans ce combat, ô bonheur ! le bras droit lui-même de ce criminel Râvana ! En effet, héros, cet Indradjit était son "dernier" asile ! Sur la nouvelle que son fils a mordu la poussière, Râvana, de qui tu as tué ce fidèle ami, sortira donc aujourd'hui avec une nombreuse foule de troupes ! »

Ensuite, ayant ranimé son frère et l'ayant serré dans ses bras étroitement, Râma, s'adressant à Soushéna, debout à son côté, lui parla en ces termes : « Tu vois percé de flèches ce fils de Soumitrâ, la joie de ses amis : veuille donc bien procurer, singe à la grande science, un remède qui le rende à la santé. »

À ces mots, Soushéna, le roi des singes, mit sous les narines de Lakshmana le simple fortuné, sublime, né sur l'Himâlaya et nommé l'Extracteur-des-flèches. À peine celui-ci en eut-il respiré le parfum, que tous ses dards glissèrent du corps au même instant. Ses douleurs s'éteignirent et ses plaies furent cicatrisées.

Entrés dans la ville de Lankâ, les noctivagues, reste échappé de l'armée détruite, s'en vont, éperdus, consternés, la cuirasse déchirée, le corps accablé de fatigue, au palais de Râvana et lui annoncent que le Râvanide a succombé dans la bataille sous le fer de Lakshmana.

Le despote aux longs bras s'évanouit ; hors de lui-même, il perdit le sentiment ; et, quand la connaissance lui fut revenue longtemps après, ce roi, que la perte de son fils torturait de chagrin, ce monarque suprême des Rakshasas, gémit, consterné et dans le trouble des sens :

« Hélas, mon fils ! Indradjit aux vastes forces, toi, le plus formidable des armées Rakshasîs, comment aujourd'hui as-tu subi le joug de Lakshmana ? Yama est un Dieu, que désormais j'estimerai davantage, lui, par qui tu fus attelé, mon ami, sous le grand joug de la mort ! *Hélas !* c'est le chemin battu des héros, dans les troupes mêmes, où tout guerrier est un immortel. *Mais*, s'il a sacrifié sa vie pour son maître, l'homme au cœur mâle entre *aussitôt* dans le Swarga.

« Abandonnant, et l'hérédité du trône, et Lankâ, et l'empire même des Rakshasas, et ta mère, et moi, et ton épouse, où t'en es-tu allé, après que tu nous eus tous délaissés ! N'était-ce pas à toi, héros, de célébrer mes funérailles, alors que je serais descendu au séjour d'Yama ? Et les rôles sont ici renversés ! »

Tandis qu'il gémissait ainsi, les yeux baignés de larmes, il tomba en défaillance.

Le héros, affligé par la mort de son fils, Râvana, en proie à la plus vive douleur, tourna les regards de sa pensée vers Sîtâ et résolut de lui ôter la vie.

« Mon fils, pour fasciner les singes, leur fit voir avec le secours de la magie un fantôme de même taille et de même figure ; puis, ayant paru le tuer, s'écria : « La voici, *votre* Sîtâ ! » Moi, au contraire, je veux pour mon plaisir faire de cette illusion une réalité ; je tuerai cette Vidéhaine, *trop* fidèle au kshatrya, son époux ! »

Il dit ; et le monarque eut à peine articulé ces mots adressés aux ministres, qu'il dégaina son épée de bonne trempe, éclatante comme un ciel sans nuage. Il sortit promptement du palais à pas rapides, et chaque pied, qu'il posait en colère sur le sol, ébranlait toute la terre.

Dans ce même instant, un conseiller honnête, judicieux et doué de science, Avindhya tint ce langage au monarque des Rakshasas, *mal* contenu par ses ministres : « Comment donc, toi, en qui nos yeux voient un fils de Viçravas, peux-tu, sans manquer à ta dignité, égorger la Vidéhaine dans ce moment où la colère te fait oublier ce qui est le devoir ? tuer une femme est une action qui ne te sied d'aucune manière, à toi, né dans la plus éminente famille, recommandé par la célébration des sacrifices et distingué surtout par ta *haute* sagesse.

« Regarde cette Vidéhaine, douée de toute beauté et si charmante à voir ; puis, va dans cette bataille même décharger ta colère allumée sur le Raghouide ! Une fois que tu auras tué dans un combat, il n'y a nul doute, Râma le Daçarathide, sa Mithilienne retombera de nouveau dans tes mains. »

À ces mots, le vigoureux Démon retint le monarque malgré lui et réussit à l'emmener hors de la présence de Sîtâ. Le tyran à l'âme cruelle abaissa un long regard sur la beauté de sa captive, ornée de toutes les perfections, et sa colère s'éteignit au même instant. Il retourna donc à son palais et rentra dans la salle du conseil, environné de ses amis.

Ensuite, monté dans son char, attelé de chevaux rapides, l'éminent héros sortit de la ville par cette porte même que tenaient investie Râma et Lakshmana. Aussitôt le soleil éteint sa lumière, les plages du firmament sont enveloppées d'obscurité, les nuages mugissent avec un bruit épouvantable et la terre chancelle. Une pluie de sang tombe du ciel, les coursiers bronchent dans leur chemin, un vautour s'abat sur son drapeau, et des chacals hurlent d'une manière sinistre. On vit une troupe de vautours qui volaient en cercle autour du roi magnanime ; on vit enfin les coursiers réunis dans son attelage verser eux-mêmes des larmes.

Mais, sans même penser à ces prodiges souverainement épouvantables, Râvana, que la mort poussait en avant pour sa ruine, sortit, aveuglé par sa folie. Cependant, au roulement des chars de ces Rakshasas, impatients de combattre, l'armée des singes eux-mêmes s'était avancée pour accepter la bataille.

Enflammé de colère, le monarque aux vastes forces, à la vaillance éminente, déchire les corps des simiens par des grêles de flèches. Il s'avançait dans le champ de bataille, comme le soleil dans les plaines du ciel, et dardant ses flèches, telles que des rayons épouvantables, il courait furieux sur les généraux des singes. Hors d'eux-mêmes, agités par la crainte, le corps sillonné de blessures, les simiens alors de s'enfuir çà et là, tout baignés de leur sang. Mais bientôt les singes vaincus, faisant à la cause de Râma le sacrifice de leur vie, reviennent au combat, armés de roches et poussant des cris. Ils fondirent avec des arbres, avec leurs poings, avec des cimes de montagnes sur le fier Démon, qui les reçut de pied ferme dans le combat.

Gandhamâdana blessé de huit et même dix flèches, il frappe avec dix traits Nala, qui se tenait *plus* loin. Maînda au grand corps percé avec sept dards bien épouvantables, il en met cinq dans Gaya sur le champ de bataille. Hanoûmat reçoit vingt, Nîla dix et Gavâksha vingt-cinq flèches ; il frappe Çakradjânou avec cinq, Dwivida avec six, Panasa avec dix, Koumouda avec quinze et Djâmbavat avec sept traits. Il déchire Angada, le fils de Bâli, avec quatre-vingts flèches et perce Çarabba d'un seul trait dans la poitrine. Trois dards vont de sa main se loger dans Târa, huit dans Vinata ; il fiche trois zagaies dans le front de Krathana ; et, tournant de nouveau sa rage sur les armées des singes, Râvana les dévaste dans une grande bataille avec ses flèches rayonnantes comme le soleil et qui tranchent les articulations.

Mais Sougrîva, à la vue des singes rompus et fuyants sur le champ de bataille, confia son corps d'armée à Soushéna et partit le front tourné vers l'ennemi. À ses côtés et derrière lui marchaient tous ses capitaines, ayant tous empoigné de hautes montagnes ou d'immenses et d'énormes arbres.

Sougrîva sans perdre un instant fondit sur Matta. Il saisit une vaste, une épouvantable roche, pareille à une montagne, et le grand singe à la grande splendeur la jeta pour la mort du Rakshasa. Mais soudain le général des Yâtavas, ne laissant pas l'inaffrontable roche arriver à son but, la trancha dans son vol avec des traits acérés. Brisé en mille fragments par les multitudes de ses flèches, le bloc énorme tomba comme une troupe de vautours s'abat du ciel sur la terre.

Enfin, saisi de courroux à la vue de sa roche cassée avant qu'elle ait porté coup, Sougrîva arrache et lance un shorée, que l'autre coupe encore en plus d'un morceau. Et, *cela fait*, le Rakshasa déchire avec ses dards le monarque des singes. Celui-ci dans le même temps voit une massue tombée à terre ; il prend vite cette arme, il pare avec elle les flèches de l'ennemi, et d'un bond terrible il en frappe les coursiers du char.

Aussitôt le héros à l'immense vigueur, de qui le monarque avait tué les chevaux, saute à bas de son grand char et saisit lui-même une massue. Les mains armées de la massue et du pilon, nos deux héros engagent un nouveau combat, en poussant des cris tels que deux taureaux ou comme deux nuées grosses de tonnerres. Ensuite le noctivague en colère de lancer à Sougrîva dans cette grande bataille sa massue flamboyante et lumineuse à l'égal du soleil. Le monarque des simiens envoya son pilon frapper la massue du Rakshasa, et le pilon brisé par cette massue tomba sur la terre.

Alors l'invincible roi des singes prit sur le sol de la terre un moushala de fer épouvantable, partout enrichi d'or. Sougrîva lève ce trait, qu'il adresse au Rakshasa, et le Démon à son tour lui jette une seconde massue : les deux armes se brisent dans un choc mutuel et tombent à la fois sur le sol de la terre.

Les deux engins de guerre s'étant ainsi rompus, ils continuent ce combat à coups de poing, remplis l'un et l'autre de force et d'énergie, tels que deux brasiers excités jusqu'à la flamme. Les deux héros se frappent mutuellement, ils rugissent mainte et mainte fois, ils se choquent rudement avec les mains, ils tombent de compagnie sur la face de la terre, ils se relèvent soudain, ils se chargent de nouveaux coups et jettent leurs bras dans l'air avec un désir mutuel de s'arracher la vie. Mais le Rakshasa à la grande force, à la grande vitesse, voit alors, non loin de lui, un cimeterre qu'il ramasse avec un bouclier ; et Sougrîva, de son côté, prend un bouclier avec une épée, tombés sur la terre ; puis, enveloppés de colère, ils fondent l'un sur l'autre avec des rugissements. Habiles dans l'art des combats, nos deux guerriers, tenant haut leurs glaives, décrivent l'un à la droite de l'autre un cercle à pas rapide sur le champ de bataille. Enflammés d'une colère mutuelle, ils ont tous deux pour but la victoire : doués également de courage, ils ont une égale envie de se donner la mort.

Enfin Matta, d'une grande vigueur et d'une grande vitesse, Matta, renommé pour sa vaillance, décharge un coup mal combiné de cimeterre sur le grand bouclier du monarque des singes ; mais, au moment qu'il veut relever son arme engagée dans l'écu, Sougrîva de son épée lui abat la tête, rayonnante dans la tiare dont elle était couronnée. Aussitôt que le tronc séparé du chef fut tombé sur le sol de la terre, toute l'armée du souverain des Yâtavas s'enfuit aux dix points de l'espace. Le singe, qui avait tué ce fier Démon, poussa joyeux un cri de victoire avec ses *phalanges* quadrumanes. La colère saisit l'auguste prince aux dix têtes, à la grande vaillance, à la vive splendeur, qui avait obtenu une grâce de Brahma et brisé dans les combats l'orgueil des Démons et même des Dieux.

Alors, voyant Râvana, qui, semblable à une montagne et rugissant comme un nuage destructeur, s'avançait, monté dans son char et brandissant un arc épouvantable, Râma aux yeux de lotus saisit le plus excellent des arcs et dit ces paroles : « Oh ! bonheur ! le despote insensé des Naîrritas vient s'offrir à mes yeux ! je vais donc engager un combat avec lui et goûter enfin le plaisir de lui ôter la vie ! » Il dit, bande son arc, et tirant la corde jusqu'à son oreille, décoche un trait, que le monarque irrité des Rakshasas lui coupe avec trois bhallas.

Alors un de ces combats épouvantables, acharnés, qui mettent fin à la vie, s'éleva entre ces deux héros, animés par un désir mutuel de la victoire. Le Rakshasa ne s'en émut pas, car il vit quelle était sa propre légèreté à décocher le trait, à briser le dard, à repousser la flèche ennemie. Cependant Râma, de qui ce combat excitait la colère, Râma à la force immense perce le noctivague avec des centaines de traits aigus, qui vibrent dans la blessure.

Mais le monarque aux dix têtes, à la grande vigueur, s'avance irrité et décoche le trait des ténèbres, dard bien formidable et qui glace de la plus horrible épouvante. Le projectile envoyé brûle de tous côtés les singes : aussitôt, rompus et fuyants, les simiens font lever sur le sol un nuage de poussière. Ils ne furent pas capables de supporter ce trait, que Brahma lui-même avait fabriqué.

Dans ce moment, le Démon victorieux voit Râma, qui l'attend de pied ferme à côté de Lakshmana, son frère : tel Vishnou près duquel est Indra. Il vit devant lui ce Kakoutsthide, qui, appuyé sur un grand arc, semblait effleurer de sa tête la voûte du ciel ; et, poussant avec rapidité son char sur le champ de bataille contre ce noble enfant de Raghou, il blessa, *chemin faisant*, beaucoup de singes.

Voyant les simiens rompus dans la bataille, et Râvana qui fondait sur lui, Râma, tout horripilé de colère, empoigne son arc par le milieu. Et, brandissant cet arc immense, il défie au combat son ennemi à la grande fougue, à la voix tonnante, qui déchirait, pour ainsi dire, le ciel et la terre de ses cris.

Lakshmana, qui désirait lui porter le premier coup avec ses dards aigus, courba son arc et lui décocha ses flèches, pareilles à la flamme du feu. Mais à peine l'excellent archer les avait-il envoyées au milieu des airs, soudain l'éblouissant Râvana d'arrêter les flèches avec des flèches ; et de couper, montrant la légèreté de sa main, un trait de Lakshmana avec un dard, trois avec trois, dix avec dix.

Quand le monarque, habitué à triompher dans les combats, eut vaincu le Soumitride, il s'approcha de Râma, qui se tenait là, immobile comme une montagne, les yeux rouges de colère ; il fit pleuvoir sur lui des averses de flèches. À peine eut-il vu ces multitudes de zagaies partir de son arc et venir à lui d'une aile rapide, soudain l'aîné des Raghouides saisit des bhallas, avec le fer aigu desquels ce héros au grand arc trancha ces volées de traits enflammés, épouvantables, et tels que des serpents.

Les deux guerriers firent crever l'un sur l'autre des nuages de flèches dans ce combat, le Raghouide sur Râvana et Râvana même sur le Raghouide. Attentifs à s'observer mutuellement et décrivant mainte évolution l'un autour de l'autre, tantôt de droite à gauche, tantôt de gauche à droite, ces deux héros, jusqu'alors invaincus, dirigeaient d'une manière habile et variée la fougue de leurs projectiles.

Tels que les nuages couvrent le ciel au temps où la saison brûlante a disparu, tels ces divers projectiles acérés le voilaient de ténèbres, sillonnées par la flamme des éclairs.

Tous deux, armés des arcs les plus grands, tous deux versés dans l'art des combats, tous deux les plus adroits entre ceux qui savent lancer une arme de jet, tous deux ils se livrèrent un combat furieux. L'un et l'autre semblaient un océan, qui fait rouler des vagues de flèches comme des flots épouvantables, battus par le souffle du vent sur deux mers *ennemies*.

Enfin Râvana, d'une main vigoureuse, planta un bouquet de flèches de fer dans le front du vaillant Daçarathide. Mais celui-ci, portant sur sa tête comme une guirlande faite de lotus azurés, cette *hideuse* couronne lancée d'un arc terrible, n'en ressentit aucune émotion. Ensuite, récitant à voix basse la mystique formule qui a la vertu d'envoyer le trait de Çiva, le Raghouide, saisi de colère, encoche des flèches à son arc. Alors ce héros à la vive splendeur tire à soi le nerf de sa corde et lance à Râvana dans le combat ses flèches, pareilles à la flamme du feu. Mais, décochés par la *main* vigoureuse *du* Raghouide, ces dards tombent sur la cuirasse imbrisable du monarque des Yâtavas, sans lui faire de blessure.

De nouveau, Râma à la grande vigueur envoya un second trait, celui des Gandharvas mêmes, frapper le tyran, debout sur son beau char. Mais le démon arrête ces dards, qui soudain, quittant leurs formes de flèches, entrent dans la terre en sifflant, comme des serpents à cinq têtes.

Quand Râvana, plein de colère, eut vaincu le trait du Raghouide, il en choisit lui-même un autre, bien fait pour inspirer une insurmontable épouvante, celui des Asouras. Irrité et soufflant comme un serpent, le monarque à la vive splendeur lance à Râma des flèches terminées en muffles de tigres et de lions, en becs de hérons et de corbeaux : celles-ci ont une tête flamboyante de vautour ; celles-là un museau de chacal ; les unes ont des gueules de loup ; les autres des hures de sanglier ; il en est avec des bouches effroyablement béantes ; en voici d'autres qui ont chacune cinq têtes, altérées de sang à lécher : tels sont les dards aigus et d'autres encore *non moins terribles*, que Râvana déchaîne contre son ennemi par la vertu de ses enchantements.

Assailli dans le combat par les traits des Asouras, le Raghouide à la grande énergie riposte avec le trait du feu, arme céleste et souveraine. Il décoche maintes flèches différentes : celles-ci ont une face toute flamboyante de feu et ressemblent au soleil ou à la foudre ; celles-là ont des langues pareilles à des éclairs ; les unes ont pour chef une étoile ou une planète ; les autres ont pour tête une lune, soit pleine, soit demi-pleine : telles ont pour fer un grand météore igné, telles autres sont à l'image d'une comète. Le trait du Raghouide ayant rompu le charme, les dards formidables de Râvana s'évanouissent alors par milliers au sein des airs : et les singes, habiles à revêtir les formes qu'ils veulent, de pousser à l'envi un cri de joie, en voyant s'évaporer ces armes dont Râma aux travaux infatigables a brisé la vertu.

Quand Râvana vit que le trait de son rival avait anéanti son trait, son courroux augmenta et devint sur-le-champ deux fois ce qu'était auparavant sa colère. Le monarque à la grande vigueur se mit donc à lancer contre ce noble fils de Raghou le trait épouvantable de Çiva, que lui avait composé Maga le magicien. Alors on voit partir en masse de son arc, et les harpons, et les massues, et les moushalas enflammés, au tranchant de tonnerre. On en voit sortir, impétueux et divers, les marteaux de guerre, les maillets d'armes, les cimeterres et les foudres allumées, comme les vents sortent *des nuages* à la retraite de l'hiver.

Mais soudain, le plus habile entre ceux qui savent lancer une flèche, le Raghouide à la splendeur éclatante, de frapper le trait de Râvana avec un trait supérieur, celui des Gandharvas. À la vue de son trait vaincu par le magnanime Râma, le monarque tout flamboyant de lumière en décocha un autre, le Piçâtchide. Aussitôt les tchakras vastes, embrasés, à la fougue épouvantable, s'envolent de l'arc du Rakshasa aux dix têtes. Le ciel était rempli de ces armes ignées, qui se ruaient toutes à la fois : on aurait dit que le soleil, la lune et les planètes tombaient des mondes du Swarga.

Mais soudain Râma de trancher à la face des armées ces disques terribles et les armes diverses que lui adresse le vigoureux Démon. À peine eut-il vu surmonter la puissance de son trait, le monarque des Yâtavas blessa le Raghouide avec dix flèches dans tous les membres. Cruellement percé de ces dards aigus en tout le corps, ce guerrier d'une céleste vigueur n'en fut pas même ébranlé quelque peu. Sa colère en fut excitée au plus haut point, et ce héros, accoutumé à vaincre dans les batailles, ficha des traits aigus dans tous les membres du terrible Démon.

Dans cette conjoncture, le puissant Lakshmana prit avec colère sept flèches, et, d'une main vigoureuse, il envoya ces dards à la grande fougue trancher le drapeau du resplendissant monarque, dans le champ duquel une tête d'homme se détachait pour insigne. Puis, avec un seul trait, ce héros fortuné fit tomber à bas du char de ce *roi* magnanime la tête de son cocher, parée de pendeloques flamboyantes ; et, dans le moment que le souverain des Rakshasas courbait son arc, semblable à une trompe d'éléphant, Lakshmana le rompit *dans ses mains* avec cinq et cinq flèches.

De son côté, Vibhîshana d'assommer sous les coups de sa massue, au timon du char même de son frère, les bons coursiers pareils à des montagnes et couleur des sombres nuages. Ses chevaux tués, le rapide monarque saute légèrement à bas de son grand char et s'enflamme d'une colère violente contre *le héros* son frère. Aussitôt l'auguste souverain saisit et lance à Vibhîshana une longue pique de fer, qui flamboyait comme la flamme du feu. Mais Râma de la briser avec trois flèches avant qu'elle ait touché le but : cette lance, autour de laquelle s'enroulait une guirlande d'or, tombe cassée en trois morceaux.

À la vue de cette arme que le magnanime Raghouide avait rompue dans ce grand combat, un immense cri *de victoire* s'éleva au milieu des singes.

Râvana s'arme d'une autre lance de fer, luisante, inaffrontable, rayonnante d'une lumière innée et plus redoutable que la mort elle-même. Balancée dans la main du vigoureux et magnanime Démon, cette pique, d'une impétuosité nonpareille, flamboya au milieu du ciel comme un éclair.

Mais soudain l'héroïque Lakshmana de s'élancer au même instant près de Vibhîshana exposé au danger de sa vie. Ce vaillant guerrier bande son arc et inonde avec une pluie de ses flèches Râvana, sa pique à la main et prêt de la darder en guise de javelot. Submergé dans cette averse de traits décochés par ce magnanime, le tyran ne pensa plus à diriger sa lance contre Vibhîshana et sa colère fut contrainte à se détourner de lui.

Voyant que son frère était sauvé par Lakshmana, il tourna sa face vers le Soumitride et lui tint ce langage : « Puisque c'est toi qui sauves de la mort ce Vibhîshana si renommé pour sa force, *eh bien !* ma lance épargne le Rakshasa, mais elle va tomber sur toi ! » Il dit ; et, *brandissant* à ces mots sa lance au grand bruit, aux huit clochettes, au coup toujours sûr, meurtrière des ennemis et flamboyante d'une splendeur innée, Râvana, bouillant de colère, vise Lakshmana, lui darde sa pique, ouvrage enchanté de Maga le magicien, et pousse un cri.

Enveloppée d'une lumière égale à celle de la foudre même de Çakra, cette pique, envoyée d'une effroyable vitesse, fondit sur le Soumitride au front de la bataille. Tandis que volait cette arme de fer, soudain Râma de lui adresser ces paroles à elle-même : « Que la fortune sauve Lakshmana ! Sois vaine ! N'arrive pas à ton but ! »

Il dit ; mais pendant cette pensée le trait, à la grande splendeur et flamboyant comme la langue du roi des serpents, s'abattit avec une grande fougue sur la grande poitrine de Lakshmana. Celui-ci tomba sur la terre, le cœur fendu sous le coup de cette lance que le bras impétueux du tyran avait enfoncée bien profondément. À peine Râma, qui se trouvait à ses côtés, l'eut-il vu dans ce *déplorable* état, que son cœur en fut tout rempli de tristesse par le vif amour qu'il portait à son frère ; il demeura un instant absorbé en lui-même, les yeux troublés de larmes ; mais bientôt, flamboyant comme le feu à la fin d'un youga : « Ce n'est pas le moment de se laisser abattre ! » L'héroïque Daçarathide, impatient d'arracher la vie au Démon, recommença contre lui un combat des plus tumultueux avec des flèches bien aiguisées.

—

Après que le noctivague eut livré cette terrible bataille au Raghouide, il s'écarta un peu du combat, fatigué de cette lutte, et se reposa. Alors, mettant à profit ce moment de répit que lui donnait la retraite de son ennemi, Râma, ayant relevé dans son sein la tête de son frère, se mit, plein de tristesse, à pleurer d'une manière touchante son Lakshmana aux signes heureux : « Hélas ! mon frère ! toi que j'aimais d'un amour infini !

Hélas ! mon frère ! toi qui étais ma vie ! Renonçant à tous les plaisirs, tu m'avais suivi dans la forêt. Là, inspiré sans cesse par la tendresse fraternelle, tu fus toujours mon consolateur quand le malheur fondit sur moi, quand le rapt de Sîtâ m'eut rempli de chagrin : « Je vaincrai, *disais-tu*, le monarque des Rakshasas et je ramènerai ta Mithilienne ! » Où t'en es-tu allé, Soumitride aux longs bras, si dévoué à ton frère ? »

Ensuite le monarque des simiens, Sougrîva à la grande science, réunissant les mains en coupe, dit ces mots à Râma, noyé dans sa douleur : « Ne conçois pas d'inquiétude à l'égard du Soumitride ; abandonne, guerrier aux longs bras, abandonne ce chagrin et ne te laisse pas abattre. En effet, il est un médecin nommé Soushéna ; qu'il vienne examiner le fils de Soumitrâ, ton frère bien-aimé… »

Celui-ci venu se mit à examiner Lakshmana de tous les côtés.

Puis, quand il eut promené son examen sur tous les membres et sur les sens intimes du malade, Soushéna tint ce langage à l'aîné des Raghouides :

Ce Lakshmana, *de qui l'existence* accroît ta prospérité, n'a point quitté la vie ; en effet, sa couleur n'a pas changé et son teint n'est pas devenu livide. Examinez son visage : il est clair et brillant ; les paumes de ses mains ont la rougeur des lotus ! Voyez reluire ses yeux !

« Que l'ordre soit donné d'apporter ici le simple du Gandhamâdana ! Qu'un homme blessé voie cette plante, c'est assez pour qu'il soit guéri de ses blessures. Ainsi, que les singes prennent leur vol sans tarder et qu'ils s'en aillent rapidement la chercher ! » Les paroles de Soushéna entendues, Râma tint ce langage : « Sougrîva, consie cette mission au vigoureux Hanoûmat *et laisse-moi lui dire* : « Va, héros à la grande science, va au mont Gandhamâdana ! car je ne vois pas un autre homme aussi capable de nous apporter cette panacée. »

Il dit, à ces mots, le fils du Vent, habile dans l'art de manier le discours, Hanoûmat répondit en ces termes au noble fils de Raghou : « Si le sacrifice de ma vie pouvait rendre la vie à Lakshmana, je subirais volontiers la mort pour lui ; à plus forte raison, la fatigue d'un voyage. »

À peine le plus vaillant des singes eut-il parlé ainsi, que Sougrîva lui adressa la parole en ces termes : « Élève ton vol au-dessus de la mer, et dirige-toi, héros à la grande vigueur, à la vaste science, vers le mont Gandhamâdana ! Explore ces lieux où croît la plante fortunée, qui fait tomber les flèches des blessures. Là, sont deux rois Gandharvas, nommés Hâhâ et Hoûhoû. Trente millions de guerriers Gandharvas à la force immense habitent cette montagne délicieuse, couverte de lianes et d'arbres variés. Il te faudra soutenir contre eux, on ne peut en douter, un combat épouvantable. Va ! que ta route soit heureuse ! Fais une bonne traversée ! »

Le fils du Vent les salua, ses mains en coupe, et se mit en chemin. Le héros Hanoûmat, qui voyageait par la cinquième voie [46], passa donc intrépidement au-dessus de Lankâ.

Mais Râvana, car il aperçut le Mâroutide en sa course aérienne, tint alors ce langage à Kâlanémi, insurmontable Démon, le plus difficile à vaincre de tous les Rakshasas, monstre aux quatre faces, aux quatre bras, aux huit yeux, et de qui la seule vue inspirait la terreur : « Écoute ici mes paroles, noctivague éloquent ! Le héros Hanoûmat, que tu vois là-haut, va au Gandhamâdana, où croît le simple fortuné qui extrait les flèches et guérit les blessures. Si tu réussis à l'arrêter, je te donne la moitié de mon royaume. »

Kâlanémi se hâte vers le mont Gandhamâdana. Parvenu là, ce noctivague à la grande force bâtit dans un clin d'œil par la vertu de sa magie un délicieux ermitage, où ne manquaient ni les offrandes au feu, ni les sacrés tisons allumés, ni les habits d'anachorète faits d'écorce. Il se trouve au même instant revêtu avec le costume des ermites, les cheveux renoués dans une gerbe sainte, les ongles et la barbe longs, le ventre amaigri par le jeûne, un chapelet à sa main et des prières sur ses lèvres murmurantes. Quand il se fut donné ces traits sous les apparences d'une forme qui n'était pas la sienne, il se tint là, attendant l'arrivée du singe.

Pendant ce temps, le sage Hanoûmat s'avançait d'une vigueur immense ; les deux bras étendus à travers le ciel, ce héros aux longs bras nageait dans les airs bien au-dessus de la mer avec des mouvements accélérés.

Hanoûmat parvint avec la rapidité du vent au mont Gandhamâdana. Il aperçoit là un ermitage céleste, enveloppé d'arbres variés. L'anachorète, voyant arriver Hanoûmat, se lève, vient à sa rencontre et lui dit : « Sois le bienvenu ; voici la corbeille de l'hospitalité, voici de l'eau pour laver tes pieds, voici un siège, assieds-toi ! Repose-toi à ton aise dans mon ermitage, ô le plus excellent des singes. »

À ces mots du solitaire, Hanoûmat répondit en ces termes : « Écoute les paroles que je vais dire, ô le plus saint des ermites.

« L'homicide Râvana a blessé dans la poitrine avec une lance de fer un grand héros, nommé Lakshmana, qui est le frère de Râma. Je vais donc au Gandhamâdana à cause d'un simple merveilleux qui naît sur la montagne et qui s'appelle Extracteur-des-flèches : j'ai mission d'en rapporter pour lui cette herbe souveraine, que le médecin a prescrite. »

« Si même il en est ainsi, éminente personne, répondit celui qui d'un ermite n'avait que l'habit, tu peux néanmoins t'asseoir ici un moment. Tu es un hôte venu dans ma chaumière ; accepte, héros, mes dons hospitaliers. J'ai obtenu ce lac céleste par la vertu d'une cruelle pénitence. Que je boive un peu de son eau, c'est assez pour apaiser ma faim. »

À ces mots du perfide, Hanoûmat descendit vers ce lac, couvert de nymphæas rouges et de lotus bleus. Mais, tandis qu'il y boit de l'eau, soudain Grâhî, la crocodile [47], happe le singe. Tout saisi qu'il était par elle, Hanoûmat, le singe à la vigueur immense, tira le monstre hors des ondes rapidement, et, levant la Grâhî dans ses bras, il se mit à la déchirer avec ses ongles.

Alors, se pâmant au milieu de l'air, voici que la crocodile tint ce langage : « Écoute, tigre des singes, Hanoûmat, fils du Vent. Sache que je suis une Apsara, nommée Gandhakâlî. Un jour que, montée dans un char couleur du soleil, resplendissant d'or épuré, je m'en allais par l'air au palais de Kouvéra, je ne vis pas, tant ma course était rapide, un saint ermite occupé à mortifier sa chair. Cet anachorète à l'éminente splendeur avait nom Yaksha. Mon char dans ce moment, noble singe, heurta le pénitent, ceint des armes de la malédiction. Alors, de son nimbe radieux, le solitaire aux violentes macérations me jeta ces mots :

« Il est dans la plage du septentrion une montagne qui se nomme le Gandhamâdana. Près d'elle, à son côté méridional, est un grand lac : tu vivras dans ses ondes sous la forme d'un crocodile, ravisseur de tout ce qui a vie. » « Aussitôt je tombai, foudroyée par cette malédiction, sur le sol de la terre. » Et l'anachorète, se laissant fléchir à mes prières, conclut ainsi l'anathème : « Mais au temps où le héros Hanoûmat viendra au mont Gandhamâdana, tu obtiendras, n'en doute pas, la délivrance de cette métamorphose. »

« Mon histoire t'est connue maintenant, quadrumane sans péché ; je te l'ai racontée entièrement : c'est à toi, héros, que je dois ma délivrance : adieu ! je retourne au palais de Kouvéra ! »

À ces paroles de la nymphe, Hanoûmat répondit ces mots : « Va donc avec une pleine assurance ! je suis heureux, Apsara, de ce que j'ai brisé ta chaîne ! »

Quand il eut affranchi de sa métamorphose la bayadère céleste, le fils du Vent, Hanoûmat s'en alla au charmant ermitage où se tenait le Démon. Aussitôt que le Rakshasa, déguisé en ermite, le voit arriver, il prend des racines et des fruits : « Mange ! » lui dit-il. Le chef quadrumane vit cette forme d'emprunt, et resta un moment à cette vue plongé dans ses idées et dans ses réflexions : « Je ne vois pas chez les saints ermites des apparences telles que je les trouve en celui-ci, pensa-t-il. Cette différence nécessairement doit avoir sa cause, et d'ailleurs les gestes de cet homme remplissent *malgré soi* d'épouvante. Ses traits mêmes ont quelque chose du Rakshasa : on s'aperçoit qu'il a changé de forme. Ne voit-on pas ces Démons, qui excellent dans la magie, circuler par le monde sous quelque forme qu'ils veulent ? Évidemment, c'est un émissaire, qui vint ici, envoyé par le monarque des Yâtavas pour me donner la mort : je tuerai donc ce Démon à l'âme cruelle, qui veut m'ôter la vie ! »

Puis, s'adressant au Rakshasa : « Tiens bon, scélérat, noctivague de mauvaises mœurs ! Je sais maintenant qui tu es ! »

À ces mots d'Hanoûmat, le Démon Kâlanémi démasqua sa forme naturelle, repoussante, affreuse à voir, et fit trembler le Mâroutide : « Où iras-tu, singe ? lui dit-il. Oui ! c'est le magnanime Râvana qui m'envoie ici pour satisfaire son envie de t'arracher la lumière. Ma force en magie est considérable et je m'appelle Kâlanémi. Je vais aujourd'hui, singe, dévorer ta chair jusqu'à la satiété ! »

À ces paroles, Hanoûmat sentit doubler son courage, et, les sourcils contractés sur le front, il défia Kâlanémi au combat. Aussitôt le singe et le Démon se prennent à bras le corps, une lutte s'engage ; ils se frappent des bras ou des poings, de la queue ou des talons. L'un et l'autre d'une grande force, tous deux épouvantables, l'un et l'autre d'une effroyable valeur, ils ne laissèrent dans ce lieu, ni une roche, ni un arbre debout. Enfin le fils du Vent étreint dans le câble de ses bras le terrible Démon, qui, privé de souffle et la respiration supprimée, tombe sur la terre, pousse un vaste est et descend au séjour d'Yama. Cette clameur du Rakshasa fit trembler tous les Gandharvas à la grande force et les trente millions des gardes vigoureux, *campés* sur la montagne.

Après qu'il eut donné la mort à l'inaffrontable Kâlanémi, le héros monta sur la céleste montagne, enrichie de métaux divers. Quand ils virent grimper Hanoûmat, les Gandharvas lui dirent : « Qui es-tu, toi, qui es venu, sous la forme d'un singe, au mont Gandhamâdana ? »

À ces mots, il répondit : « L'homicide Râvana a blessé dans la poitrine avec une lance de fer un grand héros, nommé Lakshmana, qui est le frère de Râma. C'est à cause de lui que je viens au mont Gandhamâdana chercher une plante salutaire, née dans ces lieux et nommée l'Extracteur-des-flèches.

« Mon désir est que vous l'indiquiez, héros ; veuillez m'accorder votre bienveillance. Dans la terre de Râma, le souverain des hommes, il sied à vos excellences de montrer un esprit tout à fait bienveillant et docile aux volontés de ce puissant monarque. »

— « Dans la terre de qui ? répondent à ces paroles entendues les Gandharvas à la grande force. Et de quel autre que de Hâhâ et de Hoûhoû, ces deux magnanimes Gandharvas, sommes-nous les serviteurs ? Qu'on mette donc à mort, sans délai, ce singe lui —même, le plus vil de sa race ! » À ces mots, les vigoureux Gandharvas l'environnent, et, remplis de fureur, le chargent de coups avec les poings et les pieds, avec des massues et des épées. Battu par ces Génies, orgueilleux de leurs forces, Hanoûmat, sans penser à leurs coups, s'enflamma de colère et les mit en désordre aussi vite que le feu dévore une meule d'herbes sèches. Il tua dans un clin d'œil tous ces trente millions de robustes guerriers.

Ensuite le singe, fils du Vent, parcourut à la recherche du simple cette montagne céleste, remplie d'arbres et de lianes, séjour des tigres et des lions. Il eut beau chercher, tout rempli d'impatience, il ne put trouver cette plante salutaire. Enfin le noble singe entoura de ses bras et déracina, comme en se jouant, l'inébranlable plateau de cette montagne, large de cinq et longue de sept yodjanas sur dix en hauteur, retraite aimée par toutes les sortes de volatiles, embellie de la présence des Kinnaras, enrichie de métaux variés, ombragée d'arbres différents et chargés de fleurs ;

cette montagne, pleine de lions et de gazelles, hantée des éléphants et des tigres, qui versait partout dans ses grottes une eau semblable à des perles, qui se couronnait de maintes et maintes fleurs, qui prêtait çà et là des sièges aux Vidyâdharas et aux Génies Ouragas, où des lianes s'enroulaient à l'entour des arbres divers, où maint oiseau s'ébattait dans toutes les variétés du vol.

Déracinée avec tant de vigueur par l'auguste fils du Vent, la montagne pleura et des larmes de métaux coulèrent de ses yeux. Hanoûmat, qui possédait la force du vent, saisit à la hâte cette montagne, dont les échos répondaient aux cris des plus magnifiques animaux, *ses habitants*, de chaque espèce ; il s'élança lestement avec elle au milieu des airs et partit avec rapidité.

À l'aspect du singe, volant ainsi chargé dans les airs, les Pannagas, les Vidyâdharas, les Gandharvas et les Dieux s'entredirent stupéfaits : « Nous n'avons pas encore vu dans les trois mondes un grand fait aussi merveilleux ! Le héros capable d'accomplir un exploit tel : tuer dans un combat les Gandharvas et déraciner une montagne, quel autre peut-il être que Hanoûmat lui-même ? Gloire à toi, héros aux longs bras, qui possèdes une telle vigueur ! Tu as libéré Gandhakâlî de sa malédiction, tu as exterminé les gardes du Gandhamâdana, tu as déraciné la montagne et tu voles avec elle, portée dans tes bras ! Certes ! les œuvres qui ont aujourd'hui signalé ta vigueur sont égales aux œuvres mêmes des Immortels. »

Hanoûmat, tenant son agréable cime de montagne, arriva en peu de temps à Lankâ. Troublés à la vue du singe, une montagne dans ses mains, aussitôt les Rakshasas, qui habitaient cette ville, de courir, agités par la crainte. Alors ce valeureux fils du Vent, chargé de sa grande alpe, descendit près de Lankâ. Il rendit compte de sa mission à Sougrîva, Râma et Vibhîshana : « Je n'ai pas trouvé sur le Gandhamâdana cette plante salutaire. J'ai donc apporté ici la cime entière de cette montagne.

Le noble Raghouide s'empresse alors de louer Hanoûmat à la grande force : « L'œuvre que tu as faite, héros des singes, est égale aux actions des Dieux mêmes. Mais il faut reporter cette montagne aux lieux où tu l'as prise ; car c'est le théâtre où les Dieux viennent toujours s'ébattre à chaque nouvelle ou pleine lune. » Soushéna d'un regard étonné contempla cette montagne, riche de racines et de fruits, ombragée par des lianes et des arbres divers, couverte par ses différents arbustes ; il monta sur la céleste montagne, parée avec toutes les espèces de métaux. Arrivé sur la cime, il aperçut l'herbe salutaire. Aussitôt vu, il arracha le simple fortuné, le recueillit avec empressement et descendit au pied de la montagne. Soushéna, le plus habile des médecins, macéra ce végétal dans une pierre et le fit respirer avec le plus grand soin au guerrier blessé. L'héroïque meurtrier des héros ennemis, Lakshmana, en eut à peine senti l'odeur, qu'il fut délivré de ses flèches et guéri de ses blessures. À l'instant même il se releva de la terre où il était couché.

Le voyant libre de la pique, Râma fut comblé de joie : « Viens ! viens ! » dit-il à son frère ; et, les yeux noyés de pleurs, il serra étroitement le Soumitride avec amour dans ses bras, le baisa au front, versa des larmes de plaisir, l'embrassa une seconde fois et lui dit : « Héros, je te vois donc, ô bonheur ! ressuscité de la mort ! »

Les singes de s'écrier joyeux à la vue de Lakshmana, qui s'était remis debout sur le sol de la terre : « Bien ! bien ! » Ils rendent à l'envi des honneurs à Soushéna, le plus habile des médecins ; Sougrîva le comble de louanges, et le Kakoutsthide à la grande splendeur lui dit en souriant : « Grâce à toi, je revois Lakshmana *vivant*, ce frère bien-aimé ! »

À la vue de Lakshmana debout, libre de ses flèches et sans blessures, les singes poussèrent de tous les côtés un cri de victoire. L'aspect de cette montagne, qu'ils n'avaient pas encore vue là jusqu'à cette heure, excite leur curiosité ; et tous, joignant les mains, ils s'approchent de Sougrîva. Ils ont un grand désir, *lui disent-ils*, de visiter cette montagne ; et le magnanime roi d'en accorder à tous la permission.

Alors, montés sur le Gandhamâdana, ils y voient des aiguières célestes de saints anachorètes et des fruits de toutes les sortes. Ils se baignent dans les sources de la montagne ; ils mangent ses fruits et, dans un instant, les singes eurent consommé tout ce qu'il y avait de fruits et de racines. Puis, leur faim apaisée, leur soif étanchée dans ces ondes fraîches, les simiens descendent au pied de la montagne.

Quand Râma les vit descendus : « Héros, dit-il à Sougrîva, donne tes ordres au fils du Vent. Qu'il remporte cette montagne et qu'elle soit remise à la même place, d'où elle fut arrachée. »

Aussitôt Sougrîva de parler au Mâroutide un langage conforme à celui de Râma ; et le fils du Vent, à cet ordre de son magnanime souverain, s'incline devant les chefs quadrumanes, enlève dans ses bras la montagne sublime et s'élance avec elle rapidement au milieu des airs.

Le monarque aux dix têtes vit passer la montagne emportée dans le ciel ; et, s'adressant aux Rakshasas, que leur force enivrait d'orgueil, à Tâladjangha, le Démon très-épouvantable, à Sinhavaktra, de qui le ventre s'arrondissait en cruche, à Oulkâmoukha d'une force immense, à Tchandralékha, à Hastikarna aux longs bras et au noctivague Kankatounda :

« Que le singe Hanoûmat, leur dit-il à cette vue, soit arrêté au plus vite par la vertu de vos enchantements ! En récompense, ô les plus terribles des Rakshasas, vous recevrez de moi un honneur au-dessus duquel il n'est rien de supérieur. » À ces mots de Râvana, les noctivagues se couvrent tous les membres de leurs cuirasses, prennent à la main des projectiles variés et s'élancent tous au milieu des airs.

Quand ils virent l'inaffrontable Mâroutide voyageant, sa montagne à la main, les Rakshasas vigoureux lui adressèrent tous ce langage : « Qui es-tu sous les formes d'un singe, toi qui marches tenant une montagne ? Ne crains-tu ni les Rakshasas, ni les Daîtyas, ni les Dieux mêmes ? Qui peut te sauver de nos mains à cette heure, où te voilà pris ? Tu vois en nous Brahma, le grand Çiva, Yama, Vishnou, Kouvéra et Indra, tous rayonnants de splendeur, qui viennent ici, conduits par le désir de t'arracher la vie ! »

Aux paroles de ces Démons, le fils du Vent répondit en ces termes : « Fussiez-vous les trois mondes, qui viennent, secondés par les Asouras, les Pannagas et les Dieux, je vous tuerai tous, m'appuyant sur la seule force de mon bras ! »

Ce disant, Hanoûmat, sachant bien qu'il avait affaire à des courtisans de Râvana, fit tête aux six Rakshasas, unissant leurs efforts contre lui. Ne pouvant user de ses bras, qui portaient la montagne, et réduit à combattre avec les pieds seulement, le singe à la grande vigueur maltraita les Démons à la grande force. Il écrasa les uns avec le coup de sa poitrine, les autres avec le coup de son genou ; il frappa ceux-ci avec ses pieds, ceux-là avec ses dents. D'autres, liés dans le câble de sa queue par le magnanime singe porteur de la montagne, pendaient au sein des airs ; et ces Démons robustes, ondulants au milieu du vide, semblaient un collier de grands saphirs bleus, entrelacés dans un fil d'or. Après de violents efforts Tâladjangha, entouré de la formidable queue, parvint avec beaucoup de peine à se dégager de la chaîne et prit la fuite.

Quand le vigoureux fils du Vent eut tué les Rakshasas, il continua son chemin, tenant sa montagne et resplendissant au milieu du ciel. Alors tous les Dieux avec les Gandharvas, les Vidyâdharas et les Tchâranas de lui jeter cette acclamation : « Gloire à toi, Hanoûmat, qui nous montres une telle vigueur ! Où verra-t-on jamais un autre que toi capable d'accomplir un exploit tel avec une puissance infinie et d'exterminer les Rakshasas dans les airs, sans quitter cette montagne ! »

Au milieu de ces applaudissements, il arrive au Gandhamâdana et remet sa montagne à la même place d'où elle fut arrachée.

Cependant le monarque aux dix têtes s'était retiré à l'écart, et, par la vertu de sa magie, il avait créé un char éblouissant, pareil au feu, muni complètement de projectiles et d'armes, aussi épouvantable à voir qu'Yama, le trépas et la mort. Des coursiers à face humaine et d'une vitesse nonpareille s'attelaient à ce char fortuné, solidement cuirassé, enrichi d'or partout, et conduit par un habile cocher, *quoiqu'* il se mût à la seule pensée de l'esprit.

Monté dans ce char, le roi décacéphale, *visant d'un œil* attentif, assaillit Râma sur le champ de bataille avec les plus terribles dards, semblables au tonnerre. « Il est inégal, dirent les Gandharvas, les Dânavas et les Dieux, ce combat, où Râma est à pied sur la terre et Râvana monté dans un char ! »

À ces paroles des Immortels, Çatakratou[48] d'envoyer sur-le-champ à Râma son char, conduit par son cocher Mâtali. On vit descendre aussitôt du ciel et s'approcher du Kakoutsthide le char fortuné du monarque des Dieux avec son drapeau à la hampe d'or, avec ses parois admirablement incrustées d'or, avec son timon fait de lapis-lazuli, avec les cent zones de ses clochettes ; véhicule nonpareil, tel que l'astre adolescent du jour, que traînaient de bons coursiers au poil fauve, semblables au soleil même, ornés avec une profusion d'or, agitant *sur le front* des panaches d'or et *secouant sur le corps* des chasse-mouches blancs.

Quand ils virent ce char descendu des cieux, Râma, Lakshmana, Sougrîva, Hanoûmat et Vibhîshana furent tout saisis d'étonnement. « Il arrivera quelque chose ! se dirent-ils émerveillés. Sans doute, ceci est une ruse, que le tyran cruel des Rakshasas, ce Râvana, qui est armé d'une magie puissante, met en jeu pour nous tromper. »

À ces mots des précédents, Sougrîva tint ce langage : « Visitons nous tous, char, attelage et cocher ! » Mais à la vue des chevaux qui se tenaient sur la terre, prêts au combat et rapides comme la pensée : « Héros, dit Vibhîshana à la grande science, monte sans crainte, avec une pleine confiance, dans ce char. Je connais toute la magie des Rakshasas qui sont ici : il n'existe, meurtrier des ennemis, aucun char de cette espèce chez le monarque des Rakshasas. Et, de plus, je vois ici de ces présages qui annoncent le succès. »

Alors Mâtali, cocher de l'Immortel aux mille yeux, tenant son aiguillon et monté dans le char, s'approche du Kakoutsthide à la vue même du monarque aux dix têtes, et, les mains réunies en coupe, il adresse à Râma ces paroles : « Mahéndra, ce Dieu aux mille regards, t'envoie pour la victoire, Kakoutsthide, ce char fortuné, exterminateur des ennemis, et ce grand arc, fait à la main d'Indra, et cette cuirasse pareille au feu, et ces flèches semblables au soleil, et ces lances de fer, luisantes, acérées. Monte donc, héros, dans ce char céleste, et, conduit par moi, tue le Démon Râvana, comme jadis, avec moi pour cocher, Mahéndra fit mordre la poussière aux Dânavas ! »

Râma, saisi d'une religieuse horreur, se mit à la gauche du char et décrivit autour de lui un pradakshina ; il fit ses révérences à Mâtali, et, songeant qu'il était un Dieu, il honora les Dieux avec lui. Cet hommage rendu, le héros, instruit à manier les traits divins, monta pour la victoire dans ce char céleste ; et, quand il eut attaché autour de sa poitrine la cuirasse du grand Indra, il rayonna de splendeur à l'égal du monarque même qui règne sur les gardiens du monde.

Mâtali, le plus habile des cochers, contint d'abord ses coursiers ; puis, les fouetta de sa pensée au gré du héros qui savait dompter les ennemis. Alors s'éleva, char contre char, un terrible, un prodigieux combat. Le Daçarathide, versé dans l'art de lancer un trait surnaturel, paralysa tous ceux du roi ennemi, le gandharvique avec le gandharvique, le divin avec le divin.

Le monarque aux dix têtes, bouillant de colère, saisit un nouveau dard souverain, épouvantable, et décocha au Raghouide le trait même des Nâgas. Soudain, transformées en serpents au venin subtil, les flèches aux ornements d'or, que Râvana lance de son arc, fondent sur le Kakoutsthide. Affreux, apportant avec eux la terreur, la tête en feu, la gueule béante, vomissant la flamme de leurs bouches, ils assaillent Râma lui-même. Toutes les plages du ciel étaient remplies, toutes les régions intermédiaires étaient couvertes de ces reptiles flamboyants au poison mortel, au toucher pareil à celui de Vâsouki.

Quand Râma vit ces hideux serpents voler de tous les côtés, il mit en lumière un épouvantable trait, le dard terrifiant de Garouda. Les flèches aux ornements d'or et brillantes comme le feu, décochées par le grand arc de Râma, dévoraient, comme autant de Garoudas, les dards des ennemis transformés en serpents. Irrité de voir son trait anéanti, le monarque des Rakshasas fit alors tomber sur Râma d'épouvantables averses de flèches.

Quand il eut rempli de mille dards ce prince aux infatigables exploits, il perça Mâtali avec une foule de traits. Après qu'il eut abattu le drapeau d'or sur le fond du char, Râvana de blesser avec la rapidité de ses flèches les coursiers mêmes d'Indra. À la vue du Raghouide accablé par son ennemi, les Dânavas et les Dieux tremblèrent. La terreur saisit tous les rois des singes et Vibhîshana avec eux. La mer, pour ainsi dire, toute en flammes, enveloppée de fumée, ses flots bouleversés, montait avec fureur dans les airs et touchait presque au flambeau du jour. Le soleil avec des rayons languissants apparaissait horrible, couleur de cuivre, collé en quelque sorte contre une comète et le sein maculé.

Le monarque aux dix têtes, aux vingt bras, son arc à la main, se montrait alors inébranlable comme le mont Maînaka. Et Râma lui-même, refoulé par le terrible Daçagrîva, ne pouvait arrêter le torrent de ses flèches sur le champ de bataille. Enfin, les sourcils contractés sur le front et ses yeux rouges de colère, il entra dans la plus ardente fureur, consumant de sa flamme, pour ainsi dire, le puissant Démon.

Aussitôt les Asouras et les Dieux rallument entre eux leur *ancienne* guerre, ils entre-croisent des acclamations passionnées : « Victoire à toi, Daçagrîva ! » s'écrient d'un côté les Asouras. « Victoire à toi, Râma ! » crient d'un autre les Dieux mainte et mainte fois.

Dans ce moment Râvana à l'âme vicieuse, qui désirait lancer un *nouveau* coup au Raghouide, mit la main sur un long projectile. Enflammé de colère, pour ainsi dire, il saisit une lance épouvantable, sans pareille, insurmontable, effroi de toutes les créatures, au tranchant de diamant, à la grande splendeur, exterminatrice de tous les ennemis, inaffrontable pour Yama lui-même et semblable au trépas.

L'Indra puissant des Rakshasas lève son arme, il pousse un grand cri épouvantable, il ébranle de cet horrible son la terre, le ciel, les points cardinaux et les plages intermédiaires. Au rugissement affreux du monarque aux terribles exploits, tous les êtres de trembler, la mer de s'agiter et les plus hauts rishis de s'écrier : « Dieu veuille sauver les mondes ! » Après que le monarque aux vastes forces eut pris cette grande lance et qu'il eut jeté cette clameur, il tint à Râma cet amer langage : « Tiens bon maintenant, Raghouide ! Mais cette lance va trancher ta vie. » Et le monarque à ces mots lui darde sa lance.

À la vue de cette arme flamboyante et d'un aspect épouvantable, le Raghouide vigoureux, levant son arc, envoie contre elle ses dards aigus. Il frappa cette lance au milieu de son vol avec des torrents de flèches, comme la mer combat avec les torrents de ses ondes le feu qui s'élève pour *la destruction du monde* à la fin d'un youga.

Mais, tel que le feu dévore les sauterelles, la grande pique de l'Yâtou consuma les traits que lui décochait l'arc de son rival. En voyant ses dards brisés au milieu des airs et réduits en cendres au seul toucher de cette lance, le Raghouide fut saisi de colère. Il empoigne dans une ardente fureur la pique de fer que Mâtali avait apportée et qu'Indra lui-même estimait grandement. À peine eut-il *d'une main* vigoureuse élevé cette arme, bruyante de ses *nombreuses* clochettes, que le ciel en fut tout illuminé, comme par le météore de feu qui incendie le monde à la fin d'un youga. Il envoya cette pique frapper la grande lance du monarque des Yâtavas, qui, brisée en plusieurs morceaux, tomba, ses clartés éteintes.

Ensuite Râma de lui abattre ses coursiers aussi rapides que la pensée avec des traits acérés, perçants, à la grande vitesse, au toucher pareil à celui du tonnerre. Cela fait, le Raghouide blesse Râvana de trois flèches aiguës dans la poitrine, et lui fiche de toutes ses forces trois autres dards au milieu du front. Le corps tout percé de flèches, le sang ruisselant de ses membres, l'Indra blessé des Rakshasas paraissait alors comme un açoka en fleurs planté au milieu des armées.

Ensuite l'héroïque Daçarathide, tout brûlant de courroux, se mit à rire et tint ce langage mordant à Râvana : « En châtiment de ce que tu entraînas du Djanasthâna ici mon épouse, tu vas perdre la vie, ô le plus vil des Rakshasas ! Abusant d'un moment, où j'avais quitté ma Vidéhaine, tu me l'as ravie, triste, violentée, sans égard à sa qualité d'anachorète, et tu penses : « Je suis un héros ! » Tu exerces ton courage sur des femmes sans défense, ravisseur des épouses d'autrui ; tu fais une action d'homme lâche, et tu penses : « Je suis un héros ! » Tu renverses les bornes, Démon sans pudeur, tu désertes les bonnes mœurs, tu prends la mort comme par orgueil, et tu penses : « Je suis un héros ! » Parce que des Rakshasas faibles, tremblants, t'honorent comme d'un culte, tu penses en ton orgueil et ta hauteur : « Je suis un héros ! » Tu m'as ravi mon épouse au moyen de la magie, qui fit *paraître à mes yeux* ce fantôme de gazelle : c'était bien montrer complètement ton courage et tu fis là un exploit merveilleux !

« Je ne dors, ni la nuit, ni le jour, noctivague aux actions criminelles ; non ! Râvana, je ne puis goûter de repos, tant que je ne t'aurai pas arraché de ta racine ! Qu'ici donc aujourd'hui même, de ton corps percé de mes dards et abattu sans vie, les oiseaux du ciel tirent les entrailles, comme Garouda tire les serpents ! »

À ces mots, l'héroïque meurtrier des ennemis, Râma d'inonder avec les averses de ses flèches Râvana, qui se tenait dans la foule *de ses Raksha-sas*. La colère avait doublé en ce guerrier aux travaux infatigables dans la guerre son courage, sa force et son ardeur pour le combat.

En butte aux averses de flèches que décochait Râma, aux pluies de pierre que jetaient les singes, le trouble envahit le cœur du monarque aux dix têtes. Toutes les flèches, tous les javelots divers lancés par lui ne suffisaient plus aux nécessités du combat ; tant il marchait rapidement vers l'heure fixée pour sa mort ! Aussitôt que le cocher, par qui ses coursiers étaient gouvernés, le vit tomber dans un tel affaissement, il se mit, troublé lui-même, à tirer peu à peu le char de son maître hors du champ de bataille.

———

Irrité jusqu'à la démence, aveuglé par la puissance de la mort, Râvana, saisi de la plus ardente colère, dit à son cocher : « Pourquoi, sans tenir compte de mon désir, me traitant avec mépris, comme un être faible, timide, léger, sans âme, comme un homme de force vile, dépourvu de courage et destitué d'énergie, ta grandeur fait-elle sortir mon char du milieu des ennemis ?

« Fais vite retourner le char avant que mon ennemi ne soit retiré, si tu n'es pas un rebelle, ou si tu n'as point mis en oubli ce que sont mes qualités. »

À ce langage amer, que le monarque insensé adressait au judicieux cocher, celui-ci répondit avec respect ces paroles salutaires :

« Écoute ! Je vais te dire pour quel motif ce char fut détourné par moi du combat, comme un fleuve impétueux serait détourné de la mer.

« Je pense, héros, que le grand travail de cette journée t'a causé de la fatigue : en effet, je ne te vois plus la même ardeur, ni l'air aussi dispos. À force de traîner ce fardeau, les coursiers du char sont couverts de sueur ; ils sont abattus, accablés par la fatigue. J'ai fait ce qui était convenable pour suspendre un instant ce combat entre vous et te procurer du repos, à toi et même aux coursiers du char. »

Râvana, satisfait de ce langage, dit, altéré de combat : « Cocher, fais tourner vite à ce char le front vers le Raghouide ! Râvana ne veut pas revenir sans avoir tué son ennemi dans la bataille ! » Stimulé par ces mots de Râvana, le cocher aussitôt de pousser rapidement ses coursiers,et, dans un instant, le grand véhicule du souverain des noctivagues fut arrivé devant le char du Raghouide.

À l'aspect de ce char pareil aux nuages, qui, attelé de chevaux noirs, se précipitait sur lui, et, revêtu d'une formidable splendeur, semblait soutenu sur les humides nuées au milieu des airs, Râma dit à Mâtali, cocher du puissant Indra :

qualités. »

À ce langage amer, que le monarque insensé adressait au judicieux cocher, celui-ci répondit avec respect ces paroles salutaires :

« Écoute ! Je vais te dire pour quel motif ce char fut détourné par moi du combat, comme un fleuve impétueux serait détourné de la mer.

« Je pense, héros, que le grand travail de cette journée t'a causé de la fatigue : en effet, je ne te vois plus la même ardeur, ni l'air aussi dispos. À force de traîner ce fardeau, les coursiers du char sont couverts de sueur ; ils sont abattus, accablés par la fatigue. J'ai fait ce qui était convenable pour suspendre un instant ce combat entre vous et te procurer du repos, à toi et même aux coursiers du char. »

Râvana, satisfait de ce langage, dit, altéré de combat : « Cocher, fais tourner vite à ce char le front vers le Raghouide ! Râvana ne veut pas revenir sans avoir tué son ennemi dans la bataille ! » Stimulé par ces mots de Râvana, le cocher aussitôt de pousser rapidement ses coursiers, et, dans un instant, le grand véhicule du souverain des noctivagues fut arrivé devant le char du Raghouide.

À l'aspect de ce char pareil aux nuages, qui, attelé de chevaux noirs, se précipitait sur lui, et, revêtu d'une formidable splendeur, semblait soutenu sur les humides nuées au milieu des airs, Râma dit à Mâtali, cocher du puissant Indra :

« Mâtali, vois ce char de l'ennemi qui fond sur nous avec colère et d'un bruit égal à celui d'une montagne qui se déchire, fendue par un coup de tonnerre. Marche au-devant du char de mon rival et tiens ferme, sans négligence ; je veux l'anéantir, comme le vent dissipe le nuage qui s'est élevé *dans les cieux*. Je le sais, il n'est rien qui soit à corriger en toi, digne du char d'Indra ; mais je désire combattre, c'est là ma seule pensée : c'est donc une chose que je rappelle à ta mémoire ; ce n'est pas un avis que je veuille te donner. » Satisfait par ce langage de Râma, Mâtali, le plus excellent des cochers, poussa rapidement son char.

Il fut grand le combat de ces deux guerriers, affrontés l'un contre l'autre, animés par un désir mutuel de s'arracher la vie et comme deux éléphants rivaux, ivres *de colère et d'amour*. Bientôt les Rishis du plus haut rang, les Siddhas, les Gandharvas et les Dieux, intéressés à la mort de Râvana, se rassemblent pour contempler ce duel en char.

Le combat de ces deux rivaux fut léger, varié, savant ; ils se portaient mutuellement des blessures, enflammés par l'ambition de triompher. Étalant toute leur vitesse de main et frappant les dards avec les dards, ils encombraient le ciel de flèches pareilles à des serpents. En même temps s'élevèrent des prodiges horribles, épouvantables, qui annonçaient la défaite de Râvana et le triomphe de Râma.

Lankâ parut comme incendiée jour et nuit d'une aurore et d'un crépuscule, qui ressemblaient aux fleurs du rosier de la Chine. Il s'éleva de grands météores ignés avec des trombes de vent furieuses et un épouvantable bruit : Râvana en trembla et la terre en fut ébranlée.

De toutes parts tombèrent d'un ciel sans nuages sur l'armée de Râvana les foudres épouvantables d'Indra avec un bruit que l'oreille ne pouvait supporter. Ses coursiers mêmes, transpirant des étincelles de leurs membres et versant des pleurs en larges gouttes de leurs yeux, rendaient à la fois et de l'eau et du feu.

« Il faut vaincre ! » se disait le Kakoutsthide ; « Il faut mourir ! » se disait Râvana. Tous deux ils firent voir dans cette bataille la suprême essence du courage.

Enfin le vigoureux monarque aux dix têtes encoche à son arc des flèches, et, visant le drapeau arboré sur le char du Raghouide, il envoie ses dards avec colère. Mais, sans toucher le drapeau flottant sur le char de Pourandara, les flèches viennent frapper la pique en fer debout sur le véhicule et tombent *amorties* sur le sol de la terre.

Alors, bouillant de courroux, le fort Râma bande son arc et songe à rendre, coup pour coup, la pareille à son ennemi. Il vise le drapeau de Râvana et lui décoche un trait, flamboyant de sa propre splendeur, irrésistible et tel qu'un grand serpent.

Cette flèche, après qu'elle eut tranché l'étendard, s'abattit sur la terre, et le drapeau coupé du monarque tomba du char sur la plaine.

À la vue de son étendard abattu, le décacéphale aux vastes forces fut comme embrasé dans le combat par le feu qui s'allume au souffle de la colère, et, incapable de modérer sa fureur, il fit pleuvoir une averse de flèches.

Debout sur les chars, ils s'abordèrent, le timon de l'un affronté au timon de l'autre, les étendards aux étendards et les coursiers tête contre tête.

Aussitôt, encochant à son arc une flèche semblable à un serpent, Râma, versé dans la science des astras les plus grands, abattit du corps une des têtes de Râvana. Les trois mondes virent donc alors gisante sur la terre cette grande tête coupée. Mais, sur les épaules de Râvana, tout à coup s'éleva une autre pareille tête, que le magnanime Raghouide à la main prompte abattit également. On vit décollée encore la seconde tête de Râvana ; mais, à peine eut-il coupé cette *horrible* tête, que Râma en vit une nouvelle naître à sa place. On la voit tomber, comme les autres, sous les traits de Râma, semblables à la foudre ; mais autant il en coupe dans sa colère, autant il en renaît sur les épaules de Râvana. Ainsi, dans ce combat, il était impossible à Râma d'obtenir la mort du cruel Démon. Enfin il trancha l'une après l'autre une centaine de têtes égales en splendeur ; mais on n'en vit pas davantage se briser la vie du monarque des Rakshasas.

À son tour, du char où il tenait, le monarque irrité des Rakshasas fatiguait Râma dans cette bataille avec une averse de traits en fer.

La scène de ce grand, de ce tumultueux, de cet épouvantable combat fut, tantôt le ciel, tantôt la terre, ou même encore le sommet de la montagne. Il dura sept jours entiers, ce grand duel, qui eut pour témoins les Rakshasas, les Ouragas, les Piçâtchas, les Yakshas, les Dânavas et les Dieux. Le repos ne suspendit alors ce combat, ni un jour, ni une nuit, ni une heure, ni une seule minute.

Enfin, Mâtali rappela au Raghouide *ce qu'il paraissait avoir oublié* : « Pourquoi suis-tu cette marche, héros, comme si tu ne savais pas *ce qu'est ton adversaire* ?

« Décoche-lui pour la mort, seigneur, le trait de Brahma : en effet c'est Brahma lui-même qui sera ainsi l'auteur de sa mort. Il ne te faut pas, Raghouide, lui couper les membres supérieurs ; car la mort ne peut lui être donnée par la tête : la mort, seigneur, n'a entrée chez lui que par les autres membres. »

Râma, au souvenir de qui les choses étaient rappelées par ces mots de Mâtali, prit alors un dard enflammé, soufflant comme un serpent.

Brahma à la splendeur infinie l'avait fabriqué jadis pour Indra et l'avait donné au roi des Dieux qui désirait la victoire sur les trois mondes. Cette flèche avait dans sa partie empennée le vent ; à sa pointe le feu et le soleil ; dans sa pesanteur, le Mérou et le Mandara, bien que son corps fût composé d'air. Brahma fit asseoir dans ses nœuds les Divinités qui portent la terreur, Kouvéra, Varouna, le Dieu qui tient la foudre, et la Mort un lasso dans sa main. Les membres souillés du sang ravi à une foule d'êtres, arrosée de moelle, affreuse, épouvantable, la terreur de tout, avide de lécher comme un serpent et donnant toujours dans le combat une abondante pâture aux grues, aux vautours, aux corbeaux, aux Rakshasas, aux chacals, aux quadrupèdes carnassiers, elle avait les formes de la mort et portait la terreur avec elle.

Dans le moment qu'il ajustait à son arc ce trait excellent, la peur fit trembler tous les êtres et la terre elle-même chancela. Irrité, il imprime une forte courbure à son arc, et, bouillant de courroux, lance à Râvana cette flèche qui détruit les articulations. Accompagnée du plus efficace des astres et décochée par cet arc magnanime de Çakra, la flèche partit avec la mission de tuer l'ennemi.

Aussi impossible à être arrêté dans son vol que la mort elle-même, le trait s'abattit sur le Démon et brisa le cœur de ce Râvana à l'âme cruelle. Il mit fin rapidement à son existence, il ravit le souffle à Râvana, et, quand il eut traversé le tyran, il revint, aussitôt son œuvre accomplie, et rentra de lui-même dans son carquois.

Soudain l'arc avec son trait échappe à la main du monarque et tombe avec le souffle exhalé de sa vie. Sa splendeur éteinte, sa fougue anéantie, son âme expirée, il croula de son char sur la terre, comme Vritra sous un coup de la foudre.

Tremblants d'épouvante à la vue de leur maître tombé sur la terre, les noctivagues sans défenseur, faible reste des Rakshasas tués, s'enfuient çà et là de tous les côtés. Privés du roi, sous le bras duquel était leur asile et maltraités par les simiens triomphants, ils courent, chassés par la terreur, à Lankâ, leurs visages ruisselants de larmes pitoyables. Ensuite, les singes victorieux poussent des cris joyeux, proclamant la victoire de Râma et la mort de Râvana.

Au moment où fut tué ce Rakshasa, l'ennemi du monde, le tambour des Dieux résonna bruyamment au milieu des airs. Un immense cri s'éleva au sein même du ciel : « Victoire ! » Et le vent, chargé de parfums célestes, souffla de sa plus caressante haleine. Une pluie de fleurs tomba du firmament sur la terre, et le char de Râma fut tout inondé de ces fleurs divines aux suaves odeurs.

Les mélodieuses voix des Immortels joyeux criaient au milieu des airs : « Bien ! bien ! » et s'associaient dans les éloges de Râma. Nârada, Toumbourou, Gârgya, Hâhâ, Hoûhoû et Soudâma, ces rois des Gandharvas, chantèrent eux-mêmes devant le Raghouide *victorieux*. Ménakâ, Rambhâ, Ourvaçî, Pantchatchoûdâ et Tilauttamâ, *ces nobles Apsaras*, dansèrent, elles cinq, devant le Kakoutsthide, joyeuses de la mort qu'il avait infligée au Démon.

Râma, que la mort de Râvana, tué de sa main, transportait de la joie la plus vive, dit alors ces paroles polies à Sougrîva, de qui les désirs étaient remplis, à son ami Angada, à Lakshmana, à Vibhîshana, enfin à tous les généraux des ours et des singes :

« Grâce à la force et au courage de vos excellences, grâce à la vigueur de vos bras, le voici mort ce Râvana, le monarque des Rakshasas, qui fit tant pleurer le monde ! Aussi longtemps que le monde subsistera, les hommes s'entrediront le haut fait si prodigieux que vous avez accompli et qui ajoute beaucoup à vos gloires ! »

Râma, les charmant de sa voix, répéta deux et trois fois cette pensée, et rappela aux singes et aux ours différentes choses, et justes, et convenables, qu'ils avaient faites *dans la guerre*.

À ces mots du Raghouide, ils répondent joyeux : « Ta splendeur seule a consumé ce criminel et ses généraux. Où trouver en nous, gens de peu de vigueur, assez de force pour accomplir dans les combats un fait immense comme ce qui fut exécuté par toi, noble Raghouide ! »

Ainsi honoré par eux de tous les côtés, ce monarque de la terre éclatait en splendeur, comme Indra le fortuné, recevant les hommages des grands Dieux. Ensuite, le vent revint au calme, les dix points cardinaux se firent sereins, le ciel fut sans nuage, les Divinités se rallièrent à l'entour du grand Indra, leur chef, et le soleil même rayonna d'une lumière inaltérable.

Quand Vibhîshana vit Râvana, son frère, expiré sous les flèches de Râma, il se mit à gémir, l'âme assiégée par la violence du chagrin : « Héros courageux, célèbre dans la guerre, versé dans toute la science des astras, pourquoi ton corps sans vie est-il couché sur la terre, hélas ! toi qui possèdes un lit somptueux ? *Tu gis*, tes longs bras, ornés de sandal, étendus sans mouvement, ton diadème rejeté *du front*, ce diadème d'un éclat égal à celui de l'astre du jour ! Le voici donc arrivé maintenant, héros, ce *malheur*, que j'avais prévu : car, aveuglé par la folie de l'amour, tu as dédaigné mes paroles !

« Le voici donc étendu mort sur la terre, le corps écrasé dans les griffes du lion d'Ikshwâkou, ce grand, cet amoureux éléphant de Râvana ; lui, de qui la splendeur était comme une défense ; lui, pour qui sa race était comme une forêt de bambous, théâtre de sa colère ; lui, de qui la passion furieuse était comme la trompe, inondée par la mada, ruisselant de ses tempes ! »

———

À la nouvelle que le Raghouide à la grande âme avait tué Râvana, les Rakshasîs, aliénées par la douleur, sortirent du gynœcée. Agitées de nombreuses convulsions, souillées des poussières de la terre, se battant la poitrine et la tête avec des bras luisants d'or, les cheveux déliés, accablées de chagrin, comme un troupeau de génisses, qui a perdu son taureau, elles sortirent avec les Rakshasas par la porte septentrionale.

Entrées dans cet épouvantable champ de bataille, elles cherchent leur époux sans vie : « Hélas ! mon noble mari ! » s'écrient-elles de tous les côtés. « Hélas ! mon protecteur. » Elles parcourent cette terre au sein jonché de cadavres, pleine de vautours et de chacals, résonnante aux cris des hérons et des corbeaux, et qui n'était plus qu'un bourbier de sang.

Absorbées dans le chagrin et les yeux baignés de larmes, se lamentant comme de *plaintives* éléphantes, elles ne brillaient point alors ces femmes qui pleuraient un époux tué dans ce terrible monarque. Elles virent là ce vaillant Râvana au grand corps, à la grande splendeur, tombé sur la terre et semblable à une montagne *écroulée* de noir collyre. À la vue de leur époux mort, couché dans la poussière du champ de bataille, elles se laissent tomber sur ses membres, comme des lianes coupées avec les arbres d'une forêt.

Celle-ci l'embrasse avec respect et pleure dans cette posture, celle-là prend ses pieds, une autre lui passe ses bras autour du cou. Telle jette ses bras en l'air, puis se roule sur la terre ; l'une s'évanouit, en voyant la face de Râvana glacée par la mort ; l'autre soulève dans son giron la tête du monarque et pleure accablée de chagrin, lavant ce pâle visage de ses larmes, comme *l'aurore* inonde un lotus de gelée blanche.

Ainsi désolées à l'aspect de leur époux immolé dans la bataille, elles manifestaient leur désespoir sous différentes formes et se lamentaient à l'envi l'une de l'autre.

Tandis que les épouses et concubines royales se désolaient dans le champ de carnage, la plus auguste des épouses et la bien-aimée du roi contemplait son époux avec tristesse. Et quand elle eut promené ses regards sur le monarque aux dix têtes, son mari, tombé sous les coups de Râma aux prodigieux exploits, Mandaudarî se mit alors à gémir d'une manière touchante : « N'est-il pas vrai, héros aux bras puissants, frère puîné de Kouvéra, n'est-il pas vrai qu'Indra n'eût pas été capable de tenir pied en face de ta colère *sur un champ de bataille* ? Terrifiés à ta vue, les Rishis, les Gandharvas renommés, les Tchâranas, les Yakshas et les Dieux s'enfuyaient à tous les points de l'espace. Tu dors, abattu dans le combat sous la main de Râma, qui n'est qu'un homme ! N'en rougis-tu pas, monarque des Rakshasas ?

« Je refuse ma foi à cette action de Râma, toute faite qu'elle soit à la face des armées : *non !* ce n'a pas été sa main *d'homme* qui t'a broyé, toi, gonflé de force partout. Je croirais plutôt que c'est Vishnou, qui vint en personne pour ta mort sous les formes de Râma et qui entra dans son corps à notre insu, grâce aux artifices de la magie.

« Alors que Khara, ton frère, dans le Djanasthâna, fut tué avec les Rakshasas nombreux qui l'environnaient, son meurtrier déjà n'était pas un homme. Alors que, dans la forêt, Bâli, cent fois supérieur à toi pour la force, fut tué par ce Râma dans la guerre, son meurtrier déjà n'était pas un homme. Alors qu'une épouvantable chaussée fut jetée par les singes dans la grande mer, je soupçonnais déjà dans mon cœur que Râma n'était pas un homme.

« Que la paix soit faite avec le Raghouide ! » te disais-je ; mais tu n'accueillis pas mes paroles, et de là vient son triomphe *en ce jour*. Tu t'es follement épris de Sîtâ, monarque des Rakshasas, pour la perte de ton empire, de ta personne et de moi-même. Il y a des femmes qui lui sont égales, il y a des femmes qui lui sont même supérieures en beauté ; mais, devenu l'esclave de l'amour, tu n'as point compris cela.

« La Mithilienne va donc maintenant se promener joyeuse avec Râma, tandis que moi, infortunée, je suis tombée dans une mer épouvantable de chagrins ! moi, qui m'enivrai de plaisir, accompagnée par toi sur le Kêlâsa, dans le Nandana, sur le Mérou, dans les bocages du Tchaîtraratha et dans les jardins suaves des Dieux !

« La voilà donc, hélas ! venue, cette nuit suprême de moi, cette nuit qui fait mon veuvage et que je n'ai jamais prévue telle, insensée que j'étais ! Mon père est le souverain des Dânavas, mon époux était le monarque des Rakshasas, et j'avais pour fils Çatrounirdjétri ; aussi étais-je fière ! Mais aujourd'hui je n'ai plus de famille, j'ai perdu en toi mon protecteur et je vais passer dans la tristesse mes éternelles années !

« Lève-toi, sire ! Pourquoi es-tu couché là ? Pourquoi ne me dis-tu pas une parole, à moi, ton épouse chérie ? Honore en moi, noctivague aux longs bras, la mère de ton fils !

« La voici donc rompue en morceaux cette lance avec laquelle tu immolais tes ennemis dans les combats, cette lance brillante comme le soleil et semblable à la foudre même du Dieu qui manie le tonnerre ! Tranchée à coups de flèches, les tronçons de ta massue jonchent la terre de tous côtés, cette massue à la vigueur infinie, armé de laquelle, héros, tu brillais naguère ! Honte soit à mon cœur qui, écrasé par le chagrin, n'éclate pas en mille parties quand je te vois là descendu au tombeau ! »

Elle dit ; et gémissant ainsi, les yeux troublés de larmes et le cœur assailli par l'amour, la reine tomba dans un *triste* évanouissement.

Alors, toutes les femmes du roi, ses compagnes, pleurant et désespérées elles-mêmes, environnent et s'empressent de relever Mandaudarî, plongée dans un tel désespoir : « Reine, lui disent-elles, il n'a pas compris la marche inconstante des choses humaines ; le malheur vient par toutes les conditions de la vie : honnie soit même cette splendeur instable des rois ! » À ces paroles, elle se mit à pleurer avec de bruyants sanglots, et, la tête baissée, elle mouilla ses deux seins avec les gouttes épaisses de ses larmes.

Le Daçarathide invita les parents à faire la cérémonie qui devait ouvrir au guerrier mort les portes du Swarga ; car il vit dans leur pensée qu'ils avaient le désir de célébrer ses obsèques. Aussitôt, à la voix de Sougrîva, les singes à la force épouvantable de rassembler çà et là des bois d'aloès et de sandal.

Les généraux des singes reviennent chargés de cruches remplies d'une eau puisée dans les quatre vastes mers ; ils rapportent à grande hâte des fleurs cueillies sur les sept monts et sur les autres montagnes de la terre. Ils apportent des faisceaux de kouças, l'herbe pure, du beurre clarifié, du lait nouveau et du lait coagulé, la cuiller du sacrifice, des feux consacrés par les prières, et des amas de bois. Vibhîshana lui-même fit venir de sa maison l'agnihotra, que les brahmes ne laissent jamais seul. Il fit cette partie des funérailles suivant l'ordre des cérémonies, consigné dans le rituel, de manière qu'elle fût jointe aux récompenses de l'obligation, en même temps qu'associée à ce qui était non défectueux, impérissable, très-saint et hautement vénéré.

D'abord, les serviteurs déposent Râvana dans un lieu pur. Ensuite, on dresse un vaste, un très-grand bûcher, que surmontent des bûches de sandal, mêlées à des nâgésars, auxquels sont unis de généreux aloès ; bûcher riche de tous les parfums, incomparable par ses grands arbres de sandal jaune. Ils portent sur la pile terminée le monarque vêtu d'une robe de lin, et, s'inclinant, les Rakshasas déposent le corps couché sur un lit.

Aussitôt les prêtres, versés dans la science des Védas, commencent en l'honneur du roi la cérémonie dernière ; ils immolent pour le monarque des Rakshasas la suprême victime des morts. Ils orientent l'autel au sud-est et portent le feu à sa place consacrée. Vibhîshana, qui s'approche en silence, y dépose la cuiller du sacrifice.

Tous les brahmes alors, le visage noyé de larmes, répandent, suivant le rite, à pleines cuillers, sur le mort un beurre liquide et clarifié dont l'antilope a fourni la matière. Ils mettent un char à ses pieds, un mortier dans un grand intervalle ; d'autres placent sur le bûcher différents arbres à fruit. Ils déposent le moushala du magnanime au lieu fixé pour lui, suivant la règle établie par un des Maharshis et prescrite dans les Çâstras.

À la suite de ces choses, les Rakshasas immolent en l'honneur du monarque une victime de bétail qu'ils oignent tout entière de beurre clarifié, couchent dans un tapis et jettent dans le feu du sacrifice. Puis, l'âme consumée de tristesse et la face baignée de larmes, ils inondent Râvana de grains frits, de parfums, de bouquets et d'autres oblations.

Enfin Vibhîshana, suivant les prescriptions du rite, applique le feu au bûcher ; et la flamme, se développant éclatante, dévore aussitôt le monarque aux dix têtes.

———

Alors, congédiant le char divin, resplendissant à l'égal du soleil qu'Indra lui avait prêté, Râma à la grande science fit ses révérences à Mâtali : « Tu as déployé une grande puissance, tu m'as rendu le plus éminent service, lui dit-il ; retourne maintenant, je t'en donne congé, dans le séjour des Immortels. » Il dit ; et sur la permission ainsi donnée, le cocher d'Indra, Mâtali, remonte dans son char et s'élève aussitôt vers le ciel.

Le vaillant Râma dit ces paroles au singe Hanoûmat, ce héros qui ressemblait à une grande montagne et qui s'approcha, les mains réunies en coupe à ses tempes : « Demande, mon ami, la permission à Vibhîshana, le puissant monarque ; puis entre dans la ville de Lankâ et va souhaiter le bonjour à la princesse de Mithila. Annonce à ma Vidéhaine, ô le plus éminent des victorieux, que je suis en bonne santé, de même que Sougrîva, de même que Lakshmana, et que Râvana fut tué dans la bataille. Raconte à ma Vidéhaine ces agréables nouvelles d'ici, et veuille bien revenir aussitôt qu'elle t'aura donné ses commissions. »

———

Quand le singe à la grande splendeur se fut introduit dans le palais opulent de Râvana, il vit, dépouillée de tous honneurs Sîtâ, la vertueuse épouse de Râma. La tête courbée, le corps incliné, l'air modeste, il salua la Mithilienne et se mit à lui répéter toutes les paroles de son époux :

« J'ai remporté la victoire, *te fait dire ton époux* ; sois tranquille, Sîtâ, et dépose tes soucis ; j'ai tué Râvana, ton ennemi, sous le joug duquel *gémissait* Lankâ ! Ton séjour dans l'habitation de Râvana ne doit plus t'inspirer de crainte : en effet, ce royaume de Lankâ est tombé sous l'obéissance de Vibhîshana. »

À ces mots, Sîtâ de se lever en sursaut ; mais, la joie fermant tout passage à sa voix, cette femme au visage brillant comme l'astre des nuits ne put articuler une seule parole. Ensuite, le plus illustre des singes dit à Sîtâ, plongée dans le silence : « À quoi penses-tu, reine ? Pourquoi ne me parles-tu pas ? »

À cette question d'Hanoûmat, elle, qui jamais ne quitta le chemin du devoir, Sîtâ, au comble du bonheur, lui tint ce langage d'une voix que sa joie rendait balbutiante : « À peine eus-je entendu une si agréable nouvelle, l'éminente victoire de mon époux, que, subjuguée par la joie, je devins sans parole un moment. En effet, je ne vois rien, singe, mon ami (et c'est la vérité, que je dis là), *non !* je ne vois rien sur la terre qui soit égal aux charmes de ton récit, ni l'or, ni les vêtements, ni même les pierreries. Aussi fus-je saisie d'une joie telle, que j'en perdis la parole. »

À ces mots de la Vidéhaine, le singe, joignant ses deux mains en coupe et debout en face de Sîtâ, lui tint ce langage dicté par la joie : « Femme vertueuse, appliquée au bonheur de ton époux, ô toi qui es pour ton mari la joie de sa victoire, il te sied de parler en ces paroles d'amour. Elles sont égales, reine, ces bonnes et fécondes paroles de toi, au don le plus magnifique par des multitudes de pierreries ; elles valent même tout l'empire des Dieux ! Avec cette richesse, je pourrais acheter tous les biens, un royaume et le reste. Maintenant que je vois Râma victorieux et son rival immolé, il est une grâce que je sollicite de toi, reine, une seule, mais grande, à laquelle je tiens. Daigne me l'accorder gracieusement ; ensuite, on te fera voir ton époux.

« J'ai vu naguère plus d'une fois ces Rakshasîs aux visages hideux vomir sur toi des paroles outrageantes, suivant les injonctions de Râvana.

« J'ai donc envie de tuer ces affreuses Démones bien épouvantables, aux cruelles mœurs : daigne m'accorder cette grâce. »

À ces mots d'Hanoûmat, la Vidéhaine, fille du roi Djanaka, réfléchit un moment ; puis elle se mit à rire et lui fit cette réponse : « Que le noble singe ne s'irrite pas contre des servantes, forcées d'obéir, qui se meuvent par la volonté d'un autre et qui vivent soumises dans la domesticité du roi.

« Tout ce qui m'est arrivé de leur fait, je l'ai subi en châtiment des mauvaises œuvres que j'avais commises avant *ces jours* et par la faute de l'adversité de ma fortune. C'est ma destinée seule qui m'avait liée à cette déplorable condition : telle est vraiment l'opinion de mon esprit. Faible, je sais pardonner à de *faibles* servantes. »

À ce langage de Sîtâ, Hanoûmat, qui savait manier la parole, fit cette réponse à l'illustre épouse de Râma : « Sîtâ, la noble épouse de Râma, vient de parler comme il était convenable. Donne-moi tes commandements, reine, et je retourne où m'attend le Raghouide. » À ces mots d'Hanoûmat, la fille du roi Djanaka repartit : « Chef des singes, je désire voir mon époux. »

Le singe à la grande science s'approche de Râma et dit cette noble parole au héros, le plus habile entre ceux qui savent manier l'arc : « Ta Mithilienne, *que j'ai trouvée* absorbée dans la peine et les yeux troubles de pleurs, n'eut pas plutôt appris ta victoire, qu'elle a désiré jouir de ta vue. » À ces mots d'Hanoûmat, soudain Râma, le plus vertueux des hommes vertueux, Râma, noyé de larmes, s'abandonna à ses réflexions.

Après qu'il eut, en regardant la terre, poussé de longs et brûlants soupirs, il dit à Vibhîshana, le monarque des Rakshasas : « Fais venir ici la princesse de Mithila, Sîtâ, ma Vidéhaine, aussitôt qu'elle aura baigné sa tête, répandu sur elle un fard céleste et revêtu de célestes parures. »

À peine eut-il parlé, que Vibhîshana partit d'un pied hâté ; il entra dans le gynœcée, et, les mains réunies en coupe, il dit à Sîtâ : « Baigne-toi la tête, Vidéhaine ; revêts de célestes parures et monte dans un char, s'il te plaît ; ton époux désire te voir. » À ces mots, la Vidéhaine répondit à Vibhîshana : « Je désire aller voir mon époux avant même de m'être lavée, monarque des Rakshasas. » Ces paroles entendues, Vibhîshana repartit : « Reine, tu dois faire comme ton époux veut que tu fasses. »

Aussitôt qu'elle eut ouï ces mots, la vertueuse Mithilienne, pour qui son mari était comme une divinité, cette reine toute dévouée à l'amour et à la volonté de son époux : « Qu'il en soit donc ainsi ! » répondit-elle. Sur-le-champ, de jeunes femmes lavent sa tête et font sa toilette ; on la revêt de robes précieuses, on la pare de riches joyaux ; puis, Vibhîshana fait monter Sîtâ dans une litière magnifique, couverte de tapis somptueux, et l'emmène, escortée de Rakshasas en grand nombre.

Enflammés de curiosité, les principaux des singes, désirant voir la Mithilienne, se tenaient sur le passage par centaines de mille. « De quelle beauté donc est cette Vidéhaine ? se disaient-ils. Quelle est cette perle des femmes, à cause de laquelle ce monde des singes fut mis en si grand péril ? Elle, pour qui fut tué un roi, ce Râvana, le monarque des Rakshasas, et fut jetée dans les eaux de la grande mer une chaussée longue de cent yodjanas ! »

Au milieu de ces paroles, qu'il entendait répéter de tous les côtés, Vibhîshana mit la riche litière en tête et s'avança vers Râma lui-même. Il s'approcha du magnanime, plongé dans ses réflexions, tout victorieux qu'il fût, et lui dit joyeux en s'inclinant : « Je l'ai amenée ! »

À peine eut-il appris qu'elle était venue, celle qui avait longtemps habité dans la maison d'un Rakshasa, trois sentiments d'assaillir à la fois Râma, la joie, la colère et la tristesse. Il fit aller ses yeux de côté et se mit à réfléchir avec incertitude ; ensuite il dit à Vibhîshana ces paroles opportunes :

« Monarque des Rakshasas, mon ami, toi qui toujours t'es complu dans mes victoires, que la Vidéhaine paraisse au plus tôt en ma présence. » À ces mots du Raghouide, Vibhîshana fit alors en grande hâte repousser le monde de tous les côtés. Aussitôt des serviteurs, coiffés de turbans faits en peau de serpent, le djhardjhara et le bambou dans la main, parcourent d'un pied hâté la multitude, refoulant de toutes parts les assistants.

Quand Râma vit de tous côtés ces foules se rejeter en arrière, pleines de terreur et de hâte, il arrêta ce mouvement par un sentiment de politesse et d'amour. Irrité et brûlant de ses yeux, pour ainsi dire, le Démon à la grande science, Râma de jeter ces mots sur le ton du reproche à Vibhîshana : « Pourquoi, sans égard pour moi, vexes-tu ces gens ? Ne leur fais pas de violence, car je regarde chacun d'eux comme s'il était de ma famille. »

Attentive aux paroles de son époux, Sîtâ, se voyant négligée, en conçut une secrète colère difficile à tenir sous le voile. Ensuite la Djanakide, ayant regardé son époux, réfléchit, et, femme, elle comprima sa joie cachée au fond du cœur.

Le sage Râma dit alors ces mots à Vibhîshana d'une voix forte et pareille au bruit d'une masse de grands nuages :

« Ce ne sont pas les maisons, ni les vêtements, ni l'enceinte retranchée *d'un sérail*, ni l'étiquette d'une cour, ni tout autre cérémonial des rois, qui mettent une femme à l'abri des regards : le voile de la femme, c'est la vertu de l'épouse ! Celle que voici nous est venue de la guerre ; elle est plongée dans une grande infortune ; je ne vois donc pas de mal à ce que les regards se portent sur elle, surtout en ma présence. Fais-lui quitter sa litière, amène la Vidéhaine à pied même près de moi : que ces hommes des bois puissent la voir ! » Il dit ; et Vibhîshana, tout en médisant ce langage, conduisit la Mithilienne auprès du magnanime Râma.

À peine ouïes les paroles du Raghouide sur la Mithilienne, les singes et tous les généraux de Vibhîshana avec le peuple de se regarder les uns les autres et de s'entre-dire : « Que va-t-il faire ? On entrevoit chez lui une colère secrète ; elle perce même dans ses yeux. » Ils furent tous agités de crainte aux gestes de Râma ; la peur naquit dans leurs âmes, et, tremblants, ils changèrent de visage.

Lakshmana, Sougrîva et le fils de Bâli, Angada, étaient remplis tous de confusion ; et, ensevelis dans leurs pensées, ils ressemblaient à des morts. À l'indifférence qu'il marquait pour son épouse, à ses manières effrayantes, Sîtâ parut à leurs yeux comme un bouquet de fleurs qui n'a plus de charmes et que *son maître* abandonne.

Suivie par Vibhîshana et les membres fléchissants de pudeur, la Mithilienne s'avança vers son époux. On la vit s'approcher de lui, telle que Çrî elle-même revêtue d'un corps, ou telle que la Déesse de Lankâ, ou telle enfin que Prabhâ, la femme du soleil. À la vue de Sîtâ, la plus noble des épouses, tous les singes furent transportés dans la plus haute admiration par la force de sa grâce et de sa beauté.

Quand, le visage inondé par des larmes de pudeur, au milieu de ces peuples assemblés, elle se fut approchée de son époux, la Djanakide se tint près de lui, comme la charmante Lakshmî à côté de Vishnou. À l'aspect de cette femme qui animait un corps d'une beauté céleste, le Raghouide versa des pleurs, mais ne lui dit point un seul mot, car le doute était né dans son âme. Ballotté au milieu des flots de la colère et de l'amour, Râma, le visage pâle, avait ses yeux empourprés d'une extrême rougeur, tant il s'efforçait d'y retenir ses larmes !

Il voyait devant lui cette reine debout, l'âme frissonnante de pudeur, ensevelie dans ses pensées, en proie à la plus vive affliction et comme une *veuve* qui n'a plus son protecteur. Elle, cette jeune femme, qu'un Démon avait enlevée de force et tourmentée dans une *odieuse* captivité ; elle, à peine vivante et qui semblait revenir du monde des morts ; elle, que la violence arracha de son ermitage un instant désert ; elle, sans reproche, innocente, à l'âme pure, elle n'obtenait pas de son époux une seule parole ! Aussi, les yeux déjà baignés par des larmes de pudeur au milieu des peuples assemblés, fondit-elle en *des torrents de* pleurs, quand elle se fut approchée de Râma, en lui disant : « Mon époux ! »

À ce mot, qu'elle soupira avec un sanglot, une larme vint troubler les yeux des capitaines simiens ; et tous ils se mirent à pleurer, saisis de tristesse. Le Soumitride, qui sentit naître son émotion, se couvrit aussitôt la face de son vêtement et fit un effort pour contenir ses larmes et rester impassible dans sa fermeté.

Enfin Sîtâ à la taille charmante, ayant remarqué cette grande révolution qui s'était opérée dans son époux, rejeta sa timidité et se mit en face de lui. L'auguste Vidéhaine secoua son chagrin, elle s'arma de courage, elle refoula ses larmes en elle-même par sa force d'âme et la pureté de sa conscience. On la vit arrêter sur le visage de son époux un regard où plus d'un sentiment se peignit : c'étaient l'étonnement, la joie, l'amour, la colère et même la douleur.

Ballotté sur le doute, Râma, quand il vit ainsi la reine, se mit à lui exposer l'état secret de son cœur : « Je t'ai conquise des mains de l'ennemi par la voie des armes, noble Dame : reste donc à faire bravement ce que demandent les circonstances. J'ai assouvi ma colère, j'ai lavé mon offense, j'ai retranché du même coup mon déshonneur et mon ennemi. Aujourd'hui, j'ai fait éclater mon courage ; aujourd'hui, ma peine a rendu son fruit ; j'ai accompli ma promesse : je dois être ici égal à moi-même.

« Pour ce qui est de ton rapt en mon absence par un Démon travesti sous une forme empruntée, c'est le Destin qui est l'auteur de cette faute ; la fraude s'est faite ici l'égale du courage. *Mais* qu'aurait-il de commun avec une grande valeur, cet homme à l'âme petite, qui n'essuierait pas avec énergie la honte qui a rejailli sur lui ?

« Aujourd'hui même la traversée de la mer et le ravage de Lankâ, tout ce grand exploit d'Hanoûmat a porté son fruit *heureux*. La fatigue des armées et celle de Sougrîva, qui déploya tant de courage dans les combats et de lumière dans les conseils pour notre bien, porte aujourd'hui tout son fruit. La grande fatigue de Vibhîshana, qui, désertant le parti d'un frère vicieux, est venu se rallier au mien, porte également son fruit aujourd'hui. »

Il dit ; et, tandis que Râma tenait ce langage, Sîtâ, les yeux tout grands ouverts, comme ceux d'une gazelle, était inondée par ses larmes. À cette vue, la colère du Raghouide s'en accroît davantage, et, contractant ses *noirs* sourcils sur le front, jetant des regards obliques, il envoie à Sîtâ ces mordantes paroles au milieu des singes et des Rakshasas :

« Ce que doit faire un homme pour laver son offense, je l'ai fait, par cela même que je t'ai reconquise : j'ai donc sauvé mon honneur. Mais sache bien cette chose : les fatigues que j'ai supportées dans la guerre avec mes amis, c'est par ressentiment, noble Dame, et non pour toi, que je les ai subies ! Tu fus reconquise des mains de l'ennemi par moi dans ma colère ; mais ce fut entièrement, noble Dame, pour me sauver du blâme encouru et laver la tache imprimée sur mon illustre famille.

« Ta vue m'est importune au plus haut degré, comme le serait une lampe mise dans l'intervalle de mes yeux ! Va donc, je te donne congé ; va, Djanakide, où il te plaira ! Voici les dix points de l'espace, *choisis* ! il n'y a plus rien de commun entre toi et moi. En effet, est-il un homme de cœur, né dans une noble maison, qui, d'une âme où le doute fit son trait, voulût reprendre son épouse, après qu'elle aurait habité sous le toit d'un autre homme ?

« Place comme il te plaira ton cœur, Sîtâ ! car il n'est pas croyable que Râvana, t'ayant vue si ravissante et douée de cette beauté céleste, ait pu jamais trouver du charme dans aucune autre des jeunes femmes qui habitent son palais ! »

Quand elle entendit pour la première fois ces paroles affreuses de son époux au milieu des peuples assemblés, la Mithilienne se courba sous le poids de la pudeur. La Djanakide rentra dans ses membres, pour ainsi dire, et, blessée par les flèches de ces paroles, elle versa un torrent de larmes. Ensuite, essuyant son visage baigné de pleurs, elle dit ces mots lentement et d'une voix bégayante à son époux : « Tu veux me donner à d'autres, comme une bayadère, moi qui, née dans une noble famille, Indra des rois, fus mariée dans une race illustre. Pourquoi, héros, m'adresses-tu, comme à une épouse vulgaire, un langage tel, choquant, affreux à l'oreille et qui n'a point d'égal ? Je ne suis pas ce que tu penses, guerrier aux longs bras ; mets plus de confiance en moi ; *j'en suis digne*, je le jure par ta vertu elle-même !

« C'est avec raison que tu soupçonnes les femmes, si leur conduite est légère ; mais dépose le doute à mon égard, Râma, si tu m'as bien étudiée. S'il m'est arrivé de toucher les membres de ton ennemi, mon amour n'a rien fait ici pour la faute ; le seul coupable, c'est le Destin ! Mon cœur, néanmoins, la seule chose qui fût en mon pouvoir, n'a jamais cessé de résider en toi ; que ferai-je désormais, esclave en des membres qui ne sont pas à moi ? Jamais, en idée seulement, je n'ai failli envers toi : puissent les Dieux, nos maîtres, me donner la sécurité d'une manière aussi vraie que cette parole est certaine ! Si mon âme, prince, qui donne l'honneur, si mon naturel chaste et notre vie commune n'ont pu me révéler à toi, ce malheur me tue pour l'éternité.

« Quand Hanoûmat, envoyé par toi, s'est montré la première fois dans Lankâ, où j'étais captive, pourquoi, héros, ne m'as-tu pas rejetée dès ce moment ? Aussitôt cette parole, vaillant guerrier, abandonnée par toi, j'eusse abandonné la vie à la vue même de ce noble singe. Tu n'aurais pas en vain subi tant de fatigue et mis ta vie en péril ; cette armée de tes amis ne se fût pas consumée en des travaux sans fruit.

« Mais, sous l'empire même de la colère, ce que tu mis avant tout, comme un esprit léger, monarque des hommes, ce fut ma qualité seule d'être une femme. J'étais née du roi Djanaka, appelée que je fusse d'un nom qui attribuait ma naissance à la terre ; mais, ni ma conduite, ni mon caractère, tu n'as rien estimé de moi. Ma main, qu'adolescent tu avais pressée en mon adolescence, tu ne l'as point admise pour garant ; ma vertu et mon dévouement, tu as tout rejeté derrière toi ! »

Sîtâ parlait ainsi en pleurant et d'une voix que ces larmes rendaient balbutiante ; puis, s'étant recueillie dans ses pensées, elle dit avec tristesse à Lakshmana : « Fils de Soumitrâ, élève-moi un bûcher ; c'est le remède à mon infortune : frappée injustement par tant de coups, je n'ai plus la force de supporter la vie. Dédaignée par mon époux, dans l'assemblée de ces peuples, je vais entrer dans le feu ; c'est la *seule* route *ici* qu'il m'est séant de suivre. »

À ces mots de la Mithilienne, *l'intrépide* meurtrier des héros ennemis, Lakhsmana, flottant parmi les ondes de l'incertitude, fixa les yeux sur le visage de son frère ; et, comme il vit l'opinion de Râma se manifester dans l'expression de ses traits, le robuste guerrier fit un bûcher pour se conformer à sa pensée. En effet, qui que ce fût alors n'aurait pu calmer Râma, tombé sous le pouvoir de la douleur et de la colère, ni lui adresser une parole, ni même le regarder.

Aussitôt qu'elle eut décrit un pradakshina autour de Râma debout et la tête baissée, la Vidéhaine s'avança vers le feu allumé. Elle s'inclina d'abord en l'honneur des Dieux, puis en celui des brahmes ; et, joignant ses deux mains en coupe à ses tempes, elle adressa au Dieu Agni cette prière, quand elle fut près du bûcher : « De même que je n'ai jamais violé, soit en public, soit en secret, ni en actions, ni en paroles, *ni de l'esprit* , ni du corps, ma foi donnée au Raghouide ; de même que mon cœur ne s'est jamais écarté du Raghouide : de même, toi, feu, témoin du monde, protège-moi de tous les côtés ! »

Après qu'elle eut parlé ainsi, la Vidéhaine, impatiente de s'élancer dans les flammes, fit le tour du feu et dit encore ces mots : « Agni, ô toi qui circules dans le corps de tous les êtres, sauve-moi, ô le plus vertueux des Dieux, toi qui, placé dans mon corps, est en lui comme un témoin ! » À ces paroles entendues, tous les généraux simiens de pleurer beaucoup, et, tombant une à une, les larmes couvrent bientôt leur visage.

Alors, s'étant prosternée devant son époux, Sîtâ d'une âme résolue entra dans les flammes allumées. Une multitude immense, adultes, enfants, vieillards, était rassemblée en ce lieu ; ils virent tous la Mithilienne éplorée se plonger dans le bûcher. Au moment qu'elle entra dans le feu, singes et Rakshasas de pousser un hélas ! hélas ! dont la clameur intense éclata comme quelque chose de prodigieux. Semblable à l'or bruni le plus excellent, Sîtâ, parée de bijoux d'or épuré, s'élança dans les flammes allumées, comme une victime, que l'on jette dans le feu du sacrifice.

À ces cris des peuples : « *Hélas ! hélas !* » Râma, le devoir incarné, mais l'âme courroucée, demeura un moment les yeux troubles de larmes. Soudain Kouvéra, le roi *des richesses* , Yama avec les Mânes, le Dieu aux mille regards, monarque des Immortels, et Varouna, le souverain des eaux, le fortuné Çiva aux trois yeux, de qui le drapeau a pour emblème un taureau, l'auguste et bienheureux créateur du monde entier, Brahma, et le roi Daçaratha, porté dans un char au milieu des airs et revêtu d'une splendeur égale à celle du roi des Dieux, tous d'accourir ensemble vers ces lieux. Tous, se hâtant sur leurs chars semblables au soleil, ils arrivent sous les murs de Lankâ.

Ensuite, le plus éminent des Immortels et le plus savant des esprits savants, le saint créateur de l'univers entier, étendit un long bras, dont sa main était la digne parure, et dit au Raghouide, qui se tenait devant lui, ses deux mains réunies en coupe : « Comment peux-tu voir avec indifférence que Sîtâ se jette dans le feu d'un bûcher ? Comment, ô le plus grand des plus grands Dieux, ne te reconnais-tu pas toi-même ? Quoi ! c'est toi qui es en doute sur la chaste Vidéhaine, comme un époux vulgaire ! »

À ces mots du roi des Immortels, Râma, joignant ses deux mains aux tempes, répondit au plus éminent des Dieux : « Je suis, il me semble, un simple enfant de Manou, Râma, le fils du roi Daçaratha. *S'il en est d'une autre manière*, daigne alors ton excellence me dire qui je suis et d'où je proviens. » Au Kakoutsthide, qui parlait ainsi : « Écoute la vérité, Kakoutsthide, ô toi de qui la force ne s'est jamais démentie ! répondit l'Être à la splendeur infinie existant par lui-même. Ton excellence est Nârâyana, ce Dieu auguste et fortuné, de qui l'arme est le tchakra. Ton arc est celui qu'on appelle Çârnga ; tu es Hrishikéça, tu es l'homme le plus grand des hommes.

« Tu es la demeure de la vérité ; tu es vu au commencement et à la fin des mondes ; mais on ne connaît de toi ni le commencement ni la fin. « Quelle est son essence ? » se dit-on. On te voit dans tous les êtres ;

dans les troupeaux, dans les brahmes, dans le ciel, dans tous les points de l'espace, dans les mers et dans les montagnes !

« *Dieu* fortuné aux mille pieds, aux cent têtes, aux mille yeux, tu portes les créatures, la terre et ses montagnes. Que tu fermes les yeux, on dit que c'est la nuit ; si tu les ouvres, on dit que c'est le jour : les Dieux étaient dans ta pensée, et rien de ce qui est n'est sans toi.

« On dit que la lumière fut avant les mondes ; on dit que la nuit fut avant la lumière ; mais ce qui fut avant ce qui est avant tout, on raconte que c'est toi, l'âme suprême. C'est pour la mort de Râvana que tu es entré ici-bas dans un corps humain. Ce fut donc pour nous que tu as consommé cet exploit, ô la plus forte des colonnes qui soutiennent le devoir. Maintenant que l'impie Râvana est tué, retourne joyeux dans ta ville. »

Cependant le feu *ardent et* sans fumée avait respecté la Djanakide, placée au milieu du bûcher : tout à coup, voilà qu'il s'incarne dans un corps et soudain il s'élance, tenant Sîtâ dans ses bras. Le Feu mit de son sein dans le sein de Râma la jeune, la belle, la sage Vidéhaine aux joyaux d'or épuré, aux cheveux noirs bouclés, vêtue d'une robe écarlate, parée de fraîches guirlandes de fleurs et semblable au soleil enfant.

Alors ce témoin *incorruptible* du monde, le Feu, dit à Râma : « Voici ton épouse, Râma ; il n'existait aucune faute en elle.

« Cette femme vertueuse à la conduite sage n'a failli envers toi, ni de parole, ni de pensée, ni par l'esprit, ni par les yeux. Dans une heure, où tu l'avais quittée, héros, le Démon Râvana d'une irrésistible vigueur l'emporta malgré sa résistance loin de la forêt solitaire. Enfermée dans son gynœcée, triste, absorbée dans ton *souvenir*, n'ayant de pensée que pour toi, surveillée de tous les côtés par des Rakshasîs difformes, tentée et menacée de toutes les manières, ta Mithilienne, en son âme retournée toute vers toi, n'a jamais songé au Rakshasa.

« Reçois-la pure, sans tache : il n'existe pas en elle la moindre faute : je t'en suis le garant. Le feu voit tout ce qu'il y a de manifeste et tout ce qu'il y a de caché : aussi, ta Sîtâ m'est-elle connue, à moi, qui *viens de* l'observer *ici même* en face de mes yeux ! »

À ces mots, le héros à la grande splendeur, à l'inébranlable énergie, Râma, plein de constance et le plus vertueux des hommes vertueux, répondit au plus excellent des Dieux : « Il fallait nécessairement que Sîtâ fût soumise dans les mondes, grand Dieu, à l'épreuve de cette purification ; car elle avait longtemps, elle femme charmante, habité dans le gynœcée de Râvana. « Râma, ce fils du roi Daçaratha, est un insensé ; son âme n'est qu'une esclave de l'amour, » auraient dit les mondes, si je n'eusse point fait passer la Djanakide par cette purification. Cependant je savais bien que la fille du roi Djanaka n'avait pas changé de cœur, qu'elle m'était dévouée et que sa pensée errait sans cesse autour de moi. Mais, pour lui attirer la confiance des trois mondes dans cette assemblée des peuples, je n'ai point arrêté Sîtâ, quand elle s'est jetée au milieu du feu. Râvana lui-même n'aurait pu triompher de cette femme aux grands yeux, défendue par sa vertu seule, comme l'Océan ne peut franchir son rivage. Oui ! cette âme cruelle n'aurait pas été capable de souiller même de pensée la Mithilienne, aussi impossible à toucher que la flamme du feu allumé. Non ! Sîtâ n'a point donné son cœur à un autre, comme la splendeur ne fait pas divorce avec le soleil ! »

Après qu'il eut écouté ce discours du magnanime Râma, l'antique aïeul des créatures, l'auguste Swayambhou adressa au héros qu'il aimait ce langage, expression de son âme joyeuse, paroles ornées, douces, suaves, judicieuses et mariées au devoir : « Quand tu auras consolé Bharata de sa tristesse, et la pieuse Kâauçalyâ, et Kêkéyî, et Soumitrâ, la royale mère de Lakshmana ; quand tu auras ceint le diadème dans Ayodhyâ et ramené la joie dans la foule de tes amis ; quand tu auras fait naître une lignée dans la race des magnanimes Ikshwâkides, prodigué aux brahmes des richesses et gagné une renommée sans pareille, veuille bien alors revenir de la terre au ciel.

« Vois-tu là dans un char, Kakoutsthide, le roi Daçaratha, *qui fut* ton illustre père et ton gourou dans ce monde des enfants de Manou ? Sauvé par toi, son fils, c'est aujourd'hui un bienheureux, à qui fut ouvert le monde d'Indra : incline-toi devant lui avec Lakshmana, ton frère. »

À ces mots de l'antique aïeul des créatures, le Kakoutsthide avec Lakshmana de toucher les pieds de son père, assis au sommet d'un char. Tous deux ils virent Daçaratha, flamboyant de sa propre splendeur, vêtu d'une robe pure de toute poussière ; et, monté dans son char, l'ancien souverain de la terre fut pénétré d'une immense joie à la vue de ses deux fils, qu'il préférait au souffle même de sa vie.

Le roi Daçaratha dit à son fils ces mots, qui débutaient par le flatter : « Séparé de toi, Râma, je n'attache pas un grand prix au Swarga ni au bonheur d'habiter avec les princes des Dieux. Certes, heureuse est-elle cette Kâauçalyâ, qui te verra joyeuse rentrer dans ton palais, victorieux de ton ennemi et dégagé de ton vœu ! Certes, heureux sont-ils ces hommes qui te verront bientôt, Râma, de retour dans ta ville et sacré dans ton empire comme le monarque de la terre ! Heureux aussi lui-même ce Lakshmana, ton frère, si dévoué au devoir ; lui de qui la gloire est montée jusqu'au ciel et couvre à jamais la terre ! Ta Vidéhaine est pure, mon fils, elle connaît le devoir et tient ses yeux toujours attachés sur le devoir.

« Ce qui existe, soit en mal, soit en bien, dans l'univers entier, est à la connaissance des Dieux ; et moi, que voici devant toi, Daçaratha, ton père, j'atteste sa pureté moi-même !

« Tu as vu, héros, quatorze années s'écouler pendant que tu habitais pour l'amour de moi les forêts, en compagnie de ta Vidéhaine et de Lakshmana. Ton séjour dans les bois est donc aujourd'hui une dette acquittée et ta promesse est accomplie. Ta piété filiale a sauvegardé, mon fils, la vérité de ma parole, et la mort de Râvana, immolé de ta main dans la bataille, a satisfait les Dieux. Maintenant, paisible avec tes frères dans ton royaume, goûte le bonheur d'une longue vie. »

Au roi des hommes, qui parlait ainsi, Râma fit cette réponse, les mains réunies en coupe : « Je suis heureux de voir que ta majesté, objet naturel de ma vénération, est contente de moi. Mais je voudrais obtenir de ton amour une grâce utile : c'est que tu rendes, ô toi qui sais le devoir, ta faveur à Kêkéyî et Bharata. « Je t'abandonne avec ton fils ! » telles sont les paroles qui furent jetées par toi-même à Kêkéyî. Que cette malédiction, seigneur, ne frappe ni cette mère ni son fils ! »

« J'y consens ! » repartit Daçaratha le père à Râma le fils. « Quelle autre chose veux-tu que je fasse ? » reprit-il encore avec affection. Là-dessus, Râma lui dit : « Jette sur moi un regard propice ! » Ensuite, Daçaratha fit de tels adieux à son fils Lakshmana : « Ô toi, qui cultives le devoir, tu recueilleras sur la terre, avec la *récompense du* devoir, une vaste renommée, et tu obtiendras, par la faveur de Râma, le Swarga et la grandeur suprême.

« Sois docilement soumis, Dieu t'assiste ! à Râma, ô toi qui ajoutes sans cesse aux joies de Soumitrâ, ta mère. Tu accompliras le devoir dans toute son étendue, tu recueilleras une immense renommée, et les hommes raconteront dans les mondes ton dévouement fraternel. »

Quand il eut parlé de cette manière à Lakshmana, le monarque dit à Sîtâ : « Ma fille ! » et, d'une voix douce, il adressa hautement ces mots à la Vidéhaine, qui se tenait là, formant l'andjali de ses mains réunies. Il ne faut pas ouvrir ton cœur, Vidéhaine, au ressentiment que pourrait y conduire cette répudiation *apparente* : c'est le désir même de ton bien qui inspira cette conduite au sage Râma pour *amener ici la reconnaissance de* ta pureté. L'action vaillante, sceau de ta pureté, que tu as faite aujourd'hui, ma fille, éclipsera la gloire des femmes *dans les siècles à venir*.

Après qu'il eut éclairé de ses conseils la Djanakide et ses deux fils, le monarque issu de Raghou, Daçaratha, flamboyant, s'éleva dans son char vers le monde d'Indra. Il suivait le chemin fréquenté par les Dieux ; et, ses regards baissés vers la surface de la terre, il s'éloignait, sans quitter des yeux le visage de son fils aussi beau que l'astre des nuits.

Tandis que le Kakoutsthide *déifié* s'en allait, Indra, au comble de la joie, dit ces mots à Râma, qui se tenait devant lui, ses mains réunies en coupe à ses tempes : « Ce n'est jamais en vain qu'on nous a vus, monarque des hommes ; nous sommes contents : dis-moi donc ce que ton cœur désire. »

À ces mots, le Raghouide, d'une âme sereine, lui fit joyeux cette réponse : « Si je t'ai plu, Dieu, souverain du monde entier des Immortels, je vais te demander une grâce ; daigne me l'accorder. Que tous les singes, qui, vaincus *dans ces combats*, sont tombés à cause de moi dans l'empire d'Yama, ressuscitent, gratifiés d'une vie nouvelle. Que des ruisseaux limpides coulent dans ces lieux où sont les singes et qu'il naisse pour eux des racines, des fruits et des fleurs dans le temps même qui n'en est point la saison. »

À ces mots du magnanime, le grand Indra lui répondit en ces termes dictés par la bienveillance : « Tu désires le salut des *héros, tes* amis, *et des guerriers*, qui te sont venus en aide, c'est un vœu qui te sied, fils chéri de Kâauçalyâ, et qui est digne de toi. Néanmoins, cette immense faveur dont tu parles, mon ami, qu'on rende les morts à la vue *des vivants*, aucun autre que toi, guerrier aux longs bras, ne le fera jamais dans les mondes eux-mêmes des Immortels ; mais, à cause de la parole qui te fut dite par moi, il en sera aujourd'hui même ainsi. Ours, golângoulas, gens du peuple et chefs, tous les singes vont se relever, comme *on voit sortir de leur couche*, à la fin du sommeil, ceux qui sont endormis.

« On verra ici, guerrier au grand arc, des arbres chargés de fleurs et de fruits, dans un temps qui n'en est point la saison, et des rivières couler avec des ondes pures. »

Aussitôt que le monarque illustre des Dieux eut articulé ces paroles, Çakra de verser une pluie mêlée d'ambroisie sur le champ de bataille. À peine l'ondée vivifiante les a-t-elle touchés qu'au même instant, rendus à la vie, tous les singes magnanimes se relèvent : on eût dit qu'ils se réveillaient à la fin d'un sommeil. Eux, que l'ennemi avait renversés morts, les membres déchirés de blessures, tous, se relevant guéris et dispos, ils ouvraient de grands yeux pleins d'étonnement.

À la suite de ces choses, Vibhîshana dit, les mains jointes, ces paroles au dompteur des ennemis, Râma, qui avait passé la nuit commodément couché : « Que de nobles dames, habiles dans l'art de parer, les mains chargées d'eau pour le bain, de parfums, de guirlandes variées, du sandal le plus riche, de vêtements et d'atours, viennent ici et qu'elles te baignent suivant l'étiquette. » À ces mots, le Kakoutsthide répondit à Vibhîshana : « Bharata aux longs bras, fidèle à la vérité, est plongé dans la douleur à cause de moi, et, voué à la pénitence dans un âge encore si tendre, il se tourmente le corps. Sans lui, ce fils de Kêkéyî, sans Bharata, qui marche dans la voie du devoir, je fais peu de cas du bain, des vêtements et des parures. Occupe-toi de me procurer un prompt retour dans ma ville. Car le chemin qui mène dans Ayodhyâ est très-difficile à pratiquer. »

À ces mots de Râma : « Fils du monarque de la terre, lui répondit Vibhîshana, je te ferai conduire en ta ville. Il est un char nommé Poushpaka, char nonpareil, céleste, resplendissant comme le soleil et qui va de lui —même. Il appartenait à Kouvéra, mon frère ; mais Râvana, plus fort, l'en a dépouillé après une bataille qu'il a gagnée sur lui. Ce véhicule, dont l'éclat ressemble à celui de l'astre du jour, est ici. Monté dans ce char, tu seras conduit par lui-même sans inquiétude jusque dans Ayodhyâ. »

À ces mots, Vibhîshana d'appeler avec empressement le char semblable au soleil ; ce véhicule, ouvrage de Viçvakarma, aux flancs marquetés de cristal poli, aux sièges magnifiques de lazulithe, au son mélodieux par les multitudes de clochettes qui gazouillaient, balancées de tous côtés autour de lui, ce char, qui se mouvait de lui-même, resplendissant, impérissable, céleste, ravissant l'âme, embelli de portes d'or, couvert de tissus, où l'or se mariait avec la soie, et qui, ombragé de mille étendards ou drapeaux blancs, ressemblait au sommet du Mérou.

Quand il vit arrivé le char Poushpaka, le monarque des Rakshasas dit au Raghouide : « Que ferai-je ? » Le héros à la grande splendeur, ayant réfléchi, lui répondit ces mots, où dominait le sentiment de l'amitié : « Que tous ces *quadrumanes* habitants des bois, qui ont mis à fin leur expédition, en soient récompensés, Vibhîshana, par divers présents de chars et de pierreries. C'est avec leur appui que tu as conquis Lankâ, monarque des Rakshasas : rejetant loin d'eux la crainte de la mort, ils n'ont jamais reculé dans les batailles. Les chefs contents des légions simiennes obtiendront ainsi, grâce à ta reconnaissance, l'estime qu'ils méritent, et, dignes d'honneur, ils seront honorés par toi.

« Le héros puissant, qui sait donner, connaît la substance de son devoir et pratique ainsi les obligations imposées à un maître de la terre, n'est-il pas adoré du guerrier ? »

Il dit, et Vibhîshana s'empresse d'honorer tous les simiens jusqu'au dernier avec des largesses de pierreries et d'or. Accompagné de son frère, et quand il eut pris dans son anka l'illustre Vidéhaine, rougissante de pudeur, le Raghouide, monté dans le char, tint ce langage à tous les singes, à Sougrîva d'une extrême vigueur, comme à Vibhîshana le Rakshasa : « Tout ce que doivent faire des amis, vous l'avez fait, héros des singes ; je vous donne congé, il vous est donc loisible à tous de vous retirer où bon vous semble. Mais ce qu'on peut attendre, Sougrîva, d'un allié, d'un ami, d'un cœur appliqué, ta majesté, qui marche dans le devoir, l'a fait pour moi complètement. Retourne à Kishkindhyâ et gouverne là ton empire, Sougrîva !

« Je t'ai donné Lankâ pour ton royaume, Vibhîshana aux longs bras. Les habitants du ciel, Indra même avec eux, ne t'y vaincront jamais, souverain des Rakshasas, ô toi, le plus fidèle aux devoirs du kshatrya. Je retourne dans Ayodhyâ au palais de mon père ; je vous demande la permission de partir et je vous fais à tous mes adieux. »

À ces mots de Râma, les généraux quadrumanes, le monarque des singes et Vibhîshana le Rakshasa, tous, joignant les mains, de lui dire : « Nous désirons t'accompagner jusqu'à la cité d'Ayodhyâ ; nous désirons voir ton sacre, vœu de notre cœur. Quand nous aurons vu cette auguste cérémonie et salué Kâauçalyâ, nous reviendrons après un court séjour, ô le plus grand des rois, dans nos habitations. »

Le vertueux Kakoutsthide répondit : « Je trouverai dans votre société, si vous faites route avec moi, ce qu'il y a de plus aimable que l'aimable même : ce sera pour moi un bonheur que de rentrer dans Ayodhyâ en la compagnie de toutes vos excellences. Hâte-toi de monter dans le char avec tes généraux, Sougrîva ; monte aussi avec tes ministres, Vibhîshana, monarque des Rakshasas. »

À l'instant Sougrîva avec les rois des singes et Vibhîshana avec ses conseillers de monter, pleins de joie, dans le céleste Poushpaka. Quand ils sont tous embarqués, Râma commande au véhicule de partir, et le char nonpareil de Kouvéra s'élève au milieu du ciel même.

Le char s'était envolé comme un grand nuage soulevé par le vent. De là, promenant ses yeux de tous côtés, le guerrier issu de Raghou dit à Sîtâ la Mithilienne, au visage tel que l'astre des nuits : « Regarde, Vidéhaine, la cité bâtie par Viçvakarma, cette Lankâ debout sur la cime du Trikoûta, qui ressemble au sommet du Kêlâça. Regarde ce champ de bataille ; ce n'est qu'une fange de chair et de sang, vaste boucherie, Sîtâ, de singes et de Rakshasas !

« Voici l'endroit où Méghanâda nous ayant liés par sa magie, Lakshmana et moi, les singes avaient perdu toute espérance. Tous les simiens ont beaucoup pleuré dans la pensée que Râma était descendu au tombeau ; mais Garouda nous eut bientôt délivrés du lien *mortel* de ces flèches. Ici, tombé sous mon dard à cause de toi, femme aux grands yeux, gisait le monarque des Yâtavas, cet épouvantable Râvana, que Brahma lui-même avait comblé de ses grâces. C'est à cette place que se lamenta d'une manière si touchante l'épouse du cruel souverain, appelée Mandaudarî.

« Maintenant, reine, s'offre à nos regards l'Océan, roi des fleuves : il eut *en quelque façon* pour ancêtre un de mes aïeux ; aussi a-t-il fait alliance avec moi. Cette montagne, qui nous montre son dos, c'est le Souléva, où nous avons passé la nuit, dame au charmant visage, après la traversée de l'Océan. Voici la chaussée que j'ai construite à cause de toi, femme aux grands yeux, à travers cette mer, le domaine des requins ; cette gloire n'aura pas de fin.

« Ici, reine, sur le sol de la terre, jonché du graminée kouça, je couchai trois nuits pour obtenir que la mer voulût bien se montrer à mes yeux sous une forme humaine. Cette montagne, qui ressemble à une masse de grands nuages, c'est le Dardoura, où le singe Hanoûmat alla prendre son élan. Kishkindhyâ aux admirables forêts se montre à nos yeux, Sîtâ ; c'est la charmante ville de Sougrîva, où Bâli fut tué par moi. À la porte de Kishkindhyâ, tu vois s'élever la cime lumineuse du Mâlyavat : c'est là, reine, que j'ai passé les quatre mois de la saison pluvieuse, loin de toi, femme aux grands yeux, et portant le poids de ma douleur, après que j'eus arraché la vie au terrible Bâli et sacré *le nouveau roi* Sougrîva.

« À présent, voici devant nos yeux la Pampâ aux bois variés, aux étangs de lotus, où, privé de toi, Sîtâ, je promenais çà et là mes plaintes continuelles.

« Là avait coutume de se percher le roi des vautours, Djatâyou à la grande force, ton défenseur, qui tomba sous les coups de Râvana.

« Voilà, femme au charmant visage, voila enfin notre chaumière de feuillage, d'où Râvana, le monarque des Yâtavas, *osa* t'enlever, malgré ta résistance. C'est là que vint s'offrir à nos yeux Çoûrpanakhâ, cette Rakshasî terrible, à qui Lakshmana, reine, coupa le nez et les oreilles.

« Maintenant, c'est l'amœne et délicieuse Godâvarî aux limpides ondes, qui nous apparaît avec l'ermitage d'Agastya, entouré de bananiers.

« Ces chaumières que tu vois là-bas, femme à la taille svelte, sont les habitations des ascètes, qui ont pour chef le noble Atri, flamboyant à l'égal du feu même ou du soleil.

« Le toit qui se montre ici, Vidéhaine, c'est le grand ermitage d'Atri, le révérend anachorète, de qui l'épouse Anasoûyâ t'avait donné un fard merveilleux. Cette montagne plus loin, c'est le Tchitrakoûta, où le fils de Kêkéyî vint m'apporter ses *vaines* supplications. Ce fleuve qui roule au pied, c'est la sainte Mandâkinî aux ondes très-limpides, où j'offris aux mânes de mon père une oblation de racines et de fruits.

« Voici maintenant l'Yamounâ, rivière charmante aux bois variés, et l'ermitage de Bharadwâdja, près d'un lieu béni pour les sacrifices. Cet autre cours d'eau, Sîtâ, c'est la Gangâ, qui roule ses flots dans trois lits ; et voici la ville même de Çringavéra, où demeure Gouha, mon ami. À présent, vois-tu, femme à la taille déliée, cet ingoudi ; c'est là, c'est à son pied, que nous avons couché la première nuit, après que nous eûmes traversé la Bhâgirathî.

« Enfin, j'aperçois le palais de mon père… Ayodhyâ ! Incline-toi devant elle, Sîtâ, ma Vidéhaine, t'y voilà revenue ! »

Alors, témoignant leur joie par des bonds réitérés, tous les singes, et Sougrîva, et Vibhîshana avec eux, de contempler cette magnifique cité.

———

À peine les foules pressées l'ont-elles aperçu arrivant comme un second soleil et d'une marche rapide, que le ciel est percé d'un immense cri de joie, lancé par la bouche des vieillards, des enfants et des femmes, s'écriant tous : « Voici Râma ! » Descendus alors des chevaux, des éléphants et des chars, les hommes, ayant mis pied à terre, de contempler ce noble Raghouide assis dans *l'intelligent* véhicule, comme la lune est portée dans le ciel. Bharata, passé *de la tristesse* à la joie, s'approcha, les mains jointes, de Râma et l'honora du salut : « Sois le bienvenu ! » prononcé avec le respect que méritait son frère. On fit monter Bharata dans le char. Alors ce prince, dévoué à la vérité, s'avança rempli de joie aux pieds de Râma et l'honora encore d'une nouvelle génuflexion.

Mais celui-ci fit aussitôt relever son frère, qui s'offrait dans la route de ses yeux après une si longue absence, le plaça contre son cœur et joyeux le serra dans ses bras. Le magnanime Kêkéyide à l'âme domptée s'approcha de la reine Sîtâ suivant la manière qu'exigeait la bienséance, et salua ses nobles pieds.

Les singes, qui prenaient à leur gré telles ou telles apparences, s'étaient revêtus de formes humaines et tous ils interrogeaient avec empressement Bharata sur la santé de sa majesté. Celui-ci dit à Vibhîshana d'une voix caressante : « Grâce à ton aide, on a terminé heureusement une guerre d'une extrême difficulté. »

Alors Çatroughna, s'étant incliné devant Râma, puis devant Lakshmana, vint saluer ensuite avec modestie les pieds de Sîtâ.

Râma, s'étant approché de sa mère, enchaînée à l'observance d'un vœu, les yeux noyés de larmes, pâle, maigre, déchirée par le chagrin, se prosterna, lui toucha les pieds et remplit de joie à sa vue le cœur de sa mère. Cette révérence faite, il s'inclina devant Soumitrâ et devant l'illustre Kêkéyî. De là, il s'avança près de Vaçishta, environné des ministres, et courba son front devant lui, comme il l'eût courbé devant Brahma l'éternel.

Les citadins, qui s'étaient approchés en troupes, purent alors contempler Râma. « Sois le bienvenu, prince aux longs bras, fils chéri de Kâauçalyâ ! » disaient à Râma tous les habitants de la cité, joignant les mains à leurs tempes. Le frère aîné de Bharata voyait, tels que des lotus épanouis, ces andjalis par milliers que les citadins lui présentaient à son passage.

En ce moment, à la voix de Râma, le char d'une grande vitesse, attelé de cygnes et rapide comme la pensée, descendit sur le sol de la terre. Ensuite, ayant pris les deux sandales, Bharata, qui savait le devoir, les chaussa lui-même aux pieds du monarque des hommes ; et, ses mains réunies au front, il dit à Râma : « Par bonheur, maître, tu te souviens encore de nous, qui sommes restés sans maître si longtemps. Par la crainte et sur la défense de ta majesté, personne, qui en eût besoin, n'a dérobé un fruit *dans ton absence*. Tout cet empire est à toi ; c'est un dépôt que je te rends. Aujourd'hui le but de ma naissance est rempli et mes vœux sont comblés, puisque je te vois enfin revenu ici pour régner dans Ayodhyâ. Que ta majesté passe en revue les greniers, les trésors, le palais, les armées et la ville ; j'ai tout décuplé, grâce à la force qu'elle m'a prêtée. »

À peine ont-ils entendu Bharata parler en ces mots dictés par l'amour fraternel, les singes et Vibhîshana le Rakshasa de verser tous des larmes. Râma dans sa joie fit alors asseoir Bharata sur sa cuisse et s'en alla, monté sur le char, accompagné des armées, à l'ermitage du Kêkéyide. Arrivé là, suivi des escadrons, il quitta le sommet du char, descendit et se tint sur le sol de la terre.

Le frère aîné de Bharata dit alors au char, dont la vitesse égalait celle de la pensée : « Va, je te l'ordonne, vers le Dieu Kouvéra. » Aussitôt reçu le congé que Râma lui donnait, ce léger véhicule s'enfonça dans la plage septentrionale et roula vers le palais du Dieu qui dispense à son gré les richesses. Quand il vit son char, Kouvéra lui dit : « Porte Râma, et sois désormais, ne l'oublie point, à son service comme tu es au mien. » À cet ordre, le char se mit à la disposition de Râma ; et le Raghouide, quand il eut appris cette nouvelle, en fit ses remerciements à Kouvéra.

Le fils des rois et le fléau des ennemis, Bharata, à l'éclatante splendeur, ayant salué d'un air modeste le monarque des singes, lui tint ce langage : « Nous étions quatre frères, et toi maintenant, Sougrîva, tu fais le cinquième ; car un ami est, *comme ses amis*, un fils de l'amitié, et ses traits de famille sont les services qu'il a rendus. »

Ensuite le fils bien-aimé de Kêkéyî, ses deux mains réunies en coupe à ses tempes, dit à Râma, son frère aîné, de qui le courage ne se démentit jamais : « Que ma mère n'en soit point offensée ! cet empire qui me fut donné, je te le rends, comme ta majesté me l'avait elle-même donné. Comme un pont, qui s'écroule, brisé par la grande furie des eaux, un royaume dont la couronne n'est pas légitime est, à mon avis, une charge bien difficile à porter.

« *Fais-toi* sacrer aujourd'hui *et* que les rois te contemplent dans ta splendeur flamboyante, comme le soleil qui brûle au milieu du jour ! Endors-toi et réveille-toi *chaque jour* au cliquetis des noûpouras d'or, aux concerts des troupes de musiciens, aux chants de voix mélodieuses. Aussi longtemps que la terre, *ton empire*, accomplira sa révolution, aussi longtemps exerce, toi ! la domination sur tout le globe. »

Aussitôt et sur l'ordre de Çatroughna, des barbiers habiles à la main douce et prompte donnent leurs soins à Râma.

Alors, ses membres lavés, oints d'essences, parés avec des bouquets de fleurs blanches, son djatâ d'anachorète bien peigné, le corps flamboyant de magnifiques joyaux et revêtu de somptueux habits avec des pendeloques éblouissantes, Râma, éclatant de beauté, apparut comme enflammé d'une céleste splendeur.

Toutes les femmes du *feu roi* Daçaratha firent elles-mêmes la toilette ravissante de la sage Djanakide.

Ensuite, au commandement de Çatroughna, le cocher ayant attelé ses coursiers, vint avec le char décoré en toutes ses parties. Râma, au courage infaillible, monta dessus et, voyant Lakshmana avec ses frères placés eux-mêmes sur le char, il se mit en marche, assis auprès d'eux et tout flamboyant de splendeur.

Bharata prit les rênes, Çatroughna portait l'ombrelle, et Lakshmana, s'emparant de l'éventail, fit son soin d'éventer le noble Râma. Alors on entendit au milieu des airs une suave mélodie : c'étaient les louanges de Râma, que chantaient les chœurs des saints, les troupes des vents et les Dieux. Après le char venait le plus grand des singes, Sougrîva à la vive splendeur, monté sur l'éléphant appelé Çatroundjaya, pareil à une montagne. Tous les quadrumanes s'étaient revêtus des formes humaines, et, parés de tous les atours, ils s'avançaient, portés sur des milliers de magnifiques éléphants. C'est ainsi que marchait, remplissant de joie sa ville, cet Indra des hommes, au bruit des tambours, au son des tymbales et des conques.

Des grains frits, de l'or, des vaches, des jeunes filles, des brahmes et des hommes, les mains pleines de confitures, bordaient le passage du Raghouide.

Il racontait aux ministres l'amitié, qu'il avait trouvée dans Sougrîva, la force merveilleuse d'Hanoûmat et les hauts faits des singes. Apprenant ce qu'étaient les exploits des quadrumanes et la vigueur des Rakshasas, les habitants de la ville capitale furent saisis d'admiration.

C'est au milieu de ces récits, que Râma, environné des singes, entra dans Ayodhyâ, cité charmante, décorée en ce moment de guirlandes, pavoisée d'étendards, pleine d'un peuple gras et joyeux, avec ses places publiques, ses marchés et ses grandes rues bien arrosées, ses routes jonchées de fleurs, sans un intervalle, qui ne fût pas rempli de vieillards et d'enfants, au milieu desquels on entendait les femmes dire au monarque arrivé dans sa capitale : « Les habitants de cette ville désiraient te voir, sire, avec leurs frères, avec leurs fils, et, par bonheur, les dieux leur ont fait cette grâce aujourd'hui ! Kâauçalyâ eut beaucoup de chagrin, Kakoutsthide ; elle souffrit de ton absence infiniment, elle et dans la ville tous les habitants d'Ayodhyâ, sans aucune exception. Délaissée par toi, Râma, cette ville était comme un ciel qui n'a point de soleil, comme une mer à laquelle on a ravi ses perles, comme une nuit où ne brille pas la lune. Aujourd'hui que nous te voyons enfin près de nous, toi, notre salut, Ayodhyâ, guerrier aux longs bras, peut justifier son nom [49] à la face des ennemis, qui ambitionnent sa conquête. Tandis que nous habitions loin de toi, confiné dans les forêts, ces quatorze années, Râma, ont coulé pour nous avec une lenteur de quatorze siècles ! »

Telles, douces, amicales, Râma entendait sur son passage les voix réunies des hommes et des femmes lui envoyer de ces paroles en témoignage d'affection.

Arrivé dans la ville habitée par les rejetons d'Ikshwâkou, le glorieux monarque des hommes se rendit au palais de son père. Il entra, et Kâauçalyâ, ayant baisé Râma et Lakshmana sur la tête, prit Sîtâ dans son anka et déposa le chagrin qui avait envahi son âme.

Ensuite, parlant à Bharata d'un langage auquel était joint l'à-propos et où la raison était mêlée aux convenances, elle dit à ce fils des rois aux pas bien assurés dans le devoir : « Que Sougrîva goûte ici le plaisir d'habiter ce grand bocage d'açokas et ce palais magnifique, pavé d'or et de lazulithe. Que cette maison voisine, très-vaste, belle, richement décorée, céleste, soit donnée, mon ami, à Vibhîshana. Que des habitations au gré de leurs désirs soient données promptement à tous les rois folâtres des singes, en observant l'ordre établi des rangs. » À peine eut-il entendu ces paroles, Bharata au courage sûr comme la vérité prit Sougrîva par la main et l'introduisit alors dans le palais.

« Seigneur, dit à Sougrîva ce frère attentif de Râma, expédie promptement des courriers pour le sacre du roi ; car c'est demain, au point du jour, l'heure où l'astérisme Poushya est dans sa jonction, que l'on doit sacrer le Raghouide.

Aussitôt le monarque des simiens donna quatre cruches d'or, embellies de pierres fines, à quatre chefs des singes. « Qu'on revienne promptement, leur dit-il, avec ces cruches pleines d'eau puisée dans les quatre mers, et qu'on soit de retour avant le temps où l'aube reparaît ! » À ces mots, les singes magnanimes, semblables à des montagnes, s'élancent rapidement au milieu du ciel comme des vents impétueux.

Rishabha dans sa cruche d'or, couronnée avec les branches du sandal rouge, apporta d'un vol léger une onde empruntée à la mer du midi. Djâmbavat avait rempli dans les eaux de la mer occidentale son urne, incrustée de pierreries, qu'il avait ornée avec les pousses nouvelles de grands aloës. Végadarçi, portant sa course jusqu'à l'Océan septentrional, en rapporta sans tarder l'onde fortunée dans son vase, qu'il avait paré de rameaux fleuris. Soushéna revint à la hâte de l'autre mer, où il avait rempli sa cruche ornée d'armilles et de bracelets.

Çatroughna, environné des ministres, annonça donc au saint archibrahme que les éléments du sacrifice étaient prêts. Ensuite, quand apparut, dans un moment propice, au temps où l'astérisme Poushya était dans sa jonction, l'aube sans tache, l'auguste Vaçishta, environné des brahmes, fit asseoir Râma le magnanime avec Sîtâ dans un trône de pierreries donné par un des Maharshis et tournant sa face à l'orient. Le prêtre alors, suivant les rites et conformément aux règles consignées dans les Çâstras, annonça aux brahmes le sacre qu'on allait conférer à ce noble prince issu de Raghou.

Puis, Vaçishta, Vâmadéva, Djâvâli et Vidjaya, Kaçyapa, Gautama, le brahme Kâtyâyana, Viçvâmitra à l'éblouissante splendeur et les autres chefs des brahmanes donnent le sacre au monarque des hommes avec l'eau bien limpide et parfumée, comme les Vasous eux-mêmes avaient sacré jadis Indra aux mille yeux.

Râma fut consacré en présence de toutes les Divinités réunies là dans les airs, avec le suc de toutes les herbes médicinales, au milieu des ritouidjes, des brahmes, des jeunes vierges, des principaux officiers de l'armée et des *notables* commerçants, tous joyeux et rangés suivant l'ordre. Sacré, il rayonna d'une splendeur nonpareille. Çatroughna lui-même portait le magnifique parasol blanc ; Sougrîva, le monarque des singes, tenait le blanc chasse-mouche et le blanc éventail. Le souverain des Rakshasas, Vibhîshana, plein de joie, saisit, pour éventer Râma, un autre beau chasse-mouche avec un autre incomparable éventail, semblable à l'astre des nuits.

Engagé à lui faire ce don par le roi des Dieux, le Vent donna au Raghouide une guirlande d'or, composée de cent lotus et flamboyante de sa nature. Le monarque des Yakshas, qui vint lui —même à cette assemblée, fit présent à Râma d'un collier de perles, entremêlé de gemmes et de pierres fines ; et ce fut encore à l'invitation de Mahéndra. Le Kakoutsthide fut loué par les sept rishis, qui l'exaltèrent avec des bénédictions pour la victoire.

Ces louanges portaient aux oreilles une suave mélodie : les musiciens des Dieux chantèrent et les Apsaras dansèrent elles-mêmes pour honorer la fête où fut sacré le sage Râma. Pendant l'inauguration du monarque, la terre se couvrait de moissons, les fruits avaient plus de saveur et les bouquets de fleurs exhalaient une senteur plus exquise. Râma, *pour les honoraires du sacre*, donna aux brahmes cent fois cent taureaux, mille vaches laitières multiplié par mille et, de plus, trente kotis d'or. Il donna aux brahmes dans sa joie des chars, des joyaux, des vêtements, des lits, des sièges et beaucoup de villages à plusieurs fois.

L'éminent héros donna lui-même à Sougrîva une guirlande d'or magnifique, enrichie de pierreries et semblable aux rayons du soleil. Le présent que reçut Angada, fils de Bâli, fut une paire de bracelets d'un beau travail, ornés d'admirables diamants, entremêlés de lapis et d'autres pierreries. Râma fit cadeau à sa Vidéhaine d'un superbe collier en perles d'un brillant égal aux rayons de la lune, et dont les plus fines pierreries augmentaient encore la richesse.

En ce moment la Mithilienne, cette noble fille du roi Djanaka, se mit à détacher de son cou un collier et tourna les yeux vers le singe Hanoûmat. Elle regarda tous les quadrumanes et son époux à plusieurs fois. Le Raghouide, ayant vu ces gestes : « Noble dame, dit-il à son épouse, donne ce collier au guerrier dont tu fus le plus contente, à celui dans qui tu as trouvé toujours du courage, de la vigueur et de l'intelligence. » *À ces mots*, la dame aux yeux noirs donna le collier au fils du Vent. Et le prince des singes, Hanoûmat, resplendit, avec ce collier, tel qu'une montagne avec une *ceinture de* nuées blanches, dont les rayons de la lune jaunissent le sommet.

Ainsi honorés, leurs désirs accomplis, gratifiés de magnifiques pierres fines, mis aux premières places avec politesse, comblés de biens et d'hommages, partirent, ayant séjourné là *quelques heures*, tous les ours, les Rakshasas et les singes, l'âme peinée de quitter Râma.

Le héros né de Raghou dit au fils du Vent sur le point de partir lui-même : « Hanoûmat, prince des singes, je ne t'ai pas récompensé comme il faut. Choisis donc une grâce ; car le service que tu m'as rendu est bien grand. » À ces mots, des larmes de joie troublant ses yeux, celui-ci dit à Râma : « Que mon âme reste jointe à mon corps, sire, aussi longtemps qu'il sera parlé de Râma sur la terre ; je demande cette grâce, si tu veux m'en accorder une. »

À peine eut-il articulé ces mots que Râma lui fit cette réponse : « Qu'il en soit ainsi ! La félicité descende sur toi ! Jouis de la vie, sans maladie, sans vieillesse, toujours vigoureux et jeune, aussi longtemps que la terre soutiendra les mers et les montagnes ! »

La Mithilienne alors de lui faire aussi une grâce non-pareille : « Que les différentes choses à manger, fils de Mâroute, se présentent d'elles-mêmes à toi sur la terre ! Que les chœurs des Apsaras, les Gandharvas, les Dânavas et les Dieux t'honorent comme un Immortel en tous lieux où tu seras. Que partout il naisse pour l'amour de toi ou ruisselle à ton gré, quadrumane sans péché, des fruits pareils à l'ambroisie et des ondes limpides ! »

« Ainsi soit-il ! » reprit le singe, qui partit les yeux mouillés de larmes ; et tous ses compagnons de s'en aller, comme ils étaient venus, à leurs différentes habitations, s'entretenant tout le voyage, tant ils aimaient Râma, des grandes aventures de ce noble Raghouide.

Après le départ de tous les singes, l'homicide *généreux* des ennemis tint ce langage au vertueux Lakshmana, qui toujours lui fut si dévoué : « Gouverne avec moi, ô toi qui sais le devoir, cette terre qu'ont habitée les rejetons des monarques nos ancêtres, et porte, comme roi de la jeunesse, ce timon *des affaires*, qui n'a rien de supérieur à ta force et que nos aïeux ont jadis porté. »

Chaque jour, l'auguste et vertueux Râma étudiait lui-même avec ses frères toutes les affaires de son vaste empire. Pendant son règne plein de justice, toute la terre, couverte de peuples gras et joyeux, regorgea de froment et de richesses. Il n'y avait pas de voleur dans le monde, le pauvre ne touchait à rien, et jamais on n'y vit des vieillards rendre les honneurs funèbres à des enfants. Tout vivait dans la joie : la vue de Râma enchaîné au devoir maintenait le sujet dans son devoir, et les hommes ne se nuisaient pas les uns aux autres.

Tant que Râma tint les rênes de l'empire, on était sans maladie, on était sans chagrin, la vie était de cent années, chaque père avait un millier de fils. Les arbres, invulnérables aux saisons et couverts sans cesse de fleurs, donnaient sans relâche des fruits ; le Dieu du ciel versait la pluie au temps opportun et le vent soufflait d'une haleine toujours caressante.

Tant que Râma tint le sceptre de l'empire, les classes vivaient renfermées dans leurs devoirs et dans leurs occupations respectives ; les créatures s'adonnaient à la pratique de la vertu.

Doué de tous les signes heureux, dévoué à tous ses devoirs, c'est ainsi que Râma, dans lequel étaient réunies toutes les qualités, gouvernait la monarchie du monde. Devenu maître de tout l'empire et victorieux de ses ennemis, ce prince, à la haute renommée, offrit mainte espèce de grands sacrifices, où les brahmes furent comblés de riches honoraires.

Ce poëme fortuné, qui donne la gloire, qui prolonge la vie, qui rend les rois victorieux, est l'œuvre primordiale que jadis composa Valmîki.

Il sera délivré du péché, l'homme, qui pourra tenir dans le monde son oreille sans cesse occupée au récit de cette histoire admirable *ou variée* du Raghouide aux travaux infatigables. Il aura des fils, s'il veut des fils ; il aura des richesses, s'il a soif de richesses, l'homme qui écoutera lire dans le monde ce que fit Râma.

La jeune fille qui désire un époux obtiendra cet époux, la joie de son âme : a-t-elle des parents bien-aimés qui voyagent dans les pays étrangers, elle obtiendra qu'ils soient bientôt réunis avec elle. Ceux qui dans le monde écoutent ce poëme, que Valmîki lui-même a composé, acquièrent *du ciel* toutes les grâces, objets de leurs désirs, telles qu'ils ont pu les souhaiter.

fin du ramayana.

INDEX

de quelques noms ou mots ignorés ou peu connus des personnes qui ne sont pas encore bien familiarisées avec l'antiquité, la littérature et l'histoire de l'Inde.

—

A

Agnihotra, le feu sacré en général.

Andjali, salut ou marque de respect : mettre les deux mains jointes ensemble, les paumes ouvertes, en forme de coupe et les porter au front.

Anka, la partie du corps qui est comprise entre la hanche gauche et l'aisselle du même côté.

Apsara, nymphes du Paradis, les bayadères du ciel.

Asta, montagne à l'occident, derrière laquelle le soleil est supposé descendre se coucher.

Asoura, ennemis des Dieux, les plus grands des Démons, en hostilité continuelle avec les Souras ou les Dieux.

B

Bhagavat, *vénérable*, *adorable*, appellation commune à tous les Dieux, mais principalement consacrée à Brahma.

Brahma, la première personne de la Trinité indienne, ou la puissance créatrice personnifiée de l'Être irrévélé dans sa manifestation par les merveilles du monde.

Ç

Çakra, *validus*, *robore* ou *vi præditus*. V. Indra.

Çâstra, ouvrages de sciences ou de littérature en général, mais plus ordinairement de théologie, de philosophie, de politique et de jurisprudence.

Çataghnî, machine de guerre. Les racines du mot veulent dire *qui tue cent* hommes. L'opinion générale est que la *çataghnî* était une arme à feu.

Çîva, troisième personne de la Trinité indienne, la puissance destructive et reproductive personnifiée de l'Être irrévélé dans sa manifestation par les choses créées.

D

Daçagrîva, c'est-à-dire *decem habens colla*, un surnom de Râvana.

G

Gandharva, musiciens célestes, Demi-Dieux, qui habitent le ciel d'Indra et composent l'orchestre à tous les banquets des principales Divinités.

Garouda, volatile merveilleux, moitié homme et moitié oiseau, la monture de Vishnou. C'est le vautour indien, grand destructeur de serpents, exalté jusqu'à la condition divine.

H

Hrishikéça, un nom de Vishnou et par conséquent de Krishna ou Vishnou incarné.

I

Indra, le roi des Dieux, le rassembleur de nuages, le *Jupiter tonans* de la mythologie indienne ; nom propre qui devient un nom commun : l'*Indra des hommes*, l'*Indra des quadrupèdes*, l'*Indra des oiseaux*, pour dire le roi de ceux-ci ou de ceux-là.

Ikshwâkou, le fondateur de la ville d'Ayodhyâ, la moderne Ouddé, et le premier roi de la race solaire, d'où vint à Râma, son descendant, le nom d'Ikshwâkide.

K

Kakoutstha, un des rois de la race solaire, le fils de Bhagîratha et le père de Raghou. Nous avons formé de ce nom le patronymique Kakoutsthide pour son descendant Râma.

Kinnara, un ordre des musiciens du ciel.

Kouvéra, le roi des demi-dieux appelés Yakshas, le dieu des richesses et le frère aîné du tyran Râvana.

Kshatrya, un homme de la seconde caste, celle des guerriers et des rois.

L

Lohitânga, la planète de *Mars*.

M

Mâdhava, le deuxième mois de l'année, avril-mai, un des mois du printemps.

Mâroute, le vent, le Dieu du vent. Les Maroutes ou les vents sont au nombre de 49, division du rhumb ou de la boussole indienne.

Moushala, *pistillum*, *teli genus*, dit Bopp.

N

Naîrrita, mauvais Génies, Démons. Ce mot est quelquefois employé dans le poème comme synonyme de *Rakshasa*.

Nârâyana, *l'esprit qui marche sur les eaux*, un nom de Vishnou et de Krishna, mais considéré spécialement comme la divinité qui préexistait avant tous les mondes.

Noûpoura , armilles ou bracelets d'or, souvent accompagnés de pierreries, que les femmes portent au-dessus de la cheville du pied.

P

Panava , une sorte d'instrument de musique, un petit tambour.

Pannagas , Demi-Dieux serpents.

Pattiça , espèce d'arme en forme de hache.

Piçâtchas , espèce de Démons analogues aux vampires.

Pourandara , *le briseur de villes.* V. Indra.

Pradakshina , salutation respectueuse : tourner autour d'une personne, ayant soin de lui présenter toujours le côté droit.

R

Raghou , un roi de la race solaire, un des aïeux de Râma, d'où lui vint ce nom patronymique si usité de *Râghava* ou de *Raghouide* .

Râhou, mauvais Génie, la personnification des éclipses du soleil et de la lune.

Rakshasa, Démons, espèces de vampires, hantant les cimetières, animant les corps sans vie, dévorant les hommes, troublant les sacrifices, sorte de Titans en guerre avec les Dieux. On donne à leurs femmes le nom de Rakshasî.

Rohinî
, la personnification du quatrième astérisme lunaire, une des filles de Daksha et l'épouse la plus aimée de Lunus, une des 27 nymphes, personnifications des 27 astérismes lunaires, que Tchandra ou Lunus est censé avoir épousées.

S

Shorée, arbre de charpente, le *shorea robusta*.

Soma, l'asclépiade acide ou le *sarcostema viminalis*, dont le jus est offert aux Dieux dans les sacrifices.

Souparna. V. Garouda.

Soura, Dieu, opposé à Asoura, Démon. Ce mot vient de la racine *sour*, briller, *splendere*.

Swarga, le ciel d'Indra, le Paradis, le séjour qui attend les bons et les héros après cette vie.

Swayambhou, c'est-à-dire, l'*être*, *qui existe par soi-même*, un des noms de Brahma.

T

Tchakra, disque acéré, arme de guerre tranchante de tous les côtés : c'est l'arme terrible de Vishnou.

Tchârana, bons Génies, les panégyristes des Dieux.

Tilaka, marque faite avec une terre colorante ou des onguents sur le front et entre les deux sourcils, soit comme ornement, soit comme distinction de secte.

V

Varouna, le Neptune indien, le Dieu des eaux.

Vâsoukî, le roi des serpents. Il sert de trône à Vishnou.

Viçvakarma, l'architecte des Dieux, l'artiste des Souras, le Vulcain de la mythologie indienne. Il était fils de Brahma et son nom veut dire *cujuslibet peritus operis*.

Vidyâdhara, Demi-Dieux, habitants des airs.

Virotchana, fils de Prahlâda et père de Bali, d'où celui-ci est nommé le Virotchanide.

Vishnou, la deuxième personne de la Trinité indienne, la puissance conservatrice du monde personnifiée.

Vritra, Démon qui fut tué par Indra. C'est le loup Fenris des poésies Scandinaves, l'emblème de l'obscurité primitive dissipée aux rayons de la lumière originelle.

Y

Yama, le Dieu des morts et des enfers, le Pluton indien. Il est le fils du Soleil, d'où il est appelé Vivasvatide.

Yâtou, au pluriel, Yâtavas, et

Yatoudhâna, mauvais Génies, soumis à l'empire de Râvana.

Yatoudhânî, c'est le féminin de ce mot.

Yodjana, mesure itinéraire, cinq milles anglais de 1,609 mètres chacun.

1. Ce mot veut dire une arme *qui tue cent* hommes à la fois. Était-ce une arme à feu ? car il semble que, dès la plus haute antiquité, on connaissait déjà l'usage de la poudre à feu dans l'Asie orientale.

2. Cheveux relevés en gerbe et noués sur le sommet de la tête, mode accoutumée des ascètes.

3. Trivikrama, un des surnoms de Vishnou, qu'il dut à cette légende.

4. Les Gandharvas sont les musiciens du ciel : ce mot au féminin est *gandharvî*.

5. Satyavat, au féminin, *satyavati*, veut dire qui possède la vérité.

6. Allusion à l'étymologie du mot Gangâ, où l'on trouve, dans ses composants, yû, iens, et gam pour gain, le gén, attiquement gan, des Grecs, terrain ; c'est-à-dire, celle qui va, ou la rivière, qui vient du ciel sur la terre.

7. Les bayadères et les courtisanes du ciel : ce nom est formé de ap, *aqua*, etsaras, dont la racine est sri, *ire*, avec *as* pour suffixe.

8. Ce mot veut dire : *Qui porte les oreilles droites* : c'est le nom du cheval d'Indra.

9. Les Perses, suivant l'opinion commune ; les *Paktyes* d'Hérodote, selon M. Lassen, peuple qui habitait sur les confins de l'Inde, au nord et à l'ouest.

10. Peuple nomade, les Scythes des Grecs.

[11]_Après l'âge d'Alexandre, ce nom fut appliqué aux Grecs. Il indique, suivant Schlegel, d'une manière indéfinie, les peuples situés au delà des Perses à l'occident.

[12]_*Le seigneur*, un des noms de Çiva.

[13]_*Panicum frumentaceum*.

[14]_*Trichosantes diœca*

[15]_C'est-à-dire, *singes à queue de vache*.

[16]_Un des noms donnés à l'Yamounâ.

[17]_Vivaswat, le soleil, père d'Yama.

[18]_Bassin ou vaisseau de forme ovale.

[19]_C'est une figure mystique, assez ressemblante à deux Z redressés, qui se croisent l'un sur l'autre et se coupent à angle droit. Cet emblème a fait un grand chemin dans toute l'antiquité, car on le trouve sur des vases étrusques, des glyptes égyptiens et même des pierres sépulcrales dans les catacombes de Rome.

[20]_La cérémonie de l'investiture, que l'on trouve ici, nous rappelle que l'introduction de cette coutume en Europe fut attribuée à l'invasion des peuples du Nord : mais d'où leur venait-elle ? De l'Inde, sans doute, source universelle des idées, qui furent transvasées dans l'Occident.

[21]_Le Tartare indien.

22 Éléphant céleste, la monture d'Indra.

23 Géants ou Démons.

24 La tête d'Orion, appelée MRIGAÇIRAS, *tête de gazelle*, qui est la forme de cette constellation dans la sphère indienne.

25 C'est-à-dire *Decem habens colla*.

26 Râvana veut dire *qui fait pleurer*.

27 La planète de Mercure et le 4e astérisme lunaire.

28 C'est-à-dire *la trouveuse*.

29 Mars et Mercure.

30 Afin que l'on apprécie mieux toute l'ampleur de ces hyperboles, il n'est sans doute pas inutile d'avertir qu' *un koti* égale *dix millions*.

31 Le padma est un nombre égal à dix billions ; le çankha équivaut à cent milliards.

32 On sait que les jeunes filles de l'Inde se font des pendeloques et des atours avec ces brillants oiseaux-mouches, qui semblent des fleurs à la vivacité de leurs couleurs.

[33] L'yodjana fait cinq milles anglais, de 1609 mètres chacun : le char avait donc 4 kilomètres 22 mètres 1/2 de long sur autant de large.

[34] C'est la traduction du nom propre, *Çoûrpanakhâ*.

[35] Il est comme le fils de Sîtâ, par suite de son mariage avec Râma. Nos lecteurs n'ont sans doute pas oublié cette maxime répétée mainte fois dans le cours du poëme : un frère aîné est comme le père de son frère puîné ; le frère puîné est comme le fils de son frère aîné.

[36] *Oupâyas*, moyens de succès au nombre de quatre pour réduire l'ennemi : l'action de semer la division, la conciliation, les présents et les mesures de rigueur.

[37] Une forme de *Kâli* ou *Dourgâ*, femme de Çiva et déesse de la destruction.

[38] Signe de deuil, où l'on reconnaît une femme, de qui l'époux est mort ou absent.

[39] Autrement dit Kouvéra ; mais le nom de Bhoutaîça, *le seigneur des êtres*, est une dénomination plus ordinairement affectée au Dieu Çiva.

[40] Le rishi Poulastya.

[41] « Râma, dans son expédition contre l'île de Ceylan, rétablit momentanément par un miracle l'isthme ancien, qui a dû joindre Ceylan à l'Inde, et dont une chaîne d'îles, d'îlots et de rochers contigus semble être le reste. Les Hindous… appellent ces récifs *Pont de Râma*, dénomination à laquelle les Arabes ont substitué celle de *Pont d'Adam* … Ces bancs de sable, connus sous le nom de *Pont de Râma*, dit ailleurs Masse-Brun,

joignent presque l'île de Ceylan au continent de l'Inde. » (*Géographie universelle* , 1841, t. Ve, p. 300 et 314.)

[42] Le padma est une quantité égale à dix milliers de millions.

[43] N'est-il pas curieux de trouver même ces ânes de guerre dans l'énumération des armées que Xerxès conduisit en Grèce ? « Les Indiens, lit-on au livre VII d'Hérodote, montaient des chevaux de selle et des chars de guerre : ces chars étaient attelés de chevaux de trait ou d'ânes sauvages.

[44] Bâton, aux extrémités duquel sont attachées de petites sonnettes ou des plaques en métal afin d'effrayer les serpents et les autres bêtes nuisibles, qui peuvent se trouver dans le chemin.

[45] Singe et conseiller de Çiva, habitant comme lui sur les cimes de l'Himavat.

[46] L'éther : les quatre autres sont la terre, l'eau, le feu, l'atmosphère.

[47] On nous excusera de prêter un féminin à ce mot qui n'en a point dans notre langue : c'est encore là une nécessité de cette traduction.

[48] Indra.

[49] On n'a pas oublié ce que veut dire *ayodhyâ* et l'on voit qu'il y a ici un jeu de mots intraduisible : « *Ayodhyâ* nous semble aujourd'hui *ayodhyâ* , c'est-à-dire, l' *Imprenable* est imprenable aujourd'hui que tu es dans la ville. »